EDITH STEIN JAHRBUCH
Band 3   1997

EDITH STEIN JAHRBUCH

BAND 3

DAS JUDENTUM

1997
ECHTER WÜRZBURG

Die Deutsche Bibliothek – CIP-Einheitsaufnahme

Edith-Stein-Jahrbuch : Jahreszeitschrift für Philosophie,
Theologie, Pädagogik, andere Wissenschaften, Literatur u. Kunst –
Würzburg : Echter. – Bd. 3. 1997
   Erscheint jährl. – Aufnahme nach Bd. 1. 1995
   ISSN 0948-3063
   ISBN 3-429-01884-6

© 1997 Echter Verlag Würzburg
Umschlaggestaltung: Ernst Loew
Gesamtherstellung: Echter Würzburg
Fränkische Gesellschaftsdruckerei und Verlag GmbH
ISSN 0948-3063
ISBN 3-429-01884-6

Mitarbeiter dieses Bandes

ADAMSKA, JANINA, Schriftstellerin, Gdynia-Orlowo
BEN-CHORIN, SCHALOM, Dr., Professor, Jerusalem
BENZ, WOLFGANG, Dr., Professor, Historiker, Leiter des Zentrums für Antisemitismusforschung, Berlin
BISCHOF, HARTWIG, Mag. art. phil. theol., Bildkünstler, Salzburg
BRENNER, RACHEL FELDHAY, Dr., Assistant Professor, Madison
DAVIDOWICZ, KLAUS S., Dr., Univ. Ass. und Lektor am Institut für Judaistik, Wien
DOBHAN, ULRICH, Dr. theol., Würzburg
FLOREK, ZDZISŁAW, Lic. theol, München
HERBSTRITH, WALTRAUD, Herausgeberin verschiedener Reihen zur Spiritualität des Karmel und zu Fragen der Meditation, Tübingen
HERMANN, ARMIN, Dr., Professor für Geschichte der Naturwissenschaften und Technik, Stuttgart
HEUBERGER, RACHEL, M. A., Historikerin und Bibliotheksrätin, Frankfurt am Main
KROCHMALNIK, DANIEL, Dr. phil, Dozent an der Hochschule für Jüdische Studien, Heidelberg
LAPIDE, PINCHAS, Dr., Professor für Jüdische Theologie und Religionswissenschaft, Religionsphilosoph, Frankfurt am Main
LAPIDE, RUTH, Jüdische Theologin und Historikerin, Frankfurt am Main
MANNHEIMER, MAX, Maler, Haar bei München
MARTEN, HELGA, Malerin, Freiburg
MARTEN, RAINER, Dr., Professor für Philosophie, Freiburg
MEIER-KAISER, BETTINA, Dr. phil., Freie Schriftstellerin und Übersetzerin, München
MENUHIN, JEHUDI, London
MÜLLER, ANDREAS UWE, Dr. theol., Freiburg
NEYER, MARIA AMATA, Leiterin des Edith-Stein-Archivs, Köln
PLATTIG, MICHAEL, Dr., Leiter des Instituts für Spiritualität an der Hochschule der Franziskaner und Kapuziner, Münster
REICH-RANICKI, MARCEL, Dr. h.c. mult., Professor, Frankfurt am Main
SÁENZ-BADILLOS, ANGEL, Dr., Professor für Hebräische Sprache und Literatur, Madrid
SEPP, HANS RAINER, Dr., Dozent für Phänomenologische Philosophie, Prag
STAMMEN, THEO, Dr., Professor für Politikwissenschaft, Augsburg und München
THOMA, CLEMENS, Dr., Professor für Bibelwissenschaft und Judaistik, Herausgeber der Reihe Judaica et Christiana, Luzern
URBAN-FAHR, SUSANNE, M. A., Redaktionsmitglied der Zeitschrift Tribüne, Frankfurt am Main
WACHINGER, LORENZ, Dr. theol., Dipl.-Psych., Eheberater und Psychotherapeut, München
WALTHER, MANFRED, Dr., Professor für Philosophie und Rechtsdidaktik, Editor-in-Chief der Spinoza-Zeitschrift Studia Spinozana, Hannover
ZENGER, ERICH, Dr., Professor für Exegese des Alten Testaments und Direktor des Seminars für Zeit- und Religionsgeschichte des Alten Testaments, Münster

Vorwort des Herausgebers

I Eröffnung

II Hauptthema: Das Judentum

III Literarische, philosophische und theologische Studien

IV Zeitspiegel

V Edith-Stein-Forschung

Mitteilungen

Inhalt

Vorwort des Herausgebers   11

I Eröffnung

JEHUDI MENUHIN
Der Jude spricht   17

II Hauptthema: Das Judentum

Textauswahl   25

SCHALOM BEN-CHORIN
Die Bedeutung der hebräischen Bibel für das Judentum   30

CLEMENS THOMA
Philo von Alexandrien: Inspirator für Deutungen
von Christentum und Judentum   37

DANIEL KROCHMALNIK
Judentum und Martyrium. Das Zeugnis Edith Steins
in jüdischer Prospektive   50

PINCHAS UND RUTH LAPIDE
Juden in Spanien   64

ANGEL SÁENZ-BADILLOS
Hermeneutik, Messianismus und Eschatologie
bei Maimonides   74

ULRICH DOBHAN
Zur jüdischen Abstammung Teresas von Avila   86

MANFRED WALTHER
Spinozas Philosophie der Freiheit –
eine »jüdische Philosophie«?   99

KLAUS S. DAVIDOWICZ
Jenseits des Ghettotores –
Moses Mendelssohn und Samson Raphael Hirsch   134

PINCHAS LAPIDE
Heinrich Heine, der fromme Ketzer. Jüdisch beschnitten –
evangelisch getauft – katholisch getraut   143

LORENZ WACHINGER
    Einsame Zwiesprache?
    Martin Bubers kritische Begegnung mit dem Christentum   156

ARMIN HERMANN
    Albert Einstein (1879–1955)   165

THEO STAMMEN
    Der Dichter und Europa: Ossip Mandelstam   173

RACHEL HEUBERGER
    Die Stellung der Frau im Judentum.
    Tradition und Moderne   190

III Literarische, philosophische und theologische Studien

MARCEL REICH-RANICKI
    Die verkehrte Krone.
    Über Juden in der deutschen Literatur   203

BETTINA MEIER-KAISER
    Isa   216

HELGA UND RAINER MARTEN
    Steine und Augen   224

HARTWIG BISCHOF
    Mit den Farben der Unendlichkeit ...
    Zugänge zur Malerei Mark Rothkos   228

HANS RAINER SEPP
    Die Phänomenologie Edmund Husserls
    und seine »Schule«   237

ERICH ZENGER
    Die konstitutive Bedeutung der Bibel Israels
    für christliche Identität   262

MICHAEL PLATTIG
    Bilderverbot und Bilderfülle –
    zwei Wege mit demselben Ziel?   278

IV Zeitspiegel

MAX MANNHEIMER
    Gedanken eines Überlebenden von Auschwitz   295

WOLFGANG BENZ
    Judenchristen. Zur doppelten Ausgrenzung
    einer Minderheit im NS-Staat   307

SUSANNE URBAN-FAHR
    Juden im Widerstand gegen die Shoah   319

SUSANNE URBAN-FAHR
    Von Büchern und Menschen:
    Jüdische Verlage in Deutschland   326

V Edith-Stein-Forschung

RACHEL FELDHAY BRENNER
    Die Frau im Denken Edith Steins.
    In Auseinandersetzung mit Sigmund Freud   349

ANDREAS UWE MÜLLER
    Emmanuel Levinas und Edith Stein   367

MARIA AMATA NEYER
    Die Familie Stein in Lublinitz   385

JANINA ADAMSKA UND ZDZISŁAW FLOREK
    Das Werk Edith Steins in Polen.
    Bibliographische Hinweise   403

WALTRAUD HERBSTRITH
    Edith Stein im Kölner und Echter Karmel
    zur Zeit der Judenverfolgung   407

Mitteilungen

Gesellschaften und Projekte   411

Kongresse und Tagungen   411

»Der koschere Knigge«   413

Vorwort

Als Hauptziel setzte sich das Edith Stein Jahrbuch bei seiner Gründung, Autoren und Lesern ein offenes Forum für Dialog zwischen Philosophie, Theologie, andere Wissenschaften, Literatur und Kunst anzubieten. Gespräch *geschehen lassen*, nicht bloß *darüber* handeln, war und bleibt seine Devise. Nur wo Vielfalt von unterschiedlichen, ja entgegengesetzten Ansätzen, die sich frei äußern und entfalten können, vorliegt, ist echter Dialog möglich. Die Mannigfaltigkeit von Auffassungen ist im Edith Stein Jahrbuch folglich *das Geforderte*. Denn allein auf diese Weise kann das jeweils untersuchte Phänomen von sich aus, das heißt von innen her erhellt werden. Über Inhalt, Vielfalt und Strukturierung des jeweiligen Bandes entscheidet einzig und allein das infrage stehende Phänomen – und zwar nicht ein statisch begriffenes, sondern ein im Prozeß seiner Selbstentfaltung gesehenes, was freilich das Risiko des Experimentierens notwendig einschließt. Somit bewegt sich das Jahrbuch auf der ursprünglichen Dimension Steinschen Denkens: der Phänomenologie, die eigentlich weder eine bestimmte Philosophie noch eine vorgegebene Forschungsrichtung meint. Der Sache nach nennt Phänomenologie die Grundbewegung einer stets in Entwicklung befindlichen Geisteshaltung: das methodisch-dialogische Geschehen, durch das sich Phänomene von ihrem Wesen her öffnen und gestalten und in dem sich Denkansätze, wissenschaftliche Positionen und positive menschliche Grundeinstellungen in Zusammenarbeit und selbstklärender Aus-einander-Setzung erst sinnvoll zu ereignen vermögen. Dadurch wird das Denken auf seine Ursprünge zurückgeführt und erst so, er-neuert, für Gegenwart und Zukunft geöffnet.

Der Wunsch, *vorbehaltlosem* Dialog eine Tür zu öffnen, entstand nach langjähriger Betrachtung des Phänomens, durch das damals Edith Stein mit Millionen Menschen umgebracht wurde und weiterhin Millionen Menschen zugrunde gehen: die dogmatische Intoleranz totalitaristischen Denkens. Dogmatismen – ob religiöse, philosophische, wissenschaftliche, politische oder sonstige – sind alle verheerend und haben eine gemeinsame Wurzel: Die eigene Auffassung als die einzig richtige anzusehen, sich im Besitz der absoluten Wahrheit zu wähnen. Hinter dieser Haltung stecken oft weniger ideologische als psychologische Gründe, wie etwa Unsicherheit und zugleich Drang nach Ausschließlichkeit, Angst, den eigenen Boden zu verlieren, wenn fremde Wahrheiten anerkannt werden. Auf der Stufe dogmatischen Denkens kann nicht gesehen werden, daß die Wahrheit des Eigenen erst durch die Wahrheit des Anderen zu einer solchen wird und alle Möglichkeiten zusammen die abgründige Wahrheit des Ganzen kundtun. Daß sich Dogmatismen nicht als solche bezeichnen, gehört zu ihrem Wesen. Erscheinen sie im Bereich der Religion als Wahrheit verkleidet, die im Namen Gottes richtet, so tarnen sie sich nach wie vor auf dem Feld von Philosophie und Wissenschaft – letztere die neue Religion des Zeitgeistes – vornehmlich mit dem Mantel der Freiheit und der Vernunft, geschmückt mit Schlagworten wie Pluralismus oder Fortschritt.

Nicht nur *über* Denk- und Redefreiheit zu schreiben, sondern sie konkret geschehen zu lassen, hat sich das Edith Stein Jahrbuch vorgenommen, um in dieser Form – bescheiden genug, aber mit vollem Herzen – der tödlichen Enge monolithischen Denkens entgegenzuwirken.

Wie das Konzept der Zeitschrift in Anbetracht des tiefenphänomenologisch begriffenen Leidenswegs der Philosophin erarbeitet wurde, so erfolgt die Wahl der Themen mit Blick auf das *Phänomen* Edith Stein. Das Phänomen reicht weiter und tiefer als die Person und das Werk, dessen Erforschung deshalb nur einen Teil der Aufgabe des Jahrbuchs ausmacht.

Von seiner negativen Seite her gesehen stellt das Phänomen Edith Stein die erwähnte geistige Verengung dar, die Menschen aufgrund ihres Geschlechts, ihrer Volkszugehörigkeit, ihres Glaubens und ihres Denkens tötet. Diese vernichtende Starrheit erreichte zwar im Dritten Reich eine bislang unvorstellbar makabre Spitze; als Grundhaltung, die das Andersseiende ausschließt, wirkt sie jedoch durchgehend in der Menschheitsgeschichte und geht über das Religiöse, Wissenschaftliche, Politische und Militärische hinaus. Gewalt stellt ein Tiefenphänomen der Menschenwelt, ja des Seinslebens überhaupt dar. Bevor sie, weil Jüdin, vergast wurde, wurde sie, weil Frau und begabter als ihre meisten Kollegen, von Fachphilosophen beruflich eliminiert; sie wollte nicht nur Philosophieprofessorin werden, sondern eine philosophische Existenz führen und hatte die Begabung dazu, doch sie durfte es nicht. Eine philosophische und eine menschliche Möglichkeit wurden aus niedersten Gründen zerstört.

Positiv jedoch bricht mit dem Phänomen Edith Stein ein epochales Ereignis von höchster Bedeutung durch: eine jüdische und christliche Gestalt als Denkerin von Rang, eine fachlich voll ausgebildete Frau mit ausgewiesenem Können dort, wo bisher ausschließlich Männer waren. Nachdem die Menschheitsgeschichte bislang nur *männlich* verlaufen ist und folglich wesenhaft auf Macht und Leistung gründet, zeichnet sich langsam aber unverkennbar das Durchbrechen des anderen Seinsprinzips, des *weiblichen*, ab, das Geborgenheit bietet, Wärme spendet und Seiendes im Guten wachsen läßt. Das Weibliche ist nicht identisch mit Frau. Aber es ist entscheidend, daß das Phänomen in Gestalt einer Frau vordringt, die in einer vom männlichen Prinzip beherrschten Welt nicht weiblich sein durfte. Edith Stein bedeutet, als Tiefenphänomen gesehen, eine Warnung und eine Forderung an den Menschen als solchen und zugleich die Chance eines absoluten Neubeginns. Religionen, Philosophien und Wissenschaften, Politik, Literatur und Kunst, der Alltag und das menschliche Leben überhaupt müssen dringend auf die weibliche Wurzel des Seins zurückgehen und Liebe erfahren, auf daß eines Tages vielleicht die Vereinigung der beiden Prinzipien – des Gemüts und der Vernunft, des Weiblichen und des Männlichen, oder wie es tiefenphänomenologisch heißt, der Tiefe und der Ober-Fläche – gelinge und so endlich der *Mensch* zu existieren beginne.

Der Dialog geschieht nicht nur durch die Andersartigkeit der Aufsätze innerhalb ein und desselben Bandes. Auch die in den verschiedenen Jahrbüchern erörterten Tiefenphänomene stehen im Gespräch miteinander. Der erste Band hatte als Hauptthema *Die menschliche Gewalt* und weist als eine ihrer tiefsten Wurzeln die einseitig »männliche« Entwicklung der Menschheitsgeschichte nach. Als Antwort darauf setzte sich der zweite Band mit dem Phänomen *Das Weibliche* auseinander. (Den zahlreichen Lesern, die sich kritisch oder anerkennend zum Buch geäußert haben, möchte ich für ihr Interesse aufrichtig danken.) Der vorliegende Band ist dem *Judentum* gewidmet, in dem die tiefste Identität Edith Steins wurzelt und das darum ihre anderen Identitäten vereinigt und mitträgt; auf seine Bedeutung braucht nicht eigens hingewiesen zu werden. Mit entsprechender Sorgfalt und Liebe ist dieser Band vorbereitet worden. Ohne die freundliche und großzügige Unterstützung von Frau Ellen Presser, Kulturzentrum der Israelitischen Kultusgemeinde (IKG) München, wäre er jedoch in dieser Form nicht möglich gewesen. Ihr sei gedankt. Als Rahmenthema wird der vierte Band *Das Christentum* behandeln.

Daß die Verwirklichung des dialogischen Konzepts des Edith Stein Jahrbuchs möglich geworden ist, ist den Autoren und Lesern, dem Echter Verlag, den Mitgliedern und Mitarbeitern der Redaktion und des Redaktionsbeirates zu verdanken – in erster Linie jedoch dem seinem Geist gemäß stets aus der Stille und Zurückgezogenheit wirkenden Teresianischen Karmel in Deutschland, der, selbst von höchster Stelle unterstützt, das Projekt von Anfang an begrüßte und dann mitgetragen und gefördert hat.

Zahl und Vielfalt der Arbeiten haben eine Erweiterung der Redaktion notwendig gemacht. Sie besteht jetzt aus folgenden Redakteurinnen und Redakteuren: Heiner Bauer, Gottfried Dufrenne, Karl Embacher, Dorothea Jander, Herta Mertl, Renate M. Romor (Koordination), José Sánchez de Murillo (Chefredakteur), Hermine Voggenreiter (Sekretariat). Eine Einladung zum Redaktionsbeirat haben ferner angenommen: Herr Dr. Andreas Uwe Müller (Freiburg i. Br.), Herr Dr. Michael Plattig (Münster) und Frau PD Dr. Theresa Wobbe (Berlin). Ich heiße alle herzlich willkommen und danke sehr für die Bereitschaft zur Mitarbeit.

Nach vier Jahren fruchtbarer Zusammenarbeit scheidet Frau Dr. Evelyn Scriba aus der Redaktion aus. Ihr gebührt hohe Anerkennung für die vorbildlich geleisteten Redaktionsarbeiten der ersten drei Jahrbücher. Nicht nur Herausgeber, Redaktion und Redaktionsbeirat, gewiß auch Verlag, Autoren und Leser danken ihr herzlich.

München, im Januar 1997   Der Herausgeber

I
Eröffnung

Der Jude spricht

Jehudi Menuhin

Meine Mutter gab mir den Namen Yehudi – der Jude. Sie tat es aus Trotz und Stolz, doch auch in weiser Voraussicht. Sie wollte damit erreichen, daß ich frei von jeglichen hemmenden oder einschüchternden Einflüssen des jüdischen Ghettos – gleich, ob es russisch oder amerikanisch war – aufwuchs. So folgte ich dem Beispiel meines Vaters, der das Erbe eines chassidischen, streng orthodoxen Rabbis antreten sollte, aber statt dessen seiner religiösen Ausbildung im Alter von nur zwölf Jahren den Rücken kehrte und sich auf den Weg in die Neue Welt machte. Der amerikanische Generalkonsul in Marseille schickte ihn allerdings schnurstracks nach Tel Aviv zurück. (Glücklicherweise war es ihm zuvor gelungen, einen ganzen Tag in Paris zu verbringen!) In Tel Aviv beendete er zusammen mit den künftigen Führern Israels sein Studium am Herzlin Gymnasium. Der Sprung in die Vereinigten Staaten gelang dann später dem etwa Zwanzigjährigen, und dort sorgte der glückliche Zufall dafür, daß er meine Mutter wiedertraf, die er zuvor in Jaffa kennengelernt hatte.

Aus der damaligen Perspektive gesehen, waren meine Eltern auf ihre ganz eigene Weise Rebellen. (Anfang dieses Jahres begingen wir übrigens den 100. Geburtstag meiner Mutter, die selbst in diesem biblischen Alter immer noch unsentimental, diszipliniert, geistreich und humorvoll argumentierte und schnell und scharf parierte.) Mit fast »missionarischem Eifer« – freidenkerisch, universal, hochmoralisch, gläubig, aber keineswegs bigott, in mehreren Fremdsprachen zu Hause (Hebräisch, Russisch, Englisch, Französisch, Deutsch, Italienisch und Spanisch) und völlig auf das Familienkonzept fixiert – waren meine Eltern entschlossen, ihre drei Kinder (meine Schwestern Hephzibah und Yaltah und mich) in einer nicht-jüdischen Atmosphäre zu erziehen. Das bedeutet jedoch nicht, daß unserem jüdischen Freundeskreis mit seinen unzähligen »Onkeln« und »Tanten« sowie den religiösen jüdischen Feiertagen nicht der angemessene Respekt erwiesen wurde.

Gestärkt wurde dieses Gefühl völliger Emanzipation von den Forderungen der Orthodoxie und des Zionismus selbstverständlich durch unsere Reisen, weltweiten Konzerttourneen und die Zeit, die wir in Paris, Ville d'Avray, Basel, Rom, London und natürlich San Francisco und New York verbrachten.

Mein eigenes Empfinden als Jude ist daher im Lauf meines Lebens erst später gewachsen und hat sich weiter vertieft. Da gibt es auf der einen Seite eine speziell jüdische Philosophie, wie die Spinozas und Constantin Brunners, die dem Verstehen realistischer Abstraktion und universaler Wahrheit entspringt – also vom Monotheismus, von Moses über die höchste Moral eines Jesus zu Einstein und dessen einheitlicher Feldtheorie, von der Gleichungsformel zwischen Licht und Substanz, Geist und Materie. Auf der anderen Seite aber gibt es den unbeschreiblich grausamen Holocaust und die immerwährende Frage »weshalb diese speziell jüdische Rolle, dieses ewige Dilemma des Juden, der gleichermaßen verehrt und verfolgt, zugleich Prophet und Schuft, sich in der mathematischen Abstraktion, im Gesetz, im Kaufmännischen, der Medizin und Philosophie selbst übertrifft und dennoch zur Kreuzigung, zum Tod auf dem Scheiterhaufen, in Gaskammern und zu Qualen bei lebendigem Leibe verdammt ist?« Hat die Rolle von diesem obersten Sündenbock und Lamm Gottes Bedeutung für die menschliche Existenz?

Es sind diese einschneidenden, grauenvollen Geschehnisse und diese bohrenden und immer wiederkehrenden Fragen, durch die ich mir meines jüdischen Erbes mehr und mehr bewußt geworden bin.

Es ist schier unmöglich, Erinnerungen wie die an Belsen, wo ich für die Überlebenden gespielt habe, in sich zu tragen oder Gerhard Schoenberners Buch *Der Gelbe Stern* zu lesen, ohne bei der Frage stehenzubleiben, wie und warum es einem kultivierten Volk wie den Deutschen überhaupt möglich war – diesem Volk, das uns Bach, Beethoven und Goethe schenkte –, derartig grausame und unmenschliche Verbrechen zu begehen, wie es sie zuvor noch nie gegeben hatte, und das in so riesigem Umfang, genauestens geplant und organisiert und noch dazu an den eigenen getreuen und ehrenhaften Bürgern.

Der einzige Schluß, den ich aus all dem zu ziehen vermag, ist der, daß der Drang nach Vernichtung heute noch genauso stark im Herzen des Menschen gärt wie einst bei den kultivierten Völkern der Römer, Griechen und – nicht zu vergessen – der biblischen Juden. Selbst die Entwicklungen in der Technik, die neu gewonnenen Erkenntnisse in Kunst und Wissenschaft, selbst die Liebe der Frauen und Mütter oder die Gesichter unschuldiger Kinder können uns nicht vor dieser Sucht bewahren, unsere Enttäuschung und Wut, unsere Machtlosigkeit und unseren Rausch nach Überlegenheit, der unserem Minderwertigkeitskomplex entstammt, an den Schwächeren und Unschuldigeren, den Hilflosen und Weiseren auszulassen. In jedem von uns schlummern dieses entsetzliche Erbe und dieser Fluch. Sie sind längst so tief in unserem Denken und Handeln verwurzelt, daß es unmöglich scheint, sich je davon zu befreien.

Aber, müssen wir uns fragen, was ist es, das unzählige »gute« Menschen aus den unterschiedlichsten Gesellschaftsschichten unablässig ihren aufrichtigen, ehrlichen, treuen und verläßlichen Weg verfolgen läßt? Obgleich ihr Wunsch nach Unabhängigkeit ausgeprägt ist, sind sie denen gegenüber, auf die sie angewiesen sind, gleichbleibend zuverlässig. Aber das stärkste Empfinden der Bereicherung und tiefster Freude entstammt immer einem intensiven Abhängigkeitsverhältnis. Es geht hier um eine Abhängigkeit von *allem* und *jedem*, und das gilt nicht nur für das Hier und Jetzt, sondern nimmt ebenso Bezug auf das längst Vergangene, wie seltsam es auch immer erscheinen mag. Selbst von unserem Nächsten, den wir ermorden, sind wir abhängig – wie Kain von Abel. Das Wissen, das wir uns angeeignet haben, und die damit errungene Technik bringen uns in die bedrohliche Lage des Zauberlehrlings. Werden wir lernen, daß es heute mehr als je zuvor eines globalen Denkens bedarf, um zu überleben? Wir haben eine Pflicht der Zukunft gegenüber, den Generationen gegenüber, die nach

Der Jude spricht

uns kommen. Zuviel geschieht heute, was die Chancen für eine lebensfähige Zukunft verspielt. Das geschieht nicht immer wissentlich; es geschieht oft nur aus Stupidität und Ignoranz. Dabei sind wir vor allem auf jeden einzelnen von uns angewiesen, wir sind von unserer Kindheit und unserer Ausbildung abhängig, von unserem schöpferischen Denken und Schaffen, sei es in Musik, Kunst oder Handwerk. Wir sind das Produkt unserer Erziehung, unserer Umwelt und unserer Erfahrungen.

Jedes Mal, wenn wir einem anderen statt uns selbst die Schuld geben und jedes Mal, wenn wir Überlegenheit oder Privilegien zu unserem eigenen Vorteil ausnutzen und damit einem anderen Leid zufügen, tun wir den ersten Schritt auf dem Weg zu Mord, Krieg und Vernichtung. Wir müssen erkennen lernen, wo das alles hinführt; wir müssen lernen, nicht nur für den Augenblick, sondern für ein Übermorgen zu leben.

Diese Gedankengänge bewogen mich zur Gründung meiner Stiftung in Brüssel. Unter einem Dach vereinigt sie mehrere Aktionen, die ich nach und nach ins Leben gerufen habe und die sich innerhalb und außerhalb Europas einerseits mit der musikalischen Erziehung junger Menschen befassen und andererseits darum bemüht sind, dort Abhilfe zu schaffen, wo Not herrscht. Es ist mein tiefes Bedürfnis, den Ungehörten eine Stimme zu geben und dort Harmonie zu fördern, wo sich die Dinge dieser Welt der universellen Ordnung zu entziehen drohen.

Dies ist das Universum; wir alle sind unsterbliche Teile desselben, sind Fragmente der Götter, die alle dem Einen angehören, der uns miteinander vereint. Keiner von uns kann diesem Weltall entfliehen; keiner von uns kann sich abseits stellen; denn dieser Kosmos ist ein Gefüge aus komplizierten Harmonien und Rhythmen, deren menschliche Melodien ihre ureigenen Vibrationen widerspiegeln, aus denen wiederum Konsonanzen und Dissonanzen, die in jedem von uns gegenwärtig sind, entstehen. Die Hilfe hierzu muß erbeten werden. Meine persönliche Bitte möchte ich an dieser Stelle mit meinem Leser teilen.

Mein Gebet

Ich bete zu Euch, die ich nicht kenne und nicht kennen kann,
die Ihr in mir und um mich seid,
denen ich in Liebe, Ehrfurcht und Glauben angehöre.
Zu dem Einen bete ich und zu den Vielen:

Leitet mich zu meinem besseren Ich,
helft mir, das Vertrauen alles Lebendigen zu gewinnen –
der Menschen, Tiere und Pflanzen –
und auch das der lebenspendenden Luft, des Wassers,
der Erde und des Lichts,
die sie nähren.

Bewahrt in mir die Ehrfurcht vor dem Unerklärlichen
und dem Wesen in all seiner Vielfalt,

im Einmaligen wie auch in der Mannigfaltigkeit,
denn alles muß leben, um zu überleben.

Helft mir, daß ich nie aufhöre,
staunend vor dem Wunder zu stehen,
daß ich nie die Begeisterung,
Neues zu entdecken, verliere.

Helft mir,
überall den Sinn für das Schöne zu erwecken
und mit anderen für andere und für mich
zu dieser Schönheit beizutragen,
die uns umgibt und die wir hören, sehen,
atmen, kosten und spüren,
derer wir uns durch Sinn und Geist bewußt sind.

Helft mir,
zu allen Zeiten
alles Atmende, Dürstende,
Hungernde und Leidende
zu behüten.

Helft mir,
in Ehrlichkeit und Bescheidenheit
die verschiedenen Rollen,
die mir möglicherweise abverlangt werden,
zu übernehmen,
sei es als Lehrer, Führender, Lernender,
Seelenhirt, Heilender
oder als Freund, Diener oder Meister.

Verhelft mir zu der Bereitschaft,
allem Schwierigen, Schmerzlichen
und Unerwarteten
nicht aus dem Wege zu gehen
und niemals der Tauben und Blinden,
der Kranken und Leidenden zu vergessen.

Helft mir,
Euren endgültigen Willen
mit Verzicht
und dennoch mit ein wenig Wißbegierde
anzuerkennen,
und gebt mir den Mut,
Unglück und Zurückweisung
zu ertragen.
Verhelft mir zu der Erkenntnis,
daß zwischen dauerhaften Werten
und kurzlebigen Freuden
immer Gleichgewicht herrschen muß.

Der Jude spricht

Helft mir,
im Einklang relativer Werte
die reiche Ernte aus Beständigkeit,
Erkenntnis, Schutz,
Verwirklichung und Eingebung
geduldig abzuwarten.

Helft mir,
den mir von Euch anvertrauten Körper
gesund zu erhalten.
Nicht steht es mir zu,
mit dem Leben nach meinem eigenen Willen
zu verfahren,
auch nicht mit meinem eigenen,
das mir zu einstweiliger Obhut
anvertraut wurde,
um es wiederum dem irdischen Zyklus
in würdigem Zustand zurückzugeben,
damit neues Leben sich seiner weiter bedient.

Helft mir,
den Zusammenhang der Einheit in der Dreiheit
in allen ihren Manifestationen zu erkennen,
zu spüren und darüber zu meditieren.

Helft mir,
bei allen Konfrontationen
den Trialog im Dialog zu erkennen.

Lehrt mich, Freude und Schmerz
im Rahmen meiner Verantwortlichkeit
weise und gerecht zu verteilen.

Und letztlich
bitte ich Euch gleichwohl,
mich vor Zorn und Verdammnis zu schützen,
die mir durch andere zuteil werden
oder die ich anderen zufügen könnte.
Laßt mich Euch ungestraft anheimstellen,
was ich tief verabscheue:
diejenigen, die von Macht, Geldgier
oder eigener Hemmungslosigkeit getrieben,
andere schamlos ausnutzen oder bestechen,
um sich noch größere Selbstverherrlichung zu verschaffen –
sei es der kleinliche Bürokrat,
sei es der von Vorurteil besessene Unwissende.
Öffnet ihre Augen,
auf daß sie ihre Irrwege erkennen
und sie aus eigenem Antrieb
vor Euch bekennen.

Erleuchtet sie
und helft uns,
einander zu vergeben.

Lehrt mich,
unter Feinden,
die es in meinem Umkreis gibt,
zwischen den versöhnlichen
und den unversöhnlichen zu unterscheiden.

Macht mir Mut,
mich mit allen Kräften
um Verständnis des einen zu bemühen
und den anderen zu entwaffnen,
von beiden jedoch zu lernen
und keinen von ihnen wissentlich zu kränken.

Schenkt mir die Eingebung,
die Ihr dem Menschen zugestanden habt,
und leitet mich zur ehrfürchtigen Nachfolge derer,
die Eurem Geiste huldigen,
diesem Geist,
welcher in uns und um uns webt,
dem Geiste des Einen und der Vielen –
der Erleuchtung Christi und Buddhas,
Lao-Tses und der Propheten,
der Weisen und Philosophen,
der Dichter, Schriftsteller,
Maler und Bildhauer,
aller schöpferischen Kunst,
aller selbstlosen Menschen
mit und ohne Namen,
der Stolzen und Bescheidenen,
Männer, Frauen und Kinder
aller Zeiten und Räume,
deren Geist und Vorbild noch heute mit uns leben.

Euer Wille geschehe.

Mögen sie, die mich überleben, nicht trauern, sondern so hilfreich, freundlich und weise, wie sie zu mir waren, auch zu anderen sein. Wenngleich ich von Herzen gern noch etliche Jahre die Früchte meines so glücklichen und reichen Lebens ernten möchte, die mir diese Welt mit ihren mannigfaltigen Kulturen und Völkern schenkt, so weiß ich doch, daß mir soviel Segen, Zuneigung und Schutz zuteil geworden sind, wie für tausend Leben genügen würden und für die ich unendlich dankbar bin.

II
Hauptthema:
Das Judentum

Textauswahl

Sch'ma Israel
(Jüdisches Glaubensbekenntnis)

שְׁמַע יִשְׂרָאֵל יְהוָה אֱלֹהֵינוּ יְהוָה ׀ אֶחָד:
וְאָהַבְתָּ אֵת יְהוָה אֱלֹהֶיךָ בְּכָל־לְבָבְךָ וּבְכָל־
נַפְשְׁךָ וּבְכָל־מְאֹדֶךָ: וְהָיוּ הַדְּבָרִים הָאֵלֶּה
אֲשֶׁר אָנֹכִי מְצַוְּךָ הַיּוֹם עַל־לְבָבֶךָ: וְשִׁנַּנְתָּם
לְבָנֶיךָ וְדִבַּרְתָּ בָּם בְּשִׁבְתְּךָ בְּבֵיתֶךָ וּבְלֶכְתְּךָ
בַדֶּרֶךְ וּבְשָׁכְבְּךָ וּבְקוּמֶךָ: וּקְשַׁרְתָּם לְאוֹת
עַל־יָדֶךָ וְהָיוּ לְטֹטָפֹת בֵּין עֵינֶיךָ: וּכְתַבְתָּם
עַל־מְזוּזוֹת בֵּיתֶךָ וּבִשְׁעָרֶיךָ:

»HÖRE, Israel!
Der Ewige, unser G-tt, der Ewige ist einzig.
Darum sollst du den Herrn, deinen G-tt, lieben
mit ganzem Herzen, mit ganzer Seele und mit
ganzer Kraft.
Diese Worte, auf die ich dich heute verpflichte,
sollen auf deinem Herzen geschrieben stehen.
Du sollst sie deinen Kindern wiederholen.
Du sollst von ihnen reden, wenn du zuhause sitzt
und wenn du auf der Straße gehst, wenn du dich
schlafen legst und wenn du aufstehst.
Du sollst sie als Zeichen um deinen Arm binden.
Sie sollen zum Schmuck auf deiner Stirn werden.
Du sollst sie auf die Türpfosten deines Hauses
und in deine Stadttore schreiben.«

Die zehn Gebote
(Ex 20.1–17)

»Dann sprach Gott alle diese Worte:
 1. Ich bin der Ewige, dein Gott, ich habe dich aus Ägypten geführt, aus dem Sklavenhaus.
 2. Du sollst neben mir keine anderen Götter haben. Du sollst dir kein Gottesbild machen und keine Darstellung von irgend etwas am Himmel droben, auf der Erde unten oder im Wasser unter der Erde. Du sollst dich

nicht vor anderen Göttern niederwerfen und dich nicht verpflichten, ihnen zu dienen. Denn ich, der Ewige, dein Gott, bin ein eifersüchtiger Gott: Bei denen, die mir feind sind, verfolge ich die Schuld der Eltern an den Kindern, an der dritten und vierten Generation; bei denen, die mich lieben und auf meine Gebote achten, erweise ich Tausenden meine Gnade.

3. Du sollst den Namen des Ewigen, deines Gottes, nicht mißbrauchen, denn Gott läßt den nicht ungestraft, der den Namen Gottes mißbraucht.

4. Gedenke des Schabbattages: Halte ihn heilig! Sechs Tage darfst du schaffen und jede Arbeit tun. Der siebte Tag aber ist ein Ruhetag, dem Ewigen, deinem Gott, geweiht. An ihm sollst du keine Arbeit tun, du, dein Sohn und deine Tochter, dein Sklave und deine Sklavin, dein Vieh und die Fremden, die in deinen Stadtbereichen Wohnrecht haben. Denn in sechs Tagen hat Gott Himmel, Erde und Meer gemacht und alles, was dazugehört; am siebten Tag aber ruhte Gott. Darum hat Gott den Schabbattag gesegnet und ihn für heilig erklärt.

5. Ehre deinen Vater und deine Mutter, damit du lange lebst in dem Land, das der Ewige, dein Gott, dir gibt.

6. Du sollst nicht morden.

7. Du sollst nicht die Ehe brechen.

8. Du sollst nicht stehlen.

9. Du sollst nicht falsch gegen deinen Nächsten aussagen.

10. Du sollst nicht nach etwas aus der Familie deines Nächsten verlangen. Du sollst nicht nach der Frau deines Nächsten verlangen, nach seinem Sklaven oder seiner Sklavin, seinem Rind oder seinem Esel oder nach irgend etwas, das deinem Nächsten gehört.«

Das Kaddisch

»Erhöht und geheiligt werde sein großer Name in der Welt, die er geschaffen hat nach seinem Willen. Und sein Reich herrsche in eurem Leben und euren Tagen und dem Leben des ganzen Hauses Israel, bald und in naher Zeit; sprecht: Amen!

Es sei sein großer Name gepriesen in Ewigkeit und für alle Ewigkeit.

Gepriesen und gerühmt, verherrlicht und erhoben, hochgehalten und gefeiert, erhöht und bejubelt sei der Name des Heiligen, gelobt sei er, weit erhaben ist er über jedes Lob und allen Gesang, alle Verherrlichung und Trostverheißung, die in der Welt gesprochen werden; sprecht: Amen!

Es komme der große Frieden vom Himmel, und Leben, auf uns und ganz Israel; sprecht: Amen!

Er, der Frieden stiftet in den Himmelshöhen, er schaffe Frieden für uns und ganz Israel; sprecht: Amen!«

(Das Kaddisch ist eines der ältesten Gebete der jüdischen Liturgie und wird unter anderem am Grab und zur Jahrzeit des Verstorbenen gesprochen.)

Lecha Dodi
(Hymne zum Schabbatbeginn)

»Auf, auf, mein Freund, der Braut laßt uns entgegen gehen,
laßt uns den Schabbat wie eine Königin empfangen!

›Bewahre...!‹ (*Dtn 5.12*) und ›Gedenke...!‹ (*Ex 20.8*),
so ließ Gott, der in seiner Einheit Anerkannte,
in einem Wort es uns vernehmen.
Der Ewige ist einzig, einzig ist sein Name,
einzigartig an Ruhm, Pracht und an Herrlichkeit.
Auf, auf, mein Freund, der Braut laßt uns entgegen gehen,
laßt uns den Schabbat wie eine Königin empfangen!

Auf, auf, der Braut entgegen laßt uns laufen,
denn sie ist die Quelle allen Segens.
Seit uralten Zeiten ist diese Königin gesalbt.
Sie steht zwar am Ende der Schöpfung,
war in Gottes Gedanken jedoch von Anfang an geplant.
Auf, auf, mein Freund, der Braut laßt uns entgegen gehen,
laßt uns den Schabbat wie eine Königin empfangen!

Erwache, erwache, denn gekommen ist dein Licht.
Steh auf und leuchte!
Wach auf, wach auf, singe ein Lied!
Gottes Herrlichkeit wird sich an dir offenbaren.
Auf, auf, mein Freund, der Braut laßt uns entgegen gehen,
laßt uns den Schabbat wie eine Königin empfangen!

Komme, bring uns Frieden, du Krone deines Gatten!
Und bring auch Freude und Gelingen!
Tritt ein in die Mitte des auserwählten Volkes!
Komm herein Braut, komm herein!
Auf, auf, mein Freund, der Braut laßt uns entgegen gehen,
laßt uns den Schabbat wie eine Königin empfangen!«

(Schlomo Halewi Alkabez, ca. 1505–76)

Gebet für Israel

»Unser himmlischer Vater, Fels Jisraels und sein Erlöser, segne den Staat Israel, den ersten Sproß unserer Erlösung. Schütze ihn mit den Fittichen Deiner Gnade und breite über ihn den Schutz Deines Friedens aus. Sende Dein Licht und Deine Wahrheit seinen Führern und Leitern und unterrichte sie mit Deinem Rat. Stärke die Beschützer unseres heiligen Landes und verleihe ihnen Du, unser Gott, Deine Hilfe und den Sieg. Und gib

Frieden dem Land, und all seinen Bewohnern ungetrübte Freude. Unserer Brüder, des ganzen Hauses Jisrael, gedenke ihrer in allen Ländern der Zerstreuung und führe sie bald aufrecht nach Zijon, Deiner Stadt, nach Jeruschalajim, der Wohnstätte Deines Namens, so wie in der Tora Deines Dieners Mosche geschrieben steht: Selbst wenn Deine Verstoßenen am Ende des Himmels sind, von dort wird dich der Ewige sammeln, von dort dich nehmen. Bringen wird dich der Ewige, dein Gott, in das Land, das deine Väter geerbt haben, und dich es nun erben lassen. Gutes wird Er dir tun, zahlreicher (wirst du sein), mehr als deine Väter. Vereinige unsere Herzen in Liebe und Achtung vor Deinem Namen, um alle Satzungen Deiner Tora zu bewahren. Sende uns bald den Sohn Davids, den Maschiach Deiner Wahrheit, um die zu erlösen, die auf Deine endgültige Hilfe hoffen. Zeige Dich in der Größe Deiner Kraft allen Bewohnern Deiner Welt, damit alle verkünden können: Der Ewige, der Gott Jisraels, ist König, und Sein Reich ist über alles erhaben. Amen Sela.«

Hatikvah
(Nationalhymne des Staates Israel)

Kol od balevav penimah
nefesh yehudi homiyah.
Ulefaatey mizrah kadimah
ayin le-Tziyon tzofiyah.
Od lo av'-dah tikvatenu,
Hatikvah sh'not alpayim.
Lih'yot am hofshi beartzenu.
Eretz Tziyon yirushalayim.

»Solange im Herzen darinnen
ein jüdisches Fühlen noch taut,
solange gen Südost zu den Zinnen
von Zion ein Auge noch schaut.
Solange lebt die Hoffnung auf Erden,
die uns 2000 Jahre verband.
Daß ein Freivolk wir wieder werden
in Zion, Jerusalems Land.«

Die Bedeutung der hebräischen Bibel für das Judentum

Schalom Ben-Chorin

Die hebräische Bibel, d.h. der als Altes oder heute auch als Erstes Testament bezeichnete erste Teil der Bibel, gehört Juden und Christen gemeinsam. Die Bedeutung dieser heiligen Schrift für das Judentum unterscheidet sich aber grundsätzlich von der für das Christentum.

Die hebräische Bezeichnung für das Alte Testament lautet Thenach, was eine Zusammenfassung der Anfangsbuchstaben seiner einzelnen Teile darstellt: *Thora* (Fünf Bücher Mose), *Neviim* (Propheten, wozu auch die Geschichtsbücher gerechnet werden, da sie als prophetisch inspiriert gelten) und *Kethuvim* (Schriften, Hagiographen). Die einzelnen Teile werden verschieden hoch bewertet. An erster Stelle steht die Thora; das sind die Fünf Bücher Mose, welche im christlichen Sprachgebrauch als Gesetz bezeichnet werden. Diese Bezeichnung, die auf das griechische Wort *nomos* zurückgeht, das im Neuen Testament üblich ist, trifft zwar die Sache nicht ganz, denn Thora ist viel mehr als Gesetz, ist Weisung und Unterweisung, Erweis der Offenbarung Gottes an Israel, betont aber die hier besonders relevante Seite. Die Thora ist nicht nur Gesetz, enthält aber das Gesetz Gottes für Israel, und darin liegt die Verschiedenheit des Zugangs bei Judentum und Christentum. Durch die Theologie des Apostels Paulus wurde die Thora für das Christentum auf den Begriff Gesetz reduziert. Paulus wollte vor allem die Ritualgesetze (Speisegesetze, Sabbathruhe, Reinheitsvorschriften und Anweisungen für Feste) außer Kraft setzen, da sie nach seinem Verständnis in der messianischen Zeit ihre Gültigkeit verloren hatten. Das Judentum hingegen sieht in diesen Vorschriften die Grundlage des täglichen Lebens, hat aber nach der Zerstörung des Tempels von Jerusalem im Jahr 70 n. Chr. auch seinerseits alle Opfervorschriften aufgehoben.

Die Gesetze der Thora sind jedoch ohne die späteren Interpretationen nicht praktikabel. Unter diesen versteht man die Mischna, den Kern der mündlichen Überlieferung, welche im 2. Jahrhundert von Rabbi Jehuda ha-Nassi schriftlich fixiert wurde, und die Gemara, die Erläuterungen zur Mischna. Mischna und Gemara bilden zusammen den Talmud. Die Tradition der Auslegung des Gesetzes wurde in der rabbinischen Literatur bis in die Gegenwart fortgesetzt, aber Grundlage blieb immer die Thora.

Der zweite Teil des hebräischen Kanons, die Geschichtsbücher und Propheten (Neviim), haben für das Judentum vor allem historisch legitimierende Bedeutung. Der Anspruch auf das Land Israel als Land der Verheißung gründet in diesem Bewußtsein und hat in der Moderne durch die Zionistische Bewegung und die Gründung des Staates Israel neue aktuelle Bedeutung erfahren. Bei den Propheten werden die drei großen, nämlich Jesaja, Jeremia und Ezechiel, sowie die auch als Dodeka-Propheten bezeichneten zwölf kleinen Propheten unterschieden. Daniel wird nicht zu den Propheten gerechnet, sondern dem dritten Teil, den Schriften (Kethuvim), zugeordnet, da seine apokalyptischen Endzeitberechnungen umstritten blieben.

Die Kethuvim enthalten die Psalmen, die Sprüche (Salomos), Hiob, das Hohelied, Ruth, Klagelieder (des Jeremia), Prediger (Koheleth), Esther, Daniel, Esra und Nehemia sowie die zwei Bücher der Chronik.

Für die synagogale Lesung ist die Thora in 54 Wochenabschnitte eingeteilt. Zu diesen Lesungen kommen dann jeweils die Prophetenperikopen dazu, die motivisch auf die Wochenabschnitte bezogen sind wie in der kirchlichen Lesung Evangelium und Epistel. Diese Ordnung hatte sich wahrscheinlich an der synagogalen Praxis orientiert.

Die verschieden hohe Bewertung der einzelnen Teile der hebräischen Bibel zeigt sich schon rein äußerlich darin, daß die auf Pergamentrollen handgeschriebene Thora in der Heiligen Lade der Synagoge aufbewahrt wird und mit rituellem Schmuck (Kronen, Brustschild, deutende Lesehand und einer Art Kultgewand) versehen ist.

Vorgelesen werden muß aus einer solchen handgeschriebenen Rolle, was besondere Kenntnisse erfordert, da der Text unpunktiert ist, keine Kantilenen (Tonzeichen) aufweist, aber in einem Sprechgesang vorgetragen werden muß.

Die Lesung aus den Prophetenperikopen (Haphtaroth genannt) kann hingegen auch aus einer gedruckten hebräischen Bibel erfolgen.

Die Gesetze der Thora, die im Zusammenhang mit der sogenannten mündlichen Tradition als Basis des täglichen Lebens verstanden werden, können ohne die gültige Interpretation nicht praktiziert werden. Ein berühmtes Beispiel dafür ist das Gebot »Auge um Auge, Zahn um Zahn« (Lev. 24, 20), das nie im Sinne eines ius talionis, eines Vergeltungsrechtes, wörtlich verstanden wurde, sondern im Sinne von Schadenersatz gemeint war. Es wird aber immer wieder von christlicher Seite mißdeutet und sogar auf die Politik Israels angewendet.

Die Schriften enthalten auch die fünf Rollen der Feste, welche mit ihnen in Verbindung gebracht werden: das Buch Esther für das sogenannte Purim- oder Los-Fest, dessen Entstehung im persischen Großreich durch die Rettung der Juden aus der Hand ihres Erzfeindes Haman hier beschrieben wird; das Hohelied, welches dem Frühlingsfest Passah zugeordnet wird; das Buch Ruth, welches am Wochenfest verlesen wird, da es zur Zeit der Gerstenernte spielt; die Klagelieder des Jeremia für den Trauertag des Neunten Av im Hochsommer, der an die Zerstörung Jerusalems unter Nebukadnezar von Babylon erinnert, und das Buch Koheleth (Prediger), das zum Laubhüttenfest rezitiert wird, welches als Zeit der großen Versammlung des Volkes galt.

Die Bücher Hoheslied, Sprüche und Koheleth (Prediger) werden dem König Salomo zugeschrieben. Als junger Mann soll er das klassische Liebeslied (Hoheslied) verfaßt haben, in der Lebenszeit des reifen Mannes dann die Sprüche und das Buch Koheleth, welches die Grundfragen des Glaubens und Lebens in dialektischer Weise aufwirft.

So werden die Teile der hebräischen Bibel in den Rhythmus des jüdischen Jahres eingefügt. Das gilt natürlich auch für alle Lesungen an den Festen Israels.

Der Kalender, welcher auf der Bibel basiert, hat daher für das Leben des Juden erhöhte heilsgeschichtliche Bedeutung.

Es ist ein weitverbreiteter christlicher Irrtum, daß die messianische Botschaft den Kern der hebräischen Bibel bildet. Dies ist nicht der Fall, worauf der Erlanger Alttestamentler Georg Fohrer nachdrücklich hingewiesen hat. Der Messianismus im Judentum ist vorwiegend nachbiblisch bezeugt und findet sich in der hebräischen Bibel nur andeutungsweise.

Die klassischen Ausgaben der hebräischen Bibel, die sog. Biblia Rabbinica, bieten den Bibeltext in einem Kranz von Kommentaren, der im Lauf der Jahrhunderte entstanden ist.

Die rabbinische Hermeneutik kennt kein Früher oder Später in der Thora (gemeint ist hier die ganze hebräische Bibel), sondern sieht sie als eine Einheit, in welcher sich letztlich alles aus sich selbst erklären läßt, wie es in den Sprüchen der Väter heißt: »Wende sie um und um, denn alles ist darin enthalten.«

Der berühmteste unter den Exegeten ist Raschi (Rabbi Schlomo ben Jizchak, 1040 Troyes – 1105 Worms). Als seine Nachfolger gelten die sogenannten Thosaphisten. Während Raschi streng fundamentalistisch vorgeht, finden sich bei dem etwas jüngeren Abraham Ibn Esra (1092 Toledo – 1167 Rom) bereits leichte bibelkritische Andeutungen, die der Kommentator mit dem Hinweis versieht: »Der Verständige versteht.« Auch der Kommentar des Ibn Esra ist allen rabbinischen Bibeln beigelegt.

Die eigentliche Bibelkritik bleibt den klassischen Kommentaren fremd, obwohl sie auf den jüdischen Philosophen Spinoza (1632 Amsterdam – 1677 Den Haag) zurückgeht. In einem theologisch-politischen Traktat von 1670, der anonym erschien, übte er Kritik am jüdischen Offenbarungsbegriff, lehnte die Autorschaft des Mose als Verfasser des Pentateuch und ebenso die traditionelle Sonderstellung seiner Prophetie ab.

Der heutige jüdische Zugang zur hebräischen Bibel richtet sich nach den verschiedenen Glaubensströmungen im Judentum. Die Orthodoxie hält am traditionellen Zugang fest, erfuhr aber im 19. Jahrhundert durch den Frankfurter Rabbiner Samson Raphael Hirsch (1808 Frankfurt am Main – 1888 Hamburg), durch seine Kommentare zum Pentateuch und zu den Psalmen eine Ethisierung im Sinne eines religiösen Humanismus.

In ähnlicher Weise wirkte bereits im 18. Jahrhundert Moses Mendelssohn (1729 Dessau – 1786 Berlin), dessen Bibelübersetzung noch in hebräischen Lettern erscheinen mußte, da die Juden weder das lateinische noch das gotische Alphabet kannten. Sein Kommentar »Biur« aber, der 1780 erschien, ist in hebräischer Sprache abgefaßt.

Zum Verständnis der hebräischen Bibel im Judentum müssen aber nicht nur die Kommentatoren, sondern auch die Dezisoren herangezogen werden. Unter Dezisoren versteht man die rabbinischen Autoritäten vom Abschluß des Talmud (abgeschlossen etwa um 500 n. Chr.) bis zur Gegenwart. Diese Autoritäten erschließen die für die religiöse Praxis verbindlichen Gesetze, die sogenannte Halacha, die immer auf der hebräischen Bibel basiert.

Unter diesen Autoritäten sind vor allem Maimonides (1153 Córdoba – 1204 Fostat bei Kairo) und Josef Karo (1488 Toledo – 1575 Safed) zu nennen, deren Gesetzeswerke, Mischne Thora und Schulchan Aruch bis heute die Grundlagen für die rabbinischen Gerichte in Israel und der Diaspora bilden.

Da das jüdische Religionsgesetz in Israel für das Personenstandsrecht, z.B. für Eheschließung und Ehescheidung, staatlich zuständig ist, ergeben sich oft unvermeidliche Konflikte zwischen diesem auf der Bibel basierenden Recht und der modernen Gesetzgebung eines demokratischen Staates. Die Bibel kennt eigentlich noch keine Gleichberechtigung der Frau, die als Besitz des Mannes angesehen wird. Nur der Mann kann der Frau den Scheidebrief überreichen, aber nicht umgekehrt. Nach der Bibel ist auch noch die Polygamie zulässig; sie wurde erst im Mittelalter durch Rabbenu Gerschom ben Juda (um 960 Mainz – 1040 Mainz) für das mitteleuropäische Judentum verboten, während sie in den islamischen Ländern auch für die Juden noch erlaubt war.

Heute eröffnen sich ganz neue Zugänge zur hebräischen Bibel. Hier ist zunächst die Archäologie zu nennen, die natürlich im Lande Israel vorrangige Bedeutung gewann. Biblische Orte und Landschaften, die nur ein theologischer oder historischer Begriff waren, erlangten neue, reale Bedeutung. Auch Flora und Fauna der Bibel wurden nun Gegenstand systematischer Forschung. Hier zeichnete sich Michael Zohary aus, dessen vollständiges Handbuch »Pflanzen der Bibel« nun auch in deutscher Sprache vorliegt.

Die archäologische Erforschung wurde vor allem von Professoren der Hebräischen Universität in Jerusalem wie Professor Sukenik und seinem Sohn Jigael Yadin durch erste Erschließungen der Schriftrollen von Qumran am Toten Meer eingeleitet. Diese Schriftrollen bieten die ältesten Texte der hebräischen Bibel und beweisen, wie wörtlich genau die Texte bewahrt wurden; nur die Schreibweise unterscheidet sich von der heute üblichen.

Die hebräische Bibel hat (leider) auch eminent politische Bedeutung gewonnen, so im Zusammenhang mit Grenzziehungen des Staates Israel. Die Bibel selbst kennt verschiedene Grenzen des Landes der Verheißung im Laufe der geschichtlichen Entwicklung, und es ist daher immer die Frage, welche der Grenzziehungen heute als politisch relevant angesehen werden. Sogar die für 1995/96 angesetzten Dreitausendjahrfeiern in Jerusalem sind zum Politikum geworden. Diese Feiern sollten an die Eroberung der Jebusiterfestung Jerusalem durch den König David (2 Samuel 5,6–10) erinnern. Die Zahl dreitausend ist zwar nicht mit letzter Genauigkeit zu bestimmen, aber es unterliegt keinem Zweifel, daß mit der Eroberung der Jebusiterfestung die Bedeutung Jerusalems beginnt, die durch Davids Nachfolger, König Salomo, mit der Errichtung des Ersten Tempels vollendet wurde.

All das kann zwar als biblisches Faktum gewertet werden, wurde aber durch arabische Proteste und europäische Solidarität mit der arabischen Opposition gestört. Wie dem auch sei, Aktivitäten dieser Art zeigen die Aktualität der hebräischen Bibel. An der Bibel orientierte christliche Kreise zeigen sich hier mit den Juden solidarisch.

Für den deutschen Sprachraum ist die Übersetzung der hebräischen

Bibel von Martin Buber und Franz Rosenzweig von besonderer Bedeutung. Sie stellt den ersten Versuch dar, den deutschen Leser an die Urform der hebräischen Bibel heranzubringen. Im Jahre 1925 begann Martin Buber in Zusammenarbeit mit Franz Rosenzweig, die hebräische Bibel ins Deutsche zu übertragen: *Die Schrift. Aus dem Hebräischen verdeutscht von Martin Buber gemeinsam mit Franz Rosenzweig.* Martin Buber (1878 Wien – 1965 Jerusalem) war sich bewußt, daß eine solche Revision des Bibeltextes nur in gemeinsamer Arbeit zu bewältigen ist; damit kommt sein dialogisches Prinzip zum Ausdruck. Ein solcher Mitarbeiter erwuchs ihm in Franz Rosenzweig (1886 Kassel – 1929 Frankfurt am Main), mit dem er die Verdeutschung bis zu den Liedern vom Knechte Gottes (Jesaja 53) fortführen konnte. Der schwerkranke Rosenzweig blieb Bubers getreuer Berater und Mitarbeiter bis zum letzten Atemzug, und Buber führte die Übersetzung unter den widrigsten Umständen zu Ende. Erst im Jahre 1961 konnte er in Jerusalem das Werk vollenden. Am Schluß einer kleinen Feier zu Ehren dieses gigantischen Lebenswerkes stellte der Jerusalemer Professor für jüdische Mystik, Gershom Scholem, die Frage, für wen diese Übersetzung denn nun bestimmt sei. Ein der Bibel entfremdetes deutsches Judentum, dem es ursprünglich zugedacht war, gibt es zwar heute nicht mehr, doch haben christliche Theologen die grundlegende Bedeutung dieser Verdeutschung der hebräischen Bibel im Stil des Originals erkannt.

Die Übersetzung liegt in vier Bänden vor (im Verlag Lambert Schneider, Gerlingen) und wurde auch von der Deutschen Bibelgesellschaft, Stuttgart, als Taschenbuch-Ausgabe herausgegeben.

Es gehört zu den Koinzidenzen der Geistesgeschichte, daß zur selben Zeit, in welcher Martin Buber seine Bibelübersetzung vollendete, in derselben Stadt Jerusalem Professor Tur-Sinai (H. Torcziner) die Revision der von ihm geleiteten Gemeinschaftsübersetzung der Heiligen Schrift im Jahre 1937 zum Abschluß brachte, die mit dem hebräischen Letteris-Text noch einmal zweisprachig erscheinen konnte.

Unter dem ersten Ministerpräsidenten des Staates Israel, David Ben-Gurion (1886 Plonsk – 1973 Sde Boker) setzte in Israel eine Bibel-Renaissance ein. Ben-Gurion ging davon aus, daß diese drei zusammengehören: dieses Volk (das jüdische Volk), dieses Land (das Land Israel) und dieses Buch (die hebräische Bibel).

Er richtete in seinem Hause einen wöchentlichen Bibelkreis ein, den sein Nachfolger, Menachem Begin, fortsetzte. Unter Ben-Gurions Ägide wurden an jedem Unabhängigkeitstag Israels Bibelwettbewerbe durchgeführt, an welchen sich auch Christen beteiligten, von denen die Baptisten besonders erfolgreich waren. Dieser schöne Brauch wurde später nur noch in veränderter Form fortgeführt, nämlich als Bibelwettbewerb der jüdischen Jugend des In- und Auslandes. In dieser Form wird die Tradition bis heute gepflegt und zeigt immer wieder, wie stark das Band der Bibel Israel und die Diaspora umfaßt.

Besonders hilfreich für einen neuen Zugang zur hebräischen Bibel war Professor Gevarjahu, der Leiter der Israelischen Bibel-Gesellschaft, die unter seiner Leitung regelmäßige Bibeltagungen mit Exkursionen zu biblischen Stätten im ganzen Lande durchführte. Gevarjahu wollte in Jerusalem auch ein Bibel-Museum eröffnen, aber nach seinem allzu frühen Tode wurde dieser Plan bisher nicht verwirklicht.

Große Verdienste um die Verbreitung der hebräischen Bibel hat sich auch der Verlag Koren in Jerusalem erworben, der eine mustergültige Neuausgabe der hebräischen Bibel zum Teil auch mit einer englischen Übersetzung herausbrachte.

In Israel entstand eine umfangreiche Literatur zum besseren Verständnis der hebräischen Bibel. Zu nennen sind hier vor allem die biblische Enzyklopädie und die von der Hebräischen Universität in Jerusalem herausgegebene wissenschaftliche Ausgabe der hebräischen Bibel, die auch die Rollentexte von Qumran miteinbezieht.

Der Bibelunterricht in den israelischen Schulen, auch in nicht-religiösen, nimmt eine herausragende Stellung ein. Bis zu fünf Bibelstunden pro Woche sind mehr oder minder üblich, wobei die hebräische Bibel nicht im Sinne eines Religionsunterrichtes, sondern als Grundlage der hebräischen Sprache, der Geschichte Israels und der Landeskunde vermittelt wird. In den orthodox-religiösen Schulen hingegen wird die Bibel vor allem im Sinne der Tradition unter Verwendung der klassischen Kommentare gelehrt.

Es ist erstaunlich, wie es dem Erneuerer der hebräischen Sprache, Eliëser Ben-Jehuda, der um die Jahrhundertwende in Jerusalem lebte, gelungen ist, in die zu neuem Leben erweckte Umgangssprache biblische Vokabeln in neuer Bedeutung einzufügen. Der Dichter Chaim Nachman Bialik sprach von den Bibelversen als dem Hintergrund der hebräischen Sprache. Als Beispiel sei der Begriff Elektrizität genannt, der aus der Bibel abgeleitet werden konnte. Im ersten Kapitel des Propheten Hesekiel wird der Thronwagen Gottes beschrieben. Unter ihm leuchtete es wie Bernstein. In der griechischen Übersetzung, der sogenannten Septuaginta, wird dieses Wort mit Elektron wiedergegeben. Im hebräischen Original aber heißt es Chaschmal. Nun zog Ben-Jehuda den logischen Schluß, wenn Elektron dasselbe wie Chaschmal ist, kann Chaschmal für Elektrizität gebraucht werden, und so haben wir für den modernen Begriff der Elektrizität das biblische Wort Chaschmal. Das ist nur ein Beispiel für die verblüffende Tatsache, daß es viele moderne Begriffe gibt, für die sich Entsprechungen in der hebräischen Bibel finden lassen, wenn man ihren Text genau kennt und prüft.

Der Unterschied zwischen dem biblischen Hebräisch und der jetzt gesprochenen Sprache ist nicht so groß wie der zwischen Alt- und Mittelhochdeutsch und der heute gesprochenen deutschen Sprache. Texte in den alten Formen der deutschen Sprache können nur noch mit Wörterbüchern erarbeitet werden, aber unsere Schulkinder können den Urtext der hebräischen Bibel unter Anleitung des Lehrers oder der Lehrerin durchaus verstehen. Natürlich gibt es innerhalb der hebräischen Bibel sehr verschiedenartige Texte, von einfachen Erzählungen wie der Josephsgeschichte in der Genesis, dem ersten Buch Mose, bis hin zu sprachlich überaus schwierigen Partien wie dem Buche Hiob.

In Literatur und Kunst spielt die hebräische Bibel eine herausragende Rolle. Die wiedererwachte neue hebräische Literatur begann im 19. Jahrhundert mit biblischen Romanen von Mapu, die noch ganz im Stile der Bibel gehalten waren.

Auf der hebräischen Bühne sind biblische Themen bis heute oft dominierend. So wurde zum ersten Unabhängigkeitstag Israels das Königsdrama »Saul« von Max Zweig vom Staatstheater der »Habimah« aufgeführt. Dieses biblische Drama war zwar ursprünglich in deutscher Sprache verfaßt, doch seine Premiere in Israel fand auf hebräisch statt. Schon lange vor der Staatsgründung hat die »Habimah« das ursprünglich ebenfalls deutsch geschriebene biblische Drama »Jaákobs Traum« von Richard Beer-Hofmann aufgeführt.

Den biblischen Tanz versuchte die Choreographin Rina Nikowa wieder zu beleben, und im Amphitheater auf dem Skopus über Jerusalem wurden diese Inszenierungen eindrucksvoll dargestellt.

In der bildenden Kunst sind vor allem die farbenprächtigen Glasfenster von Marc Chagall in der Synagoge des Hadassah-Hospitals in Jerusalem zu nennen, welche die Zwölf Stämme Israels symbolisieren. Von Marc Chagall stammt auch der gewaltige Gobelin im Parlamentsgebäude der Knesseth in Jerusalem, der die Urgeschichte Israels vom Auszug aus Ägypten bis zu König David illustriert.

Bedenkt man, wie bibelfern große Werke europäischer Kunst sind, die biblische Themen aufgreifen, so wird einem klar, daß jüdische Darstellungen der hebräischen Bibel in der modernen Kunst eine Rückkehr zum Ursprung bedeuten.

Es ist hocherfreulich, daß heute in weiten Kreisen christlicher Theologie die Tendenz spürbar wird, zur hebräischen Bibel zurückzukehren. So spricht man, wie bereits erwähnt, nicht mehr vom »Alten Testament«, sondern vom »Ersten Testament«, um damit die Gleichwertigkeit beider Testamente zu unterstreichen.

Es ist eine Aufgabe unserer Zeit, den Lesern der Bibel die Gemeinsamkeit der Grundlagen unseres Glaubens, als Juden und Christen, bewußt zu machen.

Immer wieder stellt sich die Frage: Lesen Juden und Christen dieselbe Bibel? Diese Frage kann nur durch gemeinsame Bemühung um Erschließung der Texte geklärt werden.

In diesem Zusammenhang ist mir aufgefallen, daß die Losung »Ackert euch einen neuen Acker« zweimal in der hebräischen Bibel steht, bei Jeremia 4,3 und bei Hosea 10,12. Ich fragte mich, warum dies zweimal dasteht, und fand darauf die Antwort: einmal für die Juden und einmal für die Christen. Wenn wir von beiden Seiten den uns anvertrauten Acker des biblischen Wortes neu umpflügen, um Saat der Hoffnung auszustreuen, müssen wir einander auf dem Wege zum Reich Gottes begegnen.

Philo von Alexandrien: Inspirator für Deutungen von Christentum und Judentum

Clemens Thoma

Wie Judentum und Christentum sich in ihren ersten Lebensstadien entwickelt haben, wird auch teilweise weiterhin im dunkeln bleiben. Noch unzugänglicher ist der früheste Wachstumsprozeß des Christentums aus dem Judentum heraus. Zwar gibt es über den ersten Impuls, der zum Christentum führte, keinen Zweifel: Der gekreuzigte und als Auferstandener verkündigte Christus hat den ersten jüdischen Christusgemeinschaften Leben und Schwung gegeben. Dieses von Erfahrung, Geist und Glaube bestimmte neue Leben wäre aber schon bald in die Ziel- und Ausweglosigkeit hineingeraten, wenn nicht geistig-vermittelnde Menschen bereitgestanden wären, die das Christusereignis in den historischen und theologischen Gesamtrahmen der israelitischen Erwartungen hineinstellen und dadurch gewährleisten wollten, daß es mit diesen im Einklang sei. Die christentums*internen* Vermittler und Deuter des Christusgeschehens sind bekannt: verschiedene Auferstehungszeugen, die Evangelisten und andere. Brisanter ist die Frage nach den christentums*externen* Vermittlern und Konsolidierern des neuen christlichen Glaubens. In Frage kommen jüdische Zeitgenossen Jesu sowie der Ur- und Frühkirche, die als damals moderne Denker und Interpreten ihre eigenen jüdischen Glaubenstraditionen prüften und so den christlichen Glaubensgemeinschaften indirekt einen theologischen Halt gegeben haben. Es geht um angesehene jüdische Erforscher der biblischen Offenbarung, bei denen die christlichen Verkünder über Bibliotheken oder verbreitete Schriften auch ohne Wissen der Autoren theologischen und heilsgeschichtlichen Rat holen konnten, um den jungen christlichen Gemeinschaften zu einem sicheren Glaubens- und Lebensverständnis verhelfen zu können. Die Frage nach solchen Inspiratoren stellt sich nicht nur vom beginnenden Christentum, sondern auch von dem nach der Tempelzerstörung des Jahres 70 n.Chr. sich allmählich formierenden rabbinischen Judentum her. Auch die Rabbinen konnten ihre Botschaft nicht ohne starken Anschluß an geistig-religiöse Denk- und Ausdrucksweisen der Zeit vor der Tempelzerstörung des Jahres 70 n.Chr. formulieren und ihren Gemeinden einprägsam vorstellen.

In dieser Untersuchung geht es vor allem um Philo von Alexandrien, einen *externen* jüdischen Paten des werdenden Christentums, der indirekt – obgleich bei weitem nicht so stark – auch auf das rabbinische Judentum und andere spätere Formen des Judentums eingewirkt hat. Zwar gibt ihn kein neutestamentlicher und auch kein rabbinischer Autor als theologischen Wegbereiter an. Verschiedene neutestamentliche und rabbinische Sätze und Abschnitte sind aber ohne die geistige Vorarbeit Philos kaum denkbar. Anhand einiger Beispiele will ich nun zeigen, wie der Geist Philos besonders ins Neue Testament eingegangen sein könnte. Zunächst wird versucht, einen kurzen Einblick in Leben und Denkweise Philos zu geben. Dann geht es darum, Parallelen zwischen Philo und dem Neuen Testament aufzuzeigen. In einem dritten Abschnitt werden das Logos-Denken Philos und seine neutestamentlichen und rabbinischen Umdeutungen untersucht. Einige Schlußerwägungen sollen das Ganze abrunden.

1. Philo: Leben und Persönlichkeit

Philo(n) von Alexandrien, auch Philo Judaeus genannt, lebte von ca. 25 v. bis ca. 50 n.Chr. Etwa gleichzeitig mit ihm lebten Gamliel der Ältere (Apg 5,34–39), Johannes der Täufer, Jesus von Nazareth, Paulus von Tarsus, die Evangelisten Markus, Matthäus, Lukas und Johannes, die judäischen Könige Herodes I. und Herodes Agrippa, der römische Präfekt Pontius Pilatus, die Kaiser Tiberius und Gaius Caligula sowie viele andere, die damals Geschichte gemacht haben. Philo lebte in Alexandrien, der politisch und geistig-initiativen Ost-Metropole der damaligen Welt, im Kreise von großen jüdischen Gemeinschaften und Gemeinden, die von einer alteingesessenen griechisch-hellenistischen Mehrheit umgeben waren. Er ist als jüdischer Theologe zu charakterisieren, der die jüdische Religion so darzustellen versuchte, wie es dem hohen Niveau der jüdischen Bildungseliten und der vorherrschenden hellenistischen Philosophie und Kultur entsprach. Im Jahre 38 n.Chr. brach in Alexandrien ein wilder Haß auf die Juden aus.[1] Ein Jahr darauf, im Winter 39/40, war Philo als älterer Mann Mitglied einer nach Rom zu Kaiser Gaius Caligula entsandten Abordnung. Ziel dieser »Legatio ad Gaium« war es, die staatsrechtliche Stellung der Juden in Alexandrien als »katoikoi« (etwa: Ansässige) zu festigen, damit Judenhaß und Judenmord künftig nicht mehr vorkämen.

Philo entstammte einer sehr vermögenden Familie. Sein Bruder Alexander gehörte der hohen Magistratsbehörde von Alexandrien als Alabarch an und war u.a. Vermögensberater des Herodes Agrippa und der Kaiserin-Mutter des Claudius. Außer durch seinen religiös-politischen Kampf gegen die mächtigen Judenfeinde machte sich Philo durch zahlreiche Schriften als geistig-religiöser Führer der alexandrinischen Juden einen Namen. Die meisten seiner Schriften (mehr als 33 Werke) hat er zunächst wohl in der großen alexandrinischen Synagoge vorgetragen. Auf religiös-theologischer Ebene ging es ihm hauptsächlich um die Verteidigung des Judentums und im Zusammenhang mit hellenistischen Philosophien um die Interpretation der griechischen Bibel. Er wollte ein geistiger Koordinator zwischen den damals modernen Denkern und der biblischen Offenbarung sowie zwischen Judentum und Hellenismus sein. Philo ist dem mittleren Platonismus zuzuordnen, einer Konsensphilosophie, die aus einer Verbindung von platonischen, aristotelischen und stoischen Lehrelementen hervorgegangen war (und sich besonders gegen die Epikuräer richtete).[2] Sei-

---

[1] Vgl. Alexandrien, TRE 2 (1978) 248–264; Werner Bergmann / Christhard Hoffmann, Kalkül oder Massenwahn, eine soziolog. Interpretation der antijüd. Unruhen in Alexandria 38 n.Chr., in: FS für Herbert Strauss, hg. v. R. Erb / M. Schmidt, Berlin 1987, 15–46.

[2] Philo Judaeus, in 10 Volumes (and 2 Supplementary Volumes), With an English Trans-

ne Hauptideen schöpfte Philo aus Platons »Timaios« und der griechischen Bibel.³

Klearchos, ein Schüler des Aristoteles, hat sich einmal folgendermaßen über einen hellenisierten Juden geäußert: »Er sprach nicht nur griechisch, sondern war auch in seiner Seele griechisch« (Josephus, Ap I 180). Damit ist auch die geistesgeschichtliche Problematik angesprochen, die von Philo ausgeht und ihn umgibt: Erschließt sich die Gedankenwelt seiner Schriften hauptsächlich vom griechischen Geist her, oder ist Philo in erster Linie ein jüdischer Apologet, der die griechischen Philosophien nur deshalb studiert und abhandelt, um den Antijudaismus der Heiden einzudämmen und um feindliche Tendenzen im jüdischen Bereich, die sich gegen Griechen und Römer richten, vor der heidnischen Öffentlichkeit zu verstecken?⁴

Philo stand nicht mit dem einen Bein im Griechentum und mit dem andern im Judentum; er war kein geistig-religiöser Zwitter. Er war ein hochintelligenter und jüdisch-engagierter Mensch, der sich den philosophisch-theologischen Zeitfragen stellte. Man kann ihn als einen »inveterate rambler«, einen »hartnäckigen Wanderer« und Sucher zwischen Texten und Textinterpretationen der biblischen und der griechisch-philosophischen Tradition bezeichnen.⁵ Er wollte verschiedene Bildungs- und Kulturmängel des zeitgenössischen Judentums beheben. Nur eine zeitnahe Interpretation der Septuaginta, dieser auch für die Nichtjuden verständlichen modernen Bibel, konnte seiner Meinung nach die Mißverständnisse zwischen Juden und Nichtjuden abbauen und das Verständnis füreinander fördern. Mit Recht schreibt Peder Borgen: »Philo used the Jewish People, its history, institutions, its religious convictions and values and its relationship to the pagan surroundings as a hermeneutical key, not only to the literal wording but also to the spiritual principles found in Scriptures«.⁶

Bereits hier ist die religions- und theologiegeschichtliche Frage nach der Ausstrahlung des philonischen Geistesgutes zu stellen. Hat Philo den Apostel Paulus und die Evangelisten zu ihren Christustheologien inspiriert? Wie hoch ist sein Einfluß auf das Judentum im Anschluß an die Tempelzerstörung (70 n.Chr.) zu veranschlagen? Auf diese Fragen kann man

---

lation, ed. F.H. Colson / G.H. Wittacker / Ralph Marcus, The Loeb Classical Library. Cambridge / London 1929–1953, 2. Aufl. 1954; Philonis Alexandrini Opera quae supersunt, hg. v. L. Cohn / P. Wendland, 7 Bde., Berlin 1896–1926, Nachdr. 1962/63; dazu 7 Bde. in deutscher Übers., Berlin 1962–64. Wissenschaftl. Arbeiten über Leben und Werk Philos, bes. in ANRW II/21/1. Zur weiteren Nachwirkung Philos im Mittelalter vgl. Andreê de Muralt, Néoplatonisme et Aristotélisme dans la Métaphysique Médiévale. Paris 1995. Die Abkürzungen der Werke Philos richten sich nach dem Abkürzungsverzeichnis der TRE (S. Schwertner) Berlin 1994.

3   Dazu bes. David Runia, Philo of Alexandria and the Timaios of Plato. Leiden 1986.
4   Julius Guttmann, Die Philosophie des Judentums, Bd. 3, München 1933, z.B. S. 33 versteht Philo im wesentlichen als geistigen Vertreter des Griechentums. Zu weiteren Deutungstendenzen vgl. bes. Peder Borgen, Philo of Alexandria, A Critical and Synthetical Survey of Research since World War II: ANRW II/21/1, 98–154.
5   So nach Formulierungen der »Introduction« zum 1. Bd. der Philo Edition der Loeb Classical Library (Anm. 2).
6   ANRW II/21/1, 131f (vgl. Anm. 4).

nur annähernd eine Antwort finden, weil Philo weder im Neuen Testament noch im Talmudischen Schrifttum namentlich zitiert wird. Im Falle des Neuen Testaments kommt noch ein ideologischer Umstand erschwerend hinzu. Wie schon Adolf von Harnack festgestellt hat, wurden »die Entschränkung der jüdischen Religion und ihre Transformation zur Weltreligion schließlich vom jungen Christentum bewirkt, das sich als wahres Israel verstand und die universalistischen Gedanken des Alten Testaments neu formulierte und auf seine Weise realisierte«.[7]

Ein universalistisches Judentum wäre sicher nicht im Sinne Philos gewesen. Wie stark auch immer sein Einfluß auf das Neue Testament war – es bleibt ein Graben zwischen Philos Auffassung vom Judentum und jener der neutestamentlichen Autoren. Man kann aber doch schon einiges von dem erahnen, was Philo vom Neuen Testament trennt und mit ihm verbindet, und dadurch auch beurteilen, wie sich das Christentum aus seinen allerersten Anfängen heraus entwickelte.

2. Eine theologische Spur Philos im Lukasevangelium

In De Abrahamo 17–19 kommt Philo auf den vorsintflutlichen Helden Henoch zu sprechen. Von ihm heißt es in Gen 5,24 (Septuaginta-Fassung): »Henoch war Gott wohlgefällig und wurde nicht gefunden, denn Gott hatte ihn (an einen andern Ort) versetzt«. Schon vor der Zeit Philos hatte der Urheld Henoch bei verschiedenen jüdischen Gruppen in höchstem Ansehen gestanden, und es hatten sich urzeitliche und eschatologische Vorstellungen um ihn gerankt: Er sei in die höchsten Himmel entrückt worden und habe von dort die entscheidenden endzeitlichen Botschaften für die erwählten Gemeinden heruntergebracht.[8] Philo kommentiert Gen 5,24 so: »Die Schrift schildert jenen Mann, der aus einem geringen Leben in ein besseres Leben versetzt worden ist. Bei den Hebräern heißt er Henoch. Die Griechen sagen: ein Begnadeter (kecharismenos) ... Die Versetzung an einen andern Ort (metathesis) ist eine Wende und ein Umschwung. Der Umschwung geschieht zum Besseren, weil er durch die Vorsorge Gottes geschieht. Alles nämlich was zusammen mit Gott (syn theō) geschieht, ist durch und durch gut und nutzbringend. Was aber ohne Ratschluß Gottes geschieht, ist unnütz. Gut ist, wird aber über den ›Versetzten‹ gesagt, daß er nicht gefunden worden ist. Entweder wird damit ausgedrückt, daß das alte und sündhafte Leben ausgelöscht, verschwunden und nicht mehr gefunden worden ist, wie wenn es seit Urzeiten nie gewesen wäre. Oder es wird ausgedrückt, daß der an einen andern Ort und in eine bessere Stellung Versetzte kaum aufzufinden gewesen ist. Die Schlechtigkeit ist nämlich weit verbreitet. Die Tugend dagegen ist so selten, daß sie nicht einmal von Wenigen erfaßt wird.«

Ein ähnlicher Gedankengang findet sich bei Philos Deutung von 1 Sam 1 27f, wonach Anna ihren Sohn, den Propheten Samuel, dem Ewigen ge-

---
[7] A. von Harnack, Die Mission und Ausbreitung des Christentums in den ersten drei Jahrhunderten. 4. Aufl. 1924, 77.
[8] Vgl. Paolo Sacchi, Henochgestalt / Henochliteratur, TRE 15 (1986) 42–54.

weiht hat. Philo sagt dazu in seinem Traktat über die Trunkenheit (Ebr 144–146):

»Samuel war nur ein Mensch. Er wird hier aber nicht als zusammengesetztes Wesen aufgefaßt, sondern als Geist (nūs), der sich allein über Gottesverehrung und Gottesdienst freut. Samuel bedeutet nämlich ›Gott Zugeordneter‹ (oder ›Gott Übereigneter‹: tetagmenos theō) ... Er wird als Sohn der Anna geboren, deren Name »Gnade« bedeutet. Ohne göttliche Gnade ist es nämlich unmöglich, die Reihen der Sterblichen zu verlassen oder für immer im Reiche des Unvergänglichen zu verharren. Wenn eine Seele voller Gnade ist (charitos plērōthē psychē), wird sie sogleich frohgemut und lacht und hüpft vor Freude auf.«

Samuel und seine Mutter haben hier den höchsten Punkt menschenmöglicher Gottverbundenheit erreicht. Sie leben weder nach körperlichen noch nach seelischen Bedürfnissen, sondern sind in ihrem Innern dem nūs, dem göttlichen Geistprinzip, zugeordnet. Sie haben die dunklen Seiten ihrer Existenz abgestoßen und sind von der reinen Freude erfüllt, begnadet zu sein.

Werden die beiden Philotexte – Ebr 144–146 und Abr 17–19 – zusammen interpretiert, dann stößt man bald auf einen neutestamentlichen Text mit ähnlichem Gedankengang. Die Schilderung des Evangelisten Lukas über die Ankündigung der Geburt Jesu und den Besuch der mit Jesus schwangeren Maria bei ihrer mit Johannes schwangeren Cousine Elisabeth zusammen mit dem sich anschließenden Magnificat (Lk 1,26–56) geht sinngemäß in eine ganz ähnliche Richtung wie die beiden zitierten (und andere) Texte von Philo; die Ähnlichkeiten reichen bis in gleiche Wortwahl hinein. Bei Philo wird Henoch, der an einen besseren Ort »Versetzte«, als Begnadeter (kecharismenos) bezeichnet. Bei Philos Interpretation des Dankliedes der Mutter Anna für ihren empfangenen Sohn Samuel steht die Gnade Gottes ebenfalls im Mittelpunkt. Es fällt u.a. der Ausdruck »eine Seele voller Gnade«. Eine solche Seele wird nach Philo »sogleich frohgemut und lacht und hüpft vor Freude auf« – gerade so wie Johannes im Schoße der Elisabeth aufhüpfte, als seine Mutter den Gruß der Maria hörte (Lk 1,40–44). Beim philonischen Henoch kommt es zu einem Umschwung, der ihn aus dem elenden Leben herausführt und als Auserwählten an einem besseren Ort verbirgt. Henochs Entrückung ist ein Ereignis »syn theō«, d.h. mit Gott. Nur was mit Gott geschieht, bringt Nutzen. In Ebr 144–146 ist von der innigen Zuordnung Annas und Samuels zu Gott die Rede. Der Umschwung aus der Unordnung zur gottgewollten Ordnung wird nach platonisch-philonischer Denkweise menschlicherseits durch die Hinwendung zum göttlichen Element im Menschen, dem nūs, dem pneuma, dem Geist, erreicht. Samuel ist der Gott Zugeordnete. Dieser Gedankenhintergrund ist auch in Lk 1,26–56 enthalten. »Der Ewige ist mit dir« heißt es in Lk 1,28. Maria ist die Begnadete, Gott Zugeordnete. Durch sie und in ihr geschieht daher der Umschwung ins Bessere, ins Glücklichere, ins Frohe.

Die Analogie zwischen Philo und Lukas trifft allerdings nicht ganz zu. Nach Abr 24 gelangt der »versetzte« Henoch »aus der Unwissenheit in die

Wohlerzogenheit, aus der Unvernunft in die Einsicht, aus der Feigheit in die Mannhaftigkeit, aus der Gottlosigkeit in die Frömmigkeit, aus der Genußsucht in die Enthaltsamkeit, aus Ruhmliebe in die Bescheidenheit«. Das ist nicht mehr lukanisch. Bei Philo geht es um die Spiritualisierung des einzelnen weisen Menschen, bei Lukas hingegen darum, daß das messianische Heil in die Gegenwart einbricht.

Die erkannten Parallelen zwischen zwei Texten Philos und der von Lukas gegebenen Deutung für die Geburt Jesu sind erst ein Staubkörnlein innerhalb des endlosen und mit vielen Problemen befrachteten Themas »Hellenismus und Neues Testament«.[9] Aber schon hier drängen sich Fragen auf: Hat Lukas, der Verfasser des dritten Evangeliums und der Apostelgeschichte, die Schriften Philos gekannt? Hat er sich bei seiner Interpretation der »vita Christi« und der jungen Kirche Rat beim Bibelinterpreten Philo geholt? Beide Fragen sind weitgehend zu bejahen, wenn auch einige »missing links« bis heute nicht gefunden worden sind. Es muß im 1. und 2. Jh. vor und nach unserer Zeitrechnung im östlichen Mittelmeerraum viele Möglichkeiten zu fachlichem Informationsaustausch gegeben haben. In Alexandrien, im Jerusalemer Tempelbezirk, in Qumran und wohl an allen größeren Orten der östlichen Welt gab es Bibliotheken und Auskunftspersonen, wo sich Interessierte über Philosophien, Bibelauslegungen und teilweise auch über wirtschaftliche und besitzrechtliche Fragen erkundigen konnten. Eine frühe Nachricht aus der Mischna kann die damalige Informationspraxis veranschaulichen: Nach mPea 2,6 lag Rabban Gamliel der Ältere (um 50 n.Chr.) im Streit mit seinem bäuerlichen Nachbarn Rabbi Schimon aus Mizpa über die Art, wie ein Feld nach den Gesetzen der Halacha korrekt zu bepflanzen sei. Um Klarheit zu bekommen, stiegen beide zur Quaderhalle des Jerusalemer Tempels hinauf, wo eine halachische Auskunftsstelle war. Der dort angestellte »Buchkundige« (livlar, lat. libellarius) erteilte den beiden Fragestellern eine offizielle Auskunft mit Begründung aus der »Halacha des Mose vom Sinai« – auch führende Gesetzeslehrer gingen also zu Informationsstellen! Weise Menschen wissen aus Erfahrung, daß bloß auswendig gelerntes Wissen für sachgerechte Interpretation und Urteilsbildung nicht genügt. Auch die neutestamentlichen Bibelverfasser werden sich bisweilen an geeigneten Informationsstellen zu Fragen der Theologie und Interpretation Rat geholt haben. Mit gutem Grund kann z.B. angenommen werden, daß Paulus gelegentlich in der Bibliothek der Qumraner am Nordwestende des Toten Meeres »geschmökert« hat. So ist etwa der eingeschobene, stark an Qumran erinnernde Abschnitt 2 Kor 6,14–7,1 am besten zu erklären.[10] Ähnliches ist vom Evangelisten Lukas anzunehmen. In irgendeiner großen, hellenistisch geprägten Stadt wird er sich umgesehen haben, um an moderne Bibelinterpretation, Philosophie und Theologie heranzukommen. Es ist gut möglich, daß er dabei auch auf Philo gestoßen ist. Philo hat ihn zu sei-

---

[9] Vgl. Hans D. Betz, Hellenismus, TRE 15 (1986) 19–35.
[10] Vgl. Joseph A. Fitzmyer, Responses to 101 Questions on the Dead Sea Scrolls. New York 1992, bes. 128–130.

Philo von Alexandrien 43

ner Auffassung von der Mutter des Vorläufers Johannes und der des Messias Jesus inspiriert.

3. Logosdenken und Christusdenken

3.1 Philos Deutungen

Vor der Erschaffung der materiellen Welt hat Gott die gedankliche, geistige, strukturell zusammengefaßte Welt, den kosmos noētos, geschaffen. Diese als geistig musterhaftes Vorbild zuerst geschaffene Welt ist die Voraussetzung für die materielle Welt, weil sonst Gott für jeden denkenden Menschen absolut unerkennbar und unzugänglich bliebe. Gott, der (oder das) Seiende, der Urgrund von allem, ist seinem Wesen nach auch der Unauffindbare (vgl. Post 12–21; All 3,206). Der kosmos noētos vermittelt zwischen dem unerreichbaren Gott und der sichtbaren Welt, damit sich diese zu ihm hinwenden kann, obwohl er völlig unerkennbar ist. Alles, was von Wert ist, geht über den Logos auf den absoluten Gott zu. Der Mensch muß sich dem Logos zuwenden, sonst ist er verloren. Philo nennt diese geistige Sichtbarmachung und Zusammenfassung von Gottes Sein und Wirken »Logos, Erstgeborener (prōtogonos), Ältester der Engel. Er kann auch vielnamiger Erzengel genannt werden. Er heißt auch Anfang (archē), Name und Wort Gottes, Mensch nach dem Ebenbild Gottes[11] und der Schauende: Israel[12]. Das hat mich kurz zuvor bewogen, die Tugenden derer zu rühmen, die sagen: ›Wir sind alle Söhne eines Mannes‹ (Gen 42,11). Denn wenn wir auch noch nicht genug sind, als Kinder Gottes erachtet zu werden, so doch seines unsichtbaren Abbildes, seines hochheiligen Logos. Der ehrwürdigste und älteste Logos ist nämlich Gottes Abbild« (Conf 146–147).[13]

In seinem bedeutendsten Traktat über die Erschaffung der Welt interpretiert Philo u.a. Gen 2,4f in der Septuagintaversion. Dort heißt es: »An diesem Tag machte Gott den Himmel und die Erde und alles Gras, bevor (pro) es auf der Erde entstand, und auch alles Kraut, bevor es aufsproßte.« In Op 129 nennt Philo diese Stelle einen »evidenten Beweis« dafür, daß Gott »die unkörperlichen und geistigen Ideen aufstellte, damit sie die vollkommenen Siegel (sphrāgis) für die sinnlich wahrnehmbaren Wirklichkeiten wurden«. So deutet er die Gottgleichheit des Logos. Der Logos, diese erste Wirklichkeit, auf die hin dann später die gesamte körperlich-seelisch-geistige Welt geordnet ist, wird bei Philo mehrfach als das Siegel der wahrnehmbaren Welt bezeichnet (z.B. in Op 134; 172).

---

[11] Andernorts z.B. All 1,31–32 wird der Logos als himmlischer Mensch bezeichnet, weil er ganz Gott gemäß ist.
[12] Das Gottesvolk Israel ist die exemplarische Gemeinschaft im Kosmos und ist greifbar gemachter Logos.
[13] Vgl. Jarl E. Fossum, The Image of the Invisible God, Essays on the Influence of Jewish Mysticism on Early Christology, NTOA 30. Freiburg 1995, 25. Dieses Werk ist zur Erforschung der geistig-religiösen Beziehungen zwischen Hellenismus, NT und Rabbin. Tradition besonders gut geeignet.

Der Logosbegriff steht nicht nur bei Philo im Mittelpunkt; er ist überhaupt ein Schlüsselbegriff der griechischen Philosophie, besonders der Stoa und des mittleren Platonismus, dem Philo zuzuordnen ist. Nach G. Christopher Stead verwendet Philo die Ausdrücke Sophia (Weisheit) und Logos im Blick auf die atl. Weisheitsliteratur (bes. Prov 8,22–36) »sehr freizügig, sowohl im Sinne des alltäglichen als auch in dem des theologischen Sprachgebrauchs. ... So erscheint die Sophia als Gottes Gefährtin (Fug 109; All 2,49; Ebr 30) und als sein erstgeborener Sohn (Agr 51; Conf 63; 146) oder als beider Sohn, aber er wird auch als unmittelbar aus Gott hervorgehend, als Wort aus seinem Geist beschrieben«.[14]

Die vielfältigen Logos-Überlegungen Philos bleiben nicht beim »Erstgeborenen Gottes« stehen, sondern betreffen auch unzählig viele Nachbildungen, Ausgestaltungen und Abdrücke des paradigmatischen Logos in den Menschen und überhaupt im vorfindlichen Kosmos. Der Mensch besteht aus Körper (sōma), Geist und Seele (nūs, pneuma).[15] In der Seele ruht göttlicher Hauch, eine Ausgestaltung des Logos. Im Traktat über Abrahams Wanderung heißt es über den die Menschen zuinnerst prägenden nūs: »Die göttliche Stimme, die das Organ des reinen und unvermischten Logos ist, geht wegen ihrer Feinheit dem Gehör verloren, wird aber von der Seele wegen der ihr eigenen Sehschärfe erblickt« (Mig 52). Der menschliche nūs ist eine Nachbildung und Nachahmung des Logos (Op 16). Wichtiger als die (oft nicht konsequent zu Ende gedachte) Vorstellung vom Menschen als einer Synthese aus Körper, Geist und Seele ist für Philo die in ihn hineingelegte Zielvorgabe. Er soll immer mehr nūs-Mensch werden, d.h. er soll Störendes, von Gott Abbringendes, Körperliches aus sich entfernen und alles fördern, was auf Gott hinweist. In Op 135 heißt es: »Der menschliche Körper ist dadurch entstanden, daß der Meisterkünstler Erdenstaub nahm und daraus eine menschliche Gestalt bildete. Die Seele aber stammt von niemandem Geschaffenen, sondern kommt aus dem Vater und Lenker des Alls. Denn was er einhauchte, war nichts anderes als göttlicher Hauch (pneuma theion), der von jener glückseligen Natur herauskam und zum Nutzen unseres Geschlechtes bei uns Wohnung nahm, damit dieses, wenn es auch hinsichtlich seines sichtbaren Teiles sterblich ist, doch wenigstens in seinem unsichtbaren Teil die Unsterblichkeit besitze.«

Der nūs, der Hauch Gottes in der Seele, das dem Menschen von innen her leuchtende, göttliche Licht, wird ihm nicht nur am Anfang seines Lebens eingesenkt, sondern ist das das ganze menschliche Leben durchwaltende Himmelsbrot. In All 2,85–86 schreibt Philo im Zusammenhang mit Dtn 8,14–16: »Oft bin ich auch in 1000köpfiger Menge allein mit meinen Gedanken, weil Gott die verschiedenen Schichten meiner Psyche auseinandertreibt und mich belehrt, daß nicht die unterschiedlichen Orte Besserung oder Verschlechterung bewirken, sondern Gott, der das Fahrzeug der Seele bewegt und lenkt, wohin Er will. Geschähe dies nicht, verfiele

---

[14] Art. Logos, TRE 21 (1991) 432–444, zit. 437.
[15] Oft wird bei Philo auch psychē als identisch mit nūs und pneuma aufgefaßt.

der Mensch (besonders seine Seele) dem ›Skorpion‹, das heißt der Zerstreuung in der Wüste. Der Durst der Leidenschaft erfaßt dann den Menschen – bis Gott vom höchsten Punkt seiner Weisheit den labenden Trank sendet und die umgewandelte Seele mit unwandelbarer Gesundheit tränkt. Mit der ›höchsten Felsspitze‹ ist die Weisheit Gottes gemeint, die er als höchste und erste aus seinen Kräften herausgehoben hat, und mit der er die von Liebe zu Gott erfüllten Seelen tränkt. Wenn dann die Seele getränkt ist, dann wird sie voll von ›Manna‹ sein. ›Manna‹ bedeutet ›das Etwas‹. Dies ist die ursprünglichste Substanz und die Urkraft von allem Gewordenen. Das Ursprünglichste ist nun aber Gott, und sein erster Ausdruck ist das Wort (der Logos) Gottes. Allen Dingen kommt das Wort Gottes zu; aus sich heraus sind sie ohne Bedeutung und Wert« (sinnähnlich: All 3,169.175–176; Her 191).

Der Mensch ist also Mensch, insofern er den Geist Gottes, den Hauch Gottes, das Siegel Gottes in sich trägt. Das eigentliche Feld, wo der Mensch zu kämpfen und sich zu bewähren hat, ist die Psyche. Bei der zwischen Materie und Geist liegenden Psyche beginnt Philons seelsorgerliche Botschaft für sich und andere: Das Hinaufstreben zum Geist Gottes obliegt nur teilweise menschlichem Bemühen. Der lenkende und prüfende Gott sorgt selbst dafür, daß sich immer wieder »Zerstreuung in der Wüste« ereignet. Wenn aber der Mensch zu sich findet, mit sich selbst in die Einsamkeit geht und dort seine psychischen Kräfte auf den Geist hin zu sammeln versucht, dann kommt Gott mit seiner Gnade zu Hilfe. Gnade ist aber nicht nur Gabe, sondern Ernährung und Labsal aus der göttlichen Substanz. Durch sein Wort, das mit Ihm identisch ist, und das als Manna zur Speisung der Israeliten vom Himmel herunterfiel und als Wasser aus Gott selbst herausströmte, gibt Gott dem Menschen das Zeichen, sich zu seiner eigenen Seele zu erheben und damit an Gott selbst teilzuhaben. Wer dies demütig erkennt – nur der ist wahrhaft glückselig, befreit und Gott nahe.

3.2 Christologische Variationen

Die bis jetzt in diesem Abschnitt angeführten Philo-Zitate wecken Assoziationen mit mehreren ntl. Passagen, besonders solchen in Paulusbriefen und im Johannesevangelium. Im Zusammenhang mit den hier noch nicht zitierten Philostellen Som 2,189; VitMos 2,288; Omn. Prob 43 bemerkt H. Chadwick, Philos Sprache nehme »in verblüffender Weise die Christologie vorweg«.[16]

Im paulinischen Christushymnus in Kol 1,15f wird Christus als »Ebenbild des unsichtbaren Gottes« und als »Erstgeborener (prōtotokos) vor aller Schöpfung« bezeichnet, »in dem alles geschaffen ist, was im Himmel und auf Erden ist, das Sichtbare und das Unsichtbare: Alles ist durch ihn

---

[16] H. Chadwick, Philo and the Beginnings of Christian Thought, in: A.H. Armstrong (Hg.), The Cambridge History of Later Greek and Early Medieval Philosophy. Cambridge 1967, 135–157.

und zu ihm hin geschaffen«. Hier übernimmt Christus unübersehbar die Rolle des philonischen Logos, wie sie in Conf 146–147; Op 134.172 und anderswo beschrieben ist. Als himmlisches Ebenbild des unsichtbaren Gottes ist er zugleich das Urbild des Menschen, der Ur-Adam. Philo und andere hellenistische Autoren bezeichnen den ersten Menschen im ersten Zustand der Licht- und Gnadenhaftigkeit als Logos.[17]

Frappierend sind auch die vielen philonischen Einspielungen im Johannesevangelium. Wenn der johanneische Christus sich z.B. in Joh 6,22–35 als das von Gott bzw. vom Himmel herabgekommene Manna bzw. Brot für das Leben der Welt bezeichnet, das der Vater mit seinem Siegel beglaubigt – wem kämen dann die parallelen Aussagen Philos in All 2,85–86; 3,175–176 nicht unwillkürlich in den Sinn? Zu beachten sind auch die vielen Aussagen Philos, welche zur Erklärung des Johannesprologs beigezogen werden. In Conf 63 bezeichnet er den Logos als »ältesten Sohn, den der Vater des Alls aufgehen ließ. Er hat ihn anderswo den Erstgeborenen (prōtotokos) genannt. Und sobald er geboren war, glich er sich den Wegen seines Vaters an, indem er auf die Archetypen der Paradigmen jenes schaute und die Arten formte«.

Hier wird die Übereinstimmung und Gleichheit des Logos mit Gott gedeutet. Deutlicher weisen All 2,85–86; 3,169.175–176 auf die spannungsvolle Gleichheit von Gott und seinem Wort (Logos) hin. Das Himmelsbrot der Israeliten in der Wüste, das Manna, bedeutet nach Philo, wie schon erwähnt, »das Etwas«. Somit ist das Manna der transzendente Gott, eben »das Etwas« selbst, und sein speisendes Wort bzw. sein Logos ist die Lebensnahrung. Es ist unkorrekt, wenn gesagt wird, Philo verstehe an diesen Stellen den Logos als »zweiten Gott«.[18] Den spannungsvollen Wechsel zwischen Identität und Differenz von Gott und Logos in Philos Deutungen hat wohl niemand so prägnant wiedergegeben und auf Christus umgesetzt, wie der Verfasser des Johannesprologs: »Im Anfang war der Logos und der Logos war bei Gott und Gott war der Logos...« (Joh 1,1). Der direkte oder indirekte, der exklusive oder inklusive Inspirator Philo bringt in Joh 1 eine neue, auf die Christusfigur zugespitzte Konfessionstheologie zum Tragen.

Auch im großen Abschiedsgebet des johanneischen Christus (Joh 17) können zahlreiche Parallelen zu Philo aufgezeigt werden. Zu erwähnen ist u.a. die mehrfach bezeugte Einheit von »Vater« und »Sohn« sowie die Bitte, daß die Jesusjünger »eins seien wie wir« (V 11). Gott ist bei Philo oft das Band der Einheit: »Gott ist das Band von allem (desmos tōn holōn), das sie – nämlich die an sich Unzusammenhängenden – zusammenhält« (Her 23). Im selben Traktat, etwas weiter unten, übernimmt der philonische Logos die Gott vorbehaltene einheitsstiftende Rolle: »... Die andern Dinge haben aus sich heraus keinen Zusammenhang. Wenn sie aber einen Zusammenhang bekommen, dann geschieht dies durch den göttlichen Lo-

---

[17] Dazu J.E. Fossum, The Image (Anm. 13), 15–24.
[18] So n.a. G.C. Stead in seinem TRE-Artikel über den Logos (Anm. 14), 437.

gos. Er bringt sie zusammen; er ist Kitt und Band und erfüllt alles Existierende. Er, der selbst alles zusammengefügt und zusammengewebt hat, ist ganz voll von sich selbst und ist Herr über sich selbst« (Her 188).

In gedanklicher Anlehnung an den philonischen Logos teilt bei Johannes der mit dem Vater identische Christus den Menschen die göttliche Einheit in dem Maße zu, wie sie diese empfangen können. Daß hier Möglichkeiten einer christlichen Einheitsspiritualität liegen, ist wohl augenscheinlich. Aber auch von der christlich-trinitarischen und -inkarnatorischen Gottesvorstellung führen Spuren zu Denk- und Argumentationsfiguren Philos von Alexandrien und anderer hellenistisch-dialogisch eingestellter Juden zurück.

3.3 Spuren im rabbinischen Judentum

Das rabbinische Judentum konstituierte sich nach der Tempelzerstörung von 70 n.Chr. als eine Reformbewegung gegenüber dem zuvor priesterlich-hierarchisch, hellenistisch und mystisch-ekstatisch geprägten Judentum. Das Gedankengut Philos paßte da kaum hinein. Was an philonischer und allgemein jüdisch-hellenistischer Geistigkeit trotzdem ins rabbinische Schrifttum Eingang fand, hat u.a. Saul Lieberman beschrieben.[19] Hier muß ein Hinweis auf zwei rabbinische Stellen genügen.

In der Mischna ist im Zusammenhang mit Gesetzen über Kapitalverbrechen vom Wert des menschlichen Lebens die Rede. Nach einem Hinweis auf Gen 4,10 (Kains Brudermord) heißt es in mSan 4,5 dann weiter: »Deshalb ist der Mensch als einzigartiger in der Welt erschaffen worden, um dich zu lehren, daß es jedem, der (auch nur) einen einzigen Menschen zugrunde richtet, angerechnet wird, als hätte er eine ganze Welt zugrunde gerichtet. Und jedem, der auch nur einen einzigen Menschen am Leben erhält, dem wird es angerechnet, als hätte er eine ganze Welt am Leben erhalten. Es ist auch wegen des Friedens unter den Geschöpfen, daß nicht ein Mensch zu seinem Nächsten sage: Mein Vater ist größer als dein Vater, und daß nicht die Ketzer sagen: Es gibt mehrere Mächte im Himmel. Und um auszudrücken den Ruhm des Königs ..., des Heiligen, gelobt sei er. Der Mensch nämlich prägt 100 Münzen mit einem Prägestock und alle gleichen einander. Der König der Großkönige und Könige aber prägt jeden Menschen mit dem Prägestock, mit dem er den ersten Menschen prägte – und doch gleicht keiner dem andern. Daher ist jeder einzelne Mensch verpflichtet zu sagen: Um meinetwillen wurde die Welt erschaffen.«

Der Prägestock (chotem) erinnert an das Siegel aller Wirklichkeit, als das der Logos bei Philo und anderen jüdischen Hellenisten aufgefaßt worden ist. Jeder einzelne Mensch ist eine besondere Prägung Gottes. Hier dürfte eine punktuelle Beeinflussung der rabbinischen Gedankenwelt durch das hellenistische Judentum vorliegen. Die Rabbinen haben offensichtlich Gefallen an der Vorstellung gefunden, daß im Menschen

---

[19] Hellenism in Jewish Palestine, New York 1962.

Göttliches schlummert und er daher von unendlichem Wert ist. Auch große Teile der rabbinischen Tora-Theologie gehen auf philonische Muster zurück. Dies gilt z.B. für das Gleichnis vom Bauplan[20] aus BerR 1,1: Könige, so sagt es die Gleichniserzählung, bauen ihre Paläste nicht nach eigener Einsicht, sondern stellen Architekten an, die ausführliche Pläne auf Pergamente und Tafeln zeichnen. So auch Gott bei der Weltschöpfung: »Er blickte in die Tora und schuf die Welt. Und die Tora sagt: »Mittels des Anfangs schuf Gott« (Gen 1,1). Anfang ist bedeutungsgleich mit Tora; es heißt nämlich: »Der Ewige hat mich erschaffen als Anfang seines Weges« (Prov 8,22).

Bei Philo steht in Op 17–20 ein ganz ähnliches Gleichnis. Gott schaut auf die gedachte Welt, den kosmos noētos, den Logos und schafft die körperliche Welt, den kosmos aisthētos, nach dieser Vorlage. Einer verbreiteten rabbinischen Auffassung zufolge ist die Tora das Grundprinzip nicht nur Israels, sondern aller geschaffenen Dinge. Auch hier ist die theologische Sinngebung durch Philo und bzw. oder andere frühe Juden nicht zu bezweifeln. Was Philo vom Logos sagt, daß er »das Paradigma, der Archetyp, die Idee aller Ideen ist« (Op 24–25), sagen viele Rabbinen ebenso von der Tora! Sie ist das Paradigma, der Archetyp, die Grundidee, nach der Israel und indirekt auch die Welt geformt ist. Alle Wege zum unendlichen Gott führen daher über die (Befolgung der) Tora.

4. Erwägungen zum Abschluß

Philos Strahlkraft reichte nicht nur bis zum Neuen Testament und zum rabbinischen Schrifttum, sondern darüber hinaus – wenn auch bisweilen nur schattenhaft – bis ins frühe und mittelalterliche Christentum sowie ins religionsphilosophische und mystische Judentum der Spätantike, des Mittelalters und der frühen Neuzeit. Justin der Märtyrer (89–160), Clemens von Alexandrien (ca. 140–220), Origenes (ca. 185–253), Eusebius von Caesarea (264–340), Ambrosius (340–397), Augustinus (354–430) und viele anderen verdanken Philo wichtige Anregungen für ihre Theologie und Verkündigung.

Im traditionell-rabbinischen Judentum herrschte Philo gegenüber sowie denen, die ihm geistig nahestanden, immer Skepsis. Auf dem Umweg über den Neuplatonismus (Plotin) und die frühmittelalterlichen arabischen Philosophen setzte sich trotzdem ziemlich viel Philonisches bei jüdischen Philosophen und Kabbalisten fest.

Wenn Philo als geistiger Inspirator für Deutungen von Christentum und Judentum zu bezeichnen ist, dann immer mit Einschränkungen. Er war stets sozusagen nur im »Multipack« greifbar. Wer ihm nachspüren will, muß deshalb auch andere Schriften im Auge behalten. Entweder hat

---

[20] Darstellung und Kommentierung in: Clemens Thoma / Simon Lauer, Die Gleichnisse der Rabbinen, Zweiter Teil: Von der Erschaffung der Welt bis zum Tod Abrahams, BerR 1–63, JudChr 13. Bern 1991, 34–38; vgl. auch das Gleichnis vom Palast am unwürdigen Ort, a.a.O., 39–43.

Philo selbst aus ihnen geschöpft, oder die neutestamentlichen und andere Autoren haben an ihm vorbei aus ihnen gelernt. Philo ist kein einsamer Berg, sondern eine Hügelkette in einem ausgedehnten und reich gegliederten Gebirge. Das etwa 50 v.Chr. in Alexandrien verfaßte deuterokanonische Buch der »Weisheit Salomos« (Weish) enthält vieles, was dem Geiste Philos nahe verwandt ist, und kommt daher ebenfalls als Quelle für eine moderne Christologie in Frage, wie sie Paulus, Lukas und dem Verfasser des Johannesevangeliums vorschwebte (vgl. z.B. Weish 7,22–28 mit Kol 1,15–18).[21] Der fruchtbare jüdische Denker, Apologet, Dialogiker und Schriftsteller Philo von Alexandrien bleibt auch mit diesen Einschränkungen eine Schlüsselfigur zum Verständnis der Ursprünge und der geistig-theologischen Geschichte von Judentum und Christentum! Diese Geschichte kann sich nicht nur auf Auseinandersetzungen und gegenseitige Verletzungen gründen. Sie muß auch die gemeinsamen Quellen des Anfangs in Augenschein nehmen.

---

[21] Zur literarhistorischen und theologischen Bedeutung des Buches der Weisheit: Mathias Delcor, The Apocrypha and Pseudepigrapha of the Hellenistic Period, The Cambridge History of Judaism II 1989, 478–486; Dieter Georgi, Weisheit Salomos, JSHRZ III 4. Gütersloh 1980, 391–478.

Judentum und Martyrium

Das Zeugnis Edith Steins in jüdischer Prospektive

Daniel Krochmalnik

Edith Stein war eine Märtyrerin.[1] Ob sie eine christliche oder jüdische Märtyrerin war, ist objektiv wie subjektiv unentscheidbar und macht ihren Fall für beide Glaubensgemeinschaften so problematisch. Sie selbst beruft sich auch auf jüdische Vorbilder, allerdings in christlicher Retrospektive.[2] Ihre Kenntnisse des lebendigen Judentums, das in ihrer Heimatstadt Breslau durchaus noch vertreten war, beschränkten sich weitgehend auf die im assimilierten jüdischen Bürgertum anläßlich der hohen Feiertage geübten, religiös wohl unbefriedigenden Observanzen. Die Märtyrertradition des *Aschkenas* (Deutschland, deutsches Judentum), dem sie entstammte, und des *Sefarad* (Spanien, spanisches Judentum), dem sie sich spirituell verbunden fühlte, war ihr unbekannt. Es ist lehrreich, das Martyrium der Edith Stein in dieser jüdischen Prospektive zu beleuchten. Dazu wollen wir zunächst den Begriff des Martyriums aus den biblischen und rabbinischen Quellen herleiten (I) und dann an zwei Beispielen zeigen, wie er sich im sefardischen Judentum als *Marranentum* (II) und im aschkenasischen Judentum als *Holocaust* (III) – einer Chiffre, die auch Edith Stein zur Beschreibung ihres Weges gebraucht – jeweils konkretisiert.

I.

Der Terminus technicus für das Martyrium in der jüdischen Tradition ist »*Heiligung des göttlichen Namens*« (*Kiddusch HaSchem*). Allgemein wird angenommen, daß in der Bibel die Märtyrerreligiosität im 2. Makkabäerbuch greifbar wird, wenn dort auch der genannte Terminus nicht vorkommt. Die jüdische Tradition hat Geschichten aus dem 2. Makkabäerbuch wie die von Hanna und ihren sieben Kindern, die sich eher grausam ermorden ließen, als öffentlich Schweinefleisch zu essen, als typisches Beispiel für den *Kiddusch HaSchem* betrachtet.[3] Dabei bezeichnet der Terminus *Kiddusch HaSchem* ursprünglich gar nicht das Martyrium im engeren Sinn. Die biblische Quelle für den Begriff ist 3 Moses 21, 22. In diesem Zusammenhang meint *Kiddusch HaSchem* den Respekt, welchen man Gott im Heiligtum schuldig ist, im Gegensatz zur »*Entweihung des gött-*

---

[1] Elisabeth Endres, Edith Stein. Christliche Philosophin und jüdische Märtyrerin. München 1987; und Rezension des Verfassers, Jüdische Konvertitin und die Phänomenologie. Zu einer nüchternen Biographie Edith Steins, in: Allgemeine Jüdische Wochenzeitung 42 (1987), Nr. 38, S. 27.

[2] Vgl. Daniel Krochmalnik, Edith Stein – der Weg einer Jüdin zum Katholizismus, in: Waltraud Herbstrith (Hg.), Erinnere dich – vergiß es nicht. Edith Stein – christlich-jüdische Perspektiven. Annweiler/Essen 1990, 83–105.

[3] Babylonischer Talmud (b) Pes 57b. Die Titel der Traktate sind wie üblich auf die ersten drei oder vier Buchstaben verkürzt.

lichen Namens« (Chillul HaSchem), was im engeren kultischen Sinn *Sakrileg* bedeutet. Dieser Begriff geht aber schon in der Hebräischen Bibel über die Grenzen des heiligen Bezirks hinaus und hat etwas mit rechtlichen und moralischen Verfehlungen zu tun, die den Ruf des göttlichen Namens in der Welt schädigen (Am 2, 7; Jer 34, 16). Die Rabbinen haben diese Tendenz weiter verstärkt. Den Vers 3 Moses 22, 31f. *»Beobachtet meine Gebote und haltet sie! Ich bin der Ewige. Entweihet nicht meinen heiligen Namen; ich will unter den Kindern Israels geheiligt werden (Wenikdaschti Betoch Benei Jisrael), ich bin der Ewige, der euch heiligt«*, den Adolph Jellinek als *»Israels Bibel im Kleinen«* bezeichnet hat,[4] interpretieren sie wegen des Verbs *Wenikdaschti* (*»und ich will geheiligt werden«*) dahingehend, daß Israel einen Beitrag zur Heiligung Gottes leisten muß. *Kiddusch HaSchem* wird insbesondere als Pflicht verstanden, Gottes Ruf und Ehre in der Welt zu mehren. Das gesetzestreue wie gesetzwidrige Verhalten eines Juden bemißt sich überdies daran, ob es das Ansehen Gottes in der Welt mehrt oder mindert, dem Ruf Gottes nützt oder schadet. Dieser Maßstab genießt sogar Priorität. Handlungen, die sonst in bezug auf Gesetz und Moral indifferent sind, können unter diesem Gesichtspunkt äußerst wertvoll oder höchst verwerflich sein, lässliche Sünden können zu Todsünden werden, denn die *Entweihung des göttlichen Namens* gilt als ein unverzeihliches Vergehen.[5] Das gilt besonders für den Umgang mit Nichtjuden. Kleine Fehltritte können hier schon ganz Israel, die Tora und Gott in Verruf bringen. Ein rabbinischer Ausspruch lautet: *Schlimmer ist der an einem Nichtjuden als der an einem Juden verübte Raub, weil noch die Entweihung des göttlichen Namens hinzutritt.*[6] Entgegen der Vermutung von einer jüdischen Binnenmoral verlangt der Maßstab des *Kiddusch HaSchem* von einem Juden im Verkehr mit Nichtjuden, daß er sich weniger gestattet, als das Gesetz erlaubt, und mehr leistet, als das Gesetz gebietet.[7] Die religiöse Bedeutung des *Kiddusch HaSchem* zeigt sich im Gebet. Das *Kaddisch*, gleichsam der Kehrreim der jüdischen Liturgie und das Totengebet, beginnt mit dem Satz: *Jitgadal WeJitkadasch Scheme Rabba BeAlma* (*»Erhoben und geheiligt werde sein großer Name in der Welt«*). Die *Keduscha*, das *Sanctus*, der Höhepunkt des Gebets, beginnt im täglichen Gebet mit dem Gelöbnis: *Nekaddesch Et-Schimcha BaOlam* (*»Wir wollen deinen Namen auf Erden heiligen«*) und endet mit dem Gelöbnis: *»Von Geschlecht zu Geschlecht wollen wir deine Größe verkünden und in allen Ewigkeiten deine Heiligkeit heiligen.«* Äußerstenfalls kann *Kiddusch HaSchem* auch bedeuten, für die Ehre Gottes mit seinem Leben einzustehen. Raschi, R. Salomon ben Jizchak aus Troyes (1040–1107), der klassische Kommentator der Bibel und des Talmud, legt den Ausdruck *Wenikdaschti* im Vers 3 Moses 21, 22 im Anschluß an die rabbinische Tradition

---

[4] Vgl. Hugo Bergmann, Die Heiligung des Namens (Kiddusch Haschem), in: Verein Jüdischer Studenten Bar Kochba in Prag (Hg.), Vom Judentum. Ein Sammelbuch. Leipzig 1913, 32–43.
[5] Awot DeRabbi Nathan, 39, bJom 86b.
[6] Tossefta (t) BKa X, 15.
[7] Maimonides, Mischne Tora (MT) Hilchot (Hil.) Gesela WaAweda, 11, 3.

so aus: Liefere dich selber aus und heilige meinen Namen. Dieser Grenzfall von *Kiddusch HaSchem* hat im Wortfeld den Normalfall verdrängt.

Wie Gottes Namen im Normalfall durch den Frommen in der Welt geheiligt wird, beschreibt der große mittelalterliche Gesetzeslehrer und Philosoph Moses Maimonides (1135–1204) aus Córdoba in seinem Gesetzeskodex *Mischne Tora* am Ende des Abschnitts über *Kiddusch HaSchem*. Das Betragen des Frommen muß vollkommen untadelig sein und darf auf keinen Fall Anlaß zum Gerede geben; auch wenn er gar keine Sünde begangen hat, wäre das schon eine Profanierung des göttlichen Namens. Zum Beispiel profaniert er den göttlichen Namen, wenn er ohne Not Schulden macht und seine Gläubiger vertröstet; wenn er in schlechter Gesellschaft verkehrt, aber auch, wenn er zu den gemeinen Leuten unfreundlich ist. Wer Gott in der Welt vertritt, soll nicht auf seinem Recht bestehen, sondern, wie der Terminus heißt, innerhalb der Linie des strengen Rechts (*Lifnim MiSchurat HaDin*) bleiben sowie Beleidigungen und Verletzungen nicht erwidern. Er soll im allgemeinen ehrlich, friedlich und freundlich sein. Auf der einen Seite soll er sich stets mit religiösen Dingen befassen; er soll aber auf der anderen Seite auch hier nicht übertreiben, damit er zum allgemeinen Vorbild werden kann. Wer einen solchen Lebenswandel führt, heiligt den Namen Gottes, handelt ad maiorem dei gloriam. Auf ihn bezieht sich der Spruch des Propheten: *Mein Knecht bist du, Israel, in dem ich mich rühme.*[8]

Wir haben es hier jedoch mit dem Grenzfall von *Kiddusch HaSchem* zu tun, wo es nicht um das Leben, sondern um das Sterben für Gott geht. Maimonides beginnt seine halachische Kodifikation des Grenzfalls *Kiddusch HaSchem*[9] bezeichnenderweise mit der Aufzählung der Fälle, in denen das Martyrium *nicht* geboten ist. Wenn ein Jude gezwungen wird, ein Gesetz zu übertreten, dann soll er gehorchen, denn es heißt: »*Ihr sollt meine Satzungen und Rechte halten, denn der Mensch, der sie tut, wird durch sie leben*« (3 Mose 18, 5) – »*leben und nicht sterben*«, wie Maimonides hinzufügt. Die »*Heiligung des Lebens*« (*Kiddusch HaChajim*) hat hier Vorrang. Wählt er in einem derartigen Fall jedoch den Tod, so ist er nach einer der Entscheidungen des Maimonides für seinen Tod selbst verantwortlich und begeht eine schwere Sünde. Das Festhalten am Leben hat aber auch Grenzen. Wenn er zu Götzendienst, verbotenem Geschlechtsverkehr und Mord gezwungen wird, muß er auf jeden Fall eher sterben als den Befehl ausführen.[10] Im übrigen hängt viel von den Absichten des Verfolgers ab. Wenn dieser von der Übertretung des Juden profitiert, stellt sie für den Juden keinen Bekenntnisakt dar. Will der Verfolger aber die Übertretung demonstrieren und spielt sich die Szene öffentlich ab, d.h. vor einer jüdischen Öffentlichkeit, so ist der Bekenntnisfall gegeben.[11] Während einer allgemeinen Judenverfolgung gilt jedoch in jedem Fall, auch bei der Übertretung leichterer Verbote – wie z.B. im Fall von Hanna und ihren

---

[8] Jes 49, 3 MT Hil. Jessodei HaTora, 5, 11.
[9] MT Hil. Jessodei HaTora, 5, 1.
[10] MT Hil. Jessodei HaTora, 5, 2.
[11] MT Hil. Jessodei HaTora, 5, 2.

sieben Kindern – die Pflicht, sich für die Heiligung des göttlichen Namens zu opfern. Nachdem Maimonides den Bekenntnisfall genau definiert und nicht zugelassen hat, daß jemand seine Lebensmüdigkeit mit Opfermut verwechselt, stimmt er das Loblied der jüdischen Märtyrer an.[12] Die Bereitschaft zum Opfer ist natürlich nicht einklagbar. Wer in einer extremen Situation versagt und unter Zwang diese Gesetze übertritt, kann von einem irdischen Gericht nicht belangt werden. Es ist das beste, sich einem solchen Zwang durch die Flucht zu entziehen. Wer Gelegenheiten dazu ungenutzt verstreichen läßt und sich nachträglich auf den Befehlsnotstand beruft, kann von einem menschlichen Gericht zwar nicht verfolgt werden; auf ihn wartet aber, wie es bei Maimonides heißt, der letzte Kreis der Hölle.[13]

II.

Die gesetzliche Kasuistik des Maimonides zum *Kiddusch HaSchem* bzw. zum *Kiddusch HaChajim* fußt wie üblich auf dem Talmud, beruht aber auch auf eigenen Erfahrungen. Die jüdischen Gemeinden und die Familie des Maimonides wurden beim Einfall der berberischen Almohaden (1148) in Andalusien selbst Opfer von Religionsverfolgung, und unter Zwang wurden damals viele Juden zum Schein Moslems. Maimonides flüchtete mit seiner Familie. In seinem Sendschreiben über die Apostasie (*Iggeret HaSchmad*) rechtfertigte er jedoch das Verhalten der Zwangsbekehrten (hebr. *Anussim*, von *Ones*: Zwang) gegen eifernde Stimmen, die sie beschuldigten, dem Götzendienst verfallen zu sein. Es sei kein Götzendienst, meint Maimonides im Geist des *Kiddusch HaChajim*, wenn sie unter Zwang ein islamisches Lippenbekenntnis ablegten und mit dem Vorsatz, sich so bald wie möglich wieder öffentlich zum Judentum zu bekennen, ihr Leben retteten. Damit legitimierte Maimonides die Glaubensverstellung, die auch in der sunnitischen und vor allem in der schiitischen Welt unter Umständen gestattet oder sogar empfohlen wird (arab. Taqqija, pers. Ketman). Das Problem der Zwangsbekehrung stellte sich im christlichen Spanien erneut und verstärkt, als die Juden am Ende des 14. Jahrhunderts vor die Wahl »Tod oder Taufe« gestellt wurden. Der religionsgesetzliche Status der Zwangsgetauften war aus rabbinischer Sicht, zumindest in bezug auf die ersten Generationen der Konvertiten, unumstritten: Wenn sie sich nicht mit den Nichtjuden vermischten oder gar zu eifrigen Judenfeinden wurden, wenn sie soweit wie möglich am jüdischen Gesetz festhielten und bei der erstbesten Gelegenheit flüchteten, galten sie nach dem allgemeinen talmudischen Grundsatz »*Obwohl ein Jude gesündigt hat, bleibt er dennoch Jude*«[14] mit geringfügigen religionsgesetzlichen Einschränkungen als Juden, und ihre Rückkehr zum Judentum sollte erleichtert und gefördert werden.[15] Da auf der anderen Seite die *Altchristen* nicht

---

[12] MT Hil. Jessodei HaTora, 5, 4.
[13] MT Hil. Jessodei HaTora, 5, 4.
[14] bSchab 44a zu Jos 7, 11.
[15] Vgl. H.J. Zimmels, Die Marranen in der rabbinischen Literatur. Berlin 1932; B. Ne-

bereit waren, die sogenannten *Neuchristen* oder *Marranen*[16] – diese Worte sagen schon alles – zu integrieren, sondern sie mit allen Mitteln, unter anderem mit Gesetzen zur Blutreinheit (*limpieza de sangre*), welche die Nürnberger Rassengesetze an Schärfe noch übertreffen, von allen kirchlichen, staatlichen und gesellschaftlichen Positionen ausschlossen, ein »Rückfall« ins Judentum aber gleichzeitig als Ketzerei galt und mit dem Verlust des Vermögens und der Todesstrafe geahndet wurde, bildete sich zwischen den beiden Glaubensgemeinschaften ein kryptojüdischer Untergrund. Die spanische Inquisition wurde ins Leben gerufen, um das Kryptojudentum zu enttarnen und zu vernichten.[17] Damit scheiterte sie unter anderem aber auch deshalb, weil die *Neuchristen* gesetzlich diskriminiert und so ins Judentum buchstäblich zurückgedrängt wurden. Die Kryptojudenfrage suchte man 1492 durch Vertreibung der Juden als des natürlichen Sympathisantenumfeldes der Kryptojuden endgültig zu lösen.[18] Eine Schilderung des weiteren Schicksals der *Marranen* würde hier zu weit führen.[19]

Zusammenfassend kann man sagen, daß sich der scheinbar leichtere Ausweg des *Marranismus* im Vergleich zum *Kiddusch HaSchem* oder zur Flucht letztlich als der schwierigere erwiesen hat. Ungezählte echte oder vermeintliche Kryptojuden sind bis zur Aufklärung von der Inquisition enttarnt worden und oft mit dem Bekenntnis zum Judentum den Märtyrertod auf dem Scheiterhaufen gestorben. Für die stigmatisierten Parias wurde das Überleben unter dem Auge der Inquisition zur Hölle. Vielen ist die Maske zum Gesicht geworden, andere lebten in ständigem inneren Zwiespalt und äußerer Heuchelei, die Nachkommen einiger sind nach Hunderten von Jahren in toleranteren prostestantischen Ländern, namentlich in Holland, wieder zum Judentum zurückgekehrt. Ob das Schicksal der *Marranen* zur größeren Ehre Gottes gereicht, ist schwer zu sagen; sicher ist nur, daß das Verhalten ihrer katholischen Zwingherren seinem Ruf nachhaltig geschadet hat.

Nur zwei Details seien noch erwähnt, weil sie im Zusammenhang mit Edith Stein von Interesse sind. Teresa von Avila, deren Autobiographie bei Edith Steins Glaubenswechsel bekanntlich ausschlaggebend war, stammte

---

tanyahu, The Marranos of Spain. From the Late XIVth to the Early XVIth Century. According to Contemporary Hebrew Sources. New York 1966.

[16] »*Marrana*« heißt auf spanisch Sau, »*marrano*« »schweinisch«, »schmutzig«. Die Benennung *Marranos*, die in offiziellen Dokumenten nicht auftaucht, hat vielleicht mit der bösartigen alten Identifikation der Juden mit der Sau zu tun, weil sie, wie im angeführten Fall der makkabäischen Schweinefleischmärtyrer, lieber starben, als davon zu essen. Die gleiche Assoziation liegt wohl dem Motiv der »*Judensau*« in der christlichen Ikonographie und dem Schimpfwort »*Saujud*« zugrunde. Die Kryptojuden wurden auch daran erkannt, daß sie eben kein Schweinefleisch aßen.

[17] Vgl. Henry Charles Lea (Üb.: Prosper Müllendorff), Die Geschichte der spanischen Inquisition, 3 Bde. Nördlingen 1988.

[18] Vgl. Daniel Krochmalnik, Das Alhambra-Dekret und seine Folgen, in: Mitteilungsblatt des Landesverbandes der Israelitischen Kultusgemeinden in Bayern, 8 (1992) 52, 13–17.

[19] Vgl. Léon Poliakov, L'histoire de l'antisémitisme, Bd. II. De Mahomet aux Marranes. Paris 1961.

väterlicherseits von teilweise »rückfälligen« Conversos, den Cepedas, ab. Hier zeigt sich nebenbei, daß viele Nachkommen von zwangsbekehrten Juden zu überzeugten, tiefreligiösen und sogar heiliggesprochenen Katholiken wurden. Das wäre vielleicht auch in anderen Fällen der natürliche Gang der Dinge gewesen, wenn der unselige christliche Rassismus die Assimilation der *Neuchristen* nicht gleichzeitig verhindert hätte. Das alles konnte Edith Stein nicht wissen, weil Alonso Cortés die entsprechenden Aktenstücke aus dem Archiv von Avila erst 1946 veröffentlicht hat.[20] Immerhin war ihr wohl bekannt, daß Teresa in ihrem Orden zwischen Alt- und Neuchristen keinen Unterschied zuließ, während in allen übrigen Orden allmählich die Statuten der Blutreinheit – eine Art »*Arierparagraph*« – eingeführt wurden. Im Dritten Reich, auch dafür steht Edith Stein, konnten die Kirchen jüdische Konvertiten – von Juden ganz zu schweigen – vor derartigen »Statuten der Blutreinheit« nicht schützen.

In der kryptojüdischen Religiosität spielte, und das ist der zweite Punkt, den wir in diesem Zusammenhang erwähnen wollen, die Königin Esther, die als biblischer Archetyp der Marranen aufgefaßt wurde, eine wichtige Rolle. Esther hat bei der Hochzeit mit dem persischen König ihre Abstammung verschwiegen (Est 2, 10) – weshalb die rabbinische Etymologie ihren Namen von *Seter* (Versteck, Geheimnis) ableitet – und hat durch ihre Intervention beim König das jüdische Volk vor der vollständigen Vernichtung bewahrt. Wie die Inquisitionsprotokolle belegen, hielten die Kryptojuden streng das von Esther angeordnete dreitägige Fasten (*Taanit Esther*)[21] und sprachen inbrünstig das apokryphe Gebet der Esther (Est 4, 17 K-Z), das in der Tat genau ihrer eigenen Situation entspricht. Esther wurde zu einer Art Heiligen der *Marranen* und »*Sancta Esther ora pro nobis*« zu deren Fürbitte. Ich habe an anderer Stelle gezeigt, wie sich Edith Stein mit Esther identifiziert und für ihr Volk bittet – etwa den Papst um eine Enzyklika gegen den Antisemitismus – und betet.[22] Was hätte wohl Teresa getan und wie hätte sie gebetet, wenn sie aufgrund der »*Statuten der Blutreinheit*« belangt und gegen ihre religiöse Überzeugung in das Leid ihrer Abstammungsgemeinschaft zurückversetzt worden wäre? Es ist abwegig, das Schicksal der jüdischen Konvertiten im Dritten Reich und das der Kryptojuden in Spanien gleichzusetzen; der Vergleich zeigt aber interessante Parallelen auf.

III.

Im *Aschkenas* war die Haltung der Rabbinen zum Problem der Zwangstaufen und Zwangsgetauften, das sich dort seit der Jahrtausendwende zunehmend stellte, im Prinzip nicht anders als im *Sefarad*. Und doch hat hier ein Ereignis das religiöse Bewußtsein tief geprägt und eine spezifisch asch-

---

[20] Vgl. Marcelle Auclair, La vie de sainte Thérèse d'Avila. Paris 1960, Appendix, 477–479; Daniel Krochmalnik, Das verborgene Leben der Edith Stein, Rezension von Edith Steins Werken, Bd. 11, in: Allgemeine Jüdische Wochenzeitung 43 (1988) Nr. 37, S. 8.
[21] Die Juden fasten nur einen Tag.
[22] Daniel Krochmalnik, Edith Stein – der Weg einer Jüdin zum Katholizismus, 97–105.

kenasische Märtyrertradition begründet: die Judenverfolgung im 1. Kreuzzug (1096), also vor genau 900 Jahren.[23] Es sind eine Reihe von hebräischen Chroniken[24], liturgischen Dichtungen (*Pijutim*)[25] und Martyrologien[26] aus dieser Zeit erhalten. Anders als sonst bei Verfolgungen reagierten die Juden auf die Verfolgungen von 1096 beispiellos, nämlich mit kollektiven Selbstmorden! Dafür gab es nicht nur keine Präzedenzfälle,[27] sondern auch keine religionsgesetzliche Rechtfertigung. Die Halacha sieht, wie gesagt, zwar vor, daß man sich in vergleichbaren Situationen eher töten lassen als anpassen soll – von Selbstmord oder gar Mord ist dabei aber nirgends die Rede. Beinahe noch erschütternder als die Tatsache selbst ist indessen ihre religiöse Rechtfertigung. Die Chroniken und *Pijutim* schildern diese Selbstmorde und Morde nämlich im wahrsten Sinn des Wortes als Opfer, als Brandopfer, als Holocaust (*Ola*).[28] Am 27. Mai 1096 wurde die älteste und wichtigste der rheinischen Gemeinden in Mainz überfallen.[29] Der übliche Vergleich von Mainz mit Jerusalem[30] bekommt

---

[23] Vgl. Robert Chazan, European Jewry and the First Crusade. Berkeley u.a. 1987.

[24] A. Neubauer, M. Stern (Üb.: S. Baer), Hebräische Berichte über die Judenverfolgungen während der Kreuzzüge, in: Quellen zur Geschichte der Juden in Deutschland, II. Berlin 1892 (Künftig: Quellen II).

[25] W. Heidenheim (Üb.), Gebete für das Neujahrsfest (Machsor schel Rosch HaSchana). Rödelheim 1892 (neue Aufl.), (künftig: MRSch); W. Heidenheim (Üb.), Gebete für den Versöhnungstag (Machsor LeJom Kippur). Rödelheim 1894 (neue Aufl.), (künftig: MJK); S. Baer u. a. (Üb.), Die Trauergesänge für Tischan beab nebst allen dazu gehörigen Gebeten (Kinot LeTischa BeAw). Rödelheim, ND Basel 1983 (künftig KTA); A.M. Habermann, Sefer Geserot Aschkenas WeZarfat (Buch der Verfolgungen in Deutschland und Frankreich). Jerusalem 1945 (künftig: SGAZ); Simon Hirschhorn, Tora, wer wird dich nun erheben? Pijutim Mimagenza (hebr., dt.). Heidelberg 1995 (künftig: PM); Ephraim von Regensburg, Hymnen und Gebete, Hans-Georg von Mutius (Hg.), Judaistische Texte und Studien, Bd. 10. Hildesheim u. a. 1988 (künftig: ER); Ephraim von Bonn, Hymnen und Gebete, Hans-Georg von Mutius (Hg.), Judaistische Texte und Studien, Bd. 11. Hildesheim 1989 (künftig: EB).

[26] Siegmund Salfeld (Hg.), Das Martyrologium des Nürnberger Memorbuches, in: Quellen zur Geschichte der Juden in Deutschland, III. Berlin 1898 (Künftig: Quellen III); M. Weinberg, Die Memorbücher der jüdischen Gemeinden in Bayern. Frankfurt a.M. 1937 (Weinberg zeigt, daß es sich bei dem *Nürnberger* in Wirklichkeit um das *Mainzer* Memorbuch handelt.)

[27] Die kollektiven Selbstmorde von Jotapata und Massada, die Josephus im *De bello judaico* III, 8 u. VII, 9 berichtet, wurden im mittelalterlichen Buch *Josippon* mißbilligt oder, wie im Fall von Massada, überhaupt nicht berichtet.

[28] Der Holocaust: eine Kategorie von Tieropfern, die vollständig auf dem Alter verbrannt wurden. Es war im allgemeinen ein freiwilliges und persönliches Opfer (3 Moses 1), doch auch die täglichen Feueropfer – zwei Opferlämmer – der Gemeinde (4 Moses 28, 1–8) wurden als Brandopfer dargebracht. Sie galten als hochheilig (*Kodschei Kodaschim*). Das Opferlamm wurde geschächtet, das Blut in Becken aufgefangen und gegen die Ecken des Altars gesprengt (*Srika*); dann wurde es gehäutet und zergliedert und auf dem Altar verbrannt. Das ganze Zeremoniell, das zum Verständnis der Opfertheologie in den *Pijutim* wichtig ist, wird in der Mischna *Tamid* beschrieben. Manche Details weisen auch auf das Sündopfer von Jom Kippur. Schon vor dem 1. Kreuzzug kamen vereinzelt kollektive Selbstmorde vor, etwa in Süditalien im 10. Jhd., die von den Zeitgenossen als *vollkommenes Brandopfer* (*Ola Tmima*) beschrieben wurden.

[29] Vgl. I. Elbogen u.a. (Hg.), Germania Judaica Bd. I: Von den ältesten Zeiten bis 1238, Stichwort Mainz. Breslau 1934, 176ff. Zum Vergleich mit Jerusalem, Quellen II, 6 u. 94.

[30] Quellen II, 94.

Judentum und Martyrium

hier einen makabren Nebensinn. Als die Kreuzfahrer den Palast des Bischofs von Mainz stürmten, wohin die Juden geflüchtet waren, sprachen diese nach dem Bericht der Chronik von Salomo bar Simon (1140): *Lasset uns schnell handeln und uns selbst dem Ewigen als Opfer (Korban) darbringen! Jeder, der ein Schlachtmesser besitzt, untersuche es, daß es nicht schartig sei* (sonst ist die Schlachtung rituell ungültig, D. K.) *und komme und schlachte uns zur Heiligung des Einzigen (Al Kiddusch Jachid)*.[31] Die Rabbiner, die in ihre Gebetsschals gehüllt im Hof des Palastes saßen, sagten: *Wir haben die Opferungen geordnet und die Altäre errichtet für den Namen Gottes*.[32] Eine Mutter, die ihre vier Kinder schlachten ließ, um sie vor der Taufe zu bewahren, fing das Blut mit ihren Zipfeln statt wie im Tempel in einem Becken auf; dann ergriffen die übrigen Mädchen *das Messer und schärften es selbst, daß es nicht schartig sei; dann beugte sie deren Hals und schlachtete sie dem Ewigen, dem Gotte Zebaot*.[33] Ein Vater, der zwangsgetauft worden war, brachte seine drei Kinder *in die Synagoge vor die heilige Lade und schlachtete sie dort zur Heiligung des großen Namens des hocherhabenen Gottes (...). Von ihrem Blute sprengte er auf die Säulen der heiligen Lade, daß es zum Andenken vor den einzigen, ewig lebenden König und vor den Thron der Herrlichkeit gelange. ›So werde* (sprach er) *dieses Blut mir zur Versöhnung für alle meine Missetaten.‹ Dann zündete er die Synagoge an und verbrannte zusammen mit seinen Opfern*.[34] *Sie brachten sich als Opfer*, heißt es an einer anderen Stelle, *zum Wohlgeruch für den Ewigen dar*.[35] In verschiedenen Orten des Rheinlandes wie Wevelinghoven, Altenahr und Xanten wiederholen sich immer wieder die gleichen Szenen: Das Schlachtmesser wird geprüft, der Segen über das Opfer gesprochen, das Opfer antwortet ›Amen‹ und wird geschlachtet; dann wird der Opfernde geschlachtet oder schlachtet sich selbst usw.[36] In Xanten forderte ein Vorbeter, der noch dazu aus dem Priestergeschlecht stammte, die Gemeinde auf: *Wir wollen uns selbst dem Ewigen darbringen, wie Ganzopfer dem Höchsten geweiht auf dem Gottesaltar*.[37] Der Chronist berichtet nach Zeitzeugen auch über die Freude der Opfer: *Am Rüsttage des Sabbats in der Dämmerungsstunde brachten sie sich als Opfer vor dem Ewigen anstelle des täglichen Abendopfers und betrachteten sich zugleich als Morgenopfer im Tempel, und wie der frohlockt, der Beute findet, wie man sich freuet bei der Ernte, so waren sie froh und freudig, sich dem Dienste unseres Gottes weihen zu können und seinen großen und heiligen Namen zu verherrlichen*.[38] Die Christen versuchten

---

[31] Quellen II, 96.
[32] Quellen II, 100.
[33] Quellen II, 101.
[34] Quellen II, 106f.
[35] Quellen II, 110. Das ist die Formel für die Annahme des Holocaust, 3 M 1, 10.13.17.
[36] Quellen II, 112, 119f, 121.
[37] Quellen II, 125.
[38] Quellen II, 126. Die ekstatische Stimmung der Märtyrer kommt in brautmystischen Bildern der Pijutim zum Ausdruck. *Einstimmig*, heißt es im Pijut *Et HaKol Kol Jaakow*, *eilten Eltern und Kinder, Bräutigame und Bräute hin zur Schlachtbank wie zu ihrem Trauhimmel (Memaharim LaTewach KiWeApirjon Chupatam)*, SGAZ 65, PM 25.

sogar, die um sich greifenden Massenselbstmorde zu verhindern, um die Juden in ihrer Gewalt zu behalten.[39]

In den Chroniken der Verfolgungen von 1096 fehlt keine der biblischen oder nachbiblischen Formen theologischer Leidensdeutung oder -verarbeitung. Sinn der Leiden, so wird hervorgehoben, seien Strafe und Sühne; das Leid wird wegen der vielen ererbten Sünden (Mipnei Chataenu Ha-Rabim) als himmlisches Strafgericht (*Din Schamajim*) angesehen und angenommen.[40] Angesichts der Leiden von Gerechten und unschuldigen Kindern regt sich aber bei den Opfern und Berichterstattern Widerstand gegen das eherne Vergeltungsgesetz,[41] und sie stellen immer wieder die Fragen Hiobs und des Psalmisten: Warum schweigt Gott?[42] Sie verlassen sich auf den Trost, nach ihrem Tod in eine bessere Welt zu kommen,[43] und drängen doch Gott, sich in dieser Welt zu offenbaren und sie zu rächen.[44] Sie betrachten die Leiden als Prüfung der Gerechten und Qualen der Liebe (*Jissurin Schel Ahawa*), und im Leiden erbringen sie den untrüglichsten Beweis für ihre Liebe; die alten Glaubenshelden Hanna und ihre Söhne vor Augen,[45] schmähen sie das Kreuz, bekennen sich enthusiastisch zu Gott[46] und *heiligen*, wie der Terminus technicus lautet, *seinen Namen*.[47] Und doch brechen diese *Heiligen* (*Kedoschim*) auch immer wieder in den alten Verzweiflungschrei aus: »*Ach, Ewiger, Gott! Warum hast du dein Volk Israel verlassen? (...)*«.[48] Das sind m. E. nicht verschiedene Reaktionen auf die Verfolgung, sondern es ist ein charakteristisches Schwanken zwischen Schicksalsergebenheit und Auflehnung, welches schon das Hiob-Buch, die Klagepsalmen und Klagelieder auszeichnet. Es sind aber vor allem zwei biblische Paradigmen, die den Chroniken und Dichtungen über die Ereignisse von 1096 ihre unverwechselbare Farbe geben: das *Akeda*-Paradigma[49], das schon seit dem Altertum Archetyp des Martyriums war, und das, was Alan Mintz das *Mikdasch*-Paradigma genannt hat.[50]

---

[39] Quellen II, 128, 136.
[40] Quellen II, 95f: *In Liebe nahmen sie das himmlische Strafgericht an (MeAhawa Kibblu Aleihem Din Schamajim)*, Quellen II, 97.
[41] Ein typisches Beispiel für das Wechselbad von Infragestellung und Abfindung ist folgender Text: *Und kein Prophet, kein Seher, kein Weiser und Sachverständiger vermag die Ursache zu ergründen, weshalb die Sünde der so zahlreichen Gemeinde so schwer gefunden ward, daß die heiligen Gemeinden, als hätten sie Blut vergossen, mit dem Leben gestraft wurden. Doch fürwahr, er ist der gerechte Richter, unser ist die Schuld!* Quellen II, 88.
[42] Quellen II, 88, 90, 95, 98, 101 u.ö.
[43] Quellen II, 96, vgl. 2 Makk 7, 14.
[44] Quellen II, 114f u. ö. mit Zitaten aus Ps 44, 23; Ps 79, 12; Ps 94, 2.
[45] Quellen II, 96, 102.
[46] Sie sterben mit dem Einheitsbekenntnis, dem *Schema Jisrael* auf den Lippen. Den Namen Gottes *zu einen* (*LeJached*), wird geradezu zum Terminus für das Martyrium.
[47] Quellen II, 96f u.ö.
[48] Quellen II, 27 (hebr.), 135 (dt.), vgl. Ps 22, vgl. auch EB 84.
[49] Der Akeda-Archetypus klingt in der Schlachtung der beiden Mädchen in Mainz an, Quellen II, 115, und wird an vielen Stellen ausdrücklich zum Vergleich herangezogen. Nach dem Bericht über die Massaker von Mainz und Rüdesheim schreibt der Chronist: *Möge uns das Blut seiner Frommen zum Verdienst und zur Versöhnung gereichen, uns, unseren Nachkommen und Kindeskindern auf ewig, gleich der Opferung unseres Vaters*

Die *Akeda* ist die Geschichte des Erzvaters Abraham, von dem Gott den langersehnten Sohn Isaak als Brandopfer (*Ola, holocaustum*) fordert (1 Moses 22). Nach der Bibel ist es aber nicht zur Opferung, sondern nur zur Bindung (*Akeda*) Isaaks gekommen; an seiner Statt wurde schließlich ein Tier geopfert. Die jüdische Überlieferung betont den unbedingten Gehorsam des Vaters – und die freiwillige Zustimmung des Sohnes, der somit zum Archetyp des jüdischen Märtyrers wurde.[51] Einzelne Überlieferungen, die aber gerade in unserem Kontext aktualisiert werden, schildern die Gefährdung Isaaks sehr viel drastischer als die Bibel. Nach der einen Überlieferung hat Abraham fast zugestochen – und Isaak ist vor Schreck gestorben[52] –, nach einer anderen hat Abraham ihm Blut entnommen, nach einer dritten hat er ihn geschlachtet und einer vierten zufolge nach der Auferstehung sogar noch einmal schlachten wollen.[53] Ein geflügeltes Wort spricht sogar von sühnender Wirkung der Asche Isaaks auf dem Altar.[54] Der Opferung oder Opferbereitschaft Isaaks wird eine fortdauernde sühnende Wirkung zugesprochen.[55] Einmal schließt das Opfer oder Selbstopfer der Erzväter alle künftigen Generationen mit ein, und zum anderen sollen diese die Ersatzopfer so darbringen, als ob (*Keilu*) sie ihre eigenen Söhne opferten.[56] Die Bindung Isaaks fand nach der Tradition genau an der Stelle statt, wo später das Heiligtum (*Mikdasch*) stand,[57] und die tägliche Verbrennung der Opferlämmer galt als Wiederholung des stellvertretenden Tieropfers auf dem Moria. In bezug auf das Martyrium war also der Übergang vom *Akeda*-Paradigma zum *Mikdasch*-Paradigma naheliegend; doch es bot dem Dichter auch zusätzliche Möglichkeiten, die schrecklichen menschlichen Hekatomben darzustellen, indem er das Tieropfer der *Akeda* wieder durch das Menschenopfer ersetzte. In den ganz zu Recht Akedot (Pl. von *Akeda*) genannten zeitgenössischen Bußgebeten (*Slichot*), die an das Verdienst Isaaks erinnern und hauptsächlich

---

Isaak, als unser Vater Abraham ihn auf dem Altar gebunden hatte, ebd. 115; vgl. auch die Chronik von Elieser ben Nathan, Quellen II, 161.
[50] Allan Mintz, Churban. Responses to Catastrophe in Hebrew Literature. NY 1984, 94.
[51] Nach BerR 55, 4, bSan 89b regt Isaak aus Konkurrenz zu Ismael sein Opfer an. Die Opferbereitschaft ist Zeichen der Erwählung. Diesen Midrasch zitiert Raschi in seinem Kommentar zu 1 M 22, 6.8, s.w.u.
[52] Pirke DeRabbi Elieser 31.
[53] EB 47.
[54] Wajikra Raba 36, 5, bTaan 16a. Vgl. Raschi zu 1 M 22, 14: *Die Asche Isaaks, die zur Versöhnung aufgehäuft liegenbleibt*. Schalom Spiegel, The Last Trial. On the Legends and Lore of the Command to Abraham to Offer Isaac as a Sacrifice: The Akeda (hebr., 1950), J. Goldin (Üb.), NY 1967; Ephraim Urbach, The Sages, their Concepts and Beliefs (hebr.), Jerusalem 1969, 466, (engl.) Jerusalem 1975, 503; Géza Vermes, Redemption and Gen 22, in: Scripture and Tradition in Judaism. Haggadic Studies, 21973, 193–227; Willem Zuidema (Hg.), Isaak wird wieder geopfert. Die »Bindung Isaaks« als Symbol des Leidens Israels. Versuche einer Deutung (1980), W. Bunte (Üb.), Neukirchen-Vluyn, 1987.
[55] Raschi zu 1 M 22, 6.14.
[56] Raschi zu 1 M 22. 13: »*als ob (Keilu) ich es an meinen Sohn vollzöge, als ob (Keilu) mein Sohn geschlachtet, als ob (Keilu) sein Blut gesprengt, als ob (Keilu) er gehäutet, als ob (Keilu) er verbrannt und Asche geworden wäre.*«
[57] Vgl. 2 Chr 3, 1, Raschi zu 1 Mose 22, 2. 14.

in die Gottesdienste der Bußzeit von Neujahr (*Rosch HaSchana*) – das als Tag der *Akeda* gilt – bis zum Versöhnungstag eingefügt werden, finden wir immer wieder derartige Schilderungen. Hier seien zwei Beispiele aus dem Nachmittagsgottesdienst des Versöhnungstages angeführt.

In der berühmten *Akeda Et HaKol Kol Jaakow* (*Die Stimme ist die Stimme Jaakows*) von Kalonymos ben Jehuda, einem Zeitzeugen der Verfolgungen von 1096, beschreibt der Autor in einer Strophe, wie Frauen ihre Kinder opferten und damit nach den Chroniken und *Pijutim* immer wieder demonstrieren, daß die Mutterliebe hinter der Gottesliebe zurücksteht. *Fromme Frauen eilten und brachten ihre Kleinen*[58] *her, daß sie als Opfer dir bluten mögen; willig reichten sie dieselben als angenehme Gabe* (*Mincha*).[59] Die Darstellung eines quasirituellen Vollzugs für den rituellen Gebrauch in der Liturgie beschönigt hier das Geschehen, doch in anderen Fällen unterstreicht die Anwendung der biblischen Opferterminologie den brutalen Charakter des Geschehens; die Idealisierung schlägt in einen kaum erträglichen, grauenerregenden Realismus um. In einer anderen berühmten *Akeda*, *Elohim Al Domi LeDami* (*Gott! schweige nicht zu meinem Blute*) des Zeitzeugen David ben Meschullam von Speyer, wird die Analogie von Massaker und Opferdienst systematisch dargestellt: *So wurden kleine Kinder wie Ganzopfer hingeschlachtet, wurden geknebelt, um sie wie das Opferfett zu verbrennen. Sie sprachen zu ihren Müttern: ›Lasset doch euer Mitleid! Sehet, wir sind ja vom Himmel als dem Ewigen wohlgefällige Feueropfer bestimmt!‹ Haufenweise wurden die Kinder zusammengeworfen; noch zuckten diese, so wurden schon andere geschlachtet und Blut zu Blut gemischt. Es liegt auf dem Estrich deines Palastes, dort wird es umgerührt,*[60] *daß es immerdar vor dir brause. Sie ordneten damals eine große Opferstätte an; der Altar samt seinem Grunde hätte die Kinder und Säuglinge nicht alle fassen können, die als Brand- und Ganzopfer geschlachtet wurden. Gedenke, Gott, jener Opfersache, jener Gaben immerfort! Alle Winkel und Höfe füllten sie mit Geschlachteten, Schmer, Gliedern, Köpfen, Füßen und Zerstückten an; statt trockener Mehlopfer lagen viele Maß Gehirn da; fromme Frauen brachten als Entbindungsopfer ihre Kleinen in den Windeln. Wie ein Zusatzopfer des Altars wurde die Schuljugend hingeworfen, wie ein Sühneopfer für die Gemeinde die Gelehrten. Im Tiegel gesottene Opfer wurden seit der Tempelzerstörung nicht mehr dargebracht; so nimm jetzt dafür die dampfenden Stücke von Jehudas Kindern wohlgefällig auf. Wie Priester dienten da Männer wie Frauen, schlachteten, spritzten Blut, fingen es auf, brachten reine heilige Leiber und machten Wendungen mit Bruststücken, Schenkeln und Kinnladen* (…).[61]

---

[58] Eigentlich Tauben für das Entbindungsopfer.
[59] MJK 572f, SGAZ 64–66, PM 22–31 (mit ausführlicher Erläuterung), 348–351.
[60] Mischna (m) Jom IV, 3.
[61] MJK 576f, SGAZ 69–71. Die Übersetzung von Heidenheim ist zwar weniger unscharf als die von Sulzbach, in: J. Winter, Aug. Wünsche, Die jüdische Literatur seit Abschluß des Kanons, Bd. III, ND 1965, 67f, doch beide nehmen Rücksicht auf den guten Geschmack und können die technische Opferterminologie, die für einen modernen Leser so wenig

Der Dichter hat die Bilder freilich nicht aus ›ästhetischen‹, sondern aus religiösen Gründen gewählt. Die Opfertheologie, welche dieser Dichtung zugrunde liegt, beantwortete zunächst die Theodizeefrage. Denn kaum eine Generation in der jüdischen Geschichte durfte sich vor Gott gerechter fühlen als eben die Generation von 1096. Wenn sie trotzdem vom göttlichen Strafgericht verfolgt wurde, dann nicht als Generation von Sündern, sondern von Sündopfern – welche ja selbst unschuldig sind. Diese Generation wurde gerade wegen ihrer Reinheit und Makellosigkeit stellvertretend für die früheren und zukünftigen Generationen zum Opfer auserkoren.[62] Die Opfertheologie ermöglicht es, Unschuld und Sühne zusammenzudenken. Vor allem aber war sie ein unverfälschter Ausdruck für die religiöse Gesinnung dieser Generation, die sich – denn das ist der genaue Sinn des Holocaust-Opfers – Gott ganz hingegeben hat. Sie identifizierte sich so uneingeschränkt mit ihrem Judentum, daß die meisten den Ausweg einer vorübergehend christlichen Existenz für sich und ihre Kinder nicht einen Augenblick in Betracht zogen. Der Wille, das Selbstopfer nach den halachischen Regeln darzubringen, würde, wie Hirschhorn andeutet,[63] nebenbei auch erklären, weshalb sich die Märtyrer dieser Generation gegen alle halachischen Regeln lieber selbst umbrachten. So starben sie ihren eigenen Tod, der wie ihr ganzes Leben ein ritueller Vollzug sein sollte. Doch ist hier auch Vorsicht geboten, denn es ist kaum zu unterscheiden, was an derartigen Schilderungen bewußte Inszenierung der Opfer oder aber nachträgliche Idealisierung ist. Auch ist es sicherlich etwas übertrieben, wenn Hirschhorn in seinem Buch schreibt: *In diesen rituellen Massentötungen (...) wurde in den Augen der Märtyrer der Tempeldienst faktisch wiederaufgenommen (...). Im Palast des Bischofs wurde der Tempel faktisch wiedererrichtet.*[64] Bei diesen Beschreibungen handelt es sich vielmehr um Bilder, deren Perversität den Dichtern durchaus bewußt bleibt. R. Ephraim aus Bonn (1132 – nach 1197), ein Zeitzeuge und Chronist der Verfolgungen während des 2. Kreuzzuges[65], schließt in seinem Klagelied über die Verbrennung der Juden von Blois (1171) jede der Strophen, in denen er die Ereignisse penibel schildert, mit dem Refrain: *Dies ist das Gesetz für das Brandopfer (WeSot Torat HaOla), das Brandopfer auf seiner Feuerstätte.*[66] Das Klagelied endet mit der Aussicht auf den wiedererbauten Tempel: *Das Tamid-Opfer lasse dann ständig und ewig währen! Dies ist das Gesetz für das Brandopfer, das Brandopfer auf seiner Feuerstätte.*[67]

---

elegisch klingt, kaum übersetzen. Vgl. dagegen die englische von Allan Mintz, Churban, 94, der an dieser *Akeda* das *Mikdasch*-Paradigma illustriert.

[62] Nachdem der Chronist diejenigen Gemeinden aufgezählt hat, die 1096 auch noch von den Kreuzfahrerhorden heimgesucht wurden, also Trier, Metz, Regensburg, Prag und Pappenheim, schließt er: *Jenes ganze reine Geschlecht hatte Gott sich zum Antheil auserkoren, um mittelst desselben die ihm nachfolgenden Geschlechter zu beglücken*, Quellen II, 25/131.

[63] PM 30.

[64] PM 27. 30.

[65] Sein Sefer Sechira, Quellen II, 58–76 (hebr.), 186–213 (dt.).

[66] SGAZ 133ff, EB 74ff.

[67] SGAZ 136, EB 83.

Dieser letzte Refrain ist eine Antithese zum erstgenannten und drückt die Hoffnung auf eine Zukunft aus, wo nicht mehr Menschen, sondern wieder Tiere als ständige Opfer (*Tamid*) dargebracht werden.

Die Historiker sind übereingekommen, aus diesen Zeugnissen nur den Ton schicksalsergebener, mit ihrer Mischung aus Liebe, Leid und Blut so christlich anmutender Frömmigkeit herauszuhören, dagegen den bitteren Protest, den unverhohlenen Triumph in ihnen zu überhören. Es ist m. E. falsch, der aschkenasischen Spiritualität ein morbides Schuldbewußtsein, nekrophile Todessehnsucht oder auch nur eine durchgehend depressive oder resignative Stimmung zu unterstellen.[68] Zunächst einmal bezeugen die Chroniken, daß die jüdischen Gemeinden mit allen Mitteln versuchten, das ihnen drohende Unheil abzuwenden: Sie verhandelten mit den Kreuzfahrern, erkauften den Schutz der weltlichen und geistlichen Herren, wehrten sich mit dem Schwert in der Hand.[69] Als alle diese Maßnahmen scheiterten, ergaben sie sich nicht passiv in ihr Schicksal, sondern schmähten mit Ausdrücken, die wiederzugeben sich der moderne Übersetzer immer noch scheut,[70] das Christentum, bekannten sich öffentlich zu ihrem Glauben und fielen schließlich meist durch ihre eigene Hand. In den Zeugnissen, Berichten und Gedichten werden die Unbeugsamkeit und der Triumph der Märtyrer vor der Welt und – vor Gott gefeiert. Die Annalen sind sozusagen die irdische Gegenrechnung zur himmlischen Buchführung, und Gott wird auf jeder Seite daran erinnert, daß er nicht mehr Gläubiger, sondern Schuldner dieser Generation und der künftigen Generationen ist. Das wird an den beiden charakteristischen biblischen Paradigmen in den Zeugnissen deutlich. Wenn die Zeugen auf die *Akeda* und den *Mikdasch* anspielen, dann machen sie selbstbewußt auf einen entscheidenden Unterschied aufmerksam: Abraham hat Isaak gerade *nicht* geopfert, während sie ihre Kinder *wirklich* geopfert und auf ein erlösendes göttliches Wort vergeblich gewartet haben;[71] ferner bestanden ihre Hekatomben eben nicht aus stellvertretenden Tier-, sondern aus Menschenopfern. *Fraget doch nach*, heißt es in der Chronik von Salomon ben Simon über den kollektiven Selbstmord in Mainz am 27. Mai 1096 (3. Siwan), *fraget doch nach und sehet zu, ob von der Zeit des ersten Menschen an eine so vielfache Opferung je gewesen ist, daß 1100 Opferungen an einem Tage stattfanden, alle gleich der Opferung Isaaks, Sohnes Abra-*

---

[68] Das hat ein so feinsinniger Leser wie Hans Wollschläger in seiner Darstellung: Die bewaffneten Wallfahrten gen Jerusalem. Geschichte der Kreuzzüge, Zürich 1973, 21 verkannt, der vom *Molochbild des Synagogengottes* und von der *Todesangst und dem Todestrieb (…) ihres dunkel geduckten Lebens* spricht.

[69] Vgl. z.B. die Chronik von Salomo bar Simon, Quellen II, 94, 112, 138.

[70] Quellen II, XXVII-XXIX.

[71] Zum Beispiel die Geschichte von der Frau in Speyer, deren Söhne, darunter ein Isaak, geopfert wurden und die mit Ps 89, 50 ruft: *Wo ist deine frühere Gnade, Herr?* Quellen II, 101. Bei R. Ephraim aus Bonn heißt es am Ende einer Akeda, in der Isaak nach einer Überlieferung und vor allem nach der Erfahrung tatsächlich geopfert wird: *Gedenke zu unseren Gunsten der vielfachen Akeda jener, die sich deinetwegen töten ließen, der frommen Männer und Frauen!* EB 50; vgl. auch Willem Zuidema (Hg.), Isaak wird wieder geopfert, 50f.

hams. Wegen jener einen Opferung auf dem Berge Moria erbebte die Welt, wie es heißt: ›Die Himmelscharen schrien weithin (Jes 33, 7), und es verdunkelte sich der Himmel.‹ Was haben sie (die Märtyrer) erst jetzt getan! Warum verdunkelte sich nicht auch da der Himmel, warum zogen die Sterne ihren Lichtglanz nicht ein (Joel 2, 10); und Sonne und Mond, warum verfinsterten sie sich nicht an ihrem Gewölbe, als an einem Tage, am dritten Siwan, 1100 heilige Personen (Nefaschot Kedoschot) ermordet und hingeschlachtet wurden, so viel Kleine und Säuglinge, die noch nicht gefrevelt und gesündigt hatten, so viele arme, unschuldige Seelen! – Willst du hierbei an dich halten, Ewiger? Denn für dich ließen die Personen ohne Zahl sich umbringen.[72] Das Bewußtsein, mit dem Holocaust etwas noch nie Dagewesenes vollbracht zu haben, das sogar die *Akeda* und den *Mikdasch* in den Schatten stellt, durchzieht alle Zeugnisse. Dieses ausgeprägte Selbstbewußtsein ist für das spirituelle Selbstverständnis der aschkenasischen Gemeinde entscheidend; sie betrachtet sich als Gemeinde aus Märtyrern oder, wie es am Ende einer *Akeda* von Ephraim von Regensburg (12. Jhd.) heißt, aus *geweihten Opferschafen.*[73]

Die aschkenasische Märtyrertradition ist in der Liturgie verankert und in diesem Jahrhundert vor allem im Ostjudentum noch lebendig gewesen. Mit ihren spirituellen Führern an der Spitze haben Hunderttausende von Juden in den osteuropäischen Schädelstätten den Namen Gottes geheiligt; und alle jüdischen Opfer, die religiösen, die säkularen und – so möchte man trotz des hier wieder in Erinnerung gebrachten jüdischen Opfergangs in der Christenheit hinzufügen – die konvertierten Juden gelten als *Kedoschim*, als Heilige.

---

[72] Quellen II, 7 – 8 /96 – 98. Fast identisch in der Chronik von Elieser bar Nathan, ebd. 158.
[73] Vgl. *Akeda* zum 4.Tischri von Ephraim von Regensburg, Fassung 3, ER 10: *Die Gemeinde – geweihten Opferschafen gleich sind ihre Gesichter der Akeda zugewandt.*

Juden in Spanien

Ein Gespräch mit Ruth und Pinchas Lapide[1]

Sánchez de Murillo: Sie haben sich freundlicherweise bereit erklärt, über das wichtige Thema »Juden in Spanien« zu berichten. Könnten wir das Gespräch vielleicht mit dem Begriff *Diaspora* eröffnen?

Lapide: Zunächst einmal müßten wir klären, ob sich Diaspora als ein Fluch darstellt oder ein Segen ist. In christlichen Kreisen ist man oft der Auffassung, daß Diaspora ein Fluch ist, weil nicht alle Juden von damals Jesus von Nazareth als Messias angenommen haben.

Sánchez de Murillo: Wie stehen Sie dazu?

Lapide: Es stimmt natürlich nicht. Als Messias wurde Jesus zuerst von Juden angenommen. Seine Familie, seine Zuhörer, seine Jünger waren Juden. Bei der Brotvermehrung waren 5000 jüdische Männer (mit ihren Frauen und Kindern). Nebenbei bemerkt: Das gemeinsame Brotbrechen ist ein jüdischer Ritus genau wie das Händewaschen und das Brotbrechen beim letzten Abendmahl. Als Messias angenommen haben ihn Juden und Jüdinnen. Messias ist doch ein jüdischer Begriff. Wer wußte denn außerhalb des Judentums, was ein Messias ist?

Sánchez de Murillo: Natürlich. Das Jesus-Phänomen ist im wesentlichen ein jüdisches Phänomen. Wollen wir zum Begriff Diaspora zurückkommen?

Lapide: Das religöse Judentum ist bipolar konstruiert, nämlich: wie eine Ellipse – nicht wie ein Kreis! – mit zwei Zentren. Das eine Zentrum ist das Land Israel, das andere läßt sich so formulieren: »Geht hinaus und erzählt es der Welt.« So steht es schon bei Jesaja, 700 Jahre vor Jesus: Erzählt es den fernsten Inseln.

Sánchez de Murillo: Diaspora ist also kein Fluch?

Lapide: Nein. Diaspora ist ein Auftrag, Gottes Wort, die Botschaft vom Sinai als Angebot – nicht Mission, nicht mit Schwert und Gewalt – als Angebot, als Vorleben draußen zu erzählen. Das kann man nicht, wenn man in dem einen kleinen Dorf in Galiläa sitzen bleibt. Deswegen gingen sie hinaus in die Welt. Und deswegen ging auch der Jude Paulus hinaus. Und Paulus hat sich danach gesehnt, nach Spanien zu gehen. Das hat er nicht mehr geschafft, aber es war sein großer Traum: Spanien. Übrigens: Spanien kommt schon in der Bibel vor: »Sepharad« heißt Spanien. Heute noch berufen sich viele Juden auf ihre spanischen Vorfahren. »Ich bin ein Sepharde«, das heißt »Ich bin ein Spanier«. Das hat übrigens vielen Juden im Zweiten Weltkrieg das Leben gerettet.

Sánchez de Murillo: Wurden die Juden in Spanien angenommen?

Lapide: Zunächst hatten sie unter den Machtkämpfen zwischen Westgoten und Byzantinern zu leiden. Später hatten die Juden alles erlebt, was es an zwischenreligiösen Möglichkeiten gibt: Die schönste Zeit, das Gol-

---

[1] Das Gespräch führten José Sánchez de Murillo und Evelyn Scriba. Niederschrift des Tonbandprotokolls: Karl Embacher, Textbearbeitung: Renate M. Romor.

dene Zeitalter, fand in Spanien statt. Doch auch das schreckliche Leid, der Verlust der Heimat, die Verfolgung fanden in Spanien statt. Es fanden die Begegnung mit dem Christentum, mit verschiedenen Schattierungen des Christentums, die Begegnung mit dem Islam, mit verschiedenen Schattierungen des Islams, statt. Dennoch war es im Grunde eine tragische Entwicklung. Denn die Juden haben Spanien sehr viel gegeben, sie haben Spanien im Lauf der Jahrhunderte durch ihre Beiträge zum Segen gereicht. Und man darf sagen – ohne Häme – mit Bedauern, daß der Niedergang Spaniens eigentlich mit der Vertreibung der Juden begonnen hat ... und der Moslems. Mit der Vertreibung der beiden beginnt der Niedergang Spaniens in der Weltgeschichte. Die Wunde war so tief, daß sie bis in unser Jahrhundert offen blieb. Denn die Juden und die Christen haben eine gemeinsame Bibel, sie haben eine gemeinsame Hoffnung, und der Messias der Christen war ein Jude. Mit dem Islam gibt es nicht so viel Gemeinsames und daher nicht so viel Schmerz.

Sánchez de Murillo: Islam verbinden wir mit Córdoba, Granada. Sprechen wir von der ersten Stadt. Hat Córdoba mit Juden zu tun und umgekehrt?

Lapide: Oh ja! Man wird sich in Spanien dessen immer bewußter. Jetzt beginnt ja in Spanien ein zarter neuer Frühling. Frühling zwischen spanischen Christen und spanischen Juden. Es gibt heute wieder spanische Juden, die dort leben! Ein Maimonides-Denkmal, eine Maimonides-Ausstellung sind in der »Judería« aufgebaut worden. Spanien ist wieder stolz auf seine großen Juden. Im Gedenken an Maimonides hat noch Franco das Denkmal in Córdoba errichtet.

Sánchez de Murillo: Maimonides, der ja auch für die mittelalterliche Philosophie wichtig wurde, lebte von 1135 bis 1204. Können Sie etwas über ihn sagen?

Lapide: Maimonides wird im Hebräischen so vorgestellt: Von Moses bis Moses gab es keinen Gelehrten wie Moses. Das ist ein großes Kompliment – und trotzdem mit Humor. Damit wird auf die Bedeutung des Maimonides für das Judentum hingewiesen. Sucht man eine Entscheidung für alte und neue Fragen wie etwa Organverpflanzung oder »Wann beginnt das Leben?«, dann greift man u.a. auch auf Maimonides zurück. Er hat die gesamte jüdische Tradition, die Bibel und den ganzen Thenach, d.h. die fünf Bücher Mose, die Propheten, die Hagiographen und den Talmud kommentiert und erläutert. Er war Oberhaupt der jüdischen Gemeinde und Leibarzt des Sultans und seiner Familie in Kairo. Er sprach fließend Hebräisch und Arabisch, hat sehr viel auf Arabisch geschrieben. Er hat viele Debatten mit christlichen Scholastikern geführt. Ein Beispiel auch für die heutige Ökumene!

Sánchez de Murillo: Hat damals in Córdoba eine Art Ökumene stattgefunden?

Lapide: In Spanien war die ideale Ökumene. Aber zur Zeit von Maimonides ging sie schon zu Ende, und Maimonides mußte fliehen. Das Goldene Zeitalter war von 900 bis 1100. Zweihundert Jahre lang war Córdoba das Leitbild einer Dreier-Ökumene, die es bis heute nicht wieder gegeben hat: Juden, Christen und Moslems in fruchtbarer Kooperation, ohne die geringste Gehässigkeit! Das klingt heute unglaublich! Unter den Moslems war das Goldene Zeitalter, auch für die Juden. Mit der Ankunft von anderen Araberstämmen (Almohaden) ging die Phase zu Ende. Dann kam das Zeitalter mit den Christen. Von 1180 bis 1280 war hier die beste Zeit. Und da Maimonides am Ende des moslemischen Goldenen Zeitalters lebte, mußte er fliehen.

Sánchez de Murillo: Der Untergang dieser ökumenischen Zeit hatte dann Folgen, die auch in der Wirtschaft zu spüren waren oder vielleicht heute noch zu spüren sind?

Lapide: Ein deutlicher Niedergang für Spanien und für die Juden natürlich auch, eine Tragödie von ganz großen Ausmaßen. Man kann vielleicht sagen, nach keinem Leid, das die Juden in irgendeinem Land der Diaspora erlitten haben – bis auf das, was in unserem Jahrhundert in Deutschland geschehen ist –, war ein so tiefer Einschnitt.

Sánchez de Murillo: Kann man das vergleichen: die Vertreibung der Juden in Spanien mit dem Massenmord in Deutschland?

Lapide: Man kann alles immer noch mal überbieten, so schaurig es klingt. Bis Hitlers Zeiten konnte sich ja auch mit schwärzester Phantasie kein Mensch so etwas ausmalen.

Sánchez de Murillo: Aus Spanien wurden sie vertrieben.

Lapide: Sie wurden nicht nur vertrieben, sondern vor die Wahl gestellt: Wenn Du Jude bleiben willst, mußt Du Deine Heimat verlassen; wenn Du hier bleiben willst, mußt Du konvertieren. Und die christliche Inquisition wird Dich beobachten und bei lebendigem Leib verbrennen, sollte sie Dich als »schlechten Christen« verdächtigen.

Sánchez de Murillo: Wann geschah dies? Kann man ein Datum für die Vertreibung, für diese zugespitzte Situation angeben?

Lapide: Wie ich schon sagte, dauerte die gute christlich-jüdische Zeit bis etwa 1280, dann geht es bergab bis 1390. Von 1280 bis 1390 wird es langsam immer schlechter, von 1390 bis 1490 wird es sehr schlecht, und 1492 war das Ende.

Sánchez de Murillo: Das ist für unsere Thematik sehr wichtig. In der Vertreibung, in der schlechten Behandlung hat es Stufen gegeben?

Lapide: Ja, es hat Stufen gegeben. Das Allerschlimmste war dies: Wenn sich die Juden nun entschlossen hatten – weil sie zu alt waren, zu krank oder vielleicht aus Überzeugung –, Christ zu werden, dann wurden sie erst recht drangsaliert. Denn es stellte sich auf einmal heraus, daß die hohe Beamtenschaft und die gehobenen Schichten in Spanien Nachfahren von Juden waren. Das hat natürlich den Christen wieder nicht gepaßt. Das ist etwas sehr Tragisches.

Scriba: Hängt damit die Inquisition zusammen?

Lapide: Ja, ich komme darauf. Nun hatten diese Juden doch den Missionsbefehl angenommen und dachten, nun akzeptiert zu sein, gleichberechtigt mit den Christen. Aber nein: man fing an, sie zu quälen. Da kommt die Inquisition, hauptsächlich unter Torquemada, der sagte: »Ihr müßt jederzeit nachweisen, was für *gute* Christen ihr seid.« Es war so wie bei den Hexen im Mittelalter. Wenn jemand seinem Nachbarn etwas anlasten wollte, dann ging er z.B. hin und sagte: »Guck mal, diese jüdische Familie hat am Sabbat, am Samstag keinen Rauch aus ihrem Schlot gehabt!« Das heißt: Sie hatten am Samstag kein Feuer gemacht, weil die Juden am Samstag kein Feuer machen. »Also handelte es sich um geheime Juden, um Krypto-Hebräer.« Dann wurden sie von der Inquisition geholt und furchtbar gequält, bis sie aussagten, Krypto-Hebräer zu sein. Voller Verzweiflung haben die Juden also samstags geheizt, auch wenn es sehr heiß im Sommer war, damit der Schlot am Samstag geraucht hat. Dies ist nur ein Beispiel. Auf Mallorca hat man neuerdings noch Familien gefunden, wo die Frau am Freitagabend bei Sonnenuntergang sich schön anzieht und in den Keller geht und dort zwei Kerzen anzündet und wieder heraufgeht – ohne zu wissen, warum! Man hat sie gefragt: »Warum tust du das?« Und sie hat geantwortet: »Ich weiß nicht, warum.« Das ist das Marranentum! Das heißt: Bis zum heutigen Tag hat es sich von Mutter zu Tochter tradiert, den Sabbat zu begrüßen, denn da zündet man die zwei Kerzen an. Aber die Töchter bekamen nicht gesagt, warum sie das machen, denn das hätte sie bei den Qualen der Inquisition verraten. Es gibt Berichte über Menschen, die um des Überlebens willen alles zugegeben haben, was die Inquisition wollte. Um die 200 000 Juden, so schätzt man, haben sich aus diesem Grund in Spanien zwangstaufen lassen.

Sánchez de Murillo: Weiß man, wie viele vertrieben worden sind?

Lapide: Genau weiß man es nicht, aber es geht in die Hunderttausende.

Sánchez de Murillo: Sie haben das Wort »Marrane« ausgesprochen. Können Sie etwas dazu sagen? Marrano heißt im Spanischen: das Schwein.

Lapide: Stimmt. Das ist natürlich eine große Beleidigung. Nachdem die Juden den christlichen Glauben angenommen hatten, wurden sie nicht gleich wie die anderen Christen behandelt, sondern wieder ausgegrenzt. Man nannte sie »marranos«, die Schweine.

Sánchez de Murillo: Was steckt dahinter? Ich könnte mir vorstellen, daß man damit sagen wollte: Das sind Verräter, die haben die eigene Religion verraten.

Lapide: Nein, das hat man nie geglaubt, denn man hielt das Judentum für verstoßen und verloren und unwürdig. Die Kirche erachtete sich als das »neue Israel«.

Sánchez de Murillo: Das konnte kein Verrat sein?

Lapide: Nein, gebürtige Juden wurden auch nach ihrer Taufe gering geschätzt und darum als Marranen bezeichnet.

Sánchez de Murillo: Hängt diese Verachtung mit der Kreuzigung Christi zusammen?

Lapide: Ungerechterweise, ja. Denn die Römer haben ihn bekanntlich verurteilt und gekreuzigt – nicht die Juden. Ich würde ebenfalls meinen: Es war auch sozialer Neid. Ähnlich ist es hier in Deutschland gewesen: Wenn eine Familie im vorigen Jahrhundert zum Christentum konvertiert hat, Kinder bekam und diese Kinder wiederum Kinder hatten, dann wurden in der Hitlerzeit diese Enkelkinder als Juden angesehen. Auch Edith Stein, die ja getauft war, die Nonne war, die christliche Philosophin war, wurde als Jüdin angesehen und als Jüdin umgebracht, nicht als Christin, nicht als Karmelitin. So kann man das illustrieren.

Sánchez de Murillo: Das heißt, das Judentum ist nicht eine Nation, es ist ein Volk, oder wie würden Sie es definieren? Ich frage nur. Man sagt nicht: Er ist Franzose oder sie ist Französin, wie man sagt: Er ist Jude, sie ist Jüdin. Nach drei Generationen ist das Französische verschwunden, das Jüdische aber nicht.

Lapide: Hier irren Sie. Man kann französischer Jude sein, genau wie man französischer Katholik ist! Alles andere – eventuelle Unterstellung von doppelter Loyalität der Juden – ist Verleumdung und Ausgrenzung: Kardinal Lustiger ist geborener Jude und heute bekanntlich französischer Katholik!

Scriba: Ich habe eine schöne Definition gehört: Juden – das ist eine Schicksalsgemeinschaft.

Lapide: Es ist eine sehr komplizierte Frage, wissen Sie, da müssen wir weiter ausholen. Es gibt drei Begriffe, um den Juden zu definieren. Der erste Begriff ist »Der Hebräer«. Abraham war ein Hebräer. Auch Paulus stellt sich als Hebräer vor. Warum? »Ivri« heißt ja »von jenseits«, von jenseits des Stromes, woher Abraham gekommen ist. So fängt die Geschichte an. Und die finden sie immer wieder in der Bibel, auch bei dem Propheten Jona: Jona, Sohn des Amittai, ein Hebräer aus der Stadt Jaffa, das ist die Vorläuferin von Tel Aviv. Das ist das erste Stadium.

Sánchez de Murillo: Und das zweite?

Lapide: Das zweite Stadium ist »Israel«. Wer ist Israel? Das ist Jakob, der Erzvater, der Sohn von Isaak, des Sohnes von Abraham. Er kämpft in der Nacht, bis der Morgen graut, mit einem Engel und sagt: »bis du mich segnest«. Dann bekommt er von dem Engel den Namen »Israel«.

Sánchez de Murillo: Woher kommt Israel?

Lapide: Jakob wurde Israel genannt. Israel heißt »Kämpfer mit Gott«. Man sagt im allgemeinen: Kämpfer Gottes. Aber gemeint ist der Kämpfer *mit* Gott. Abraham hadert mit Gott. Was geht Abraham z.B. die Sündenstadt Gomorra an? Sodom und Gomorra. Er debattiert mit Gott, er ringt mit Ihm. Er sagt: Vielleicht gibt es dort 50 Gerechte? Und dann gibt es eine wunderschöne Debatte zwischen Abraham und Gott, der bereit ist, sogar um 10 Gerechter willen Sodom und Gomorra zu vergeben! Oder Ijob, der große Haderer. Es ist nicht antitheistisch oder atheistisch gemeint, wenn man sagt: der Kämpfer Gottes. Es ist gemeint im Sinne von Abraham, von Jona, von Ijob. Sie hadern mit Gott. Ein wirklich gläubiger Mensch darf das.

Sánchez de Murillo: Was ist die dritte Bedeutung?

Lapide: Das nächste ist Juda. Das ist der Sohn von Jakob, und »Juda« ist ein sehr schönes hebräisches Wort. »Jehuda« bedeutet »Gott sei gedankt«. Es ist ein ganzer Satz, den Lea, die Erzmutter, sagt. Alle Namen haben ja eine Bedeutung. Lea ist so glücklich, daß sie wieder einen Sohn hat, und spricht: Gott sei gedankt: Jehuda. Hier ist der Ursprung von Jude.

Wir kommen auf den Jakobssegen zurück. Wen setzt er als den Verantwortlichen unter den Stämmen ein? Auf keinen Fall Ruben, obwohl er der Erstgeborene ist. Im Orient ist der Erstgeborene etwas Besonderes. David war nicht der Erstgeborene. Da haben wir die große Szene im Hause von Isai. Isai zeigt ihm voller Stolz seine schönen Söhne, einen wie den anderen, wie die Orgelpfeifen. Nein, sagt Samuel, der Richtige ist nicht dabei. David ist draußen auf dem Feld, den haben sie ja gar nicht ernst genommen. Aber Gott sucht sich, wen Er will. Das ist unglaublich tröstlich. Nicht, wie die Menschen meinen, der Erstgeborene ist der Wichtigste, und die anderen sind dann immer weniger wichtig, nein, *wen Er will*. Also ist die Frage bei Jakob schon damals aktuell gewesen. Ruben ist nicht der Träger des Verheißungssegens, obwohl er der Erstgeborene ist. Alle Söhne haben Segen bekommen, aber eben nicht *den* Segen.

Scriba: Was bedeutet Segen?

Lapide: Das Wort Gottes konzentriert weitergeben dürfen – es vorleben, sagen wir mal. »Federführend« würde man heute sagen. Die Stämme sind alle gleichberechtigt, gleich geliebt, aber »federführend« ist nur einer. Nun gibt es natürlich Auslegungsvarianten. Zum Beispiel: Von der einen Mutter, von Lea, ist Juda der federführende Sohn. Von Rahel, von der geliebten Frau Jakobs also, ist es Josef. Der hat auch einen wesentlichen Segen bekommen.

Sánchez de Murillo: Und deswegen legen die Christen so großen Wert darauf, die Abstammung Jesu von Juda zu betonen.

Lapide: Nun haben wir in Jerusalem, seit David seßhaft, federführend den Stamm Juda. Auch andere Stämme waren da: z.B. Benjamin und Simeon. Die restlichen Stämme haben wir im Norden des Reiches um Samaria. Die zehn Stämme wurden vernichtet und die Überlebenden des großen Krieges 722 v.d.Z. nach Assyrien, Assur, jenseits von einem mysteriösen Strom vertrieben. Wie in unserer Zeit in Südtirol oder in Polen oder im Baltikum hat man auch damals Völker systematisch »verpflanzt«, um die Beziehung zu ihrer Heimat abzuwürgen. Also wurden die Überlebenden der zehn Stämme wahrscheinlich in die Gegend des heutigen Persien verbannt und sind verschwunden. Übrig geblieben ist der Stamm Juda, um Jerusalem herum, und Leviten und Priester, so daß die heute existierenden Juden größtenteils wahrscheinlich Nachfahren dieses Stammes sind. Es sind auch noch Reste anderer Stämme dabei, nicht alle sind total vertrieben worden.

Sánchez de Murillo: Nach dem, was Sie gesagt haben, kommt man bei der Definition des Judentums ohne den Begriff »Auserwähltheit« nicht aus.

Lapide: Bei »Auserwähltheit« waren wir noch gar nicht. Es ist ein von Christen häufig mißverstandener Begriff: Es handelt sich dabei *nicht* um eine *Würde*, sondern um eine *Bürde*; *nicht* um eine *Gabe*, sondern um eine *Aufgabe*; *nicht* um einen *Vertrag*, sondern um einen *Auftrag*. Juden sind also keine Vorzugsschüler, sondern eher Vorarbeiter im Heilsplan.

Sie haben gefragt: Wer ist Jude? Die zehn Stämme sind durch die Babylonier in der Fremde aufgegangen. Jerusalem geht unter – zunächst im Jahr

587 v.d.Z. Die Überlebenden wurden nach Babylonien vertrieben. Sie sitzen dort mit ihren Harfen und weinen (Psalm 137). Gott erbarmt sich. Prophetische Strafpredigten kommen, aber Er erbarmt sich wieder. Im Jahre 522 v.d.Z. kommen sie wieder nach Jerusalem zurück, bauen den Tempel wieder auf. Es gibt wieder Jehuda, wieder Juden. So kann man also annehmen, daß die Mehrheit der heutigen Juden von diesem Jerusalem, von diesem Juda stammt. Die Juden, die nach der Zerstörung Jerusalems im Jahr 70 durch Titus und im Jahre 135 durch Hadrian überlebten, waren eben Nachfahren dieser Rückkehrer. Und diese Juden teilten sich später auf in Sephardim (spanische Juden) und Aschkenasim, die in Polen, Deutschland und Rußland lebten. Während der Urzeit in der Wüste richtete sich die Zugehörigkeit zum Judentum nach dem Vater. Aber seit dem Talmud – noch vor der Zeitenwende – wird im normativen Judentum die Religionszugehörigkeit nach der Mutter bestimmt. Deshalb ist der Knabe Jesus einwandfrei ein Jude! Wir brauchen nicht zu diskutieren, wer der Vater ist. Die Mutter war Jüdin, also ist das Knäblein ein Jude – was Jesus auch bis zu seinem letzten Atemzug geblieben ist. Freilich kann ein Jude konvertieren, Christ werden. Dann allerdings – so auch die moderne Gesetzgebung in Israel – ist er kein Jude mehr.

Sánchez de Murillo: Jetzt zurück nach Spanien. Die Juden wurden vertrieben und gingen in andere europäische Länder. Es bestehen dann Beziehungen zwischen diesen Ländern und Spanien. Ich würde ganz gerne auf Holland zu sprechen kommen. Können Sie dazu etwas sagen?

Lapide: Holland war der Erzfeind von Spanien. Es gab aber mehrere Fluchtwege. Der Hauptflüchtlingsstrom ging über Nordafrika bis Ägypten. Da entstand eine blühende Gemeinde. Von dort aus ging es bis ins Heilige Land und weiter nach Zypern. Und eine große Fluchtwelle erreichte das Osmanische Reich im Bereich von Konstantinopel. Hier wurden die Juden gut aufgenommen. Der Sultan bot ihnen sogar an, in Tiberias einen Judenstaat zu gründen. Es begann eine große Blütezeit. Im Jahre 1517 baute Suleiman der Prächtige Jerusalem wieder auf. Es gereichte den Türken damals zum Segen, daß sie die Juden so freundlich aufgenommen hatten.

Der andere Flüchtlingsstrom ging von Spanien aus nach Holland, von da auch nach Hamburg. Die spanisch-portugiesische Judengemeinde in Amsterdam gibt es ja heute noch. Von Hamburg ging es nach London und von hier aus nach New York und Südamerika.

Sánchez de Murillo: Unter den Familien, die auf diesem Weg über Nordspanien nach Holland und Hamburg kamen, war eine, die einen berühmten Namen hervorgebracht hat: Spinoza. Ist das nicht ein portugiesischer Name?

Lapide: Baruch de Spinoza stammt aus einer portugiesischen Familie in Holland und war ein Sucher der Wahrheit.

Sánchez de Murillo: Wo ist Spinoza geboren?

Lapide: In Holland – zweite Generation von Flüchtlingen aus Portugal. Er lernte Latein und wurde Philosoph. Vom Beruf war er Optiker. Und er hat, so sagt man, auch die Brillen von Leibniz hergestellt. Leibniz war einer seiner Verehrer. Auch Goethe hat sich selbst als Anhänger Spinozas bezeichnet. Er war ein armer Mann, hat alle möglichen großen Geschenke zurückgewiesen und weiter von seiner Hände Arbeit als Optiker gelebt. Spinoza ist eine Thema für sich.

Sánchez de Murillo: Ja, er ist für die abendländische Philosophie sehr wichtig. Im Jahrbuch haben wir ihm deshalb einen eigenen Artikel gewidmet. War er, und zwar nicht nur für manche Juden, zu revolutionär?

Lapide: Freilich. Aber es ist nicht bewiesen – wie behauptet wird –, daß die Calvinisten gegen die Verunsicherung, die von Spinoza ausging, protestiert hätten. Jedenfalls ist wichtig, einmal zu bemerken, daß im Gegensatz zu den blutigen und schrecklichen innerchristlichen Kämpfen (z.B. gegen die Nestorianer, Arianer, Albigenser, Waldenser, Katharer) dem Spinoza, der eine gewaltige Unruhe in das Judentum hineingebracht hat, nichts passiert ist, auch wenn er mit einem »rabbinischen Bann« belegt wurde. Er war ein frommer Mann, aber auf seine Weise. Das erinnert mich an Martin Buber, der einmal geschrieben hat: Ich war seit meinem 13. Lebensjahr »rituell abstinent«. Das heißt: Der große Religionsphilosoph hat seit seinem 13. Lebensjahr keine Synagoge mehr besucht.

Sánchez de Murillo: Ich möchte jetzt das Judentum in Spanien mit zwei spanischen Namen belegen: Teresa von Avila und Kolumbus. Zwei große Namen der spanischen Geschichte, wobei Kolumbus Italiener aus Genua war. War Teresa von Avila jüdischer Abstammung?

Lapide: Ja, Teresa von Avila war nach besten Erforschungen jüdischer Herkunft. Sie studierte in ihrer Jugend jüdische Mystik, die Kabbala.

Sánchez de Murillo: Zu diesem Thema gibt es in diesem Jahrbuch einen eigenen Beitrag. Und Kolumbus?

Lapide: Der Fall Kolumbus ist leichter. Erstens der Name: die Taube, colombo. Das ist ein häufiger jüdischer Name. Zweitens wird tradiert – beweisen kann man es nicht –, daß der Tag im August, an dem sein Hauptschiff, eine Karavelle, in See gestochen ist, der 9. Aw gewesen sei, der Tag der Zerstörung beider Tempel – ein großer Trauertag. Wobei das, was die Juden in Spanien erlebt haben, für sie fast so gravierend war wie die Zerstörung des Tempels. So sehr haben sie Spanien geliebt.

Sánchez de Murillo: Ein anderer Name ist mit Sevilla verbunden: die tragische Gestalt des Schneiders Montoro.

Lapide: Diese Gestalt liebe ich sehr. Montoro war ein spanisch-jüdischer Dichter, ein Wanderer zwischen zwei Welten: Die Zeiten wurden schlimm. Er ließ sich taufen. Es war nicht nur so, daß er ein Refugium gesucht hat, sondern er hat das Christentum als eine Tochter des Judentums erachtet. Er weinte über die Christen und darüber, daß Jesu Ratschläge aus der Bergpredigt nicht befolgt wurden. Er wollte christlicher sein als die meisten christlichen Mitbürger. Er wollte eigentlich nicht Christ, sondern »Jesuaner« sein. Wobei Jesus ja für Montoro – wie ich meine, mit Recht – nicht der Gründer des Christentums war. Als Jesus im Jahr 33 gekreuzigt wurde, gab es ja noch kein Christentum. In seinem Namen wurde das Christentum später gegründet, und er wurde zu dem Messias der Heiden. Montoro fühlte sich dem irdischen Jesus sehr verwandt.

Sánchez de Murillo: Eine andere wichtige Stadt des spanischen Judentums ist Toledo.

Lapide: Die Juden haben Toledo derart geliebt, daß sie gesagt haben, Toledo sei die älteste jüdische Stadt in Europa. Denn der Name erinnert an das hebräische »Toldot«, d.h. Väter-Genealogie. Mit Toledo ist der Name Schmuel Ha-Nagid verbunden, der die berühmte Synagoge erbaute, und der seines Sohnes.

Sánchez de Murillo: Hinter jüdischen Namen verbergen sich manchmal menschlich hochinteressante Geschichten.

Lapide: Ja, wirklich faszinierende Geschichten. Oft kommt es daher, daß die Juden in Europa lange Zeit, bis zu Napoleon, keinen Familiennamen tragen durften. Die Rabbiner mußten dann wegen der »Reinheit der Familie« selbst Lösungen finden. Sie bezeichneten daher Personen oft mit Namen von Bäumen oder Gegenständen. Zum Beispiel hatte Rothschild mal ein rotes Schild an der Tür. Ich kenne einen für spanische Juden symptomatischen Fall. In Jerusalem lebt eine Familie Jaari. Jaar bedeutet im Hebräischen »Wald«. Nach Israel kam diese Familie von Deutschland. Dort hießen ihre Vorfahren Waldmann. Die Familie hatte vorher in Holland gelebt. Dort hießen sie van der Walde. Sie kamen aus spanischen Flüchtlingskreisen und hießen dort Don Bosco. Es besteht z.B. Grund zur Annahme, daß viele Namen im heutigen Spanien und in spanischsprachigen Ländern, die mit Obst und Obstbäumen zu tun haben, von ehemaligen »conversos«, also von jüdischen Familien herzuleiten sind.

Sánchez de Murillo: Auch in Portugal. Peres, spanisch Pérez, kommt von pera (Birne), Nogueira, spanisch Noguera, kommt von nogal oder auch noguera (Nußbaum).

Lapide: Und das hat vielen Juden das Leben gerettet, indem z.B. im 2. Weltkrieg viele bulgarische Juden, die mit Paß nicht mehr nachweisen konnten, daß sie ehemals spanische Juden waren, behaupteten, spanische Juden zu sein, teilweise wegen solcher Namen, was dann auch anerkannt wurde.

Sánchez de Murillo: Eine letzte Frage: Die Juden und Franco?

Lapide: So unbeliebt er ist und so viel Böses er auch gebracht hat, muß festgestellt werden, daß Franco Juden im 2. Weltkrieg gerettet hat! Über die Pyrenäen wurden Juden nach Spanien hereingelassen, obwohl er Alliierter von Hitler war. Und dazu gehört außerdem die obige Bulgarien-Episode.

Sánchez de Murillo: Darf ich um ein Schlußwort zu unserem Gespräch bitten?

Lapide: Hier habe ich einen schönen Text von Mose ben Maimon, genannt Maimonides. Es ist das Gebet eines gläubigen Arztes, das so lautet:

»Gott, erfülle meine Seele mit der Liebe zur Heilkunst und zu allen Kreaturen.
Nimm von mir die Versuchung, die das Dürsten nach Gewinn und Ruhmsucht mir einflößen bei der Ausübung meines Berufes.
Erhalte meinem Herzen die Kraft, daß es immer bereit sei, den Armen

Juden in Spanien

wie den Reichen zu dienen, dem Freund wie dem Feind, dem Gerechten wie dem Ungerechten.
Gib, daß ich in dem, der leidet, nur den Menschen sehe.
Gib, daß mein Geist unter allen Umständen klar bleibt,
denn groß und erhaben ist die Wissenschaft, deren Ziel es ist,
die Gesundheit und das Leben aller Kreaturen zu erhalten.
Gib, daß meine Kranken Vertrauen haben zu mir und in meine Kunst und daß sie meine Ratschläge und meine Vorschriften befolgen.
Halte von ihrem Lager die Scharlatane fern, das Heer der Verwandten, die tausend Ratschläge geben. (...)
Nimm mir die Vorstellung, daß ich alles vermag.
Gib mir die Kraft, den Willen und die Gelegenheit,
meine Kenntnisse mehr und mehr zu erweitern, damit ich sie zum Vorteil jener, die leiden, verwenden kann. Amen.«

Das gefällt mir übrigens besser als der »Eid des Hippokrates«.

Sánchez de Murillo: Ja, es ist sehr schön. Frau und Herr Lapide, wir danken Ihnen für dieses Gespräch.

Hermeneutik, Messianismus und Eschatologie bei Maimonides

Angel Sáenz-Badillos[1]

1. Leben, Werk und Bedeutung

Abu Amran Musa ibn Maymun Abd Allah (R. Mosche ben Maimon, RaMbaM für die Juden[2] und Maimonides für die Christen) wurde 1138 in Córdoba, Spanien, geboren. Sein Vater, der Rabbiner Maimon ben Josef, lehrte ihn die Grundlagen der talmudischen Wissenschaft.[3] Mit der Ankunft der Almohaden 1148 veränderte sich das Leben der jüdischen Gemeinschaft in Córdoba negativ. Die Familie übersiedelte nach Fez, wo Mosche Schüler des berühmten Lehrers Yehuda ibn Schoschan wurde. Hier vollendet er, noch sehr jung, eine Schrift über Logik und eine andere über den Kalender. Kurz darauf schreibt er den *Brief über die religiöse Verfolgung*. Um 1165 wandert Maimonides nach Palästina aus und läßt sich später in Kairo nieder. Dort wirkt er als Arzt am Hofe Saladins, wo er wegen seines hohen medizinischen Wissens großen Ruhm erlangt. Er schrieb unermüdlich und wurde der einflußreichste jüdische Denker seiner Zeit. Er starb wahrscheinlich 1204.[4]

Im Jahre 1168 hatte er schon seinen *Kommentar zur Mischna*[5] in arabischer Sprache abgefaßt.[6] In seinen Briefen und seinen mehr als 450 *responsa* (Antworten) geht er auf die dringenden Fragen ein, welche die Juden seiner Zeit beunruhigten.[7] Um 1172 verfaßt er den *Brief an Yemen* anläßlich der Erscheinung eines falschen Messias. In den darauffolgenden Jahren schreibt er an verschiedene Gemeinden über die Auferstehung, Astrologie usw.[8] In diesem Jahrzehnt schreibt er in hebräischer Sprache

---

[1] Aus dem Spanischen übersetzt von Renate M. Romor und José Sánchez de Murillo.
[2] RaMbaM oder Rambam: Initialwort von »unser Meister Mosche, Sohn des Maimon, hebr.: »rabenu Mosche ben Maimon«. »a« dient zur Vokalisierung, da es in der hebr. Sprache keine Vokale gibt. (Anmerkung der Übersetzer.)
[3] Talmud, hebr. Lehre; Auslegung der Tora (Betonung auf a). Tora, Weisung, Gesetz; 1. Teil der hebr. Bibel (AT). (Anm. der Übersetzer.)
[4] Vgl. J. Targarona, Mosche ben Maimon, notas biográficas. In: Sobre el Mesías. Cartas a los judíos de Yemen. Sobre Astrología. Carta a los judíos de Montpellier. Barcelona 1987, 13–76. Viele seiner medizinischen Bücher hat S. Muntner ins Englische übersetzt, vgl. Ketabim refu'im Medical Works 1959 ff.; Medical Aphorisms. Ed. S. Muntner, F. Rosner 1970.
[5] Mischna, hebr. »Wiederholung«; im 2. Jh. n. Chr. schriftlich fixierte Schule der mündlich überlieferten rabbin. Tora-Auslegung.
[6] Herausgegeben in arabischer Sprache mit hebräischer Übersetzung von Y. Kafih, 7 Bände, Jerusalem 1963–1967. Im folgenden CM.
[7] Responsae quae extant, 3 Bände, hersg. und ins Hebräische übersetzt von J. Blau, Jerusalem, 1957–1961.
[8] Seine Briefe sind wiederholt herausgegeben worden: Qobes Tešubot ha-Rambam we-iggerot, hersg. von A. Lichtenberg, Leipzig 1859; Iggerot by Moshe ben Maimon (Maimonides), hersg. und übersetzt von Y. Kafih, Jerusalem 1972; Iggerot ha-Rambam. Moše ben

sein Gesetzbuch *Mischna Tora,*⁹ wo er in vierzehn Büchern sagt, wie sich der gläubige Jude in den verschiedensten Lebenssituationen zu verhalten hat.

Um 1190 hatte er sein wichtigstes Werk *Führer der Unschlüssigen* in arabischer Sprache abgeschlossen. Darin versucht er, die Verunsicherung zu beseitigen, welche die Bibel mit ihren Anthropomorphismen bei der Schilderung der göttlichen Eigenschaften auslöst. In deutlich aristotelischer Denkweise zeigt Maimonides, daß der Widerspruch zwischen Glauben und Vernunft nur scheinbar ist. Die Beschäftigung der Vernunft mit dem Glauben trägt vielmehr dazu bei, den Gottesbegriff zu läutern, und ermuntert, sich auch mit Philosophie und Humanwissenschaften zu befassen, um so die volle Gottesvereinigung zu erlangen.[10]

Sein Denken hat das Judentum im Bereich von Recht, Philosophie und Glauben stark geprägt. Die Inhalte der aristotelischen Philosophie und des mosaischen Glaubens stimmen nach ihm überein. Das religiöse Ziel erreicht nur derjenige, der die menschlichen wie die göttlichen Wissenschaften aufzunehmen vermag. Im Namen der Vernunft bekämpfte Maimonides Ignoranz und Aberglauben, welche die geistige Entwicklung des Menschen verunmöglichen. Gleichzeitig erweiterte er den Horizont der traditionell jüdischen Lehre. Sein Einfluß auf die scholastische Philosophie war sehr groß.

Doch das Judentum stellte sich gegen Maimonides. Schon zu seinen Lebzeiten wurde seine Lehre von der Auferstehung und der Unsterblichkeit angegriffen. Nach seinem Tod entstand zwischen Kritikern und Anhängern eine heftige Polemik. Über Frankreich und Spanien zog sich der Streit bis in den Orient und verschärfte sich noch im XIV. Jh.[11]

Maimon Epistulae, hersg. von D.H. Baneth, 1946, wieder hersg. von A.S. Halkin, 1985, ins Spanische übersetzt von J. Targarona, Sobre el Mesías. Carta a los judíos del Yemen. Sobre Astrología. Carta a los judíos de Montpellier. Barcelona 1987 (hier künftig CY) und von M.J. Cano, D. Ferre, Cinco epístolas de Maimónides. Barcelona 1988.

⁹ Der hebr. Titel lautet Mišneh Torah o Yad hazaqah, hersg. von S.T. Rubinstein, M.D. Rabinowitz u.a. 1967–1973 (künftig MT abgekürzt).

[10] Der arabische Titel lautet Dalalat al-ha-irin, obwohl das Buch seit der Übersetzung durch Schemu'el ibn Tibbon unter dem hebräischen Namen Moreh nebukim (künftig MN) oder Führung für Unschlüssige bekannt ist. Zahlreiche Übersetzungen und Editionen in westlichen Sprachen. Z.B.: Mose ben Maimon. Führer der Unschlüssigen. Übersetzung und Kommentar von A. Weiss, Einl. J. Meier, 2 Bd., Hamburg 1972: Le Guide des Egarés, traité de Théologie et de Philosophie par Moïse Maimonide. 3 Bde. Übersetzt und herausgegeben von S. Munk 1856–1866; The Guide of the Perplexed. Übersetzt und herausgegeben von S. Pines. Chicago & London 1963; Guía de perplejos. Herausgegeben von D. Gonzalo Maeso. Madrid 1984.

[11] Vgl. I. Twersky, Rabad of Posquières, 1962; The Mishneh Torah of Maimonides, 1976; Introduction to the Code of Maimonides (»Mishneh Torah«), 1980; D. J. Silver, Maimonidean Criticism and the Maimonidean Controversy, 1180–1240, Leiden 1965; D. Hartman, Maimonides Torah and Philosophic Quest, Philadelphia 1976.

2. Die Hermeneutik: Maimonides und die Bibel

Die Interpretation der Bibel nimmt in seinem philosophisch-theologischen System eine wichtige Stellung ein. Wir versuchen im folgenden die Art seiner Exegese herauszustellen.[12]

Das höchste Ziel des Maimonides stellt sich im bekannten Gleichnis des königlichen Schlosses in den letzten Kapiteln des *Führer* dar: nur diejenigen gelangen zum göttlichen Gemach, die Vollkommenheit in den Naturwissenschaften erreichen und die göttliche Wissenschaft verstehen, auf alles, was nicht Gott ist, verzichten und sich der Betrachtung der göttlichen Führung in der Welt widmen. Unterwegs zur Erkenntnis Gottes, »der wahren Wissenschaft«, spielt die biblische Exegese eine grundlegende Rolle. Sie erhellt die beiden Hauptfragen, die das jüdische Denken stets beschäftigt haben: die Schöpfung und die göttliche Offenbarung. Mit seiner Auslegung gelingt es Maimonides, das Thema Schöpfung mit der Physik der griechischen Denker und die göttliche Offenbarung mit der Metaphysik zu verbinden.[13] Beide Themenbereiche sind in den »Geheimnissen der Tora« enthalten, denen seine Aufmerksamkeit besonders gilt.

Ihn beschäftigt die »Unschlüssigkeit« von religiösen Menschen, die philosophische Wissenschaften studiert haben, diese aber mit Aussagen der Schrift nicht vereinbaren können. Diesem Personenkreis bietet er in seinem *Führer* Hilfe an.

Der Weg zur Vollkommenheit ist kein bloß intellektueller. Er hat auch einen wichtigen ethischen Aspekt. Die Kenntnis der Bibel führt zur Weisheit, die dem Menschen seine ethischen Pflichten eröffnet.[14] So ist die Exegese die Grundlage der gesetzlich-ethischen Dimension des maimonidischen Systems. Dieser Dimension widmet er einen großen Teil seines Werks, vor allem in *Mischna Tora*. Die Suche nach einer rationalen Begründung und Zweckmäßigkeit der Gebote kann nur auf der Grundlage einer angemessenen Interpretation des göttlichen Wortes der Tora geschehen.

Die Rabbiner der Mischna-Zeit entfalteten eine eigene Auslegungsart. Sie beinhaltet analogische und deduktive Methoden. Vom heutigen Hermeneutikverständnis aus betrachtet entfernt sie sich manchmal weit vom wörtlichen Sinn des Textes. Vom X. Jahrhundert an wird dem biblischen Wort eine besondere Aufmerksamkeit gewidmet. So entwickelt sich eine philologische Hermeneutik, die im maurischen Andalusien ihre besten Ergebnisse erzielen wird. Daneben versuchen die jüdischen Philosophen seit der hellenistischen Epoche tiefere Dimensionen der Bibel durch allegorische Interpretationen zu finden. Auch viele Christen werden später diese Methode anwenden. Schon im 11. und 12. Jh., noch vor Maimonides, hatten sich jüdische Denker in Spanien für diese exegetische Richtung ent-

---

[12] Vgl. meine Arbeiten La hermenéutica bíblica en Maimónides. II Simposio Bíblico Español. Herausgegeben von Collado-Bertomeu und V. Vilar-Hueso. Valencia-Córdoba 1987, 649–659; und Maimónides y la Biblia. A.a.O. 683–694.
[13] MN I, Einleitung und III, Einleitung.
[14] Vgl. MN, III, 54.

schieden. Den Weg zu einem allegorischen Bibelverständnis fand der Philosoph aus Córdoba also vor.[15]

Bei Maimonides wittert man stets eine gewisse dialektische Spannung zwischen Esoterismus und Exoterismus. Der Philosoph kann sich nicht an alle wenden. Er muß von Ignoranten und Anfängern absehen. Die Geheimnisse der göttlichen Wissenschaft übersteigen jedoch das Fassungsvermögen des Menschen schlechthin. Es ist, als ob wir mitten in einer dunklen Nacht stünden, die ab und an von einem Blitz erhellt wird, sagt er.[16] Nur für die ganz Großen, die Propheten, sind die Lichtblicke so lang, daß für sie die Nacht gleich ist wie der Tag. Wenn sie ihre Erkenntnis mitteilen wollen, müssen sie es in Gleichnissen und Rätseln tun.

Das menschliche Erkenntnisvermögen ist begrenzt. Der direkte Empfang des Lichtes – gleichbedeutend mit der Enthüllung der Geheimnisse der Tora – könnte schaden. Von daher wird die göttliche Erziehungsweise verständlich. »Die Jugend, die Frauen und das ganze Volk vermögen diese Dinge nicht so zu verstehen wie sie wirklich sind.«[17] Die Tora spricht zwar die Sprache der Menschen,[18] aber der Zugang zu ihren Geheimnissen bleibt nur wenigen Auserwählten vorbehalten, die über die Stufe der Bilder und Gleichnisse zum Wesen der reinen Wahrheit vorzudringen vermögen.[19]

Daher sind die wichtigsten Teile der Heiligen Schrift in Gleichnisform verfaßt: »Der innere Sinn der Worte der Tora ist eine Perle, während der äußere Sinn der Gleichnisse bedeutungslos ist.«[20] Die Unwissenden können nur den äußeren Sinn verstehen, während der Weise auch den inneren erkennt.

Im Kommentar zum Kap. 10 von *Sanhedrin* unterscheidet Maimonides zum Verständnis der »Worte der Weisen« drei Arten von Menschen. Die erste Gruppe, die große Mehrheit, nimmt die Texte wörtlich. Die zweite Gruppe steht auf der gleichen Stufe, glaubt sich aber klüger als die Weisen. Die dritte Gruppe versteht, »daß die Worte der Weisen einen offensichtlichen und einen geheimen Sinn haben (...) Gehörst du zur dritten Gruppe, dann wirst du bei einem Text der Weisen, der dir im Widerspruch zur Vernunft zu stehen scheint, inne halten, ihn betrachten und einsehen, daß es sich um ein Gleichnis oder ein Rätsel handelt. Du wirst darüber

---

[15] Vgl. hierzu etwa W. Bacher, Die Bibelexegese der jüdischen Religionsphilosophen des Mittelalters vor Maimuni. Budapest 1892; ders., Die Bibelexegese Moses Maimuni's. Budapest, 1896; Bardowicz, Die rationale Schriftauslegung des Maimonides. In: Mag. W. J. 9, 1892, 139–170; 10, 1893, 50–76; S. Eppenstein, Beiträge zur Pentateuchexegese Maimuni's. In: W. Bacher und andere, Moses ben Maimon. Sein Leben, seine Werke und sein Einfluß. Leipzig 1908, 411–420; I. Friedländer, Maimonides as an Exegete. In: Past and Present. Cincinnati 1919, 193–216; Ph. Goldberger, Die Allegorie in ihrer exegetischen Anwendung bei Moses Maimonides. Breslau 1901; Z. Karl, Maimonides as Interpreter of the Torah (hebr.), The Maimonides Book of Tarbiz. Jerusalem 1935, 152–163, etc.
[16] MN I, Einleitung.
[17] MN I, 33. Vgl. MN I, 31.
[18] Vgl. Talmud Babli, Yebam. 71a; Bab. Mes. 31b; MN I, 26, 33; II, 13; MT, Sefer mada'I, 9 usw.
[19] MN I, 33.
[20] MN I, Einleitung.

schlafen und dich bemühen, seine Logik und seinen Sinn zu verstehen, bis dieser dir aufgeht«[21]

Von daher wird der Stellenwert der allegorischen Exegese innerhalb des Rambam-Systems[22] deutlich. Es geht nicht darum, eine bereits bekannte metaphysische Welt mit biblischen Inhalten zu belegen. Es handelt sich vielmehr um einen echten exegetischen Weg, der den tiefen Sinn der Existenz und die Erkenntnis der göttlichen Wirklichkeit erschließt.

Maimonides wendet jedoch nicht generell die allegorische Exegese auf den ganzen biblischen Text an. Diese Interpretationsweise bleibt einigen Texten vorbehalten, auf die wir später eingehen. Sonst folgt er den bekannten jüdischen Interpretationsmethoden: Der Suche nach dem unmittelbaren Sinn (*peschat*[23]) und der auf den bekannten hermeneutischen Regeln fußenden traditionellen rabbinischen Interpretationsform (*derasch*[24]). Je nach Bedarf greift er auf die eine oder andere Methode zurück.

Die erste Methode (*peschat*), die in der Tora die Grundlage aller jüdischen Gebote zu finden versucht, ist für einen Juristen wie ihn offenkundig. In der Einleitung zu *Sefer ha- miswot*, in der er die 613 Gebote aufzählt, erinnert er an die Worte der Rabbiner: »Ein Vers der Schrift verliert niemals seinen wörtlichen Sinn«. In seinen Grundlegungen der göttlichen Herkunft der jüdischen Gebote folgt Maimonides meistens dieser Form der Exegese. Hierbei ist kein Platz für freiere Interpretationsformen.

Diese Methode birgt allerdings für Unwissende eine Gefahr, da sie nur den äußeren Sinn des Textes sehen.[25]

Die andere Methode (*derasch*) ist frei und entfernt sich manchmal weit vom Sinn des Textes. Der Leser kann diese Interpretation entgegengesetzt auffassen: entweder denkt er, die Weisen hätten den Sinn des Textes genauso verstanden, wie er geschrieben steht oder er meint, sie hätten sich törichterweise vom Sinn entfernt. Beide Male wird übersehen, daß »es sich lediglich um poetische Allegorien handelt, deren Bedeutung dem intelligenten Menschen nicht dunkel sein kann«.[26]

Selten und immer unter Berücksichtigung der rabbinischen Interpretation verwendet Maimonides die hebräische Zahlenmystik, d.h. er erklärt den Sinn eines Textes auf Grund der Zahl der Wörter. So etwa in seinem *Brief an Yemen*, wo das Wort *redu* (Gen 42, 2 »zieht hinab« nach Ägypten), von Jakob zu seinen Söhnen gesprochen, als eine Andeutung auf die Jahre verstanden wird, welche die Israeliten in Ägypten verbringen würden, und das Wort *noschantem* (ihr seid alteingesessen) aus Deut. 4, 25 als Hinweis auf die 840 Jahre, die zwischen der Ankunft im verheißenen Land und dem Exil zur Zeit von Jojakim vergehen werden.[27]

---

[21] CM, Sanh., 10 (heleq).
[22] Vgl. oben Anm. 2.
[23] peschat = einfache, wörtliche Bedeutung des Bibeltextes. (Anm. der Übersetzer.)
[24] derasch = homiletische Auslegung der Bibel. (Anm. der Übersetzer.)
[25] Vgl. CM, Sanh., 10.
[26] MN III, 43.
[27] CY, 43.

Im *Führer* behandelt Maimonides kaum Textstellen, die nur einen wörtlichen Sinn haben und darum allen zugänglich sind. Mit Blick auf den religiösen und wissenschaftlichen Menschen hebt er vier Schwierigkeiten hervor, die eine besondere Exegese erzwingen:

1) Zunächst gibt es »gewisse Worte in den Büchern der Propheten; einige zweideutig (...) andere metaphorisch (...) andere doppeldeutig«[28]: Gott hat weder einen Körper noch Gefühle wie die Menschen. Wenn von ihm behauptet wird, er »steige hinab«, »sitzt« usw., muß dies im übertragenen Sinne verstanden werden.

2) Ferner »die Erläuterung von dunklen Gleichnissen bei den Propheten«. Rambam unterscheidet zwei Arten: »In einigen Gleichnissen hat jedes Wort eine Bedeutung, in anderen ergibt sich diese aus dem Gesamttext«.[29] Als Beispiele bringt er: In der Passage der Jakobsleiter (Gen 28, 12-13), die der ersten Art zuzurechnen ist, hat jedes der darin vorkommenden sieben Elemente eine eigene Bedeutung. Die Propheten steigen auf der Leiter der Erkenntnis bis zu Gott hinauf. Dann steigen sie hinab, um die Menschen zu lehren. Die Passage über die Ehebrecherin (Spr 7, 6-21) dagegen darf nur nach einem Gesamtverständnis interpretiert werden, nämlich » als eine Warnung vor den Gelüsten des Leibes«.

3) Ebenso »müssen die Figuren und Hyperbeln in den prophetischen Büchern bedacht werden: Versteht man die Texte wörtlich, ohne deren Übertreibungen zu berücksichtigen, oder ihrem Sinn nach, ohne deren symbolischen Charakter zu beachten, entstehen Widersprüche«.[30] Alles klärt sich, wenn beides einbezogen wird.

4) Schließlich gibt es bei den »Geheimnissen der Tora einige, die überflüssig zu sein scheinen, wie die Aufzählung der Nachkommen Noahs mit ihren Namen und Geburtsorten in Gen 10 sowie die Genealogien. Nach Maimonides hat alles einen Sinn: »entweder sie stellen eine Säule des Gesetzes dar, oder sie berichtigen eine Handlung, so daß Ungerechtigkeit und Aggression unter Menschen vermieden werden können«.[31]

So versucht Maimonides, die Schwierigkeiten auf dem Weg zur Vollkommenheit zu überwinden. Das Verständnis der »Geheimnisse der Tora« öffnet den Weg zur Weisheit, zur göttlichen Wissenschaft. Die Propheten haben dies am besten verstanden. Aber diese Erkenntnis ist nicht nur intellektuell. Von Mose, Aaron und Miriam sagt die Bibel, sie seien durch den Mund Adonais gestorben. Die Rabbiner interpretierten: Sie sind durch einen Kuß Gottes gestorben. Maimonides selbst versteht es so: »Sie wollten darauf hinweisen, daß alle drei an der Lust des Erreichten, durch leidenschaftliche Liebe gestorben sind«.[32]

In dieser Liebe der Propheten zu Gott, sieht Maimonides das höchste Ziel der Vollkommenheit für den Menschen. Dieses Ziel wird durch die

---

[28] MN I, Einleitung.
[29] MN I, Einleitung. Vgl. auch MN I, 15.
[30] MN II, 47.
[31] MN III, 50.
[32] MN III, 51.

Kenntnis der Wissenschaften, insbesondere der göttlichen Wissenschaft erreicht, für welche die Bibelexegese grundlegend ist.

Eine tragende Rolle spielt die Bibelexegese bei der Spekulation, die der Philosoph aus Córdoba über den Messias macht.

3. Der Messias

G. Scholem hob vor Jahren das Wesentliche des von Maimonides aufgestellten Messiasbildes hervor: Der weit verbreiteten Vision gegenüber, die vom Messias eine apokalyptische Veränderung der Welt und eine Lösung aller Probleme erhoffte, schränkt Maimonides die utopische Erwartung ein. In der messianischen Zeit wird nur das vertieft werden, was hier schon erreicht werden kann. Er verweist die utopische Idee in die Grenzen der Vernunft. Ein kontemplatives Leben wird die Hauptbeschäftigung der Menschen sein. Reine Apokalyptik kann zur Anarchie führen, wenn sie die Kontrolle der Vernunft verläßt. Nach ihm wird der Messianismus den ursprünglichen Zustand der Welt wiederherstellen, der verloren gegangen ist.[33]

In diesem Sinne schließt er den Messianismus in die 13 Grundsätze des jüdischen Glaubens ein. Im *Kommentar zur Mischna* schreibt er: »Der zwölfte Grundsatz bezieht sich auf die Tage des Messias. Er besteht darin, zu glauben, daß er kommen wird. Man darf nicht sagen, daß er sich verspätet: ›Wenn er sich verspätet, warte auf ihn‹ (Hab. 2, 3). Wir dürfen weder das Datum seines Erscheinens festlegen noch die biblischen Textstellen daraufhin interpretieren (...) Wir müssen an ihn glauben, ihn loben und lieben und ihn bitten, daß er komme, nach den Worten der Propheten, von Mose bis Malachias. Wer daran Zweifel hegt, der disqualifiziert die Tora, die ausdrücklich sein Kommen durch Bileam verheißt.«[34]

Im *Führer* sind kaum Hinweise auf den Messias enthalten. Erwähnt wird dort die Wiederherstellung der Prophetie in der messianischen Zeit. Dagegen erläutert Maimonides in *Mischna Tora* den Messianismus mehr von der jüdischen Tradition als von der Philosophie her: »Der König Messias wird (...) das Heiligtum wiederaufbauen und die Verstreuten aus Israel sammeln. Dann werden alle Gesetze wieder gelten wie einst; Opfer werden dargebracht, Sabbatjahre und Jubiläumsjahre nach den Geboten der Tora wieder beachtet werden.«[35]

Dennoch entfernt Maimonides aus dem Messiasbild jede Verbindung mit Wundern: »Du sollst nicht denken, daß der Messias Wundertaten vollbringt, irgendetwas Neues auf der Welt erschafft, Tote erweckt (...) Schaut, R. Aquiba war einer der großen Weisen der Mischna. Er wurde Vertrauter des Königs ben Koziba und sagte über ihn, er wäre der Mes-

---

[33] Vgl. G. Scholem, The Messianic Idea in Judaism. London 1971, 9, 24–27. Ferner: J. Sarachek, The Doctrine of the Messiah in Medieval Jewish Literature. New York 1932, 126–161.
[34] CM, Sanh. 10.
[35] Melakim 11, 1.

sias. Er und alle Weisen seiner Zeit waren davon überzeugt, bis der König grausam getötet wurde. Da er gestorben war, wußten sie, daß er nicht der Messias gewesen sein konnte. Die Weisen aber hatten keine Wunder von ihm verlangt (...) Wenn nun jemand aus dem Hause Davids aufsteht, der über die Tora nachsinnt, alle Gebote seines Vaters David achtet und ganz Israel darauf verpflichtet, der die Schlachten des Herrn kämpft – der könnte der Messias sein. Ist auch sein Handeln von Erfolg gekrönt, besiegt er die Völker ringsum, errichtet er den Tempel des Herrn an seinem Ort und sammelt alle Verstreuten Israels, dieser ist gewiß der Messias. Ist er aber erfolglos oder wird getötet, dann ist er gewiß nicht der Verheißene.«[36]

Nicht die übernatürliche Wunderaura legitimiert den Messias, sondern seine Treue zur Tora und das Werk der Wiederherstellung. Scheitert er dabei, kann er nicht der Messias sein. Wir wissen nicht, ob Maimonides an Jesus und die christliche Interpretation des Gottesknechtes denkt. Er erwähnt sie nicht, aber es ergibt sich aus seinen Worten von selbst.

Der Messias ist ein König aus Fleisch und Blut, folglich sterblich. Dennoch kann das Leben viel länger dauern, wenn die Ordnung wiederhergestellt ist. Andererseits geht die »messianische Zeit« über das Leben des Messias hinaus: »Der Messias wird sterben. (...) Gott hat deutlich seinen Tod mit diesen Worten vorausgesagt: ›Er wird nicht verzagen noch zusammenbrechen, bis er das Recht auf Erden aufgerichtet hat‹ (Is 42, 4).«[37]

Im *Brief an Yemen* nimmt der Messianismus eine zentrale Stellung ein. Hier spricht mehr der Philosoph denn der jüdische Denker, der geistige Führer, welcher der yemenitischen Gemeinde Sicherheit verleihen und sie vor dem Glauben an den Pseudomessias warnen will.

Für Maimonides stellt die Rückkehr der Prophetie den Anfang der messianischen Zeit dar. Die Verfolgungen vieler jüdischer Gemeinden lassen ihn an die »messianischen Wehen« im letzten der vier Reiche Daniels denken. Denn »die Zeit, in der er sich zu erkennen geben wird, wird eine sehr schmerzhafte für Israel sein«[38] Die Ankunft des Messias wird stattfinden, wenn die Verfolgung von Edom stärker wird und sich über die Erde ausbreitet, wie es jetzt geschieht.

Um dies zu beschleunigen, nimmt Maimonides sogar »eine außergewöhnliche Tradition« auf. »Ich übernahm sie von meinem Vater, dem sie von seinem Vater und diesem vom Großvater weitergegeben wurde. Sie geht auf die Exilzeit Jerusalems zurück«.[39] Es handelt sich um die Interpretation der Prophetie von Bileam (Nu 23, 23). Das dort benutzte Wort *ka-'et* (»um die Zeit«) soll andeuten, daß bis zur Wiederherstellung der Prophetie in Israel, mit der die messianische Zeit beginnt, soviel Jahre vergehen müssen wie von der Schöpfung der Welt bis zu diesem Zeitpunkt.[40]

---

[36] Melakim 11, 3–4.
[37] CM Sanh. 10.
[38] CY 41; vgl. ib. 42.
[39] CY 43.
[40] Diese Interpretation hat bemerkenswerte messianische Spekulationen ausgelöst. Das Datum, das diese Tradition, wenngleich mit kleinen Unterschieden, festlegt, liegt um 1216.

Obwohl er von näheren Spekulationen über das Datum abrät, ist es klar, daß er seine Ankunft erwartet.

Der Messias, sagt Maimonides, steht höher als alle Propheten außer Mose. Und da er auch ein Prophet sein wird, muß er Wissen im höchsten Maße besitzen.

Er wird zuerst im Land Israel erscheinen, dann aber »ganz Israel in Jerusalem und in anderen Orten Israels sammeln. Daraufhin wird sich die Nation ausdehnen und vom Morgenland und Abendland bis hin nach Indien reichen«.[41]

Die Erscheinung des Messias, sagt er weiter, wird zunächst die anderen Könige beunruhigen und Streit hervorrufen. Nach Abschluß der »Kriege von Gog und Magog« wird jedoch Frieden auf der ganzen Welt herrschen.

4. Die »messianischen Zeiten«

Der jüdischen Tradition gemäß unterscheidet Maimonides die »messianischen Zeiten« von der »zukünftigen Welt«, die eine völlig andere eschatologische Epoche meint.

Die »messianischen Zeiten« stellen für Rambam eine Art Wiederherstellung der vollkommenen Ordnung in dieser Welt dar. Dabei gibt es keine Wunder. Die Naturgesetze und die Gesetze der Tora werden nicht aufgehoben. Nur die Freiheit Israels, das Studium und die Erfüllung der Tora sowie die Erkenntnis Gottes werden einzigartig für diese Zeit sein. Alles andere wird genauso wie bisher bleiben. Das ist die Vorzeit der »künftigen Welt«. Die messianische Zeit sichert dem Menschen keineswegs die Herrschaft über die Zukunft. Aber sie bietet ihm besondere Voraussetzungen, um seine Fähigkeiten zu entfalten.[42]

Wie eingangs angedeutet ist es wichtig, die Texte mit der richtigen Hermeneutik zu interpretieren. In den »Tagen des Messias« wird erst der volle Sinn der Gleichnisse verstehbar. Für Rambam ist dabei kein Platz für Utopien. Das deutlichste Merkmal der messianischen Zeiten wird die Wiederherstellung der Unabhängigkeit Israels von den anderen Völkern sein: »Die Weisen haben gesagt: zwischen der jetzigen und der messianischen Zeit besteht kein anderer Unterschied als die Abhängigkeit, die wir gegenwärtig erleiden.«[43] Die Befreiung von der Unterdrückung wird die Kinder Israels Verdienste für die »künftige Welt« sammeln lassen. Die in der Tora verheißenen Belohnungen und Strafen werden Wirklichkeit werden. Den »Garten Eden«, diesen fruchtbarsten Ort der Erde, wird Gott den Menschen eines Tages offenbaren. Er wird ihnen den Weg dorthin zeigen, und die Menschen werden glücklich sein. »Gehenna« dagegen ist der Ort für die Strafen und Schmerzen, welche die Frevler erleiden werden.

Es ist mehr als eine Familientradition. Viele jüdische Denker hatten dasselbe Datum ausgerechnet (vgl. J. Targarona, Edit. CY, 123 ff.). Wichtig ist hier die Rechenweise.

[41] CY 47, vgl. 46 und 48.
[42] Vgl. G. Scholem, The Messianic Idea 30 ff.
[43] Melakim 12, 2. Ebenso im *Kommentar zu Mischna*.

Es wird keine Utopie sein. Weiterhin wird es Reiche und Arme, Starke und Schwache geben, aber es wird leichter sein, den Lebensunterhalt zu verdienen. Dadurch wird die Hoffnung auf einen Zustand geöffnet, der nicht das Ergebnis übernatürlicher Einwirkung, sondern der Vernunfttätigkeit sein wird: »In dieser Zeit wird es weder Hunger noch Krieg noch Neid noch Konkurrenz geben. Die einzige Beschäftigung der Menschen wird sein, Gott zu erkennen«.[44] An dem gemessen sind die Einzelheiten, wie dies geschehen wird, ohne Bedeutung.

5. Die Auferstehung

Der gläubige Maimonides kann den im Judentum so tief verwurzelten Gedanken wie die Auferstehung der Toten, d.h. die Rückkehr der Seele in den Körper, nicht bezweifeln. Immer wieder deutet er darauf hin und widerspricht der Verleumdung, wonach er diesen Glaubenssatz verneint habe. Auch die Zeit dieses Ereignisses ist für ihn klar: Es wird in den »messianischen Zeiten« geschehen, aber auch damit abschließen. Hierin stimmt er mit den meisten jüdischen Denkern nicht überein. Wie er dieses empfindliche Thema in seinem philosophischen System situiert, ist ein weiteres Problem.

Maimonides interessieren nicht die Fragen, welche die Leute seiner Zeit stellten, »ob die Toten nackt oder angezogen, mit den gleichen Kleidern, in denen sie begraben wurden, (...) auferstehen werden«.[45] Er begnügt sich damit, das Faktum der Auferstehung mit Texten von Daniel zu belegen.

1191 schreibt Maimonides seinen *Traktat über die Auferstehung*.[46] Er vertritt weiterhin die Auffassung, daß es in der »künftigen Welt« keine körperliche Existenz geben wird, da es nach dem Tode nicht um materielles Glück gehe.[47]

Die Auferstehung der Toten ist der letzte der 13 Grundsätze des Judentums (wer sie verneint, der wird keinen Anteil an der »künftigen Welt« haben), aber sie ist nicht das Ziel der Menschheit. Sie darf nicht allegorisch interpretiert werden. Das Leben wird wirklich sein: Die Auferstandenen werden wieder essen, trinken, ein sexuelles Leben führen und nach einem langen Leben sterben. In der »künftigen Welt« dagegen wird es keinen Tod geben, da es keinen Körper geben wird.

Nicht leicht nachzuvollziehen ist freilich die Logik des Maimonides, der zwar das »Wunder« der Auferstehung in den »messianischen Zeiten« geschehen läßt, sonst aber übernatürliche Phänomene ausschließt und die Herrschaft Israels in den Mittelpunkt rückt. Fest steht allerdings, daß nicht der Messias, sondern Gott dieses Wunder vollbringen wird. Denn

---

[44] Melakim 12, 4; vgl. MT, Tešuḇah 9, 2.
[45] CM, Sanh. 10.
[46] Vgl. Maimonides' Treatise on Resurrection. Ed. J. Finkel. N. Y. 1939; Moses Maimonides Treatise on Resurrection. Transl. by F. Rosner. N.Y. 1982. Künftig TR.
[47] TR 11; vgl. 7 ff., 23 u. 24.

wenn Gott die Welt aus dem Nichts erschuf, kann er auch die Toten auferwecken.[48]

Das Thema wird von Maimonides nicht von seinem philosophischen System aus betrachtet. Es handelt sich um einen aus der Bibel gewonnenen Glaubenssatz. Er betont allerdings die Übereinstimmung mit seiner philosophischen Ansicht, wonach der Leib an der Unsterblichkeit der »künftigen Welt« nicht teilnehmen kann. Daraus schließt er die Notwendigkeit eines zweiten Todes, durch den die endgültige Befreiung der Seele ermöglicht wird. Diese Auffassung war im Judentum neu. Sie zeigte am deutlichsten den Einfluß der philosophischen Spekulation auf den jüdischen Glauben. Die Juden, die an einer Beibehaltung der traditionellen Lehre festhielten, protestierten dagegen.

6. Die »zukünftige Welt«

Die »künftige Welt« gehört den körperfreien, unsterblichen Seelen. Sie bleiben im Besitz ihrer in diesem Leben entwickelten Vernunfttätigkeit. Ewige Gegenwart erwartet die Gerechten – und nur diese – nach dem Tode. Philosophisch, so der *Führer*, bedeutet das körperfreie Weiterleben der Seele ihre Vervollkommnung: »Die nach dem Tod weiterlebenden Seelen sind nicht identisch mit denen, die den Menschen zukommen, wenn sie in das Sein treten. Die Seele, die bei der Zeugung entsteht, ist nur ›Potenz‹[49], eine ›Bereitschaft‹, während die Seele nach dem Tod den Rang eines ›Intellekts im Akt‹ erreicht.«[50]

Hier folgt er mehr seiner aristotelisch fundierten Philosophie als der biblischen Exegese. Von seinem jüdischen Glauben her beschreibt er das höchste Glück der Seele so: »Das Glück und höchste Ziel besteht darin, in die erhabene Gesellschaft [der Engel] einzutreten und den Gipfel zu erreichen. Das Leben der Seele hat kein Ende, ebenso wie das Leben des Schöpfers, der sie geschaffen hat, kein Ende hat (…).« Dieses Glück können wir in diesem Leben nicht begreifen. Die höchste Strafe besteht im Verlust dieses höchsten Glücks: »Die absolute Strafe ist die Vernichtung der Seele (…).«[51] Der Lohn der Gerechten ist, diesen glückseligen Zustand zu verdienen und zu genießen. Die Strafe der Frevler besteht darin, vernichtet zu werden.

Die »künftige Welt« existiert eigentlich schon. Es bedarf daher nicht der Zerstörung der gegenwärtigen Welt, um in sie einzutreten. Es ist unklar, welche Stellung die »messianischen Zeiten« und die Auferstehung innerhalb dieses Gedankenganges einnehmen. Es heißt: »Der einzige Grund, weshalb die Weisen sie ›zukünftige Welt‹ genannt haben, ist der, weil die-

---

[48] TR 37.
[49] Potentia, Möglichkeit. Actus, Tätigkeit. Intellectus in actu, vollendeter Geist, vollkommene Vernunft. Ausdrücke aus der aristotelisch-scholastischen Philosophie. (Anm. der Übersetzer.)
[50] MN I, 70.
[51] CM, Sanh. 10; vgl. MT, Tešubah 8, 1 u. 5.

ses Leben dem Menschen erst nach seinem Leben auf dieser Welt zukommt, wo wir in Leib und Seele existieren; diese ist die erste Phase des Existierens, durch die wir Menschen gehen.«[52] In dieser »zukünftigen Welt« ist Platz nicht nur für die gerechten Israeliten, sondern auch für jene, die ihre Sünden bereut haben (mit Ausnahme der Ketzer und Abtrünnigen), und für die frommen Menschen anderer Nationen.

---

[52] MT, Tešubah 8, 8; vgl. 3, 5.

Zur jüdischen Abstammung Teresas von Avila

Ulrich Dobhan

Noch vor 50 Jahren wäre es niemand in den Sinn gekommen, über die jüdische Abstammung Teresas auch nur ein Wort zu verlieren, denn ihre Abstammung aus einer hochadeligen, also altchristlichen Familie, wie man zu wissen glaubte, stand ohne jeden Zweifel fest. Heute ist es gerade umgekehrt: Ihre jüdische Abstammung gehört zum gesicherten Wissen über sie.

Ich möchte in meinem Beitrag einen kurzen Blick auf die Geschichte der teresianischen Hagiographie werfen (1), dann die Entstehung des Converso-Problems in Spanien skizzieren (2), das sich besonders an den Statuten für die Reinheit des Blutes konkretisierte (3), um im Anschluß daran die Entdeckung der jüdischen Abstammung Teresas darzustellen (4) und schließlich an einigen Beispielen zu zeigen, wie sie darauf reagiert hat bzw. damit fertig geworden ist (5). Daran könnte auch deutlich werden, daß Teresas jüdische Abstammung so etwas wie ein »methodologischer Schlüssel«[1] ist – einer von vielen –, um ihre Persönlichkeit und auch ihre Schriften besser zu verstehen.

1. Teresa im Spiegel der barocken Hagiographie

Wer sich einmal die Mühe macht, die wichtigsten Teresa-Biographien, die seit ihrem Tod 1582 geschrieben worden sind, genauer zu betrachten, kann interessante Beobachtungen machen.[2] Während es den ersten Biographien ein Anliegen ist, Teresa für die Seligsprechung »aufzubauen«[3], wird sie schon bald in den Dienst der Ordensideologie gestellt, d.h. die Ordensleitung gebrauchte Teresa zur Rechtfertigung ihrer eigenen Absichten und ihrer Sicht der Ordensgeschichte[4], die, was wir heute sicher sagen können, in wichtigen Punkten nicht mit denen der Madre Fundadora übereinstim-

---

[1] Damit ist gemeint, daß es nicht genügt, dieses Faktum zur Kenntnis zu nehmen und in einer Biographie über sie zu erwähnen, sondern beim Lesen und Verstehen ihrer Schriften muß das immer mitbedacht werden, denn »in diesem Punkt ist niemand unwissend« (Kardinal Siliceo an Kaiser Karl V. Zitiert von A.A. Sicroff, Les controverses des Statuts de »pureté de sang« en Espagne du XVe au XVIe siècle. Paris 1960, 126).

[2] Siehe dazu: T. Egido, El tratamiento historiográfico de Santa Teresa. Inercia y revisiones, in: Revista de Espiritualidad 40 (1982) 171–189.

[3] Das tritt deutlich zutage in der ersten Biographie: Francisco de Ribera, La vida de la Madre Teresa de Jesús, fundadora de las descalzas y descalzos Carmelitas. Salamanca 1590; aber auch bei Diego de Yepes, Vida, virtudes y milagros de la Bienaventurada Virgen Teresa de Jesús, Madre y Fundadora de la nueva reformación de la Orden de los Descalzos y Descalzas de Nuestra Señora del Carmen. Zaragoza 1606.

[4] So die offiziellen Historiographen des Ordens, vor allem Francisco de Santa María Pulgar, die auf Geheiß der Ordensoberen Ordensgeschichte schrieben. Angesichts der starken Spannungen, die es in der ersten Generation nach Teresa gab (siehe dazu U. Dobhan, Der Name Teresa, in: *Edith Stein Jahrbuch* 2 (1996) 139–151 [140]), hatte das negative Folgen, da die Meinung der herrschenden Schicht allgemein verbindlich wurde, zum Teil mit Auswirkungen bis in unsere Zeit.

men. Ein weiterer Schritt in diesem Entstellungsprozeß Teresas wird durch das 1807 erschienene dreibändige Werk von Manuel de Santo Tomás Traggia[5] gemacht, der dem bisherigen Teresabild einen neuen Aspekt anfügt: Teresa als *Patronin aller Spanier*. Indem er an diese Vorstellung anknüpft, macht Gabriel de Jesús aus Teresa die *Heilige der Rasse*[6], und Silverio de Santa Teresa gar die *höchste Synthese der Rasse*[7].

Zu Beginn unseres Jahrhunderts unternommene Versuche, auch an die Biographie Teresas mit dem Instrumentarium der modernen Historiographie heranzugehen, scheiterten am Widerstand einflußreicher Kreise ihres Ordens[8], so daß sich alle Biographien bis in die 60er Jahre unseres Jahrhunderts an die herkömmliche Sicht halten, wie sie vor allem auf Silverio de Santa Teresa zurückgeht; dieser hat sich zwar als Herausgeber ihrer Werke große Verdienste erworben, nicht aber auch als ihr Biograph. Dennoch hängen von ihm alle heutigen Biographien ab, wie die von E. Allison Peers, William Th. Walsh, M. Auclair, G. Papasogli und Crisógono de Jesús Sacramentado.[9] In diesen herkömmlichen Biographien über Teresa von Avila wird kein Zweifel daran gelassen, daß sie aus einer adeligen Familie Avilas stammt, denn dem Adel der Seele muß ja auch der Adel des Blutes entsprechen. So ist das jahrhundertelang überliefert worden.

Einen Schritt weiter bedeutet die Biographie von Efrén de la Madre de Dios[10], vor allem seit der Mitarbeit von Otger Steggink[11]; mit der dreibändigen Teresa-Biographie dieser beiden Autoren scheint ein vorläufiger Abschluß erreicht worden zu sein[12], doch auch sie bleibt teilweise der traditionellen Historiographie verhaftet[13].

---

[5] La Mujer Grande. Vida meditada de Santa Teresa de Jesús, enseñando como madre, maestra y doctora universal, con ejemplos y doctrina. Obra distribuida, que forman un año cristiano completo, 3 Bde. Madrid 1807.
[6] La Santa de la Raza. Vida gráfica de Santa Teresa de Jesús, 4 Bde. Madrid 1929–1935.
[7] Santa Teresa de Jesús, síntesis suprema de la Raza. Madrid 1939.
[8] So z.B. Miguel Mir, Santa Teresa de Jesús. Su vida, su espíritu, sus fundaciones, 2 Bde. Madrid 1912.
[9] E. A. Peers, Mother of Carmel. A Portrait of Saint Teresa of Jesus. London ³1979; W. T. Walsh, Saint Teresa of Avila. Milwaukee ¹1948; M. Auclair, Das Leben der hl. Teresa von Avila. Zürich 1953; G. Papasogli, Teresa von Avila. München ²1961; Crisógono de Jesús Sacramentado, S. Teresa de Jesús. Su vida y su doctrina. Barcelona 1936 (und mehrere Neuauflagen).
[10] Im ersten Band seiner dreibändigen Ausgabe der Werke Teresas in: Biblioteca de Autores Cristianos (BAC), Madrid, 1951 erschienen.
[11] Tiempo y vida de Santa Teresa. Madrid ²1977.
[12] Santa Teresa y su tiempo, 3 Bde. Salamanca 1982–1984.
[13] Siehe weiter unten.

2. Die Entstehung des Converso-Problems[14]

Während des Mittelalters lebten die drei monotheistischen Religionen – Juden, Christen, Muslime – in Spanien relativ friedlich zusammen, was einen einzigartigen kulturellen und wissenschaftlichen Austausch unter ihnen ermöglichte. Ende des 14. Jahrhunderts führten verschiedene Faktoren (aufkommender Kapitalismus, Epidemien, soziale Gegensätze, das abendländische Schisma 1378–1417) zu einer Veränderung dieser Situation[15], was sich vor allem auf die Situation der Juden auswirkte.[16] Den Anfang ihrer Verfolgung bildet die Erstürmung und Zerstörung des Judenviertels in Sevilla 1391, bedingt vielleicht durch den Druck auf das einfache Volk, das wegen der den Juden überlassenen Geldgeschäfte diesen ausgeliefert war, oder auch wegen der Kompetenz der jüdischen Handwerker. Dieses gewaltsame Ereignis wirkte wie ein Fanal für weitere Übergriffe in Andalusien, dann aber auch bis nach Valencia und Katalonien. Eine Folge davon war, daß die Judenviertel entvölkert wurden, weil viele Juden auswanderten, was die von den Königen oft nur halbherzig gewährte Protektion auch nicht verhindern konnte. Ein mitunter gewaltsamer Bekehrungseifer der Christen mit der berühmten Disputation von Tortosa (Februar 1413 bis November 1414)[17] führte zu Bekehrungen in großer Zahl, wobei die Neubekehrten in kirchliche Ämter geradezu hineindrängten (z.B. Kardinal Juan de Torquemada; sein Neffe Tomás de Torquemada, der erste Generalinquisitor) und oft zu den erbittertsten Feinden ihrer ehemaligen Glaubensbrüder wurden. Das wiederum führte manche Historiker zu der Meinung, daß der für die Inquisition typische Fanatismus teilweise da seinen Ursprung hätte[18], jedenfalls stammen fast alle antijüdischen Schriften dieser Zeit von konvertierten Juden. So entstand das Problem der Conversos (Neuchristen), denn wenn schon die Juden verhaßt waren, so waren es erst recht die Conversos, die nicht nur ihre traditionellen, gerade für die Oberschicht nützlichen Berufe wie Bankiers, Ärzte, Kaufleute, Stadtschreiber usw. ausübten, sondern sich nun auch noch in kirchlichen Ämtern breitmachten. So wird klar, daß der Antisemitismus des Volkes nicht nur religiöse Wurzeln hatte, sondern vor allem wirtschaftlich und sozial motiviert war.[19]

---

[14] Als Conversos – Bekehrte – bezeichnete man in Spanien damals die zum Christentum konvertierten Juden und deren Nachkommen.

[15] Siehe dazu z.B. J. Huizinga, Herbst des Mittelalters. Studien über Lebens- und Geistesformen des 14. und 15. Jahrhunderts in Frankreich und in den Niederlanden. Stuttgart ⁷1953.

[16] Zur Geschichte der Juden in Spanien: J. Amador de los Ríos, Historia social, política y religiosa de los Judíos de España y Portugal. Madrid 1973.

[17] Siehe dazu A. Amador de los Ríos, a.a.O., 501–507.

[18] So M. Menéndez Pelayo, A. Castro, C. Sánchez Albornoz (A. Domínguez Ortiz, Los Judeoconversos en España y América. Madrid 1971, 27, Anm. 16) gegen jüdische Historiker.

[19] Als Stimme des einfachen Volkes sei die Meinung des Pfarrers Andrés Bernáldez von Los Palacios (Sevilla) zitiert. (Siehe dazu: A. Domínguez Ortiz, Los Judeoconversos en España y América, Madrid 1971, 22f.)

Als die Katholischen Könige, Isabella I. von Kastilien und Ferdinand V. von Aragonien, 1475 den Thron bestiegen, glich die Situation im Land einem Bürgerkrieg: Auf der einen Seite die Altchristen, d.h. adelige oder auch nichtadelige Leute, in deren Adern aber auf jeden Fall kein jüdisches Blut floß – was immer wichtiger war als der höchste Adel[20] –, auf der anderen Seite die Juden bzw. die Neuchristen. Die Reinheit des Blutes war schließlich das einzige, was gerade die kleinen Leute den überlegenen Juden und Conversos voraushatten, und daraus wurde das Unterscheidungsmerkmal schlechthin. Jeder, der es irgendwie fertigbrachte, versuchte, dieses »Kainsmal« zu vertuschen. Ein typisches Beispiel dafür ist die Familie Teresas, wie wir weiter unten sehen werden. Um mit dieser Situation fertig zu werden, beschlossen die Monarchen, alle Juden aus Spanien zu vertreiben, was mit dem Dekret vom 31. März 1492 auch geschah.[21]

3. Die Statuten für die Reinheit des Blutes

Eine weitere Maßnahme zur Lösung des Converso-Problems war die Einführung besonderer Statuten, aufgrund derer die Reinheit des Blutes garantiert werden sollte.[22] Sie sollten verhindern, daß konvertierte Juden oder deren Nachkommen Zugang zu staatlichen oder kirchlichen Gremien erhielten. So wurden sie trotz des Protestes von seiten des Papstes Nikolaus V. und der Erzbischöfe von Toledo zuerst 1449 von der Stadt Toledo eingeführt, und zwar aus zwei Gründen: Einmal, um das Volk zu beruhigen, zum anderen, um die Unterwanderung von Gesellschaft und kirchlichen Ämtern durch Scheinbekehrte zu vermeiden. Es folgten bald verschiedene Orden, Universitätskollegien und schließlich 1547 sogar das Domkapitel von Toledo, womit sich diese Statuten endgültig durchgesetzt hatten.

Im Karmelitenorden war es nicht dazu gekommen, aber nicht etwa aus Gründen der Toleranz, sondern weil der Orden in Spanien von den allgemeinen Reformbemühungen im Rest des Ordens und in der spanischen Kirche kaum erfaßt worden war. Bei der Visitation des Ordens durch den Ordensgeneral Giovanni Battista Rossi 1566/67 sagte ein Ordensmann in Écija: »...sie lassen auch viele Abkömmlinge von Juden zu, und es kommt

---

[20] In einem Manuskript aus dem 17. Jahrhundert heißt es: »In Spanien gibt es zwei Arten von Adel (nobleza): den einen, größeren, die Hidalguía, und den anderen, kleineren, die Reinheit des Blutes, die wir Altchristen nennen. Und wenn es auch von mehr Ehre zeugt, erstere, also die Hidalguía, zu besitzen, so ist es doch viel schändlicher, der zweiten zu entbehren; denn in Spanien schätzen wir einen, der Vasall, aber von reinem Blut ist, höher als einen Adeligen, der nicht von reinem Blut ist« (A. Castro, De la edad conflictiva. Crisis de la cultura española en el siglo XVI. Madrid ³1972, 183).
[21] Angaben über die Gründe für die Ausweisung und die Anzahl der vertriebenen Juden siehe bei U. Dobhan, Gott – Mensch – Welt in der Sicht Teresas von Avila. Frankfurt 1978, 26 f., Anm. 35,36,38.
[22] Das grundlegende Werk dazu ist A. A. Sicroff, Les controverses des Statuts de »pureté de sang« en Espagne du XVe au XVIe siècle. Paris 1960. Eine Zusammenfassung des gesamten Problems siehe bei U. Dobhan, a.a.O., 27–34.

vor, daß man ihnen sagt, wenn sie sich bei anderen Orden vorstellen: ›Geht doch zu den Karmeliten‹«.[23] Teresa selbst hat diese Statuten für ihre Gründung immer zurückgewiesen und viele Frauen aus Converso-Familien aufgenommen[24], doch durch ein Päpstliches Breve 1595 wurde diese Maßnahme, gegen die sich die Heilige immer gewehrt hat, bestätigt[25].

Die Folgen dieser Statuten für die spanische Gesellschaft waren unabsehbar:

– Sie schürten die Mißgunst der kleinen Leute gegen die als überlegen empfundenen Conversos, die man nun mit Hilfe dieser Statuten leichter beherrschen konnte[26].

– Sie trugen dazu bei, die Inquisition zu rechtfertigen, denn diese ist in gewisser Weise das Instrument der kleinen Leute, um gegen die übermächtigen Conversos vorgehen zu können. Dadurch entstand ein Klima von Mißgunst, Neid und Mißtrauen.

– Sie führten zur Geringschätzung jeglicher Tätigkeit, die nicht vom Ackerbau kommt, da dieser den Juden schon durch die staatskirchliche Gesetzgebung der römischen Kaiser Konstantin, Theodosius und Justinian sowie die Konzilien des 4. bis 7. Jahrhunderts verboten war. Das bedeutet umgekehrt, daß alle Tätigkeiten, die nicht von Juden ausgeübt wurden, in höherem Ansehen standen, und oft die Abstammung von Bauern darüber entschied, wer zu Ämtern in Staat und Kirche zugelassen wurde, was natürlich nicht bedeutet, daß das keine fähigen Leute sein konnten; doch oft kam es so weit, »daß es als Zeichen vornehmer Abstammung gilt, seinen Namen nicht schreiben zu können«.[27]

– Damit trugen sie zur Spaltung der Gesellschaft bei, was Luis de León in seinem 1589 entstandenen Werk *La perfecta casada* deutlich sagt: »Es gibt solche, die das Land bebauen, solche, die als Kaufleute vom Handel leben und schließlich Adelige, die ihre Einnahmen von Vasallen oder aus Grundbesitz beziehen«.[28]

– Sie führten, nach A. Castro, zum kulturellen Rückschritt der Spanier: »Dieser ist seit der Mitte des 16. Jahrhunderts nicht etwa der Gegenreformation und auch nicht der wissenschaftsfeindlichen Haltung Philipps II. zuzuschreiben, sondern schlicht und einfach der Furcht, als Jude zu gelten«.[29]

---

[23] O. Steggink, La reforma del Carmelo español. La visita canónica del general Rubeo y su encuentro con Santa Teresa (1566–1567). Roma 1965, 264 (2. verbesserte und vermehrte Auflage. Avila 1993).

[24] Eine Liste von Frauen aus Converso-Kreisen, die bei Teresa eintraten, siehe bei U. Dobhan, a.a.O., 226, Anm. 5.

[25] Vgl. F. Antolín, La »limpieza de sangre« en la Reforma teresiana, in: Revista de Espiritualidad 46 (1987) 301–309.

[26] Deutlich zeigt sich das am Verhalten des Kardinal Siliceo, Erzbischof von Toledo, über den es in einem Bericht heißt: »Der einzige Ruhm, den er von seinen Vorfahren mitbekommen hat, ist seine Abstammung von Altchristen« (A. A. Sicroff, a.a.O., 96f.).

[27] Juan de Mal Lara in seiner *Filosofía vulgar* (A. Castro, a.a.O., 162).

[28] La perfecta casada, 4. Kapitel, in: F. García (Hg.), Obras completas castellanas de Fray Luis de León. Madrid 1957, 219–358 (274).

[29] A. Castro, a.a.O., 105.

– Schließlich trugen sie dazu bei, daß jeder über seine wahre Abstammung bestens Bescheid wußte, zumal es die sog. »grünen Bücher« gab, d.h. Kataloge mit den Namen der Converso-Familien, und die öffentlich aufgehängten Sambenitos, Bußkleider, einen solchen »Geburtsfehler« nicht vergessen ließen.[30]

Einen nicht selten gewählten Ausweg, mit all dem fertig zu werden, bot die Auswanderung aus der Geburtsstadt, oder, falls möglich, der Erwerb eines Adelsbriefes, der Aufbruch nach den Indias (Westindien), die Änderung des Nachnamens und vor allem der Verzicht auf alle Tätigkeiten, die nur irgendwie jüdisch aussehen konnten. Wir werden sehen, daß genau das für die Familie Teresas zutrifft.

4. Teresa von Avila – eine Conversa[31]

1946 veröffentlichte Narciso Alonso Cortés Auszüge aus Prozeßakten, die im Archiv der Real Chancillería in Valladolid aufbewahrt werden[32]. In ihnen ist der Verlauf mehrerer Rechtsstreite festgehalten, die Angehörige der Familie Cepeda vor allem mit dem Ziel führten, ihre adelige Abstammung erneut bestätigen zu lassen, was ihnen mit Hilfe gekaufter und bestochener Zeugen auch gelang. Aus diesen Prozeßakten geht aber auch hervor, daß Juan Sánchez de Toledo, Großvater Teresas, am 22. Juni 1485 vor dem Inquisitionstribunal in Toledo bekannte, »viele und große Vergehen und Delikte der Häresie und Apostasie gegen unseren heiligen katholischen Glauben getan und begangen zu haben...«[33], was dem damaligen gesellschaftlichen Kontext entsprechend so viel bedeutet wie vom jüdischen zum christlichen Glauben übergetreten zu sein.

Diese Nachricht war so ungeheuerlich, daß es Jahrzehnte gedauert hat, bis Teresas jüdische Abstammung in Spanien endlich akzeptiert wurde[34]; sehr schwer taten sich damit vor allem ihre geistlichen Söhne und Töchter, was kein Wunder ist, wenn man bedenkt, daß auch sie es waren, die sie zur »*höchsten Synthese der Rasse*« erhoben hatten.

Besonders erwähnenswert sind in diesem Zusammenhang Américo Castro, einer der eifrigsten Verfechter von Teresas jüdischer Abstammung,

---

[30] A. Domínguez Ortiz, a.a.O., 228–230.
[31] Eine ausführlichere Darstellung dieses Themas siehe bei U. Dobhan, a.a.O., 36–40.
[32] N. Alonso Cortés, Pleitos de los Cepeda, in: Boletin de la Real Academia Española 25 (1946) 85–110. T. Egido gelang es 1986, die gesamten Prozeßakten in die Hände zu bekommen, denn seit der erwähnten Veröffentlichung einiger Auszüge durch Alonso Cortés waren sie verschwunden. Siehe dazu T. Egido, El linaje judeoconverso de Santa Teresa (Pleito de hidalguía de los Cepeda). Madrid 1986.
[33] A.a.O., 90.
[34] Ohne große Probleme wurde diese Neuheit von spanischen Historikern übernommen, wie H. Serís, Nueva genealogía de Santa Teresa, in: Nueva Revista de Filología Hispánica 10 (1956) 365–384; F. Márquez Villanueva Santa Teresa y el linaje, in: Espiritualidad y literatura en el siglo XVI. Madrid-Barcelona 1968, 139–205; J. Gómez-Menor Fuentes, El linaje familiar de Santa Teresa y de San Juan de la Cruz. Sus parientes toledanos. Toledo 1970; ders., Cristianos nuevos y mercaderes de Toledo. Toledo 1972; A. Domínguez Ortiz, Los Judeoconversos en España y América. Madrid 1971, u.a.

und Efrén de la Madre de Dios, der – seit 1967 zusammen mit Otger Steggink – zum wichtigsten Biographen Teresas wurde.

Unabhängig von den Dokumenten, die 1946 N. Alonso Cortés veröffentlicht hatte, brachte Américo Castro in seinem 1948 erschienenen Buch *España en su historia (Cristianos, moros y judíos)* die aus Teresas Schriften hervorgehende Fähigkeit zu feinfühliger Selbstbeobachtung in Zusammenhang mit der hispano-jüdischen Tradition, wenn er sagt: »Es paßte gut in mein Konzept, wenn Doña Teresa de Cartagena von Don Pablo de Santa María, also von einem konvertierten Juden, abstammte. Einige meinen es, doch kann ich es weder annehmen noch ablehnen... Von da aus ist es zu Santa Teresa nur noch ein Schritt«.[35] In dem 1954 erschienenen Buch Castros *La realidad histórica de España* lautet der entsprechende Abschnitt: »Heute weiß man, daß Teresa de Cartagena von Pablo de Santa María abstammt, das heißt von einem konvertierten Juden. Es mutet wunderbar an, im 15. Jahrhundert ein autobiographisches Bekenntnis zu finden, das ein Bewußtsein und eine Analyse des innersten Ichs, ›meines Ichs‹, enthält. Von hier bis zu Theresia von Avila ist nur ein Schritt, und es scheint unmöglich, die beiden Frauen nicht mit der semitischen Tradition in Verbindung zu bringen«.[36] Was A. Castro 1948 für die Konsolidierung seiner allerdings umstrittenen These[37] über die spanische Geschichte hätte gut brauchen können und 1954 stark vermutete, ist durch die Entdeckung von N. Alonso Cortés und die Veröffentlichung der Prozeßakten durch T. Egido 1986 zur Gewißheit geworden. Für A. Castro, der zu seiner Zeit Teresas jüdische Abstammung am entschiedensten verteidigte, wurde sie sogar zu einer der Hauptgestalten für das Spanien des 16. Jahrhunderts, an der er seine These über die Geschichte Spaniens erhärtet.[38]

Eine andere Einstellung zu Teresas jüdischer Abstammung nimmt Efrén de la Madre de Dios ein. 1951 erschien eine insgesamt dreibändige Gesamtausgabe der Werke Teresas, deren erster Band eine Biographie mit dem Titel *Tiempo y vida de Santa Teresa* enthält.[39] Das erste Kapitel besteht aus einer Beschreibung von Avila zur Zeit Teresas und einer Familiengeschichte der Cepedas, die auf einen Vasallen Alfons' XI. (1312–1350), Vasco Vázquez de Cepeda, ja bis auf einen Ritter mit Namen Luis de Cepeda aus dem Jahr 1227 zurückgeführt wird. Die von N. Alonso Cortés entdeckten Dokumente werden in dem Sinn umgedeutet, daß der Großvater Teresas, Abkömmling eines vornehmen Adelsgeschlechts, aufgrund

---

[35] Zitiert bei T. Egido, La novedad teresiana de A. Castro, in: Revista de Espiritualidad 32 (1973) 82–94 (87).
[36] A.a.O., 87. Dieses deutschsprachige Zitat ist entnommen aus: A. Castro, Spanien. Vision und Wirklichkeit. Köln- Berlin 1957, 363, Anm. 84, das auf Castros *La realidad histórica de España* von 1954 zurückgeht.
[37] Siehe z.B. C. Sánchez Albornoz, Del ayer de España. Trípticos históricos. Madrid 1973.
[38] Siehe dazu sein Buch *De la edad conflictiva. Crisis de la cultura española en el siglo XVI.* Madrid ³1972; vorher war bereits 1961 die 1. und 1963 die 2. Auflage erschienen, gegenüber denen die 3. erweitert und verbessert ist.
[39] Efrén de la Madre de Dios, Tiempo y vida de Santa Teresa, in: Efrén de la Madre de Dios – Otilio del Niño Jesús (Hg.), Santa Teresa de Jesús, Obras completas, 3 Bde. Madrid 1951.

seiner beruflichen Tätigkeit als Tuch- und Seidenhändler viel mit Juden zu tun hatte, »vielleicht mit mehr Vertraulichkeit als notwendig war«, schließlich von seinem Glauben abfiel und zusammen mit seinen Söhnen jüdisch wurde. Als dann 1485 in Toledo die Inquisition mit ihrer Aktivität einsetzte, die gewöhnlich mit der Verkündigung eines Gnadenerlasses begann, schlug Juan Sánchez das Gewissen, so daß er am 22. Juni 1485 vor dem Inquisitionstribunal seine Verfehlungen bekannte und zusammen mit seiner Familie ausgesöhnt wurde, abgesehen von einem Sohn.[40]

Auch in den drei folgenden, 1968, 1977 und 1982 zusammen mit Otger Steggink verfaßten, Biographien[41] halten die beiden Autoren grundsätzlich an dieser These fest. Die von N. Alonso Cortés veröffentlichten Akten werden auf diese Rückkehr zum Christentum bezogen. Damit wird einerseits die altchristliche Abstammung des Juan Sánchez de Toledo und somit auch diejenige Teresas aufrechterhalten, zugleich wird aber ebenso den historischen Dokumenten Rechnung getragen, wenn auch um den Preis einer Apostasie vom christlichen Glauben! Seit der Veröffentlichung aller Prozeßakten durch T. Egido im Jahre 1986 ist meiner Meinung nach eine solche Interpretation der Dokumente nicht mehr möglich. Bei entsprechender Berücksichtigung des historischen Kontextes hätten allerdings schon die von N. Alonso Cortés veröffentlichten Auszüge genügen müssen, um die jüdische Abstammung Teresas als gesichert anzusehen und nicht auf eine derartig absurde Interpretation jener Akten zu verfallen, denn die jüdische Abstammung Teresas und ihrer Familie ist keine Nebensache, sondern ein Umstand, der für das Verständnis ihrer Persönlichkeit und ihres Werkes von weitreichender Bedeutung ist. Das möchte ich im letzten Punkt noch kurz aufzeigen.

5. Das Verhalten Teresas

Für Américo Castro, jenen scharfsinnigen Denker, der Teresas jüdische Abstammung schon erahnt hat, noch bevor sie dokumentarisch feststand, ist diese einzigartige Frau ein klassisches Beispiel für das bessere Verständnis des spanischen 16. Jahrhunderts. An ihr und ihrer Familie kann man feststellen, wie sich die Conversos verhielten und wie sie überlebten:
– Teresas Großvater ist nach seiner Konversion in Toledo »ausgewandert« und läßt sich in Avila nieder, wo er mit einer neuen Identität weiterlebt.
– Teresa und alle ihre Geschwister übernehmen nicht den Nachnamen ihres Großvaters »Sánchez«, sondern jeweils den ihrer Mütter bzw. Großmütter, die unbelastet waren.
– Ihre Brüder wandern nach Westindien (Las Indias) aus, um den Schnüffeleien und Verdächtigungen übelwollender Mitbürger zu entgehen und vielleicht zu Geld und Ansehen zu kommen, das ihnen durch den Erwerb

---
[40] Efrén de la Madre de Dios, Tiempo y vida de Santa Teresa (1951), 170f.
[41] Efrén de la Madre de Dios – O. Steggink, Tiempo y vida de Santa Teresa. Madrid 1968, 4, ²1977, 4 und (in drei Bänden) Salamanca 1982, 1. Bd., 47.

eines Titels zuteil werden konnte. Da sie dem Gesetz nach Adelige waren, stand ihnen die Möglichkeit dazu offen, während den Conversos dieser Weg verschlossen war, weil man in den neuentdeckten Ländern eine »ideale Gesellschaft und Kirche« aufbauen wollte; dazu paßten keine Conversos, Ausländer, von der Inquisition Verurteilte usw.[42]

– Teresas Vater lebt vom Vermögen seines Vaters, das er geerbt hat, und der Aussteuer seiner Frauen, übt also keinen regulären Beruf aus, um nur ja nicht in den Verdacht zu kommen, irgendwie mit Juden in Verbindung zu stehen.

Teresa selbst zeigt sich dieser schwierigen Situation gewachsen und scheint über ihr zu stehen.

– *Sie kennt die Welt des Adels gut*, obwohl sie ihr tatsächlich nicht angehört. Als sie an Weihnachten 1561 zu Doña Luisa de la Cerda nach Toledo gehen mußte, um diese nach dem Tode ihres Mannes zu trösten, bot sich ihr die Gelegenheit, einen Adelspalast von innen kennenzulernen. Sie schreibt: »Ich gewann große Zuneigung zu ihr und sagte ihr das auch. Ich sah, daß sie eine Frau war und den Leidenschaften und Schwächen genauso unterworfen wie ich, und ich sah, für wie gering man das Herrsein zu halten hat und daß es mehr Sorgen und Kummer mit sich bringt, je größer es ist: die Sorge, eine standesgemäße Aufmachung zu haben, die einen nicht ungehindert leben läßt; außer der Zeit und jeder Regelmäßigkeit zu essen, da ja alles dem Stand und nicht den natürlichen Gegebenheiten entsprechend verlaufen muß; oft Speisen zu essen, die mehr ihrem Stand als ihrem Geschmack entsprechen. So kommt es, daß ich vor dem Wunsch, eine vornehme Frau zu sein, zurückschrecke. Gott befreie mich vor schlechtem Umgang; dabei gibt es, glaube ich, wenige, die zurückhaltender sind als diese Frau, die doch zu den ersten des Reiches gehört, und sie ist von großer Schlichtheit. Mir tat sie sehr leid, und sie tut es mir immer noch, wenn ich sehe, wie sie sich oft nicht ihrer Neigung entsprechend verhält, um ihrem Stand gerecht zu werden... Das ist eine Knechtschaft, eine der Lügen dieser Welt, Personen in diesen Umständen Herren zu nennen, wo sie doch meiner Meinung nach nichts anderes als Sklaven von tausend Dingen sind«.[43]

– *Sie hat Mitleid mit den Adeligen, weil diese so sehr an ihrer Ehre hängen*. Das kommt bei der Beschreibung der Eltern von Teresa de Laíz, der Gründerin des Klosters in Alba de Tormes, deutlich zum Ausdruck: »Da sie nicht so wohlhabend waren, wie ihre vornehme Abstammung es verlangt hätte, wohnten sie in einem Ort mit Namen Tordillos, ungefähr 10 km von dem erwähnten Alba entfernt. Es ist doch sehr bedauerlich, wenn man wegen der eitlen Rücksichten der Welt lieber in der Einsamkeit dieser kleinen Ortschaften leben will, wo es wenig Möglichkeiten zur Un-

---

[42] T. Egido, Ambiente misionero en la España de Santa Teresa, in: Teresa de Jesús y su vivencia eclesial y misionera. Burgos 1982, 19–46 (37).

[43] Leben 34,4–5. Ähnlich auch in Gründungen 10,11. Die Schriften Teresas werden zitiert nach der Ausgabe von Efrén de la Madre de Dios – O. Steggink, Santa Teresa de Jesús. Obras completas. Madrid ²1967.

terweisung und Förderung des geistlichen Lebens gibt, als auch nur die geringste Einbuße von dem, was sie Ehre nennen, hinzunehmen«.[44]

– *Teresa ist frei von versklavender Ehrsucht.* Besonders gut zu erkennen ist das bei der Gründung des Klosters in Toledo.[45] Ihren Bericht darüber schließt sie folgendermaßen ab: »Wenn ich auf die nichtigen Meinungen der Welt geachtet hätte, dann wäre es nach dem, was wir nun erkennen können, unmöglich gewesen, eine so gute und angenehme Lösung zu finden, und wir hätten dem Unrecht getan[46], der uns so guten Willens diese Liebe erwiesen hat.«[47]

– *Teresa weist alle Ehrsucht in ihren Klöstern entschieden zurück.* Ihre in dieser Hinsicht klaren Worte haben also nichts mit einem Moralismus oder einem asketischen Appell zu tun, sondern bekommen ihre eigentliche Bedeutung erst vor der konkreten historischen Situation. Im *Weg der Vollkommenheit*, einem Handbuch für das Leben in ihren Klöstern, schreibt sie: »Das (Pochen auf vornehme Abstammung) kommt hier nicht in Frage; gebe Gott, daß in diesem Haus niemals derartige Dinge einreißen; es wäre die Hölle; vielmehr soll eine, die vornehmerer Abstammung ist, den Namen ihres Vaters seltener erwähnen: alle haben gleich zu sein! … Gott befreie euch, Schwestern, von derartigem Geschwätz, und sei es auch nur im Scherz«[48]. Oder auch: »Gott befreie uns von Klöstern, in denen es einen solchen Ehrenkodex gibt; niemals ehrt man Gott in ihnen sehr.«[49]

– *Teresa gründet in Armut, da diese niemals Ehre mit sich bringt.* Die klösterliche Armut, die sie gerade am Anfang so sehr verteidigt, hat also hier ihren Grund, »denn Ehre und Geld gehen fast immer zusammen, und wer Ehre sucht, lehnt Geld nicht ab, wer aber das Geld ablehnt, gibt auch nicht viel auf die Ehre«.[50]

– *Teresa kennt auch die Ehrsucht in den Klöstern*, und das bewahrt sie vor Überheblichkeit gegenüber anderen, auch den Adeligen. So bemerkt sie ironisch: »Es gibt andere, die um des Herrn willen alles verlassen haben, kein Haus und kein Vermögen mehr haben und sich auch aus den Annehmlichkeiten und den Dingen dieser Welt wenig machen – also geradezu ein Büßerleben führen –, weil der Herr sie schon erkennen ließ, wie armselig sie sind; doch sie genießen viel Ehre. Sie würden nichts tun, was nicht sowohl von den Menschen als auch vom Herrn gut aufgenommen würde; welch raffinierte Haltung! Doch diese zwei Dinge lassen sich nur

---

[44] Gründungen 20,2.
[45] Siehe dazu U. Dobhan, a.a.O., 258–262.
[46] Gemeint ist der Stifter, der zur Gründung des Klosters Geld beigesteuert hatte. Da er aber ein Converso war, wurde das von den Adeligen Toledos hintertrieben.
[47] Gründungen 15,17. Bekräftigt wird diese Meinung in Gewissensbericht 5, wo ihr der Herr sagt: »Du begehst eine große Dummheit, Tochter, wenn du auf die Vorschriften der Welt achtest. Richte deine Augen auf mich, der ich arm und von der Welt verachtet bin. Sind vielleicht die Großen der Welt auch in meinen Augen groß? Oder sollt ihr nach eurer Abstammung oder euren Tugenden beurteilt werden?«
[48] Weg [Escorial] 45,2.
[49] A.a.O., 63,3. Ähnlich auch in Leben 31,21–22; Weg 7,10.
[50] Weg [Escorial] 2,5. Siehe auch a.a.O., 63,3.

sehr schlecht vereinen; das Schlimmste aber ist, daß dabei fast immer, ohne daß diese ihre Unvollkommenheit bemerken, mehr die Sache der Welt als die Gottes gewinnt. Diese Menschen fühlen sich meist durch alles, was man über sie sagt, beleidigt und nehmen ihr Kreuz nicht auf sich, sondern tragen es nur schleppend, und so bedrückt, ermüdet und zermürbt es sie; doch wenn sie es liebten, wäre es leicht zu tragen, das ist gewiß«.[51]

– *Teresa verachtet die Adeligen nicht,* denn sie hat unter ihnen gute Freundinnen und Freunde. Sie erkennt durchaus an, daß es auch unter den Adeligen echte Frömmigkeit geben kann, wie aus ihrem anschaulichen und zum Teil ironisch klingenden Bericht über die Padillas hervorgeht: Das Verhalten der adeligen Verwandten, welche die Berufswahl der vier Kinder der Doña María de Acuña und des Don Juan de Padilla y Manrique nicht verstehen konnten, weist sie entschieden zurück, während sie das Verhalten Doña Marías, der Mutter, die mit dem Klostereintritt ihrer Kinder insgeheim einverstanden ist, und das der Kinder vorbildlich nennt. Gerade da zeigt sich deutlich, daß sie weder aus der adeligen Abstammung noch aus deren Ablehnung eine Ideologie macht, sich aber auch in beiderlei Hinsicht ihren klaren Blick nicht trüben läßt: »O vornehmes Volk! Macht doch um Gottes willen die Augen auf und seht, daß die wahren Ritter Jesu Christi und die Fürsten der Kirche, ein heiliger Petrus und ein heiliger Paulus, nicht einen solchen Weg gingen, wie ihr ihn geht. Denkt ihr vielleicht, daß es für euch einen neuen Weg gibt? Glaubt doch nur das nicht!«[52] Doch muß immerhin festgestellt werden, daß Teresa weder bei der Gründung in Toledo von ihrer reichen »Freundin« Doña Luisa de la Cerda, noch in Alba de Tormes von den mächtigen Herzögen unterstützt wurde[53], dagegen von vielen Conversos, wie wir noch sehen werden.

– *Teresa war über ihre wahre Abstammung sehr wohl informiert.* Darüber erzählt uns P. Gracián in seiner Autobiographie *Peregrinación de Anastasio.* Im ersten Dialog, der zwischen ihm und Ana de San Bartolomé stattfindet, sagt Ana von sich: »Ich wurde in einem Dorf bei Avila geboren. ... Ich hatte drei Brüder und noch vier Schwestern, und wenn meine Abstammung auch bescheiden war, so fehlte meinem Vater doch nicht, was er an Vieh und Besitz vonnöten hatte; er und meine Brüder hatten bei tüchtigen und klugen Männern Ansehen, und so ernannten diese sie fast immer zu Bürgermeistern des Dorfes oder zu Kirchenpflegern.« Darauf antwortet Gracián: »Mit größerer Leichtigkeit als die selige Mutter Teresa von Jesus habt ihr mir über eure Abstammung erzählt, denn als ich in

---

[51] Betrachtungen zum Hohenlied 2,31. Siehe auch Weg [Escorial] 19,5–20,1. Siehe dazu auch Leben 21,10: »Diese Seele [sie meint sich selbst] lacht manchmal bei sich, wenn sie sieht, wie gewichtige Personen, die dem Gebet ergeben und fromm sind, großes Aufsehen um einige Ehrenpunkte machen, die diese Seele schon unter den Füßen hat. Sie sagen, daß es die Klugheit und das Ansehen des Standes so verlangen, um mehr Nutzen zu haben. Dabei weiß sie sehr gut, daß es an einem Tag mehr Nutzen brächte, wenn man dieses Ansehen des Standes aus Liebe zu Gott hintansetzte als mit ihm in zehn Jahren«.
[52] Gründungen 10,8–16, hier zitiert aus Abschnitt 11.
[53] Darauf hat mit Recht F. Márquez Villanueva hingewiesen (Santa Teresa y el linaje, a.a.O., 156ff.).

Avila Nachforschungen über das Geschlecht der Ahumadas und Cepedas anstellte, von wo es abstammte, da es eines der vornehmsten jener Stadt war, wurde sie ganz böse über mich, als ich davon sprach und sagte, daß es ihr genüge, Tochter der katholischen Kirche zu sein; und daß es ihr mehr ausmachte, eine läßliche Sünde begangen zu haben, als wenn sie Abkömmling der gemeinsten und niedrigsten Dorfbewohner und Conversos der ganze Welt wäre«.[54] Es war ihr also sehr unangenehm, über dieses Thema zu reden. So wird verständlich, daß sie in einem Brief an die Priorin von Valladolid, einer Verwandten von ihr, darauf zu sprechen kommt, wie sich ihre Neffen, die Söhne ihres Bruders Lorenzo, in Avila anreden lassen: »Kommen wir nun zu Ihren Ratschlägen. Bezüglich des ersten, der mit den ›dones‹[55]: Alle, die in Westindien Vasallen haben, werden dort so genannt. Doch als sie hierher kamen, bat ich ihren Vater, sie sollten sich nicht so nennen, und nannte ihm Gründe dafür…«.[56] Ob wir wohl erahnen können, was das für Gründe waren?

– Ihre Eltern nennt sie »tugendhaft und gottesfürchtig«[57], aber nicht Hidalgos (Edelleute) und »von reinem Blut«, wie sie das bei anderen macht.[58] Die Abstammung ihrer Familie und somit ihre eigene ist ihr nicht so wichtig, doch sagt sie darüber auch nicht die Unwahrheit, wie das später ihre Biographen tun.

– *Teresa greift bei ihren Gründungen immer wieder auf die Hilfe von Conversos zurück*, so in Medina del Campo, Alba de Tormes, Toledo und Burgos. Dabei setzt sie diesen Menschen oft ein Denkmal, wenn sie etwa den Stifter des Klosters in Toledo folgendermaßen beschreibt: »Es lebte in der Stadt Toledo ein ehrenhafter Mann und Diener Gottes, ein Kaufmann, der nie hatte heiraten wollen, sondern das Leben eines guten Katholiken führte«.[59] Fast könnte man meinen, sie wolle damit gegen das damals starke Mißtrauen und die pauschalen Vorurteile gegenüber den Conversos protestieren, denen man im allgemeinen keine echte Frömmigkeit zubilligte.

– *Teresa nimmt viele Frauen aus Converso-Familien in ihre Klöster auf.*[60] Während andere Orden Aufnahmestatuten einführen und daran festhalten, widersetzt sie sich allen Abgrenzungen. Umso bedauerlicher ist es, daß schon zehn Jahre nach ihrem Tod auch in ihrem eigenen Orden solche restriktiven Statuten eingeführt und durch ein Päpstliches Breve abgesegnet worden sind.[61]

---

[54] Biblioteca Mística Carmelitana. Burgos 1933, Bd. 17, 259.
[55] »Dones«, Plural von Don – Herr, ist die einem Adeligen gebührende Anrede.
[56] Brief vom 29.4.1576 an María Bautista (Brief 101,11). Siehe auch den Brief vom 9. Juli 1576 an ihren Bruder Lorenzo, in dem sie u.a. schreibt: »Euer Gnaden neigt noch zu viel Ehrsucht und trägt sie auch zur Schau. Es ist nötig, daß Sie sich diesbezüglich abtöten und nicht auf alle hören…« (Brief 109,5).
[57] Leben 1,1.
[58] Siehe z.B. Gründungen 20,2.
[59] Gründungen 15,1; in diesem Sinn auch 15,2.6.
[60] Siehe oben Anm. 25.
[61] Siehe oben Anm. 26.

Schlußgedanken

Teresas Abstammung aus einer jüdischen Familie kann heute nicht mehr ernsthaft bezweifelt werden. Es ist nicht zulässig, die betreffenden Dokumente zu ignorieren oder in dem Sinn zu interpretieren, daß der Großvater vom christlichen Glauben abgefallen und dann wieder zurückgekehrt sei.

Um die ganze Tragweite dieses Umstandes zu ermessen, muß der geschichtliche Hintergrund berücksichtigt werden, denn schließlich lebte Teresa ja nicht im luftleeren Raum. So kann ihre jüdische Abstammung geradezu ein Schlüssel zum Verständnis ihrer Schriften und ihrer Persönlichkeit werden. Das gilt nicht nur für historische, soziologische, feministische oder psychologische Untersuchungen, sondern auch für das Studium theologischer und spiritueller Themen. Meines Erachtens wird Teresas Größe dadurch nicht geschmälert, sondern ihre menschliche Ausstrahlung wird noch bedeutender. Aufgrund ihrer Fähigkeit zu scharfer Beobachtung gelingt es Teresa, der Verlogenheit ihrer Mitmenschen in Gesellschaft und Kirche den Spiegel vorzuhalten.

Spinozas Philosophie der Freiheit – eine »jüdische Philosophie«?

Manfred Walther

1. Freiheit als Selbstbestimmung aus Vernunft: Grundzüge der Philosophie Spinozas

1.1 Unter dem Datum des 27. Juli 1656 findet sich im Gemeindebuch der portugiesisch-jüdischen Gemeinde Amsterdams folgender Eintrag:

»Die Herren des *Mahamad* [Gemeindevorstandes] tun Euch zu wissen, daß sie schon längst von den schlechten Meinungen und Handlungen Baruchs de Espinoza Kenntnis hatten und durch verschiedene Wege und Versprechungen sich bemühten, ihn von seinen schlechten Wegen abzubringen. Da sie aber keine Besserung erzielten, im Gegenteil von den schrecklichen Ketzereien, die er übte und lehrte, und von den ungeheuerlichen Handlungen, die er beging, mit jedem Tage mehr Kenntnis erhielten, und da sie hierfür glaubwürdige Zeugen hatten, die in Gegenwart des genannten Espinoza bekundeten und bezeugten und ihn überführten, und nachdem all das in Gegenwart der Herren Chachamim [Rabbiner] geprüft worden war, beschlossen sie mit deren Zustimmung, daß der genannte Espinoza gebannt und ausgeschieden werde von dem Volke Israels, wie sie ihn gegenwärtig mit dem folgenden Banne in den Bann tun:

›Nach dem Beschlusse der Engel, nach dem Urteil der Heiligen bannen wir, verstoßen wir und verwünschen und verfluchen wir Baruch de Espinoza mit der Zustimmung des Hl. Gottes und mit der Zustimmung dieser ganzen Kehila Kadoscha [Hl. Gemeinde] vor den hl. Büchern des Gesetzes mit den 613 Vorschriften, die in ihnen geschrieben sind, mit dem Banne, mit dem Josuah Jericho gebannt hat, mit dem Fluche, mit dem Elisa die Knaben verflucht hat – und mit allen Verwünschungen, die im Gesetze geschrieben sind. Verflucht sei er am Tage, und verflucht sei er in der Nacht. Verflucht sei er, wenn er sich niederlegt, und verflucht sei er, wenn er aufsteht. Verflucht sei er, wenn er ausgeht, und verflucht sei er, wenn er zurückkehrt. Der Herr wolle ihm nicht verzeihen ...‹ Wir verordnen, daß niemand mit ihm mündlich oder schriftlich verkehre, niemand ihm irgendeine Gunst erweise, niemand unter einem Dache oder innerhalb vier Ellen bei ihm verweile, niemand eine von ihm verfaßte oder geschriebene Schrift lese.«[1]

Damit wurde der 23jährige Ex-Kaufmann Baruch (in der Familie portugiesisch: Bento) de Spinoza aus der jüdischen Gemeinde seiner Vaterstadt ausgeschlossen. Ein solcher Bann wurde zwar immer wieder einmal verhängt, aber die meisten der so Ausgeschlossenen unterwarfen sich bald wieder der Gemeindedisziplin, und der Bann gegen sie wurde aufgehoben.

---

[1] Text nach: Carl Gebhardt (Hg.), Spinoza – Lebensbeschreibungen und Gespräche. Hamburg ²1977, 126–127.

Anders Spinoza: er unternahm nichts, um die Aufhebung des Bannes zu erreichen; er schloß sich aber auch formell keiner anderen Religionsgemeinschaft an, obgleich er mit freikirchlichen Kreisen seiner Vaterstadt, den Kollegianten, z.T. freundschaftlich verkehrte und später in deren Hochburg Rijnsberg übersiedelte, als auch die weltlichen Behörden gegen ihn vorgingen.

Was waren die »schrecklichen Ketzereien, die er übte und lehrte«, und die »ungeheuerlichen Handlungen, die er beging«?

Was die *Handlungen* betraf, so kommen in erster Linie Übertretungen der Zeremonialgesetze in Frage. Aber vielleicht war der Bannspruch auch eine Reaktion darauf, daß Spinoza sich im Dezember 1655 beim – weltlichen – Gericht der Stadt Amsterdam, im Ergebnis erfolgreich, darum bemüht hatte, sich von der Erbschaft und damit von den Schulden des väterlichen Geschäfts entbinden zu lassen, das er als Firma Gabriel & Bento Despinoza zusammen mit seinem Bruder übernommen hatte.[2] Denn damit hatte er die Abhängigkeit von der jüdischen Gemeinde abgeschüttelt, die sich als Solidargemeinschaft verstand und der er andernfalls wegen der ökonomischen Situation der Firma verpflichtet geblieben wäre.

Was die *ketzerischen Ansichten* betraf, so finden sich in zwei Protokollen von Reisenden, die in den Niederlanden gewesen waren und 1659 vor der spanischen Inquisition ausgesagt hatten, Angaben darüber, daß er zusammen mit einem gewissen Juan de Prado, einem Arzt, der der spanischen Inquisition entronnen und im Jahre 1655 über Hamburg nach Amsterdam gekommen war, folgende Ansichten vertreten habe, wie es beide den Zeugen gegenüber selbst gesagt hätten:[3] Er leugne die Autorität des mosaischen Gesetzes, ja erkenne überhaupt kein Gesetz an; er leugne die Unsterblichkeit der Seele; er behaupte, daß es »nur einen Gott im philosophischen Sinne« gebe, d.h. daß Gott sich nicht dem Volke Israel offenbart habe. Spinoza bestritt damit nicht nur zentrale Glaubenssätze der eigenen jüdischen Gemeinde in Amsterdam, die sich nach der Emigration aus Portugal gerade erst mühsam konsolidiert hatte. Ausschlaggebend für die Reaktion der Gemeinde war vermutlich eher die Tatsache, daß er mit diesen »Ketzereien« gerade diejenigen Glaubenslehren leugnete, welche im Zuge der Zulassung einer weitgehend autonomen jüdischen Gemeinde von den Amsterdamer Behörden als für Juden und Christen gemeinsam verbindlich bezeichnet worden waren und zu deren strikter Beachtung die Gemeinde daher verpflichtet war, wollte sie nicht in Konflikt mit ihrer christlichen Umwelt geraten.

---

[2] Vgl. die Dokumente 51 und 53 in: Manfred Walther (Hg.), Spinoza – Lebensbeschreibungen und Dokumente. Hamburg 1997, sowie ders., Rezension von Jews, Millenarians and Sceptics. Studia Spinozana 7 (1991), 323–325. Wenn ich im folgenden mehrfach auf eigene Arbeiten verweise, so deshalb, weil diese meist die am besten erreichbaren neuesten deutschsprachigen Arbeiten zu den behandelten Themen sind. Weitere Literatur zur Biographie Spinozas ist zu finden bei Manfred Walther, Das Leben Spinozas – Eine Bibliographie. Hannover 1996 (auch in Studia Spinozana 10 (1994)).

[3] Die Protokollauszüge in Spinoza – Lebensbeschreibungen (wie Anm. 1), Dokumente 55 und 56.

Spinozas Philosophie der Freiheit – eine »jüdische Philosophie«?

1.2 War schon das, was Spinoza 1656, zwar nicht öffentlich, sondern in privatem Kreis, gesprächsweise vertrat, auch und vor allem für die christliche Umwelt skandalös, so sollte die spätere, ausgereifte Gestalt seiner Philosophie einen Skandal heraufbeschwören; enthalten ist sie vor allem in dem 1670 anonym publizierten »Theologisch-politischen Traktat« (weiterhin mit TTP zitiert), der unter falscher Orts- und Verlagsangabe bei Jan Rieuwertsz in Amsterdam erschien; aber dieser Skandal wurde noch in den Schatten gestellt, als kurz nach Spinozas Tod um die Jahreswende 1677/78 seine nachgelassenen Werke, die *Opera posthuma*, veröffentlicht wurden, welche der Öffentlichkeit sein systematisches Hauptwerk, eine »nach Art der Geometrie streng hergeleitete Ethik«, und seinen Briefwechsel zugänglich machten. Denn hier spricht er seine Ansichten nicht mehr, wie oft im TTP, verklausuliert[4], sondern klar und unmißverständlich aus. Und der ebenfalls in den nachgelassenen Werken publizierte, aber Fragment gebliebene »Politische Traktat« (TP) enthält eine Lehre über Grundlagen und Bedingungen für die Stabilität des Staates, die in ihrer Kritik an einem schöpfungstheologisch oder auch normativ begründeten Naturrecht noch weit über das hinausgeht, was man von der anderen Skandalfigur der politischen Philosophie, dem Engländer Thomas Hobbes, zu hören bekommen hatte.

Wie sieht diese skandalöse Philosophie in ihren Grundzügen aus? Spinoza versteht seine Philosophie als eine solche der Freiheit: Die »Ethik« endet mit einem 5. Teil über das Thema »Von der menschlichen Freiheit«. Wie schon sein langer Untertitel wissen läßt, ist es Ziel des TTP zu beweisen, daß die »Freiheit zu philosophieren« für Frömmigkeit und Frieden im Staate nicht nur unschädlich, sondern sogar Bedingung sei.[5] Wie ebenfalls der Untertitel verrät, ist es Ziel des TP, diejenige Verfassung eines Staates aufzuzeigen, welche allein Frieden und Bürgerfreiheit zu gewährleisten und jede tyrannische Herrschaft zu verhindern vermag.[6]

Diese Beweisziele geht Spinoza nun aber von einer Grundlage aus an, die mit ihnen ganz unvereinbar zu sein scheint, nämlich der Lehre, daß alles, was geschieht, kraft strenger, naturgesetzlich verfaßter Notwendigkeit geschieht – ein skandalöses Paradox, so erschien es nicht nur den Zeitge-

---

[4] S. dazu Yirmiyahu Yovel, Spinoza. Das Abenteuer der Immanenz. Göttingen 1994, Kap. I/5.

[5] Der volle Titel lautet: »Theologisch-politischer Traktat – Enthaltend einige Abhandlungen, in denen gezeigt wird, daß die Freiheit zu philosophieren nicht nur unbeschadet der Frömmigkeit und des Friedens im Staat zugestanden werden kann, sondern daß sie nur zugleich mit dem Frieden im Staat und mit der Frömmigkeit selbst aufgehoben werden kann.«
Zitate aus dem TTP nach Kapitel und Seitenzahl sind der Ausgabe des TTP, hg. v. Günter Gawlik, in der Philosophischen Bibliothek, Hamburg 1976 u.ö., entnommen.

[6] Der volle Titel lautet: »Politischer Traktat, in dem gezeigt wird, wie eine Gesellschaft, deren Regierungsform monarchisch oder aristokratisch ist, eingerichtet werden muß, damit sie nicht der Tyrannei verfällt und damit Frieden und Freiheit der Bürger unangetastet bleiben.« Der Titel ist in Anlehnung an Formulierungen eines Briefes Spinozas, den die Herausgeber dem Text vorangestellt haben, von diesen formuliert worden. Ich benutze die Ausgabe Politischer Traktat/Tractatus politicus, lat.-dtsch., neu übers., hg. und eingeleitet von W. Bartuschat, in der »Philosophischen Bibliothek«, Hamburg 1994.

nossen. Welche Herausforderung die Philosophie Spinozas um 1675 nicht nur für das streng kirchlich-orthodox gebundene, sondern auch das »freigeistige« Denken der Zeit darstellte, sei kurz skizziert:

a) Spinoza bestimmt das Verhältnis der einzelnen existierenden Dinge, welche zusammen die Welt ausmachen, zu dem sie hervorbringenden Grund als ein solches der Immanenz: Gott ist die »inbleibende«, die immanente Ursache aller Dinge, und zwar dergestalt, daß die einzelnen Dinge die Selbstmächtigkeit und Selbstgenügsamkeit des Seinsgrundes in je spezifischer, durch die Verfaßtheit dieser Einzeldinge bestimmter und damit auch begrenzter Weise »ausdrücken«. Die Realität insgesamt ist ein in mehrfacher Hinsicht unendlicher, gesetzmäßig strukturierter Prozeß des Entstehens, Gestaltwandels und Vergehens endlicher Einzeldinge, die miteinander diachron und synchron in Kausal- bzw. Wechselwirkungsbeziehungen stehen. Die Wirklichkeit als das Ganze des sich in immer neuen Gestalten reproduzierenden Seins der Dinge aus ihrem Grunde ist ein selbstgenügsamer Prozeß. Indem Spinoza den traditionellen Begriff der Substanz aufgreift, d. h. dessen, was sich im Wandel eines Dinges dauerhaft durchhält, formuliert er diese Einsicht dadurch, daß er den im Substanzbegriff angelegten Gedanken des in sich selbst Bestehenden gegen seine schöpfungstheologisch gebrochene Verwendung in der Tradition radikal zu Ende denkt und also als Substanz nur das gelten läßt, was auch durch sich selbst existiert, also selbstreproduktiv ist. Und er kann zeigen, daß allein ein solcher Begriff der Substanz als dessen, was in und durch sich existiert, den Anforderungen gerecht wird, welche die Tradition an den Gottesbegriff gestellt hat. So ist »Deus sive natura sive substantia« als der Grund und die Ursache der Einzeldinge bestimmt, die daher als unselbständige, entstehende und vergehende Momente (*modi*) der gesetzmäßig verfaßten, mit Notwendigkeit sich vollziehenden Selbstreproduktion der Wirklichkeit im Ganzen aufgefaßt werden.

b) Die Wirklichkeit ist in sich qualitativ unendlich dimensioniert, und das heißt, daß Denken und Ausdehnung als die beiden uns bekannten Dimensionen (Attribute) dieser Wirklichkeit gleich ursprünglich sind.

c) Der Mensch, selbst nur ein endlicher und damit ebenfalls in den Bedingungen und Formen seiner Existenz notwendig determinierter Modus, vermag die Existenz der Dinge und auch sich selbst nur dadurch zu erkennen, daß alle Dinge beständig aufeinander einwirken, sich wechselseitig affizieren, zur Existenz bringen und vernichten, d.h. mit Hilfe der Erfahrung. Folglich ist auch unsere Erkenntnis der Dinge, zu welcher wir kraft dieses Affiziertwerdens gelangen (eben das ist nämlich die Erfahrung), immer durch die jeweilige Relation bedingt, in der wir vermöge dieser Wechselwirkung zu den Dingen der Umwelt stehen. In unserer Erkenntnis schlägt sich also eher die durch die Interaktion mit den Dingen der Umwelt mitbedingte Modifikation von uns selbst als die eigene Verfaßtheit der anderen Dinge nieder. Allein das Denken, verstanden als Selbstorganisationsmacht der Ideenverknüpfung, kann uns dazu befähigen, die Dinge in ihrer wirklichen Verfaßtheit adäquat zu erkennen, indem wir die durch Erfahrung gegebenen Sinnesdaten in kausaler Konstruktion

zu der Einheit eines gesetzmäßig bestimmten Determinationszusammenhanges verknüpfen (Lehre von der genetischen Definition).
d) Damit ist die Wirklichkeit im ganzen ihres hierarchischen Aufbaus beraubt: Anstelle von abgestuften, unterschiedlich »guten« Dingen gibt es nur wechselnde Macht- und Wirkungskonstellationen zwischen den Einzeldingen, von denen jedes in dem Maße, wie es Ausdruck der Daseinsmacht des Wirklichkeitsgrundes insgesamt ist, sich in Wechselwirkung mit den Dingen der Umwelt zu erhalten vermag.
e) Für die Selbsterhaltungsmacht der Einzeldinge und damit auch des Menschen gilt, daß sie dem Komplexitätsgrad ihrer eigenen Verfaßtheit entspricht: je komplexer ein Ding verfaßt ist, desto größer ist seine Fähigkeit, sich den wechselnden Umwelteinwirkungen und -konstellationen anzupassen, d.h. sich derart mit den Dingen der Umwelt auszutauschen, daß dabei seine Eigenkomplexität, seine Individualität, erhalten bleibt. Und die Menschen sind Individuen von besonders hoher Komplexität.
f) Daraus ergeben sich einschneidende Konsequenzen für die einzig mögliche Gestalt, deren die praktische Philosophie, also politische Theorie und Ethik, fähig ist:
– Weil Gott oder die Natur nicht mehr anthropomorph als Willenssubjekt verstanden werden kann, folgt allgemein aus der Neufassung der ontologischen Differenz zwischen dem Grunde der Wirklichkeit und dem in ihm Begründeten als eines Verhältnisses der Immanenz, daß es keinen auf den Menschen und seine Bedürfnisse zweckmäßig ausgerichteten *Ordo* gibt, dem in seinem Verhalten und Handeln zu entsprechen dem Menschen aufgegeben ist. Anders gesagt: Jedem deontologischen, mit Sollensbegriffen arbeitenden und jedem normativ geprägten Wirklichkeitsverständnis ist ontologisch der Boden entzogen. Normativität, damit auch alle wertend-qualifizierenden Prädikate für die Dinge, wie gut und schlecht, schön und häßlich, geordnet und ungeordnet, haben den Status von Reflexionsbegriffen aus der Perspektive einer um die eigene Selbsterhaltung zentrierten lebensweltlichen Betrachtungsweise, deren Genese erklärt und deren Funktion verstanden werden kann.
– Der dynamisierte Begriff der Selbsterhaltung, in dem das Selbst der Selbsterhaltung seinerseits zwar durch bestimmte invariante Grundstrukturen bestimmt, aber äußerst unterschiedlicher konkreter Ausprägungen und damit auch unterschiedlich großer Selbstorganisationsmacht fähig ist, untergräbt alle jene Ordnungsvorstellungen für Gesellschaft und einzelmenschliche Lebensführung, welche den Menschen primär als Adressaten ursprünglicher Pflichten begreifen, die ihm kraft seiner Abhängigkeit und Defizienz gegenüber dem transzendent-göttlichen Ursprung allen Seins anhaften – deshalb bestehen jene Ordnungsvorstellungen auch darauf, daß er einen freien Willen habe.
– Die Frage, wie denn unter solchen Bedingungen Freiheit, d. h. selbstbestimmtes Handeln, überhaupt noch möglich ist, kann nur in Form einer grundlegenden Umgestaltung der gesamten praktischen Philosophie beantwortet werden. An deren Spitze steht die Neufassung des Freiheitsbegriffes selbst: Spinoza faßt Freiheit nicht als Unbestimmtheit und beliebi-

ges Bestimmen; indem er sie vom Zwang oder der Bestimmung durch anderes (Fremdbestimmung) absetzt, definiert er sie vielmehr als Selbstbestimmung. Und es ist ohne weiteres klar, daß frei, also selbstbestimmt im absoluten Sinne, nur Gott oder die Natur als Ganzes ist.
– Demnach ist die Frage nach menschlicher Freiheit sowohl in der sozialen Interaktion (politische Freiheit) als auch im Selbstverhältnis (ethische Freiheit) als Analyse der Bedingungen anzusetzen, unter denen die menschlichen Individuen unbeschadet der Wirksamkeit allgemeiner Naturgesetze im Verhältnis zueinander einen gesicherten Handlungsraum für die Realisierung ihrer je eigenen Handlungsentwürfe organisieren können und gegenüber dem Einfluß der durch Umwelteinwirkungen in ihnen erregten Leidenschaften zu einem Handeln fähig sind, welches selbstbestimmt ist, d.h. ihrer jeweils eigenen Natur voll entspricht.
– Ansatzpunkt für eine Theorie der *politischen* Freiheit ist die Einsicht, daß sich die einzelnen Menschen, im Hinblick auf die Übermacht der Umweltdinge gegenüber ihrer je individuellen Aktionsmacht, nur dadurch selbst erhalten können, daß sie miteinander kooperieren und als Kooperierende damit ihre Handlungsmacht gegenüber der Umwelt gemeinsam steigern. Je vielfältiger die Kooperationen ausfallen, zu denen sie gelangen, je mehr Individuen derart miteinander kooperieren und je stabiler diese Kooperationsformen gemacht werden können, desto mehr gemeinsame Handlungs- und Gestaltungsmacht haben die Menschen, und eine dementsprechend größere Teilhabe an dieser Macht kann ihnen als einzelnen daher auch von der Gesamtheit eingeräumt werden. Die entscheidende Form für die kooperative Selbststeigerung der Menschen ist das Recht. Da Spinoza subjektives Recht als tatsächliche Aktionsmacht definiert, also auch im Rechtsbegriff die Sein-Sollens-Differenz konsequent eliminiert, kann er ausführen, daß die Menschen nur dort wirkliche Rechte haben, wie sie ihnen als Menschen (und nicht nur als biologischen Organismen) entsprechen, wo sie gemeinsame Rechte (*iura communia*) – und damit auch notwendig gemeinsam befolgte, das Handeln koordinierende Regeln (*leges humanae*) – besitzen, deren geordnete Übertragung an die einzelnen Gesellschaftsmitglieder jedem einen eigenen, durch die Macht der Gesamtgesellschaft geschützten Handlungsraum gewährt. Sind also alle subjektiven Rechte durch Vergesellschaftung vermittelt, so gilt das nicht unbedingt für das je eigene Denken und Urteilen, welches unvertretbar und letzten Endes gesellschaftlich auch nicht beherrschbar ist, weswegen die Einräumung von Meinungs- und Redefreiheit die Gesellschaft auch nicht zerstört, sondern ganz im Gegenteil stabilisiert.
Unter den verschiedenen Formen von politischer Organisation der Gesellschaft ist die Demokratie – Spinoza behandelt nur die Grundform der absoluten Demokratie – dadurch charakterisiert, daß in ihr alle dem *ius commune* Unterworfenen auch an der Regelbildung beteiligt sind und die Demokratie daher, ceteris paribus, immer die höchste Akzeptanz von Herrschaftsausübung hervorbringt: in ihr sind wie im Naturzustand insofern alle gleich, als alle ihr je eigenes Urteil in den Willensbildungsprozeß einbringen können. Die Demokratie ist aber auch die natürlichste und die

beste Staatsform: Die *natürlichste* ist sie deshalb, weil in ihr die unaufhebbare Wechselwirkung zwischen den Handlungspräferenzen der Beherrschten und denen der Herrschenden nicht ideologisch entschärft, sondern zum Operationsmodus des politischen Systems selbst gemacht wird; und die *beste* ist sie, weil eben dadurch die Gesamtmacht der Gesellschaft am stärksten gesteigert wird und somit auch den Individuen die größtmögliche Handlungsmacht in Form subjektiver Rechte zugestanden wird.
– Im *ethischen* Sinne frei ist der Mensch in dem Maße – denn absolute Freiheit ist eine Illusion, aus der eher Selbsteinschüchterung als Ermutigung hervorgeht –, wie er selbstbestimmt handelt, d. h. nicht nach Maßgabe der durch die Umwelteinwirkungen in ihm hervorgerufenen Leidenschaften, sondern vielmehr aufgrund selbsterzeugter Einsichten und Handlungspläne. Die *Fähigkeit* zu solch selbstbestimmter Lebensführung resultiert daraus, daß der Mensch zwar in seinem Agieren nicht unmittelbar durch Einsichten, sondern durch Affekte motiviert oder determiniert wird, daß aber adäquates Erkennen als höchste Form selbstproduzierter Ideenverknüpfung und somit als Höchstmaß von Handeln – im Gegensatz zu Leiden – zugleich das Maximum positiver und dauerhafter Affekte hervorbringt: Der beim Erkennen sich einstellende Affekt der Freude, in Verbindung mit dem inhaltlich-kognitiven Aspekt der Einsicht in die dem Menschen möglichen Handlungsalternativen, befähigt diesen dazu, seine Affekte aus eigener Kraft bestmöglich zu steuern. Die *Grenzen* selbstbestimmten Lebens resultieren daraus, daß die von den Dingen der Umwelt ausgeübte Macht im Vergleich zu der des Menschen – und, wie Spinoza betont, auch des vergesellschafteten Menschen – so unendlich groß ist, daß wir immer wieder unseren Leidenschaften erliegen.
g) Indem sich der Mensch im adäquaten Erkennen ohne Aufgabe seines Verstandes, ja geradezu mit dessen intensivster Betätigung, an den logischen und ontologischen (*causa sive ratio*) Ort der Wahrheit – den *intellectus infinitus Dei* – hindenkt, vermag er in intuitiver Gestalterkenntnis die Dinge der Welt einschließlich seiner selbst *sub specie aeternitatis* zu erkennen und erfährt sich zugleich als aufgehoben in der »Einheit, welche der Geist mit der gesamten Natur hat«. Die daraus entspringende Ruhe des Gemüts ist das höchste Gut, welches der Mensch erlangen kann, und diese Erkenntnis ist zugleich Quellgrund der Liebe, mit der er Gott liebt, ohne begehren zu können oder auch nur zu wollen, daß er wiedergeliebt wird. Darin ist der intuitiv Erkennende zugleich am Ort der Religion, denn »alle Begierden und Handlungen, deren Ursache wir sind, sofern wir die Idee Gottes haben oder sofern wir Gott erkennen, rechne ich zur Religion« (»Ethik« IV, Lehrs. 37, Anm. 2) – in einem nicht mehr kausal-analytischen, sukzessiven, sondern in einem Simultaneität erzeugenden und zugleich gewinnenden intuitiven Erkennen.

1.3 Der Gegensatz zur herrschenden schöpfungstheologisch fundierten theologisch-politischen Weltsicht könnte kaum größer sein:
a) Hier ist die Welt als eine gegenüber Gott kontingente Realität verstanden, von ihm als dem Schöpfer durch einen Abgrund getrennt, den nur Gott selbst gnädig zu überbrücken vermag (Schöpfung);
b) hier ist Gott als Person gedacht, zu ihm gibt es ein kommunikatives und ein Willensverhältnis (Theismus);
c) hier ist Gott als Geist gedacht, der die Materie entweder zuallererst schafft oder doch durch deren geistige Formung zuallererst Weltrealität entstehen läßt (Idealismus);
d) hier hat Gott die Welt insgesamt zweckmäßig eingerichtet und allen Dingen einen Impuls (*inclinatio*) zur Realisierung ihres Zweckes eingegeben (objektive und subjektive Teleologie);
e) hier wird Gott als Herrscher bzw. Gesetzgeber verstanden; soweit es die Menschen selbst betrifft, wissen sie auch, und zwar in Form von moralischen und juridischen Gesetzen, für welchen Zweck Gott die Dinge bestimmt hat, so daß den Menschen die willentliche, d. h. freie Befolgung dieser Gesetze als Verdienst, der Verstoß gegen sie als Sünde angerechnet werden kann (Willensfreiheit);
f) hier ist Gott der gerechte Richter, der kraft seiner Allwissenheit nicht nur alle Handlungen der Menschen kennt, sondern ihnen auch ins Herz zu sehen vermag – womit das Dunkelzifferproblem beseitigt ist –, und ihnen in der Ewigkeit – weswegen die Seele des Menschen unsterblich sein muß – das Ihre, und zwar für alle Ewigkeit, zukommen läßt (Gerichtsbarkeit);
g) Trost findet der Mensch in dem Glauben, daß Jesus, der Fleisch gewordene Sohn Gottes (Zwei-Naturen-Lehre), in seinem stellvertretenden Leiden und Sterben die Sünden der Menschen gesühnt hat und zugleich mit seiner leiblichen Auferstehung die Wirklichkeit einer jenseitigen Welt in dieser Welt sichtbar werden ließ (Christologie).

Indem Spinoza die Kontingenz der Welt insgesamt gegenüber ihrem Grunde bestreitet, werden nicht nur alle diese schöpfungstheologisch fundierten Konstrukte hinfällig, sondern es wird auch noch die im Deismus gerade noch übriggebliebene Vorstellung von einem ersten vernünftigen und womöglich providentiellen Beweger des wie ein Uhrwerk ablaufenden Universums von Spinozas Kritik getroffen.

Gleichzeitig revolutioniert Spinoza *in allen Bereichen*, in Ontologie und Erkenntnistheorie, Naturwissenschaft und Physiologie, Psychologie, Politik, Ethik und Religionsphilosophie die Begriffe von Grund auf, und zwar nicht durch Einführung neuer Termini, sondern im radikalen Festhalten und Durchdenken des jeweils zugrunde liegenden begriffsbildenden Gedankens; er erarbeitet ein Gesamtkonzept von hoher Geschlossenheit und argumentativer Dichte, das er in Gestalt einer biblischen Hermeneutik kritisch mit der religiösen Tradition rückvermittelt; schließlich rekonstruiert er insbesondere die traditionellen Anschauungen genetisch und erklärt sie funktional, womit er ihnen somit eine relative Wahrheit zuerkennt. Das Zusammentreffen all dieser Merkmale in seiner Philosophie

Spinozas Philosophie der Freiheit – eine »jüdische Philosophie«?

hat zur Folge, daß sich diese für lange Zeit, d.h. für Jahrhunderte, dem Selbst- und Weltverständnis auch der meisten derer verschließt, die geistig am wachsten und aufgeschlossensten sind.

2. Spinozas Verständnis und Bewertung der Geschichte des jüdischen Volkes

2.1 Ob und ggf. in welchem Sinne Spinoza dem Judentum zugehört, darüber streuen die Ansichten zwischen der Behauptung, er denke antisemitisch und habe sein Volk verraten, bis hin zu der Behauptung, er sei von Geburt Jude, habe das Judentum daher niemals abschütteln können und sei auch in seinem Denken zutiefst durch die jüdische Tradition und das jüdische Wesen geprägt (s. das folgende Kapitel); eine große Rolle hat bei dieser Auseinandersetzung teilweise die Analyse gespielt, welcher Spinoza die Existenz des altisraelitischen Staates und die Fortexistenz eines sich auch nach dem Untergang dieses Staates als Volk verstehenden Diaspora-Judentums unterzogen hat.

2.2 Spinoza gibt in seinem TTP eine Erklärung für die Bedingungen, Formen und Schicksale des Staates der »alten Hebräer« als einer Einheit von religiöser und politischer Gesellschaft. Er setzt dabei voraus, daß Religion ein Phänomen des menschlichen Lebens ist, das aufgrund der allgemeinen, das Leben und die Vergesellschaftung der Menschen determinierenden Gesetze natürlich zustande kommt und daher auch natürlich, d.h. wissenschaftlich, erklärt werden kann. Diese Analyse ist zugleich von dem Interesse geleitet, die offenbarungstheologische Selbstdeutung von Religion und Staat Alt-Israels als eines Lebens im Gehorsam gegenüber einer welttranszendenten autoritativen Macht, welche dieses Volk für ihr Heilshandeln erwählt und sich ihm mitgeteilt hat, als unangemessene, wenngleich historisch notwendige Deutung zu erweisen und damit zugleich diese Form des durch die Autorität jener welttranszendenten Macht begründeten Gehorsams ihr gegenüber kritisch aufzulösen. Dabei sind seine unmittelbaren Adressaten die calvinistischen Theologen, die unter Berufung auf das Alte Testament auch bei allen politischen Fragen das letzte Wort beanspruchen. Die kritische Destruktion des religiösen Selbstverständnisses von Alt-Israel zielt also darauf ab, die Freiheit des Philosophierens, d.h. auch: des wissenschaftlichen Forschens ebenso wie der Weltanschauung allgemein, gegenüber dem Kontroll- und Unterdrückungsstreben der calvinistischen Theologen seines Heimatlandes wie der Theologen insgesamt zu begründen.

a) In einem ersten Schritt begründet Spinoza seine Auffassung, daß sich die Erwählung der alten Hebräer durch Gott ausschließlich auf deren politisch-staatliche Existenz bezog. Denn von den drei Gütern, die wir hauptsächlich begehren und deren Besitz daher auf Gottes Handeln zurückgeführt zu werden pflegt, nämlich »die Dinge durch ihre Ursachen verstehen, die Leidenschaften zähmen oder den Zustand der Tugend erlangen und endlich sicher und bei gesundem Körper zu leben« (TTP 3,

S. 52), waren die ersten beiden unter den Juden nicht stärker verbreitet als anderswo. Denn sie hängen nur von den Fähigkeiten der Menschen selbst ab und sind daher »keinem Volke eigen, sondern stets der ganzen Menschheit gemeinsam«. In diesem Bereich ist kein Volk besonders »erwählt«. Die Erwählung Israels durch Gott kann sich folglich nur auf das stark von äußeren, nicht verfügbaren Umständen abhängige politisch-staatliche Schicksal des Volkes bezogen haben, das durch den »äußeren Beistand Gottes« besonders glücklich war und dem eine lang dauernde politische Stabilität beschert wurde (S. 53).

Wenn nun die mosaische Gesetzgebung am Sinai als Akt der Erwählung des Volkes Israel durch Gott, als von Gott initiierter Bundesschluß, verstanden wurde, dann kam darin, im Medium der Religion, ein politisches Selbstverständnis Israels zum Ausdruck: Wenn das Volk anfangs beschloß, sich Gott als seinem Herrn zu unterwerfen, so war es der politische Sinn dieser ursprünglichen Theokratie, daß es im Volk weder Herrscher noch Beherrschte gab. Sieht man also einmal von der damals herrschenden Auffassung ab, diese Theokratie sei auf Gott selbst als handelnden Akteur gegründet, so war sie eine Demokratie, die allerdings derart wenig selbstbewußt und handlungsfähig war, daß das Volk sich fürchtete, als es vor Gott treten sollte, um seine Weisungen zu empfangen, und beschloß, Moses vorzuschicken, der für es sprechen und die Weisungen empfangen sollte. Das aber hieß, daß Moses forthin mit dem Anspruch auftreten konnte, als einziger authentisch über den Willen Gottes unterrichtet zu sein, d.h. daß aufgrund der Fiktion Gottes als des eigentlichen Gesetzgebers nun eine religiös begründete absolute Monarchie entstanden war.[7]

Daß Gottes Selbstmitteilung an Moses in der Hauptsache aus Gesetzen bestand, die aufgrund dieser Beglaubigung von den Adressaten gehorsame Unterwerfung forderten, und daß Moses und seine Nachfolger für Israel zu allen Lebenssituationen ein ganzes Bündel von Vorschriften erließen, die auch immer wieder öffentlich verlesen wurden und somit allgemein bekannt waren; daß diese Gesetze sowohl als religiöse wie als politisch verbindliche anerkannt wurden, wodurch sich Politik und Religion wechselseitig verstärkten; daß schließlich der Erwählungsglaube Israel in seiner Umwelt verhaßt machte und daher Dissidenten keine Chance hatten, ihren eigenen Weg zu gehen, sondern auf Gedeih und Verderb an ihr Volk und dessen Schicksal gekettet waren – das alles bewirkte, daß der Gesetzesgehorsam für Israel zur zweiten Natur wurde.

Zu einem tugendhaftem Leben, das nicht darin besteht, die Zeremonialgesetze zu beachten, hielten die Propheten das Volk durch ihre Verkündigung an und bezeugten so, daß die Religion Alt-Israels von eben jenem ethisch-praktischen Wissen durchdrungen war, das alle wahre Religion vom Aberglauben unterscheidet und das Spinoza als Kernbotschaft der Bibel identifiziert: »daß sie nur Gehorsam von den Menschen fordert«

---

[7] Ausführlich und mit Nachweisen dazu: Manfred Walther, Institution, Imagination und Freiheit bei Spinoza: Eine kritische Theorie politischer Institutionen, in: G. Göhler u.a. (Hg.), Politische Institutionen im gesellschaftlichen Umbruch. Opladen 1990, 246–275.

Spinozas Philosophie der Freiheit – eine »jüdische Philosophie«?

und daß »der Gehorsam gegen Gott bloß in der Liebe zum Nächsten besteht« (TTP 13, S. 206). Freilich zielten die Propheten oft darauf ab, der politischen Herrschaft die Legitimität abzusprechen, wodurch sie zur Quelle möglichen Aufruhrs wurden; und in ihren Gottesvorstellungen, die vom jeweiligen Milieu geprägt waren, teilten sie die z.T. primitiven Vorurteile ihres Volkes.

Spinoza bestreitet also Israel wie jedem anderen Volk, daß es sich zu Recht im Sinne intellektueller oder moralischer Überlegenheit als erwählt betrachten kann. Er sieht Israels Erwählung in dem ganz auf das geistige und kulturelle Niveau abgestimmten Institutionensystem und dem dadurch bedingten günstigen Verlauf seiner politischen Geschichte, so daß die »Erwählung« mit der Vernichtung des Reiches und der Zwangsexilierung endete. Das ethisch-praktische Wissen, das wahre Religion vom Aberglauben unterscheidet, gewann zudem in der Lehre Christi und der Apostel eine auf das Wesentliche vereinfachte, eine verinnerlichte und eine universelle Gestalt – auch wenn es bald ebenfalls mit unverständlichen Dogmen verbunden wurde und sein Kerngehalt in der Geschichte des Christentums dann weitgehend verlorenging.

In bezug auf Israel zieht Spinoza das Fazit: »Heutigentages haben daher die Juden gar nichts mehr, was sie sich vor allen Völkern zuschreiben könnten« (S. 63).

b) Ist aber nicht die weltgeschichtlich einmalige Fortexistenz der Juden als eines sich weiterhin von den Völkern, unter denen sie leben, getrennt wissenden Volkes der Beweis dafür, daß sie auf ewig erwählt sind? Widerlegt nicht die fortdauernde Sonderexistenz der Juden unter den Völkern auch ohne eigene staatliche Existenz, daß Spinozas Interpretation, die Erwählung sei an die staatlich-politische Existenz Alt-Israels gebunden gewesen, eine Fehlinterpretation ist?

Spinoza skizziert nun eine soziologische Theorie der Bedingungen, aus denen sich diese Fortexistenz der Juden unter den Völkern über zwei Jahrtausende erklärt:[8] Es ist das Zusammenspiel zwischen der Aufrechterhaltung äußerer Gebräuche als sichtbarer Unterscheidungsmerkmale und der Beschneidung auf der einen, der Verweigerung vollständiger Eingliederung von seiten jener Völker auf der anderen Seite, es ist die Wechselwirkung von Judenhaß und solchen Formen der Selbstabschottung, die sich gegenseitig verstärken, was diese Fortexistenz erklärt. Wo die volle Integration angeboten wurde, wie in Spanien, verschwanden bald auch die äußeren Unterscheidungsmerkmale, und es fand eine Vermischung mit dem »Gastvolk« statt; auch die Chinesen verdankten der Fortführung ihrer Zopfmode, daß sie nach langen Zeiten der Fremdherrschaft immer wieder zu staatlicher Selbständigkeit zurückfanden (S. 63–64).

In diesem Zusammenhang führt Spinoza weiter aus: »Das Zeichen der Beschneidung halte ich dabei für so bedeutungsvoll, daß ich überzeugt

---

[8] Vgl. dazu die schönen Ausführungen in Kap. 3.2 bei Ze'ev Levy, Baruch or Benedict: On some Jewish aspects of Spinoza's philosophy. New York u.a. 1989.

bin, dies allein werde das Volk für immer erhalten«. Und in einer Passage, die später große Bedeutung erlangen sollte, fährt er fort: »Ja, wenn die Grundsätze ihrer Religion ihren Sinn nicht verweichlichen, so möchte ich ohne weiteres glauben, daß sie einmal bei gegebener Gelegenheit, wie ja die menschlichen Dinge dem Wechsel unterworfen sind, ihr Reich wieder aufrichten und daß Gott sie von neuem erwählt« (S. 63).

2.3 Sich selbst versteht Spinoza einerseits als einen Angehörigen jener Menschengruppe, die sich jenseits aller zufälligen geschichtlichen Besonderheiten ihres Lebens im Streben nach Erkenntnis geeint weiß. Andererseits lebt er bewußt als Bürger eines Landes, dessen Gesetzen er sich nicht in einem Akt blinden Gehorsams, sondern aus Einsicht in ihre Nützlichkeit für ihn und alle anderen fügt, und dessen Sitten er respektiert und ebenfalls übernimmt. Er ist stolz, Bürger des freien Amsterdam zu sein, in dem jeder nach seinem eigenen Sinne leben und nach den ihm wichtig erscheinenden Gütern trachten darf.

Aber er verleugnet keineswegs seine Herkunft und distanziert sich auch nicht von den Juden als Volk. So antwortet er auf die Ausführungen eines frühen Kritikers des TTP, der geschrieben hatte, es interessiere ihn nicht, zu welchem Volk Spinoza gehöre und welche Lebensstellung er habe (Brief 42, S. 177)[9], daß beides für das Verständnis seiner Werke keineswegs irrelevant sei, denn »(w)enn er es ... gewußt hätte, dann wäre er nicht so leicht zu der Überzeugung gekommen, ich lehre den Atheismus« (Brief 43, S. 193). Wie er einem anderen Briefpartner schreibt, weiß er sich in einem zentralen Punkt, nämlich dem Verständnis Gottes als der immanenten Ursache aller Dinge, mit der altisraelitischen Tradition in Übereinstimmung: »Ich behaupte eben, daß alles in Gott lebt und webt, geradeso wie Paulus und vielleicht auch alle antiken Philosophen ..., und ich darf wohl sagen, auch wie alle alten Hebräer« (Brief 73, S. 276). Als ihn schließlich ein früherer Bekannter, der zum Katholizismus konvertiert war, in aggressiver Weise von der Überlegenheit des Katholizismus überzeugen will und dabei auf die große Anzahl von Märtyrern der Kirche verweist, erhält er zur Antwort, auch die Pharisäer hielten sich viel darauf zugute, »daß sie weit mehr Märtyrer zählen als irgendeine Nation und daß die Zahl derer, die für den ihnen bekannten Glauben mit besonderer Seelenstärke leiden, noch täglich wächst«. Und er weist auf das Beispiel eines jungen Juden hin, der »mitten in den Flammen, als man ihn schon tot glaubte, eine Hymne zu singen begann, ›Dir, Gott, befehle ich meine Seele‹, und der so mitten im Gesang seinen Geist aufgab« (Brief 76, S. 287).

Wovon Spinoza sich kompromißlos lossagt, ist nicht das Schicksal seines Volkes, sondern die von Zeremonialgesetzen überbordende Gesetzesreligion als nach seiner Auffassung dominante Strömung innerhalb der mosaischen Tradition, in welcher sich seiner Überzeugung nach auch die Ausdrucksformen ihres ethischen Gehalts überlebt haben.

---

[9] Zitiert nach: Gebhardt/Walther (Hg.), Spinoza, Briefwechsel. Hamburg ³1986.

3. Die Philosophie Spinozas – eine jüdische Philosophie?

3.1 Der Skandal, den Spinozas Philosophie der Freiheit auf deterministischer Grundlage darstellt, kommt darin zum Ausdruck, daß bereits wenige Monate nach Erscheinen des TTP die erste Gegenschrift erscheint und der Strom derjenigen, die diese Philosophie bekämpfen und zu vernichten suchen, lange Zeit nicht abreißt; auch darin, daß die wenigen, die sich bestimmte Aspekte oder auch nur Ausdrücke dieser Philosophie zu eigen machen, ihrerseits unter Verfolgung zu leiden haben.[10] Das beginnt sich erst zu ändern, als der Philosoph und Wirtschaftsfachmann Friedrich Heinrich Jacobi berichtet, der berühmte Literat und Publizist Lessing habe sich zu Spinoza bekannt[11], und schon zwei Jahre später der Theologe Herder sich in einer Schrift mit dem Titel *Gott*[12] auf die Seite Spinozas stellt. Der Durchbruch, den Spinozas Philosophie in der Folgezeit damit erreicht – bei den Dichtern Goethe, Schiller, den Romantikern, ebenso wie bei Büchner; bei den Philosophen von Fichte bis Hegel; bei dem Theologen Schleiermacher und anderen mehr[13] –, führt jedoch nicht dazu, daß sie seitdem allgemein akzeptiert wird. Die Zahl derer, die Spinoza scharf bekämpfen, nimmt insgesamt keineswegs ab, schon gar nicht auf den Gebieten der Theologie und der Rechts- und Staatstheorie. Das alles kann hier nicht im Detail dargestellt werden.[14]

Um dem Rahmenthema dieses Bandes gerecht zu werden, möchte ich vielmehr etwas aus der Debatte schildern, die sich darüber entspann, ob Spinozas Philosophie »jüdisch« sei oder nicht – was immer man darunter verstehen mag.[15] Wer aber nun denkt, es gehe vornehmlich um die Aus-

---

[10] Der erste in Deutschland, den das Spinozismus-Verdikt trifft, ist der Mathematiker, Philosoph und Erfinder Ehrenfried Walter Graf Tschirnhaus, der zum engeren Freundes- und zum Korrespondentenkreis Spinozas gehört hat: Ihn beschuldigt der Aufklärer Christian Thomasius im 1. Band seiner Monatsgespräche (Halle 1688) zunächst, in seiner 1686 erschienenen Medicina Mentis [Medizin des Geistes] viele gefährliche Gedanken bei einem noch ungenannten Philosophen entliehen zu haben; als Tschirnhaus sich gegen diese Beschuldigung wehrt und Thomasius unter Berufung auf seine hohe Herkunft droht, nennt Thomasius dann den Namen: Spinoza. Tschirnhaus bemüht sich weiter, sich unter Hinweis auf die – tatsächlich vorhandenen – beträchtlichen Differenzen zu Spinoza vor allem in Fragen der Ethik von diesem Verdacht zu reinigen. Der Jurist Theodor Ludwig Lau wird wegen der christentums- und religionskritischen Gedanken, die er in den 1717 erschienenen, bald verbotenen Meditationes philosophicae [Philosophische Meditationen] äußert, des Spinozismus beschuldigt und muß widerrufen. Vgl. zu beiden: Winfried Schröder, Spinoza in der deutschen Frühaufklärung. Würzburg 1987, Kap. 1a und 4; Rüdiger Otto, Studien zur Spinozarezeption in Deutschland im 18. Jahrhundert. Frankfurt am Main u.a. 1994, I. Teil, Kap. 3.2.5 und 3.2.8. Auch Johann Georg Wachter (s.u. 3.4) hat es wohl seinem späteren Eintreten für Spinoza zu verdanken, daß er niemals eine universitäre Anstellung findet.
[11] Friedrich Heinrich Jacobi, Ueber die Lehre des Spinoza in Briefen an Herrn Moses Mendelssohn. Breslau 1785. Einflußreich wurde die 2. Aufl. von 1789, die in Jacobi, Werke, Bd. VI/1+2, Darmstadt 1978, zugänglich ist. Lessings Ausführungen dort S. 51–55.
[12] Johann Gottfried Herder, Gott: Einige Gespräche über Spinozas System. Gotha 1787. Vgl. die kommentierte Ausgabe von Martin Bollacher, Frankfurt/Main 1994.
[13] Vgl. als neueste Gesamtdarstellung Otto 1994 (wie Anm. 10), II. Teil.
[14] S. jedoch für einzelne der Genannten 3.4.
[15] Ich folge dabei weitgehend der Selbstbezeichnung der an der Debatte Beteiligten, die, so-

einandersetzung mit Spinoza während des Nationalsozialismus, irrt gewaltig. Das Thema »Spinoza und das Judentum« wird nämlich nirgends so dauerhaft, engagiert und vielfältig diskutiert wie etwa seit dem Beginn des 19. Jahrhunderts im neuzeitlichen Judentum, und zwar zunächst vor allem in Deutschland, im 20. Jahrhundert dann, nicht zuletzt aufgrund der Vertreibung vieler deutschstämmiger Juden, praktisch in der ganzen Welt und auch im neuen Staate Israel.

Die heutzutage für viele sicher überraschende »innerjüdische«[16] Dauerdebatte über das Verhältnis der Philosophie Spinozas zum Judentum oder den jüdischen bzw. nicht-jüdischen Charakter dieser Philosophie hat einen ersten leicht auszumachenden Grund: In den 2000 Jahren seit dem Untergang des althebräischen Staates hat es keinen Menschen jüdischer Herkunft gegeben, der in der Philosophie, aber auch in Dichtung und Wissenschaft, einen derart gewaltigen Eindruck hinterlassen hat wie Spinoza. Wer jüdische Identität in der Moderne bestimmen, sich dieser Identität versichern will, kommt deshalb – ob er will oder nicht – um die Auseinandersetzung mit Spinoza nicht herum, jedenfalls insoweit, als es sich um eine Debatte unter Intellektuellen jeglicher Herkunft handelt.

Ich werde im folgenden zunächst bestimmte Muster und Traditionslinien des Spinoza-Verständnisses beim Spinoza-Streit innerhalb der jüdischen Welt sichtbar machen und anschließend auf die Spinoza-Deutungen in der »christlichen« Umwelt eingehen. Dabei beschränke ich mich *weitgehend* auf die Debatte in Deutschland, und zwar aus zwei Gründen: Einerseits hat Spinoza in keinem anderen Land für die Entwicklung von Philosophie, Literatur und Wissenschaft seit dem Ende des 18. Jahrhunderts bis ins erste Drittel des 20. Jahrhunderts eine so herausragende Rolle gespielt wie in Deutschland.[17] Das gilt auch für die ebenfalls zuerst in Deutschland einsetzenden Bemühungen jüdischer Deutscher, sich im Zuge der Emanzipation aus den vielfältigen überkommenen Herabsetzungen über ihre Identität in der modernen Welt zu verständigen und Zukunftsperspektiven zu entwickeln: auch hier ist die Auseinandersetzung mit dem Paradefall Spinoza zentral. Die Frage nach übereinstimmenden Mustern der Spinoza-Deutung bei jüdischen und nicht-jüdischen Deutschen mag darüber hinaus vielleicht Überraschendes, ja Irritierendes zu Tage fördern.

Andererseits ist nirgends sonst ein Versuch zur »Endlösung« der »Judenfrage« mit solch mörderischer Energie und Konsequenz unternommen worden wie in Deutschland während der nationalsozialistischen Zeit, und es hat seit dem Ende der allgemeinen Spinoza-Verdammung in keinem anderen Land eine so gezielte Diffamierung Spinozas stattgefunden wie hier.[18]

---

weit ich sehe, vielfach mit der Etikettierung durch die antisemitische Literatur übereinstimmt.

[16] Die an der Debatte Beteiligten verstehen sich natürlich meist zugleich als Deutsche.

[17] Eine Übersicht über den Verlauf der Spinoza-Debatte und Muster ihrer Deutung in verschiedenen europäischen Ländern findet sich in: Manfred Walther, Spinozissimus ille Spinoza oder wie Spinoza zum Klassiker wurde, in: Helmut Reinalter (Hg.), Beobachter und Lebenswelt. Thaur (Österreich) 1996, 183–238.

[18] Eine Reihe von Titeln zur Diskussion des jüdischen oder nichtjüdischen Charakters der

3.2 Die ersten Schriften, welche Spinoza bekämpfen und seine Verbannung aus der Amsterdamer Gemeinde rechtfertigen, stammen von einem Mitglied eben dieser Gemeinde, dem zunächst in Portugal in die Fänge der Inquisition geratenen jüdischen Arzt und Schriftsteller Orobio de Castro.[19]

Daß Spinoza in den Diskussionen des Judentums lange keine Rolle spielt, erklärt sich leicht daraus, daß es ja, wie der Bannfluch bestimmt hatte, einem Juden untersagt war, Spinozas Schriften auch nur zur Kenntnis zu nehmen. Sobald daher in der jüdischen Welt überhaupt eine Spinoza-Debatte beginnt, ist das zum einen dafür ein Zeichen, daß diese Vorschrift ihre Verbindlichkeit einzubüßen beginnt, zum anderen aber auch dafür, daß in Deutschland eine Situation eingetreten ist, wo es einem am zeitgenössischen geistigen Leben seiner Zeit und seines Landes teilnehmenden jüdischen Intellektuellen einfach unmöglich geworden ist, dem Spinoza-Problem auszuweichen. Und eben das geschieht, wie kurz skizziert, während der Spinoza-Renaissance nach 1880, und zwar zunächst vor allem in Deutschland.

Als erster jüdischer Intellektueller geht der Berliner Aufklärer Moses Mendelssohn in seinen Schriften gegen die pauschale Verurteilung an. Es ist eine Zeit, in der sich die Philosophie von Leibniz und Christian Wolff in Deutschland allgemein durchgesetzt hat. Mendelssohn nutzt die Verbindung, welche die Gegner zwischen Spinoza und dieser säkularen, von der vollständigen Herrschaft der Theologie emanzipierten rationalistischen Philosophie in polemischer Absicht hergestellt hatten, nun zu einer Ehrenrettung Spinozas, die freilich zugleich eine Distanzierung ist: Spinoza wird von Mendelssohn als ein zwar irrender, durch seinen Irrtum aber den Fortschritt von Descartes zu Leibniz geradezu erzwingender Denker begriffen, der zudem in einer Reihe wesentlicher Lehrinhalte mit Leibniz übereinstimmte oder diesem vorarbeitete. Spinoza erscheint als eine Art Opferlamm des philosophischen Fortschritts.[20]

In der ersten Hälfte des 19. Jahrhunderts bildet sich in Kreisen jüdischer Intellektueller eine neue Art und Weise heraus, Bezüge zur eigenen Geschichte herzustellen. Indem man verschiedene Impulse von seiten Herders und Hegels aufgreift, vor allem aber wegen des hohen Ansehens, das

---

Philosophie Spinozas und seines Bildes vom Judentum bei Walther 1996 (wie Anm. 2), Abschnitt B.2.2.43. Einen gut strukturierten Überblick, verbunden mit einer bedenkenswerten These, gibt außerdem Steven B. Smith, Spinoza's paradox: Judaism and the construction of liberal identity in the *Theologico-Political Treatise*. The Journal of Jewish Thought and Philosophy 4 (1995), 203–225.

[19] Die beste und neueste Übersicht bietet Yosef Kaplan, From Christianity to Judaism: The story of Isaac Orobio de Castro. Oxford 1989 (zuerst hebr. 1982). Werke Orobios und weitere Literatur bei Walther 1996 (wie Anm.2), Abschnitt B.2.2.3.3.

[20] »Ehe der Uebergang von der Cartesischen bis zur Leibnitzischen Weltweisheit geschehen konnte, mußte jemand in den dazwischen liegenden ungeheuren Abgrund stürzen. Dieses unglückliche Loos traf Spinosen.« Moses Mendelssohn, Philosophische Gespräche, in: Ders. Gesammelte Schriften, Jubiläumsausgabe, Bd. 1. Berlin 1929 / Repr. Stuttgart-Bad Cannstatt 1971 (zuerst 1755), 1–39 (14).

die Wissenschaft überhaupt genießt, beginnt man, die geistigen Ursprünge und Grundlagen der jüdischen Tradition in deren Geschichte auch in Europa durch wissenschaftliche Forschung freizulegen. Damit will man den abwertenden Urteilen der Umwelt über das Judentum entgegentreten und so auch die politische und kulturelle Anerkennung der Juden in Deutschland vorantreiben sowie dem spirituellen und insbesondere religiösen Leben der zeitgenössischen jüdischen Gemeinden neue Impulse verleihen. Das ist die Geburtsstunde der Wissenschaft des Judentums, die sich als außeruniversitäres Forschungsvorhaben etabliert, weil die Universitäten sie nicht als eigene Disziplin einführen wollen.[21] Institutionell schlagen sich diese Reformbewegungen, mit unterschiedlicher Haltung gegenüber der Talmud-Tradition der Rabbiner, in der Gründung von Institutionen zur wissenschaftlichen Rabbiner-Ausbildung und einer Akademie für die Wissenschaft des Judentums nieder.[22] Welche Bedeutung die Auseinandersetzung mit Spinoza in diesem Zusammenhang hat, kann man schon daran erkennen, daß fast alle an der Berliner Hochschule tätigen Dozenten, die sich mit Religionsphilosophie und Ideengeschichte befassen, auch über Spinoza publizieren und teilweise schon ihre Dissertation über Spinoza geschrieben haben.[23]

Die Spinoza-Arbeiten dieser Gruppe untersuchen zum Teil die Geschichte seines Wirkens in Deutschland, zum Teil seine (Religions-) Phi-

---

[21] Zu dem philosophischen Hintergrund des um den Hegel-Schüler und Rechtsphilosophen Eduard Gans sich bildenden Kreises s. Richard Schaeffler, Die Wissenschaft des Judentums in ihrer Beziehung zur allgemeinen Geistesgeschichte im Deutschland des 19. Jahrhunderts, in: Julius Carlebach (Hg.), Wissenschaft des Judentums. Anfänge der Judaistik in Europa. Darmstadt 1992, 113–152. Zu den drei Protagonisten einer Wissenschaft des Judentums und ihren Gemeinsamkeiten wie Differenzen s. Michael A. Meyer, Jewish religious reform and Wissenschaft des Judentums. The positions of Zunz, Geiger and Frankel. Leo Baeck Institute Year Book 16 (1971), 19–41.

[22] Das jüdisch-theologische Seminar in Breslau wird 1854 gegründet (s. die Gedächtnisschrift »Das Breslauer Seminar«, hg. v. Guido Kisch. Tübingen 1983), die Hochschule/Lehranstalt – der Name wechselt dreimal – für die Wissenschaft des Judentums wird 1872 in Berlin gegründet (s. den Aufsatz von Herbert A. Strauss in dem in Anm. 20 genannten Sammelband), und die Akademie der Wissenschaft des Judentums nimmt, ebenfalls in Berlin, 1919 mit einem breit angelegten Forschungsprogramm ihre Arbeit auf (s. Festgabe zum zehnjährigen Bestehen der Akademie für die Wissenschaft des Judentums 1919–1929. Berlin 1929).

[23] Das sind Leo Baeck, der letzte Haupt-Rabbiner der deutschen jüdischen Gemeinden bis in die Nazi-Zeit (Diss.), ferner Julius Guttmann (s. sogl.), Fritz Bamberger, Martin Buber (Gastdozent), Hermann Cohen (s. sogl.), Ismar Elbogen, Abraham Geiger, Julius Lewkowitz (Diss.), Leo Strauss (Spinoza-Projekt der Akademie; s.u. bei 3.4) und Max Wiener. (Die Liste der Dozenten hat mir Irene Kaufmann aus ihren Forschungsarbeiten zur Verfügung gestellt.) Cohen, Elbogen, Guttmann und Wiener haben in Breslau studiert. Auch die Breslauer Studenten und späteren Rabbiner Max Grunwald (s. sogl.), Moritz Krakauer (Diss.), Nathan Porges und der dort später auch lehrende Albert Lewkowitz publizieren über Spinoza (s. Alfred Jospe, Short biographies ..., in: Das Breslauer Seminar, 1963 (wie Anm. 22), 381–442). Und auch bei den Anfängen ähnlicher Bemühungen in Italien spielt Spinoza, und zwar in der heftigen Polemik gegen ihn von seiten der Gründerfigur Samuel David Luzzatto, eine Rolle (s. Ze'ev Levy, On some early responses to Spinoza's philosophy in Jewish thougt. Studia Spinozana 6 (1990), 251–278 (262–271), und Amos Luzzatto in dem in Anm. 21 genannten Sammelband).

losophie, und zwar ohne ausdrücklich auf sein Verhältnis zur jüdischen Tradition einzugehen. Nachdem Spinoza breitere Anerkennung in der deutschen Philosophie gefunden hat, wenden sich jedoch einige der Frage nach den jüdischen Quellen seiner Philosophie zu. So geht der Breslauer Rabbiner Manuel Joel in mehreren Schriften[24] denjenigen Stellen in Spinozas TTP nach, wo diese Quellen direkt erwähnt werden oder auch nur zwischen den Zeilen zu lesen sind. Sobald Spinoza als philosophischer Klassiker etabliert ist, bemühen sich andere Spinoza-Forscher in der »christlichen« Umwelt gleichzeitig darum, jeglichen Einfluß der jüdischen Religionsphilosophie auf ihn energisch zu bestreiten. So führt der Heidelberger (zeitweise Jenenser) Philosoph Kuno Fischer im Spinoza-Band[25] seiner immer wieder neu aufgelegten mehrbändigen Geschichte der neueren Philosophie Spinoza auf Descartes zurück, wie das vor allem französische Forscher schon getan hatten. Der Hamburger Rabbiner Max Grunwald, dem wir die erste umfassende Darstellung der Auseinandersetzung mit Spinoza in Deutschland verdanken[26], merkt dazu an, daß man nunmehr »den Kampf um Spinoza auf das Gebiet der Quellen hinüber (spielte)«, sobald er in Deutschland als Denker von universeller Bedeutung erkannt worden war.[27] Sachlich ins Schwarze trifft der Kommentar, den Julius Guttmann zu diesem Kampf auf dem Ersatzkriegsschauplatz abgibt: Im Abschnitt »Der Einfluss der jüdischen Philosophie auf das System Spinozas« eines 1933(!) publizierten Buches heißt es kurz und bündig: »Das System Spinozas hat seinen eigentlichen Platz nicht in der Geschichte der jüdischen Philosophie, sondern in der Entwicklung des modernen europäischen Denkens ... Seine Philosophie steht zu der jüdischen Religion, nicht nur in ihrer überlieferten dogmatischen Form, sondern ihren letzten Grundüberzeugungen nach, in tiefstem Gegensatz. ... (D)ie Wirkung, die von ihm ausgegangen ist..., liegt ganz außerhalb der jüdischen Welt und gehört der Geschichte der modernen Philosophie an.« Aber er fügt hinzu:

---

[24] Sie liegen gesammelt als Nachdruck vor: Manuel Joel, Beiträge zur Geschichte der Philosophie. 2 Bde. in 1. Hildesheim 1978.
[25] Kuno Fischer, Geschichte der neueren Philosophie. Band 1: Das classische Zeitalter der dogmatischen Philosophie. Mannheim 1854. Seit der 2. Auflage ist Spinoza mit einem eigenen Band 2 des am Ende insgesamt neunbändigen Werkes vertreten. Ein Nachdruck der 6. Auflage des Spinoza-Bandes erschien Nendeln 1973.
[26] Max Grunwald, Spinoza in Deutschland. Berlin 1897. Nachdr. Aalen 1986.
[27] Ders., Spinoza – Jude? (Schluß). Populär-wissenschaftliche Monatsblätter 14 (1894), 124. Daß in der neueren Literatur die Zahl der Arbeiten am größten ist, die Spinozas Verhältnis zur vor allem mittelalterlichen *jüdischen* Theologie und Philosophie behandeln, erklärt sich aus diesem Kontext. Daneben steht eine nicht geringe Anzahl vor allem französischer Arbeiten, die dem Einfluß von Descartes gewidmet sind. Der dadurch entstehende Eindruck, dies seien auch die wesentlichen von Spinoza verarbeiteten Einflüsse, ist dadurch zu korrigieren, daß u.a. auf den Einfluß der sog. spanischen Spätscholastik verwiesen wird – darüber hat vor allem Di Vona auf italienisch publiziert, früh auch schon Jacob Freudenthal auf deutsch – und zur Reformation; s. dazu die italienischen Arbeiten von Gallicet Calvetti zu Zwingli und Calvin und Manfred Walther, Biblische Hermeneutik und historische Erklärung. Studia Spinozana 11 (1995), bes. Abschnitt 6, sowie ders., Spinozas Kritik des Wunders – ein Wunder der Kritik? Die historisch-kritische Methode als Konsequenz der reformatorischen Hermeneutik. Zeitschrift für Theologie und Kirche 88 (1991), 68–80.

»Erst seit das Judentum den Anschluß an das geistige Leben der europäischen Völker gefunden hat, ist sie von hier aus auch in die jüdische Welt gedrungen.«[28]

So fällt denn die Beurteilung Spinozas fast nur bei denen uneingeschränkt günstig aus, die sich als moderne Europäer verstehen, sei es, daß sie sich dem jeweiligen Nationalstaat und seinem universell-abstrakten Rechtssystem verpflichtet wissen, das jeden Bürger ohne Ansehen der Person voll und ganz als Rechtssubjekt anerkennt, sei es, daß sie ihre messianische Zukunftsvision von einer befreiten Menschheit nicht zuletzt auf Spinoza gründen.[29] Zur ersten Gruppe gehört der außerhalb der akademischen Welt lebende und schreibende »Einsiedler« Constantin Brunner, Enkel eines Altonaer Rabbiners, der sich vor allem auf Spinoza beruft, wenn er Metaphysik, Religion und Moral als Aberglauben bekämpft und zugleich, ebenfalls im Rückgriff auf Spinoza, die Struktur jener überall präsenten Vorurteile gegen die »Anderen« aufdeckt und bekämpft, welche sich am deutlichsten in Gestalt des modernen Antisemitismus zeigt.[30]

Eine der schärfsten Verurteilungen Spinozas stammt von dem neukantianischen Philosophen Hermann Cohen, dem ersten Ordinarius für Philosophie jüdischer Herkunft in Deutschland. In einem 1910 in der Berliner Loge Bne-Brit gehaltenen Vortrag heißt es noch relativ zurückhaltend: »Es ist ... schwer begreiflich, wie er – ohne alle Überlegung und mit Losreißung von allen Erinnerungen des Gemüts, von allen Gefühlszusammenhängen mit den religiösen Erlebnissen seiner Jugend, von aller Pietät für Vater und Mutter, die der Inquisition entflohen und mit ihm(!) nach Holland entkamen – in die tendenziöse Kritik des Apostels Paulus wie ein geborener Christ einstimmen konnte.«[31] Die Pietätlosigkeit Spinozas gegenüber seiner Herkunftswelt mit ihrem harten Schicksal, vor allem aber sein Überlaufen zum Christentum bringt Cohen gegen ihn auf. Hinzu kommt noch folgendes: Cohen sieht, wie sich die nach seinem Verständnis allgemeingültige ethische Botschaft des Noachiden[32] und der Propheten Israels bis zur Vollendung in der deutschen Kultur, vor allem in der praktischen Philosophie Kants[33], stetig fortentwickelt, so daß er die Abqualifizierung der altisraelitischen Propheten als zutiefst verletzend emp-

---

[28] Julius Guttmann, Die Philosophie des Judentums. München 1933, 278–279.
[29] S. dazu den Abschnitt 3.4.
[30] Eine frühe Kampfschrift Brunners trägt den Titel: Spinoza gegen Kant und die Sache der geistigen Wahrheit. Sie ist vorangestellt der von Brunner angeregten deutschen Übersetzung von K.O. Meinsma, Spinoza und sein Kreis. Berlin 1909 (zuerst niederl. 1896). Zur Spinoza-Nähe Brunners im Bereich der Rechts- und Staatsphilosophie und zu seiner Theorie des Antisemitismus s. Manfred Walther, Recht, Zwang und Freiheit oder: Der Rechtsstaat als Egoismus zweiter Stufe, in: Jürgen Stenzel (Hg.), »Ich habe einen Stachel zurückgelassen...«. Essen 1995, 119–140. Vgl. auch die zahlreichen Besprechungen von Werken zu Spinoza aus dem Brunner-Kreis von E. E. Harris und Jürgen Stenzel in verschiedenen Jahrgängen der Studia Spinozana.
[31] Ein ungedruckter Vortrag Hermann Cohens über Spinozas Verhältnis zum Judentum. Eingel. v. Franz Rosenzweig, in: Festgabe, Berlin 1929 (wie Anmerkung 22), 42–68 (54).
[32] 1. Mose 9,4–6 in der Deutung durch die rabbinische Literatur.
[33] Cohen kann daher die Rolle Deutschlands im (1.) Weltkrieg in der »Verwirklichung des jüdischen Messianismus durch den Sieg der deutschen Waffen« sehen. So Michael Brum-

finden muß.[34] In einem fünf Jahre später publizierten Aufsatz[35] kennt Cohen die Ursache für den »menschlich unbegreiflichen Verrat« (124) Spinozas: Es ist Spinozas »Rassehaß«. Dieser in Spinozas Schriften präsente Rassehaß ist nach Cohen zugleich dafür verantwortlich, daß in einer Zeit, wo die »protestantische Kathedertheologie« soviel Positives über die Propheten Alt-Israels zu sagen weiß, »der Judenhaß seine Orgien feiern konnte«: der »böse Dämon Spinozas« vergifte »jene Atmosphäre noch immer« (127). Dieser Selbst- und Rassehaß, der Spinoza sein Volk verraten, zum Christentum überlaufen und jenes häßliche Bild des Judentums zeichnen ließ, ist es, aus dessen Arsenal der Antisemitismus bis in die Gegenwart schöpfen konnte.[36]

3.3 Die Geschichte der »Aneignung« Spinozas auf dem Wege zu einer neuen Identität der Juden im modernen Europa wird dadurch noch komplizierter, daß bald nach der Mitte des 19. Jahrhunderts eine Bewegung einsetzt, die darauf hinarbeitet, daß nun auch die territoriale Einheit der Juden in einem eigenen Nationalstaat wiederhergestellt wird: der *politische Zionismus* betritt die Bühne. Und wieder ist Spinoza diejenige Leitfigur, an der sich die verschiedenen Facetten des politischen Zionismus ausbilden, sei es nun, daß man sich ihm anschließt oder von ihm abwendet. Auch Cohen und Brunner sind durch ihre Stellung zum Zionismus mit geprägt: beide lehnen ihn ab, Brunner meist mit scharfen Worten. Aber während sich die Ablehnung des Zionismus bei Cohen mit der Ablehnung Spinozas verbindet, versteht Brunner seine Ablehnung des Zionismus gerade als durch Spinoza begründet und gedeckt. Doch ich habe vorgegriffen.

Derjenige, welcher die Idee eines eigenen jüdischen Staates in Palästina zuerst propagiert und somit den politischen Zionismus begründet, ist Moses Hess; daneben und teilweise dagegen bildet sich eine Strömung des Kulturzionismus aus, die bestimmte Tendenzen aufnimmt, welche auch die Anfänge einer Wissenschaft des Judentums charakterisieren. Hess kann zugleich als Gründungsfigur des Sozialismus in Deutschland, aber

---

lik, Zur Zweideutigkeit deutsch-jüdischen Geistes: Hermann Cohen, in: Karl E. Grözinger (Hg.), Judentum im deutschen Sprachraum. Frankfurt am Main 1991, 371–381 (371).

[34] Zum Wandel der Bewertung Spinozas bei Cohen s. Ernst Simon, Zu Hermann Cohens Spinoza-Auffassung, in: Ders., Gesammelte Aufsätze, Heidelberg 1965, 205–214.

[35] Hermann Cohen, Spinoza über Staat und Religion, Judentum und Christentum. Jahrbuch für jüdische Geschichte und Literatur 18 (1915), 57–150. Alle Seitenangaben im Text beziehen sich auf diesen Abdruck. Der Aufsatz ist erneut publiziert in: Hermann Cohen, Jüdische Schriften, 3. Bd., Berlin 1924, 290–372.

[36] Eine gründliche Zurückweisung von Cohens Spinoza-Beschimpfung, welche dessen Fehlinterpretationen des TTP aufdeckt, findet sich bei Leo Strauss: Cohens Analyse der Bibelwissenschaft Spinozas. Der Jude 8 (1924), 295–314.
Strauss übt in seinem bedeutenden Spinoza-Buch »Die Religionskritik Spinozas als Grundlage seiner Bibelwissenschaft«. Berlin 1930, seinerseits grundsätzliche Kritik an Spinoza und seiner Verabschiedung der Tradition als dessen Vorurteil. Diese Kritik wiederum verfehlt nicht ihre Wirkung auf so unterschiedliche Geister wie Hans Georg Gadamer und Carl Schmitt (zu Schmitt s. u. 3.4). Cohens Spinoza-Kritik wird, nachdem verschiedene pro- und contra-Urteile aus der jüdischen Literatur referiert wurden, erneuert von Isac Franck, Spinoza's onslaught on Judaism. Judaism 28 (1979), 177–193.

auch der Sozialdemokratie[37] bezeichnet werden. Er veröffentlicht im Jahre 1837 eine Schrift mit dem Titel *Die Heilige Geschichte der Menschheit*[38] und versieht sie mit dem Zusatz »Von einem Jünger Spinozas«; dieser Zusatz bezeichnet den Kern der Vorstellung, die Hess vom Verlauf sowohl der bisherigen wie der zukünftigen Menschheitsentwicklung hat. Indem er die Drei-Reiche-Lehre des Joachim von Fiore aufgreift, d.h. die Lehre vom Reich des Vaters, des Sohnes und des Heiligen Geistes, versteht Hess die drei Menschheitsepochen als das Zeitalter der *Juden* mit Abraham als Gründungsfigur, der *Christen* mit Jesus als Gründungsfigur und der *Menschheit* insgesamt mit Spinoza als Gründungsfigur; mit ihm hebt das Reich des Geistes an, das sich vom politischen Erbe seines Gründers aus in der amerikanischen und französischen Revolution fortsetzt und mit der Rückgewinnung des Gemeinbesitzes erst in einer sozialistischen Gesellschaft vollenden und so die moderne soziale Frage endgültig lösen wird. Während mit Jesus in Überwindung des jüdischen Partikularismus die Menschheit insgesamt zum Adressaten der wesentlichen Botschaft wurde, dies aber mit Gründung der Kirche als einer Heilsvermittlungsinstanz rein religiöser Orientierung einherging und somit Kirche und Staat, Politik und Religion sich gegeneinander verselbständigten, stellt Spinozas Lehre vom *amor Dei intellectualis*, der alle Menschen einenden intellektuellen Gottesliebe, die Synthese von der noch naiven Gottunmittelbarkeit der jüdischen Religion und der Universalität des Christentums her. Spinoza ist der erste moderne Mensch, der über die jeweilige historische Gestalt der beiden Offenbarungsreligionen, Judentum und Christentum, hinausgeht – er gehört keiner der beiden Religionen an – und zugleich deren Synthese lebt und denkerisch vollzieht; indem er dabei den sozialen Charakter der jüdischen Religion aufgreift, bahnt er auch »den Weg zu einem neuen sozialen Universum«.[39]

Vor allem deshalb, weil sich Frankreichs Kunst der politischen Gestaltung mit Deutschlands spirituell-spekulativer Kraft vereinigt, sieht Hess 1837 sein Neues Jerusalem noch in Europa entstehen; doch ruft er 1862 während der Restaurationszeit in Rom und Jerusalem[40] zur Gründung ei-

---

[37] Daß die deutsche Sozialdemokratie, anders als der Marxismus-Leninismus, auch auf dem Höhepunkt antisemitischer Kampagnen gegen Ende der Weimarer Republik diesen immer entgegengetreten ist – s. George E. Mosse, German socialists and the Jewish question in the Weimar Republik. Leo Baeck Institute Year Book 16 (1971), 123–151 –, hat nicht zuletzt mit den Anfängen dieser Partei zu tun. S. zur Arbeit von Hess für den von Lassalle gegründeten Allgemeinen Deutschen Arbeiterverein, aus dem später die SPD hervorgeht, Shlomo Na'aman, Moses Hess in der deutschen Arbeiterbewegung. Jahrbuch des Instituts für deutsche Geschichte der Universität Tel Aviv 5 (1976), 247–297.

[38] Moses Hess, Die heilige Geschichte der Menschheit. Von einem Jünger Spinozas. Stuttgart 1837. Faksimile-Nachdruck Hildesheim 1980. Ebenfalls in: Moses Hess, Philosophische und sozialpolitische Schriften 1837–1850. Hg. u. eingel. v. Wolfgang Mönke. Vaduz ²1980, 1–74.

[39] Shlomo Avineri, Moses Hess' Gesellschaftslehre als ›Jung-Spinozismus‹, in: Fortschritt der Aufklärung. Köln 1987, 121–146 (132).

[40] Moses Hess, Rom und Jerusalem. Leipzig 1862. Erneut Jerusalem 1935. Auch in: Horst Lademacher (Hg.), Moses Hess, Ausgewählte Schriften. Köln 1962, 221ff.

nes neuen Gemeinwesens sozialistischer Prägung in Palästina auf. Sein Gewährsmann ist natürlich wiederum Spinoza mit der oben angeführten Passage über die Möglichkeit der Wiederherstellung eines jüdischen Staates, eines Staates, in dem die Trennung von Staat und Kirche und die damit einhergehende Zerreißung in das, was Marx später den Bourgeois und den Citoyen nennen sollte, in einer sowohl religiös wie politisch einigen neuen Menschheit aufgehoben ist: im Neuen Jerusalem.[41] Grundlage für das Bild einer Menschheit, in der materieller wie spiritueller Besitz gemeinsam sind, ist für Hess wieder der monistische Ansatz von Spinozas Lehre, vor allem im Hinblick auf die Einheit bzw. Identität von Seele und Körper, in der sich seiner Ansicht nach eine typisch jüdische Tradition ausdrückt.

Seitdem Juden erneut in Palästina siedeln und erst recht seit der Gründung des Staates Israel ist der anhaltende Streit über den Charakter dieses Zionismus wenigstens unter den Intellektuellen in Israel wie etwa auch in den Vereinigten Staaten von Amerika, immer zugleich ein Kampf um Spinoza und darüber, ob man ihn in die geistigen Grundlagen des Staates einbeziehen soll oder aber gerade nicht. Ist dieser Zionismus ein durch das Judentum der Tradition geprägter Gottesstaat oder ein Nationalstaat der Juden, der die von der jüdischen Religion ausgehende soziale Bindung zwar fortführt, aber zugleich auch neuzeitlich-europäisch ist, oder einfach ein moderner Rechtsstaat durchweg weltlicher Prägung mit Religionsfreiheit usw.?

So heißt es in dem Vortrag »Der jüdische Charakter der Lehre Spinozas«, den der Zionist Joseph Klausner 1927 anläßlich der zweihundertfünfzigsten Wiederkehr von Spinozas Todesjahr an der Hebräischen Universität von Jerusalem hält: »Das Judentum als das Prädikat der Juden ist nationale Weltanschauung auf sittlich-religiöser Grundlage« (177). Und dann geht Klausner daran, den jüdischen Charakter Spinozas nachzuweisen: Nachdem er – im Gegensatz zum Christentum, das zwar kraft seiner Loslösung vom realen Leben »eine vollendet extreme Sittenlehre predigt«, das aber um den Preis eben dieser Loslösung [Leitmotiv von Hess!] – zunächst den Charakter des Judentums als den einer Lebenslehre und damit als so widersprüchlich »wie das Leben selbst« bestimmt hat, versucht er zu zeigen, daß »Spinoza von diesem Gesichtspunkt aus ... ein vollkommener Jude (war) und ... seine Lehre einen absolut jüdischen Charakter (besitzt)« (119). Keine systematische Philosophie sei so widerspruchsvoll wie diejenige Spinozas (119–121), und zugleich sei Spinozas Lehre, daß die Kraft des Glaubens sich in einer sozial orientierten Lebenspraxis erweise, zutiefst jüdisch (121–125). Auch Spinozas Bibelkritik ist

---

[41] Architektonik und Argumentationsstruktur dieser Schrift von Hess sind verblüffend ähnlich denen von Novalis (Friedrich Hardenberg), Die Christenheit oder Europa, in: Ders., Schriften. Bd. 3. Stuttgart 1968, 507–524 (zuerst 1799). Zur Interpretation: Siegbert Peetz, Jerusalems Rache. Zur universalgeschichtlichen Deutung der Moderne bei Novalis, in: Gangolf Hübinger u.a. (Hg.), Universalgeschichte und Nationalgeschichten. Festschrift für Ernst Schulin. Freiburg/Br. 1994, 137–156.

kein Hindernis mehr, seine Zugehörigkeit zum Judentum zu erkennen: »Uns jedoch, die wir keinen Begriff eines Glaubensvolkes kennen – anders als das Christentum [M. Walther] –, sondern den Begriff einer Nation, die auch die Religion einschließt« (123), genügt es zu erkennen, daß Spinoza in seiner Haltung dem Judentum gegenüber zu sich selbst im Widerspruch steht. Die »intellektuelle Liebe zu Gott« erweist ihn trotz ihrer Abstraktheit als »Volljude(n)« (129). So kann Klausner am Schluß ausrufen: »Gelöst ist der Bann! / Gewichen ist das Vergehen des Judentums gegen Dich! / Gesühnt ist deine Schuld ihm gegenüber! / Unser Bruder bist Du! / Unser Bruder bist Du! / Unser Bruder bist Du!« (131).[42]

Der erste Ministerpräsident des neuen Israel, David Ben Gurion, empfiehlt ein mit dem TTP beginnendes Spinoza-Studium; und nachdem er im Dezember 1954 die Parallele zu dem trotz seiner Verurteilung Grieche gebliebenen Sokrates in einem Zeitungsartikel gezogen hat, bezeichnet er dort den gesegneten (Baruch) Spinoza als »unsterblich und (als) aus dem ewigen Volk stammend«. Ben Gurions Aufruf, den Bann über Spinoza nun endlich aufzuheben, löst im Judentum eine weltweite Diskussion aus.

Und das zuerst auf Hebräisch erschienene, in Israel dann zum Bestseller gewordene Spinoza-Buch von Yirmiyahu Yovel[43] kann *auch* als politische Intervention in den Streit um den grundlegend religiösen oder aber säkular-neuzeitlichen Charakter des Staates Israel verstanden werden; denn es interpretiert Spinoza als den ersten »secular Jew« und geht dann den Spuren dieses ersten weltlichen Juden bei Kant, Hegel, Heine, Hess, Feuerbach, Marx, Nietzsche und Freud nach, was ihm bei vielen Rezensenten prompt den Vorwurf der Germanophilie oder gar der Germanomanie eintragen wird.

Innerhalb der liberal-demokratischen Strömung in Deutschland ist Spinoza seit dem 19. Jahrhundert als Theoretiker der Freiheit und Demokratie vor allem bei jenen Autoren vielfältig präsent, die ihren Standort nicht über die jüdische Herkunft, sondern die Zugehörigkeit zur deutschen liberal-demokratischen Kultur definieren.[44] So ist Spinoza z.B. in der Grundsatzdiskussion um Recht und Staat in der Weimarer Zeit durchaus gefragt: Als es der Staatsrechtler und Kommunalwissenschaftler Hugo Preuß, von dem der erste Entwurf zur Weimarer Reichsverfassung stammt, 1921 unternimmt nachzuweisen, daß der Übergang Deutschlands zur Demokratie überfällig und die Weimarer Republik daher berechtigt ist, die noch dazu aus einer Revolution hervorging, da beruft er sich dem Wort und der Sache nach auf Spinoza. Sein Aufsatz im 3. Band des Handbuchs der Politik beginnt mit dem Satz: »›Oboedientia facit imperantem‹! Daß er Gehorsam findet, das macht den Herrscher aus. Mit diesem Wort trifft die Weisheit Spinozas in den Kern des Problems politischer Organi-

---

[42] Der zweimal wiederholte Ausruf ist die Formel, mit welcher der Bann aufgehoben wird!
[43] Yovel 1994 (wie Anm. 4).
[44] Die Geschichte dieser Präsenz ist noch nicht geschrieben. Zum aktiven Einsatz von Leopold Zunz, einem der Initiatoren der Wissenschaft des Judentums, für die Demokratie vor 1848 s. den Hinweis bei Meyer 1971 (wie Anm. 21), 39.

sation.«[45] Und auch bei dem Staatsrechtler Hermann Heller spielt Spinoza in Grundlagenfragen eine Rolle.[46]

3.4 Wie verläuft in der christlichen Welt die Diskussion um Spinozas Verhältnis zur jüdischen Tradition?

Die Reaktion auf Spinoza ist fast durchweg feindlich: Schon der TTP provoziert eine Fülle scharf ablehnender Stellungnahmen, wobei Spinozas Eintreten für die Demokratie im Mittelpunkt steht.[47] Spinoza wird in den Gegenschriften zwar als blasphemischer Atheist verurteilt, besonders nachdem die *Ethik* erschienen ist, aber meistens nicht als Jude, sondern als »Ex-Judaeus«, als Ex-Jude, bezeichnet, der aus der Synagoge verstoßen worden sei.[48] Die Distanzierung der jüdischen Gemeinde Amsterdams von Spinoza gibt also wenig Anlaß, sein Denken in irgendeinem Sinne als jüdisch einzuordnen.

Das ändert sich, als im Jahre 1699 Johann Georg Wachter[49] in seiner Schrift *Der Spinozismus im Jüdenthumb*[50] den Nachweis zu führen sucht, daß Spinozas Philosophie, wie sie in der *Ethik* endgültige Gestalt gewonnen hat, ganz und gar in der Traditionslinie und Nachfolge der Kabbala stehe, einer mystischen Form jüdischer Religionsphilosophie.[51] Diese Deutung ist bei Wachter dezidiert judenkritisch gemeint: Der in der Kabbala und damit auch bei Spinoza manifesten »Weltvergötterung« stellt Wachter die christliche »Weltentsagung« gegenüber und entgegen. Als er aber in der sieben Jahre später erschienenen Schrift *Elucidarius cabalisticus*[52] die Zugehörigkeit Spinozas zur Tradition kabbalistischer jüdischer Philosophie erneut behauptet, dient sie ihm nunmehr zur Verteidigung Spinozas.

---

[45] Hugo Preuß, Vom Obrigkeitsstaat zum Volksstaat, in: Handbuch der Politik, Bd. III: Die politische Erneuerung, Berlin; Leipzig 1921, 16–26 (16). Der Eingangssatz zieht sich als Motto durch den gesamten Aufsatz hindurch.
[46] S. das Namensregister in Hermann Heller, Gesammelte Schriften. 3. Bd. Leiden 1971, unter ›Spinoza‹. Eine Studie über die Präsenz Spinozas in der Rechts- und Staatslehre der Weimarer Republik gibt es nicht. Zu Carl Schmitt s. u. Abschnitt 3.4.
[47] S. Manfred Walther, Machina civilis oder Von deutscher Freiheit, in: Paolo Cristofolini (Hg.), L'hérésie spinoziste. Amsterdam u. Maarssen 1995, 184–221, mit zahlreichen Belegen zur Abwehr vor allem der demokratietheoretischen Lehren des TTP.
[48] So zitiert Johann Diecmann, De naturalismo. Leipzig 1684, S. 19, zustimmend die von Maresius übernommene Formel von Spinoza als blasphemischem Exjuden und formalem Atheisten.
[49] Zu Wachter und seinen Schriften über Spinoza vgl. die Übersicht bei Schröder 1987 (wie Anm. 10), Kap. 3.
[50] Amsterdam 1699. Faksimile-Nachdruck, mit Einleitung von Winfried Schröder, Stuttgart – Bad Cannstatt 1994.
[51] Eine ein Jahr nach Spinozas »Ethik« publizierte Version ist zugänglich: Abraham Cohen Herrera, Das Buch Scha'ar Haschamajim [im Titel in hebräischen Lettern] oder Pforte des Himmels. Einl. v. Gershom Scholem. Frankfurt am Main 1974.
[52] Johann Georg Wachter, Elucidarius cabalisticus. »Rom« 1706. Faksimile-Nachdruck, mit Einleitung von Winfried Schröder, Stuttgart – Bad Cannstatt 1995. Der Band enthält noch zwei andere Schriften Wachters, von denen diejenige über Ursprünge des Naturrechts ebenfalls auf Spinozas Rechtsphilosophie Bezug nimmt, ohne ihn allerdings zu nennen.

Vor allem Wachters erste Schrift findet große Resonanz und macht »Spinoza und die Kabbala« zu einem Dauerthema der religiös bestimmten philosophischen Debatte[53] – aber diese Debatte verläuft anders als von Wachter beabsichtigt: In einer Zeit der Wiederentdeckung dessen, was man später im Unterschied und Gegensatz zum griechischen Denken das hebräische Denken nennen wird, setzen von seiten christlicher Autoren Bemühungen ein, die Kabbala gegen ihre Identifizierung mit Spinozas Philosophie in Schutz zu nehmen. So geht der Hallenser Moralphilosoph und spätere Jenenser Theologe Johann Franz Buddeus [Budde] mehrfach gegen die Wachtersche These vor.[54] In der Folgezeit, nachdem Spinoza zum Gipfel- und Endpunkt der Geschichte aller atheistischen Irrlehren »aufgestiegen« ist[55], gibt es naturgemäß keinen Grund mehr, ihn mit der religiösen Tradition der Juden in nähere Verbindung zu bringen. Als ihn Hegel im Zuge der Spinoza-Renaissance den Ausgangspunkt aller wahrhaften Philosophie nennt[56], geht er bei dieser Verklärung allerdings auch gleich wieder mit der Feststellung auf Distanz, bei Spinozas Denken handle es sich um die Wiederauferstehung des orientalischen Prinzips im – christlichen – Okzident.[57] Denn der Substanz im Sinne Spinozas fehle das dynamische Prinzip, und folglich habe die im Christentum zuerst hervorgetretene und in der Reformation entfaltete neuzeitliche Subjektivität in dieser Philosophie keinen Platz – ein Vorurteil, das in der deutschen Spinoza-Forschung Schule machen wird, als seien es Zusätze von fremder Hand, wenn in Spinozas Werken vom Eigensinn der Menschen bzw. Bürger die Rede ist oder aber davon, daß deren jeweils individuelles Urteilsvermögen nicht hintergangen werden kann.

Ohne solche Reserven kann der Theologe Friedrich Daniel Schleiermacher 1799 begeistert ausrufen: »Opfert mit mir ehrerbietig eine Locke den Manen des heiligen(!) verstoßenen Spinoza! Ihn durchdrang hoher Weltgeist, das Unendliche war sein Anfang und Ende ...«[58]

[53] Einen Überblick über diese Debatte gibt Andreas B. Kilcher, Kabbala in der Maske der Philosophie. Zu einer Interpretationsfigur der Spinoza-Literatur, in: Hanna Delf u.a. (Hg.), Spinoza in der europäischen Geistesgeschichte. Berlin 1994, 193–242.

[54] Johann Franz Buddeus, Defensio cabbalae ebraeorum contra auctores quosdam modernos [Verteidigung der Kabbala der Hebräer gegen gewisse moderne Autoren]. Halle 1700.

[55] J.F. Budde; J.F. Werder, Dissertatio philosophica de Spinozismo ante Spinozam [Philosophische Dissertation über den Spinozismus vor Spinoza]. Halle 1706. S. dazu Walther 1995 (wie Anm. 47), 182.

[56] »Wenn man anfängt zu philosophieren, so muß man zuerst Spinozist sein.« G. W. F. Hegel, Vorlesungen über die Geschichte der Philosophie III. Frankfurt am Main 1986 (G. W. F. Hegel, Werke 16), 165.

[57] »Den Dualismus, der im Cartesischen System vorhanden ist, hob Benedikt Spinoza vollends auf – als ein Jude. Diese tiefe Einsicht seiner Philosophie, wie sie sich in Europa ausgesprochen, der Geist, Unendliches und Endliches identisch in Gott, nicht als einem Dritten, ist ein Nachklang des Morgenlandes.« G. W. F. Hegel, Vorlesungen III (wie vorige Anm.), 157–158. Vgl. auch Ders., Vorlesungen ... I (Werke 16), 98. Dazu Michel Hulin, Spinoza l'oriental? Cahiers Spinoza 4 (1982/839); 139–170; Michel Hulin, Spinoza et l'orient. Paris 1979.

[58] Friedrich Daniel Schleiermacher, Über die Religion. Reden an die Gebildeten unter ihren Verächtern. Hamburg 1958 (zuerst 1799), 31.

Und daß Spinozas politische Philosophie in dieser Zeit keineswegs vergessen, vielmehr als Hintergrund mancher Bemühungen um seine »Rehabilitierung« oft wichtig ist, kommt u.a. darin zum Ausdruck, daß der von Christoph Martin Wieland herausgegebene Teutsche Merkur 1787 unter dem Titel »Aphorismen: Aus dem Lateinischen eines bekannten aber wenig gelesenen Schriftstellers des vorigen Jahrhunderts« einen Artikel bringt, in dem es u.a. heißt: »Allein wenn es eine der wichtigsten Angelegenheiten und eines der ersten Staatsgeheimnisse einer despotischen Regierung ist, die Menschen in unaufhörlicher Täuschung zu erhalten und den Kappzaum der Furcht, den man ihnen über die Köpfe wirft, mit den schönsten Farben der Religion zu übertünchen, damit sie für ihre Sklaverei wie für ihr eigenes Beste kämpfen ..., so kann im Gegentheile eine republikanische Regierung ... auf keinen unglücklicheren Einfall gerathen, als die Denkfreyheit freyer Bürger durch vorgeschriebene Vorurteile zu fesseln...«[59] Der »bekannte aber wenig gelesene Schriftsteller« ist niemand anders als Spinoza, und der Text ist ein leicht abgewandelter Auszug aus der Vorrede des TTP![60]

Daß und wie Spinoza, oft als grundlegend wirksamer Vorgänger in den Anfängen einer modernen, von Theologie und Metaphysik freien Wissenschaft vom Menschen präsent ist, kann hier nicht ausgeführt werden.[61]

Nicht systematisch erforscht ist bislang, wie sich der von den Juden vorangetriebene Prozeß ihrer »bürgerlichen Emanzipation«, ferner die Anfänge der Wissenschaft des Judentums und des politischen Zionismus sowie die Tendenzen in der »christlichen« Umwelt, diese Entwicklungen zu unterstützen oder zu behindern, in den Mustern der Spinoza-Interpretation und der Thematisierung des »jüdischen Charakters« seiner Philosophie spiegeln und wohl auch wechselseitig beeinflussen.[62] Für die Betonung des jüdischen Charakters der Philosophie Spinozas nach 1848/49 seien nur zwei Beispiele angeführt:

Friedrich Nietzsche, der auf einer Postkarte an den Theologen Franz Overbeck vom 30. Juli 1881 begeistert ausgerufen hat: »Ich bin ganz erstaunt, ganz entzückt! Ich habe einen *Vorgänger* und was für einen! Ich kannte Spinoza fast nicht: daß mich jetzt nach ihm verlangte, war eine ›Instinkthandlung‹«[63]: derselbe Nietzsche schreibt in einem Gedicht *An Spi-*

---
[59] Teutscher Merkur 1787, 187–188.
[60] Zu dem Spinoza-Bezug in Wielands Einsatz für politische Aufklärung s. Claude Miquet, C. M. Wieland directeur du Mercure allemand. Frankfurt am Main u.a. 1990.
[61] Zum Anregungspotential der Erkenntnistheorie und Affektenlehre Spinozas für Johannes Müllers Physiologie s. Michael Hagner, Sinnlichkeit und Sittlichkeit. Spinozas »grenzenlose Uneigennützigkeit« und Johannes Müllers Entwurf einer Sinnesphysiologie, in: Michael Hagner u.a. (Hg.), Johannes Müller und die Philosophie. Berlin 1992, 29–44. Zur Bedeutung Spinozas für die Grundlegung der Soziologie bei Ferdinand Tönnies s. Manfred Walther, Gemeinschaft und Gesellschaft bei Ferdinand Tönnies und in der Sozialphilosophie des 17. Jahrhunderts, in: Lars Clausen, Carsten Schlüter (Hg.), Hundert Jahre Gemeinschaft und Gesellschaft. Opladen 1991, 83–106.
[62] Vgl. zum »Quellenstreit« die kurzen Bemerkungen in 3.2 (bei Anm. 27).
[63] Friedrich Nietzsche, Sämtliche Briefe (Kritische Studentenausgabe, Bd. 6). München 1984, 111. Es folgen fünf »Hauptpunkte«, in denen Nietzsche sich mit Spinozas Philosophie einig weiß.

noza vom Herbst 1884: »Doch unter dieser Liebe fraß / unheimlich glimmender Rachebrand: / – am Judengott fraß Judenhaß! – / Einsiedler, hab ich dich erkannt?«[64] – Und in dem 1. (einzigen) Band seiner Spinoza-Monographie schreibt Alfred Wenzel 1907, Spinoza habe als Jude »das Gemütsleben der germanischen Rasse zur vollen Blüte gebracht«[65], womit er einen allergischen Punkt in den Bemühungen berührt, Spinoza für Deutschland zu vereinnahmen.

Unerforscht ist unser Thema auch für die Zeit, in der die Behandlung dieser Frage ihren »Höhepunkt« erreicht, nämlich für die Zeit des Nationalsozialismus. Wenn behauptet wird, die Zerrissenheit des deutschen Volkes in der Weimarer Zeit sei vor allem dem jahrhundertelang wirksamen Einfluß des Weltjudentums zu »verdanken«, der mittels Materialismus, Liberalismus, Gesetzesdenken, Internationalismus und Pazifismus den Volksgeist und die Erbsubstanz der Deutschen zersetze, dann ist dieser Antisemitismus auf rassistischer Grundlage von großer Bedeutung, da er so etwas wie eine alles erklärende und den heterogenen Elementen der NS-Ideologie Konsistenz verleihende Geschichtsphilosophie darstellt. Und in diesem Zusammenhang wird auch die Rolle Spinozas bei dem genannten »Zersetzungsprozeß« thematisiert. Freilich ergibt sich ein großes, das Unternehmen insgesamt gefährdendes Problem, nämlich die Tatsache, daß Spinoza auf deutsche »Dichter und Denker« einen so ungeheuren Einfluß ausgeübt hat: waren diese also auch »jüdisch infiziert«? Was blieb dann aber an großer wirklich deutscher Substanz übrig?

Als der Gauleiter Rechtsanwalt Schröder auf der von dem Staatsrechtler Carl Schmitt im Oktober 1936[66] organisierten Tagung »Das Judentum in der Rechtswissenschaft« in einer der Eröffnungsansprachen »Das Verhältnis des Juden zum Gesetz« bespricht, geht er auch auf die »philosemitische Haltung des gebildeten Bürgertums im 19. Jahrhundert« ein und sieht eine enge Verbindung zwischen Humanismus und jüdischem Geist. Er erklärt: »Es ist auch bezeichnend, daß im Späthumanismus zur Zeit Goethes der jüdische Geist in der Gestalt Spinozas das Geistesleben des Humanismus maßgeblich beeinflußt hat«. Aber wie kann er der Konsequenz, die »Verjudung« des großen Goethe behaupten zu müssen, ent-

---

[64] Friedrich Nietzsche, Sämtliche Werke (Kritische Studienausgabe; 11). München 1977, 319. Die Erstveröffentlichung dieses Gedichts findet sich bei Grunwald 1897/1986 (wie Anm. 26), 282.

[65] Alfred Wenzel, Die Weltanschauung Spinozas. 1. Bd.: Spinozas Lehre von Gott, von der menschlichen Erkenntnis und von dem Wesen der Dinge. Leipzig 1907 (Neudruck Aalen 1983), 33. Den Hinweis verdanke ich dem äußerst materialreichen und anregenden Buch von Marcel Senn, Spinoza in der deutschen Rechtswissenschaft. Zürich 1991 (dort S. 91, Anm. 149).

[66] Die meisten Ansprachen und Vorträge dieser Tagung sind veröffentlicht in insgesamt acht Heften unter dem Tagungstitel, Berlin o.J. Die Zitate im folgenden Text Heft 1: Die deutsche Rechtswissenschaft im Kampf gegen den jüdischen Geist, S. 21–22. Zu dieser Tagung s. Hasso Hofmann, Die deutsche Rechtswissenschaft im Kampf gegen den jüdischen Geist, in: Karlheinz Müller (Hg.), Geschichte und Kultur des Judentums. Würzburg 1988, 223–240; Manfred Walther u.a., Wissenschaftsemigration und Strukturwandel einer Disziplin (im Erscheinen), Kap. B. 2.

kommen? »Goethe, der bekanntlich das Judentum gefühlsmäßg ablehnte, entging doch nicht dem schleichenden Gift jüdischer Denkart, die als Spinozismus die Welt des Humanismus beeinflußte und mit der Goethe« – nun also doch wenigstens – »sein Leben lang hat ringen müssen.«

Das Spinoza-Problem ist den meisten der akademisch Ausgebildeten im Kämpfen für die Ausmerzung des jüdischen Geistes aus der deutschen Kultur als ein Problem bewußt, das besondere Beweislast auferlegt. Im Bemühen, die sich aufdrängenden Schlußfolgerungen aus dem Einfluß Spinozas auf »den deutschen Geist« abzuwehren, werden sehr unterschiedliche Strategien entwickelt. So wird aus der Sicht des Philosophen und Psychologen Hans Alfred Grunsky[67] der talmudische Geist des Judentums vom System Spinozas insofern revolutionär erneuert, als die Zusammenhanglosigkeit der unendlichen Attribute gelehrt und trotzdem abstrakt behauptet wird, daß sie eine Einheit bilden. Dieser Geist ermöglicht es nämlich Spinoza in echt rabbinischer Haarspalterei, durch das Aufzeigen rein formaler Beziehungen zwischen den zusammenhanglosen Einzelbestandteilen der Wirklichkeit das ungebremste Triebleben mit dem intellektuellen Affekt des Talmudlernens so zusammenzubringen, daß der »Zusammenhalt im mosaischen Gesetz« (112), welcher die Juden in der modernen Welt isolieren würde, in ein universelles Gesetz der Gleichheit aller Menschen übergeht. Damit paßt Spinoza nicht sich und die jüdische Tradition den Nicht-Juden an, sondern umgekehrt die Nicht-Juden den Juden (113). Und die deutsche Philosophie zeigte sich deshalb so stark von Spinoza beeindruckt, weil dieser die denkgeschichtlich anstehende Synthese von Naturwissenschaft und Mystik, die große dem arischen Denken gestellte Aufgabe, als erster, allerdings zu früh und damit unausgereift, anging. Eben das beeindruckte die arischen Denker, so daß der »Einbruch Spinozas in die germanische Philosophie zu einem Zeitpunkt erfolgte, als diese sich in einer großen, noch unausgetragenen Entwicklungskrise befand«. Aber trotzdem ist »das Bild instinktiver(!) Ablehnung überwältigend«, wenn man die »wahren, nicht die jüdisch retuschierten und gefälschten Urteile unserer deutschen Denker über Spinoza zusammenstellt«: Hier steht doch eine Front »von Leibniz über Kant bis zu Hegel, Schopenhauer und Nietzsche« (115).[68] Was Grunsky noch argumentativ zu entfalten sucht, gerinnt dann bei dem auch sonst dürftigen Philosophen Hermann Glockner zu den lapidaren Bemerkungen: »Auf dem undeutschen Boden des Spinozismus wäre die Ausbildung dieser Freiheitslehre unmöglich gewesen. Der Jude Spinoza ist der bedeutendste Widersacher und Gegenspieler der deutschen Philosophie ... Mit dem echten Spinoza wußte kein Deutscher jemals etwas anzufangen; wohl aber malte biswei-

---

[67] Hans Alfred Grunsky, Baruch Spinoza, in: Forschungen zur Judenfrage, Band 2 (= Sitzungsberichte der Zweiten Abteilung der Forschungsabteilung Judenfrage des Reichsinstituts für Geschichte des neuen Deutschland vom 12. bis 14. Mai 1937). Hamburg 1937, 88–117. Alle Seitenangaben im Text beziehen sich auf diese Schrift.
[68] Zur grundlegenden Differenz zwischen Spinoza und Nietzsche vgl. dort S. 95, Anm. 2, zum jüdischen Charakter der Mengenlehre Cantors und der Physik Einsteins S. 103, Anm. 1 und S. 107.

len das Mitleid mit dem volk- und heimatlosen Mann ein falsches, dem deutschen Fühlen angepaßtes Bild.«[69]

Auch Carl Schmitt, Initiator der Tagung zur Identifizierung und Ausmerzung des Judentums in bzw. aus der Rechtswissenschaft, hatte sich in mehreren Schriften der Weimarer Zeit noch anerkennend auf Spinoza bezogen. So führte er die für seine Verfassungslehre grundlegende Unterscheidung des Volkes als politischer Einheit und der staatlichen Souveränität auf die vom Abbé Sieyès gemachte Unterscheidung des »pouvoir constituant« [konstituierende Macht oder Gewalt], die beim Volk liegt, vom »pouvoir constitué« [konstituierte Macht oder Gewalt], die bei den verfassungsmäßig agierenden Staatsorganen liegt, und diese wiederum auf Spinozas Unterscheidung von »natura naturans« [hervorbringende Natur] und »natura naturata« [hervorgebrachte Natur] zurück und kommentierte: »ein unerschöpflicher Urgrund aller Formen, selber in keiner Form zu fassen, ewig neue Formen aus sich herausstellend, formlos alle Formen bildend«.[70] Stark beeinflußt von der Spinoza-Kritik in der Monographie von Leo Strauss[71], zeichnet er im Hobbes- Jubiläumsjahr 1938 in seiner Hobbes-Monographie[72] ein ganz anderes Bild: Zunächst hebt er hervor, daß Hobbes der erste war, welcher den modernen Staat – mit dem mythischen Bild des Leviathan – als weltanschaulich neutralisiertes, rein technisch verstandenes Ordnungsinstrument mit unüberwindbarer Macht, eben als Maschine, definiert habe, aber vor der letzten Konsequenz zurückgeschreckt sei, diese Maschine erfasse auch das Innere des Menschen. Dann fährt er fort: »Schon wenige Jahre nach dem Erscheinen des *Leviathan*[73] fiel der Blick des ersten liberalen Juden auf die kaum sichtbare Bruchstelle. Er erkannte in ihr sofort die Einbruchstelle des modernen Liberalismus ... Die Trennung von Innerlich und Äußerlich ist auch bei Hobbes ... im Keime vorhanden. Aber der jüdische Philosoph treibt diesen Keim zur äußersten Entfaltung ... Eine kleine umschaltende Gedankenbewegung aus der jüdischen Existenz heraus, und in einfachster Folgerichtigkeit hat sich im Laufe von wenigen Jahren die entscheidende Wendung im Schicksal des Leviathans [des Staates als gesellschaftsüberlegener integrierender

---

[69] Hermann Glockner, Vom Wesen deutscher Philosophie. Stuttgart 1941, 23.
[70] Carl Schmitt, Verfassungslehre. Berlin 1970(5) (zuerst 1928), 79–80.
[71] Leo Strauss, Die Religionskritik Spinozas als Grundlage seiner Bibelwissenschaft. Berlin 1930. Von dessen Spinoza-Buch wußte der Rechtswissenschaftler Roman Schnur zu berichten, »daß kaum ein Buch dieser (d.i. der Schmittschen) Bibliothek so viel von Schmitt gelesen worden ist ... Das Exemplar war regelrecht zerlesen, und in kaum einem anderen Buch habe ich am Rande so viele Bemerkungen Schmitts in Kurzschrift gelesen«. Zit. bei Manfred Lauermann/Thomas Heerich, Der Gegensatz Hobbes-Spinoza bei Carl Schmitt (1938). Studia Spinoza 7 (1991), 97–167 (111 Anm. 21).
[72] Carl Schmitt, Der Leviathan in der Staatslehre des Thomas Hobbes. Sinn und Fehlschlag eines politischen Symbols. Köln 1982 (zuerst 1938). Ausführlich zum Spinoza-Bild bei Schmitt und den zeitgenössischen Reaktionen auf sein Leviathan-Buch Lauermann/Heerich 1991 (wie vorige Anm.), Kapitel 1.3. S. weiter Manfred Walther, Carl Schmitt contra Baruch Spinoza oder Vom Ende der politischen Theologie, in: Spinoza in der europäischen Geistesgeschichte, 1994 (wie Anm. 53), 422–441.
[73] Das Hauptwerk von Thomas Hobbes, Leviathan, erschien zuerst 1651. Deutsche Ausgabe Frankfurt am Main 1984 u. ö.

Macht] vollzogen.«[74] In der Folge setzen dann verschiedene Initiatoren die liberale Zersetzungsarbeit fort:»»Geheimbünde und Geheimorden, Rosenkreuzer, Freimaurer, Illuminaten, Mystiker und Pietisten, Sektierer aller Art, die vielen ›Stillen im Lande‹ und vor allem auch hier wieder der rastlose Geist des Juden, der die Situation am bestimmtesten auszuwerten wußte« (92). Und an diesem seinem Bild von Spinoza hält Schmitt auch nach 1945 fest. In seinem geistigen Tagebuch, dem *Glossarium*, heißt es unter dem 8.10.47: »Die dreisteste Beleidigung, die jemals Gott und den Menschen zugefügt worden ist und die alle Flüche der Synagoge rechtfertigt, liegt in dem ›sive‹ der Formel: Deus sive Natura.«[75]

Aber es sind auch andere Töne zu vernehmen: Daß der Leipziger Psychologe Krüger, mit Zustimmung der Partei zum Rektor gewählt, »bald auf dieses Amt wieder verzichten (mußte), weil er es gewagt hatte, in einer Vorlesung von Spinoza als dem edlen Juden zu sprechen«,[76] paßt noch gut ins Bild.

Wie aber dieses: Die vom Kröner-Verlag in vielen Auflagen verbreitete *Ethik*-Ausgabe, mit einer Auswahl aus dem Spinoza-Briefwechsel im Anhang, kann in einer weiteren Auflage erscheinen, freilich ohne daß Reklame für das Buch gemacht werden darf.[77] Und dies: In den Jahren 1933 bis 1936 erscheinen nicht nur die vier Bände der Spinoza-Arbeit des Stanislaus von Dunin-Borkowski, das umfangreichste je in deutscher Sprache – allerdings unter dem Schirm der Katholischen Kirche publizierte – Spinoza-Buch.[78] Es werden auch mindestens drei Dissertationen über Spinoza ohne antijüdische Polemik – 1937 von Steen in Münster, 1938 von Hölters in Bonn und von Schmoldt in Berlin – publiziert.

Und es wäre sicher erhellend zu prüfen, wie sich Bogislav von Selchow, der 1932 folgendes zu Spinoza ausführt, nach 1933 äußern wird: »Nicht deswegen ist die Lehre Spinozas so bedeutend, weil der Flug seiner Gedanken ihn, den Einsamen und Unverstandenen, weit hinausführt über das Bewußtsein seiner Zeit, sondern weil der Urkonflikt aller Philosophie bei ihm am klarsten zum Ausdruck kommt, der Konflikt zwischen dem auf letzte Einheit gerichteten Denktrieb des Menschen und der widerstrebenden Materie ... Kein Zweifel, daß Spinoza scheiterte ... Und doch bleibt an Spinoza zu bewundern, wie der rücksichtslose Denkwille sich immer wieder beugt vor einem starken Wirklichkeitssinn.« Indem er die Staatsentstehung »aus elementaren Triebenergien« begreift, »gewinnt er Einsichten zurück, die in der Rechtsphilosophie seit den Tagen der Hochscholastik völlig in Vergessenheit geraten waren.« Jedoch ungeachtet der vielfältigen Einflüsse, die Spinoza mit Renaissance und Humanismus, mit Descartes und Hobbes verbinden: »wenn er einsam und fremd und un-

---

[74] Schmitt, Leviathan 1938/1982 (wie Anm. 72), 86–89.
[75] Carl Schmitt, Glossarium. Aufzeichnungen der Jahre 1947–1951. Berlin 1991. (Aus dem Nachlaß herausgegeben.) Spinozas Formel heißt »Gott oder auch (sive) die Natur«.
[76] Berichtet bei Willibald Apelt, Jurist im Wandel der Staatsformen. Lebenserinnerungen. Tübingen 1965, 232.
[77] Die Information verdanke ich Manfred Lauermann.
[78] Stanislaus von Dunin-Borkowski, Spinoza. 4 Bde. Münster 1933–1936.

verstanden unter seinen Zeitgenossen steht, dann ist es im Grunde doch weniger die Größe und Zukunftsträchtigkeit seiner Gedanken als die völlig anders geartete Geistigkeit, die ihre Herkunft aus dem Getto nicht verleugnen kann. Die talmudische Spitzfindigkeit, die messerscharfe Gedankenführung, die Vorherrschaft des Formalen, die schollenfremde Abstraktheit, all das verbindet ihn mit der jüdischen Denkhaltung ... Der tiefste Lebensglaube, das nie versiegende Vertrauen in die Gottwirklichkeit allen Seins und hart und unverbunden daneben eine illusionslose Sachlichkeit, all das ist letztlich nur aus semitischer Geistesverfassung heraus zu erklären.« Aber direkt im Anschluß heißt es doch wieder: »In Spinoza, der unter den kärglichsten Verhältnissen stets die Heiterkeit der Seele bewahrt hat, ist ein Stück edelsten Judentums sinnbildliche Gestalt geworden.« Dieser Text von 1932 verbindet in eigentümlicher Weise typische Ausdrücke der polemischen Charakterisierung »jüdischen« Denkens damit, daß er auch das Zukunftsträchtige in Spinozas Denken betont und sogar bewundernd anerkennt. Es ist, wenn auch spiegelbildlich, eine ganz ähnliche Ambivalenz, wie sie bei den entschiedenen Gegnern Spinozas innerhalb der jüdischen Diskussion erkennbar war. Der Autor, Bogislav von Selchow[79], ist im Dritten Reich dann Mitglied der von den Nationalsozialisten gegründeten Akademie für Deutsches Recht.

Das Fazit aus diesen ganz unterschiedlichen Befunden ist hier wie auf vielen anderen Gebieten eindeutig: Eine Notwendigkeit, gegen Spinoza polemisch-aggressiv zu Felde zu ziehen, besteht selbst in der NS-Zeit nicht. Wer dennoch hier seine »deutsche Pflicht« erfüllt, tut es aus eigenem Antrieb.

4. Offene Fragen

Zwei Probleme kann ich am Schluß nur noch skizzieren, ohne eine definitive Antwort geben zu können:

4.1 Die Frage, ob und ggf. inwiefern Spinoza trotz seiner zwar unfreiwillig eingeleiteten, dann aber doch freiwillig gelebten Absonderung von der jüdischen Gemeinschaft gleichwohl als genuin jüdischer Denker anzusehen sei, ist aus zwei Gründen schwer zu beantworten.
a) Der eine Grund ist, daß sich aus Spinozas Schriften Anhaltspunkte für beide Sichtweisen ergeben:

Auf der einen Seite stehen und werden immer wieder genannt: sein Monismus der einen Substanz – weil dieser ja dem Monotheismus nahesteht; ferner die Betonung des primär auf rechte Lebensführung, nicht aber auf korrekte Dogmatik ausgerichteten Verständnisses von wahrer Religion im

---

[79] Bogislav von Selchow, Die Not unseres Rechts. Eine Wegschau. Leipzig 1932. Die Zitate sind alle dem Spinoza-Abschnitt S. 224–232 entnommen. Den Hinweis auf diese Schrift verdanke ich ebenfalls der Arbeit von Senn 1991 (wie Anm. 65), 109–110, Anm. 200. Senns Bemerkung, daß »(w)ider Erwarten des Antisemitismus der nationalsozialistischen Zeit nicht zu Buch« schlage, die mit dem Hinweis auf die 1932 erschienene Schrift von Selchows belegt wird, dürfte freilich nicht aufrecht zu erhalten sein.

Gegensatz zum Aberglauben; schließlich die Betonung des gleichen Ursprungs von körperlich-sinnlicher und geistiger Existenz.

Auf der anderen Seite stehen: seine These, die mosaische Gesetzgebung beziehe sich ausschließlich auf die politische Existenz des jüdischen Volkes und habe daher mit dem Ende des Staatswesens der »alten Hebräer« ihre Geltung verloren; ferner seine Kritik der Gesetzesreligion als einer autoritär-äußerlichen »Schule des Gehorsams«, besonders seine Hervorhebung der Religion Christi als einer allgemeingültig, innerlich und einfach gefaßten und insofern überlegenen Form von Religion; schließlich der Hinweis auf die Rolle, welche die durch äußere Zeichen erkennbare Absonderung der Juden von ihrer Umwelt in Verbindung mit ihrem Glauben, nur sie allein seien auserwählt, für die Reaktionen eben dieser Umwelt auf die Juden spielte.

b) Der andere Grund ist folgender: In der jüdischen Diskussion, aber vielfach parallel dazu auch in der »christlichen« Welt[80] ist die Einstellung zum Verhältnis von religiösem und nachreligiösem Selbstverständnis einerseits sowie politischer Zielvorstellung andererseits entscheidend dafür, auf welche Aspekte der Philosophie Spinozas man sich mit selektiver Aufmerksamkeit konzentriert, welche man als für Spinoza typisch ansieht. Denn daraus ergeben sich sehr verschiedene Definitionen, was jüdisch eigentlich ist.[81] Je nachdem, wie man wahre Religion sowie richtige Politik und politische Verfassung sieht und das Verhältnis beider zueinander bestimmt, ergibt sich ein ganzes Spektrum von Grundpositionen, die für die Bewertung der Denkleistung Spinozas und deren jüdischen oder nicht-, ja antijüdischen oder gar antisemitischen Charakter ausschlaggebend sind. Sie seien daher abschließend typisierend skizziert:

– Im *religiösen* Bereich hängt alles an der Frage: Werden Spinozas Gottesbegriff, demzufolge die Welt nicht außer Gott, sondern in ihm existiert, und die »Intellektualisierung« des Gottesbezuges im »amor Dei intellectualis« als Teil der jüdischen Tradition anerkannt oder innerhalb des Judentums wenigstens als legitim angesehen? Oder wird seine Gotteslehre deshalb als atheistisch angesehen und Spinoza somit als Gegner der jüdischen Religion, ja als Religionsfeind schlechthin betrachtet, weil man sich Gott als Person vorstellt (theistischer Aspekt), als einen, der mit Vorschriften, Lohn und Strafe ins menschliche Leben eingreift (forensischer Aspekt) bzw. dem Lauf der Welt Zweck und Ziel bestimmt (teleologischer

---

[80] Die Parallelität besteht in der Suche nach dem typisch »Jüdischen«, die freilich in dem einen Fall gespeist ist von dem Motiv zu ergründen, ob und in welcher Weise eine jüdische Identität in der modernen Welt sich auch auf Spinozas Denkleistung berufen und sich ihrer versichern kann, während sie in dem anderen Fall gerade in der Distanzierung, ja Diffamierung einer eben auch Spinoza einschließenden jüdischen Tradition das die Beweisführung anleitende Interesse hat.

[81] Zum Problematischen der Frage nach einer jüdischen Philosophie angesichts der Ausrichtung der Philosophie auf Erkenntnis und zu verschiedenen Versuchen, jüdische Philosophie inhaltlich zu bestimmen, vgl. Willi Goetschel, Gibt es eine jüdische Philosophie? Zur Problematik eines Topos, in: Willi Goetschel (Hg.), Perspektiven der Dialogik. Wien 1994, 91–110.

Aspekt)? Da nicht wenige derer, für die das neue Israel auf religiöser Grundlage steht oder doch stehen sollte, die erste Frage bejahen, gibt es auch unter den »Religiösen«, nicht zuletzt den Rabbinern solche, die Spinoza insoweit durchaus respektieren. Aber auch ihnen bereitet es kaum überwindbare Schwierigkeiten, daß Spinoza kompromißlos die Lehre verwirft, Israel sei für alle Zeit unter den Völkern besonders auserwählt.

– Im *politischen Bereich* sind zwei Hauptströmungen zu unterscheiden: In der einen wird die Religion zur Grundlage für die Einheit des Staates Israel gemacht, in der anderen sieht man diesen als modernen pluralistischen Staat, der nicht nur der Religion gegenüber tolerant ist. Daß für diese zweite Richtung Spinozas politische Theorie besonders attraktiv ist, bedarf keiner besonderen Begründung. Schwierig ist die Lage aber für diejenigen, die in Spinozas Universalismus der Vernunft eine Absage an jene Einheit sehen, die in erster Linie durch einen vorpolitischen Gemeinschaftsgeist nicht-religiöser Art verbürgt ist. In diesem Falle kommt als einheitsstiftender Faktor nämlich nur ein scharf ausgeprägtes Judentum in Frage, dessen Konturen freilich unscharf werden bzw. zuweilen ins Rassische tendieren, wenn sie nicht religiös definiert sind; oder aber es wird der Sozialismus als zeitgemäße Form des altjüdischen Gemeinschaftssinnes auf neuer, universalistischer Basis angesehen – in der Tradition von Hess und dessen Spinoza-Verständnis und damit doch wieder mit Spinoza.

– Schließlich wird die Lage dadurch kompliziert, daß das Eintreten für einen politisch toleranten liberalen Staat nicht notwendig mit einer nachreligiösen Haltung zusammenfällt, sondern sehr wohl viele politisch liberal Eingestellte den theistischen Gottesbegriff für unverzichtbar halten – wie umgekehrt die Zustimmung zu Spinozas pantheistischem Gottesverständnis (alles ist in Gott) häufig mit der Ablehnung eines rein weltlichen Judenstaates verbunden ist.

Unter dem Eindruck, daß Spinozas Philosophie schlechthin *der* Beitrag eines Denkers jüdischer Herkunft zur Kultur der modernen Welt ist, ergeben sich so mannigfache Dissonanzen – Dissonanzen übrigens, die Spinoza mit dem Ausdruck »fluctuatio animi«, Hin- und Herschwanken des Geistes, von sich aus bereits zur Sprache gebracht hat.[82] Nicht in Widersprüche geraten also diejenigen, welche ihn deshalb ablehnen, weil sein Gottesbegriff von ihnen für atheistisch gehalten wird *und* er sich für einen weltlichen Staat einsetzt. Dagegen finden sich bei vielen der anderen – und dazu gehören die meisten Intellektuellen – sehr paradoxe Formulierungen, wenn sie Spinoza »trotz alledem« für das Judentum in Anspruch nehmen wollen: Vom »nichtjüdischen Juden«[83] reicht die Palette der Sprechweisen bis hin zu der These: »Spinoza trat in die Geschichte des jüdischen Denkens ein dadurch, daß er es verließ«.[84]

---

[82] »Dieser Zustand des Geistes, der aus zwei entgegengesetzten Affekten entspringt, heißt Schwankung des Gemüts« (Ethik. Hamburg 1976 u. ö., III. Teil, Lehrsatz 17, Anmerkung, S. 126).
[83] Isaac Deutscher, Der nichtjüdische Jude. Berlin 1988 (zuerst amerikan. 1968).
[84] Eliezer Schweid, Das Judentum und der einsame Jude [hebräisch]. Tel Aviv 1974, 117.

Es gibt jedenfalls einen Aspekt, unter dem all diese Bemühungen zur Philosophie Spinozas passen: Sein Denken kann nämlich als ein großangelegter Versuch verstanden werden, diejenigen Paradoxe aufzulösen, die sich ergeben, wenn man falsche Gegensätze aufstellt: den zwischen Freiheit und Notwendigkeit, Körper und Geist, Kausalität und Selbstreproduktion, Vernunft und Affekt, Eigennutz und Moralität, schließlich den zwischen der Macht, die von der Menge ausgeht und der staatlichen Souveränität. All diese Begriffspaare sind bis heute fürs Denken im allgemeinen, aber auch in der Philosophie paradox geblieben, und das nicht nur in der früheren Bedeutung, daß sich der gesunde Menschenverstand ganz massiv gegen sie sperrt, sondern auch dahingehend, daß sie in sich selbst widersprüchlich seien. Jeder möge aber für sich klären, ob die Gedankenakrobatik, mit der das Jüdische an Spinozas Auszug aus der jüdischen Gemeinde herausgearbeitet werden soll, die Widersprüche begrifflich nachvollziehbar auflöst oder doch eher darauf zurückzuführen ist, daß man sich vor allem gefühlsmäßig in Spinoza existentiell wiederfinden will bzw. aus politischer Strategie heraus so argumentiert.

4.2 Die andere Frage lautet: Hat die von den Deutschen unter der Herrschaft des Nationalsozialismus systematisch betriebene Massentötung von Landsleuten, die nach den damaligen gesetzlichen Kriterien als jüdisch zu gelten hatten, wie auch die von Osteuropäern nicht schon längst ein für allemal das Problem gelöst, ob es für die Juden so etwas wie eine eigene Identität und im Einklang mit den in ihrem jeweiligen Lebensraum herrschenden kulturellen Traditionen *zugleich* einen gemeinsamen Lebensstil geben könne, und bestand die Lösung dieses Problems nicht gerade darin, daß es, wie die Weltgeschichte endgültig gezeigt habe, jene Möglichkeiten nicht gebe und der Zionismus daher ohne Alternative sei?[85]

Vergegenwärtigt man sich diejenigen Züge der Philosophie Spinozas, die einen Zugang zu dem Phänomen des nicht nur versuchten Völkermords eröffnen könnten – insbesondere seine Affektenlehre, seine (Sozial-) Psychologie und seine politische Philosophie, hier vor allem seine Analysen zum theologisch-politischen Komplex –, so schieben sich folgende Gesichtspunkte in den Vordergrund:

– Wenn ein wesentlicher Aspekt der NS-Ideologie darin bestand zu glauben, ein Volk sei – heilsgeschichtlich gesehen – unabhängig von der Art seiner Überlegenheit zur Beglückung der gesamten Menschheit auf einzigartige Weise ausersehen, dann ist Spinozas Abrechnung mit jedem solchen Erwählungsglauben, gerade angesichts seiner verheerenden Konsequenzen in der modernen, auf internationalen Austausch angewiesenen Zeit (TTP 18, S. 276), jedenfalls nichts, was gegen seine Philosophie spricht. Auch für die Lösung des Palästina-Problems wird viel davon abhängen, ob die jedem solchen Erwählungsglauben innewohnende Beherr-

---

[85] Diese These vertritt, neben vielen anderen, auch unter Bezugnahme auf Spinoza Emil Fackenheim, To mend the world. New York 1982. Zur Auseinandersetzung mit dessen diesbezüglicher Spinoza-Kritik s. R. M. Silverman, Baruch Spinoza. Outcast Jew, universal sage. Northwood 1995, Epilogue, 216–222.

schungstendenz auf beiden Seiten an Einfluß verliert. Insofern ist Spinoza auch in dieser Beziehung ein wichtiger Autor, und zwar für beide Seiten.
– Was seinen angeblich überbetonten Rationalismus angeht, dessen Ohnmacht ja durch die Weltgeschichte erwiesen sei, so zeigt schon ein flüchtiger Blick auf das, was Spinoza zum Verhältnis von Vernunft und Leidenschaften tatsächlich ausführt, etwas ganz anderes als sein Scheitern: Kaum ein anderer als Spinoza hat daraus, daß der Mensch nicht ein dem Naturzusammenhang enthobenes Wesen, sondern ein relativ ohnmächtiger Teil der gesamten Natur ist, derart rigorose Schlußfolgerungen gezogen, um jene Macht einzuschätzen und zu erklären, die von den Leidenschaften auf das menschliche Tun ausgeübt wird. Und wie er immer wieder im einzelnen ausführt, können menschliche Gefühlsregungen sozial sehr schnell ins Gegenteil umschlagen; damit wird auch klar, daß es auf Dauer keine Barriere gegen den Rückfall einer Kultur in die Barbarei gibt. Gleichzeitig arbeitet Spinoza heraus, daß stabile soziale Beziehungen nur auf der Basis von Zusammenarbeit möglich sind und deshalb eine Rechtsordnung, welche dieser Logik der Kooperation folgt, auch wieder mäßigend auf die Affekte der Bürger einwirkt und sie mehr Vernunft annehmen läßt, wie umgekehrt eine auf Streit und Kampf ausgerichtete Rechtsordnung das genaue Gegenteil bewirkt.
– Deshalb entwickelt Spinoza in seiner politischen Philosophie eine Theorie zur institutionell-verfahrensmäßigen Stabilisierung solcher politischen Strukturen, die derartige Rückfälle und tyrannische Herrschaft verhindern, dafür aber den Frieden und die Bürgerfreiheit stärken. Daraus spricht alles andere als ein übergroßes Vertrauen, das man im politischen Leben der Nationen bei einzelnen auf die Vernunftherrschaft setzen könnte. Freilich betont er *auch*, daß Gesetze und Verfahren allein die Freiheit nicht garantieren können, daß es vielmehr auch genügend Bürger geben muß, für welche die konstruktive Wechselwirkung von aktiver Teilnahme am politischen Leben in der Demokratie und der Freiheit zu persönlicher Entfaltung selbstverständlich und Grund genug ist, für die Demokratie einzutreten. Und er macht immer wieder darauf aufmerksam, was gerade eine abergläubisch zugespitzte Weltanschauung religiöser Färbung an Möglichkeiten zur Ausbeutung durch das Herrscherpersonal bietet.

Das alles spricht nicht dafür, daß Spinozas Philosophie und die Folgerungen, die er für das Leben von Minderheiten in den modernen Nationalstaaten zieht, durch die Ereignisse in Deutschland von 1933 bis 1945 endgültig gescheitert seien. Statt also einer Rückkehr zu gesellschaftlich einheitlichen, womöglich sogar religiös untermauerten Nationalstaaten im strengen Sinn das Wort zu reden, sollte man lieber eine ganz andere und viel näher liegende Konsequenz ziehen: Es erscheint eher angezeigt, jene Faktoren und Mechanismen genau zu studieren, die in der deutschen Gesellschaft dazu geführt haben, daß es zu einer verhängnisvollen Rückkoppellung kam, in der nur durch die Steigerung von Kampf und Haß überhaupt noch Gemeinsamkeit des Handelns zustande kommen konnte, die ambivalente Sozialnatur des Menschen ihre destruktive Seite also voll auszubilden vermochte.

Es bleibt also bei dem Programm, das Spinoza skizziert hat: »Deshalb habe ich die menschlichen Affekte, beispielsweise Liebe, Haß, Zorn, Neid, Ruhmsucht, Mitleid und die übrigen Gemütsbewegungen, nicht als Fehler der menschlichen Natur betrachtet, sondern als deren Eigenschaften, die ihr so zugehören wie zur Natur der Luft die Hitze, die Kälte, der Sturm, der Donner und anderes dieser Art, Eigenschaften, die, mögen sie auch unangenehm sein, gleichwohl notwendig sind; sie haben bestimmte Ursachen, durch die wir ihre Natur begreifen« (TP 1/4, S. 11).

Dieser Rationalismus, der nicht davon träumt, daß die Vernunft des Menschen zur endgültigen Herrschaft gelangt und er die Kausalität der Natur restlos ablegt, aber andererseits auch nicht in Dämonisierung und neue Fundamentalismen verfällt, anstatt die Formen kollektiven Größenwahns verstandesmäßig zu analysieren – dieser Rationalismus ist ebenso wenig überholt, wie es die menschliche Natur sein kann, die er ohne gutgemeinte Verfälschung der Realität zu erkennen sucht, um Perspektiven für ein gemeinsames Leben in Frieden und Freiheit ausmachen zu können.

Daß Spinoza im heutigen Judentum Dauerthema ist, habe ich gezeigt und zu erklären versucht. In Deutschland verschwand Spinoza weitgehend aus der philosophischen, politischen, religiösen und wissenschaftlichen Diskussion, vor allem im Westen[86] – sieht man einmal von den Philosophie- und Literaturhistorikern ab, die gerade in Deutschland Spinoza nicht einfach vollständig übergehen konnten.[87] Die langfristigen Folgen der NS-Zeit für die Diskreditierung bestimmter Denkformen und die These, daß die deutsche Judenvernichtungspolitik Spinozas »Assimilations«empfehlung für die Juden in weltgeschichtlichem Maßstab endgültig widerlegt habe, verstärkten sich wechselseitig. Wenn jedoch die Hauptaufgabe einer Philosophie »nach Auschwitz« darin besteht zu erkennen, wie NS-Herrschaft mit all ihren Auswirkungen als ein Ausdruck dessen möglich wurde, wozu menschliches Denken und Handeln unter bestimmten Bedingungen fähig sind, dann bietet sich zur Lösung dieser Aufgabe gerade die Philosophie Spinozas besonders an, gibt sie doch eine Analyse dafür, wie Haß, Zorn, Neid usw. entstehen und in einen sich selbst verstärkenden Kreislauf geraten können. Die Wiedereinbürgerung der Philosophie Spinozas ist auch unter diesem Gesichtspunkt überfällig.

---

[86] In der Deutschen Demokratischen Republik konnte die Spinoza-Forschung an die Deutungslinie Spinozas als eines materialistischen Denkers anknüpfen, der freilich die theologischen bzw. metaphysischen »Eierschalen« noch nicht ganz abgestreift habe, aber als Vertreter des fortschrittlichen bürgerlichen Lagers zu den im realen Sozialismus als Erbe »aufzuhebenden« Traditionsbeständen gehöre. Besonders klar wird diese auf die sowjetischen Philosophen Plechanow und Deborin zurückgehende, eine Bemerkung des alten Engels aufgreifende Deutungslinie in den Spinoza-Arbeiten Helmut Seidels sichtbar. Vgl. dazu jetzt Seidels Rückblick, in: Spinoza und die Defizite der Marxschen Philosophie. Ingolf Becker im Gespräch mit Helmut Seidel und Manfred Walther. Studia Spinozana 9 (1992), 365–375.

[87] Die erste Spinoza im Titel führende literaturwissenschaftliche Arbeit ist die von Herbert Lindner, Das Problem des Spinozismus im Schaffen Goethes und Herders. Weimar 1960; sie ist also in der DDR erschienen.

Jenseits des Ghettotores –
Moses Mendelssohn und Samson Raphael Hirsch

Klaus S. Davidowicz

Bereits im italienischen Judentum der Renaissance hatte es Öffnungen zur weltlichen Kultur gegeben. In Dichtung, Philosophie und Geschichtsschreibung taten sich Gelehrte wie Mose di Rieti (1388–1460), Jehuda ben Isaak Abrabanel (1460–1523), Azaria dei Rossi (1511–1578)[1] oder Leone Modena (1571–1648) hervor. In ihren Werken finden sich bereits historisch-kritische Auseinandersetzungen mit den religiösen Traditionen der rabbinischen Gelehrsamkeit. Auch die messianische Bewegung um Sabbatai Zwi (1626–1676)[2] sowie als Folge davon die sabbatianischen Kontroversen, z.B. der Amulettenstreit von Hamburg, hatten die jüdische Tradition in ihren religiös-nationalen Normen zwar erschüttert und geschwächt, aber nicht einschneidend verändert. Dennoch führen Brücken wie das italienische Renaissancejudentum und tragische Einzelschicksale z.B. des Uriel da Costa (1585–1640) oder Baruch Spinoza (1632–1677) von der mittelalterlichen zur modernen jüdischen Aufklärung. Aber erst in der jüdischen Aufklärung (Haskala)[3], an deren Anfängen Moses Mendelssohn[4] (6.9.1729 Dessau – 4.1.1786 Berlin) steht, wurden jetzt die Integra-

---

[1] Reuven Bonfil (Hg.), Azariah de Rossi. Jerusalem 1991; ders., Jewish Life in Renaissance Italy. Berkeley 1994.

[2] Zu Sabbatai Zwi: Gershom Scholem, Sabbatai Zwi, der mystische Messias. Frankfurt a.M. 1992; Yehuda Liebes, On Sabbateanism and its Kabbalah, collected Essays (hebr.). Jerusalem 1995; zum Amulettenstreit und anderen Kontroversen um (vermeintliche) Anhänger Zwis: Elisheva Carlebach, The Pursuit of Heresy: Rabbi Moses Hagiz and the Sabbatian Controversies. New York 1990.

[3] Aufklärung und Haskala in jüdischer und nichtjüdischer Sicht, hg. von Karlfried Gründer und Nathan Rotenstreich, Heidelberg 1990; Edward Breuer, The Limits of Enlightenment. Cambridge, Mass. 1996; Deutsche Aufklärung und Judenemanzipation. Beiheft 3 des Jahrbuchs für Deutsche Geschichte, hg. von Walter Grab, Tel Aviv 1980; Deutsch-Jüdische Geschichte in der Neuzeit, hg. von Michael A. Meyer, Michael Graetz, Mordechai Breuer und Michael Brenner, 4 Bände. München 1996ff.; Heinz Mosche Graupe, Die Entstehung des modernen Judentums. Hamburg 1969; Maurice-Ruben Hayoun, Le Judaïsme Moderne. Paris 1989; Jacob Katz, Aus dem Ghetto in die bürgerliche Gesellschaft. Jüdische Emanzipation 1770–1870. Frankfurt a. M. 1986; Michael A. Meyer, Jüdische Identität in der Moderne. Frankfurt a.M. 1990, ders., Von Moses Mendelssohn zu Leopold Zunz. Jüdische Identität in Deutschland 1749–1824. München 1994.

[4] Die wichtigsten Mendelssohn-Biographien: Isaac Abraham Euchel, Toledot rabenu hechacham Mosche ben Menachem (hebr.). Berlin 1788, ²Wien 1814; Meyer Kayserling, Moses Mendelssohn. Sein Leben und seine Werke. Nebst einem Anhange ungedruckter Briefe von und an Mendelssohn. Leipzig 1862 (eine überarbeitete zweite Auflage trug den Untertitel: Sein Leben und sein Wirken, Leipzig 1888); Hermann M.Z. Meyer, Moses Mendelssohn Bibliographie. Berlin 1965; Alexander Altmann, Moses Mendelssohn. A biographical Study. Philadelphia 1973 (die bislang fundierteste und umfangreichste [900 Seiten] Studie zu Mendelssohn); Julius H. Schoeps, Moses Mendelssohn. Königstein/Ts. 1979; Maurice-Ruben Hayoun, Moïse Mendelssohn (in press, Paris 1997). Einen Überblick über die Mendelssohn-Forschung gibt: Michael Albrecht, Moses Mendelssohn. Ein Forschungsbericht 1965–1980, in: Deutsche Vierteljahrsschrift für Literaturwissenschaft und Geistesgeschichte 57 (1983), 64–166. Eine Zusammenfassung der

tion der Juden in die bürgerliche Gesellschaft, die Akkulturation und die Reform des jüdischen Bildungswesens angestrebt, was die Pflege der deutschen und hebräischen Sprache voraussetzte.

Unter den zahlreichen bedeutenden Köpfen der deutsch-jüdischen Geistesgeschichte nehmen Moses Mendelssohn und Samson Raphael Hirsch (1808 Hamburg – 1888 Frankfurt a.M.)[5] herausragende Positionen ein. Mit ihren Namen sind Schlagworte wie »jüdische Aufklärung«, »Emanzipation«, »Reform« und »Neo-Orthodoxie« verknüpft. Mendelssohn war nicht Gründer der Haskala, sondern eher geistiger Vater der jüdischen Aufklärung. Er hatte versucht, das Judentum für die moderne Welt zu öffnen. Dies bedeutete Gleichheit der Rechte und Aufnahme weltlicher Kultur. Als Gegenleistung dafür die Treue zur jüdischen Tradition aufzugeben kam Mendelssohn nie in den Sinn. Jüdische Tradition und die Aufnahme der Bildung und Kultur seiner Zeit zeichnen sein Leben und Werk[6] aus.

Während sich in Deutschland Mendelssohn zusammen mit seinem Freund Gotthold Ephraim Lessing (1729–1781) Fragen der Ästhetik und Philosophie widmete, lebten in Osteuropa bedeutende Zeitgenossen Mendelssohns, die ganz andere Formen jüdischer Tradition begründeten: Israel ben Elieser (Akronym BeShT = Baal Shem Tov, ca. 1700–1760[7]) schuf den osteuropäischen Chassidismus; Elia ben Salomon Salman, der Gaon von Wilna (Akronym HaGra = Ha Gaon Rabbi Eliahu, 1720–1797), ein anerkannter Gegner von Chassidismus und Haskala, war der bedeutenste Vertreter der rabbinischen Gelehrsamkeit seiner Zeit. Schließlich verwarf Jacob Frank (1726–1791) die gesamte jüdische Tradition und entwickelte in Podolien einen höchst eigentümlichen späten Ableger des radikalen Sabbatianismus.

Der Kreis um Mendelssohn sollte die Gedanken der Berliner Haskala weiterentwickeln und vorantreiben. Ohne die Träger der Aufklärung

---

neuesten Mendelssohn-Forschung ist: Moses Mendelssohn und die Kreise seiner Wirksamkeit, hg. von Michael Albrecht, Eva J. Engel und Norbert Hinske. Tübingen 1994.

[5] Zu Hirsch und seiner Zeit: Mordechai Breuer, Jüdische Orthodoxie im Deutschen Reich 1871–1910. Frankfurt a.M. 1986; ders., Samson Raphael Hirsch, die neue Orthodoxie und die deutsche Kultur, in: Bulletin des Leo Baeck Instituts 72 (1985), 3–30; Isaac Heinemann, Samson Raphael Hirsch: The Formative Years of the Leader of Modern Orthodoxy, in: Historia Judaica 13 (New York 1951); Noah H. Rosenbloom, Tradition in an Age of Reform. The Religious Philosophy of Samson Raphael Hirsch. Philadelphia 1976; sehr wertvoll ist auch die Jubiläumsschrift (1908) der Zeitschrift *Israelit* zum 100. Geburtstag Hirschs.

[6] Moses Mendelssohn, Gesammelte Schriften, hg. von G.B. Mendelssohn, 7 Bände. Leipzig 1843–1845; ders., Gesammelte Schriften. Jubiläumsausgabe in Gemeinschaft mit F. Bamberger, H. Borodianski, S. Rawidowicz, B. Strauss, L. Strauss, hg. von Ismar Elbogen, Julius Guttmann, E. Mittwoch. Berlin / Breslau 1929–1938, Neudruck und Fortsetzung hg. von Alexander Altmann, Stuttgart – Bad Cannstatt 1971ff.; ders., Brautbriefe. Königstein/Ts. 1985; ders., Briefwechsel der letzten Lebens-Jahre. Sonderausgabe eingeleitet von Alexander Altmann. Stuttgart – Bad Cannstatt 1979; ders., Neuerschlossene Briefe Moses Mendelssohns an Friedrich Nicolai, hg. von Alexander Altmann und Werner Vogel. Stuttgart 1973; Ludwig Geiger, Briefe von, an und über Mendelssohn, in: Jahrbuch für Jüdische Geschichte und Literatur 20 (Berlin 1917), 85–137.

[7] Moshe Rosman, Founder of Hasidism, a Quest for the historical Ba'al Shem Tov. Berkeley 1996.

(Maskilim) wie Naftali Herz Wessely (1725–1805), Salomon Dubno (1738–1813), Herz Homberg (1749–1841), Isaak Euchel (1756–1804) oder Lazarus Bendavid (1762–1832) wären die von Mendelssohn unternommene Bibelübersetzung (ins Deutsche mit hebräischen Buchstaben) und die hebräische Zeitschrift *HaMeassef = Der Sammler*[8] nicht denkbar gewesen. Nicht nur Zeitungen, die Tätigkeiten von »Maskilim« als Hauslehrer in einflußreichen Familien, die Bibelübersetzung mit Kommentar (der hebräisch verfaßte »Biur«), sondern auch die neu gegründeten Schulen der Haskala sollten die Gedanken der Aufklärung in die Köpfe der Menschen bringen. Bald zeigten sich allerdings auch die Schattenseiten der Haskala in Mitteleuropa: das Schwinden der jüdischen Identität bis hin zur völligen Assimilation und bei einigen auch die Taufe. Vermittler der Aufklärung nach Osteuropa waren Vertreter aus habsburgischen Gebieten. Die im 19. Jahrhundert auf nationaler Grundlage in Osteuropa (vor allem in Wilna und Odessa) entstandene Haskala brachte eine Renaissance der hebräischen Sprache für profanes Schrifttum mit sich. Ironischerweise schwang sich auch das von Mendelssohn heftig bekämpfte Jiddisch zu einem wahren Höhenflug auf. Die osteuropäische Haskala wurde zum Wegbereiter des jüdischen Sozialismus und modernen Nationalismus.

Hirsch[9] sah sich so einem bereits durch Emanzipation und Assimilation erschütterten Judentum gegenüber, das er zur Tradition zurückführen wollte, ohne die weltliche Kultur und Bildung aufzugeben. Martin Buber hatte Hirsch den Antipoden von Mendelssohn genannt, und doch gibt es trotz der Unterschiede eine gewisse Kontinuität, die sich in einer Gegenüberstellung ihrer wichtigsten Schriften, Mendelssohns *Jerusalem* und Hirschs *19 Briefe über Judentum*, zeigt.

Jerusalem, oder über religiöse Macht im Judentum, 1783 erschienen, ist ein Spätwerk Mendelssohns. Seine prekäre persönliche Situation im Berlin Friedrichs II. sollte stets berücksichtigt werden, wenn man sich mit seinen Schriften zum Judentum auseinandersetzt. Er war 1743 seinem Lehrer R. David Fränkel ohne dessen Wissen nach Berlin nachgereist. Nach Tätigkeiten als Hauslehrer wurde er in der Fabrik des Seidenfabrikanten Isaak Bernhard Buchhalter, was er zeitlebends blieb, da ihm 1771 durch einen Einspruch Friedrichs II. die Aufnahme in die Akademie der Wissenschaften verweigert wurde. Mendelssohn war kein »Hofjude«, geschweige denn »ordentlicher Schutzjude«. Erst nachdem er 1763 den 1. Preis der Berliner Akademie der Wissenschaften für seine *Abhandlung über die Evidenz in metaphysischen Wissenschaften* erhalten hatte, wurde er »außerordentlicher Schutzjude«. Im Gegensatz zum »ordentlichen

---

[8] Sie erschien 1784–1790, 1794–1797, 1809–1811.
[9] Samson-Raphael Hirsch, Gesammelte Schriften, hg. von Naphtali Hirsch, 6 Bände. Frankfurt a. M. 1908–1912. Die französische Übersetzung der *Igrot tsafon: 19 Briefe über Judentum* (das deutschsprachige Original erschien in Altona 1836 unter dem Pseudonym Ben Usiel, Neudruck Zürich 1987) enthält eine umfangreiche wissenschaftliche Einleitung von Maurice-Ruben Hayoun: Dix-neuf épitres sur le judaisme, übersetzt und herausgegeben von Maurice-Ruben Hayoun. Paris 1988.

Schutzjuden« wurde das Wohnrecht in Berlin nicht auf die Angehörigen vererbt. Den 2. Preis gewann damals Immanuel Kant (1724–1804). Dieser gute Mann aus Königsberg hat es sich später in seiner *Kritik der reinen Vernunft* nicht nehmen lassen, den Mendelssohnschen Seelenbegriff zu widerlegen.[10] Während Mendelssohn neben dem Broterwerb fleißig profane Fächer studierte, arbeitete er zusammen mit Lessing und Friedrich Nicolai (1733–1811) an der *Bibliothek der schönen Wissenschaften und der freyen Künste* (1756–1759) und an den *Briefen die Neueste Literatur betreffend* (1759–1763). Er veröffentlichte zunächst Schriften zu Ästhetik und Philosophie, wie *Phädon* (1767). Judentum und »Weltweisheit« waren für ihn miteinander zu vereinbaren, und er hatte sich mit dieser Konzeption auch stets für die bedrängte Judenheit eingesetzt. Aber erst die Auseinandersetzung mit dem Schweizer Theologen Johann Caspar Lavater (1741–1801) holte ihn in die gefährliche Manege der »christlich-jüdischen Disputationen«. Danach sollte er seine Gedankenwelt in Schriften wie *Jerusalem* oder der Vorrede zur deutschen Übersetzung von Manasseh Ben Israels (1604–1657) *Vindiciae Judaeorum – Rettung der Juden* (1782) schöpferisch »mit allergnädigsten Freyheiten« (so das Titelblatt zu *Jerusalem*) ausformulieren. Natürlich war er bereits vor diesem Streit wiederholt in den Bannstrahl geraten. Zeitgenossen wie Thomas Abbt hatten bedauert, daß der »Jude Moses« sich nie bekehren ließe, und die Literaturbriefe waren aufgrund einer anonymen Anklage 1762 kurzfristig verboten worden:

»Es erscheine in Berlin eine schändliche Schrift (...), worin ein Jude in einem Aufsatz wider den Hrn. Hofprediger Cramer zu Kopenhagen die Gottheit Christi bestritten, auch die Ehrfurcht gegen des Königs Allerhöchste Person durch ein freches Urteil über die Poésies diverses aus den Augen gesetzt habe. Er finde sich in seinem Gewissen verbunden, diese Attentate des Juden der Allerhöchsten Behörde anzuzeigen.«[11]

Als Mendelssohn zum Generalfiskal zitiert wurde, soll er – Nicolai zufolge – gesagt haben:

»Wenn ich mit einem Christen Kegel schiebe, wäre es auch ein Hofprediger, so werfe ich alle Neune, wenn ich kann.«[12]

Lavater hatte einen Teil der frisch erschienenen *Palingénésie philosophique* von Charles Bonnets unter dem Titel *Herrn Carl Bonnets, verschiedener Akademien Mitglieds, philosophische Untersuchung der Beweise für das Christentum* in Zürich 1769 veröffentlicht und mit einer öffentlichen »Zuschrift« an Mendelssohn versehen. Darin forderte er ihn auf:

»Nicht, diese Schrift mit philosophischer Unparteylichkeit zu lesen; denn das werden Sie gewiß, ohne mein Bitten, sonst thun: Sondern, dieselbe öffentlich zu widerlegen, wofern Sie die wesentlichen Argumentationen, womit die Thatsachen des Christentums unterstützt sind, nicht

---

[10] Immanuel Kant, Kritik der reinen Vernunft, Band 2. Frankfurt a.M. 1974, 350–358.
[11] Friedrich Nicolai, Kritik ist überall, zumal in Deutschland, nötig, Satiren und Schriften zur Literatur. München 1987, 450.
[12] Ebd., 448.

richtig finden: Dafern Sie aber dieselben richtig finden, zu thun, was Klugheit, Wahrheitsliebe, Redlichkeit Sie tun heißen.«[13]

Das Christentum öffentlich zu widerlegen oder sich taufen lassen forderte Lavater von einem Juden, der mit seiner Familie stets unter der drohenden Ausweisung lebte. Mendelssohn antwortete zurückhaltend, aber dennoch bestimmt:

»Ich begreife nicht, was mich an eine, dem Ansehen nach so überstrenge, so allgemein verachtete Religion fesseln könnte, wenn ich nicht im Herzen von ihrer Wahrheit überzeugt wäre.«[14]

Die Auseinandersetzung war mit Mendelssohns Antwortschreiben keineswegs beendet. Andere meldeten sich zu Wort und ermahnten Lavater, er dürfe Mendelssohn nicht herausfordern. Dieser blieb nach der öffentlichen Kontroverse zwar formal der »moralische« Sieger, wurde aber nervenkrank. Der eigentliche Kern der Debatte, Judentum oder Christentum, blieb nahezu unangetastet.[15]

Der Hintergrund für Mendelssohns »Vorrede« (zu Manasseh Ben Israels *Rettung der Juden*) war die durch ihn angeregte Veröffentlichung von Christian Wilhelm Dohms Schrift *Über die bürgerliche Verbesserung der Juden* (1781), welche die Emanzipation der Juden sowie die Toleranzpatente Josephs II. für die Juden Böhmens (1781) und Österreichs (1782) maßgeblich förderte. Mendelssohn dachte, damit sei nun die Zeit reif, um die Gleichberechtigung auch in Preußen voranzubringen. Wer konnte denken, daß dieser Kampf noch fast hundert Jahre dauern würde – bis 1871.

Die knapp 25 Seiten starke Vorrede geht zunächst auf die soziale und geistige Lage der Judenheit ein:

»Man bindet uns die Hände, und macht uns zum Vorwurfe, daß wir sie nicht gebrauchen.«[16]

Äußerst brisant ist auf den weiteren Seiten der Aufruf an die jüdischen Rabbinen und Gemeindevorstände, den rabbinischen Bann aufzugeben. Dies war ein – durchaus taktvoll formulierter – Angriff auf die gerichtliche jüdische Autonomie. Mendelssohn erklärte, daß eine Religion nur Geist und Herz sei und daher keine Arme und Finger brauche.

»Die wahre, göttliche Religion maßt sich keine Gewalt über Meinungen und Urtheile an; gibt und nimmt keinen Anspruch auf irdische Güter, kein Recht auf Genuß, Besitz und Eigenthum; kennet keine andere Macht, als die Macht durch Gründe zu gewinnen, zu überzeugen, und durch Überzeugung glückselig zu machen.«[17]

Als Reaktion auf diese Vorrede erschien 1782 in Berlin die in Wien verfaßte Broschüre *Das Forschen nach Licht und Recht in einem Schreiben an*

---

[13] Mendelssohn, Jubiläumsausgabe, 7. Band, 3.
[14] Ebd., 9.
[15] Der gesamte Lavater-Streit wird im Band 7 der Jubiläumsausgabe von Simon Rawidowicz S. XI-CLVIII ausführlichst behandelt, ebenso sind alle Schriften, Briefe und Dokumente dort abgedruckt.
[16] Jubiläumsausgabe, 8. Band, 6.
[17] Ebd., 18.

Herrn Moses Mendelssohn auf Veranlassung seiner merkwürdigen Vorrede zu Manasseh Ben Israel. Das Verfasserkürzel »S.« und der Ort Wien wies auf Joseph von Sonnenfels hin – eine geschickte Maskerade des tatsächlichen Autors August Friedrich Cranz (1737–1801), um auf seine Schrift mehr Aufmerksamkeit zu lenken. Cranz warf Mendelssohn vor, er habe das Judentum verlassen und sich dem Christentum genähert, da doch die Basis des Judentums ein zwingendes Recht sei. Wie könne also Mendelssohn der Religion seiner Väter treu sein, wenn er deren Basis negiere?

Sichtlich inspiriert von Hobbes und Spinoza, antwortete Mendelssohn seinem Widersacher mit *Jerusalem*: Ziel des Staates und der religiösen Institutionen ist es, das Glück der Menschen zu mehren. Allerdings besitzt der Staat die Macht zu befehlen, und die Religion sollte nur lehren und überzeugen. Im alten Israel bildeten die völlig anderen rechtlichen Verhältnisse mit ihrem religiösen Zwang eine Ausnahme, da Gott der König Israels gewesen sei. Das Judentum ist keine geoffenbarte Religion. Es hat ein anderes Verständnis von Offenbarung als das Christentum: Nicht »ewige Heilswahrheiten« wurden den Juden offenbart und übergeben, sondern Gesetze, Vorschriften und Gebote, die nur sie befolgen sollten. Die fürs menschliche Glück unverzichtbaren ewigen Wahrheiten der Religion können von der Vernunft allein vollständig erkannt werden. Bis der Messias kommt, sind die Juden verpflichtet, sich an die offenbarten Vorschriften zu halten. Mendelssohn war traditioneller Jude und weltlicher Philosoph, der sich für bessere Lebensverhältnisse seiner jüdischen Mitbrüder einsetzte. Er war kein Reformator der jüdischen Religion, auch wenn spätere Reformer die Trennung in »Zeremonialgesetz« und »ewige Wahrheiten« aufgriffen. Von der Emanzipation zur Assimilation war es für viele nur ein kleiner Schritt, der oft getan wurde. Der Verzicht auf die jüdische Tradition bedeutete für eine kleine Anzahl von Juden zu Beginn des 19. Jahrhunderts auch die Konversion. Dies war das »Eintrittsbillet zur europäischen Kultur«, wie es der glücklose Konvertit Heinrich Heine (1797–1856) formuliert hatte. Unter den Konvertiten war auch Abraham Mendelssohn, der Sohn von Moses Mendelssohn und Vater von Felix Mendelssohn-Bartholdy (1809–1847). In Deutschland rief die Abwendung von den alten Traditionen verschiedene Formen der Reaktion hervor: die bedeutendsten waren die jüdische Reformbewegung und die Altorthodoxie.

Samson Raphael Hirsch bekämpfte beide und versuchte einen dritten Weg zu gehen, der als Neo-Orthodoxie bekannt wurde: das Judentum aufrechterhalten, die Gebote erfüllen und die Kultur der Umgebung aufnehmen. Im Grunde war Hirsch, dessen Bonner Studienfreund Abraham Geiger (1810–1874) war, ein gemäßigter Aufklärer, der ganz im Sinne der Romantik versuchte, den Geist des Judentums zu bewahren, ja wiederzuentdecken. Hirsch wuchs in Hamburg auf, das in seiner Jugendzeit durch den 1818 gegründeten Reformtempel Schauplatz eines heftigen Kampfes zwischen Orthodoxie und Reform war. Sein Vater Raphael (1777–1857) war ein traditioneller Jude, der sich aber trotzdem zur Haskala hingezogen fühlte. Hirsch lernte bei dem Hamburger Rabbiner Isaak Bernays (1792–1849), der von Schelling stark beeinflußt war, in deutscher Sprache predigte und auf eine »würdige Form« des Gottesdienstes bedacht war. Nachdem er mit 20 Jahren Schüler von R. Jakob Ettlinger in Mannheim gewesen war, studierte er an der Bonner Universität. Allerdings brach er die Studien 1830 ab und wurde Landesrabbiner im Großherzogtum Oldenburg, wo er einen Chor in der Synagoge einrichtete. In diese Zeit fallen seine Jugendschrift *19 Briefe* und *Horeb, Versuch über Jissroels Pflichten in der Zerstreuung* (1837). In Anlehnung an Jehuda HaLevis (1075–1141) *Kuzari* verfaßte Hirsch ein Werk, das junge Juden zur Tradition zurückbringen sollte.

Es beginnt mit dem Brief eines ratlosen Juden namens Benjamin, der dem Judentum eine Reihe bekannter Vorwürfe macht: das Judentum trennt sich von Kunst und Literatur, kennt keinen Fortschritt und hat eine Fülle von unsinnigen Vorschriften. Hirsch antwortet, indem er zunächst das Judentum verteidigt. Dann behandelt er den Inhalt der jüdischen Gebote, um im Anschluß heftig gegen Reform und Altorthodoxie zu polemisieren.

In seiner Schrift, so etwas wie einem kurzen »Führer der Verwirrten«, ist er nicht nur jüdischen Denkern wie HaLevi oder Nachmanides verpflichtet, man merkt auch, daß er Georg W. F. Hegel (1770–1831) und Johann G. Fichte (1762–1814) kennt. Hirsch erklärte die Auserwähltheit als Aufgabe, ein erzieherisches Vorbild zu sein:

»Mit ihm also Stein zu einem neuen Bau der Menschheit, in ihm geflüchtet Erkennung Gottes und des Menschenberufs und durch Geschick und Leben offenbart zum Beispiel, zur Warnung, zum Muster, zur Erziehung. Aber eben darum mußte es gesondert bleiben; durfte nicht eingehen ins Treiben der übrigen Völker, damit es nicht auch untergehe in Besitz- und Genußvergötterung.«[18]

Hirsch entwarf in wenigen Strichen das Bild eines geistlosen Judentums, von dem er sich umgeben sah: ein »entseeltes« Reformjudentum, das »erleuchtet« niederreißt, und eine in reiner Gebotserfüllung erstarrte Altorthodoxie. Hirsch strebte eine andere Art von »Reform« an, eine geistige Erneuerung:

»Wenn nun ein geistloser Geist die lebensvollsten Gesetze erfaßt hat und sie zur Mumie versteinert und, von mancher Verirrung in Geistesbestrebungen geschreckt, wie Raubvögel scheuchte den Geist vom teuren Leichnam? Wenn Jahrhunderte des Drucks und des Elends, zum Wirken keinen Raum bietend, nur zu dulden und zur Ergebung rufend und Erhebung dazu im Gebete findend und in Beschauung des Lebens Trost, gerade diese Seite hervorkehren mußten?«[19]

Ebenso wie Mendelssohn sah Hirsch in den Geboten keine Dogmen: »Satzungen? Glaubenssatzungen? 613 Pflichten kennt das Judentum, keine Glaubensgebote; die Wahrheiten, die es zum Grunde legt, offenbart es als Wahrheit, spricht sie aus für den, der Ohren hat, Wahres zu vernehmen, und öffnet eben durch seine Bestimmung ein Feld zu allweiter For-

---

[18] Samson Raphael Hirsch, 19 Briefe. Zürich 1987, 38.
[19] Ebd., 56.

schung; zum Eindringen in Wesen und Zusammenhang von Geschöpf, Welt, Mensch, Menschheit, in Entwicklung der Menschengeschichte und in Gottes Plan mit ihr.«[20]

Der 18. Brief enthält eine radikale Kritik an falscher Reform und Altorthodoxie, worin er Mendelssohn treffend schildert:

»Denn nun, als das äußere Joch sich zu lüften begann und der Geist sich freier fühlte, trat wieder eine hochglänzende, höchst achtbare Persönlichkeit auf, die wieder durch ihre Persönlichkeit die Entwicklung bis auf den heutigen Tag geleitet. Sie selbst – ihre freiere Geistesentwicklung – auch nicht aus dem Judentum geschöpft habend, eigentlich groß in philosophischen Diziplinen der Metaphysik und Ästhetik, Thanach nur philologisch-ästhetisch entwickelnd, das Judentum als Wissenschaft nicht aus sich selber erbauend, sondern nur gegen politischen Unverstand und frommchristliche Zumutungen verteidigend, dabei persönlich ein praktisch religiöser Jude, zeigte ihren Brüdern und der Welt: man könne streng religiöser Jude sein und doch hochgeachtet hervorglänzen als deutscher Plato! Dies ›und doch‹ entschied.«[21]

Hirsch schrieb nicht für ein philosophisch gelehrtes Publikum, sondern für junge Juden, die er wieder für ihr Jude-Sein begeistern wollte. Sein eigener Enthusiasmus für Literatur, Kunst und »Schulchan Aruch« spricht aus jeder Zeile. Er war kein reaktionärer Autor, der die Tradition retten wollte. Sein Ziel war es, das tägliche orthodox-jüdische Leben in einer gebildeten Umwelt geistig wiederzubeleben. Über Emden (ab 1841) und Nikolsburg kam er 1851 nach Frankfurt, und zwar als Rabbiner der orthodoxen Israelitischen Religionsgesellschaft, deren Gründung auf die Übernahme der Gemeinde durch die Reformbewegung zurückging. Hier setzte er sich für eine radikale Trennung von Orthodoxen und Reformern ein. Die Höhepunkte dieser Entwicklung waren das 1876 beschlossene Austrittsgesetz und die Gründung der »Freien Vereinigung für die Interessen des orthodoxen Judentums« (1885). Hirsch, der ein großer Erzieher, aber kein Philosoph war, gründete nach den Prinzipien seiner Lehre auch Schulen. Auf einer Fahne stand das Motto »Tora im derech erez = Tora im Weg der Welt«. Indem er dieses rabbinische Wort aufgriff, erklärte Hirsch, daß »derech erez« das ganze soziale und bürgerliche Leben umfasse. Genauso umfasse die Tora das ganze Leben. Diese beiden Elemente verbinden sich miteinander. Der Jude wahrt seine jüdische Tradition nicht nur zu Hause, sondern auch auf der Straße. Und wenn sich die Kultur der Umgebung mit den Lehren des Judentums vereinbaren läßt, darf man sie genießen. Neben seiner Arbeit für die Gemeinde gab Hirsch die Zeitung *Jeschurun* (1855–1869) heraus, übersetzte und kommentierte den Pentateuch (1867–1879). Er schuf ein Werk, das die moderne Orthodoxie bis heute befruchtet hat. Natürlich atmet es den Geist der Romantik und spiritualisiert Begriffe wie »Nation«. Aber es erlaubte den orthodoxen Juden, sich der Kultur der Umgebung zu öffnen, ohne die jüdische Tradition aufzugeben.

---

[20] Ebd., 79.
[21] Ebd., 101–102.

Mendelssohn und Hirsch sind beide für die weltliche Kultur der Umgebung offen. Sie haben allerdings unterschiedliche Einstellungen zur jüdischen Tradition, was auch mit der jeweiligen historischen Situation zusammenhängt. Mendelssohn wandte sich an eine Judenheit, der die Kultur fast völlig fremd war und wollte ihr diese näherbringen. Hirsch versuchte, gegen die um sich greifende Assimilation ein neues Judentum entstehen zu lassen, in dem Kultur und jüdische Tradition keine unvereinbaren Gegensätze bilden. Für ihn war die Philosophie nur ein Hilfsmittel, um seine religiösen Überlegungen zu formulieren. Mendelssohn war Philosoph, der wie viele seiner Vorgänger im Mittelalter versuchte, Philosophie und Offenbarung in Einklang zu bringen. Er war unhistorisch und hatte an der Geschichte eigentlich überhaupt kein Interesse. Lessings Gedanke vom Fortschritt und der »Erziehung des Menschengeschlechts« wurde von ihm abgelehnt, von Hirsch aber aufgegriffen. Dennoch hatte Hirsch Mendelssohns Idee übernommen, Tora und Kultur ebenso miteinander zu verbinden wie Lehre und Leben mit Hilfe der Gebote, mochten sich diese nun auf ewige oder nur zeitgebundene Wahrheiten beziehen. Hirsch hatte versucht, den Geist der Mendelssohnschen Ideen in ein praktisches Erziehungsprogramm umzusetzen. Er stand damit Mendelssohn vielleicht näher als so mancher Vertreter der jüdischen Reformbewegung oder der Haskala.

Heinrich Heine, der fromme Ketzer

Jüdisch beschnitten – evangelisch getauft – katholisch getraut

Pinchas Lapide

Als Jude geboren und beschnitten, evangelisch getauft und katholisch getraut, blieb Heinrich Heine zeitlebens ein unsteter Grenzgänger zwischen den Welten: ein deutscher Patriot ohne Heimat; ein »europamüder« Weltenbürger im Exil; ein Rheinländer an der Seine – und nicht zuletzt: ein braver Soldat im Befreiungskrieg der Menschheit, wie er sich selbst so tiefsinnig verstanden hat. Sensitiv und aggressiv zugleich, war er eine Zerreißprobe von Widerborstigkeiten, voll kreativer Unruhe, dem wir vielleicht die profundesten Bekenntnisse eines gläubigen Ketzers verdanken. Seinem »himmlischen Heimweh« und seinem zähen Ringen mit Gott um den inneren Frieden sei hier dieses Spätlob gewidmet. Eine lange Nacht hindurch rang Jakob einst mit dem Engel des Herrn – bis er ihm beim Morgengrauen seinen Segen abringen konnte. Heinrich Heine, ein später Nachfahre des Stammvaters, rang mit Gott und dessen Engeln ein ganzes Leben lang. Wie Jakob wurde auch er dabei angeschlagen, aber nicht geschlagen – doch der Segen blieb ihm versagt. Oder hat er ihn zu guter Letzt doch noch erlangt? Wie dem auch sei, der Kaufmannssohn aus der Düsseldorfer Bolkerstraße lebte eine Zeitlang in Frieden mit Gott; eine längere Zeit dauerte seine lautstarke Rebellion gegen Gott und die Welt; des öfteren haderte er mit Gott wie einst Abraham um Sodom und Gomorrha – aber ohne Gott lebte er fast nie.

Er liebäugelte zwar eine Weile mit Spinoza und dem Pantheismus, dann mit dem Linksradikalismus und dem Salon-Kommunismus, und während seiner Sturm-und-Drang-Epoche hat er auch »bei den Hegelianern Schweine gehütet«, wie es in der Rückschau des älteren Heine heißt, was sowohl seine Neu-Entwertung Hegels als auch seine Heimkehr als verlorener Sohn zum Glauben seiner Väter zum Ausdruck bringen soll. Daß es während seiner geistigen Odyssee auch zu atheistischen Wallungen kommen mußte, war bei seinem vulkanischen Temperament so gut wie unvermeidlich. Als Freund von Marx und Engels gefiel er sich eine Zeitlang in der Rolle des »Apostels der neuen Religion«, wie er die alt-neue Lehre nannte, die »das Sterben Gottes«, die Emanzipation des Fleisches und die Ver-Gottung des Menschen als angeblich befreiende Frohbotschaft ausposaunte. Wie un-neu all dies war, fand der reifere Heine in Psalm 14 und Psalm 53, die er in redlicher Selbstkritik auf sich selbst bezog: »Der Narr spricht in seinem Herzen: Es ist kein Gott ... da ist keiner, der Gutes tut ... Sie essen das Brot Des Herrn, aber rufen Seinen Namen nicht an.« Doch die ausschweifenden Festgelage des Dionysos, denen der in Hellas verliebte Jüngling ein paar Jahre lang frönte, waren – zutiefst gesehen – Teil einer leidenschaftlichen, wenn auch wirren Gottes-Suche. Die übermütige Lyrik jener Tage tat er später, nach seinem »Widerruf« mit einem kurzen Refrain ab:

Gebeugten Hauptes sink ich nieder,
Oh Herr, vergib mir meine Lieder!

Doch auch im Überschwang seiner »Griechen-Jahre« war sein A-Theismus niemals eine nüchterne Leugnung Gottes, sondern ein gut jüdisches Phänomen, das man nur mit »heißblütigem Anti-Theismus« bezeichnen kann: ein heiliger Zorn auf jenen unglaubwürdigen Zwerg-Gott, den gewisse Theologen ihm des öfteren aufgeschwatzt hatten – ein Buchhalter-Gott, der sorgfältig gute und böse Taten aufrechnet; ein Himmelstyrann, der seine irdischen Untertanen polizeilich reglementiert; und ein Schlachten-Gott, der in ehrwürdigen Kathedralen die Waffen segnen läßt. Im Vorwort zum *Atta Troll* erläutert er diesen Pseudo-A-Theismus als gläubigen Bildersturm: »Wir spotten nur über das Zerrbild«, so schreit er auf, »nicht über Gott!« (was im Grunde den »Vogelscheuchen im Gurkenfeld« entspricht, mit denen Jeremia (10,5) die Ab-Götter der Heiden anzuprangern pflegte). Aus Glaubensgründen, nicht aus Aufmüpfigkeit blieb Heine auch zeitlebens ein harter Gegner der Religionen – wie Karl Barth es war –, da ihm, als Jude, auch nach seiner Taufe die Verdinglichungen und Verbilderungen Gottes ein Greuel blieben; »Götzenbilder«, wie er sagte, »beweihräuchert mit allzu viel frömmelnder Salbaderei«, durch deren Dunst nur hie und da ein Funken echter Frömmigkeit durchzubrechen vermochte. »Religion und Heuchelei sind Zwillingsschwestern«, so schreibt er in seinem Essay *Zur Geschichte der Religion*, »und beide sehen sich so ähnlich, daß sie zuweilen nicht voneinander zu unterscheiden sind.« In seiner harten Kritik an den Kirchen und in der Unmittelbarkeit seiner Gottesbeziehung erinnert er häufig an Martin Buber, der nicht müde wurde zu betonen: »Ich meine Gott – nicht die Religionen!« Nur um (mit seinem Freund Leonhard Ragaz) hinzuzufügen, daß das Reich Gottes eher »das Gegenteil von Religion sei«, ja, daß Religion die Neigung habe, »sich an die Stelle Gottes zu setzen« und daher »gottlos zu sein«.

Fest steht in der heutigen Rückschau, daß Heine sowohl in seiner unentwegten Jagd nach dem Geheimnis Gottes als auch in seiner oft mit Spott und Ironie verbrämten Auflehnung gegen das etablierte Kultwesen den Propheten Israels sehr nahe stand. »Was soll Mir die Menge eurer Opfer, spricht Der Herr, ... Ich habe keinen Gefallen am Blut eurer Stiere, Lämmer und Böcke!« So donnerte einst Jesaja (1,11ff.). Denselben Priestern im Tempel zu Jerusalem verkündet auch Jeremia seine antiklerikale Drohbotschaft: »So spricht Der Herr: Wenn ihr auf Mich nicht hören werdet, und nicht nach Meinen Geboten lebt ... so will Ich dieses Haus zerstören und diese Stadt zum Fluchwort machen für alle Völker auf Erden« (Jer 26,4–6). Ähnliches bewegte ... wohl auch Heine, als er im Nachwort zum *Romanzero* Wert darauf legt zu betonen, daß seine religiösen Überzeugungen »von jeder Kirchlichkeit« freigeblieben seien: »Kein Glockenschlag hat mich verlockt«, so beteuert er, »keine Altarkerze hat mich geblendet«, – woraufhin der Grenzgänger zwischen Kirche und Synagoge seinen Antikonfessionalismus mit Nachdruck hervorhebt. Ein Meister der Dialektik, hatte er einen geradezu wollüstigen Genuß daran, allen die

Wahrheit zu sagen, wie er sie sah: den Juden und den Antisemiten; den Deutschen und den Franzosen; den Adeligen und den Bürgern, aber vor allem: den Katholiken und den Protestanten.

So konnte er den katholischen »Pfaffen« ... sowohl »Scheinheiligkeit und Heuchelei« als auch »gleissende Frömmelei« vorwerfen und den Katholizismus eine Religion nennen, »die die Menschheit mit ihrer Leibfeindlichkeit angekränkelt hat«. In diesem Sinne beeindruckt ihn die Messe, als »wenn der Liebe Gott eben gestorben wäre, und es riecht dabei nach Weihrauch wie bei einem Leichenbegängnis.« Und dennoch konnte er ergreifende Beschreibungen über die Marienprozessionen im katholischen Düsseldorf dichten; mystische Betrachtungen über Heiligenfeste in Italien anstellen; und während seiner »Anfälle von Wunderglauben«, wie er sie sachlich diagnostizierte, konnte er beschwingend gläubige Verse schmieden, die wie der Erguß profunder Volksfrömmigkeit klingen – wie etwa seine *Wallfahrt nach Kevlaar*, die nicht von ungefähr bis heute zu den erbaulichen Texten der Katholikentage gehören.

Auch die Kirchen der Reformation kommen bei Heine nicht besser weg. »Die protestantische Religion ist mir zu vernünftig«, so läßt er seinen Herrn Hyazinth sagen, »gäbe es in ihrer Kirche keine Orgel, so wäre sie gar keine Religion. Sie schadet nichts und sie ist so rein wie Wasser, aber sie hilft auch nichts«. Was Heine besonders anwidert, sind die Streitigkeiten der Pietisten und der Orthodoxen, die er als »Mystiker ohne Phantasie und Dogmatiker ohne Geist« bezeichnet. Die »feigsten Mönch-Stücke, die kleinlichsten Klosterränke sind noch immer noble Gutmütigkeiten im Vergleich mit den Gehässigkeiten der Protestanten, die jetzt sogar bei der Philosophie noch Beistand suchen« – ein Tatbestand, der für Heine ihren unabwendbaren Untergang voraussahen läßt. Und dennoch – oder gerade deshalb – war Heine ein glühender Verehrer Martin Luthers, dessen Bibelübersetzung er sich stets bediente, insbesondere um Kirchen und Synagoge anzugreifen. »Luther gab uns nicht bloß die Freiheit der Bewegung«, so schreibt er, »sondern auch das Mittel der Bewegung: Dem Geist gab er den Leib; dem Gedanken gab er auch das Wort. Er schuf die deutsche Sprache.« Heine war zwar nicht blind für »die plebeische Rohheit« in Luthers Streitschriften, die er als »ebenso widerwärtig wie grandios« empfand – aber was war das schon im Vergleich zur Denkfreiheit und zur Vernunftherrschaft, die er, laut Heine »den Deutschen geschenkt hatte«!

Kurzum: Der Glaube als solcher galt ihm als edel, hehr und erhaben; die Religionsstifter waren Leuchten der Menschheit, aber die in ihrem Namen gegründeten Institutionen empfand er stets als »herzlich schlecht«. Daß er dabei seinen Tadel ganz unparteiisch auszuteilen gewillt war, mußte dazu führen, daß er sich zwischen alle Stühle setzte – aber war das nicht schon immer der Stammplatz aller Propheten? Mit Witz und Esprit, mit Charme und Eleganz, aber gelegentlich auch mit Frivolität betrieb er seine Berufung als ewiger Ruhestörer. So z.B. gießt er in seiner Ballade über die Disputation in Toledo eimervoll Spott und Sarkasmus über den Glaubenskampf zwischen Rabbi Juda, dem Navarrer, und Frater José, dem Franziskaner – nur um der spanischen Königin sein eigenes Schlußwort in den Mund zu legen:

> Welcher Recht hat, weiß ich nicht –
> doch es will mich schier bedünken,
> daß der Rabbi und der Mönch,
> daß sie alle beide stinken.

Wobei er immer wieder mit Nachdruck betont: »Ich hasse nicht den Altar, sondern ich hasse die Schlangen, die unter dem Geröll der Altäre lauern; die arg-klugen Schlangen, die unschuldig wie Blumen zu lächeln wissen, während sie heimlich ihr Gift spritzen ... und Verleumdung zischen in das Ohr des frommen Beters.«

Das hätte auch ein Jeremia oder ein Schüler des Jesaja sagen können – bis hinein in die blumige Bildersprache der eifernden Scheltreden. Das gilt mit gleicher Vehemenz auch für sein gebürtiges Judentum, das er »ein tausendjähriges Familienübel« und eine »aus dem Niltal mitgeschleppte Plage« nennt. »Bleiben Sie mir weg mit der altjüdischen Religion; die wünsche ich nicht meinem ärgsten Feind!« – So läßt er seinen Hyazinth aufseufzen: »Man hat nichts als Schimpf und Schande davon. Es ist gar keine Religion, sondern ein Unglück.« Doch solche Ausbrüche können keinen Kenner der jüdischen Selbstkritik irreführen. Weder Abscheu noch Gehässigkeit gegenüber den eigenen Wurzeln kommen hier zum Ausdruck, sondern verletzte Liebe und enttäuschte Hoffnung, wie sie auch die Propheten beseelt, wenn sie Jerusalem »eine Hure« nennen und die Priester als »Abtrünnige« und ganz Israel als »verstockt« brandmarken ... So kann derselbe Heine Moses als den größten Künstler bewundern, der zwar keinerlei Pyramiden aus Granit formierte, wohl aber »Menschen-Obelisken« meißelte, indem er einen armen Hirtenstamm nahm und daraus ein Volk schuf, »ein großes, ewiges, heiliges Volk, ein Volk Gottes, das ... der ganzen Menschheit als Prototyp dienen konnte – er schuf Israel«.

Und so kommt Heine zu dem Schluß, »daß die Griechen nur schöne Jünglinge waren, die Juden aber immer Männer: gewaltige, unbeugsame Männer ... bis auf den heutigen Tag, trotz 18 Jahrhunderten der Verfolgung und des Elends«, wie er betont. Und so bekennt er sich stolz zu »seinen Ahnen, die dem edlen Hause Israel angehörten und Abkömmlinge jener Märtyrer waren, die der Welt einen Gott und eine Moral gegeben und auf allen Schlachtfeldern des Gedankens gekämpft und gelitten haben«.

Kurzum: Wer über Heine spricht, kann von seinem »unabwaschbaren« Judesein nicht absehen, wie vielfältig und widersprüchlich es sich auch bei ihm zu manifestieren pflegte. Mit Ludwig Börne konnte auch er sagen: »Die einen werfen mir vor, daß ich Jude sei; die anderen verzeihen mir es; der dritte lobt mich gar dafür, aber alle denken daran. Sie sind wie gebannt im magischen Judenkreise, es kann keiner hinaus.« Jüdisches Geschick und jüdische Sehnsucht hatten sich tief in seinen Werken eingemeißelt, auch dort, wo er nicht von Juden spricht. Als geschlagener Jude war es das Prophetenblut in seinen Adern, das ihn anspornte, für alle Entrechteten aufzuschreien. In seinem kämpferischen Gedicht *Die schlesischen Weber* stellt er sich auf die Seite der Revoltierenden des Jahres 1844; er empört sich über die Mißhandlung der Neger in den USA, und seine spitze Feder streitet unentwegt für das Volk, »den großen Lümmel«. Was ihn aber noch mehr schmerzte als das Scheitern aller Versuche, seine zwiefache Herkunft als Deutscher und als Jude in Einklang zu bringen, war die Unfreiheit seiner deutschen Mitbürger. »Ich bin nur krank an meinem Vaterlande; es werde frei, und ich gesunde« – das hätte auch ein Provokateur der Liebe wie der Prophet Amos verkünden können, der, wie Heine, die gesellschaftlichen Mißstände seiner Zeit der schonungslosen Kritik unterwarf: »Höret das Wort, Ihr Vollgefressenen, die Hilflose unterdrücken, Bedürftige schinden und sagen: Schafft her, daß wir saufen! ... Ja, gebt acht! Tage kommen über Euch, da schleppt man Euch fort mit Nasenseilen, und Euer Hinterteil mit Fischerhaken!« (Amos 4,1–3) Dieser drastische Protest in derber Bauernsprache, den Amos gegen die genußsüchtige Elite seiner Residenzstadt richtet, entstammt demselben empörten Gerechtigkeitsempfinden, das den jungen Heine bewegt, wenn er seinen Titelhelden »William Ratcliff« von jenen reden läßt, »die selber im Überfluß schwelgen«:

> Und stolz herabsehen auf den Hungerleider,
> der mit dem letzten Hemde unterm Arm
> langsam und seufzend nach dem Leihhaus wandelt.
> Oh seht mir doch die klugen, satten Leute an,
> wie sie mit einem Walle von Gesetzen
> sich wohl verwahren gegen allen Andrang
> der schreiend überläst'gen Hungerleider!

Amos und Heine wollen beide mit dem Rüstzeug der Propheten eine fettleibige Abgestumpftheit durchstoßen und die überhebliche Rücksichtslosigkeit jener reichen Prasser anprangern, gegen die auch Rabbi Jesus seine »Weherufe« schleudert, um im Namen der Nächstenliebe als Anwalt der Armen gegen den Mißbrauch der Macht aufzutreten. Und wenn der leidgeprüfte Heine dann klagt, er habe »manchmal nicht übel Lust, das ganze Sprechamt aufzugeben«, aber sich dann doch wie Jeremia als »Diener des Wortes« versteht, den »ein inneres Feuer schier verzehrt, so daß er's nicht ertragen konnte, er wäre schier vergangen« (Jer 20,9), so folgt Heine in den Fußstapfen Moses, der zwar beteuerte, er habe eine »zu schwere Zunge« zum Künden – aber dann dennoch sein Volk aus der Sklaverei herausführte. Er folgt dem Propheten Elia, der in die Wüste geflohen war, um der Stimme zu entfliehen – aber dann dennoch das Künderamt auf sich nimmt; und dem armen Jonah, der dem Geheiß von Oben durch Flucht zu entgehen versucht, aber von Gott mühelos eingeholt wird.

Er war, ohne es zu wissen, auch ein wehmütiger Prophet. Am klarsten wurde mir diese Gabe in seinem Gedicht aus der Nachlese von 1824, in dem er das gesamte Judentum zu »Edom« sprechen läßt (»Edom« ist der alte rabbinische Beiname für die Kirche des Triumphalismus – *An Edom* heißt das Gedicht):

> Ein Jahrtausend schon und länger –
> dulden wir uns brüderlich.
> Du, du duldest, daß ich atme;
> daß du rasest, dulde ich.
> Manchmal nur, in dunklen Zeiten,
> ward' mir wunderlich zumut',
> und die Liebe-frommen Tätzchen
> färbtest du mit meinem Blut.
> Jetzt wird unsre Freundschaft fester,
> und noch täglich nimmt sie zu;
> denn ich selbst begann zu rasen,
> und ich werde fast wie du.

Das klingt fast, als wäre es für das Stammbuch so mancher heutiger Israelis gemeint. Er weist ohne Umschweife auf die innere Gefahr hin, die später auch Martin Buber erkannte, als er vor einer Über-Betonung des Polit-Israels zu warnen pflegte, das so rasen will wie andere Völker – auf Kosten der zionistischen Vision der Bibel-Propheten.

Dies schon vor 160 Jahren durchschaut zu haben, wirft neues Licht auf den feinfühligen Spötter und Satiriker Heinrich Heine. In der Tat, ein Honiglecken war das Prophetentum wohl nie, denn einer, der da mahnt und rügt, der schilt und droht, wird heute, genau wie anno dazumal, für seine Mühe geschlagen, verleumdet, abgewählt oder vertrieben. Und wenn Elia fliehen mußte, um das nackte Leben zu retten; wenn Micha im Gefängnis landete und Jeremia halb zu Tode geprügelt wurde, so erging es Heine wie seinem Amtskollegen Amos: »Seher, auf, flüchte ins Land Juda! Dort magst Du Dein Leben fristen ... In Beth-El aber darfst Du nicht mehr als Prophet sprechen!« (Amos 7, 12–13) Kurzum: Redeverbot und Landesverweis – getarnt als menschliches Entgegenkommen.

Wie allen Kündern im alten Israel war Heine die Botschaft wichtiger als sein Botenschicksal. Er sicherte sich nie ab; Vorsichtsmaßnahmen waren mit seiner Militanz nur schlecht vereinbar. Ein Virtuose der Polemik, wollte er von Takt und Taktik genau so wenig wissen, wie Jesaja. Franzosenfreund! Vaterlandsverräter! Jude! Lügner! Charakterloser! Verführer der Jugend und gottloser Materialist! – wie sehr Heine unter all diesen gehässigen Vorwürfen gelitten hat, können wir nur ahnen.

Unverkennbar ist in seinem Werk die Absicht, mit Spott und Ironie, mit Zorn, des öfteren sogar mit Hochmut jene Gefühle zu kaschieren, die sein Herz bestürmten: die Enttäuschung des Abgewiesenen, die Pein des Verstoßenen und die Qualen verschmähter Liebe. Und da er mit offenem Visier zu kämpfen liebte, ging er den schweren Prophetenweg ins Exil – um nie in Deckung gehen zu müssen. »Wer das Exil nicht kennt«, schrieb der nach Paris verjagte Heine, »begreift nicht, wie grell es unsere Schmerzen färbt, und wie es Nacht und Gift in unsere Gedanken gießt. Dante schrieb seine ›Hölle‹ im Exil.« Und dennoch heißt es: »Baut Häuser in der Stadt Eurer Verbannung, darin Ihr wohnen mögt, pflanzt Gärten ... Suchet der Stadt Bestes, in die ich Euch habe wegführen lassen!« Diesen Rat Jeremias

(29,5ff) an seine Landsleute in Babylon befolgte auch Heine, der im Exil Leid und Not, aber auch seine größte Schaffensfreude und – zu guter Letzt – auch seine »Bekehrung« erleben konnte.

Auch der letzte Tropfen Wermut im Leidenskelch des Künderamtes blieb ihm nicht erspart. »Ein Prophet gilt nirgends weniger als in seinem Vaterland« (Mt 13,57). Diese Binsenwahrheit, die Elia in Samaria, Jeremia in Jerusalem und Jesus in Nazareth am eigenen Leib erfahren mußten, wurde auch Heine zuteil. Nichts Deutsches war dem Juden Heine fremd, der »das deutsche Wort« als »unser heiligstes Gut« bezeichnete, denn es sei »ein Vaterland selbst demjenigen, dem Torheit und Arglist ein Vaterland verweigern«. Deutschland jedoch, mit seiner Haßliebe zu seinen jüdischen Stiefkindern, nötigte ihn, über die Grenzen seiner Heimat hinauszuwachsen – und so gelang ihm, was einem Kleist und einem Uhland versagt geblieben war: Er wurde ein europäischer Schriftsteller von Weltrang.

Auch »Klein Paris«, wie Napoleon anno 1811 Düsseldorf benannt hatte, hinkt in der postumen Anerkennung des »größten Sohnes« dieser Stadt hinter Paris her. Lange wollte man gar nichts von ihm wissen. Dann versuchte man die Wiedergutmachung fast schlagartig, indem ein sonderbares Denkmal gebaut, ein Heine-Preis ausgeschrieben und ein Heine-Archiv errichtet wurden. Als aber der naheliegende Gedanke aufkam, die neu gegründete Universität nach Heine zu benennen, da dauerte die mäandernde Debatte um die Namensgebung 17 lange Jahre – nur um im Februar 1982 in eine amtliche Ablehnung auszumünden.

In den Worten von Rainer Wolf:

> Der Universitätskonvent
> zu Düsseldorf am Rheine
> beschloß, daß, wenn er sich benennt,
> auf keinen Fall nach Heine,
> weil Heine a) als Demokrat
> und b) als Sozialist
> den Spießern auf die Zehen trat,
> was typisch jüdisch ist.

Manche frohlockten, denn sie sahen in der Weigerung ein Zeichen der ungebrochenen Wirkung Heines – man fürchtete ihn eben noch immer. Tatsächlich hatte er vorausgesagt:

> Wenn ich sterbe,
> wird die Zunge
> ausgeschnitten meiner Leiche.
> Denn sie fürchten,
> redend käme ich
> wieder aus dem Schattenreiche.

Kurzum: Obwohl Heines Weltruhm von Island bis nach Japan ... unumstritten bleibt, behält Rabbi Jesus noch immer Recht: »Nirgends ist ein Prophet so verachtet wie in seiner Vaterstadt« (Mk 6,4).

Doch nein! Im Dezember 1988 – auf die Woche genau 191 Jahre nach der Geburt des Dichters – kam es zur Wende. Der Senat der Hochschule rang sich zur Benennung »Heinrich-Heine-Universität« durch – zur tiefen Genugtuung der städtischen Behörden und zahlreicher Bürger und Studenten. Für den Nachruhm Heines ist der Beschluß ohne Bedeutung. Aber vielleicht wird der neue Name auf den Geist dieser Universität Einfluß ausüben. Das wäre dann doch noch ein postumer Triumph für Düsseldorfs größten Sohn.

Heine hatte keine Illusionen im Hinblick auf die prekäre Lage des Judentums inmitten eines nur hauttief christianisierten Europas. Nach dem Hamburger Judenkrawall im August 1819 schreibt er wehmütig: »Ein Jude sagt zum anderen: Ich bin schwach. Dies Wort empfiehlt sich als Motto zu einer Weltgeschichte des Judentums.« Heine gehörte zu jener ersten, dem Ghetto entronnenen Generation. Er war ein Neuankömmling, der stets um seine Anerkennung zu kämpfen und die Schikanen einer feindlich gesinnten Umwelt zu fürchten hatte. Nur aus diesem existentiellen Zwielicht erklärt sich der aufgestaute Heißhunger bei der Aneignung europäischer Kultur und das ungestüme Sich-Losreißen von der väterlichen Lebensweise, die damals viele junge Juden gekennzeichnet hat.

Der Jude hatte auf deutschem Boden allzu lange nur allzu Schweres ertragen müssen, um nicht Herz und Kopf zu verlieren, sobald auch für ihn endlich das Fanal der Freiheit aufzuleuchten begann. Und so waren manche Juden damals im Völkerfrühling bereit, ihre Vergangenheit auf dem Altar der Zukunft darzubringen. Mehr noch: das Wohl ihrer Kinder dem Glauben ihrer Väter vorzuziehen. Während sich andere Minderheiten aus solchen Seelenqualen in eine Gemeinschaft flüchten konnten, war dem Juden jener Tage, der ein Deutscher werden wollte, dieser Ausweg versperrt. Er lebte in einem vogelfreien Niemandsland zwischen den Fronten. Wie jedes Genie, das seiner Zeit vorauseilt, stand Heine daher so gut wie allein. Noch 1823 schreibt er an seinen Freund Moser, er hielte es für würdelos und entehrend, wenn er, um ein Amt in Preußen zu erhalten, sich taufen ließe. »Im lieben Preußen«, so seufzte er auf: »Ich weiß wirklich nicht, wie ich mir in meiner schlechten Lage helfen soll. Ich werde noch aus Ärger katholisch; und hänge mich auf.«

So weit ging Heine zwar nicht; wohl aber wurde er anno 1825 formell ein Protestant, weil dies damals die Vorbedingung für die Bekleidung eines Staatsamtes in Deutschland war. Mit der Rückgängigmachung des liberalen »Code Napoléon« war der große Emanzipationstraum im Nu ausgeträumt. Die Reaktion war im Vormarsch und hätte die Juden am liebsten ins Ghetto zurückgeschoben. Den Grund erläutert Heine mit lakonischer Weitsicht: »Erst wenn die ganze Menschheit frei geworden ist, kann sie den Juden Freiheit gewähren. Denn: wie sollte sie geben, was sie selbst nicht hat?« Womit er »Gottes Minorität« zum Barometer der Freiheit und zum Pegel der Toleranz erklärt – was sie in der Tat auch bis heute geblieben ist. Er macht auch keinen Hehl daraus, daß ihn nicht Glaubensgründe, sondern Broterwerb und Kulturhunger gezwungen hatten, den Taufschein als »Entrée-Billett« zur Aufnahme in die europäische Gesellschaft zu erwerben. Wenn er dabei beteuert, er hätte lieber silberne Löffel gestohlen, wenn das nicht verboten wäre, so spricht das gewiß nicht für ihn; noch weniger aber für einen Staat, der einem genialen Juden wegen seines Judeseins keine Chance zur Entfaltung bietet.

»Die Taufe geschah in aller Stille in der Wohnung des Pfarrers« – so nachzulesen in dem Kirchenbuch der Evangelischen Gemeinde zu St. Martin in Heiligenstadt. Bei der Zeremonie war nur noch eine einzige Person zugegen: der als Pate fungierende Theologe. Offensichtlich sollte sich das Ganze möglichst unauffällig und schnell abspielen. Wenige Monate später schrieb Heine in einem Brief: »Ich versichere dich, wenn die Gesetze das Stehlen silberner Löffel erlaubt hätten, so würde ich mich nicht getauft haben.« Der Taufzettel war, seiner berühmten Formulierung zufolge, nichts anderes als »das Entréebillett zur europäischen Kultur« – also auch zur deutschen. Da allerdings erwies sich dieses Dokument als wenig nützlich: Heine muß eine Enttäuschung nach der anderen erlebt haben, denn: »Ich bin jetzt bey Christ und Jude verhaßt. Ich bereue sehr, daß ich mich getauft hab'. Ich seh' noch gar nicht ein, daß es mir seitdem besser gegangen sey, im Gegenteil, ich habe seitdem nichts als Unglück.«

Diesen sozialen Zwang zur Taufe geißelt er später als »modernen Scheiterhaufen« und kann gar nicht begreifen, daß ein Jude aus innerem Antrieb Christ werden wolle. Halb zynisch, halb autobiographisch heißt es in seinem Gedicht, *Einem Abtrünnigen* gewidmet:

> Und Du bist zu Kreuz gekrochen
> zu dem Kreuz, das Du verachtest.

Auch nach seiner Taufe erging es ihm wie später Kurt Tucholsky, der anno 1935 im schwedischen Exil schrieb: »Ich bin im Jahre 1911 aus dem Judentum ausgetreten – und ich weiß jetzt, daß man das gar nicht kann.« Beim alten, kranken Heine klingt das noch klarer: »Ich mach keinen Hehl aus meinem Judentum, zu dem ich nicht zurückgekehrt bin, da ich es niemals verlassen habe.«

Klingt das nicht wie eine trügerische Doppelzüngigkeit? Keineswegs! Daß er sich zwar taufen ließ – wobei er immer wieder das Passivum dieser Handlung betonte –, ohne jedoch zur Kirche überzutreten, bewies nicht nur seine militante Kirchenkritik, sondern insbesondere sein Jesusbild, das so gut wie nichts weder mit Christologie noch mit Trinität zu tun hat. Heine wurde niemals Christ, sondern war ein Jesuaner. Für ihn sollte der Rabbi von Nazareth zur Glaubensbrücke werden, um sein gebürtiges Judentum und sein »angetauftes« Christsein zur einenden Synthese zu verschmelzen.

Wie eine Mutter für ihr Kind nicht nur einen Namen hat, sondern mehrere; wie Liebende sich mit immer neuen Namen benennen, so ergeht es Heine, wenn er von Jesus schreibt. Seine bunte Palette von Jesusbildern entspringt aber auch dem jüdischen Widerwillen gegen ein einziges festgeschriebenes, dogmatisch erstarrtes Bildnis, das nicht mehr entwicklungsfähig ist. Indem Jesus für Heine bald zum großen Mystiker und Märtyrer, bald zum Befreier oder Erlöser wird, der an seiner grenzenlosen Selbsthingabe zugrunde geht, erfährt er ihn als den festen Seelenanker für all seine Hoffnungen, Träume und Enttäuschungen und, nicht zuletzt, als die Versöhnung all jener Widersprüche, die ihn zeitlebens zerfleischt haben. Als »Befreier der Völker« war Jesus der Mann, der für Heine Theologie und Politik zu einer Art von revolutionärer Theo-Politik verbinden konnte. Indem er die Exegese seinen eigenen Spielregeln unterwarf, konnte er seinen Jesus sogar zum »Göttlichen Kommunisten« umfunktionieren, dessen Wort vom Kamel und dem Nadelöhr das Himmelreich zum Monopol der armen Schlucker gemacht hat.

»Einen braven Soldaten im Befreiungskrieg der Menschheit« hat sich Heine 1829 einmal genannt. Das war er wirklich. In all seinen Visionen von der besseren Gerechtigkeit, in all seinen abgrundtiefen Enttäuschungen fand er letztlich in Jesus auch den großen Glaubensgenossen und Leidensgefährten, dessen Passion er jenseits aller Polemik mit redlichem Galgenhumor betrauert. Fast alles, was Heine hier über Jesus sagt, gilt auch für ihn selbst – nicht zuletzt die schleichende Resignation, der Weltschmerz – die Europamüdigkeit, wie er sie nannte – und die frustrierte Liebe, die sich in Aberwitz Luft zu machen sucht. Als er im Morgenrot am Wegrand das Bild des Gekreuzigten erblickt, da stöhnt in ihm das ganze Elend seines wunden Judentums. Und so schreibt er:

> Mit Wehmut erfüllt mich jedesmal
> dein Anblick, mein armer Vetter,
> der du die Welt erlösen gewollt,
> du Narr, du Menschheitsretter! –
> Ach! hättest du nur einen anderen Text
> zu deiner Bergpredigt genommen,
> besäßest ja Geist und Talent genug,
> und konntest schonen die Frommen! ...
> Geldwechsler, Bankiers hast du sogar
> mit der Peitsche gejagt aus dem Tempel –
> unglücklicher Schwärmer, jetzt hängst du am Kreuz
> als warnendes Exempel! –

Heine war beschnitten und getauft – wie Jesus es war, dem er bis zum Lebensende Glauben geschenkt hat. Nicht als »Gottessohn« noch als Weltenheiland, wohl aber als Vorbild der Menschlichkeit, der Nächstenliebe und der selbstlosen Hingabe für die anderen. Wenn nicht alles trügt, so scheint dieser erzirdische, urjüdische Jesus, den Heine so sehr liebte, dem ursprünglichen Nazarener viel näher zu stehen als so manche Lichtgestalt der weltentrückten Kirchenbilder. Wie dem auch sei, der jüdische Jesus half ihm in seiner unvollendeten Suche nach einer Antwort auf das ewige Rätsel der Theodizee.

Häufig mißverstanden und zu Unrecht verpönt wurde von Heine-Spezialisten jenes blasphemisch klingende Gedicht, mit dem er anno 1853 seinen Lazarus-Zyklus einleitet. Er stellt die Gottesfrage in einer Kraßheit, die nur einer aufbringen kann, der lange mit Gott zu ringen hatte und nun endlich gelernt hat, mit Fragen auszukommen, auf die es hienieden keine Antworten gibt. Wenn er dann dennoch aufmuckt, so ist das weder Lästerung noch A-Theismus, sondern gehört zur ältesten jüdischen Bibeltradition. »Herr, ich muß mit Dir rechten!« So sagt Jeremia zu Gott: »Warum geht's doch den Gottlosen so gut, und die Abtrünnigen haben alles in Fülle?« (Jer 12,1-2) »Wie lange soll ich noch schreien – und Du willst nicht hören?« So lautet der Vorwurf Habakuks an seinen Schöpfer: »Warum läßt Du mich Bosheit sehen, und Du siehst all dem Jammer zu?« (Hab 1,1-2) Seit diesem Prophetenprotest gehört es zum Urgestein des Judentums, mit Gott zu hadern, das Menschenrecht vom Himmel einzuklagen und Einspruch zu erheben gegen die schmerzlichen Risse im Weltgebäude – bis hin zum Rand der Rebellion.

Nirgends ist Heine jüdischer und bibelfester; in keinem Aufschrei seiner tobenden Brust wird er dem streitbaren Namen »Israel« gerechter als in seiner empörten Frage nach dem Leiden der Menschheit. Die Sprache ist bitter und aggressiv. Der Ton, wie immer, spöttisch und gequält zugleich. Jesus, als leidender Gottesknecht, verkörpert hier das Elend allen Menschentums. Aber gerade hier, vor dem Abgrund der Trostlosigkeit, wird die Klage nicht zur Anklage. Am Ende bleibt nur noch das »Wir« aller Gotteskinder – und Gott bleibt, allem Elend zum Trotz, »unser Herr«. Um hier, hinter all der gereizten Verzweiflung, die leise Stimme eines keimenden Glaubens herauszuhören, bedarf es jüdischer Hellhörigkeit. Dieser kahle Hiobstext an sich will doppelbödig gelesen und verstanden werden:

> Lass die heil'gen Parabolen,
> lass die frommen Hypothesen –
> Suche die verdammten Fragen
> Ohne Umschweif uns zu lösen!
>
> Warum schleppt sich blutend, elend
> unter Kreuzlast der Gerechte,
> während glücklich als ein Sieger
> trabt auf hohem Roß der Schlechte?
>
> Woran liegt die Schuld? Ist etwa
> unser Herr nicht ganz allmächtig?
> Oder treibt er selbst den Unfug?
> Ach, das wäre niederträchtig!
>
> Also fragen wir beständig
> bis man uns mit einer Handvoll
> Erde endlich stopft die Mäuler –
> Aber ist das eine Antwort? –

Eine Antwort hat Heine zu guter Letzt dennoch gefunden – gegen Ende seiner turbulenten »Lebensfahrt«. In seinen Herbstjahren konnte er mit Stolz, ja mit Trotz behaupten: »Ich habe den Weg zum Lieben Gott weder durch die Kirche noch durch die Synagoge genommen. Es hat mich kein Priester, es hat mich kein Rabbiner vorgestellt. Ich habe mich selbst bei IHM eingeführt – und ER hat mich gut aufgenommen.« Dieses Geständnis Heines ist gut antiklerikal gemeint, aber entspricht dem Tatbestand nicht ganz. Auf seinem langen Umweg zu Gott hatte er nämlich auf der letzten Durststrecke zwei bewährte Wegweiser: Das Leid – und die Bibel, die er gerne »die Memoiren Gottes« nannte. Kurz nach den Unruhen des Jahres 1848 erkrankt er so schwer, daß er die Pariser Wohnung nicht mehr verlassen kann und gelähmt acht Jahre bis zu seinem Tode (1856) an »die Matratzengruft« gefesselt bleibt. In diese Zeit fällt seine »Bekehrung«, wie er sie selber nennt, über die man schon damals viel gerätselt hat. Was ihn zur Umkehr bewegt hat, zur Abkehr von fremden Göttern, zur Rückkehr zum Glauben der Väter und zur Heimkehr zu sich selbst, beschreibt er mit bestechender Schlichtheit: »Ich verdanke meine Erleuchtung ganz einfach der Lektüre eines Buches – Eines Buches? Ja, und es ist ein altes, schlichtes Buch, bescheiden wie die Natur, auch natürlich wie diese; ein Buch, das werkeltätig und anspruchslos aussieht wie die Sonne, die uns wärmt, wie das Brot, das uns nährt ... und dieses Buch heißt auch ganz kurzweg das Buch, die Bibel. Mit Fug nennt man diese auch die Heilige Schrift; wer seinen Gott verloren hat, der kann ihn in diesem Buche wiederfinden, und wer Ihn nie gekannt, dem weht hier entgegen der Odem des ›Göttlichen Wortes‹«. – Was den Bettlägerigen bewegt, ist ein gründliches Nachdenken über die Natur des Menschen schlechthin: »Im Wonnemonat des vorigen Jahres mußte ich mich zu Bett legen, und ich bin seitdem nicht mehr aufgestanden. Unterdessen, ich will es freimütig gestehen, ist eine große Umwandlung in mir vorgegangen. Ich bin kein Göttlicher Zweifüßler mehr; ich bin nicht mehr ›der freieste Deutsche nach Goethe‹, wie mich Ruge in gesünderen Tagen genannt hat ... ich bin jetzt nur ein abgezehrtes Bild des Jammers, ein armer, todkranker Jude.«

Dieser arme, todkranke Jude, der sich nun in der Barmherzigkeit Gottes geborgen weiß, widerruft ganz »unumwunden« all seine Lästerungen als Jugendeselei – ja, daß alles, was er einst zur »großen Gottesfrage« zu sagen hatte, »ebenso falsch wie unbesonnen« war. Mit zitternder Hand schreibt er: »Zum größten Ärgernis meiner aufgeklärten Freunde, die mir Vorwürfe machen über dieses Zurückfallen in den alten Aberglauben, wie sie meine Heimkehr zu Gott zu benennen belieben ... habe ich mit Dem Schöpfer Frieden gemacht ... Ja, ich bin zurückgekehrt zu Gott!« So jubelt er. Das himmlische Heimweh überfiel ihn und trieb ihn – wie er betont – weder zur Schwelle irgendeiner Kirche oder gar in ihren Schoß, sondern in die Arme Des Einen Gottes. Der ausgebliebene Segen, dem er zeitlebens nachgejagt war, wurde ihm in seiner Pariser Passionszeit doch noch geschenkt.

Zum Ende seines streitbaren Lebens steht Heine zwischen beiden Konfessionen: Er verbirgt sein Judentum keineswegs, aber macht auch seinen

Übertritt zum Christentum nicht rückgängig. Über alle Zweifel, Zwiespälte und Anfechtungen hinweg, in denen er sich selbst so oft zur Last geworden war, hat er im Leiden jenen Glaubensfrieden gefunden, in dem all seine Gegensätze letzten Endes ihren Zusammenklang finden konnten. Dem inneren Frieden, der über alle Vernunft und Ironie erhaben ist, hat er in der Form seiner eigenen Grabschrift ein unsterbliches Denkmal gesetzt. Wie eine Parabel über sein ganzes Leben beginnt sie mit einem Bündel von Fragen und klingt mit der Antwort des Glaubens aus:

> Wo wird einst des Wandermüden
> letzte Ruhestätte sein?
> Unter Palmen in dem Süden?
> Unter Linden an dem Rhein?
> Werd' ich wo in einer Wüste
> eingescharrt von fremder Hand?
> Oder ruh ich an der Küste
> eines Meeres in dem Sand?
> Immerhin! Mich wird umgeben
> Gotteshimmel, dort wie hier,
> und als Totenlampen schweben
> nachts die Sterne über mir.

An seinem Grabmal in Paris gibt es keinen Hinweis, welcher Religion er angehört habe. Rechtens! Denn er hat ja heimgefunden zu Gott, der über allen Religionen thront.

Einsame Zwiesprache?

Martin Bubers kritische Begegnung mit dem Christentum

Lorenz Wachinger

Jüdische Menschen unseres Jahrhunderts sind ganz verschiedene Wege der Auseinandersetzung mit dem Christentum gegangen. Simone Weil ist »vor der Türe« zur katholischen Kirche stehen geblieben – wohl aus Widerstreben gegen ihre soziale Gestalt, in der sie ebenso wie im Judentum die Kollektivität, »das große Tier« vergötzt sah.[1] Edith Stein ist katholisch geworden und als Karmelitin gestorben. Beide sind, jeweils anders, von der schrecklichen Judenverfolgung des Dritten Reiches betroffen gewesen, so auch Martin Buber (1878 – 1965), der früh die Auseinandersetzung mit dem Christentum gesucht hat, aber bewußt Jude geblieben ist, freilich auf *seine* Weise. Er hat den Widerstand gegen den NS-Staat in offizieller Stellung bis 1938 durchgehalten und ist, zu einer wichtigen Phase seines Werkes, nach Israel gegangen. Das Gespräch mit Christen hat sich nach dem Krieg intensiviert, als er besonders in den Vereinigten Staaten bekannter geworden war.[2] Sh. Talmon[3] spricht von der »Brücke zwischen Judentum und Christentum«, die er geschlagen habe, und vom »Anstoß zur Erneuerung eines Dialogs zwischen ihnen«. Für den Exegeten (AT) J. Muilenburg[4] ist er »der größte jüdische Lehrer der Christenheit«, er habe zudem »ein tiefes Interesse am Neuen Testament«.

Um den »Dialog« nicht zu harmonisch erscheinen zu lassen – Buber streitet gern streng! – erinnere ich an seine Bemerkung zu Werner Kraft: *Zwei Glaubensweisen* (1950) behandle eigentlich das Scheitern des Christentums, was er in dem Buch nur schonender ausgedrückt habe, weil er es den Christen nicht habe zumuten können.[5]

Schließlich, um zu vermitteln, kann man wohl fragen, ob sich an der *Einsamen Zwiesprache* – H.U. von Balthasars Buch zu Bubers 70. Geburtstag[6] – viel geändert habe: Buber war den orthodoxen Juden von Anfang an verdächtig – als Zionist, später wegen seiner exegetischen Arbeiten und seiner Reserve gegenüber dem jüdischen religiösen Leben; innerhalb der zionistischen Partei war er früh isoliert und in Israel wegen seiner Stellung zur Araberfrage im Abseits, was sich seit seinem Tod langsam

---

[1] Vgl. dazu Bubers dritte Rede über das Judentum von 1951, »Die heimliche Frage«, in: An der Wende (1952), M. Buber, Der Jude und sein Judentum. Köln 1963, 163–172.
[2] Um nur die erste größere Buber-Monographie nach dem 2. Weltkrieg zu nennen: M.S. Friedman, Martin Buber. The Life of Dialogue. New York 1960; dort als Kap. 27: »Buber and Christianity« (mit viel Material).
[3] In: W. Licharz / J. Schoneveld (Hg.), Neu auf die Bibel hören. Die Bibelverdeutschung von Buber/Rosenzweig – heute. Gerlingen 1996.
[4] J. Muilenburg, Buber als Bibelinterpret; in: Schilpp / Friedmann (Hg.), Martin Buber. Stuttgart 1963.
[5] W. Kraft, Gespräche mit Martin Buber (11. April 63). München 1966.
[6] H.U. von Balthasar, Einsame Zwiesprache. Martin Buber und das Christentum. Köln u. Olten 1958.

zu lockern scheint. Buber hat kein Mandat, für *die* Juden zu sprechen; er ist ein herausragender Einzelner geblieben, der die Erneuerung des Judentums angestrebt und die Zwiesprache mit den Christen zu Anfang dieses Jahrhunderts eröffnet hat.

Was die Christen betrifft, muß gefragt werden, ob sie den *jüdischen* Buber, der auch für die Ostjuden sprechen will, zu sehen und zu hören wagen oder sich lieber einen bequemen »Dialog-Buber« zurecht-rezipieren. Nachzuweisen wäre die christliche, auswählende Buber-Rezeption etwa an dem hintergrunds- und geschichtslosen Ge- und Verbrauch vieler chassidischer Geschichten, hinter denen eigentlich mehr Jüdisches, mehr Kabbala steht, als die Leser wahrhaben wollen; ferner an der weithin ungehörten Bibel-Verdeutschung Buber-Rosenzweigs, der ja die evangelisch-katholische »Einheitsübersetzung« gegenübersteht (mit Ausnahme etwa der NT-Übertragung F. Stiers); weiter an der verkürzten Aufnahme des »dialogischen Prinzips«, *Ich und Du* (1923), ohne die entschieden sozialistische, ja anarchistische Tendenz Bubers, ohne die politischen und geistesgeschichtlichen Zusammenhänge von Bubers Schriften[7] und ohne die religiösen Implikationen.

Erst wenn in der Begegnung Bubers mit dem Christentum auch die kritischen Anfragen gehört sind, kann der wirkliche Dialog ohne Illusionen beginnen – etwa im Sinne der »heimlichen Frage« (vgl. Anm. 1), nämlich der Frage der modernen Welt an die Religion, genauer: an die historischen Religionen; und darin komme es wieder an »auf die persönliche Existenz, die den Ursinn einer Religion verwirklicht und damit deren Leben bezeugt«.[8]

I. Die neue Problemstellung

Ich möchte Ihnen eine wunderbare und wahre Geschichte erzählen, die von Martin Buber handelt. Martin Buber nahm an einem jüdisch-christlichen Dialog teil, an dem viele Juden und noch mehr Christen beteiligt waren. Als er an der Reihe war zu sprechen, sagte er: »Meine Damen und Herren, wir haben vieles gemeinsam. Wir warten auf den Messias. Sie sind der Meinung, daß er bereits da war und wieder gegangen ist und noch einmal zurückkehren wird, ich bin der Meinung, daß er noch nicht da war und kommen wird. Ich mache Ihnen einen Vorschlag. Lassen Sie uns gemeinsam warten.« Und dann fuhr Buber fort: »Wenn er kommt, dann können wir ihn fragen, ob er schon einmal da war. Aber ich werde dann versuchen, ihm ganz nah zu sein und ihm zuzuflüstern: Geben Sie keine Antwort!«

(Elie Wiesel, Rede in Stuttgart, 9. Mai 1995)[9]

---

[7] Vgl. dazu M. Buber, Pfade in Utopia. Über Gemeinschaft und deren Verwirklichung (erw. Neuausgabe). Heidelberg 1985.
[8] A.a.O. (Anm. 1), 164.
[9] Aus: Chronik 95. Akademie der Diözese Rottenburg-Stuttgart, 55 (nicht autorisierte Fassung nach der Simultan-Übersetzung von W. Töpperwien).

Für Buber, wie für Rosenzweig, war das Christliche früh eine wirkliche Anfrage an ihr Judesein; Rosenzweig stand kurz vor der Konversion zum Christentum, hat sich dann aber entschieden jüdisch »orthodoxisiert«; Buber hat in jungen Jahren Zeugnisse vorwiegend christlicher Mystik gesammelt[10], er kannte Eckhart wohl von G. Landauer (um 1903) her, also eher literarisch-religiös, von der Sprache aus. Bald bezieht er Jesus in sein Nachdenken über das Judentum ein – keine Selbstverständlichkeit für einen Juden damals! –, das er zu erneuern, umzudeuten sucht. Buber steht in der Tradition der reformatorischen Theologie, hat das Christentum zuerst durch Kierkegaard kennengelernt, also in einer paulinisch-lutherischen Verschärfung; besonders von der protestantischen Exegese lernt er seit 1900.

Von 1913 an beschäftigt ihn ein Plan zu einem Buch über das Urchristentum, später das messianologische (christologische) Problem; schließlich bringt er die Entwürfe in *Zwei Glaubensweisen* (1950) ein, wo er im Vorwort sein »brüderlich aufgeschlossenes Verhältnis« zu Jesus betont, den er von innen her anders als die Christen, nämlich als Juden zu kennen meine.

Den damaligen Stand der Fragestellung spiegelt das Gespräch zwischen Buber und dem evangelischen Theologen K.L. Schmidt im Januar 1933 wider[11]: Buber pocht darauf, daß die Christen mit *Israel* als etwas Einzigartigem reden, und nicht nur mit einzelnen Juden; er wehrt sich dagegen, daß Israel verworfen sei, beruft sich vielmehr auf die jüdische Erfahrung: »...unser armes, aber uneinschränkbar faktisches Wissen um unser Dasein in der Hand Gottes«. Er schlägt vor, die jeweils andere Glaubenswirklichkeit als ein Geheimnis anzuerkennen.

Inzwischen hat das II. Vatikanische Konzil mit seinem (mühsam zustande gekommenen) Art. 4 (»Über das Verhältnis der Kirche zu den Juden«) in der »Erklärung über das Verhältnis der Kirche zu den nichtchristlichen Religionen«[12] stattgefunden; viele Streitpunkte von einst sind überholt. Es sind aber noch Fragen zwischen Buber und dem Christentum offen, die es nicht verdienen, ins Fachlich-Theologische abgeschoben zu werden[13]; die »untheologische Religiosität« Bubers verlangt nach einem tieferen Ansatz beim Selbstverständlichen und Nicht-Bemerkten. Die

---

[10] Ekstatische Konfessionen. 1909; erweiterte Neuauflage. Leipzig 1921; Neuauflage Heidelberg 1984; von P. Sloterdijk herausgegeben (mit wichtigem Vorwort) unter dem Titel »Mystische Zeugnisse aller Zeiten und Völker«, gesammelt von Martin Buber. München ²1994.

[11] Bubers Beitrag unter dem Titel »Kirche, Staat, Volk, Judentum«, in: »Der Jude und sein Judentum«, 558 ff. – Vgl. den informativen Beitrag von G. Dautzenberg, Das christlich-jüdische Gespräch, in: Orientierung 56 (1992) 121–124.

[12] Text und Kommentierende Einleitung (J. Oesterreicher) in LThK, Das II.Vatikan. Konzil, II. Band. Freiburg usw. 1967, 406–477; 478–495.

[13] Daran leiden Aufsätze wie von H. Gollwitzer u.a., in: J. Bloch / H. Gordon (Hg.), Martin Buber. Bilanz seines Denkens. Freiburg usw. 1983 (Buber-Symposion 1978 in Beer-Sheva) oder in: Schilpp / Friedman, Martin Buber. Stuttgart 1963 und viele andere. – Von »untheologischer Religiosität« Martin Bubers spricht W. Kaufmann in der Diskussion zu Gollwitzers Vortrag, in: Bloch / Gordon, Martin Buber.

wirkliche Frage könnte sich gewandelt haben von der Typik Israel – Kirche, wie in Röm 9–11, oder Ecclesia – Synagoga in der gotischen Portalplastik zu der neuen Problemstellung in der Zeit des »Strukturwandels der Offenbarung«[14], d.h. in einer Zeit, da die Bibel in einer geschlossenen jüdischen oder christlichen Welt nicht mehr privilegiert ist und mit Monopol-Anspruch auftritt. Kann uns Buber helfen bei der Frage nach so etwas wie einer »Heiligen Schrift«? Was heißt das heute? Und noch grundsätzlicher: Was meinen wir, nach Buber, wenn wir »Gott« sagen?

II. Auf die Stimme hören[15]

Meinen wir ein Buch? Wir meinen die Stimme. Meinen wir, daß man lesen lernen soll? Wir meinen, daß man hören lernen soll. Kein andres Zurück, als das der Umkehr, die uns um die eigne Achse dreht, bis wir nicht etwa auf eine frühere Strecke unsres Wegs, sondern auf den Weg geraten, wo die Stimme zu hören ist! Zur Gesprochenheit wollen wir hindurch, zum Gesprochenwerden des Worts.[16]

Was Juden und Christen verbindet, könnte die Bibel sein, die aber von beiden Seiten je ihren Rahmen hat und hinter Gebirgen von Interpretationen und Theologien verborgen ist. Außerdem verbindet Christen und Juden das moderne Problem, wie in der Welt der Kommunikation und Tele-Kommunikation, überhaupt der leichten Verfügbarkeit der Bibel (Buchdruck, elektronische Medien) die Stimme Gottes gehört werden kann. In dem Ernst, der mit Offenbarung gemeint ist, geht es nicht um Historie und Wissenschaft, so wichtig diese sind, sondern um das Hören und Lesen aus einem ursprünglicheren Kontakt; Buber umschreibt ihn – wie Kierkegaard – als »Gleichzeitigkeit« mit den alten Texten. Es geht darum, DIE STIMME zu hören, d.h. sich von dem Anreden treffen zu lassen, das ein Hören und Antworten verlangt.

Eine Vorbedingung dafür ist das Ernstnehmen der Sprache als gestalthaft strenge und dichterische, durchaus mit dem Gehalt verwachsene. Philologische Richtigkeit, das Ideal vieler Bibel-Übersetzungen, reicht dafür nicht aus. Die Einheit von Inhalt und Form ist das Geheimnis der Bibel wie aller großen Urkunden der Religionen und aller Dichtung. Die Form, allzuoft weit weniger geachtet als der Inhalt, ist zu erspüren, am besten wohl aus dem liebenden Umgang mit Dichtung und aus der Leidenschaft für sprachliche Gestalt. Es stünde der Theologie, die es ja mit DEM WORT zu tun hat, wohl an, von denen zu lernen, die die Sprache ernst nehmen, nachdem das bloße Achten auf »Orthodoxie« nun einmal nicht genügt. Besonders berührt hat mich während der letzten Jahre dieses

---

[14] P. Sloterdijk (s. Anm. 10), 20.
[15] Vgl. L. Wachinger (Hg.), Martin Buber. Auf die Stimme hören. Ein Lesebuch, Einleitung zu Teil II: Bibel – nicht das Buch, sondern DIE STIMME. München 1993.
[16] M. Buber, aus: Der Mensch von heute und die jüdische Bibel (1936), in: Werke II, Schriften zur Bibel. Heidelberg-München 1964, 869 (der letzte Absatz); auch in Wachinger (Anm. 15), 58.

Ernstnehmen der Sprache in Briefen und Schriften[17] von G. Scholem, W. Benjamin, W. Kraft, R. Borchardt und eben Buber und Rosenzweig; alles jüdische Intellektuelle und deutsche Schriftsteller, die das Unternehmen der Buber-Rosenzweigschen Verdeutschung der Bibel gekannt und einer strengen Kritik unterzogen haben.

Buber hat nach 1922 die entscheidende Klarheit über die Methode einer Schrift-Übertragung gewonnen und vor allem erfahren, »warum das heilige Buch, trotz allem, neu in die Menschenwelt der Gegenwart gestellt werden will, neu, nämlich in seiner Ursprünglichkeit erneut«.[18] Das aber bedeutet, in der festgeschriebenen Schrift die lebendige Stimme der Botschaft, das Anredende und Herausrufende sowie die im Beten und Tun antwortende Menschenstimme neu hörbar zu machen, und zwar hinter der Patina und den Verkrustungen der seit langem einsozialisierten Hör- und Lesegewohnheiten. Dazu müsse die Bibel »akustisch«, in ihrer dynamischen Sinnlichkeit verstanden werden; von der »Gesprochenheit des Wortes«, von der »fundamentalen Mündlichkeit der Schrift« redet Buber in einem schönen Paradox. Der Sinn des WORTES, der ja nicht satzhaft, objektivierend auszusagen ist, sofern er das Tiefste, nämlich die Beziehung von Gott und Mensch betrifft, soll im gesprochenen und gehörten Lautgefüge des erneuerten Textes erfahrbar werden. Mit sprachlichen Mitteln erkennbar gemacht, bietet er sich »nicht unserem diskursiven Verstande, sondern unserer Anschauung dar«.[19] Solche sprachlichen Mittel sind vor allem der Leitwort-Stil, der Stelle auf Stelle, Buch auf Buch bezieht und die *eine* Botschaft der Schrift heraushebt; ferner das Achten auf die gleichen Wortwurzeln, die immer mit denselben deutschen Entsprechungen wiedergegeben werden, so daß sich nicht eine gefällige Abwechslung im Ausdruck, sondern eine wuchtige Eindringlichkeit ergibt; schließlich die Gliederung und Rhythmisierung in Kolen, d.h. in Atemzug-Einheiten, die ein bestimmtes Tempo des Sprechens nahelegt. Diese indirekte Erzählweise der Bibel macht das Verschwiegene zwischen den Zeilen hörbar, wobei der Sinn schwebend bleibt; die »latente Theologie der Schrift«[20] erzieht zu dem ihr gemäßen Hören und Lesen. Alles in allem handelt es sich um eine gewaltige Durchformung der Schrift, die sprachlich aufgerauht wird, wie G. Scholem[21] sagt, und eine Aktualisierung, die es wahrscheinlicher machen soll, daß ein Leser oder Hörer sich betreffen läßt.

---

[17] W. Kraft, Martin Buber über Sprache und deutsche Sprache, in: Hochland 60 (1968) 520–537. – R. Borchardts, des großen Dichters und Übersetzers, scharfe Kritik in: Rudolf Borchardt, Martin Buber – Briefe, Dokumente, Gespräche 1907–1964, hg. von G. Schuster (mit K. Neuwirth), Schriften der Borchardt-Gesellschaft, München e.V., Bd. 2, 1991. – Wertvolle Lit. und gute Aufsätze vereinigt der in Anm. 3 angegebene Band (1996).

[18] M. Buber, Zu einer neuen Verdeutschung der Schrift. Beilage zu »Bücher der Weisung«. Olten 1954, 37.

[19] M. Buber, Abraham, der Seher; in: Werke II, 882.

[20] M. Buber, Zur Verdeutschung der Preisungen. Beilage zu »Preisungen«. Köln und Olten 1958, 4.

[21] G. Scholem, An einem denkwürdigen Tage (zum Abschluß der Buberschen Verdeutschung, Febr. 1961); in: Judaica, 209. Frankfurt a.M. 1963. Scholem erwähnt seinen Brief

Die Kritik wird sich auch weiterhin mit der Buber-Rosenzweigschen Verdeutschung der Schrift auseinandersetzen, wie die amerikanischen und deutschen Bibliographien belegen. Über der wissenschaftlichen und der künstlerischen Frage darf aber die religiöse nicht vergessen werden, in der es um persönliche Stellungnahme, um »Glauben« geht. Das eigentümliche Pathos der Buber-Bibel verweist auf eine tiefe Erfahrung – die der vernommenen Botschaft. »Stellte dein Wort sich ein, so verschlang ich es«, schreibt W. Nigg mit einem Jeremia-Zitat (17,18) in seinem Beitrag über die Buber-Rosenzweigsche Verdeutschung[22] und macht damit deutlich, mit welcher Leidenschaft er sie sich angeeignet hat. Das Verdeutschen der Bibel und das Hören oder Lesen wird zu einer Glaubensfrage, wie Buber an Borchardt in Erwiderung auf dessen Kritik (im letzten Satz des betreffenden Briefes) schrieb: »... Sie kennen die Bibel nur als Schrifttum, nicht als die Schrift.«[23]

Buber und Rosenzweig haben für deutsche Juden geschrieben, die es heute fast nicht mehr gibt, wie G. Scholem bemerkte (s. Anm. 21). Lambert Schneider, erster Verleger der Buber-Rosenzweig-Bibel, war Christ; in seinem Verlags-Rückblick *Rechenschaft* schreibt er, daß alle Übersetzer, auch die jüdischen, das Alte Testament »unwillkürlich christianisierten oder modern philosophisch interpretierten«[24], was ihn verdroß und weswegen er sein Ersuchen an Buber richtete. Tatsächlich, die implizite Kritik Bubers an den Christen könnte bereits darin liegen, daß sie die hebräische Bibel vereinnahmen, anstatt sie als das anzuerkennen, was sie wirklich ist, nämlich hebräisch und jüdisch. Ohne es zu merken, hätten die Christen damit den Dialog mit den Juden negiert, bevor sie ihn begannen.[25] Die Wichtigkeit der hebräischen Bibel, auch für Christen, hat ihren Grund in dem Weg, auf dem sie den Leser und Hörer führt. Mit »Weg« ist ein langes Lernen gemeint: Wie lernt man den NAMEN (alte Umschreibung für den heiligen, nicht auszusprechenden Gottesnamen der hebräischen Bibel)? Jesus hat den NAMEN als Geheimnis gelassen, wenn er ihn auch neu interpretiert hat; wir Christen müssen trotz unseres Bekenntnisses zu Christus nicht meinen, wir wüßten ihn, d.h. wir hätten ihn fest im Besitz. Es steht uns wohl an, ein Stück Lernen nachzuholen; denn die jüngste Geschichte gibt uns Christen, besonders den deutschen, schlechte Noten.

Zu diesem Lernen des NAMENs eine persönliche Erfahrung: Seit ich an meiner Dissertation über Bubers Glaubensbegriff gearbeitet habe, lese

---

zum Buch »Im Anfang«, den Buber als »einzige ernste Kritik« bis dahin anerkannt habe (nachzulesen in Buber, Briefwechsel aus sieben Jahrzehnten, II: 1918–1938, Heidelberg 1973, Nr. 212).

[22] In: Rückschau und Ausblick (Hegner-Festschrift). Köln 1962.
[23] In dem Buber-Borchardt-Band, hg. von G. Schuster (s. Anm. 17), 64; auch in Buber, Briefwechsel II, Nr. 346. – In seiner Antwort, die viel moderater ausfällt, weist Borchardt Bubers Unterscheidung zurück, würdigt Bubers und Rosenzweigs »Frömmigkeit«, bleibt aber bei seiner Distanz.
[24] Rechenschaft. 1925–1965. Ein Almanach. Heidelberg o. J.
[25] Vgl. dagegen die Aufsätze von A. Mayer, U. Vetter, R. Mack in dem in Anm. 3 genannten Band.

ich die (antiquarisch nach und nach erworbene) Buber-Bibel.[26] Später hörte ich Buber selbst auf einer Schallplatte Stücke daraus lesen und bekam seinen Tonfall ins Ohr. Schließlich verwendete ich, wo es nur anging, diese Verdeutschung in Kursen und habe oft ihre verfremdende, darum aufschließende Kraft erprobt. Ich habe also immer öfter die deutsche Lautgestalt des heiligen Textes gesprochen und gehört; auch das leise Lesen hat den anderen Rhythmus angenommen, es ist langsamer, hörender geworden. Nur dadurch, daß die sinnenhaft lautliche Gestalt vollzogen wird, hat, nicht anders als bei einem Gedicht, das Lernen begonnen; es hat zunächst dazu geführt, daß ich die hebräische Bibel lieben lernte.

III. Den NAMEN lernen

Das Erlernte

Als Levi Jizchak von seiner ersten Fahrt zu Rabbi Schmelke von Nikolsburg, die er gegen den Willen seines Schwiegervaters unternommen hatte, zu diesem heimkehrte, herrschte er ihn an: »Nun, was hast du schon bei ihm gelernt?!« »Ich habe erlernt«, antwortete Levi Jizchak, »daß es einen Schöpfer der Welt gibt.« Der Alte rief einen Diener herbei und fragte den: »Ist es dir bekannt, daß es einen Schöpfer der Welt gibt?« »Ja«, sagte der Diener. »Freilich«, rief Levi Jizchak, »alle sagen es, aber erlernen sie es auch?«[27]

Daß wir nicht wissen können, *was* »Gott« bedeutet, ist alte theologische Lehre. Wir Christen vergessen leicht über der Sicherheit eines mit Pauken und Trompeten aufgeführten Credo von Haydn oder Mozart, daß sich das Glauben heute tastender und leiser äußern wird. Das Inkarnatorische verführt zu Verfestigungen wie »Christus«, »Leib Christi«, »Kirche«, was alles man auch anders auffassen könnte. Die soziale Gestalt des Judentums im Exil hat eine kostbare Erfahrung aufbewahrt: die der Wanderung durch das Weglose irgendeiner Wüste. Ein anderes Bewußtsein von Mühe und Nicht-am-Ziel-Sein konnte sich einprägen, darin auch das Aufrufen anders verwurzelter Kräfte des personalen Lebens.

Den umfangreichen christlichen Dogmatiken, für Buber immer verdächtig nahe an der Gnosis, dem »wisserischen« Verhältnis zum Göttlichen, steht auf jüdischer Seite wohl ebenso viel frommes Schrifttum gegenüber, das aber vorwiegend Auslegung der Schrift (und Auslegung der Auslegungen) sein will und sich unendlich vielstimmig gibt. Schon die verschiedenen Formen der biblischen Bücher – Erzählung, Weisheitssprüche, prophetische Reden, Psalmen – erzwingen ein anderes Gespür für das vielstimmige Reden Gottes. Das Heraushören der STIMME wird wichtig. Der Leser oder Hörer der Bibel fragt, *wer* hier redet; es wird notwendig,

---

[26] Sie ist jetzt als Paperbackausgabe bei der Deutschen Bibelgesellschaft Stuttgart zu haben.
[27] M. Buber, Werke III, Schriften zum Chassidismus. München-Heidelberg 1963, 323 (Die Geschichten von Levi Jizchak von Berditschew); Die Erzählungen der Chassidim. Zürich 1949, 331f.

den alten dunklen vierbuchstabigen Gottesnamen, das Tetragrammaton, für unsere Zeit neu zu durchleuchten. Die alte Ersetzung dafür in der griechischen Bibel, »Kyrios«, nach ihr in der Vulgata, »Dominus«, und danach wieder bei Luther (u.a.), »Herr«, ist zu gebräuchlich geworden; sie schließt zu wenig auf und weckt falsche Assoziationen. Auch die Verwendung von Großbuchstaben ändert da wenig, ebenso die verhüllende jüdische Ausdrucksweise »der NAME«; immerhin drängt die Verhüllung zur Frage nach ihrem Sinn und zu einer Auslegung.

Buber und Rosenzweig entscheiden sich in ihrer Verdeutschung der Schrift für eine Auslegung des heiligen Gottesnamens, die zugleich Verhüllung bleibt: ICH und MEIN, wo Gott selber spricht und seinen Namen nennt; DU und DEIN, wo ein Mensch ihn anspricht; ER und SEIN, wo von ihm geredet wird. Der NAME als die Mitte der Offenbarung, nicht auszusprechen im jüdischen Brauch, spricht damit auf elementare Weise an. Natürlich kann auch diese Übersetzung alltäglich werden; aber das in ihr aufbewahrte »Nicht!« (Nicht wissen und festhalten wollen! Nicht aussprechen! Nicht zum Zaubern verwenden!) fordert anderes und verlockt gleichzeitig zum Nachdenken. Für die Dauer eines Blitzes spüre ich Licht, höre mich angeredet und fühle, daß *ich* gemeint bin.

Die Pronomina stehen *für* den NAMEN, ohne ihn preiszugeben. Ich gewöhne mich ans Horchen; ich gehe in meine Gegenwart. Bereits die sprachliche Gestalt ist Botschaft – für Buber macht sie den eigentlichen Kern der Schrift aus; wohl verweht sie mit dem Atem, und doch hat sie die Beständigkeit eines immer gegenwärtigen Anredens, von dem ich mich finden lassen kann. Schon daß ich, um die Großbuchstaben hörbar zu machen, beim Vorlesen die Stimme heben muß, fordert ein anderes Engagement.

Das Problem selber der Verdeutschung des heiligen Gottesnamens in der Buber-Rosenzweig-Bibel zwingt zum persönlichen Reden; eine »Sensibilisierung des christlichen Bewußtseins«[28] ist wohl nötig. Sie besteht vor allem darin zu lernen, daß von Gott nur nicht-objektivierend gesprochen werden kann. Die »fromme«, gedankenlose Tradition des gegenständlichen theologischen Redens ist fest eingefahren, wir bemerken sie nicht mehr. Es handelt sich um eine Anwendung des »dialogischen Prinzips« (von *Ich und Du*, 1923, her, das als religionsphilosophisches Grundwerk gedacht war): Das Ich-Es-Verhältnis bedeutet objektivierendes, vom Subjekt abgelöstes Denken und Reden im Stil der Naturwissenschaften, also nach dem Modell des Gebrauchens, Habens und Manipulierens; die Ich-Du-Beziehung meint subjektive Erfahrung in Verbundenheit und in wechselseitigem Wirken aneinander. In der Ich-Es-Einstellung treten Ich und Welt, Subjekt und Objekt, religiöse und profane Sphäre auseinander; in dieser distanzierenden Haltung kann Gott nicht gefunden werden. In der Ich-Du-Beziehung kann sich die Begegnung mit Gott ereignen, insofern der Mensch in den »Seinsmodus der Erschlossenheit« eintritt: er öff-

---

[28] W. Schottroff, Die Bedeutung der Verdeutschung der Schrift von Buber-Rosenzweig für die christliche Theologie; in dem in Anm. 3 genannten Buch, 78 (mit viel Literatur).

net sich der Situation und »hört«, was sie zu sagen hat; er erkennt die Andersartigkeit dessen an, was ihm begegnet, und läßt sie verändernd auf sich einwirken; er nimmt die Situation als »Wort«, Herausforderung und Frage; er hält ihr stand.

Das Objektivieren zu unterlassen, dazu ermahnen schon die christlichen Mystiker des Mittelalters. Von Gott nichts festhalten zu können und sich mit der menschlichen Geste des Anrufens zu bescheiden, lernt sich schwer. Im Anrufen und »vor Gott« da sein, im Sich-Öffnen leben und die Sicherheiten loslassen, das Gewußte sprachlich und poetisch in der Schwebe zu lassen, ist die geduldig zu übende Haltung.

Wie die Theologie der hebräischen Bibel, nach Buber, eine latente ist, so auch seine Kritik am Christentum vielfach. Man muß nicht nur auf *Zwei Glaubensweisen* schauen, ein Buch, das E. Brunner einen »Großangriff auf das Christentum« genannt hat.[29] Seine Kritik bezieht sich u.a. darauf, wie Christen die von ihnen als »Altes Testament« bezeichnete hebräische Bibel lesen und wie sie Gott ins theologische Denken einbeziehen.

Daß das kritisierte »Christentum« nicht stehen geblieben ist, mag (für die katholische Kirche) mit der Zeit von Bubers Wirken angedeutet sein, die ungefähr von der Modernismus-Krise (kurz nach 1900) bis zum Ende des II. Vatikanums reicht (Buber stirbt 1965). Wie insbesondere seine Briefe zeigen, hat sich in Bubers Denken ein entschiedener Wandel vollzogen.[30] Seine Kritik richtet sich ähnlich auch gegen das Judentum; Bubers erneuernde, geradezu reformatorische Impulse sind nicht nur durch die Propagierung (und Umdeutung) des Chassidismus gekennzeichnet.

Natürlich ist an Buber auch Kritik geübt worden; von den frühen Arbeiten zur Mystik und zum Chassidismus über die Schriften zur Philosophie und zur Bibel reißt ihr Strom nicht ab. Noch E. Lévinas geht in seiner Auffassung vom Problem des Anderen auf Buber ein und über ihn hinaus; er zeigt damit, daß man Buber auch anders lesen könnte, als man ihn zu kennen meint.

Vielleicht ist etwas vom Besten, was man über Buber sagen kann, daß er im Gespräch ist und Gespräch provoziert, mag es auch weithin »Einsame Zwiesprache« bleiben – »einsam« deshalb, weil sie in unserer Zeit zwangsläufig nur von einzelnen geführt wird. Gerade darin liegt ein Moment der Kritik, nicht nur am Christentum.

---

[29] E. Brunner, Dogmatik III. Zürich-Stuttgart ²1964, 187.
[30] M. Buber, Briefwechsel aus sieben Jahrzehnten, mit der Einleitung und der sorgfältigen Kommentierung durch G. Schaeder, 3 Bände. Heidelberg 1972–1975.

Albert Einstein (1879–1955)

Armin Hermann

Zur Zeit von Reformation und Gegenreformation war die Religion die prägende geistige Kraft; in unserer Epoche ist es die Wissenschaft. Dabei hat von allen Disziplinen die Physik, genauer gesagt: die theoretische Physik, am stärksten gewirkt. Albert Einstein, der größte theoretische Physiker des 20. Jahrhunderts, ist also schon durch seine Rolle in der Wissenschaft eine der wirkungsmächtigsten Gestalten unserer Epoche. Hinzu kommt, daß er seit Ausbruch des Ersten Weltkrieges, als er 35 Jahre alt war, sein Prestige bewußt eingesetzt hat, um als ein Voltaire des 20. Jahrhunderts für seine politischen Ideale zu wirken, für Völkerverständigung und Meinungsfreiheit.

Im Jahre 1905 setzte Einstein den Umsturz im Weltbild der Physik in Gang, der für die gesamten Naturwissenschaften und die Philosophie weitreichende Konsequenzen hatte. Als Thomas Mann 1939 im Exil in Princeton aus der Hand Einsteins die »Einstein Medal for Humanitarian Services« entgegennahm, pries der Dichter in seiner Dankrede den großen Physiker als »weltberühmten Repräsentanten« einer Wissenschaft, in der »Dinge vor sich gehen, phantastischer als alles, was Dichtung ersinnen könnte, und wichtiger, verändernder für den Menschen und sein Weltbild als alles, was Literatur zu leisten vermag«.

Dabei kannte man im Januar 1939 nur die geistigen Konsequenzen des neuen Denkens. Eine noch stärkere Wirkung auf den Menschen und die menschliche Gesellschaft hatten die technischen Anwendungen der modernen Physik, von denen die Nutzung der Atomenergie nur ein Beispiel ist.

Doch nun der Reihe nach. Geboren wurde Einstein am 14. März 1879 in Ulm, aufgewachsen ist er in München, wo er die Volksschule und das Luitpoldgymnasium besuchte. Daß Einstein ein schlechter Schüler gewesen sei, ist nur Legende. Allerdings war er kein Streber. »Albert hat mich von jeher daran gewöhnt«, sagte sein Vater, »neben sehr guten Noten auch schlechtere zu finden«.[1]

Einsteins Vater und Onkel betrieben in der bayerischen Haupt- und Residenzstadt eine elektrotechnische Fabrik. Der junge Albert hatte ausgesprochene Freude daran, durch die große Halle zu gehen und die Praxis aus eigener Anschauung kennenzulernen. Dabei hörte er einmal von einem ungelösten Problem. Er ließ sich die Sache zeigen, und fast im Handumdrehen fand er die Lösung. »Wissen Sie, es ist schon fabelhaft mit meinem Neffen«, erzählte der Onkel stolz in der Fabrik. »Wo ich und mein Hilfsingenieur uns tagelang den Kopf zerbrochen haben, da hat der junge Kerl in einer knappen Viertelstunde die ganze Geschichte herausgehabt. Aus dem wird noch mal was!«

---

[1] Zitiert nach den »Collected Papers of Albert Einstein« (hier Bd. 1, S. 19). Die auf etwa dreißig Bände angelegte Edition erscheint seit 1987 in Princeton NJ.

Auch später haben ihn technische Aufgaben als intellektuelle Herausforderung gereizt, und zusammen mit Leo Szilard hat er sogar eine neue Kältemaschine erfunden. Einsteins eigentliches Interesse aber galt immer den großen erkenntnistheoretischen Grundproblemen, und schon als Gymnasiast war sein Lebensziel eine Professur für theoretische Physik.

Die väterliche Firma mußte 1894 liquidiert werden. Auch ein neuer Anfang in Oberitalien wurde schließlich ein Mißerfolg, und die ursprünglich wohlhabende Familie verarmte. Einstein konnte sein Studium am Polytechnikum in Zürich, der späteren Eidgenössischen Technischen Hochschule, nur mit Unterstützung von Verwandten finanzieren. Nach achtsemestrigem Studium erwarb er im Juli 1900 sein Diplom als Fachlehrer für Mathematik und Physik, hoffte aber vergeblich auf eine Stelle als Wissenschaftlicher Assistent.

Seit Studienbeginn war Einstein mit einer Kommilitonin befreundet; es war die aus der Woiwodina stammende Mileva Marić. Seine Eltern sprachen sich strikt gegen eine Verbindung aus. Als die Geliebte ein Kind von ihm erwartete, beschloß er, sich eine, »wenn auch noch so ärmliche Stelle« zu suchen[2], um Mileva heiraten zu können. Überglücklich hat er 1902 eine Subalternstellung am Patentamt in Bern angetreten; ein halbes Jahr später wurde Hochzeit gefeiert. Wie man den Umständen entnehmen muß, ließen die Eltern das voreheliche und von Mileva in ihrer ungarischen Heimat zur Welt gebrachte »Lieserl« von Fremden adoptieren. Es wurde dann 1904 Hans Albert als erster und 1910 Eduard als zweiter Sohn geboren. Von der Ehe war Einstein bald ernüchtert. »Seelisches Gleichgewicht, das wegen M. verloren, nicht wieder gewonnen«, heißt es lapidar in einem Brief vom November 1909.

Einstein war introvertiert. Diese Veranlagung prägte sich nun stärker aus, und er entwickelte sich, wie er es nannte, zum »Einspänner«, der »dem Staat, der Heimat, dem Freundeskreis, ja selbst der engeren Familie nie mit ganzem Herzen angehört hat«. Sein inneres Glück fand er in der Wissenschaft.

Nichts zeigt Einsteins Genialität deutlicher als die Tatsache, daß er trotz einer anstrengenden 48-Stunden-Woche am Patentamt in Bern noch die Zeit und die Kraft fand, sich mit den Grundfragen der Physik zu beschäftigen. Im Jahre 1905 veröffentlichte er in der Zeitschrift »Annalen der Physik« drei epochemachende Arbeiten, die den Umsturz im Weltbild der Physik einleiteten. Es handelte sich um die Lichtquantenhypothese, um die spätere sogenannte »Spezielle Relativitätstheorie« und um eine Konsequenz aus dieser Theorie, die Äquivalenz von Masse und Energie, d.h. die berühmte Formel $E = mc^2$.

Anerkennung fand zunächst, und zwar in erstaunlich kurzer Zeit, die Spezielle Relativitätstheorie. Die durch diese Theorie bewirkte geistige Umwälzung sei an Ausdehnung und Tiefe nur mit der kopernikanischen Revolution vergleichbar, meinte Max Planck schon 1909. Nach einigen

---

[2] Albert Einstein/Mileva Marić: Am Sonntag küss' ich Dich mündlich. Die Liebesbriefe 1897 – 1903. München 1994, 142.

Jahren wurde offenbar, daß Einstein auch mit seiner Lichtquantenhypothese einen entscheidenden neuen Gesichtspunkt erkannt hatte. Einige Jahre trieb er die Entwicklung, welche schließlich in die Quantentheorie mündete, allein oder doch fast allein voran. Seinen Nobelpreis erhielt er 1922 (rückwirkend für das Jahr 1921) für die Erklärung des Photoeffektes mit Hilfe der Lichtquantenvorstellung.

Es war wirklich ein »Treppenwitz in der Geschichte«, wie 1908 ein junger Kollege konstatierte, daß der neue Kopernikus »acht Stunden am Tag in einem Büro sitzen« mußte. Im Jahre 1909 wurde Einstein endlich Professor der theoretischen Physik an der Universität Zürich, 1911 ging er als Ordinarius an die Deutsche Universität Prag und 1912 an die ETH Zürich, wo er die letzten vier Jahre vor der Jahrhundertwende studiert hatte. Auf Betreiben von Max Planck wurde Einstein zum 1. April 1914 nach Berlin berufen. An der Preußischen Akademie der Wissenschaften erhielt er eine herausgehobene Position, die ihn nur noch zur Forschung verpflichtete. Daneben besaß er das Recht, jederzeit, wenn er es wollte, Vorlesungen oder Seminare an der Universität abzuhalten. Im Jahre 1917 wurde er noch zusätzlich Direktor des (freilich nur de iure existierenden) Kaiser-Wilhelm-Instituts für Physik.

Auf den Ausbruch des Ersten Weltkrieges reagierte Einstein mit tiefer Betroffenheit. »Wenn es doch irgendwo eine Insel für die Wohlwollenden und Besonnenen gäbe! Da wollte ich auch glühender Patriot sein.« Mit ein paar Gleichgesinnten bemühte sich Einstein, eine Bresche in die Mauer des Chauvinismus zu schlagen. In einem *Aufruf an die Europäer* plädierten sie für einen raschen Verständigungsfrieden. Während kurz vorher das unbesonnene Manifest *An die Kulturwelt*, das den Haß der Alliierten und Neutralen gegen alles Deutsche weiter schürte, von 93 prominenten Persönlichkeiten unterschrieben worden war, fanden sich für den versöhnlichen Aufruf nur ein paar Unterzeichner. Deshalb unterblieb die Publikation.

Unter solchen Umständen empfand Einstein die Beschäftigung mit der Wissenschaft als »eine Flucht aus dem Alltagsleben mit seiner schmerzlichen Rauheit und trostlosen Öde«. Im Oktober 1915 gelang ihm die Formulierung der »Allgemeinen Relativitätstheorie«, der langgesuchten Feldtheorie der Gravitation. Von deren Richtigkeit war er überzeugt, als er aus ihr das alte Newtonsche Gravitationsgesetz als erste Näherung herleiten konnte. In der zweiten Näherung ergaben sich drei Effekte: die Perihelbewegung des Merkur, die Lichtablenkung am Sonnenrand und die Rotverschiebung der Linien im Sonnenspektrum. Von der Lichtablenkung und der Rotverschiebung wußte man noch nichts; die winzig kleine Perihelbewegung des Merkur aber hatten die Astronomen schon festgestellt, ohne sie freilich erklären zu können. »Denk' Dir meine Freude«, schrieb Einstein an einen Kollegen und Freund, »daß die Gleichungen die Perihel-Bewegungen Merkurs richtig liefern! Ich war einige Tage fassungslos vor freudiger Erregung«.

Nach dem Ersten Weltkrieg entsandten die britischen Astronomen zwei Expeditionen in die Tropen, um die Sonnenfinsternis am 29. Mai 1919 zur Beobachtung der Lichtablenkung am Sonnenrand zu nutzen. Am 6. November wurde das Ergebnis in einer gemeinsamen Sitzung der Royal Society und der Royal Astronomical Society feierlich bekanntgegeben: Einstein habe auch in seiner zweiten Voraussage recht bekommen.

Mit der Bestätigung der Allgemeinen Relativitätstheorie begann Einsteins Weltruhm. Weil sie der Royal Society Respekt abnötigte, wurde seine Theorie in Deutschland als »nationale Tat« gefeiert. Am 14. Dezember 1919 erschien die *Berliner Illustrirte* mit einem großen Porträt Einsteins auf der Titelseite: »Eine neue Größe der Weltgeschichte: Albert Einstein, dessen Forschungen eine völlige Umwälzung unserer Naturauffassung bedeuten und den Erkenntnissen eines Kopernikus, Kepler und Newton gleichwertig sind.«

Als sich später Biographen danach erkundigten, ob seine Genialität vom Vater oder von der Mutter stamme, verblüffte sie der große Physiker mit der Feststellung, er habe gar keine besondere Begabung, sondern sei nur leidenschaftlich neugierig und hartnäckig. Richtig daran ist, daß seine großen Theorien ihre Entstehung nicht einem genialen Wurf verdanken, sondern daß er viele Jahre bis zur Lösung gebraucht hat. Sein erstes (zu Lebzeiten unveröffentlicht gebliebenes) Manuskript zur Speziellen Relativitätstheorie stammt aus dem Jahre 1895, als er 16 Jahre alt war. Im Alter von 22 schrieb er an Mileva, daß er eifrigst am Thema arbeite und das Ganze eine »kapitale Abhandlung« zu werden verspreche. Bis zum Durchbruch im Mai 1905 dauerte es freilich noch vier Jahre. Ähnlich war es bei der Allgemeinen Relativitätstheorie. An ihr hat er acht Jahre gearbeitet. Zuletzt steckte er so tief im Thema, daß er, wie ein Kollege meinte, »für alles andere taub« war.

Es gibt aber natürlich auch viele Arbeiten Einsteins wie jene über seine verblüffend einfache Herleitung der Planckschen Strahlungsformel von 1916, die er ohne große Anstrengung sozusagen en passant verfaßt hat. Diese schöne Abhandlung zeigt klar, wie Licht und Atome miteinander in Wechselwirkung treten. Neben der spontanen Emission, die man sich nach der Art der radioaktiven Zerfallsprozesse denken muß, gibt es unter dem Einfluß des Strahlungsfeldes auch noch eine stimulierte Emission. Zur technischen Anwendung dieser »stimulierten Emission« kam es seit 1960 durch die Erfindung des Lasers. Mit Stolz nennen die Pioniere der neuen Technik Einstein ihren Stammvater.

Die Allgemeine Relativitätstheorie hinterließ bei Fachleuten und Laien einen nachhaltigen Eindruck. »Die begabten Leute merkten, daß etwas in der Physik los war«, berichtete Werner Heisenberg. Während sich Einstein mit der Struktur des Weltganzen beschäftigte, formulierte Niels Bohr seine Theorie des Atoms. Die theoretische Physik entwickelte sich zum eigentlichen Kern- und Grundlagenfach der gesamten Naturwissenschaften. Viele hochbegabte junge Menschen entschlossen sich, theoretische Physik zu studieren, und das Fach erlebte in den zwanziger und dreißiger Jahren einen unerhörten Aufschwung.

Von der Allgemeinen Relativitätstheorie fasziniert waren auch Hans Reichenbach, Karl Popper, Moritz Schlick und viele andere Philosophen. Reichenbach nannte die Theorie eine »philosophische Tat«: In Einsteins

Begriffsbildungen sei mehr Philosophie enthalten »als in allen vielbändigen Werken der Kant-Epigonen«. Karl Popper war tief beeindruckt, daß Einstein ganz anders als Marx, Freud und Adler seine Theorie dem Richterspruch der Erfahrung unterwarf, und er entwickelte sein Falsifizierbarkeitskriterium.

Später untersuchte Popper die Beziehungen zwischen dem Gravitationsgesetz Newtons und der Allgemeinen Relativitätstheorie Einsteins. Über weite Bereiche der Erfahrung macht die neue Theorie gleich gute Aussagen wie die alte; in einigen Punkten aber führt sie zu abweichenden Resultaten und gibt dabei die Erfahrung besser wieder. Die neue Theorie enthält also die alte als Näherung, erfaßt aber einen weiteren Bereich der Wirklichkeit. In seiner »Logik der Forschung« erweiterte Popper dieses Resultat zu einer allgemeinen Theorie über die Entwicklung der Wissenschaft.

In der politisch ruhelosen Zeit nach dem Ersten Weltkrieg wurden auch Einstein und seine Allgemeine Relativitätstheorie in den Strudel der Auseinandersetzungen hineingezogen. In Berlin setzte ein rechtsradikaler Agitator namens Paul Weyland eine Kampagne gegen den angeblichen »wissenschaftlichen Dadaismus« in Gang, die indessen nach zwei Massenkundgebungen kläglich zusammenbrach.[3]

Wir wissen heute, daß im Hintergrund der Heidelberger Nobelpreisträger Philipp Lenard die Fäden gezogen hatte. Lenard war dezidiert der Meinung, »daß eine Bekämpfung des Einsteinschen Einflusses nötig« sei. Er entwickelte eine abstruse »Deutsche Physik«, in der die modernen Theorien als »jüdische Blendwerke« entlarvt werden sollten. Durch seine Beziehungen zu Adolf Hitler erhielt Lenard später im Dritten Reich großen Einfluß, und er fügte der Physik erheblichen Schaden zu.

Als im August 1920 die Kampagne des Paul Weyland gegen ihn begann, glaubte Einstein irrigerweise, »daß ein großer Teil unserer Physiker dabei beteiligt sei«. Deshalb hatte er ein paar Tage lang erwogen, Berlin und Deutschland zu verlassen. Erneut vor die Frage gestellt, ob er nicht besser emigrieren solle, war Einstein nach dem Mord an Walther Rathenau am 24. Juni 1922, nach Hitlers Bierhallenputsch am 9. November 1923 und nach dem überwältigenden Sieg der NSDAP bei den Reichstagswahlen am 31. Juli 1932.

Seit 1919 war Einstein in zweiter Ehe mit seiner Cousine Elsa verheiratet. Weil Frau Elsa, leider durchaus begründet, um sein Leben fürchtete, verließ er 1923 und 1932 für einige Wochen die Reichshauptstadt.

Als am 30. Januar 1933 Adolf Hitler zum Reichskanzler ernannt wurde, befand sich Einstein als Gastforscher in Pasadena (Kalifornien). In einer vielbeachteten Presseerklärung gab er zu Protokoll: Solange er noch die Möglichkeit dazu habe, werde er sich nur in einem Land aufhalten, »in dem politische Freiheit, Toleranz und Gleichheit aller Bürger vor dem Ge-

---

[3] Hier wie überall genaueres in der Biographie des Verfassers: Einstein. Der Weltweise und sein Jahrhundert. München 1996.

setz herrschen«. Er legte sein Amt bei der Preußischen Akademie der Wissenschaften nieder und hat nie mehr deutschen Boden betreten.

Einstein war ein überzeugter Pazifist und hatte die Jugend der Welt zur Verweigerung des Wehrdienstes aufgerufen. Jetzt gab er seinen Pazifismus auf. Viele Kriegsdienstgegner waren von Einstein tief enttäuscht. In einem sehr naiven Brief hielt ihm ein britischer Pazifist vor, Hitler sei doch kein Narr und werde nie einen Krieg führen. »Wissen Sie nicht«, erwiderte ihm Einstein, »daß in Deutschland fieberhaft gerüstet wird? Und daß die gesamte Bevölkerung nationalistisch verhetzt und zum Kriege gedrillt wird? Ich hasse Militär und Gewalt jeder Art. Ich bin aber fest davon überzeugt, daß heute dieses verhaßte Mittel den einzigen wirksamen Schutz bildet«.

Die schöpferischen Jahre lagen hinter ihm. Seit Niels Bohr und Werner Heisenberg 1927 die Entwicklung der Quantentheorie mit der sogenannten »Kopenhagener Deutung« abgeschlossen hatten, war Einstein mit dem neuen Geist in der Physik zutiefst unzufrieden. Er wollte die statistische Auffassung der Naturgesetze nicht akzeptieren und am traditionellen Determinismus festhalten.

Obwohl er »aus einem Bonzen zu einem Ketzer in der Wissenschaft« geworden war, wie er durchaus zutreffend selbst konstatierte, hatte er, anders als die anderen Emigranten, 1933 überhaupt keine Schwierigkeiten, eine neue Stellung zu finden. Angebote kamen aus vielen Ländern. »Ich komme mir nun bald vor wie eine Reliquie aus einer Stiftskirche«, scherzte Einstein. »Man kann mit dem alten Knochen nichts anfangen, aber haben will man ihn doch.« Er ging nach Princeton, dem idyllischen Universitätsstädtchen fünfzig Meilen südwestlich von New York, wo soeben das »Institute for Advanced Study« gegründet worden war. Er hat damals vielen Verfolgten des Regimes geholfen, insbesondere den geflüchteten Wissenschaftlern.

Im Dezember 1936 starb Frau Elsa. An seinem Leben änderte sich wenig. Den Haushalt führte ihm nun seine Sekretärin Helene Dukas. Sie stand seit 1928 bis zu seinem Tode insgesamt 27 Jahre in seinen Diensten und hat dann weitere 27 Jahre zusammen mit Einsteins Freund Otto Nathan als Nachlaßverwalter gewirkt. Wenn heute wesentliche Teile der Korrespondenz von ihm und an ihn noch vorhanden sind, so ist dies vor allem ihr zu verdanken.

Bereits 1905 hatte Einstein aus seiner Speziellen Relativitätstheorie die Formel $E = mc^2$ hergeleitet. Danach sind Masse und Energie äquivalent und Umwandlungen im Prinzip möglich. Einstein wußte schon damals, daß solche Umwandlungen in der Natur auch tatsächlich vorkommen, und zwar beim radioaktiven Zerfall der schweren Atome. Auch eine technische Nutzung hielt Einstein für möglich, glaubte aber nicht, daß er selbst diesen Tag noch erleben würde.

Durch die von Otto Hahn und Fritz Straßmann entdeckte Kernspaltung beim Uran änderte sich Anfang 1939 die Situation. Im Ersten Weltkrieg hatte Einstein in Berlin die Entschlossenheit seiner deutschen Kollegen erlebt, mit Hilfe der Giftgase den Sieg zu erzwingen. Wie die deutschen Chemiker im Ersten Weltkrieg, meinte er, würden jetzt die deutschen Physiker keinen Augenblick zögern, ein neues Kriegsmittel zu entwickeln. Am 2. August 1939 unterzeichnete Einstein deshalb den berühmt gewordenen Brief an den amerikanischen Präsidenten. Er empfahl nicht den Bau der Atombombe, wie man oft liest, sondern die Sicherstellung der belgischen Uranvorräte und die Intensivierung der einschlägigen Forschung. Es war bis dahin noch nicht ganz sicher, ob eine Atombombe wirklich funktionieren würde und wie klein sie gegebenenfalls gemacht werden könne. An den Entwicklungsarbeiten war Einstein nicht beteiligt, und wir wissen auch nicht, ob er von dem sogenannten »Manhattan-Project« noch zu Kriegszeiten erfahren hat.

Am 1. Oktober 1940 erhielt Einstein zusammen mit seiner Stieftochter Margot und seiner Sekretärin die amerikanische Staatsangehörigkeit. Besonders glücklich, ein Amerikaner zu sein, war er am 7. Dezember 1941, dem »Tag von Pearl Harbor«. Amerika sei heute die »Hoffnung aller aufrechten Menschen«. Er sprach eine »Botschaft an Deutschland« auf Tonband, die seine ehemaligen Landsleute über Rundfunk erreichen sollte. Schon seit Oktober 1940 wandte sich Einsteins Schicksalsgenosse Thomas Mann einmal im Monat über BBC London an die Deutschen. Verglichen mit den meisterhaften Appellen des großen Schriftstellers wirkt Einsteins »Botschaft an Deutschland« hausbacken. Vielleicht hat es deshalb keine Fortsetzung gegeben.

Tief betroffen war Einstein, als er vom Massenmord an den europäischen Juden erfuhr. Die Solidarität mit dem jüdischen Volk wurde nun seine stärkste innere Bindung. Den Deutschen gegenüber aber entwickelte er Rachegefühle, und er war selbst erstaunt, daß solche Emotionen von ihm Besitz ergreifen konnten.

Nach dem Ende des *Ersten* Weltkrieges hatte Einstein alles tun wollen, um die Deutschen »vor dem Hungertod zu retten«. Er war bereit, nach Paris zu fahren, um Fürbitte bei den Alliierten einzulegen. Nach dem *Zweiten* Weltkrieg lehnte er jede Aktion zugunsten der Deutschen kompromißlos ab. »Wenn sie vollends besiegt sind und wie nach dem letzten Kriege über ihr Schicksal jammern«, meinte er 1944, »soll man sich nicht ein zweites Mal täuschen lassen«.

Nach dem Zusammenbruch hat Einstein wieder mit den alten Freunden und Kollegen in Deutschland korrespondiert, insbesondere mit Max von Laue, der dem Regime entgegengetreten war, wo er nur konnte. Strikt aber lehnte Einstein jede offizielle Verbindung ab. Als Theodor Heuss den Orden »Pour le mérite« neu beleben wollte und bei Einstein anfragte, ob er seine Mitgliedschaft erneuern wolle, antwortete er: »Nach dem Massenmord, den die Deutschen an dem jüdischen Volk begangen haben, ist es ... evident, daß ein selbstbewußter Jude nicht mehr mit irgendeiner offiziellen Veranstaltung oder Institution verbunden sein will.«

Für Völkerverständigung, Abrüstung und Menschenrechte engagierte sich Einstein noch stärker als früher. Seit der Explosion der beiden amerikanischen Atombomben über den japanischen Städten Hiroshima und Nagasaki war offenkundig, daß sich »die ehemals noch ziemlich harmlos erscheinende Wissenschaft« zu einer Bedrohung der Menschheit entwickelt hatte. Das erlege den Gelehrten eine erhöhte Verantwortung auf. Insbesondere die Atomforscher müßten dafür sorgen, daß »das Atom zum Segen und nicht zum Ruin der Menschheit genutzt« werde. Als Präsident des neugegründeten »Notstandskomitees der Atomforscher« stemmte er sich, freilich ohne Erfolg, gegen das Wettrüsten der Großmächte.

Als bei den Vereinten Nationen der Gedanke auftauchte, unter dem Dach der Weltorganisation internationale Forschungsinstitute zu gründen, plädierte Einstein zum Erstaunen seiner Kollegen dafür, nicht die Physik, sondern zuallererst die »Wissenschaft der menschlichen Beziehungen« zu fördern: »Man sollte eine Methode erarbeiten, um zum Beispiel Geschichte ohne die Obsessionen der Vergangenheit zu lehren«. Auf diese Weise könne der Bann des Nationalismus gebrochen werden.

Noch stärker aufgefordert, nicht schweigend zuzusehen, fühlte sich Einstein, als im kalten Krieg viele Amerikaner kommunistischer Sympathien verdächtigt wurden. Einstein sprach sich vehement gegen die Gesinnungsschnüffelei aus und nannte sich selbst einen überzeugten »Nonkonformisten«. Wie er in den zwanziger Jahren in Berlin kein »guter Deutscher« gewesen war, so jetzt kein guter Amerikaner: »Um ein tadelloses Mitglied einer Schafherde sein zu können«, sagte er, »muß man vor allem ein Schaf sein«.

1921 war Einstein mit Chaim Weizmann in die Vereinigten Staaten gereist, um Geld für die geplante jüdische Universität in Jerusalem zu sammeln. Als Präsident des Staates Israel hat Weizmann diese Reise später als »milestone in the awakening of Jewish America for Zion« gewürdigt. Auch Einstein selbst wurde unter dem Einfluß Weizmanns zum Zionisten. In seinem Testament hat er seinen wertvollsten Besitz, die literarischen Rechte an seinen Schriften und Briefen, an die »Hebrew University« übertragen.

Als Chaim Weizmann 1952 starb, wurde Einstein von Ministerpräsident David Ben Gurion gebeten, das Amt des israelischen Staatspräsidenten zu übernehmen. Juden in der ganzen Welt und die Presse Israels (insbesondere Ezriel Carlebach, der Chefredakteur des Maariv) appellierten an Einstein, sich nicht zu versagen. Der große Physiker kannte jedoch seine Grenzen und hat mit »Trauer und Beschämung« abgelehnt.

Schon in Berlin, als Einstein fünfzig Jahre alt war, hatten die Ärzte eine aneurysmatische Ausbuchtung der Aorta diagnostiziert. 25 Jahre später führte ein Riß im Aneurysma zum Tode. Am 18. April 1955 starb der große Physiker und Weltweise im Krankenhaus von Princeton. Auf dem Nachttisch fand man ein paar physikalische Notizen und das unfertige Manuskript einer Ansprache, die er zum 7. Jahrestag der Staatsgründung Israels hätte halten sollen. Darin brachte er unpathetisch und ohne Eitelkeit auf den Punkt, was er sein ganzes Leben lang gewollt und getan hatte: »Was ich erstrebe, ist einfach, mit meinen schwachen Kräften der Wahrheit und Gerechtigkeit zu dienen auf die Gefahr hin, niemand zu gefallen.«

Der Dichter und Europa: Ossip Mandelstam

Theo Stammen

Nachdenkende Annäherungen an die Gestalt, das Leben und das Werk eines der größten Dichter (Lyriker) dieses 20. Jahrhunderts sollen im folgenden in verschiedenen Ansätzen zur Sprache kommen. Wie kaum einer sonst geriet er mit diesem Jahrhundert (mit seinen Kriegen, Revolutionen, Totalitarismen, Unterdrückungen und Verfolgungen) unausweichlich und unvermeidlich in einen existenzbedrohenden, letztlich tödlichen Konflikt, in dem er schließlich als einzelner – trotz allen persönlichen Einsatzes und aller Kraftanstrengung – unterlag: Ossip Mandelstam, 1891 in Warschau geboren, umgekommen 1938 in einem stalinschen Zwangsarbeitslager bei Wladiwostok.

Diese Annäherungen wollen die (tragische) Existenz des Dichters Ossip Mandelstam erfassen, welche durch die totalitäre Politik Stalins von ihren europäischen Wurzeln abgeschnitten und dadurch zerstört worden ist, und so an diesem exemplarischen Leben aufweisen, in welchen (für den Dichter ausweglosen) Konflikt eine Literatur, die sich wesentlich als europäische, nicht nationale Literatur versteht, mit der Politik des Totalitarismus geraten muß. Illustriert wird dieser Versuch durch Texte aus dem inzwischen vollständig auf deutsch vorliegenden Werk von Ossip Mandelstam, das von dem Schweizer Slawisten Ralph Dutli übersetzt wurde und in Zürich erschienen ist.

Das Werk Mandelstams besteht aus vier Lyrik-Bänden: *Der Stein* (Frühe Gedichte 1908-1915), *Tristia* (Gedichte 1916–1925), *Mitternacht in Moskau* (Gedichte 1930–1934), *Woronescher Hefte* (letzte Gedichte 1935–1937); aus zwei Essay-Bänden: *Über den Gesprächspartner* (Essays 1913–1924), *Gespräch über Dante* (Essays 1925–1935); aus einem Band gesammelter »autobiographischer« Prosa der 20er Jahre unter dem Titel *Das Rauschen der Zeit* und einem Band mit Reisenotizen 1930–1933: *Armenien, Armenien*.

1. Annäherung: Herkunft in Hinsicht auf Genealogie und Geographie

Wir besitzen von Ossip Mandelstam keine »autobiographischen Schriften« im strengen Sinn, wohl aber die beiden Erinnerungsbände seiner späteren Frau Nadeschda Mandelstam *Das Jahrhundert der Wölfe* (deutsch 1973) und *Generation ohne Tränen* (deutsch 1975). Wir haben außerdem einen Band mit kleineren Prosa-Texten aus den 20er Jahren, die man – zumindest großenteils – auch als »autobiographisch« verstehen und interpretieren kann; von ihrer literarischen Form und Gestalt her sind sie am ehesten mit den »Denkbildern« Walter Benjamins zu vergleichen, wie sie dieser in seinen Büchern *Berliner Chronik* und (wohl am bekanntesten) *Die Einbahnstraße* entwickelt und hinterlassen hat.

Es sind durchweg kürzere, prägnante, oft aphoristische Texte mit Schilderungen und Reflexionen, von deren Tendenz Ossip Mandelstam sagt:

»Ich will nicht von mir selber sprechen, sondern dem Zeitalter nachspüren, dem Heranwachsen und Rauschen der Zeit« – dementsprechend hat dieser Band den Titel: *Das Rauschen der Zeit*. Der zitierte Text wird noch um einen überraschenden, aber bezeichnenden kurzen Satz ergänzt: »Mein Gedächtnis ist allem Persönlichen feind!« (S.88). Das ist natürlich eine weitreichende Aussage über das Selbstverständnis Mandelstams als Dichter.

Man kann diesen Satz im Zusammenhang mit den vorangehenden wohl so verstehen, daß es Mandelstam nicht um irgendwelche impressionistischen oder gar empfindsamen (oder sentimentalen), individuellen oder gar narzißtischen und stimmungsvollen Selbstreflexionen geht, wenn er »das Rauschen der Zeit« einfangen will, sondern um eine möglichst objektive Erfassung der epochalen Strukturen und Tendenzen in Gesellschaft, Politik, Kunst und Literatur anhand auch persönlicher Erfahrungen. Die einleitenden Sätze lauten:

> Ich kann mich gut an Rußlands dumpfe Jahre erinnern – die neunziger Jahre, ihr langsames Dahinkriechen, ihre kränkelnde Ruhe, ihr tief provinzielles Dasein. Eine stille, flache ... letzte Zuflucht eines sterbenden Jahrhunderts ... So fügen sich die neunziger Jahre in meiner Vorstellung eins ums andere aus verstreuten Bildern zusammen, die dennoch innerlich miteinander verbunden sind durch eine stille Ähnlichkeit und die kränkliche, todgeweihte Provinzialität eines sterbenden Lebens. (S. 9)

Aber wir erfahren in diesem Buch nicht nur vom »Rauschen der Zeit«, sondern auch manches über Ossip Mandelstam, u.a. von seiner Herkunft und Bildung. Es ist sicher kein Zufall, daß er seine genealogische Herkunft primär unter dem Aspekt der Sprache erfährt und sieht, genauer gesagt: unter dem Aspekt der (verschiedenen) Sprachen seiner Eltern. In dem Text *Jüdisches Chaos* (*Das Rauschen der Zeit*, S. 38 ff.) stellt er die dazu entscheidende Frage:

> Die Sprache des Vaters, die Sprache der Mutter – nährt sich nicht aus dem Zusammenfluß dieser beiden Sprachen unsere eigene (Sprache) das ganze Leben lang, prägen nicht sie ihren Charakter? (S. 40)

Aus dieser »rhetorischen« Frage zieht Mandelstam in den nächsten Sätzen dieses Textes die Konsequenzen und charakterisiert die Sprache der Mutter und des Vaters, aus denen seine eigene, die Identität wesentlich stiftende Sprache »zusammengeflossen« ist:

> Die Sprache meiner Mutter war die klare und klangvolle russische Literatursprache, ohne die geringste fremdländische Beimischung, mit etwas breiten und übermäßig offenen Vokalen; ihr Wortschatz war arm und gedrängt, ihre Wendungen einförmig – doch dies war eine Sprache, sie hatte etwas Ursprüngliches und Zuversichtliches. Meine Mutter sprach gerne und freute sich an den Stämmen und am Klang der durch den Gebrauch der Intellektuellen etwas verarmten (!) großrussischen Sprache. War nicht sie (= die Mutter in ihrer Sprache) als erste in unserer Familie zu reinen und klaren russischen Lauten vorgedrungen? (S. 40)

Der Dichter und Europa: Ossip Mandelstam

Damit bezeichnet der (spätere) Dichter Ossip Mandelstam wohl die wesentlichste Wurzel seiner »genealogischen« Herkunft, »genealogisch« hier nicht allein und nicht einmal primär im Hinblick auf die abstammungs- und blutmäßige Herkunft von der leiblichen Mutter verstanden, sondern in übertragenem Sinn auf die »Geburt« der dichterischen Existenz aus dem Geiste der Sprache seiner Mutter, also der »Muttersprache«, bezogen! Die entsprechend gemeinte genealogische Herkunft vom Vater oder von der Sprache des Vaters wird anders, aber nicht weniger bemerkenswert beschrieben und gedeutet. Im selben Text heißt es an der zitierten Stelle nämlich weiter:

> Mein Vater hatte gar keine Sprache, es war Sprachgestammel und Sprachlosigkeit. Das Russisch eines polnischen Juden? Nein! Die Sprache eines deutschen Juden? Auch nicht. Vielleicht ein besonderer kurländischer Akzent? Einen solchen habe ich nie gehört. Es war eine völlig abstrakte, erfundene Sprache, die schwülstige und geschraubte Ausdrucksweise eines Autodidakten, in der Alltagswörter sich mit altertümlichen philosophischen Termini Herders, Leibniz' und Spinozas verflochten, die wunderliche Syntax des Talmudisten, künstliche, nicht immer zu Ende geführte Sätze – es hätte alles mögliche sein können, nur keine Sprache, weder Russisch noch Deutsch. (S. 40f.)

In den folgenden Sätzen vertieft Ossip Mandelstam noch die Betrachtung über die genealogische Herkunft von der Seite seines Vaters, indem er zu dessen Sprache auch seine Religion, die jüdische nämlich, hinzufügt; diese ist ebenso wie die Sprache merkwürdig gebrochen, was sich in ähnlicher Form auch auf den Sohn überträgt. Das kommt als Entfremdung und Befremden in folgenden Sätzen zum Ausdruck:

> Ein- oder zweimal in meinem Leben wurde ich in die Synagoge mitgenommen, nach mühseligen Vorbereitungen, als gingen wir ins Konzert – es hätte nur noch gefehlt, daß wir bei einem Schwarzhändler Eintrittskarten hätten besorgen müssen. Von dem, was ich dort (in der Synagoge) sah und hörte, kehrte ich völlig betäubt nach Hause zurück. ... Die Synagoge mit ihren kegelförmigen Hüten und ihren Zwiebelkuppeln steht wie ein prächtiger, fremdländischer Feigenbaum ganz verloren inmitten von ärmlichen Gebäuden. ... Das jüdische Schiff mit seinen klangvollen Altchören und erschütternden Kinderstimmen schwimmt unter vollen Segeln dahin, von irgendeinem uralten Sturm in eine Männerhälfte und eine Frauenhälfte gespalten. Ich hatte mich auf die Frauenempore verirrt und schlich mich da wie ein Dieb von Dachsparren zu Dachsparren... (S. 39)

Diese Entfremdung des Kindes Ossip Mandelstam vom jüdischen Glauben und Kult ist gewiß der väterlichen Entfremdung vom Glauben seiner Väter zuzuschreiben, was Mandelstam an anderer Stelle desselben Textes *Jüdisches Chaos* so beschreibt:

> Eigentlich versetzte mich mein Vater in ein völlig anderes Jahrhundert und in eine weitabliegende, fremde Umgebung, die keineswegs jüdisch war. Es war, wenn man so will, das reinste achtzehnte oder gar siebzehnte Jahrhundert irgendwo in einem aufgeklärten Getto, vielleicht in Hamburg: Die religiösen Interessen waren völlig beiseite geräumt, die Philosophie der Aufklärung zu einem ausgeklügelten talmudistischen Pantheismus umgewandelt. Irgendwo in der Nachbarschaft züchtet Spinoza in Einmachgläsern seine Spinnen, und man ahnt bereits Rousseau und seinen natürlichen Menschen voraus. Alles ist aufs äußerste abstrakt, ausgeklügelt und schematisch. Als vierzehnjähriger Junge lief mein Vater, dem man die Rabbinerlaufbahn nahegelegt und die Lektüre weltlicher Bücher verboten hatte, von zu

Hause weg und nach Berlin, geriet auf die Talmudhochschule und traf dort ebenso eigensinnige, helle Jungen, die in abgeschiedenen Provinznestern davon geträumt hatten, Genies zu werden. Statt des Talmud las er Schiller und las ihn, wohlgemerkt, wie ein völlig neues Buch. Auf dieser seltsamen Universität hielt er es nur kurze Zeit aus, fiel dann in die brodelnde Welt der siebziger Jahre zurück, um den konspirativen Milchladen in der Karawannaja, von wo aus jene Mine gelegt wurde, die Alexander II. hätte töten sollen, für immer in seinem Gedächtnis zu verwahren, und predigte darauf in seiner Handschuhwerkstatt als auch in seiner Lederwarenfabrik der verdutzten und dickbäuchigen Kundschaft die philosophischen Ideale des 18. Jahrhunderts. (S. 41f.).

Mit dem letzten Satz ist zugleich Auskunft über das bürgerlich-kapitalistische, erfolgreich betriebene Gewerbe des dem Talmud- und Philosophiestudium gleichermaßen entronnenen Vaters gegeben: er hatte eine Lederwarenfabrik, die wohlhabend machte.

Ossip Mandelstam wurde 1891 in Warschau geboren – in Polen also, könnte man meinen. Doch damals gab es keinen Staat Polen (sei es nun Monarchie oder Republik); bekanntlich war das alte Polen seit dem Ende des 18. Jahrhunderts – nach mehreren Schritten bzw. Schnitten – unter die drei angrenzenden europäischen Großmächte Rußland, Österreich-Ungarn und Preußen aufgeteilt; Warschau gehörte dabei zum russisch kontrollierten Teil. Die Eltern Mandelstams stammten aus den baltischen Provinzen des zaristischen Rußlands: die Mutter aus Wilna, der Vater aus Riga; und in seiner Kindheit hat Ossip dort seine Großeltern verschiedentlich von St. Petersburg aus besucht, das dann der eigentliche Wohnsitz der Familie wurde. Geographisch gesehen stammt er also aus den Ostseeregionen, in denen sich ja schon seit Jahrhunderten ein starker deutscher Einfluß – vor allem auch geistiger und geistlicher Art – bestimmend durchgesetzt hatte. Mandelstam selbst erwähnt Herder und auch die deutsche Universität in Dorpat. Grund(lage) seiner dichterischen Vision und Produktion ist demnach die maritime Welt, der er zeit seines Lebens verbunden bleibt.

2. Annäherung: Bildung

Die zweite Annäherung an Ossip Mandelstam betrifft seine Bildung – Bildung hier verstanden als der zweifache Prozeß des Sich-Bildens und des Gebildet-Werdens unter verschiedenen konkreten Umweltbedingungen. Drei Aspekte möchte ich dabei hervorheben.

a) Seine erste Bildungsphase führt Mandelstam in dem kleinen Prosastück *Der Bücherschrank* höchst anschaulich vor Augen. Es geht dabei um den alten Bücherschrank in der elterlichen Wohnung, an den sich Mandelstam später aus kindlicher Perspektive und Erfahrung erinnert und der ihm dort als ein dingliches Symbol seiner frühesten Bildung im Gedächtnis ist:

Und inmitten der spröden Einrichtung dieses Arbeitsraumes stand ein kleiner Bücherschrank mit Glastür und einem grünen Taftvorhang. Von dieser Bücheraufbewahrung möchte ich nun erzählen. (Denn:) Der Bücherschrank der frühen Kindheit ist ein Begleiter des Menschen für sein ganzes Leben. Die Anordnung seiner Fächer, die Auswahl der Bücher, die Farbe der Buchrücken gilt ihm als die Farbe, Höhe und Anordnung der Weltliteratur selber. Ja, jene Bücher, die nicht im ersten Bücherschrank gestanden haben, wer-

Der Dichter und Europa: Ossip Mandelstam 177

den es nie schaffen, ins Weltgebäude einzudringen, das die Weltliteratur bedeutet. Ob man will oder nicht, ist jedes Buch im ersten Bücherschrank klassisch, und auch nicht einen einzigen Buchrücken konnte man daraus entfernen. (S. 26)

Eine solch feinsinnige allgemeine »Würdigung« des ersten Bücherschranks als Hort der Weltliteratur könnte man in der deutschen Literatur wohl am ehesten bei Adalbert Stifter oder Gottfried Keller finden. Mandelstam dient sie dazu, die Grundlage der familiären Bildung konkret anschaulich zu erfassen. So heißt es weiter:

Diese seltsame kleine Bibliothek hatte sich im Laufe der Jahrzehnte wie geologische Schichtungen, nicht zufällig so abgelagert. Das väterliche und das mütterliche Element in ihr hatten sich nicht vermischt, sondern existierten getrennt voneinander, und der kleine Schrank war ein Längsschnitt durch die Geschichte der geistigen Bemühungen eines ganzen Geschlechts und des mit ihm vereinigten fremden Blutes. (S. 26)

Und nun beginnt Mandelstam, die drei Etagen dieses seines Bildungssystems vorzustellen.

Das unterste Fach ist in meiner Erinnerung stets das chaotische: die Bücher standen nicht Rücken neben Rücken, sondern lagen da wie Ruinen. Rötlichbraune Sammlungen der Fünf Bücher Mose mit zerrissenen Einbänden, eine Geschichte der Juden, in der schwerfälligen und zaghaften Sprache eines russisch schreibenden Talmudisten. Auch meine althebräische Kinderfibel fiel sehr bald dorthin, da ich ohnehin kein Hebräisch lernen mochte. In einem Anfall heimatverbundener Reue stellten meine Eltern für mich einen richtigen jüdischen Hauslehrer ein. Da kam er dann aus seinem Händlerquartier und gab mir Unterricht, ohne seine Mütze abzunehmen, was mich verlegen machte. Sein Russisch war fehlerlos, doch klang es falsch. ... Etwas an diesem Lehrer war für mich verblüffend, auch wenn es ganz unnatürlich klang: sein Stolz auf das jüdische Volk. Er sprach von den Juden, wie eine Französin von Hugo oder Napoleon spricht. Doch ich wußte, daß er seinen Stolz verbergen würde, sobald er auf die Straße hinaustrat, und deshalb glaubte ich ihm nicht. (S. 27)

In dieser Schilderung kommt (wieder) die distanzierte bis kritische Einschätzung des Judentums durch Mandelstam zum Ausdruck, sein gebrochenes Verhältnis zu dieser Tradition, die trotzdem (im wahrsten Sinne des Wortes) grundlegende Bedeutung für seine Bildungsgeschichte besitzt. Später – unter den Bedingungen der Sowjetunion – wird er sich dieser trotz allem prägenden Tradition wieder annähern. Aber es gibt noch zwei weitere, anders bestückte Etagen:

Über den jüdischen Ruinen begann eine Ordnung der Bücher. Es waren die Deutschen: Schiller, Goethe, Kerner und Shakespeare in deutscher Sprache – alte, in Leipzig (Reclam!) und Tübingen (Cotta!) erschienene Ausgaben, dickbäuchig und knirpsig, in bordeauxroten, gedruckten Einbänden, mit kleinem, für jugendliche, gesunde Augen gedachten Druck und weichen Kupferstichen in leicht antikisierendem Stil. ... Es waren die Bücher meines Vaters, der sich als Autodidakt aus dem Talmuddickicht in die germanische Welt durchgeschlagen hatte. (S. 27f.)

Damit ist der zweite wichtige Strang literarischer Bildung aufgezeigt: der mittel- und westeuropäische, der für Mandelstam als Student etwas später (aber noch vor dem Ersten Weltkrieg) entscheidende und grundlegende Bedeutung gewinnen sollte, gerade auch bei seiner Identitätssuche als europäischer Dichter im Rahmen einer europäischen Literatur und Kultur. Schließlich noch ein Blick auf die dritte, oberste Etage des heimischen Bücherschranks!

> Weiter oben standen die russischen Bücher meiner Mutter – unter anderem. ... Mein Puschkin hatte ein Gewand, das gar keiner bestimmten Farbe angehörte, er stand da im Kalikoeinband der Schulbücher, in einem schwarzbraunen, ausgeblichenen Gewand ... und die geistige Schönheit dieses Alltagskleides, die fast körperliche Anmut des Puschkins meiner Mutter ist für mich eine lebendige Empfindung geblieben. ... Mit diesem Puschkin verknüpft sind Erzählungen über ideale Lehrer und Lehrerinnen... – die achtziger Jahre in Wilna. Meine Mutter und besonders meine Großmutter sprachen das Wort »Intellektueller« mit großem Stolz aus.
> Bei Lermontov war der Einband blaugrün und irgendwie soldatisch – er war ja auch Husar. Nie ist er mir als Bruder oder Verwandter Puschkins erschienen, während ich Goethe und Schiller für Zwillinge hielt. ...
> Und was waren Turgenjew und Dostojewsky? Äußerlich sahen sie sich wie Brüder ähnlich. Pappbände, mit einer dünnen, durchsichtigen Hülle überzogen. Auf Dostojewsky lag ein Verbot, eine Art Grabplatte und man sagte von ihm, daß er »schwer« sei; Turgenjew war vollkommen erlaubt und stand mir offen mit seinem Baden-Baden, den »Frühlingsfluten« und seinen gemächlichen Gesprächen. Doch ich wußte bereits, daß es ein so ruhiges Leben wie bei Turgenjew nicht mehr gab und nirgends mehr geben konnte. (S. 29)

b) Die zweite Bildungsphase durchlebte der junge Mandelstam vor 1914 im alten St. Petersburg. Hier besuchte er das Gymnasium, hier hörte er die ersten großen Konzerte, die ihn tief beeindruckten, hier trat er in erste Kontakte mit Schriftstellern und Theaterleuten – kurz: mit der literarischen und künstlerischen »Szene« der Hauptstadt. Von dieser Szene oder Atmosphäre St. Petersburgs vor dem Ersten Weltkrieg und der Revolution besitzen wir einige andere intensive und dichte Beschreibungen. Im Rückblick vergegenwärtigen sie eine ungemein reiche und faszinierende, aber vom nahenden Untergang bereits gezeichnete Kulturmetropole, in der sich nicht nur Russisches präsentierte, sondern auch alle mittel- und westeuropäischen Tendenzen der Zeit zusammenströmten. Als Mandelstam später (1933) nach einer Lesung gefragt wurde, was die von ihm vertretene Stilrichtung des »Akmeismus« bedeute, lautete seine kurze spontane Antwort: »Sehnsucht nach Weltkultur«.

Wenn Mandelstam diese »Sehnsucht nach Weltkultur« in sich entstehen und wachsen spürte und so für sich einfordern durfte, dann kann sie nur in der pluralistischen Kulturwelt des alten St. Petersburg mit ihrer Fülle von unterschiedlichsten Anregungen und Einflüssen entstanden sein. Und weiter wachsen, wenn auch nicht gleich gestillt werden, konnte sie nur durch unmittelbares persönliches Kennenlernen der Kulturmetropolen Westeuropas.

c) Seine dritte Bildungsphase durchlief Ossip Mandelstam vor dem Ersten Weltkrieg bei einigen für ihn existentiell und für sein Dichtertum wesentlichen Auslandsreisen: Unmittelbar nach Abschluß seiner Gymnasialzeit, gerade 16 Jahre alt, fährt er 1907 für acht Monate nach Paris (er bleibt bis 1908); von Paris aus geht er für mehrere Monate nach Italien. Die Begegnung mit der mediterranen Welt sollte für ihn weitreichende literari-

Der Dichter und Europa: Ossip Mandelstam 179

sche Folgen haben und ihn nicht mehr loslassen; 1909–1910 studiert er zwei Semester (mittelalterliche französische Sprache und Literatur) in Heidelberg; 1910 ist er für kurze Zeit in Berlin. Der bald danach ausbrechende Erste Weltkrieg, die anschließende Revolution in Rußland, die politischen und sozialen Umwälzungen dort sowie die Entstehung der Sowjetunion verhindern weitere Reisen und Aufenthalte in Westeuropa. Mandelstam kommt nie mehr nach Westeuropa!

Die späteren großen Reisen – in der Zeit des Bürgerkriegs zwischen den »Roten« und den »Weißen«, dann auch während der 20er und frühen 30er Jahre – führen ihn nicht mehr über die Grenzen der Sowjetunion hinaus. Mandelstam wendet sich vor allem nach Süden: wiederholt ist er auf der Krim, am Schwarzen Meer, in Georgien, Kaukasien und vor allem in Armenien. Dieser Weg in den Süden der expandierenden Sowjetunion ist für ihn der noch verbleibende Zugang zur mediterranen Welt, die ihn mit dem antiken Europa verbindet. Daß sein zweiter Gedichtband den Titel *Tristia* (Gedichte 1916–1925) trägt, ist nicht nur äußerlich eine Hommage an den römischen Dichter Ovidius Naso, der jahrelang am Schwarzen Meer (Pontos euxenos) in der Verbannung leben mußte, dort seine *Tristia ex Ponto* schrieb und nach Rom sandte. Diese »Südschiene« europäischer Verbindungen bezieht die islamische Welt der Türkei und der angrenzenden Länder um das Schwarze Meer fruchtbringend mit ein.

3. Annäherung: Sehnsucht nach Weltkultur

Zunächst einmal ist hier wichtig, darauf hinzuweisen, daß für die ersten Anfänge von Mandelstams eigener Ästhetik und Poetik und die Anregung zu seiner frühen lyrischen Produktion, wie sie in dem ersten Gedichtband *Der Stein* (Frühe Gedichte 1908–1915) gesammelt wurde, vornehmlich die französische Literatur – die französische Moderne von Baudelaire über Rimbaud, Verlaine bis Mallarmé und Valéry – wegen ihrer entscheidenden Impulse und Anregungen bedeutsam und fruchtbar gewesen ist. Das ist natürlich kein Zufall. Der frühere Freiburger Romanist Hugo Friedrich hat in seinem Buch Die Struktur der modernen Lyrik (1957) die epochemachende Bedeutung der französischen Poesie des ausgehenden 19. und beginnenden 20. Jhs. für die gesamte europäische Moderne herausgestellt. Mandelstam hat diese Wirkung während seines achtmonatigen Aufenthalts in Paris unmittelbar zu spüren bekommen. Wie seine Briefe aus Paris belegen, hat er die Begegnung und Auseinandersetzung mit der zeitgenössischen französischen Literatur ebenso wie die Befruchtung durch sie gesucht, gefunden und in seinen frühen lyrischen Produktionen schöpferisch verarbeitet. Ralph Dutli hat diese Begegnung Mandelstams mit der französischen Literatur und Kultur in einem Buch detailliert dargestellt und analysiert. Das Buch trägt den aufschlußreichen Titel *Als riefe man mich bei meinem Namen*. Dieses Zitat von Mandelstam soll gewissermaßen die gespürte »Berufung« des Dichters ausdrücken, sich der französischen Moderne produktiv auszusetzen und anzunähern.

Die produktive Rezeption und Auseinandersetzung bezieht sich vor allem auf Person und Werk Paul Verlaines. In der Begegnung mit Verlaines Lyrik erfährt Mandelstam die Idee einer Verflechtung von russischer und französischer Moderne. In einem Gedicht skizziert er dieses Programm intertextueller Verbindungen, das für ihn bestimmend bleiben wird und sein Verhältnis gleichermaßen auch zur italienischen Literatur (des Mittelalters und der Renaissance) bestimmt: zu Dante, Petrarca, Ariost und Tasso. Es geht dabei nicht um Nachahmung des französischen Vorbilds durch den russischen Dichter, sondern um Wechselseitigkeit in der Rezeption, Durchdringung und Befruchtung, um eine Synthese aus Dichtung beiderlei Herkunft zu europäischer Dichtung.

Groß ist die Bereitschaft Mandelstams, sich derartigen herausfordernden und produktiven Begegnungen auch mit ausländischen Autoren zu stellen. Nicht von ungefähr haben einige seiner großen literarischen Essays, die seine lyrischen Produktionen begleiten, Dialoge und Gespräche zum Thema: *Über den Gesprächspartner* heißt sein erster Essay aus dem Jahr 1913. Ein anderer Essay aus den 30er Jahren trägt den Titel *Gespräch über Dante*. Dieser Bereitschaft, die Herausforderung durch das Neue und Fremde, ebenso durch die andere Sprache (das Französische, Italienische und Deutsche und auch Englische) anzunehmen, liegt (zumindest in dieser frühen Zeit) ein dichterisches Sprachverständnis eigener Art zugrunde. In seinen Notizen über Chénier (1914/16), den Dichter der Französischen Revolution, stehen die radikalen Sätze:

> So stürzen in der Dichtung die Grenzen des Nationalen ein, und der Urstoff der einen Sprache findet seinen Widerhall in der anderen, über die Köpfe von Raum und Zeit hinweg, denn alle Sprachen sind geeint durch einen schwesterlichen Bund, der fest dasteht auf der Freiheit und Häuslichkeit einer jeden, und innerhalb dieser Freiheit sind sie schwesterlich verwandt, und in häuslicher Vertrautheit rufen sie sich zu.

Man kann hier bereits voraussehen, daß eine solche »internationalistische«, man könnte auch sagen: anti-nationalistische Position Gefahr laufen wird, mit einer national-chauvinistischen Politik (Kulturpolitik, Literaturpolitik) zusammenzustoßen. Daß für Mandelstam Dichtung mit Nationalismus unvereinbar ist und daß der Dichter sich weigert, seine Person und sein Werk nationalistischen Ansprüchen und Tendenzen unterzuordnen, richtet sich deutlich gegen die Ansprüche der verschiedenen Totalitarismen des 20. Jhs. Der Konflikt mit dem sowjetischen Stalinismus scheint somit schon früh unausweichlich zu sein. Und dementsprechend wird der Dichter auch in diesen Konflikt hineingezogen! Er sucht ihn nicht unbedingt; aber er weicht ihm auch nicht feige aus. In dieser Hinsicht stimmt er völlig mit seiner Dichter-Kollegin Marina Zwetajewa überein, die 1926 (auf deutsch) den folgenden Brief an Rilke schreibt:

> Dichten ist schon übertragen, aus der Muttersprache – in eine andere, ob französisch oder deutsch, wird wohl gleich sein. Keine Sprache ist Muttersprache. Dichten ist nachdichten. Darum verstehe ich nicht, wenn man von französischen oder russischen etc. Dichtern redet. Ein Dichter kann französisch schreiben, er kann nicht ein französischer Dichter sein. Das ist lächerlich.

Der Dichter und Europa: Ossip Mandelstam

> Ich bin kein russischer Dichter und staune immer, wenn man mich für einen solchen hält und als solchen betrachtet. Darum wird man Dichter (wenn man es überhaupt werden könnte, wenn man es schon nicht allem voraus sei!), um nicht Franzose, Russe etc. zu sein, um alles zu sein. Oder: Man ist Dichter, weil man kein Franzose ist. Nationalität – Ab- und Eingeschlossenheit. Orpheus sprengt die Nationalität oder dehnt sie so weit und breit, daß alle (gewesene und seiende) eingeschlossen sind. (Zitat nach R. Dutli, S. 35f.)

Während der Zeit seiner Auslandsreisen und in der Zeit vor dem Ersten Weltkrieg war Mandelstams Einstellung zu dieser Frage exakt die gleiche. Man muß aber einräumen, daß er nicht ausschließlich nur diesen einen Standpunkt vertrat: dieser nimmt vielmehr eine mittlere Position zwischen zwei weiteren ein, die sich bei ihm finden. Zum einen erkennt er den Vorrang der (russischen) Muttersprache uneingeschränkt an. Zum anderen aber beabsichtigt er unter dem schrecklichen Eindruck totalitärer Repression, die ihn zum Verstummen bringen will und ihm Schreibverbot erteilt, das genaue Gegenteil: Voller Verzweiflung und Ausweglosigkeit möchte er seine Muttersprache verlassen, aus ihr fliehen:

> Mir zum Ruin, mir selber widersprechend,
> wie eine Motte in die Flamme schwankt,
> Will ich aus unserer Sprache fort! Aufbrechen –
> Nur dem zuliebe, was ich ihr verdank.
> (...)
> Die fremde Sprache wird mir einst zur Hülle,
> Und lang bevor ich's wagte: das Geborensein,
> Da war ich Letter, war ich Traubenzeilen-Fülle,
> Ich war das Buch, das Euch im Schlaf erscheint.
> (Mitternacht in Moskau, S.139/41)

Die Sprache, in die Mandelstam – aus der russischen Sprache weggehend – hineingehen will und die ihm dann – obwohl fremde Sprache – Hülle und Geborgenheit sein soll, ist bemerkenswerterweise die deutsche Sprache. Und das Gedicht, aus dem gerade Verse zitiert wurden, heißt: *An die deutsche Sprache*. Aber trotz allem (was er an schrecklichen Verfolgungen, Verbannungen und der Inhaftierung unter Stalins Herrschaft erleiden muß): Mandelstam versagt sich letztlich doch dieses Weggehen aus der russischen Sprache! Er will die Muttersprache nicht preisgeben, weil er die Verpflichtung spürt, diese Sprache durch die dichterische Arbeit in ihr und an ihr zu bewahren und vor den Verformungen und Entfremdungen durch den politischen Totalitarismus zu retten, wobei er die Gefährdung der eigenen Existenz in Kauf nimmt.

Diese drei Stellungnahmen zur Sprache machen die frühe Konzeption einer die engen Grenzen der Nationalsprachen transzendierenden poetischen Universalsprache verständlich (was an die romantische Universalsprachenkonzeption von Novalis erinnert); sowie die Möglichkeit des gedanklichen Experimentierens mit dieser Sprachidee in jener frühen Epoche vor dem Ersten Weltkrieg und der Revolution, weil hier die Politik noch nicht mit Nationalismus und Chauvinismus restriktiv in die Freiheit des Dichters eingreift. Noch kann sich Mandelstam die französische Moderne ebenso wie die französische Klassik (Racine) und französische mittelalterliche Literatur (Villon) aneignen und sie in sich aufnehmen. Natürlich unterliegt er – unter Verlaines und Rimbauds Einfluß – auch der Faszination des Vagantendichters François Villon; er kann noch nicht ahnen, daß es sich um eine literarische Fiktion handelt. In Mandelstams dichterischer Analyse verbinden sich Verlaine und Villon:

> Für diejenigen, die Villon kennen, stellt das Auftauchen Verlaines ein ebensolches astronomisches Wunder dar. Die Schwingungen dieser beiden Stimmen sind sich verblüffend ähnlich. Außer der Klangfarbe und der Biographie verbinden diese Dichter eine beinahe gleiche Mission in der Literatur ihrer Zeit. Beiden war es beschieden, in einer Epoche gekünstelter Treibhausdichtung aufzutreten, und ähnlich wie Verlaine die serres chaudes des Symbolismus durchschlug, warf Villon der mächtigen rhetorischen Schule, die man mit vollem Recht als den Symbolismus des 15. Jahrhunderts auffassen darf, seine Herausforderung entgegen. (Über den Gesprächspartner, S. 23)

Genau gelesen, geben diese Stellen zu erkennen, daß Mandelstam sich selbst als einen »Dritten im Bunde« versteht, der mit seiner neuen Poetik- und Lyrik-Konzeption, die er und seine Freunde mit »Akmeismus« bezeichneten (»Akme« heißt im Altgriechischen: Spitze, Höhepunkt, Blüte, Reife), ebenfalls den damals vorherrschenden russischen Symbolismus überwinden wollte. »Akmeismus« bedeutete: »Rückkehr zum Irdischen, Organischen, Konkreten, zum plastisch-dreidimensionalen Gegenstand, zur kunstvollen Genauigkeit des Handwerks, zum Prinzip der Identität, der ›apollinischen‹ Klarheit sowie nicht zuletzt zu einer Bejahung dieser Welt als der einzigen, die dem Menschen und Dichter zugänglich ist« (R. Dutli, in: Über den Gesprächspartner, S. 256).

Nicht unterschlagen werden darf die große Bedeutung Dantes, auch wenn der (unvollendete) Essay *Gespräch über Dante* erst zu Beginn der 30er Jahre entstand und zu Mandelstams Lebzeiten nicht mehr publiziert worden ist. Zusammen mit den dazugehörigen Notizen ist dies der bei weitem umfangreichste Essay Mandelstams, und vieles spricht dafür, daß er sich seit der Italienreise (1918) immer wieder Dante und dessen *Göttlicher Komödie* zuwandte, die er für »das bedeutendste politische Pamphlet ihrer Zeit« hielt. Nach dem Urteil von Zeitgenossen und Freunden muß Mandelstam lange Passagen aus Dante in italienischer Sprache auswendig gekonnt und bei entsprechender Gelegenheit vorgetragen haben.

In dem Dante-Essay kommt es ihm darauf an, an einem der größten europäischen Dichter und einer der bedeutensten europäischen Dichtungen das Wesen der Poesie zu bestimmen: in seinem Sinne und zugleich als sein dichterisches Programm. Für ihn ist »die Poesie kein Teil der Natur, auch nicht ihr bester und erlesenster, und noch weniger ihr Abbild, was einer Verhöhnung des Prinzips der Identität gleichkäme. Vielmehr siedelt sie sich mit einer überwältigenden Unabhängigkeit in einem neuen, außerräumlichen Aktionsfeld an, wo sie die Natur nicht nacherzählt, sondern spielend inszeniert mit Hilfe jener Instrumente, die umgangssprachlich ›Bilder‹ heißen« (Gespräch über Dante, S. 113).

Das ist natürlich ein höchst anspruchsvoller Poesie-Begriff, der an keiner Dichtung besser verdeutlicht werden könnte als eben an Dantes *Gött-*

licher Komödie. Man muß aber auch hier mitbedenken, daß Mandelstam damit seinen eigenen Poesie-Begriff vorstellt, dessen Ansprüchen er in seinen Gedichten zu genügen sucht. Sein Dante-Essay ist somit kein literaturwissenschaftlicher Artikel, keine »Sekundärliteratur« sozusagen, sondern eine an Dante veranschaulichte normative Poetik, deren hohen Ansprüchen sich Mandelstam – im Zusammenhang mit dem »Akmeismus« – selbst unterwirft und auch unter den literaturpolitischen Forderungen und Zumutungen des Stalinismus treu bleibt.

Hier wird nochmals die bereits zitierte Definition von »Akmeismus« verständlich: »Sehnsucht nach Weltkultur«. Mandelstam erfüllt sich selbst diese Sehnsucht, indem er moderne und klassische europäische Poesie allerhöchsten Ranges zum Maßstab nimmt, ihr in seinen Werken ebenbürtig zu sein versucht und auch unter politischer Repression nicht von ihr läßt.

4. Annäherung: Einbruch der Politik

Die Darstellung dieser, den Zeitraum von 1917 bis 1938, mithin gut 20 Jahre umfassenden Periode, möchte ich mit einer Textstelle beginnen, in der Mandelstam seine eigene (ambivalente) Einschätzung der Revolution in ihrer Wirkung auf ihn selbst zu erfassen gesucht hat. Der nicht einmal eine Seite umfassende Text entstand 1928 und trägt den Titel *Ein Dichter über sich selbst*; seine wichtigsten Sätze lauten:

> Die Oktoberrevolution mußte meine Arbeit beeinflussen, da sie mir die »Biographie« wegnahm, das Gefühl einer persönlichen Bedeutsamkeit. Ich bin sehr dankbar dafür, daß sie ein für allemal Schluß gemacht hat mit dem geistigen Versorgtsein und einem Leben auf Kulturrente. ... Ich fühle mich als Schuldner der Revolution, bringe ihr jedoch Gaben dar, die sie vorläufig noch nicht benötigt.

Ambivalent ist dieser Text insofern, als er einerseits eine Wirkung der Oktoberrevolution beschreibt, für die der Dichter dankbar ist und um derentwillen er sich als Schuldner fühlt, und andererseits hervorhebt, daß derselbe Dichter der Revolution – in seinen Gedichten – »Gaben« bringt, die die Revolution noch nicht benötigt, mit denen sie insofern nichts anzufangen vermag, die sie sogar immer entschiedener verschmäht und verwirft. Dadurch – so könnte man sagen – geraten Revolution und Dichter notwendig in ein schiefes Verhältnis. Daraus entstehen Mißverständnisse, Mißverhältnisse, Probleme und Konflikte, die für den schwächeren Teil, den Dichter Mandelstam, zunehmend bedrohlich und gefährlich werden. Welcher Art diese Problematik ist, zeigt der folgende Satz des Textes:

> Die Frage, wie der Schriftsteller zu sein habe, ist für mich vollkommen unverständlich: sie zu beantworten käme dem Willen gleich, sich den Schriftsteller zu erfinden, und dies wiederum hieße, für ihn seine Werke zu schreiben.

Obwohl dieser Satz nur eine indirekte Aussage macht, ist diese doch eindeutig und klar; sie macht auf das Unbehagen aufmerksam, das dem Dichter aufgrund des die Literatur fremdbestimmenden Zugriffs von Partei und Staat entsteht, dem er zunehmend (und immer heftiger) ausgesetzt ist. Und auch im letzten, stark ironisch und satirisch gehaltenen Absatz fährt der Dichter mit seiner Ablehnung des falschen Anspruchs von Partei und Staat fort:

> Bei aller Bedingtheit und Abhängigkeit der Schriftsteller von den Wechselbeziehungen der gesellschaftlichen Kräfte bin ich außerdem davon überzeugt, daß die moderne Wissenschaft über keinerlei Mittel verfügt, das Erscheinen erwünschter Schriftsteller dieser oder jener Art hervorzurufen (auch nicht der Sozialismus als Wissenschaft!).

Zweierlei klingt in diesen Sätzen an: einmal ein deutlicher Widerstand des Dichters gegen die immer stärker werdenden Zumutungen und den wachsenden Druck aus dem politischen Raum auf Kunst und Literatur; zum anderen – auch die feine Ironie des Textes kann nicht darüber hinwegtäuschen – ein gewisses Maß an Resignation, ja Verzweiflung darüber, daß die Revolution, der Mandelstam ursprünglich etwas abgewinnen konnte und verdanken wollte, zunehmend kunst- und literaturfeindlicher oder genauer: künstler- bzw. schriftstellerfeindlicher geworden ist. Denn Staat und Partei der Sowjetunion (speziell unter Stalin) haben sehr wohl vor, sich den Schriftsteller zu erfinden und für ihn seine Werke zu schreiben, zumindest ihn so zu zensieren, daß er sich entweder an die Richtlinien der offiziellen Literaturpolitik hält oder verstummt. Das scheint Mandelstam beim Verfassen dieses Textes noch nicht ganz begriffen zu haben, sondern wird es erst in schmerzlichen und erniedrigenden Erfahrungen und Leiden lernen müssen. Er bekam es in den zwanziger und dann erst recht in den dreißiger Jahren immer stärker zu spüren. Der Text von 1928 ist bereits Ausdruck der ersten frühen Erfahrungen von politischer Repression; Mandelstam hat auf diese entsprechend reagiert und zwischen 1925 und 1930 keine Gedichte mehr verfaßt bzw. veröffentlicht; für Jahre verstummt er, aber dies noch freiwillig!

Seine erste Auseinandersetzung mit der stalinistischen Literaturpolitik hatte er in Texten bearbeitet, die später unter dem Titel *Vierte Prosa* (in: *Das Rauschen der Zeit*) erschienen; es ist mehr eine Bearbeitung für sich und seine Freunde.

Er konnte sich durch die Fürsprache von Nikolai Bucharin, einem der damals noch führenden Parteioberen neben Stalin, der ihn aber bald ausschaltete, eine Atempause verschaffen und eine Reise nach Armenien machen, die ihn über die Krim und das Schwarze Meer führte. Davon wird in dem Band *Armenien, Armenien* Zeugnis abgelegt. Diese Reise war mehr als nur ein Ortswechsel in den Grenzen der Sowjetunion; nachdem ihm der normale Zugang zur mediterranen Welt (Italien, Griechenland usw.) verwehrt war, bot sie ihm die einzige Möglichkeit, erneut Anschluß an die für ihn so lebenswichtige Welt der Antike, des frühen Christentums und des europäischen Abendlandes zu finden. Kurz: Armenien war für Mandelstam das »Gelobte Land« der Verheißung. Man spürt in den Texten und Gedichten, die den Band *Armenien, Armenien* ausmachen, vor allem in den Passagen, die von Armenien selbst handeln, welches (unerwartete) Glück und Glücksgefühl diese Reise für ihn bedeutete. In den anderen Kapiteln ist allerdings auch viel von der Ruhelosigkeit und Unbehaustheit des Heimatlosen, Verfolgten und Gejagten die Rede, der mit seiner Frau auf der Suche nach einer (auch noch so bescheidenen) Bleibe ist, sie aber nirgends findet.

Die politische Repression holt den Dichter aber unmittelbar nach der Reise und ersten Zeitschriftenpublikation des Reiseberichts wieder jäh und heftig ein; es wird eine Pressekampagne gegen ihn inszeniert – weil er den von Partei und Schriftstellerverband erteilten politischen »Auftrag« an die Künstler und Schriftsteller mißachtet habe. So kritisiert man: »Der alte Petersburger Akmeistendichter O. Mandelstam ist an dem stürmisch blühenden und freudig im Aufbau begriffenen Sozialismus Armeniens unberührt vorübergegangen.« Ganz besonders verübelte man ihm, daß er sich mit dem in der älteren, vor allem aber neueren Geschichte schwer heimgesuchten armenischen Volk solidarisierte – gegen den Import des fremden und feindlichen Sowjetsozialismus in diese abendländische Region, die in seiner Erinnerung immer stärker mit Palästina verschmolz, das ihm als Heimat des Jüdischen zunehmend nahestehender und vertrauter wurde.

Insofern kann man sagen, daß sein Werk und seine Person deshalb Kritik und Ablehnung, Herabsetzung und Publikationsverbot erfuhren, weil er sich mehr und mehr der antiken und alteuropäischen Wurzeln und Traditionen seines Dichtertums versicherte und damit gerade den leitenden Grundsätzen der stalinistischen Literatur- und Kunstpolitik widersprach. Damit begann ab 1933 die zweite, sich noch ausweitende und verschärfende Phase des Konflikts von Mandelstam mit Partei, Staat und Ideologie. Diese Erfahrungen finden zuerst in dem Gedichtband *Mitternacht in Moskau* ihren Ausdruck. Das Wort »Mitternacht« in diesem Titel soll hier natürlich keine romantischen Assoziationen wecken; es ist eher politisch gemeint und soll auf die absolute Finsternis verweisen, in die der Stalinismus Rußland mit allem – auch mit seiner Kunst und Literatur – hineingestürzt hatte und in dem alles Lebendige, auch der Dichter Mandelstam, zu verkommen und unterzugehen drohte. Und es handelt sich zudem um eine mitternächtliche Finsternis, die immer dunkler und bedrohlicher wird und der man immer weniger entrinnen kann.

Nachzuholen bleibt, daß die Mandelstams – nach der Armenien-Reise (1930) – zuerst versucht hatten, in Ossips Heimatstadt St. Petersburg unterzukommen. Das wird ihnen letztlich verwehrt. St. Petersburg ist als Leningrad nicht mehr die alte, vertraute Stadt. In dem Gedicht *Leningrad* (S. 45) hat Mandelstam dem Gefühl der Fremdheit in seiner Heimatstadt Ausdruck verliehen.

> Meine Stadt find ich wieder, mir zum Weinen vertraut
> Wie ein kindliches Fieber, wie ein Äderchen, Haut.
>
> Leningrad siehst du wieder – so schluck schon den Tran!
> Der den Uferlaternen entströmt wie ein Wahn ...
> Und erkenn ihn, den Tag, wie dezembrig er ist,
> Wo dem düsteren Teer sich ein Eigelb beimischt.
>
> Petersburg! Nein ich will noch nicht sterben, noch nicht!
> Denn du hast meine Nummern, Telephone, Nachricht.
>
> Petersburg! Denn ich hab noch Adressen auf mir,
> Wo ich Tote noch finde, ihr Stimmengewirr.
>
> Und im Hinterhaus wohn ich, an die Schläfe mir springt
> Eine Klingel, zerrissen, vom Fleisch noch umringt –
>
> Ganze Nächte lang wart ich auf Gäste bei mir,
> Zerr die eisernen Ketten da weg von der Tür.

Die Mandelstams müssen Leningrad verlassen. Vom letzten Abend – vor der nächtlichen Flucht – legen die nächsten Verse und der darauffolgende Verzweiflungsruf Zeugnis ab:

> In der Küche setzen wir uns hin –
> Süß riecht hier das weiße Kerosin.
>
> Scharfes Messer, ein Laib Brot ...
> Mach daß der Primuskocher loht!
>
> Sonst such Stricke in der Nacht,
> Unsern Korb dann zugemacht –
>
> Fort zum Bahnhof das Gespann,
> Wo uns keiner finden kann ...

Und dann:

> Hilf mir, Herr, nur durch diese Nacht:
> Meine Angst – ums Leben, wie um Deinen Knecht.
> Petersburg: ein Sarg. In Särgen lebt man schlecht.

Sie fliehen und gehen in das ungeliebte Moskau; und bis zur ersten Verhaftung und Deportation nach Woronesch entstehen hier die Gedichte der *Moskauer Hefte* (1930–1934). Diese Gedichte sind durch zwei Tendenzen gekennzeichnet:
– zunächst durch den Versuch, mit der in Armenien neu gewonnenen Sicht der Welt und Zeit auch die Moskauer Wirklichkeit zustimmend zu sehen und darzustellen. Mandelstam versucht sich als eine Art »Spaziergänger«; doch das geht nicht lange gut;
– dann übermannt ihn (wieder) Verzweiflung und Zorn, die sich in den anderen Gedichten niederschlagen. »Ich kann nicht schweigen«, soll Ossip Mandelstam zu seiner Frau gesagt haben. Für die »Verzweiflung« diene das folgende Gedicht als Beispiel:

Der Dichter und Europa: Ossip Mandelstam 187

> Nein ich find kein Versteck vor der großen Stumpfheit
> Hinterm Moskauer Fuhrkutscher-Leib –
> Ich: der Kirschkern in der Tram einer schrecklichen Zeit,
> Und ich weiß nicht, wozu ich noch bleib.
>
> Du und ich fahren Trambahn, die »B« und die »A«,
> Werden sehen, wer eher noch stirbt.
> Moskau ballt sich zusammen, steht sperlingsklein da,
> Oder wächst dann: ein Luftkuchen, wirr ...
>
> Aus der Höhlung da droht es uns, hastig und hart,
> Wenn du willst, so geh hin – doch mir graut,
> Hab zu kalt unterm Handschuh, zu kalt für die Fahrt
> Um die Stadt, um die Hure Moskau.

Und für den ihn überkommenden, selbstmörderischen »literarischen Zorn«, den er bereits in der Zeit der ersten Verfolgung (1929/30) angesprochen, angerufen hatte, sei das folgende Beispiel herausgegriffen:

> Literarischer Zorn! Wenn du nicht wärest, womit sollte ich dann das Salz der Erde essen? Du bist die Würze zum ungesäuerten Brot der Einsicht, du bist das frohe Bewußtsein des Unrechts, du bist das Verschwörersalz, das mit boshafter Verneigung von Jahrzehnt zu Jahrzehnt weitergesucht wird, im geschliffenen Salzfaß, auf einem Handtuch. (Mitternacht in Moskau, S. 260)

Dieser literarische Zorn bricht dann im Herbst 1933 in Form von zwei Gedichten aus ihm heraus, die Ausdruck des »Ich kann nicht schweigen« sind und zugleich seine physische und dichterische Existenz aufs äußerste in Gefahr bringen. Es heißt, sie seien der Grund, zumindest der Anlaß für seine Verhaftung, Inhaftierung und Verbannung nach Woronesch gewesen. Das erste dieser beiden Gedichte heißt: *Für den pochenden Mut einer künftigen Zeit*.

> Für den pochenden Mut einer künftigen Zeit,
> Für die Menschen von freierem Stamm –
> Blieb mein Becher beim Gastmahl der Väter verwaist,
> Und der Frohsinn, die Ehre: entrann.
>
> Und das Wolfshund-Jahrhundert, es springt auf mich los,
> Doch ich bin nicht von wölfischem Blut,
> Stopf mich Mütze hinein in den Ärmel getrost,
> In den Pelz der sibirischen Glut –
>
> Nicht die Feigheit zu sehen, nicht den elenden Schlamm,
> Nicht die blutigen Knochen im Rad:
> Nein der blaue Polarfuchs soll strahlen, nachtlang –
> Und so ursprünglich-schön wie ich's mag.
>
> Hin zum Fluß Jenissej führ mich weg, in die Nacht,
> Wo die Kiefer zum Stern reicht so stumm –
> Denn ich bin nicht von wölfischem Blut, und das macht:
> Wer mir gleichkommt, nur der bringt mich um.

Die Zeile mit dem »Wolfshund-Jahrhundert« ist in den Titel *Das Jahrhundert der Wölfe* der Erinnerungen von Nadeschda Mandelstam eingegangen; diese Bezeichnung steht für eine vom Totalitarismus beherrschte

Zeit mit ihrer menschenverachtenden Brutalität. Das zweite jener Gedichte ist in seiner Tendenz bereits vom Titel her unmißverständlich: *Epigramm gegen Stalin*. Mandelstam hatte Stalin in seinen Gedichten schon vorher mehrfach angegriffen, in der Regel aber irgendwie kaschiert, versteckt, andeutungsweise, so als den »pockennarbigen Teufel« (1930), den »Judas« oder den »Pesthauch-Präsidenten«. In dem *Epigramm gegen Stalin* (1933) läßt Mandelstam alle Vorsicht außer acht und seinem »literarischen Zorn« freien Lauf:

> Und wir leben, doch die Füße, sie spüren keinen Grund,
> Auf zehn Schritt nicht mehr hörbar, was er spricht, unser Mund,
>
> Doch wenn's reicht für ein Wörtchen, ein kleines –
> Jenen Bergmenschen im Kreml ihn meint es.
>
> Nur zu hören vom Bergmenschen im Kreml, dem Knechter,
> Vom Verderber der Seelen und Bauernabschlächter.
>
> Seine Finger wie Maden so fett und so grau,
> Seine Worte wie Zentriergewichte genau.
>
> Lacht sein Schnauzbart dann – wie Küchenschaben,
> Und sein Stiefelschaft glänzt hocherhaben.
>
> Um ihn her seine Führer, die schmalhalsige Brut,
> Mit Diensten von Halbmenschen spielt er, mit Blut.
>
> Einer pfeift, der miaut, jener jammert,
> Doch nur er gibt den Ton – mit dem Hammer.
>
> Und er schmiedet, der Hufschmied, Befehl um Befehl –
> In den Leib, in die Stirn, dem ins Auge fidel.
>
> Jede Hinrichtung schmeckt ihm – wie Beeren,
> Diesem Breitbrust-Osseten zu Ehren.

Diese Gedichte kosten Mandelstam Freiheit des Lebens und Freiheit des Dichtens (was für ihn untrennbar ein und dasselbe ist!). Er konnte und wollte nicht mehr schweigen. Unmittelbarer Anlaß zu diesem zweiten Gedicht waren die Eindrücke von der sog. »Kulaken-Verfolgung«, Stalins schlimmstem Vergehen am Volk; Mandelstam sammelte diese Eindrücke im Sommer 1933 bei einer Reise in die Ukraine und auf die Krim. Der Anblick jener heimgesuchten und verfolgten Bauern in der Ukraine zwang ihn, die Wahrheit über Stalin und seine Taten in seinem Gedicht zum Ausdruck zu bringen und sich damit selbst der Verfolgung durch das Terrorregime dieses Diktators auszuliefern.

Bis 1937 (also vier Jahre) war Mandelstam im Lager bei Woronesch. Dann wurde er entlassen, war kurze Zeit frei, wurde anschließend wieder verhaftet und nach Wladiwostok abtransportiert, wo er 1938 umgekommen ist. Die Umstände sind bis heute nicht genau geklärt.

Auch in den von Verzweiflung und Zorn gekennzeichneten Gedichten der *Moskauer Hefte* hörte Mandelstam trotz allem nicht auf, seine »Sehnsucht nach Weltkultur« zu stillen, jene Sehnsucht nach den mediterranen Ursprüngen Europas in der Antike und Renaissance, die er seit seiner Reise nach Frankreich und Italien (1907/8) empfand. Es ist sicher keine zufällige Äußerlichkeit, daß der von Stalin verfolgte Dichter mitten in der schlimmsten Finsternis Moskaus wie in den frühen Jahren seiner ersten Begegnung mit der romanischen Literatur den *Novellino* (eine italienische Novellensammlung), Ariost, Tasso und Petrarca las und eine ganze Reihe Gedichte verfaßte, die diese literarische Begegnung verarbeiten.

Das bedeutet – was für das Verhältnis dieses Dichters zu Europa kennzeichnend ist –, daß er bis zum allerletzten Atemzug als noch schreibender Dichter Ossip Mandelstam von dieser Wahrheit durchdrungen war und in ihr gelebt hat: Literatur, Dichtung und Poesie von Rang überschreiten stets die engen und auch engstirnigen Grenzen nationaler Einheiten, sind also notwendigerweise europäisch oder überhaupt nicht. Für diese Wahrheit hat sich Ossip Mandelstam – gegen alle Anfechtungen des totalitären Sowjetsystems – eingesetzt. Und diese Wahrheit, daß der Dichter und Europa eine wesentliche, untrennbare Einheit bilden und sich um der Menschlichkeit von Leben und Politik willen gegenseitig brauchen, ist – wie ich glaube – das eigentliche Vermächtnis dieses vom Totalitarismus »vergeudeten Dichters« (Roman Jakobsen über Majakowski) und soll es auch bleiben.

Die Stellung der Frau im Judentum: Tradition und Moderne

Rachel Heuberger

Das Judentum nimmt in seinen verschiedenen Strömungen unterschiedliche Positionen zur Rolle der Frau ein. Heute stellen die Konservative- und die Reform-Bewegung im Vergleich zur Orthodoxie die zahlenmäßig größeren Strömungen innerhalb des Judentums dar, doch diese bildet noch immer die normative Grundlage, auf die sich die innerjüdischen Entwicklungen der Moderne beziehen. Auch das Selbstverständnis der modernen jüdischen Frauen, seien sie nun religiös oder säkular, ist von dem über Jahrhunderte tradierten Bild der Frau geprägt. Nur die Kenntnis der traditionellen Frauenrolle im orthodoxen Judentum läßt die inneren Auseinandersetzungen verständlich werden.

Das orthodoxe Judentum hat die Gleichberechtigung der Geschlechter nie propagiert, sondern weist Mann und Frau verschiedene Rollen zu. Diese werden als komplementär verstanden. Aufgrund des Bibelspruchs »*Und Gott schuf den Menschen in seinem Bilde, im Bilde Gottes schuf er ihn; Mann und Weib schuf er sie*« (1. Buch Mose 1, 27) werden Frauen als gleichwertige Wesen gesehen, haben in ihrem Leben jedoch andere Funktionen zu erfüllen als die Männer. Diese Funktionen sind in den heiligen Schriften – der Tora und dem Talmud, einem ausführlichen Gesetzeskompendium – festgelegt. Beide stellen für die orthodoxen Juden die Worte Gottes dar, dürfen nicht verändert werden und besitzen deshalb heute ebenso Gültigkeit wie in früheren Zeiten. Anstehende Probleme müssen daher entweder durch Analogien oder im Licht der vorgegebenen Prinzipien und Regeln durch neue Kommentare gelöst werden.

Im Laufe der Jahrhunderte haben Rabbiner und Talmudgelehrte die biblischen Schriften und die grundsätzlichen Bestimmungen des Talmuds unaufhörlich interpretiert, analysiert und kommentiert und so neue Erklärungen geliefert, indem sie aufeinander aufbauten und voneinander lernten. Es entstand eine umfangreiche rabbinische Literatur: Responsen, klassische Gesetzeskommentare wie die des Maimonides, Anleitungen für die religiöse Praxis wie der Schulchan Aruch, aber auch ethische Erbauungsschriften, Gebete und biblische Legenden, die alle zusammen das jüdische Religionsgesetz, die Halacha, bilden und die theoretischen Grundlagen des heutigen orthodoxen Judentums ausmachen. Auf diese Weise hat sich jüdisches Leben nach den Gesetzen der Halacha bis zum heutigen Tag erhalten, und dieses wiederum hat die Existenz des jüdischen Volkes jahrhundertelang gesichert. Im folgenden sollen deshalb die Aussagen der Halacha zur Stellung der Frau kurz dargelegt werden.

Frauen werden als ein gesondertes »Kollektiv« angesehen, für das eigene Wertvorstellungen und andere Verhaltensregeln zu gelten haben als für die Männer. Die grundsätzliche theologische Auffassung im Judentum besagt, daß Gott die Menschen nicht in mehr oder weniger wertvolle einteilt und Frauen deshalb nicht minderwertiger sind als Männer. Im täglichen Leben allerdings sind Frauen den Männern an wirtschaftlicher Macht, sozialem Ansehen, gesetzlichen Rechten und religiöser Rolle und Bedeutung unterlegen.[1] An absoluten moralischen und geistigen Maßstäben gemessen, besteht somit zwar kein Unterschied im Leben von Mann und Frau, ihr konkretes Alltagsleben wird jedoch durch die Unterwerfung unter den Mann geprägt. Diese Spannung spiegelt sich bereits in den zwei Schöpfungsmythen des 1. Buch Mose wider. In der ersten Erzählung wird die Frau gleich dem Manne »*im Bilde Gottes*« (siehe oben) geschaffen; einige Kapitel weiter wird sie geschaffen, um die Bedürfnisse des Mannes zu befriedigen. Denn als Strafe dafür, daß die Frau Gottes Verbot mißachtete und die Frucht vom Baum der Erkenntnis aß, steht geschrieben: »*Zum Weibe sprach er: Groß sollen sein die Schmerzen deiner Mutterschaft, in Schmerzen sollst du Kinder gebären, nach deinem Manne sei dein Verlangen, und er wird über dich herrschen*« (1. Buch Mose 3, 17).

Doch bereits der Bericht über die Erschaffung der Frau läßt sich auf verschiedene Art deuten. So heißt es: »*Und Gott der Ewige bildete die Rippe, die er von dem Menschen (auf hebräisch Adam) genommen hatte, zu einem Weibe und brachte es dem Menschen. Da sprach der Mensch: Diesmal ist es Bein von meinem Bein und Fleisch von meinem Fleisch; diese soll Männin (auf hebräisch Ischa) heißen, denn diese ward vom Manne (Isch) genommen*« (1. Buch Mose 2, 22–23). Adin Steinsaltz, der als die bedeutendste lebende rabbinische Autorität gilt und eine neue Gesamtausgabe des Talmuds in Angriff genommen hat, deutet diese Sprüche auf ganz neue Art und Weise. Er übersetzt das hebräische Wort »Zela« nicht wie üblich mit Rippe, sondern mit Seite und erklärt die Erschaffung der Frau als eine Trennung der Merkmale beider Geschlechter im Menschen. Adam war ursprünglich ein androgynes Wesen, das männliche und weibliche Eigenschaften miteinander verband. Erst mit der Abtrennung seiner weiblichen »Seite« erhielt der Mensch seine eigentliche männliche Komponente und wurde zum Mann. Damit wurde der Mann nach der Frau erschaffen, und zwar als Folge ihrer eigenen Erschaffung.[2]

Diese Deutung, die von jüdischen Feministinnen übernommen wird, kehrt die bislang angenommenen Reihenfolge um. Sie soll hier lediglich als Beispiel dazu dienen, daß unterschiedliche Textinterpretationen integraler Bestandteil des traditionellen Judentums sind und gleichzeitig die Ausgangsbasis für eine zukünftige Neuorientierung bilden können. Als weiteres Beispiel aus der hebräischen Bibel seien die Verse »*Lob der tüchtigen Frau*« aus den Sprüchen Salomons zitiert.

»*Eine tüchtige Frau – wer mag sie finden? Weit über Perlen geht ihr Wert. Das Herz ihres Gatten kann sich auf sie verlassen und an Gewinn wird es (ihm) nicht fehlen. Sie erweist ihm Gutes und nichts Böses während ihrer ganzen Lebenszeit...*« (Sprüche Salomons 31, 10–31).

---

[1] Rachel Biale, Women and Jewish Law. New York 1984, 14.
[2] Adin Steinsaltz, The essential Talmud. Northvale 1992, 137 ff.

Diese Textstelle aus den Sprüchen Salomons – worin den Frauen höchste Anerkennung gezollt wird – gehört zu den Gebeten, die traditionsgemäß von orthodoxen jüdischen Männern am Freitagabend gesungen werden, um den Schabbat einzuleiten. Sie sind mit der jüdischen Religionspraxis untrennbar verbunden und jedem Juden, der im Rahmen seiner Tradition aufwächst, nicht nur als Bibeltexte geläufig, sondern werden auch als eigenes Bekenntnis jede Woche neu bekräftigt. Man sollte meinen, daß durch das allwöchentliche Ritual, mit dem die im Text zum Ausdruck gebrachte Wertschätzung und Anerkennung der Frau stets von neuem wiederholt wird, im Laufe der Jahrhunderte auch die inhaltlichen Aussagen zum wichtigen Stellenwert der Frau jüdisches Allgemeingut hätte werden müssen.

Doch auch diese Sprüche sind der Texterläuterung unterworfen. Problematisch ist nicht nur, daß die Frau lediglich in ihrer traditionellen Rolle dargestellt, ihr Wert und Stellenwert somit nicht als solcher anerkannt wird, sondern von ihrer Pflichterfüllung abhängt. Viel weitreichender und für die eigentliche Einschätzung der Frauenrolle relevanter ist die Tatsache, daß die traditionelle jüdische Textauslegung diese Sprüche gar nicht als simples »*Lob der tüchtigen Frau*« versteht, sondern als Allegorie auf die Tora, die jüdische Glaubenslehre, interpretiert. Für viele waren daher mit der »*tüchtigen Frau*« wohl keineswegs die realen Frauen, sondern die Tora, die Lehre, gemeint, die lediglich in weiblicher Form charakterisiert wird, eine in den biblischen Texten geläufige Praxis, wo ja auch der Schabbat, der jüdische Ruhetag, als Braut Gottes dargestellt wird.

Diese dem Judentum innewohnenden Gegensätze von religiöser Gleichwertigkeit und tatsächlicher Diskriminierung der Frauen sowie die Möglichkeiten unterschiedlicher Schriftauslegung haben beim orthodoxen Judentum im Laufe der Jahrhunderte eine Eigendynamik entwickelt, wobei durch feministische Elemente, wie die hohe Achtung und vor allem Selbstachtung der orthodoxen jüdischen Frau, der offensichtlich patriarchalische Charakter abgeschwächt wurde.

Grundlage der traditionellen jüdischen Religionspraxis sind die Mizwot, die göttlichen Gebote. Während Männer und Frauen gleichermaßen alle Verbote (Du sollst nicht...) und Gebote (Du sollst...) einhalten müssen, die nicht an eine bestimmte Zeit gebunden sind, werden Frauen von jedem zeitgebundenen religiösen Gebot befreit. Diese Regel ist im Babylonischen Talmud, Traktat Kiddushin 34a, niedergelegt, wo auch Beispiele für solche Gebote aufgeführt werden, die von Frauen nicht erfüllt werden müssen. Dazu zählen u.a. das Gebot, dreimal täglich zu beten, morgens Tefillin (Gebetsriemen) anzulegen und in der Sukkah (Laubhütte) zu essen, um nur einige zu nennen.[3] Begründet wird dies damit, daß Frauen zu sehr mit ihren Kindern und dem Haushalt beschäftigt seien, als daß sie Pflichten übernehmen könnten, die an feste Zeiten gebunden sind. Aus

---

[3] Für eine ausführliche Erläuterung dieser Textpassage siehe: Rochelle L. Millen, »An Analysis of Rabbinic Hermeneutics: B.T. Kiddushin 34 a«, in: Tamar M. Rudavsky (Hg.), Gender and Judaism. The transformation of tradition. New York 1995, 25–37.

dieser Formulierung zur Entlastung der Frau wurde in vielen Fällen sehr schnell ein Verbot. So kehrte sich die Festlegung des Talmuds, daß die Frau von bestimmten, nämlich den zeitgebundenen Geboten befreit ist, dahingehend um, daß den Frauen in manchen Fällen verboten wurde, entsprechende Handlungen vorzunehmen, wie z.B. das morgendliche Anlegen der Tefillin. Dies wiederum hatte weitreichende Folgen für die Rolle der Frau in der jüdischen Öffentlichkeit.

Bereits im gemeinsamen öffentlichen Gottesdienst zeigt sich die unterschiedliche Stellung der Geschlechter. Männer und Frauen sitzen getrennt, wobei die Männer den Gottesdienst aktiv gestalten – nur sie stellen den Vorbeter, und nur sie dürfen aus der Tora vorlesen –, während die Frauen, meist hinter einem Vorhang oder auf einer Empore sitzend, nur passiv daran teilnehmen. Als Folge ihrer Befreiung vom Gebot des täglichen Gebetes werden Frauen auch nicht zum Minjan, der Mindestzahl von zehn Personen, gezählt, die für einen gemeinsamen Gottesdienst mit Kollektivcharakter anwesend sein müssen (Minjan bedeutet daher stets eine Gruppe von zehn Männern). Somit können Frauen beim öffentlichen Gebet nach orthodoxem Ritus keinerlei Funktionen übernehmen und haben weder Pflichten noch Rechte, obwohl das Gebet zu den religiösen Pflichten eines jeden orthodoxen Juden, auch der Frauen gehört und im täglichen Leben eine zentrale Rolle spielt.[4]

Auf den ersten Blick erscheint die Tatsache, daß die realen Lebensumstände der Frauen in Betracht gezogen wurden und man ihnen deshalb in der alltäglichen Religionsausübung Erleichterungen gewährte, indem sie nicht zu zeitlich gebundener Gebotsausübung verpflichtet sind, als Ausdruck einer an ihren Bedürfnissen orientierten Einstellung. In der Realität diente die Befreiung der Frau von einem Teil der religiösen Pflichten im Laufe der Geschichte jedoch stets dazu, sie von dem für orthodoxe Juden so wesentlichen Bereich der Religionspraxis auszuschließen.

Frau und Familie

Während der Mann im Zentrum des religiösen Lebens steht, soll die Frau vor allem in der Familie wirken. »*Die Ehre einer Frau ist im Inneren*« heißt es, jede öffentliche Aktivität von ihrer Seite eigentlich unerwünscht. Heim und Familie wurden zu ihrer Domäne und zu einem Synonym für die Frau. Die Familie spielte im Judentum stets eine zentrale Rolle. Für die in der Diaspora zerstreuten Juden, die innerhalb fremder Kulturen und andersartiger Religionen als Minderheit lebten, war es die Familie, in der sie wurzelten, die ihr Überleben ermöglichte und ihnen Sicherheit gab. Die Bedeutung der Familie als Vermittlerin religiöser und ethnischer Identität stärkte die Stellung der Frau, die innerhalb der Familie eine wichtige Rolle übernahm.

---

[4] Adrienne Baker, The Jewish Woman in Contemporary Society. Transitions and Traditions. New York 1993, 48.

Der Frau oblag die Verantwortung für die Einhaltung der rituellen Speisegesetze, der Kaschrut, die einer der Grundpfeiler des orthodoxen Judentums sind. Sie hatte nicht nur für die konkrete Befolgung der zahlreichen Regeln beim Kochen zu sorgen, sondern auch dafür, daß die Kinder diese Speisegesetze erlernten und einhielten, um die damit verbundene Vorbereitung auf den Schabbat und die Feiertage ebenfalls treffen zu können. Zu den wichtigsten Mizwot, die Frauen hierbei zu beachten haben, gehören die Vorschriften für die Challa (d.i. das Gebot, beim Backen von Brot in Erinnerung an die Tempelopfer ein kleines symbolisches Stück Teig abzusondern) sowie das Anzünden der Schabbatlichter, die den Beginn des Schabbats symbolisieren. In beiden Fällen muß die Frau hierfür spezielle Segenssprüche vortragen. Auch die Durchführung des Pessachfestes, an dem sich nichts Gesäuertes im Haus befinden darf (Gesäuertes umfaßt nicht nur Brot und Mehlspeisen, sondern alle gesäuerten Lebensmittel), erfordert ebenso wie alle anderen Gebote von den Frauen genaue Kenntnisse der komplizierten Details des Ritualgesetzes und überträgt ihnen eine wichtige Rolle in der Vermittlung jüdischer Religionspraxis.

Die jüdische Frau kann somit zu Recht als zentrale Instanz für die Weitergabe des Judentums an ihre Kinder angesehen werden, obwohl das Lernen und Lehren – in der Person des Vaters und des Melamed (Lehrers) – den Männern vorbehalten blieb, die auch bei den religiösen Feiern im Hause den Vorsitz hatten. Vor allem auf das Selbstverständnis der jüdischen Frau wirkte sich ihre Darstellung als Kulturträgerin und -vermittlerin günstig und konstruktiv aus. Schon früh wurde so die Bedeutung der Mutterrolle allgemein anerkannt und damit sicherlich auch der Wert des eigenen Vorbilds für die Erziehung.[5] Eine vorbildliche Frau hatte sich jedoch nicht nur um die Kinder und den Haushalt zu kümmern, sondern führte oftmals auch die Geschäfte, um auf diese Weise ihren Mann weitestgehend von den weltlichen Pflichten zu entlasten, damit er sich einem möglichst ungehinderten Torastudium widmen kann.

Im religiösen Leben der Gemeinde nimmt die Frau beim orthodoxen Judentum jedoch nur eine zweitrangige Stellung ein. Sie ist von wichtigen Ämtern, wie z.B. dem des Rabbiners, ausgeschlossen und wird vor Gericht in bestimmten Fällen nicht als Zeugin gehört. Im folgenden soll die Diskrepanz zwischen den Grundsätzen des orthodoxen Judentums und den Forderungen der modernen Frauenbewegung exemplarisch dargestellt werden.

Frau und Tora-Studium

Die Art und Weise, wie die Zulassung von Frauen zum Studium der Tora und des Talmuds gehandhabt wurde, deren Kenntnis die Voraussetzung für religiöses Mitbestimmen und eigenverantwortliches Handeln bildet,

---

[5] Paula Hyman, »The Jewish Family: Looking for a Usable Past«, in: Susanna Heschel (Hg.), On Being a Jewish Feminist: A Reader. New York 1983, 21.

ist ein klassisches Beispiel für die Rolle der Frau im Judentum während der Jahrhunderte.

Limud Tora, das Tora-Studium, ist jedem Juden als ständige Verpflichtung auferlegt. Grundlage hierfür ist folgender Bibelspruch aus dem Buch Josua: »*Das Buch dieses Gesetzes sei allezeit auf deinen Lippen, sinne darüber Tag und Nacht, daß du darauf achtest, alles zu halten, was darin geschrieben ist...*« (Josua 1, 8). Frauen werden jedoch von dieser Verpflichtung ausgenommen, da in den entprechenden Versen der Fünf Bücher Moses, die sich auf das Lernen der Tora beziehen, stets das hebräische Wort für »Söhne« (Levanecha) benutzt wird. So steht geschrieben: »*Schma Israel, Höre Israel! Der Ewige ist unser Gott, der Ewige ist Einer. Du sollst den Ewigen, Deinen Gott, lieben, mit deinem ganzen Herzen, mit deiner ganzen Seele und mit deinem ganzen Vermögen. Und diese Worte, die ich dir heute befehle, sollen dir im Herzen bleiben. Du sollst sie deinen Söhnen (in Hebräisch =Lewanecha) einschärfen und von ihnen sprechen, wenn du in deinem Hause weilest und wenn du unterwegs bist, wenn du dich niederlegst und wenn du aufstehst*« (5. Buch Mose 6, 4–8). Allerdings wird in den deutschen Bibel-Übersetzungen im allgemeinen der Begriff »Kinder« verwendet.

Im Talmud sind die Aussagen der Gelehrten hierzu widersprüchlich. Während sich einige für das Torastudium von Frauen aussprachen und glaubten, daß auch Töchter die Tora lernen sollten, war Eliezer Ben Hyrcanus strikt dagegen und legte fest: »*Derjenige, der seine Tochter Tora lehrt, lehrt sie die Lüsternheit*« (Talmudtraktat Sotah 3, 4). Obgleich Hyrcanus oftmals nur die Meinung einer Minderheit der Talmudgelehrten seiner Zeit vertrat, wurde er in bezug auf diese Aussage allgemein anerkannt und befolgt. Gleichzeitig wird im Talmud durchaus auch eine Frau als Gelehrte erwähnt, und zwar Berurya, die Frau des Tannaiten Meir. Sie galt als Vorbild an Klugheit und Gelehrsamkeit und setzte sogar Maßstäbe für die Schwierigkeiten des Gesetzestextes. So findet sich im Talmud die folgende Stelle, wo ein arroganter Schüler von seinem Lehrer zurechtgewiesen wird, indem dieser zu ihm sagt: »*Selbst Berurya, die einmal 300 Gesetze von 300 Tannaiten an einem Tag lernte, brauchte für diesen Text lange Zeit, um ihn zu verstehen. Was läßt dich glauben, du könntest diese Stelle schneller studieren als sie.*«[6]

Zwar gab es bedeutende jüdische Gelehrte wie z.B. Maimonides, die die Verse der Bibel dahingehend interpretiert haben, daß eine Frau (im Gegensatz zum Mann) nicht verpflichtet ist, Tora und Talmud zu lernen, dazu aus freiwilligem Entschluß allerdings durchaus das Recht hat. Bis ins 19. Jahrhundert war jedoch die ablehnende Einstellung zum Religionsstudium von Mädchen und Frauen unangefochten, und sie wurden davon ferngehalten.

Erst infolge der Aufklärung änderte sich die Situation im orthodoxen Lager. Im Kampf gegen antireligiöse Strömungen und um zu verhindern, daß immer mehr Frauen sich säkularen Studien zu- und von der Religion

---

[6] Adin Steinsaltz, a.a.O., 138.

abwandten, begannen nun auch bislang strikte Gegner einer formalen Mädchenerziehung umzudenken. Chafetz Chaim, eine allgemein anerkannte rabbinische Autorität, formulierte es zu Beginn des zwanzigsten Jahrhunderts folgendermaßen: »*Früher, als eine Frau im Hause ihres Vaters wohnte ... schien keine Notwendigkeit zu bestehen, sie in der Tora zu unterweisen; aber heutzutage, wenn Frauen nicht mehr auf das Haus beschränkt sind und ihnen die säkulare Erziehung offensteht, muß man sie Tora lehren, um zu verhindern, daß sie das Judentum verlassen und ihre traditionellen Werte vergessen.*«[7]

Mit dieser Stellungnahme wurde ein langjähriges Verbot nun geradezu zu einer Mizwa, einem Gebot. Zunehmend wurden für Mädchen religiöse Schulen gegründet, in denen das Studium der Heiligen Schrift ernsthaft betrieben wurde. Ein Beispiel hierfür ist das orthodoxe Schulwerk »Beth-Jakob«, das vor knapp 100 Jahren in Polen gegründet wurde und derzeit ein weltweit verzweigtes Netz von schulischen Einrichtungen in zahlreichen jüdischen Gemeinden unterhält. Heute ist das Studium religiöser Schriften für Mädchen und Frauen zu einer Selbstverständlichkeit geworden und wird an einer Vielzahl von unterschiedlichen Lehrinstituten durchgeführt.

Frau und Scheidung

Deutlich wird die untergeordnete Stellung der Frau im Personenstandsrecht, vor allem in Fragen der Scheidung. Im Gegensatz zum Katholizismus ist die Ehe im Judentum kein Sakrament; vielmehr sind Eheschließung und -scheidung im jüdischen Gesetz als rechtskräftige Verträge erfaßt. Die Ehe wird hierbei als ein Vertrag angesehen, der im gegenseitigen Einvernehmen zustande kommt und durch die Scheidung auf legitime Weise gelöst werden kann. Im Vergleich zum Islam wurden auch weitreichende Maßnahmen zum Schutze der Frau im Falle einer Scheidung getroffen. Das Problem liegt jedoch darin, daß nur der Mann die Scheidung aussprechen kann. Er ist es, der den Scheidebrief (Get) schreibt, diesen seiner Frau überreicht und sie damit freigibt. Zwar kann eine Frau die Scheidung verweigern, sie jedoch nicht betreiben. Ebensowenig kann eine Frau die Scheidung vom Rabbinatsgericht verlangen, sondern lediglich erreichen, daß der Scheidungsgrund anerkannt wird. Zu den anerkannten Scheidungsgründen zählt z.B. die Vernachlässigung der ehelichen Pflichten sowohl in materieller als auch in sexueller Hinsicht, die Einschränkung der Frau in ihrer persönlichen Freiheit oder die Aufhebung der Lebensgemeinschaft. Die konkrete Auslegung im Einzelfall bleibt den Richtern überlassen, wobei sie sich auf die talmudischen und rabbinischen Quellen stützen.

Das rabbinische Gericht kann jedoch niemals eine Scheidung anordnen, da sie vom Ehemann ausgehen muß. Es kann lediglich versuchen, diesen mit verschiedenen Zwangsmaßnahmen bis hin zu seiner Inhaftierung da-

---

[7] Zitiert in: Moshe Meiselman, Jewish Woman in Jewish Law. New York 1978, 40 ff.

hingehend zu beeinflussen, daß er den Scheidebrief, den Get, ausstellt. Eine verheiratete Frau, die von ihrem Mann keinen Scheidebrief erhalten hat, ist eine Aguna – eine gebundene, angekettete, d.h. unfreie Frau (Aguna kommt von dem hebräischen Wort Ogen, der Anker), die über ihr weiteres Leben nicht frei entscheiden und vor allem keine neue Ehe eingehen kann.

Die völlige Machtlosigkeit auch der Rabbiner in bezug auf das Schicksal der Agunot, der verlassenen Frauen, demonstriert offenkundig die Ungleichheit der Geschlechter im orthodoxen Judentum. In den letzten Jahren ist es verstärkt zu großen Protestaktionen von seiten der Frauen gekommen; gefordert wurde, ein Religionsgericht einzuberufen, das sich mit den Mißständen im jüdischen Scheidungsrecht befaßt. Die wachsende Zahl ungelöster Scheidungsfälle hat auch die orthodoxen Rabbiner veranlaßt, nach neuen Lösungen zu suchen. So haben sich beispielsweise die orthodoxen Rabbiner Englands dahingehend geeinigt, daß zusammen mit dem Ehevertrag ein Zusatzvertrag abgeschlossen wird, das Prenuptual Agreement – PNA, in dem sich der Ehemann ausdrücklich verpflichtet, im Falle einer eventuellen Scheidung den Get nicht zu verweigern. Bei Nichteinhaltung soll er mit finanziellen Auflagen und dem Entzug von begehrten Gemeindeprivilegien bestraft werden.[8]

Doch bislang haben sich alle Reformvorschläge vor orthodoxen rabbinischen Gerichten – mit Ausnahme Englands – nicht durchsetzen können, und das ungelöste Problem ist in seiner alten Schärfe erhalten geblieben. Vor allem im Staate Israel, in dem es keine Trennung zwischen Religion und Staat und keine Zivilgesetzgebung im Personenstandsrecht gibt, bilden die Fälle, in denen Frauen jahrelang auf die Scheidung warten müssen, obwohl sie von ihren Männern getrennt leben, weiterhin ein ungelöstes juristisches Problem und natürlich und vor allem eine Ungerechtigkeit gegenüber den betroffenen Frauen, deren Leben eine ständige Qual ist.

Auch nach Unfällen mit Todesfolge, für die es keine Zeugen gibt, gilt der Mann nicht als tot, sondern lediglich als verschollen. Da im jüdischen Recht die Ehe nicht nach Ablauf einer bestimmten Frist durch eine gerichtliche Verschollenheits- oder Todeserklärung geschieden werden kann, besteht sie in einem solchen Fall mit allen Konsequenzen für die Frau weiter.

Jüdische Reformbewegung

Im Gegensatz zur Orthodoxie versteht die jüdische Reformbewegung das jüdische Religionsgesetz mit seinen rigorosen Bestimmungen nicht als gottgegeben, sondern als eine historisch bedingte Tradition, die stets den Erfordernissen der Zeit angepaßt werden muß. Zu Beginn des 19. Jahrhunderts in Deutschland entstanden, betont sie die universalistisch-ethischen Doktrinen des Judentums und spricht dem jüdischen Religions-

---

[8] Odette Rosenberg, Die Tragik der Aguna, in: Jüdische Rundschau Maccabi, Nr. 51, 21.12.1995, 13 und Tanja Kröni, Fürs Leben – nicht zum Leiden gegeben, ebenda, 15.

gesetz seine absolute Gültigkeit ab. Die religiösen Vorschriften wurden geändert, und die Stellung der Frau wurde neu definiert.

Die jüdische Reformbewegung hat die Gleichberechtigung der Frau bei der Religionsausübung von Anfang an befürwortet. Allerdings wurden die Frauen den Männern damit in einem Bereich, nämlich dem der Religionsausübung, gleichgestellt, der für diese religiöse Richtung in zunehmendem Maße an Bedeutung verlor. Eine der wichtigsten Neuerungen war die Aufhebung der Geschlechtertrennung in der Synagoge. In Reformsynagogen beten die Frauen mit den Männern gemeinsam, können am Chor teilnehmen und müssen dieselben Gebote und Verbote beachten. Und doch hat es auch in dieser Richtung des Judentums noch lange gedauert, bis wirklich wesentliche Veränderungen vorgenommen wurden und Frauen auch Rabbinerinnen werden konnten.

In Deutschland war Regina Jonas in den zwanziger Jahren die erste und für lange Zeit zugleich einzige Frau, die an der Berliner Hochschule für die Wissenschaft des Judentums, dem Rabbinerseminar der Reformbewegung, das Rabbinerdiplom erhielt. Doch waren die Gemeinden noch nicht bereit, Frauen als Rabbiner einzustellen. Regina Jonas wurde deshalb bei der Jüdischen Gemeinde in Berlin als Religionslehrerin eingestellt, bis sie nach Auschwitz deportiert und dort ermordet wurde.

In den USA wurde 1972 die erste Frau am Hebrew Union College, dem dortigen Rabbinerseminar der Reformbewegung, als Rabbinerin ordiniert. Seither sind ihr zahlreiche Frauen gefolgt. Im Jahre 1985 entschied auch das Konservative Judentum, Frauen als Rabbinerinnen anzuerkennen. Während heute die meisten amerikanischen Juden entweder der Reform- oder der Konservativen-Bewegung angehören, ist in Israel nur die Orthodoxie staatlich anerkannt, welche den Frauen die Anerkennung als Rabbinerinnen weiterhin verweigert. Allerdings haben auch im orthodoxen Lager Frauen in den letzten Jahren eine stärkere Mitwirkung bei religionspolitischen Belangen auf kommunaler Ebene erreicht.[9]

Vor allem aber versuchen orthodoxe Frauen, den religiösen Bereich neu zu gestalten. Damit im Zusammenhang steht die Wiederbelebung jener frühen biblischen Traditionen, in denen die Frauen durchaus eine wichtige Rolle bei den rituellen Abläufen spielten, die jedoch im Laufe der Jahrhunderte von den Rabbinern unterdrückt wurden. Hierzu gehört das Neumondfest, das ursprünglich jeden Monat ausdrücklich als Fest der Frauen gefeiert wurde und im Laufe der Zeit in Vergessenheit geriet, ebenso wie die rituelle Feier bei der Geburt einer Tochter, die Simchat Bat. Auch der rituelle Gehalt des Bat-Mizwa-Festes, dem Fest der religiösen Mündigkeit, die jüdische Mädchen mit 12 Jahren erlangen, beginnt sich zu verändern. Wie beim Bar-Mizwa-Fest der Jungen, die mit 13 Jahren religiös mündig werden, bilden auch für Mädchen die religiöse Vorbereitung mit Tora-Studium und das Halten einer Predigt, einer Drascha in der Synagoge, den Inhalt dieses Festes.

---

[9] Alice Shalvi, The geopolitics of Jewish feminism, in: Tamar M. Rudavsky (Hg.), Gender and Judaism. The transformation of tradition. New York 1995, 239.

Manche Ritualgesetze, die in die Intimsphäre der Beziehung zwischen Mann und Frau eingreifen, werden heute in feministischer Weise interpretiert, so z.B. die Vorschrift, die den Geschlechtsverkehr zwischen Mann und Frau nur in einer bestimmten Zeit nach der Menstruation erlaubt, und dies auch erst dann, wenn sich die Frau in der Mikwe, dem Ritualbad, rituell gereinigt hat. Diese Vorschriften der »Familienreinheit«, wie sie im jüdischen Ritualgesetz heißen, zählen im orthodoxen Judentum zu den wichtigsten Geboten, ohne deren Einhaltung die Ehe und das Familienleben im Rahmen der Tradition nicht möglich sind. Die Vorschriften der Familienreinheit gehören mit den beiden bereits genannten Geboten der Challa und des Anzündens der Schabbatlichter zu den drei Grundverpflichtungen jeder jüdischen Frau. Die orthodoxe Auffassung besagt, daß die Frau durch das Einhalten dieser Gebote Gottes Anwesenheit in ihre Familie trägt.

Der in allen westlichen Religionen vorhandene Konflikt zwischen einer Legitimation der Sexualität einerseits und dem asketischen Wunsch nach ihrer Unterdrückung andererseits wird im Judentum dadurch gelöst, daß die sexuellen Beziehungen stark reglementiert, jedoch als wichtige und legitime Grundlage einer jeden Ehe anerkannt werden.[10] Einer der anerkannten Scheidungsgründe ist deshalb auch die Klage der Frau, daß ihr Mann seine sexuellen Pflichten nicht erfüllt. Im Gegensatz zur weitverbreiteten Meinung, daß der Mann das Recht auf Sexualität hat, während die Frau dazu verpflichtet ist, sieht das jüdische Religionsgesetz die ehelichen Beziehungen als Pflicht des Mannes und Privileg der Frau an.[11] Während aber die traditionelle Deutung der Reglementierung sexueller Beziehungen – d.h. nur zu bestimmten Zeiten und nach Besuch der Mikwe – besagt, daß eheliche Beziehungen heilig und rein sind, wenn sie nach Gottes Geboten zur richtigen Zeit und auf rechte Art und Weise stattfinden, argumentieren orthodoxe Frauen heute, daß diese Vorschriften dem Schutz der Frau dienen. Sie verhindern, so deren Meinung, daß die Frau als Sexualobjekt des Mannes aufgefaßt werden kann, über das er jederzeit frei verfügen dürfe.

Die gegenwärtige Ausgangslage ist somit für die jüdische Frau innerhalb der Orthodoxie völlig anders als innerhalb der Reformbewegung. Während orthodoxe Frauen immer noch darum kämpfen, sich über das traditionelle Rollenverständnis hinwegzusetzen und ihre Positionen im Rahmen des althergebrachten Religionsgesetzes und in Einklang mit ihm neu zu definieren, haben die Frauen in der Reformbewegung dies schon erreicht. Sie müssen sich allerdings weiterhin gegen ihre Diskriminierung im Alltag zur Wehr setzen. Noch sind Rabbinerinnen ihren männlichen Kollegen nicht gleichgestellt, sie verdienen weniger als diese, und es bieten sich ihnen auch nur geringere Aufstiegsmöglichkeiten. Gleichzeitig ist jedoch ein wachsender Einfluß der Frauen auf das Rabbinat in den USA

---

[10] Rachel Biale, a.a.O., 121.
[11] Jonathan Webber, »Between Law and Custom: Woman's experience of Judaism«, in: Pat Holden (Hg.), Women's religious experience. Beckenhan 1983, 161.

festzustellen. Immer mehr Frauen lehren an Rabbinerschulen und spielen in der Reformbewegung eine führende Rolle.

Nun geht es den Frauen in der Reformbewegung aber vor allem darum, das Judentum substantiell zu verändern und neue Rituale zu prägen. So sollen insbesondere die Gebetstexte umgeschrieben und geschlechtsneutral formuliert werden, und auch zeremoniell sollen Frauen den gleichen Stellenwert erhalten wie die Männer. Die Frauen der Reformbewegung wollen Signale für alle jüdischen Frauen und Mädchen setzen, am jüdischen Gottesdienst aktiv teilzunehmen.

In Deutschland hat sich das Judentum von dem vernichtenden Schlag durch die Nationalsozialisten noch nicht wieder erholt. Die ca 65.000 Juden und Jüdinnen, die heute hier leben, sind im Vergleich zu der halben Million, die vor der Machtübernahme durch die Nationalsozialisten in Deutschland lebte, und den in anderen Ländern durchgängig bestehenden jüdischen Gemeinden eine »quantité négligeable«. So sind die meisten Gemeinden in Deutschland heute von ihrer Größe und ihrem Selbstverständnis her nicht stark genug, um die unterschiedlichen jüdischen Strömungen mit ihrer ganzen Vielfalt an notwendigen Einrichtungen zu erfassen und zu unterhalten. Größtenteils sind diese Gemeinden deshalb sog. »Einheitsgemeinden«, in denen die Institutionen nach den orthodoxen Richtlinien geführt werden, um von allen Gemeindemitgliedern gleichermaßen genutzt werden zu können. Weitaus die meisten von ihnen sind jedoch nicht religiös, sondern nutzen die religiösen Einrichtungen vorerst hauptsächlich als Mittel zur Bildung einer Gruppenidentität, die ihnen das Gefühl von kultureller Heimat vermitteln soll.

In den letzten Jahren haben sich jedoch innerhalb verschiedener Gemeinden Reformgruppen gebildet, die ihre eigenen Gottesdienste nach einem reformierten Ritus abhalten. Während in kleineren Gemeinden durchaus bereits Reformrabbiner amtieren, kämpfen die Reformgruppen – von Berlin einmal abgesehen – in den großen jüdischen Gemeinden bislang noch um eine eigenständige Synagoge und um einen festangestellten Rabbiner im Rahmen der Gemeinde. Völlig neu für Deutschland war dagegen die Einstellung der ersten Rabbinerin in den Gemeinden Oldenburg und Braunschweig im August 1995. Von der Rabbinerkonferenz in Deutschland, die der Orthodoxie verpflichtet ist, zunächst einmal abgelehnt, von all denen, die auf Veränderungen im religiösen Leben hoffen, sehnlichst erwartet, wird sich in Zukunft erweisen müssen, welche Auswirkungen dieser Bruch mit der Tradition für das jüdische Leben und die Rolle der Frau innerhalb der jüdischen Gemeinschaft im heutigen Deutschland haben wird.

III
Literarische, philosophische und theologische Studien

Die verkehrte Krone[1]

Über Juden in der deutschen Literatur

Marcel Reich-Ranicki

Der Geschichte der Juden in der deutschen Literatur mangelt es nicht an Siegen, an wahren Triumphen. Ein Jude aus Düsseldorf ist der erfolgreichste deutsche Lyriker nach Goethe. Ein Jude aus Prag hat die moderne Literatur geprägt – die der Deutschen und die der ganzen Welt. Und unter den populärsten Erzählern des neunzehnten wie des zwanzigsten Jahrhunderts gibt es nicht wenige Juden.

Doch allen Erfolgen zum Trotz ist dieses Kapitel der Literaturgeschichte so dunkel wie deprimierend: Wir haben es mit einer Leidensgeschichte ohnegleichen zu tun. Dabei geht es nicht um Fehlschläge und Niederlagen – sie gehören immer und überall zur Biographie derer, die öffentlich wirken. Ich meine vielmehr die fortwährenden Erniedrigungen, die grausamen Demütigungen, die keinem deutschen Juden, welchen Beruf er auch ausübte, erspart geblieben sind; nur empfindet sie ein Schriftsteller stets doppelt und dreifach.

Am Anfang dieser jüdischen Passionsgeschichte sehen wir zwei in jeder Hinsicht ungewöhnliche Menschen, einen Mann und eine Frau. Er sehr klein und verwachsen, ja bucklig, sie ebenfalls klein und nicht gerade schön. Beide standen im Mittelpunkt des geistigen Lebens von Berlin und von Preußen. Beide sind Jahrhundertfiguren der deutschen Kultur geworden und geblieben. Und beide verkörpern wie niemand vor ihnen den Glanz und zugleich das Elend des jüdischen Daseins in Deutschland.

Im Oktober 1743 meldet sich am Rosenthaler Tor der Stadt Berlin ein vierzehnjähriger Knabe, der Sohn des Dessauer Synagogendieners und Toraschreibers. Aus seiner Geburtsstadt Dessau zu Fuß gekommen, bat er um Einlaß nach Berlin, der ihm auch bewilligt wurde. So findet sich im Journal für diesen Oktobertag 1743 die knappe Eintragung: »Heute passierten das Rosenthaler Tor sechs Ochsen, sieben Schweine, ein Jude.«

Warum hat ihn der Wachtposten damals nicht abgewiesen? Vielleicht deshalb, weil ihn der ärmliche und jugendliche Neuankömmling mit einer denkwürdigen Antwort verblüffte. Denn befragt, was er in Berlin wolle, sagte der Knabe, jedenfalls der Legende zufolge, nur ein einziges Wort: »Lernen«. Er hat dann in Berlin in kurzer Zeit tatsächlich viel gelernt und sehr bald andere gelehrt. Die Zeitgenossen haben ihn, Moses Mendelssohn, als Autorität höchsten Ranges anerkannt: Er wurde einer der bedeutendsten Denker jener Epoche, in der Kant und Lessing wirkten. Und er wurde es, ohne je, wie er mit leisem Stolz betonte, auf einer Universität gewesen zu sein oder ein Collegium gehört zu haben.

---

[1] Vortrag anläßlich der Verleihung des Promotionsrechtes und des 15jährigen Bestehens der Hochschule für Jüdische Studien in Heidelberg am 12.1.1995.

Erstaunlich ist es also nicht, daß der Autodidakt gerne Mitglied der Preußischen Akademie der Wissenschaften geworden wäre. Das wäre ihm auch beinahe geglückt, nur hatte der König, Friedrich II., Einspruch erhoben. Wichtiger noch: Mendelssohn hatte gehofft, er könne ein gleichberechtigter Bürger des preußischen Staates werden. Aber er hatte die Situation allzu optimistisch eingeschätzt: So überwältigend seine wissenschaftlichen Leistungen auch waren – der jüdische Philosoph wurde nach wie vor als wunderlicher Fremdling empfunden, als sonderbares Wesen angestaunt. Von Gleichberechtigung konnte keine Rede sein: Man hat ihn gerühmt und zugleich geschmäht, gepriesen und gequält.

Auch die andere kleine Person, die das Kapitel der Juden in der Geschichte der deutschen Literatur eröffnet, Rahel Levin, die spätere Rahel Varnhagen, kam, wie Mendelssohn, aus der Judengasse und aus einer orthodoxen Familie, auch sie sprach in ihrer Jugend das noch im achtzehnten Jahrhundert gebräuchliche Judendeutsch, das mit hebräischen Lettern geschrieben wurde. Sie indes war doppelt benachteiligt, doppelt geschlagen – als Frau und als Jüdin. Mit den Grenzen, die dem weiblichen Dasein gesteckt waren, wollte sie sich auf keinen Fall abfinden. Und mit dem Judentum? Mit aller Kraft, über die sie verfügte, hat sie sich gegen ihre Abstammung empört und aufgelehnt: Diese Rebellion bildet, auch wenn Rahel es nicht selten für richtig hielt, sich mit Winken und mit Andeutungen zu begnügen, das zentrale Thema, das Leitmotiv ihrer Schriften.

Sie war eine selbstbewußte, eine hochintelligente und überaus geistreiche Frau. Aber eine Schriftstellerin war sie nicht, sie wollte es auch nie sein. Sie hat Tagebuchaufzeichnungen hinterlassen und Hunderte, Tausende von Briefen. Es sind kulturgeschichtliche Dokumente von großem Wert. Doch beweisen sie, daß Rahels Deutsch auch noch in ihren späten Tagen nicht makellos war und daß ihr enormer Ehrgeiz, vielleicht eben deshalb, nicht auf geistige und literarische Leistungen gerichtet war, sondern vor allem auf gesellschaftliche Erfolge. Denn sie wollte ihre Herkunft um jeden Preis abstreifen – wie man ein überflüssiges Kleidungsstück wegwirft. In einem Brief spricht sie von dem »sich fort und neu entwickelnden Unglück« ihrer »falschen Geburt«, aus dem sie sich »nicht hervorzuwälzen vermag«.

1795 gibt sie einem jungen Juden, David Veit, einen Ratschlag: »Kenntnisse sind die einzige Macht, die man sich verschaffen kann, wenn man sie nicht hat, Macht ist Kraft, und Kraft ist alles.« An nichts anderes denkt sie als an eine Möglichkeit, die »falsche Geburt« zu überwinden und sich von dem uralten Fluch zu befreien. Sie ist es satt, unentwegt gekränkt und beleidigt zu werden. Die Gleichberechtigung will sie – wie Moses Mendelssohn. Was sie David Veit empfohlen hat, das soll auch sie selber retten: Sie brennt darauf, sich Kenntnisse zu erwerben, sich Wissen anzueignen. Nur so lasse sich – davon ist sie überzeugt – die zwischen den Juden und den Nichtjuden bestehende Kluft zumindest verringern.

Mit ihrem Salon in der guten Stube protestierte sie gegen die überlieferten Schranken. Denn dort, in der Jägerstraße, trafen sich Männer und Frauen, adlige Offiziere und bürgerliche Intellektuelle, Philosophen und

Schauspieler und schließlich und vor allem: Christen und Juden. Oft nennt man die Namen jener, die in diesem Salon verkehrten – es sind die besten der Epoche: von Jean Paul und Friedrich Schlegel bis zu Chamisso und Brentano. Und in ihrer Mitte die umsichtige, die imponierende Gastgeberin.

Die Berühmtheiten – sie folgten den Einladungen offenbar immer und sehr gern. Doch ist nicht bekannt, daß einer von ihnen je Rahel Levin zu sich eingeladen hätte. Diese oft attraktiv geschilderten Berliner Salons – es waren in der Tat wichtige Zentren geistigen Lebens. Aber nicht von der Gleichberechtigung der Juden zeugten sie, sondern bloß von ihrem dringenden Wunsch, mit gebildeten Nichtjuden zusammenzukommen und von ihnen tatsächlich anerkannt zu werden. Für die christlichen Freunde war Rahel letztlich eine Ausnahmejüdin, vielleicht eine nichtjüdische Jüdin, auf jeden Fall eine Fremde. Daß sie als emanzipierte Mitbürgerin leben wollte, konnte man schon begreifen. Absonderlich blieb es dennoch: Ähnlich wie Moses Mendelssohn wurde auch sie natürlich nicht geliebt, wohl aber angestaunt; ähnlich wie ihn empfand man auch sie als ein reizvolles, ein durchaus originelles, jedoch exotisches Wesen.

Einige Jahre lang war die ehrgeizige Rahel eine zentrale und gefeierte, eine kleine und doch beinahe majestätische Figur, eine orientalische Königin mitten im preußischen Berlin. Ja, eine Herrscherin war sie, aufrichtig bewundert, aber insgeheim spöttisch belächelt, bestenfalls bemitleidet. Als sie älter geworden und ihr Ruhm längst verblaßt war, bildete sie sich ein, sie würde immer noch jung aussehen. Ihre weiße Haartracht täusche nur die Menschen, sie schien ihr bloß eine »verkehrte Krone auf meinem Schicksal«. Aber auch zu Zeiten, als der Erfolg sie berauschte, war ihre Situation schon paradox. Der unsichtbare Kopfschmuck, den sie stolz trug, glich einer falschen, eben einer »verkehrten Krone«. Und alle waren sich dessen bewußt – ihre Gäste und Freunde, ihre Neider und Nebenbuhler und letztlich auch sie selber.

So blieb ihre Suche nach einer Heimat vergeblich; das »natürlichste Dasein«, dessen sich, wie sie notierte, jede Bäuerin, ja jede Bettlerin erfreuen könne, war ihr versagt. Sie müsse »sich immer erst legitimieren«, eben deshalb sei es »so widerwärtig, eine Jüdin zu sein«. Wiederholt erklärte sie in ihren Briefen, zumal in jenen an die Geschwister, man könne als Jude überhaupt nicht existieren. Nur zwei Möglichkeiten gebe es: die Taufe und die Ehe mit einem Nichtjuden. 1814 tritt sie zum Christentum über und heiratet Karl August Varnhagen von Ense.

Doch neunzehn Jahre später, wenige Tage vor ihrem Tod, diktiert sie ihrem Mann: »Was so lange Zeit meines Lebens mir die größte Schmach, das herbste Leid und Unglück war, eine Jüdin geboren zu sein, um keinen Preis möcht' ich das jetzt missen.« War das Einsicht oder Resignation oder vielleicht Trotz? Sicher ist: Wenn wir uns heute, obwohl ihre Schriften fast nur noch von Fachgelehrten gelesen werden, mit Rahel Varnhagen beschäftigen, wenn uns ihre Persönlichkeit immer noch fasziniert und dies in höherem Maß als ihr Werk, so vor allem deshalb, weil ihr Leben mehr als aufschlußreich, weil es exemplarisch ist. Aber es fragt sich: exemplarisch wofür? Ich meine: Für die Wege und Irrwege der Juden in der deutschen Literatur im neunzehnten und eben auch im zwanzigsten Jahrhundert.

Beinahe jeder dieser Schriftsteller mußte früher oder später durchmachen, was Rahel erfahren und erlitten hatte. Beinahe jeder wußte, daß er sich immer erst zu legitimieren hatte. Beinahe jeder lebte im Zeichen jener schrecklichen Angst, die sich zeitweise verdrängen, doch nie ganz abschütteln ließ – der Angst vor dem Judenhaß, genauer: der Angst vor Deutschland, vor den Deutschen. Und die meisten Schriftsteller sahen nur einen einzigen Ausweg: Ähnlich wie Rahel Varnhagen wandten sie sich vom mosaischen Glauben ab, um sich einer der herrschenden Religionen anzuschließen. Indes: Was sie sich davon versprachen, ging so gut wie nie in Erfüllung.

Heine sah schon als Student, daß ihm »Torheit und Arglist ein Vaterland verweigern«. Aber er dachte nicht daran zu kapitulieren. Verurteilt zur Heimatlosigkeit, versuchte er, sich zunächst dort einen Platz zu sichern, wo er glaubte, eine Ersatzheimat, eine Art Vaterland finden zu können: in der deutschen Sprache, in der deutschen Literatur.

Dieses Ziel vor Augen, debütierte er in den zwanziger Jahren des vorigen Jahrhunderts mit Versen, die sofort eine ungewöhnliche Situation erzeugten. Plötzlich war ein Jude ein deutscher Dichter. Das hatte es bisher nicht gegeben. Gewiß kannte man schon deutschschreibende Juden, nur spielten sie keine Rolle. Oder es war ein Ludwig Börne aus Frankfurt, der aber Prosa publizierte, Kritiken und Reiseberichte. Das schien der Öffentlichkeit erträglicher als der unerwartete Einbruch eines Juden in die urdeutsche Domäne der holden Poesie. Erschwerend kam hinzu, daß sich Heine nicht ignorieren ließ: Seine Verse waren gut, so gut, daß sie ihn in kurzer Zeit berühmt machten. Das kam einer enormen, einer ungeheuerlichen Provokation gleich.

Gewiß, man war durchaus bereit, sich diese Gedichte anzueignen und sie auch ausgiebig zu loben. Aber man war nicht bereit, den Autor als Person, als Bürger, als Deutschen anzunehmen. Gesellschaftliche und berufliche Gründe waren es, die Heine 1825 veranlaßten, zur evangelischen Kirche überzutreten. Daß man diese Selbstverteidigung, diesen Kampf ums Dasein, gelegentlich als Opportunismus bezeichnet hat, will mir nicht recht einleuchten. Jedenfalls hat, was Heines Isolation ein Ende bereiten sollte, sie erst recht vertieft. Er blieb, was er bisher gewesen war: ein Jude unter den Christen. Nur war er jetzt auch noch ein Getaufter unter den Juden.

Nicht der Taufzettel veränderte sein Leben, sondern erst die Auswanderung. Er war in Deutschland ein gescheiterter Jurist, dem es nirgends gelingen wollte, eine Stellung zu finden. In Frankreich lebte er als Poet, der geschätzt wurde. In Deutschland war er ein unbequemer Zeitgenosse, der vielen auf die Nerven ging und überall Anstoß erregte. In Frankreich hat er die Einheimischen nicht besonders gestört, hier konnte er ohne weiteres zwar nicht integriert, doch immerhin akzeptiert werden – allerdings als einer, der selbstverständlich nicht dazugehörte. In beiden Ländern war und blieb der Düsseldorfer Heine ein kurioser Einzelgänger, ein bunter

Vogel, kurz: hier wie dort ein Fremder. Aber unter den Deutschen ein Jude, unter den Franzosen ein Deutscher, in Deutschland ein Ausgestoßener, in Frankreich ein Ausländer.

Das zentrale Problem Heines war – in Deutschland ebenso wie in Frankreich – das Judentum, doch nicht etwa die mosaische Religion und nicht die jüdische Tradition. Freilich ist Heines Thema, zumal in dem internationalen Bestseller *Buch der Lieder*, meist zwischen und hinter seinen Versen verborgen. Er spricht in der Lyrik von den Leiden des deutschen Juden kurz nach der von den Behörden verordneten, aber von der Bevölkerung nicht gewollten, bestenfalls geduldeten Emanzipation, von den Leiden somit eines Menschen, der, hineingeboren in die deutsche Welt, integriert werden möchte. Sein Schmerz, der Schmerz also dessen, den man nicht zuläßt, der allein und einsam bleibt – das ist Heines Leitmotiv: Die aussichtslose Liebe, die er in seinen Liedern und Gedichten besingt, symbolisiert die Situation des Verstoßenen und Ausgeschlossenen.

Nicht die Heimatlosigkeit steht im Mittelpunkt dieser Dichtung, vielmehr die Nichtanerkennung, die Nichtzugehörigkeit des zwar ganz und gar assimilierten, aber in Wirklichkeit eben nicht emanzipierten Juden. So ist Heines Werk durch die spezifische Situation geprägt, in der er sich inmitten der christlichen Gesellschaft befunden hat. Dies jedoch gilt für nahezu alle Juden in der deutschen Literatur: Es sind nicht etwa stilistische oder formale Merkmale, die das Werk dieser Schriftsteller kennzeichnen, vielmehr sind es die Themen und die Motive, die sich aus ihren Erfahrungen und Leiden, aus ihren Komplexen und Ressentiments als Juden in der deutschen Welt ergeben.

Ob das Jüdische im Vordergrund ihres Lebens stand oder ob sie es zu verdrängen und zu ignorieren versuchten, ob sie sich dessen ganz oder nur teilweise bewußt waren – ihnen allen hat ihre Identität qualvolle Schwierigkeiten bereitet, keiner ist mit dieser Frage zu Rande gekommen. Der aus einem schwäbischen Dorf stammende Romancier und Geschichtenerzähler Berthold Auerbach glaubte, das Problem gelöst zu haben: Er sei, erklärte er 1847, ein Deutscher, ein Schwabe und ein Jude zugleich, nichts anderes könne und wolle er sein.

Seine *Schwarzwälder Dorfgeschichten* machten ihn zu einem wahren Volksschriftsteller, er wurde mehr gelesen und geschätzt als Gottfried Keller. Doch ließ er sich nicht beirren, deutlich sah er die wachsenden antisemitischen Tendenzen in Deutschland: Wie Heine von dem »nie abzuwaschenden Juden« sprach, so wollte auch er sich nicht damit abfinden, daß man ihn auf Schritt und Tritt »als Juden und immer nur als Juden angesehen« hat. Als 1880 der Berliner Antisemitismusstreit ausgetragen wurde, verzweifelte Auerbach über den Widerwillen gegen die Juden. Er schrieb: »Vergebens gelebt und gearbeitet!«

Gegen Ende des Jahrhunderts wurde es augenscheinlich, daß die jüdischen Schriftsteller in ihrer überwiegenden Mehrheit das Judentum als eine Last empfanden, mit der sie freilich sehr unterschiedlich umgingen. Wollten sich die einen ihrer so schnell wie möglich entledigen, so wurde sie von anderen resigniert weitergeschleppt oder aber trotzig wie ein Banner getragen. Sie nahmen ihr Judentum nicht als etwas Natürliches, etwas Selbstverständliches hin, vielmehr schwankte ihre Reaktion zwischen Scham und Stolz: Sie ergaben sich demütig in ihr Schicksal oder widersetzten sich ihm mit Nachdruck. Der Berliner Kritiker Alfred Kerr beteuerte, daß er »die Herkunft von diesem Fabelvolk immer als etwas Beglückendes gefühlt« habe. Wirklich immer? Auch dann, als der Jude Kerr schikaniert und schließlich vertrieben wurde?

Arthur Schnitzler, in dessen Werk man die jüdischen Motive und Figuren nicht zwischen den Zeilen zu suchen braucht, behauptet in einem Brief: »Ich leide nicht im geringsten unter meiner jüdischen Abstammung«. So ganz überzeugend ist das nicht. Denn in seinem erst für die postume Veröffentlichung bestimmten Tagebuch notiert er: »Wie schön ist es ein Arier zu sein – man hat sein Talent so ungestört.« In der Tat wurde Schnitzler immer wieder verleumdet und bösartig angegriffen. »Weil ich Jude war« – schrieb Sigmund Freud –, »fand ich mich frei von vielen Vorurteilen, die andere im Gebrauch ihres Intellektes beschränkten; als Jude war ich darauf vorbereitet, in die Opposition zu gehen ...« Das gilt in hohem Maße auch für Schnitzler.

Auf vielen seiner Fotos sieht man einen behäbigen und bedächtigen Herrn, einen offenbar gleichmütigen Menschen. In Wirklichkeit kannte auch er, wie die meisten Juden in der deutschen Literatur, keine Ruhe, auch er war ein Getriebener. Die Gesellschaft seiner Zeit wie kaum ein anderer beobachtend, mußte er sie, ob er es wollte oder nicht, bloßstellen – und geriet als junger Autor gleichsam automatisch in die Opposition, zumal mit seinen dramatischen Arbeiten, mit den Zyklen *Anatol* und *Reigen*, mit dem Einakter *Der grüne Kakadu*, erst recht mit der bahnbrechenden Novelle *Leutnant Gustl*.

Aber Schnitzlers Werk ist noch in einer ganz anderen Hinsicht charakteristisch für den Beitrag der Juden zur deutschen Literatur: Vorurteilsfrei und provozierend, verblüfft es zugleich durch eine Synthese hervorstechender Eigentümlichkeiten, die mit der Herkunft aus dem Judentum, aus dem Getto zu tun haben – mit der Synthese von Schwermut und jahrhundertelang entbehrter Lebensfreude, von ungewöhnlicher Leidensfähigkeit und einer durch das Elend der noch unfernen Vergangenheit gesteigerten Genußsucht. In einem Brief aus dem Jahr 1914 sagt er beiläufig, es sei doch sonderbar, daß »wir uns als alles zugleich fühlen müssen. Ich bin Jude, Österreicher, Deutscher«. Man beachte die Formulierung »fühlen müssen«. Aufschlußreich ist auch seine Begründung: Wenn man den Juden, den Österreichern oder den Deutschen »was Schlimmes nachsagt«, dann fühle er sich jeweils beleidigt. Wir haben es also mit einer dreifachen Identität zu tun, freilich mit einer, die offenbar bloß aus dem Negativen herrührt.

Über dieselbe Frage nachdenkend, hat ein Berliner Zeitgenosse Schnitzlers, der Kritiker und Verlagslektor Moritz Heimann, den Sternenhimmel bemüht: Es sei »nichts Unnatürliches darin, seine Bahn mit zwei Mittelpunkten zu laufen; einige Kometen tun es und die Planeten alle«. Jakob Wassermann, einer der meistgelesenen Erzähler der Weimarer Republik, bekannte sich ebenfalls zu einer Bahn mit zwei Mittelpunkten: Er sei Deutscher und Jude zugleich, und zwar »eines so sehr und so völlig wie das andere, keines ist vom anderen zu lösen«.

Doch auch ihm, dem von großen Publikumserfolgen verwöhnten Romancier, blieben herbe Enttäuschungen nicht erspart. 1921 versetzte er die Öffentlichkeit mit einer Schrift in Erstaunen, die man gerade von Wassermann am wenigsten erwartet hatte – mit dem autobiographischen Buch *Mein Weg als Deutscher und Jude*. Sein Fazit: »Es ist vergeblich, das Volk der Dichter und Denker zu beschwören ... Es ist vergeblich, das Gift zu entgiften. Sie brauen frisches. Es ist vergeblich, für sie zu leben und für sie zu sterben. Sie sagen: Er ist ein Jude.«

Dieses zeitgeschichtliche Dokument, Klage und Anklage in einem, ist immer noch ergreifend. Und es ist höchst aufschlußreich, nicht zuletzt wegen der Reaktion, die es hervorgerufen hat. Thomas Mann nämlich war mit der alarmierenden Selbstdarstellung seines Kollegen überhaupt nicht einverstanden. Wassermann dürfe sich doch nicht über Unrecht beklagen – schreibt er –, da zumindest einige seiner Romane außerordentlich erfolgreich seien. Überdies sei das jüdische Publikum »heute in einem Maße weltbestimmend, daß der jüdische Künstler sich eigentlich geborgen und in der Welt zu Hause fühlen könnte«.

Wie aber ist es mit dem Antisemitismus? Davon weiß Thomas Mann nichts – oder er möchte nichts wissen: »Ein nationales Leben, von dem man den Juden auszusperren versuchte, in Hinsicht auf welches man ihm Mißtrauen bezeigen könnte, gibt es denn das überhaupt?« Es will ihm nicht einleuchten, daß Deutschland ein Boden sein sollte, »worin das Pflänzchen Antisemitismus je tief Wurzel fassen könnte«. So Thomas Mann im Jahre 1921.

Wassermann antwortete sofort. Der Konflikt, an dem er zu leiden habe, sei für Menschen »von Ihrer Art, Ihrer Erziehung, Herkunft und inneren Verfassung« wohl kaum greifbar: »Was hätten Sie empfunden, wenn man aus Ihrem Lübecker- und Hanseatentum ein Mißtrauensvotum konstruiert hätte?« Da Thomas Mann getan hatte, als sei ihm ein deutscher Antisemitismus ganz und gar unbekannt, mußte er sich jetzt von Wassermann belehren lassen, daß Juden in Deutschland weder Richter noch Staatsanwälte oder Offiziere werden könnten und daß den Gelehrten, von wenigen Ausnahmen abgesehen, die Katheder versperrt blieben.

Als Thomas Mann 1935, während des Aufenthalts in der Schweiz, diesen Brief an Wassermann aus dem Jahre 1921 zu sehen bekam, äußerte er sich hierzu in seinem Tagebuch auffallend wortkarg: Er sei damals »unerlaubt gutgläubig« gewesen. Das ist eine Beschönigung, die wohl mit Thomas Manns schlechtem Gewissen zu tun hat: Nicht gutgläubig waren seine Belehrungen und auch nicht weltfremd. Denn was er um 1921 seinem Tagebuch anvertraut hatte, zeigt, daß in jener Zeit bisweilen auch er von abfälligen Urteilen über Juden nicht absehen mochte.

Der Briefwechsel zwischen Thomas Mann und Jakob Wassermann macht etwaige Illusionen zunichte: In der Weimarer Republik lebten jüdische und nichtjüdische Schriftsteller, ungeachtet unzähliger Kontakte und

Freundschaften, doch in zwei verschiedenen Welten. Dies läßt auch eine andere, nicht minder wichtige Überlegung Thomas Manns erkennen. In seinem 1909 veröffentlichten Roman *Königliche Hoheit* fragt der Großherzog einen Arzt, Doktor Sammet, ob er die jüdische Herkunft je als ein Hindernis auf seinem Wege, als Nachteil im beruflichen Wettstreit empfunden habe. Doktor Sammet will diese Frage weder bejahen noch verneinen. Kein gleichstellendes Prinzip – sagt er – könne verhindern, »daß sich inmitten des gemeinsamen Lebens Ausnahmen und Sonderformen erhalten«. Der Einzelne, also der Jude, werde guttun, »nicht nach der Art der Sonderstellung zu fragen«, vielmehr daraus »eine außerordentliche Verpflichtung« abzuleiten. Denn durch die Nichtzugehörigkeit zur Mehrheit habe man eine weitere Veranlassung zu bedeutenden Leistungen.

Ein ungewöhnlicher Befund, eine schon erschreckende Empfehlung: Sollten die Juden dafür dankbar sein, daß sie eine »Sonderstellung« hatten und eine Minderheit waren? In der Tat sieht Thomas Mann in einer nach dem Ersten Weltkrieg geschriebenen Arbeit das Judentum als »eines jener Symbole der Ausnahme und der hohen Erschwerung, nach denen man mich als Dichter des öfteren auf der Suche fand«. Sein Werk belegt diese Äußerung: Die Menschen, die im Mittelpunkt seiner Romane und Erzählungen die Ausnahme und die hohe Erschwerung symbolisieren, sind in der Regel Künstler, Homosexuelle und Juden. Dagegen ist natürlich nichts zu sagen. Nur hätten die Juden selber – und hier geht es um die Kreativen unter ihnen, zumal um die Schriftsteller – auf ihre Ausnahmesituation, deutlicher: auf den angeblich stimulierenden Einfluß der Verfolgung gern verzichtet.

Statt jenes »natürlichste Dasein« genießen zu können, nach dem sich schon Rahel Varnhagen gesehnt hatte, mußten sie sich unentwegt vor den Nichtjuden ausweisen und bewähren. Albert Einstein hat sich kurz nach dem Ersten Weltkrieg mokiert: Wenn sich seine Theorien als richtig herausstellen sollten, dann werde er für die Deutschen ein Deutscher sein und für die Franzosen ein Europäer. Sollten sie sich aber als falsch erweisen, dann würden ihn die Franzosen für einen Deutschen ausgeben und die Deutschen für einen Juden.

Diese »hohe Erschwerung«, die den Juden das Leben oft qualvoll machte und die mitunter auch ihre großen Leistungen ermöglichte, war ihnen selber keineswegs recht. Die Nichtjuden applaudierten und riefen ihnen zu: Bitte leidet weiter, bewahrt doch Eure »Sonderform«, denn es sind ja gerade Eure Leiden, die Euch auszeichnen, die Euch attraktiv und interessant machen. Die Juden empfanden diese Zustimmung, mochte sie auch bisweilen freundlich gemeint sein, eher als unheimlich.

Die Söhne und Enkel jener, die nach Jahrhunderten dem Getto entkommen waren, sehnten sich nach einer Heimat, nach einem Hafen. Einer von ihnen, Gustav Mahler, sagte knapp, er sei »dreifach heimatlos: als Böhme unter den Österreichern, als Österreicher unter den Deutschen und als Jude unter allen Nationen der Erde«. Zugleich wurde diese Generation jüdischer Intellektueller, deren Existenz die Religion nicht mehr zu prägen vermochte, von der Heimatlosigkeit in einem anderen Sinn verunsichert und gepeinigt. Keiner hat das treffender artikuliert als der unglückliche deutsche Dichter, der die Heimatlosigkeit der Juden zum Thema seines Werks, eines Jahrhundertwerks, erhoben hat: Franz Kafka.

In einem Brief an seinen Freund Max Brod spricht Kafka 1921 von dem »Verhältnis der jungen Juden zu ihrem Judentum« und von »der schrecklichen inneren Lage dieser Generation«. Er erkannte sie klar und deutlich: »Weg vom Judentum ... wollten die meisten, die deutsch zu schreiben anfingen, sie wollten es, aber mit den Hinterbeinchen klebten sie noch am Judentum des Vaters und mit den Vorderbeinchen fanden sie keinen neuen Boden. Die Verzweiflung darüber war ihre Inspiration.«

Es war die Inspiration von Arthur Schnitzler und Joseph Roth, von Walter Benjamin und Karl Kraus – und auch von Schriftstellern, die (wie Else Lasker-Schüler und Alfred Döblin, Franz Werfel und Walter Hasenclever) dem Expressionismus zugerechnet wurden. In dieser literarischen Revolte gegen die Welt der Bürger und gegen die Autorität der Väter spielten die Poeten jüdischer Herkunft eine auffallend große Rolle. Gewiß waren Einsamkeit und Heimatlosigkeit nicht nur für die Juden typisch, sondern auch für viele andere junge Autoren. Nur mußte dieses Generationserlebnis gerade die jüdischen Intellektuellen, zumal die Schriftsteller, die sich ja ohnehin im Stich gelassen fühlten, noch schmerzlicher treffen.

Auf einer Postkarte von 1916 stellt Kafka ohne jedes Aufheben die fundamentale Frage seiner Existenz: Wer er denn eigentlich sei? Denn in der *Neuen Rundschau* habe man seiner Prosa »etwas Urdeutsches« bescheinigt, während Max Brod seine Erzählungen zu den »jüdischesten Dokumenten unserer Zeit« zähle. Kafka stimmt weder dem einen noch dem anderen Befund zu: »Bin ich ein Circusreiter auf 2 Pferden?« Und er antwortet sogleich: »Leider bin ich kein Reiter, sondern liege am Boden.« Sollte ähnliches schon für Heine gegolten haben?

So verwunderlich die Analogie auch erscheinen mag – Kafka hat mit Heine mehr gemein, als man auf den ersten Blick wahrnehmen kann. Auch Kafka hat exemplarische Situationen, Konflikte und Komplexe vornehmlich von Juden innerhalb der nichtjüdischen Welt dargestellt. Indem Heine in seiner erotischen Lyrik insgeheim das Los der benachteiligten Juden besang oder sich zumindest von diesem Los inspirieren ließ, wurde er zum poetischen Sprecher und Sachwalter aller Benachteiligten und Verschmähten, aller, die an ihrer Rolle in der Gesellschaft gelitten haben, aller, die sich nach Liebe sehnten, aber sich mit der Sehnsucht, mit der Hoffnung begnügen mußten.

Auch Kafkas Geschichten vom Schicksal der Angeklagten und der Ausgestoßenen sind klassische Gleichnisse von der Entfremdung und der Vereinsamung des Individuums: Die Tragödie der Juden, die er in seinen Romanen und Erzählungen dargestellt hat, ohne das Wort »Jude« zu verwenden, wurde von nachwachsenden Generationen, durchaus zu Recht, als Extrembeispiel der menschlichen Existenz verstanden. 1925, kurz nach Kafkas Tod, als noch der größte Teil seines Werks ungedruckt und sein Name kaum bekannt war, wurde er von Hermann Hesse ein »heimlicher Meister und König der deutschen Sprache« genannt. Wenn Kafka ein König war – dann freilich, wie einst Rahel Varnhagen, wie später Heinrich Heine, einer mit der falschen, mit der »verkehrten Krone« auf seinem Schicksal.

Einige der an dieser jüdischen Heimatlosigkeit leidenden Schriftsteller wandten sich, wie Kafka in seinen späteren Jahren, wieder dem Judentum zu und der neuen Bewegung, dem Zionismus – so Lion Feuchtwanger, Arnold Zweig, Max Brod und Martin Buber. Aber den meisten bedeutete die jüdische Überlieferung nichts mehr. Das Dritte Reich kümmerte sich darum nicht im geringsten: Auch Schriftsteller, die bloß jüdischer Herkunft waren und deren Eltern oder Großeltern sich längst hatten taufen lassen, wurden zur Emigration gezwungen – wie Rudolf Borchardt, wie Carl Sternheim, der Sohn eines Juden, wie Carl Zuckmayer, der Sohn einer Jüdin. Andere Autoren rebellierten gegen die jüdische Existenz, indem sie sich für jene philosophischen und ideologischen Entwürfe entschieden, die als Ersatzreligion dienen konnten, für den Marxismus, für den Sozialismus – so Anna Seghers und Arnold Zweig, Ernst Bloch und Manès Sperber, der Dramatiker Friedrich Wolf und der Reporter Egon Erwin Kisch und, zumindest zeitweise, Walter Benjamin und Kurt Tucholsky. »An Stelle von Heimat / halte ich die Verwandlung der Welt –« – dieses Wort der Nelly Sachs läßt sich auf sie alle beziehen.

Und das Christentum? Seine Anziehungskraft hielt sich in Grenzen. Aber es war nicht Opportunismus, der viele jüdische Schriftsteller die Nähe des Christentums suchen ließ. Zumal katholisches Denken und katholisches Ritual haben auf manche von ihnen einen starken Einfluß ausgeübt. Alfred Döblin verließ schon 1912 die jüdische Religionsgemeinschaft; doch, schrieb er, wenn es um Kampf gehe, »war und blieb ich ein Jude«. Zwischen 1926 und 1935 veröffentlichte er drei Bücher, die sich ausschließlich mit jüdischen Fragen beschäftigten. Gleichwohl trat er 1941 im amerikanischen Exil zum katholischen Glauben über. Er tat es in einem Augenblick, da er sich von diesem Schritt nicht die geringsten praktischen Vorteile versprechen konnte.

Die Hinwendung zur Philosophie katholischer Prägung war wohl das wichtigste geistige Ereignis in den letzten Jahren des Juden Kurt Tucholsky. Franz Werfel war vom Katholischen geradezu fasziniert – und Joseph Roth ebenfalls. Sie litten an der »schrecklichen inneren Lage dieser Generation«. Aber taufen ließen sie sich doch nicht. Roth, in dessen Werk das Jüdische zu den zentralen Themen gehört, schuf sich auf der Suche nach einem neuen Glauben eine Wunsch- und Märchenwelt: Aus dem habsburgischen Reich wurde sein Orplid. Nicht als eine politische Realität begriff er also die Donaumonarchie, sondern als Idee und Vision, als eine rückwärts gewandte Utopie: Kakanien als Wille und Vorstellung. Österreich sei – heißt es in seinem Roman *Die Kapuzinergruft* – »kein Staat, keine Heimat, keine Nation. Es ist eine Religion«.

Vielleicht hat keiner dieser Schriftsteller an seinem Judentum so heftig gelitten wie Karl Kraus, der unduldsamste Beobachter und der gewaltigste Hasser der Epoche. Er war ein gefürchteter Zuchtmeister und ein genialischer Alleinunterhalter, eine Wiener Institution und ein österreichisches Ärgernis. 1899 hat er die jüdische Religionsgemeinschaft verlassen, 1911 trat er der katholischen Kirche bei, 1923 hat er sich von ihr wieder getrennt. Als Kuriosum sei der unmittelbare Anlaß erwähnt: Die Kirche hat dem von Kraus verachteten Max Reinhardt erlaubt, in der Salzburger Kollegienkirche ein Theaterstück aufzuführen. Schlimmer noch: Das Theaterstück stammte aus der Feder eines von Kraus besonders verabscheuten Autors, den er für einen geschmacklosen Nichtskönner hielt – aus der Feder Hugo von Hofmannsthals.

Da die Wurzeln seiner außergewöhnlichen Wortgläubigkeit und seines Gerechtigkeitsfanatismus unzweifelhaft im Judentum zu finden sind, in der Welt des Alten Testaments, haben wir es bei seiner fortwährenden, bisweilen schon manischen Anklage des Jüdischen mit einer Selbstauseinandersetzung zu tun: Der Selbsthaß feierte in den Schriften von Karl Kraus wahre Orgien. Sonderbar: Den berüchtigten jüdischen Selbsthaß, diese düster schillernde Kategorie kennt keine einzige europäische Literatur – nur die deutsche. Ob das wohl damit zusammenhängt, daß die Juden sich in die deutsche Kultur geradezu verliebten? Dann wäre es, wie schon gelegentlich bemerkt wurde, diese unerwiderte Liebe der Juden, die ihre Gereiztheit geweckt, ihre Aggressivität gesteigert und schließlich diesen unheimlichen Selbsthaß angefacht hat.

Auch Tucholsky hat über und gegen Juden allerlei geschrieben, was man zur Zeit der Weimarer Republik in der Kampfpresse der Nationalsozialisten ebenfalls lesen konnte – dort allerdings ungleich dümmer und viel schlechter formuliert. Auch Tucholsky hat sich die größte Mühe gegeben, sein Judentum abzustreifen. In seinem Abschiedsbrief an Arnold Zweig, im Dezember 1935 verfaßt, stellte er knapp fest, er habe sich 1911 vom Judentum getrennt, wisse nun aber, »daß man das gar nicht kann«. Ein Professor soll in den dreißiger Jahren seinem Auditorium bekannt haben, er sei aus dem Judentum ausgetreten, worauf Max Brod ihm zurief: »Aber das Judentum nicht aus Ihnen!«

Eine einnehmende, eine für sich gewinnende Kategorie ist der jüdische Selbsthaß ganz gewiß nicht, doch offenbar eine produktive und fruchtbare. Karl Kraus und Kurt Tucholsky gehören zu den vorzüglichsten deutschen Satirikern und Feuilletonisten nicht nur unseres Jahrhunderts. Und bestimmt ist nicht falsch, was Tucholsky beiläufig bemerkt hat: »Selbsthaß ist der erste Schritt zur Besserung.« Wer aber befürchten sollte, daß der jüdische Selbsthaß, der sich Karl Marx und Kafka ebenso nachsagen läßt wie Else Lasker-Schüler oder Kurt Tucholsky, den Antisemiten nütze, dem kann man nur zustimmen. Es spricht jedoch nicht gegen die Juden, daß sie sich nie gescheut haben, ihre Schwächen und Schwierigkeiten, ihre Makel und Laster vor aller Welt auszubreiten: Unter den Anklägern der Juden waren die Juden selber immer die ersten. Das ist eine uralte Tradition. Es sind die Propheten des Alten Testaments, die sie begründet haben.

Von der deutsch-jüdischen Kultursymbiose, zumal im Bereich der Literatur, spricht man jetzt häufig – und man meint damit die ganze Epoche von der Aufklärung bis zum Holocaust. Aber hat es diese Symbiose, von der vor 1933 nur selten die Rede war, denn wirklich gegeben? Oder wurde sie bloß von den Juden erhofft und angestrebt, war es vielleicht nur ein Wunschtraum? Sicher ist, daß die Juden die Gesellschaft, in der sie lebten, aus zwei Perspektiven betrachten konnten und mußten – von außen und von innen, aus der Distanz und aus der Nähe. So waren es vor allem Juden, denen es gelang, den Geist und die Atmosphäre der beiden Metropolen, Berlin und Wien, wiederzugeben.

Wer hat das Bild der Stadt Berlin liebevoller, kritischer und anschaulicher gezeichnet als Döblin in seinem Roman *Berlin Alexanderplatz*, als Tucholsky in seinen Skizzen und Feuilletons? Wer hat die Umgangssprache, zumal den Berliner Dialekt, so genau fixiert, so scharfsinnig und witzig parodiert wie diese beiden Autoren? Und wer hat das Österreichische intensiver und reizvoller bewußt gemacht als die Juden Arthur Schnitzler, Joseph Roth und Stefan Zweig, Peter Altenberg und Alfred Polgar – von Johann Strauß und Hugo von Hofmannsthal, die auch jüdische Vorfahren hatten, ganz zu schweigen?

1933 hat Goebbels einen Emissär nach Ascona am Lago Maggiore geschickt, um den dort wohnenden, damals weltberühmten Erich Maria Remarque, einen Nichtjuden, zur Rückkehr nach Deutschland einzuladen und, wenn nötig, zu überreden. Indes wollte Remarque davon nichts hören. Aber er werde sich doch, meinte schließlich der Emissär, nach der Heimat zurücksehnen? Remarques denkwürdige Antwort lautete: »Ich mich nach Deutschland zurücksehnen? Bin ich denn ein Jude?«

In der Tat, die aus Deutschland und Österreich vertriebenen oder geflohenen nichtjüdischen Schriftsteller haben sich mit ihrem Schicksal in den meisten Fällen viel leichter abgefunden als die Juden. So verwunderlich ist das wieder nicht: Kaum jemand leidet an dem Verlust der Heimat so sehr wie jene, die sich gezwungen sahen, wieder aufzugeben, was sie erst vor nicht langer Zeit gewonnen hatten. Und es ist schon aufschlußreich, daß einen der schönsten deutschen Heimatromane zwischen 1933 und 1945 eine aus ihrem Vaterland verjagte Jüdin in Paris geschrieben hat: Anna Seghers, die Autorin des Romans *Das siebte Kreuz*, dessen Handlung sich an Rhein und Main abspielt, zwischen Frankfurt, Worms und Mainz.

Der Trost der Vertriebenen und Verbannten war die deutsche Sprache, der größte Schatz, den sie auf die Wanderung mitgenommen hatten. »Wenn ich deutsch schrieb« – heißt es schon bei Heine –, »so konnte ich mir einbilden, ich sei in der Heimat ...« Nicht allen konnte dieser Schatz helfen. War es die Sehnsucht nach der Heimat, die viele jüdische Schriftsteller im Exil Selbstmord verüben ließ? Zu ihnen gehören Kurt Tucholsky und Walter Benjamin, Walter Hasenclever und Ernst Toller, Stefan Zweig und Ernst Weiss.

In Hasenclevers Roman *Die Rechtlosen*, verfaßt 1940 in den letzten Monaten seines Lebens, sagt ein assimilierter Jude: »Was sind wir eigentlich? Deutsche waren wir einmal. Juden können wir nicht werden ... Was bleibt noch? Wir haben unsere Wurzeln ausgerissen und stolpern doch mit jedem Schritt über sie.« Aber auch manche, die das Exil oder die Todeslager überlebt haben, blieben gezeichnet für immer und konnten ihren Platz nicht mehr finden: Paul Celan hat 1970 Selbstmord verübt, der Literaturhistoriker Peter Szondi 1971, der Essayist Jean Améry 1978.

In der Bundesrepublik wurde 1959 eine Lyriksammlung mit dem Titel *Jüdisches Schicksal in deutschen Gedichten* veröffentlicht. Gedacht war – so der Untertitel – an eine »abschließende Anthologie«. Das scheint mir eine angemessene Bezeichnung: Die deutsch-jüdische Kultursymbiose ist, wenn es sie denn je gegeben hat, beendet. Doch deren Ergebnisse gibt es, sie sind unerhört und wunderbar zugleich.

Immer wollen die Schriftsteller auf die Zeitgenossen Einfluß ausüben und womöglich die Welt verändern, immer wieder entwerfen sie Zukunftsvisionen, die freilich nie in Erfüllung gehen. Aber einem österreichischen Juden ist es gelungen, mit einem Roman tatsächlich zur Weltveränderung beizutragen. Er war zunächst ein Lustspielautor und ein Feuilletonist und bald ein Staatsmann, wenn auch ohne Staat. Er war ein Prophet, dessen Utopie Wirklichkeit wurde. Ich spreche von Theodor Herzl und seiner Vision des Staates Israel. Und Literat, der er war, wählte er für seine Vision die Form eines Romans: Er erschien 1902 unter dem Titel *Altneuland*. Geradezu paradox mutet das an: Der neuzeitliche Staat der Juden – das war erst einmal ein Stück deutscher Literatur, ein zwar künstlerisch unerheblicher, doch folgenschwerer Roman.

Aber wir sollten uns nichts vormachen: Das alles gehört der Vergangenheit an. Die vertriebenen Schriftsteller jüdischer Herkunft haben in der Nachkriegszeit am literarischen Leben Deutschlands zwar teilgenommen, indes sind die meisten nicht mehr zurückgekehrt. Im Exil endete das Leben von Nelly Sachs, Elias Canetti, Hermann Broch und Lion Feuchtwanger, von Max Brod, Robert Neumann und Manès Sperber, Alfred Polgar und Walter Mehring, von Paul Celan, Peter Weiss, Wolfgang Hildesheimer und Erich Fried.

Was hat dieser Generation das Judentum noch bedeutet? Nicht nur im eigenen Namen sprach Hilde Domin, als sie 1978 feststellte, daß Judesein für sie keine Glaubensgemeinschaft sei – und auch von Volkszugehörigkeit könne nicht die Rede sein. Es sei vielmehr eine Schicksalsgemeinschaft: »Ich habe sie nicht gewählt wie andere Gemeinschaften ... Ich bin hineingestoßen worden, ungefragt wie in das Leben selbst.« Und: »Ich verdanke diesem aufgezwungenen Schicksal Erfahrungen, die mir sonst fremd geblieben wären. Extremerfahrungen ...«

Mit dem ihnen aufgezwungenen Schicksal hadernd, wurden die deutschsprachigen jüdischen Schriftsteller über Jahrhunderte hinweg zu Erben und zu Nachfolgern jener, die triumphierten und doch scheiterten – zu Erben und Nachfolgern also von Moses Mendelssohn und Rahel Varnhagen. Ihnen, den in diese Schicksalsgemeinschaft Hineingestoßenen, den zu Extremerfahrungen verurteilten Juden, verdanken wir ein so düsteres wie glanzvolles Kapitel unserer Literatur, ein einzigartiges Kapitel.

Isa

Bettina Meier-Kaiser

Die hohen blauen Berge umgeben ihn. Berge, die in den Himmel wachsen. Steinern. Und doch licht. Allein hockt er da im Rund der Riesen. Zusammengekauert. Die Sonne steigt empor. Nur zu ahnen, doch spürbar ihre Kraft. Rötlich schimmert das Gestein in seinem Rücken. Da fallen über die schwarzen Gipfel im Osten die ersten Strahlen. In Freude kreuzt er die Arme über der Brust, erhebt sich und neigt das Haupt zum Gruß. Das dünne Wolltuch, das seinen Leib von oben bis unten bedeckt, flattert im Wind. Zerschlissen ist es, alt, hat ihm lange gedient. Seine Mutter wob es ihm. Damals, bevor er zur Reise aufbrach. Jahre sind seither vergangen. Jahre.

Ein neuer Tag ist geboren. Die Sonne hat das Rot mit sich in die Höhe genommen. Im gelblichen Licht liegen nun die Gipfel. Isa grüßt den Schnee der höheren Lagen. Nein, dorthinauf wird er nicht ziehen. Er hat eine Höhle gefunden. Hier in der leuchtenden Stille, in der gewaltigen Kraft des Gesteins wird er bleiben. Hier wird er seinem geliebten Vater das Herz ganz öffnen, seiner Gnade geduldig harren.

Seit er die kleine Gemeinschaft in Larsa verließ, drängt ihn nur das Eine: was ihm bisher verborgen an bindendem Schmerz dem Vater hinzugeben, um endlich ganz eintauchen zu dürfen ins Licht. Wochen verbringt er im Gebet. Die fetten Grassamen in dem kleinen Säckchen, das er bei sich trägt, sind beinahe aufgebraucht. Schneewasser hilft seinem Körper über die größte Härte hinweg. Mit Ihm, dem Herrn, spricht er – und der Herr spricht zu ihm. Isa schaut die Geheimnisse der Schöpfung. Er, der aus dem Geist Geborene, hat die Bindung an die Welt überwunden. Überwunden das Wirrwarr der Gefühle und Gedanken. Aufgelöst das Ich. Dessen Begrenzung überschritten. Nie mehr braucht er zurückzukehren in den Gegensatz von Du und Ich. Darf in Glückseligkeit verweilen.

Nun ist er gewappnet für die Aufgabe, um deretwillen er die menschliche Form einst angenommen.

Ausgezehrt, doch strahlend rüstet er sich zum Abstieg. Noch einmal berührt seine Stirn den kahlen Felsen, auf dem ihm der Vater begegnete. Noch einmal küssen die Lippen den Stein. Er gürtet sein Gewand mit einem Strick. Knüpft das Leinensäckchen daran, in dem noch eine Hand voll Korn. Die dicke Schafswolldecke, die ihm sein Meister zum Abschied schenkte, trägt er über den Schultern. Die Körperkräfte würden nicht genügen, um die Himalayas zu verlassen. Der Geist ist es, über den er gebietet. Wieviele Jahre wird er brauchen, um zuhause in der Wüste beim Toten Meer anzugelangen?

Miriam war es, seine Mutter, die ihn kommen sah. Sie nahm das Licht wahr, lange bevor der Sohn leibhaftig vor ihr stand. Nun ist er da, der Geliebte. Besucht mit ihr das Grab des inzwischen verstorbenen Vaters. Mehrt die Freude in ihrem reinen Herzen. Bald wird er sie wieder verlassen, sie weiß es. Nur eines wünscht sie sich: ihm zu dienen, solange er auf Erden weilt.

Isa erholt sich rasch von der langen Reise. Geschmeidig ist sein schlanker Körper. Bedarf der Stärkung kaum. Ihn laben die Engel mit ihrer Kraft. Die alten Freunde trifft der Erleuchtete wieder. Die, die ihn noch kennen wollen, weichen nicht mehr aus seiner Gegenwart. Saugen sein Licht in sich auf. Er lehrt sie nicht Neues. Den alten Weg lehrt er sie, den sie längst zu gehen begonnen. Doch seine Liebe räumt die Felsbrocken beiseite, die unüberwindbaren. Er heilt die wunden Herzen.

Die Dattelpalmen stechen in den klaren blauen Himmel. Gerade wird das Getreide eingebracht. Schon liegt es auf dem steinernen Rund. Moischa, die gute alte, wird angebunden und ich treibe sie im Kreise. Viel Korn werden wir dieses Jahr haben.

Mein Haar ist vom weißen Tuch bedeckt und der Schweiß rinnt Stirn und Nacken hinab. Ich wisch mir mit dem Ärmel über das Gesicht. Da hör ich Geschrei im Hintergrund. Männer und Frauen rufen durcheinander. Ein Hund kläfft. Ich springe auf, laß die arme Moischa in der Sonne stehen und renne hinters Haus. Da laufen sie. Der Staub wirbelt vom Weg hoch. Eine ganze Menschentraube hat sich gebildet. In ihrer Mitte das Strahlen seiner Augen. Mein Herz jubelt. Da blickt er mich an. Ich sehe nur Licht. Und fühle nur Licht. Endlich bist du da!

In aller Ruhe binde ich Moischa los. Soll sie unter den Ölbaum in den Schatten gehen. Ich hüpfe den Weg hinab. Bei der Synagoge finde ich sie. Sie hocken im Kreis um ihn. Ich bin zu schüchtern, lehne mich im Hintergrund an eine Tamariske. Nun höre ich seine Stimme. Weiche, sanfte Töne dringen in mich. Ich lausche der Melodie. Meine Seele geht gänzlich in der Seinen auf. Mein Gott. Ich kann nicht zuhören, dem Wortlaut nicht folgen. Nur seine Seele sehe ich, höre ich. Die zarten Farben einer mächtigen Flamme. Isa. Alles strahlt im Licht, wo er ist. Die Menschen, die Bäume, ja selbst der kleine Hund. Die Sonne wandert langsam dem Horizont zu. In ihrem orangenen Schein breitet er die Arme aus. Schalom. Da packt mich hart und unfreundlich eine Hand an der Schulter. Mein Mann. Ich hörte ihn nicht kommen. Wie lange bin ich hier gewesen?

»Da steckst du also. Läßt dir von schönen Worten den Kopf verdrehen. Komm. Der Weizen muß gedroschen werden.« Stumm nicke ich. Blicke noch einmal zu ihm. Und folge meinem Mann.

Von neuem treibe ich Moischa im Kreis. Sie spürt die Veränderung genau, die in mir vorgeht. Als lächle sie mir zu, wendet sie wieder und wieder den Kopf und schaut nach mir. »Mein Meister ist gekommen«, flüstere ich. Sie wedelt mit dem Schweif.

Die folgenden Tage liege ich im Bett. Hohes Fieber schüttelt mich. Ich träume von ihm. Sehe ihn vor mir. Lächelnd. Die Hände gen Himmel erhoben. Strahlend. Jetzt verstehe ich seine Worte. Von den Konsequenzen unserer Handlungen spricht er. Mir war das »Aug um Auge, Zahn um Zahn« stets zuwider. »Handle nur aus Liebe. Denn tust du etwas Schlechtes, wird das Leiden auch auf dich kommen. So ist das Universum eingerichtet. Niemand kann den Folgen seiner Handlungen entfliehen. Das ist die Gerechtigkeit, die die Schöpfung regiert. Das ist die Liebe des Höchsten, der in unseren Herzen wohnt. So läutert er uns und wir werden lichter und lichter. Jeder Schmerz, der uns trifft, läßt uns weicher und offener werden. Wir gehen der großen Liebe entgegen, die wir selbst sind.« Dann legt er die Hand auf meine Stirn. Ein Strom blauen Lichtes stürzt in mir hinab. Das Fieber schwindet. Ich falle ihm zu Füßen. »Rabbi«, murmele ich und küsse den Saum seines Gewandes. »O mein Isa.« Tränen ersticken mir die Stimme. Sanft streichelt er mein Haupt. Hebt mich auf. »Du bist nicht geringer als ich. Reinige dich und du wirst eins werden mit dem Vater.« Tief dringen seine Worte in mich. »Zeige mir den Weg«, bitte ich ihn. »Du weißt ihn selbst. – Reiche alles, was du tust und denkst, Gott dar, so ist dein Weg gesegnet«, lächelt er. »Du brauchst mich nicht«. Und doch fühle ich mich in seine Liebe eingehüllt – und fühle mich so wohl darin. Aufgehoben. Ach, wärs doch für die Ewigkeit.

Isa zieht weiter. Er wandert mit einer kleinen Schar Männer und Frauen von Dorf zu Dorf. Eine Nacht verbringen sie an einem winzigen See. Die Abenddämmerung sinkt herab. Rosa-violett verfärbt sich das silberne Wasser. Isa nimmt das abendliche Bad. Spricht mit dem Engel des Wassers und dankt ihm. Dankt auch dem Höchsten für den sich neigenden Tag. Die Hüllen, die sein Herz umgeben, verschmelzen mit der warmen Flut. Strahlend taucht er auf. Freude sprüht aus seinen Augen. Auch seine Jünger verrichten das Abendritual. Männer und Frauen. Ein jeder an seinem Platz. Dann sammeln sie sich am Kiesufer. »Jonas, wenn du hier entlang gehst«, Isa zeigt gen Westen, »findest du einen Granatapfelbaum. Geh! Pflücke uns ein paar Früchte. Ich bitte dich darum.« Ein anderer der Männer hat ein Säckchen Datteln mit sich getragen. Isa dankt der Göttlichen Mutter und ihren Engeln für die Früchte und verteilt sie. »Möge auch der Vater im Himmel euch mit seinen Früchten segnen.« Schweigend nehmen sie das Mahl zu sich. Die Sonne sinkt. Ins Abendrot getaucht beginnt der Meister zu sprechen. »Meine Lieben, seht, wie das Licht alles mit seinem feinen Orange umspielt und durchflutet. Nehmt diese Palme. Schaut sie euch genau an. Verfolgt den Stamm bis oben. Die vielen Narben der abgefallenen Wedel. Eine reiht sich an die andere. Dann das Grün. Ganz dunkel wirkt dein Gefieder auf uns, Liebste, Schwarzgrün von Orangerot durchdrungen.« Isa neigt sein Haupt zum Gruß. »Betrachtet diese Palme. Versenkt euch in sie.« Stille breitet sich aus, während die Nacht anbricht. In Frieden getaucht die kleine Gemeinde. »Scha-a-a-lom, Scha-a-a-lom«, beginnt Isa nach einer Weile zu singen und einer nach dem anderen stimmt mit ein.

Mein Herz brennt vor Sehnsucht. Sehnsucht nach ihm. Und vor Wut koche ich. Wut, daß ich bleiben muß. Hier in diesem Frondienst. Tag und Nacht. Bei einem Mann, der mich nicht versteht. Bei seiner eifersüchtigen Mutter, die mir den Alltag zur Hölle macht, sobald ich nicht ihren Willen tue. Warum? Warum? Bin ich so schlecht, daß ich dies verdiene? Nach dem göttlichen Gesetz zu handeln, riet mir der Meister. In Liebe die Pflicht zu erfüllen. So hart ists für mich. Bei ihm möchte ich sein. An seiner Seite. Ihm dienen.

Doch, ich liebe meinen Mann. Joschua hat ein Herz. Aber eingemauert ist es in Stein. Dicke, dicke Mauern. Wie er neulich Anna schlug! Die kleine, bloß weil sie nichts essen wollte. Unser Kind! Und ich mußte zusehen. Ohnmächtig. Eingekerkert in seine Familie, ihren Haß und ihr Unvermögen.

Isa ist in Galiläa angelangt. Der Sabbat naht. In einem Olivenhain haben sie übernachtet und ziehen nun singend zum nächsten Dorf. Da kommen sie an einem Weizenfeld vorbei. Grünlich blau wogt es im Wind. Isa bleibt stehen. »Schaut her, Kinder. Der Weizen. Er gibt sich dem Engel der Luft hin. Sie spielen miteinander. Eins sind sie. Werdet so geschmeidig wie diese Halme. Befreit euch von allem, was die Kräfte der Mutter Erde nicht durch eure Leiber fließen läßt.« »Was ist das Rabbi, was sich der Mutter in uns entgegenstellt?« »Dunkle Verkrustungen. Entstanden aus Unwissen und Schmerz. Körperfest gewordene Mißverständnisse.« »Aber was verstehen wir denn nicht?« will Jonas wissen. »Daß ihr eins seid mit dem Vater und mit der Mutter. Alles Erschaffene ist eins mit Gott. Ist das Göttliche selbst. Es gibt nur das Eine und kein Zweites.« »Wir wissen es schon. Du lehrst es ja wieder und wieder. Aber wie sollen wir denn das Gefühl des Getrenntseins überwinden?« fragt die kleine Miri trotzig. Tränen kullern über ihre Wangen. Isa trocknet sie und streicht ihr über Stirn und Wangen. Er nimmt sie bei der Hand. »Kommuniziert wie bisher in der Frühe mit den Engeln der Gott-Mutter und am Abend mit denen des Gott-Vaters, sie helfen euch. Euer göttliches Herz ist, wie ihr es in den vergangenen Jahren gelernt habt, von feinen geistigen Hüllen und von einer festeren, körperlichen umgeben. In all diesen Schichten haften die Folgen eueres Denkens und Tuns. Nicht nur des jetzigen, auch des längst vergangenen. Tut Gutes, damit sich nicht noch mehr Schlacken ansetzen. Dient euren Nächsten. Und reinigt euch von den alten Dingen, die euch binden. Macht die Übungen, die euch mit auf den Weg gegeben wurden. Betet. Habt Geduld! Ihr werdet das Ziel erreichen.«

Ich liege da des Nachts und kann nicht schlafen. Ringe habe ich schon unter den Augen. Die Schwiegermutter ist argwöhnisch. Nur Moischa kann ich mein Herz ausschütten. Kaum schaff ich meine Arbeit. Warum muß ich hier sein? Und doch: Ich habe mich entschieden, den Weg zu gehen, der mir aufgetragen. Ich bin deine Frau und will es bleiben. All die Liebe, die in mir ist, will ich dir und der Kleinen schenken. ... und so erfülle ich, was du mir gesagt hast, Isa. Meine Seele sucht dich. Sucht den Vater. Das spür ich genau. O gib mir Kraft, dies Leben nach Deinem Willen zu führen. Laß meinen Willen mit dem Deinen in Einklang sein. Ich flehe Dich an.

Morgens früh stehe ich auf, wenn alles noch still ist. Ich liebe diese Stunde. Bei Moischa sitzend, kniend ruf ich die Engel an, so wie ihr es tut. Dann beginne ich den Tag. Melke meine Kuh. Streichle sie und spreche zu ihr. Wenn das Leben im Haus erwacht, ist der Traum vorbei. Ich bringe Fladen und Milch zum Tisch. Wasche die Kleine. Beim Frühstück sag ich seinen Namen leise vor mich her, um den morgendlichen Streit nicht hören zu müssen. Die Zeit im Gemüsegarten dann kann ich meist in Frieden verbringen, allein mit Anna. Schlimm wird das Essenkochen mit der Mutter. An jeder Kleinigkeit nörgelt sie herum. Ihr Haß entlädt sich, wo er nur kann. Einmal schneid ich die Zwiebel zu dick, einmal zu dünn. Und dann das andauernde Fleischbraten. Ich mag kein Fleisch und verzehre auch sonst kaum Gekochtes. Schon deswegen schlägt sie mit bösen Worten auf mich ein. Joschua würde am liebsten auch nur Frisches und Gemüse essen. Er wagt es nicht. Ihretwegen. Die Mahlzeiten sind die schrecklichsten Zeiten für mich. Da sitzen wir alle zusammen. Ich versuche zu schweigen, und zu beten. Ich ertrag es kaum. Diese Spannung. Diese Bösartigkeit und Ablehnung. Was habe ich ihnen denn getan? In der Mittagsruhe kommt Joschua oft zu mir. Die anderen schlafen dann. Wir liegen beisammen. Sehr zärtlich ist er nicht. Vielleicht wird er es noch. Wenn endlich alles Eis geschmolzen ist. Vielleicht kann ihm meine Liebe dabei helfen. Nachmittags erledige ich die Hausarbeit, und meist hab ich dann noch Zeit für die Kleine, ehe es ans Abendbrotrichten geht. Die Abendstunden liebe ich. Wenn alles wieder zu Ruhe kommt. Wir sitzen bei den Ölbäumen und ich nähe oder stopfe etwas, bis es dunkelt. Joschua erzählt, wie sein Tag war. Und Anna darf sich eine Geschichte wünschen. Da sind wir unter uns. Die Eltern hocken vor dem Haus. Ja, so geht das Leben dahin.

Kurz vor dem Dorf begegnet der kleinen Schar ein Leprakranker. Seine linke Wange beginnt zu faulen. Es stinkt entsetzlich. Er erblickt Isa. Kommt auf ihn zugerannt und fällt ihm zu Füßen. »Rabbi, Rabbuni«, schluchzt er. »Da bist du. Du wirst mich heilen.« Isa hebt ihn auf. »Bruder«, sagt er, »welche Freude, daß du an die göttliche Kraft glaubst.« Er sieht ihm lange in die Augen. »Binnen einer Woche werden deine Wunden heilen. Doch du mußt dich reinigen.« »Sage mir, was ich tun soll. Ich will deine Anweisungen befolgen.« »Zieh dich zurück zum Fluß. Entledige dich des Gewandes. Faste und bete. Nur den Honig der Bienen nimm zu dir. Laß dich vom Engel des Wassers umarmen. Fülle täglich deinen Darm mit Wasser und bitte den Engel um Hilfe. Bete zu unserem Vater im Himmel, er möge dir all deine Vergehen verzeihen. Bete mit ganzem Herzen, so wird er dich erhören. Nach der Entleerung bade im Fluß und bitte wieder den Engel des Wassers er möge dich reinigen. Dann wende dich an den Engel der Luft. Laß seine reine Kraft tief in dich einströmen und auch ihn dich umarmen. Du bist geschwächt. Versuche viel zu schlafen und bete jedesmal zuvor zu unserem Vater und seinen Engeln. Wenn du erwachst, gedenke der Mutter und ihrer Engel. Bitte sie alle wieder und wieder von Herzen, dir zu dienen. Sie werden es nicht verweigern, sei versichert. Sie warten dein ganzes Leben schon, daß du zu ihnen sprichst.«

Ich habe ihn wiedergetroffen! Isa! Auf dem Marktplatz. Hanna stand bei ihm, meine Nachbarin. So konnte ich ganz ungeniert auf ihn zugehen. »Ich sehe, dir geht es besser«, begrüßte er mich. Ich nickte und sah ihm in die Augen. »Sie ist eine tapfere Person«, sagte die alte Hanna und ich wunderte mich. Was weiß sie von mir? »Ich freue mich wie du, daß unser Meister zu uns gekommen ist. Hab keine Angst, ich werde zu niemandem darüber sprechen.« Ich brach in Tränen aus. Hanna trocknete sie mir und Isas Blick tröstete mein Herz. Jetzt habe ich eine Schwester gefunden! Mein Gott, wie danke ich dir.

Wir gingen mit Isa zur Synagoge. Dort warteten die, die ihn immer begleiten. »Ich bringe Hanna und Miriam mit zu euch. Sie sind auf dem gleichem Weg wie ihr.« Wir wurden freundlich, ja in Liebe willkommen geheißen. Mein Gott, mein Gott! Wie soll ich fortfahren? Kaum kann ich der Kraft standhalten, die mein Herz bewegt. Das Leben nimmt eine andere Wendung jetzt. Ich spüre es genau. Alles wird gut werden. Alles. Ich habe mich entschieden. Für das Licht entschieden. Vor kurzem wußte ich noch gar nicht, daß es da irgendetwas zu entscheiden gilt. Die Begegnung mit Isa hat mich aus einem jahrhundertelangen Schlaf geweckt. Ich bin ein Mensch. Ein auf die Erde gekommenes Licht. Ich bin glücklich. Ich werde die Kraft haben, alles zu bestehen. Amen. Amen. Amen.

Die anderen freuten sich mit uns. Wir lauschten Isas Lehre. Er sprach – vielleicht eigens für mich? – über die Engel, die Kräfte, die in uns und durch uns wirken. Es war, als seien sie anwesend. In Licht gehüllt schien Isa. In ihr Licht. Das Seine verschmolz damit und der ganze Raum war erfüllt. Ein leichter Schauer erfaßte mich und ich mußte von Neuem weinen. Ja, wir sind wirklich alle eins. Ein Lichtermeer. Ich fühlte, wie Isa sich mit mir freute. Und wieder konnte ich seiner Rede nicht folgen, sondern versank in Glückseligkeit. Da nahm mich Hanna bei der Hand. »Meine Liebe, höre zu«, flüsterte sie. »Der Meister lehrt uns die Kommunion mit den Engeln.« Nun, zu denen, die der Mutter Erde dienen, habe ich seit je gebetet. Aber die Engel des Himmlischen Vaters habe ich vernachläßigt. Als wäre ihre Existenz mir gar nicht bewußt. Merkwürdig. Das ewige Leben, die Gesetzmäßigkeit in der Bewegung alles Erschaffenen, der Friede, die Stärke, die Liebe, die Weisheit: sie alle verkörpern sich auf höchster geistiger Ebene und steigen zu uns herab, in unser Denken und Fühlen, in unsere Leiber, und erfüllen uns mit ihrer Kraft. Wie schön muß es sein, sie als eigene Wesen wahrzunehmen und sich mit ihnen eins zu fühlen! Alles Verkörperungen des Einen. Alles eine Schöpfung. Ein Gott. Ein ... alles. O Isa. Ich will von nun an jeden Abend zu ihnen sprechen.

»Kinder des Lichts«, schloß der Meister, »kommt, laßt uns zusammen singen.« Ein leises, sanftes Scha-a-a-lom setzte an und wuchs und wuchs und erfüllte Himmel und Erde.

Jetzt verlaufen die Tage ruhig. Dem Haß der Schwiegermutter begegne ich gelassener. Und mit Joschua wird es immer schöner.

Ich liebe ihn sehr, meinen Mann. Und es ist, als ob er es langsam glauben wollte. Wie er mich neulich anlächelte! Er setzt jetzt auch seiner Mutter Grenzen. Zaghaft, aber doch. Als sie Anna gestern beim Essen erbost ermahnte, sagte er: »Mütterchen, sie ist noch ein Kind, eine kleine, zarte Blume. Bitte, betrachte sie auch so, und laß sie der Sonne entgegenwachsen.« Die Mutter war völlig sprachlos. Tja, so ändert sich langsam der Umgang hier in der Familie. Ich habe ihm auch von Isa erzählt und seiner Lehre. Er hat nichts erwidert. Aber ein paar Tage später kam er zu mir. »Es ist so! Die Engel der Göttlichen Mutter wohnen in unserem Weizen. Ich habe das Gefühl, ich kann sie berühren.« »Die ganze Schöpfung schillert im Licht des Höchsten«, habe ich strahlend geantwortet. Er sah mir tief in die Augen, umarmte mich und war sehr, sehr zärtlich. Die Freude wächst in unseren Herzen. Ich spüre, wie auch er Gott dankt. So nimmt alles seinen Lauf.

Schon ist das Frühjahr wiedergekehrt und um unser Haus herum, beginnt es zu blühen. Die Rosen ranken sich am alten Gestein entlang und knospen fleißig. Bald werden die Blüten sich öffnen. Der Ysopstrauch beim Kräuterbeet ist riesengroß geworden dieses Jahr. Wie wird er die Bienen anlocken! Und auch die Pflänzchen sprossen. Bohnen habe ich gepflanzt, die dicken und die dünnen. Okra und Kürbischen gedeihen. Zwiebeln und Rübchen zeigen ihr Grün. Die süßen Melonen, die meine Anna so liebt, scheinen in Hülle und Fülle zu kommen. Hoffentlich werden wir genügend Wasser haben!

Die Vormittage beim Hacken und Jäten genieße ich. Ich berühre so gerne die Erde und laß sie durch meine Finger rieseln. Die Luft ist angenehm lau. Die Sonne lacht und sticht noch nicht. Einfach herrlich! Nachmittags gehe ich jetzt öfter mit der Kleinen zu Hanna hinüber. Sie ist richtig alt geworden. Aber sehr, sehr lieb ist sie. Gebückt humpelt sie durch ihr Gärtchen, und doch strahlt sie Ruhe und Zufriedenheit aus. Während ich ein bißchen Hausarbeit für sie erledige, sitzt sie mit Anna vorm Haus, erzählt ihr und lehrt sie singen. Anna liebt diese Stunden. Abends trägt sie uns dann immer vor, was sie Neues gelernt hat. Als ob sie bei ihr in die Schule ginge. Nun, sie hat eine gute Lehrerin gefunden. Sie wird in die Geheimnisse des Lebens eingeweiht. Mit Eifersucht verfolgt die Mutter dies. Macht hie und da spitze Bemerkungen. »Ich hab dich doch auch lieb«, hat die Kleine ihr neulich bestürzt geantwortet. Anna bemüht sich auszugleichen. Von der Oma läßt sie sich das Handarbeiten beibringen und bei Hanna lernt sie, im Geiste die Fäden zu spinnen.

Ich liege im Bett, mein Bauch zieht. Das Kreuz tut mir weh. Ich glaube, ich bin schwanger. Das wäre eine Freude! Noch ein Kind! Für alle wäre es schön. Joschua würde sich freuen, Anna und vielleicht sogar die Schwiegereltern. Muß es noch ein bißchen für mich behalten, bis ich ganz sicher bin. Und langsam tun die nächsten Tage. Damit es bei mir bleibt, das kleine Wesen. Gesund bin ich und stark genug. Zu essen haben wir, so Gott will. Was sollte also schiefgehen? O liebster Vater im Himmel, hilf uns, laß das Kleine zur Welt kommen und laß es heil und gesund sein. Amen. Und Mutter, o Mutter, nähre unsere Leiber. Laß uns in dir geborgen sein. Trage uns, wie ich das Kleine trage. Nein, was red ich? Wir sind ja eins. Dein Leib ist unser Leib und unser Leib ist dein Leib. All ihr Engel, liebe Brüder, kommt und helft uns, ich bitte euch. Durchdringt uns mit eurer Kraft, schützt uns und stützt uns. O möge doch die ganze Schöpfung an unserem Glück teilhaben! Amen.

Isa erscheint mir jetzt öfter im Traum. Daß alles Liebe ist, verkörperte Liebe, lehrt er wieder und wieder. Des Morgens bin ich dann frisch und fröhlich, als wär ich neu geboren. Und herrliche Tage tun sich auf. Der Wunsch, ihn zu sehen, mit ihm zu ziehen hat nachgelassen. Es geht wirklich um etwas anderes in meinem Leben. Daß wir eins sind, soll ich erfahren, alles eins ist. Jetzt und in der Ewigkeit. Und wenn ich Hilfe brauche auf dem Weg dahin, wird er sie mir gewähren. Er wird da sein. Ist immer da.

Isa zieht weiter von Dorf zu Dorf. Viel Zeit wird ihm nicht mehr bleiben, in dieser Art auf Erden zu wirken. Er weiß es. Die, die ihm nah sind, spüren es. Allein, er erfüllt die Aufgabe, mit welcher er kam. Er, die Verkörperung des Mitgefühls, des Mitleids mit den Kranken, Irregeführten, Unwissenden. Er ist da für alle Menschen, alle Kreatur. Er lehrt sie, dient ihnen, versprüht seine Liebe.

Amen.

Steine und Augen

Helga und Rainer Marten

TODESFUGE

Schwarze Milch der Frühe wir trinken sie abends
wir trinken sie mittags und morgens wir trinken sie nachts
wir trinken und trinken
wir schaufeln ein Grab in den Lüften da liegt man nicht eng
Ein Mann wohnt im Haus der spielt mit den Schlangen der schreibt
der schreibt wenn es dunkelt nach Deutschland dein goldenes Haar Margarete
er schreibt es und tritt vor das Haus und es blitzen die Sterne er pfeift seine Rüden herbei
er pfeift seine Juden hervor läßt schaufeln ein Grab in der Erde
er befiehlt uns spielt auf nun zum Tanz

Schwarze Milch der Frühe wir trinken dich nachts
wir trinken dich morgens und mittags wir trinken dich abends
wir trinken und trinken
Ein Mann wohnt im Haus und spielt mit den Schlangen der schreibt
der schreibt wenn es dunkelt nach Deutschland dein goldenes Haar Margarete
Dein aschenes Haar Sulamith wir schaufeln ein Grab in den Lüften da liegt man nicht eng

Er ruft stecht tiefer ins Erdreich ihr einen ihr andern singet und spielt
er greift nach dem Eisen im Gurt er schwingts seine Augen sind blau
stecht tiefer die Spaten ihr einen ihr andern spielt weiter zum Tanz auf

Schwarze Milch der Frühe wir trinken dich nachts
wir trinken dich mittags und morgens wir trinken dich abends
wir trinken und trinken
Ein Mann wohnt im Haus dein goldenes Haar Margarete
dein aschenes Haar Sulamith er spielt mit den Schlangen

Er ruft spielt süßer den Tod der Tod ist ein Meister aus Deutschland
er ruft streicht dunkler die Geigen dann steigt ihr als Rauch in die Luft
dann habt ihr ein Grab in den Wolken da liegt man nicht eng

Schwarze Milch der Frühe wir trinken dich nachts
wir trinken dich mittags der Tod ist ein Meister aus Deutschland
wir trinken dich abends und morgens wir trinken und trinken
der Tod ist ein Meister aus Deutschland sein Auge ist blau
er trifft dich mit bleierner Kugel er trifft dich genau
ein Mann wohnt im Haus dein goldenes Haar Margarete
er hetzt seine Rüden auf uns er schenkt uns ein Grab in der Luft
er spielt mit den Schlangen und träumet der Tod ist ein Meister aus Deutschland

dein goldenes Haar Margarete
dein aschenes Haar Sulamith

Paul Celan

Steine und Augen

Helga Marten, Bildnis Paul Celan
1972/74, 70,7 x 50,8 cm

Helga Marten, Jüdischer Friedhof Sulzburg
1995, 70 x 50 cm

Steine und Augen

Die Steine der Toten am Hang in dem Waldtal bei Sulzburg sehen einander nicht an. In aufgelockerter Formation unterwegs, haben sie plötzlich Halt gemacht. Jetzt reden das Licht, der Schattenwurf: das Auge der Künstlerin.

Im Sommer 1968 von mir gefragt, warum er dichte, hat der Dichter geantwortet: »Um über Wasser zu bleiben«. Er nahm sich sein Grab in der Seine. »Kunst ist ganz sinnlich«, hat er gesagt. Ja, Dichter sind teilnehmendere Augenzeugen! Was aber hat er gesehen, was getan? »Rabenüberschwärmte Weizenwogen« hat er gesehen, »Augen im Sterbegeklüft«, das Netz hat er ausgeworfen »(i)n den Flüssen der Zukunft«, mit den Seinen die »(s)chwarze Milch der Frühe« getrunken. Sein Gesicht ist nicht Stein. Selbst noch die Hände geben es frei: Es ist ganz Blick.

Sind sie sich gleich: der dichtende Blick auf den Tod und das Steinmal, das den Lebenden die Erinnerung und den Toten das Totsein gönnt? Nein, die Bilder sind selbst nicht des Todes, sondern des Lebens. Es sind Bilder gesehener und neu erzählter Steine und den eigenen Blick kreuzender Augen. Sie sind hier zu sehen im Lichte des Opfers, das die Heldin dieses Jahrbuchs wurde und das sie gebracht hat: Opfer des mordenden Todes als eines »Meister(s) aus Deutschland«, Opfer des geistlichen Lebens als einer Fügung des Katholischen und des Jüdischen, des Jüdischen und des Deutschen.

Rainer Marten

Mit den Farben der Unendlichkeit ...
Zugänge zur Malerei Mark Rothkos

Hartwig Bischof

Mein Zugang zum Werk Mark Rothkos, eines von seiner Abstammung her und in seiner Grundstimmung jüdischen Malers, versteht sich als eine Möglichkeit der Interpretation unter vielen. Dabei orientiere ich mich an drei großen Schaffensperioden, die, zumindest teilweise durch kunstgeschichtlich übliche Klassifizierungen gedeckt, unter die Begriffe Akademismus, Surrealismus und Ungegenständlichkeit fallen. Diese rein auf formale Aspekte abzielende Annäherung konfrontiere ich mit drei geistesgeschichtlichen Kategorien, umrissen in den Begriffen Abbildontologie, Subjektontologie und Xenologie. Zur Abrundung werden diesen Begriffen näher beschreibende Adjektive zugeordnet, die die vorrangige Eigenschaft markieren. So entsteht als erste Periode eine rationalistische Abbildontologie des Akademismus, als zweite eine ir- bzw. antirationalistische Subjektontologie des Surrealismus und als dritte eine transrationale Ungegenständlichkeit der Xenologie.

1. Frühphase: Abbildontologie

Rothko begann bereits in seinen beiden Jahren an der Yale University (1921–1923) mit ersten Zeichenversuchen. Sein Werk aus dieser Zeit besteht vor allem aus malerischen Lockerungsübungen mit den Themen Portrait, Akt und Landschaft. Es ist der Versuch (trotz aller expressionistischer und sonstiger Einflüsse), das unverfügbare Ding da draußen, möglichst so, wie es ist (!), beim Malen und Rezipieren auf dem Bild verfügbar zu machen. Aus diesem Grund meine Subsumierung unter dem Begriff *Abbildontologie*.

Die Entwicklung der unterschiedlichen Antworten auf die Frage, warum etwas als schön zu gelten habe, reicht weit in die Geschichte zurück. So argumentiert Platon im Phaidon mit der Teilnahme des konkreten schönen Dings, das sinnlich wahrgenommen wird, an dem Schönen an sich, an der Idee des Schönen. Es muß hier vielleicht an sein berühmtes Höhlengleichnis erinnert werden, in dem die in ihrer Kontingenz gefangenen Menschen bloß die Schatten der wahren Dinge an einer Höhlenwand vorüberhuschen sehen und diese als ihre Wirklichkeit interpretieren. Die wahren Dinge jedoch bleiben in einem intelligiblen Bereich, und selbst wenn einer der Menschen dorthin vordringt, so fällt es den anderen doch unbändig schwer, seinem Bericht aus der wirklichen Welt Glauben zu schenken. Obwohl diese Konzeption durchaus ihre Schwachstellen hat,[1] war sie über lange Strecken sehr erfolgreich.

---

[1] Vgl. Helmuth Kuhn, Die Ontogenese der Kunst, in: D. Heinrich, W. Wiser (Hg.), Theorien der Kunst. Frankfurt am Main 1992, 93 ff.

So definierte Thomas von Aquin für die Scholastik: »Denn schön wird das genannt, bei dem schon die Wahrnehmung gefällt.«[2] Bewundere ich etwas Schönes ob seiner wunderbaren Gestalt, so ist es nicht das, was mir für mich gefällt, sondern das, was als Erschautes in sich gefällt. Das Schöne ist dabei als vollendete Einheit aller Transzendentalien gefaßt, als besondere Vollkommenheit des Seins.

In einer vulgären Auslegung wurde dabei sehr oft statt des prinzipiell in seiner Abgründigkeit nicht einzuholenden Seins irgendein Seiendes eingesetzt. Und von diesem Seienden galt es nun ein Abbild zu schaffen, das die oben angesprochene Einheit repräsentiert.

Ein frühes Beispiel von Rothko dafür ist das Portrait seiner Mutter, das zwar undatiert ist, aber um 1930 entstanden sein muß. Die Mutter, deren Züge dem Sohn von klein auf bekannt und vertraut sind, werden so, wie sie sind, möglichst wiedererkennbar auf die Leinwand gebannt. Zwar geht dabei die dritte Dimension verloren, vergleichbar mit Platons Schatten im Höhlengleichnis; trotzdem haben die ersten Bewunderer des Werkes sicherlich dahingehend auf das Bild reagiert, daß das ja eindeutig die Mutter *sei*.

Hier werden auch meine beiden Beifügungen *rationalistisch* und *Akademismus* deutlich. Das Abgleiten vom Sein, dessen Glanz die Schönheit in der ursprünglichen philosophischen Konzeption war, auf ein Seiendes illustriert das *rationalistische* Moment an diesem ganzen Entwurf. Er war abgehoben, »tricky« und auf eine eigene Welt der Vieldenker beschränkt. Außerdem war es durch seine innere Stringenz ein gutes Mittel, alles in eine Totalität und damit Verfügbarkeit und Beherrschbarkeit zusammenzuspannen. Genau an diesem Punkt setzt die Kritik des jüdischen Philosophen Emmanuel Levinas am massivsten an. Er sieht die Kunst auch in dieser Totalität des Seins gefangen. »Die Kultur und die künstlerische Schöpfung nehmen an der eigentlichen ontologischen Ordnung teil. Sie sind beispielhaft ontologisch: sie liefern die Faßlichkeit des möglichen Seins. Es ist daher kein Zufall, daß die Verherrlichung der Kultur und der Kulturen, die Verherrlichung der künstlerischen Seite der Kultur, das zeitgenössische Leben lenkt«.[3]

In der praktischen Umsetzung dieser Verwässerung der klaren Trennung zwischen Sein und Seienden steht dann meine zweite Beifügung, der *Akademismus*. Das Kriterium war eindeutig vorgegeben: man konnte Kunst *produzieren*; die abgebildete Person wurde an einem geschichtlichen Punkt x angehalten, konnte sich nicht mehr weiterentwickeln, sondern war in die Verfügbarkeit eines Museums übergegangen. Die Wiederholbarkeit war auch nicht schwierig, solange nur das Abbild in dieser *akademischen* Interpretation adäquat blieb.

Natürlich konnte dieses Niveau Rohtko nicht lange befriedigen. In der zweiten Schaffensperiode vollzieht sich deshalb in seiner Bilderwelt eine Bewegung von der intelligiblen Ideenwelt hin zur unterbewußten Traumwelt.

---

[2] Vgl. Thomas von Aquin, Summa Theologica. Heidelberg/Graz 1966. Iq.5,a.4, ad 1.
[3] Emmanuel Levinas, Humanisme de l'autre homme. Montpellier 1972, 29.

2. Surrealismus: Subjektontologie

Um das Jahr 1940 begann Rothko, beeinflußt vom Surrealismus und von Nietzsches *Geburt der Tragödie*, die er sehr genau gelesen hat, sich mit der griechisch-römischen Mythologie auseinanderzusetzen, und gab dabei seinen »realistischen« Stil der vorangegangenen Jahre auf. Nietzsche hatte versucht, seine Interpretation weniger auf die statische »Seins-Philosophie«, als vielmehr auf die »Werdens-Philosphie« (»Alles fließt!«) des Heraklit zu gründen.

Viele Bilder Rothkos aus dieser Zeit zeigen eine geschichtete Komposition, ähnlich römischen Sarkophagen oder griechischen Friesen, kombiniert mit dekorativen und architektonischen Motiven, Reihen von Köpfen und Tierfiguren. Zu einem großen Teil sind diese Werke nicht betitelt, um so eine Überhöhung zum Numinosen hin zu erleichtern. Außerdem taucht bereits die horizontale Unterteilung der Bildfläche auf, wie sie den späteren, sogenannten reifen Stil von Rothko auszeichnet. Rothko nimmt dabei nicht so sehr eine spezielle Anekdote als Bildinhalt, sondern wählt einen allgemeinen anthropologischen Zugang.

Nietzsche postulierte in der *Geburt der Tragödie* die zeitlose und universale Wahrheit des Mythos in Form der griechischen Tragödie. Er untersuchte darin die dunklen Regionen in der menschlichen Psyche und akzeptierte deren impulsive Natur und die Relativität der moralischen Urteile, später unter dem Stichwort »Umwertung aller Werte« zusammengefaßt. Die Beschreibung der menschlichen Gebrechlichkeit und Verzweiflung in der griechischen Tragödie spiegelte die Angst und Hoffnungslosigkeit von Rothko und seinen Zeitgenossen über die Zukunft der Menschheit nach den Ereignissen des Zweiten Weltkrieges wider. Sie verstanden die Zivilisationsgeschichte nicht als eine Weitergabe von Errungenschaften, gepaart mit einer kontinuierlichen Vervollkommnung des menschlichen Charakters und Wissens, sondern als eine Serie von tragischen Katastrophen und Kriegen. Losgelöst von der Religion und ihren Symbolen sehnte sich der Mensch nach einer neuen Gesellschaft, die den Materialismus des 20. Jahrhunderts hinter sich lassen würde; und diese Sehnsucht versuchte Rothko in seinen Bildern darzustellen.

Hier schließt sich auch der Kreis wieder, wenn Rothko stets das Tragische in seinem religiös-mythischen Zusammenhang als das für ihn gültige, grundlegend Menschliche ansah. Eine Quelle dieser »Ungereimtheit« in seinem Weltverständnis mag dabei bereits in seinen litauisch-jüdischen Wurzeln liegen. »Die chassidischen Gemeinden und die litauischen Jeschiwot errichteten eine Barriere gegen das Hereinbrechen der Haskalabewegung (aufklärerische Bewegung) in diese Region, sie bewahrten die Einheit in der überwiegenden Zahl der jüdischen Gemeinden durch eine traditionelle Basis und erzeugten so einen Bruch zwischen den jüdischen Gemeinden im Osten und im Westen ...«[4]

---

[4] H.H. Ben-Sasson, A History of the Jewish People. Cambridge 1976, 776.

Neben Nietzsche übte auch die Psychonanalyse, zuerst über den Umweg des Surrealismus, einen Einfluß auf Rothko aus. Er bediente sich dabei einer Adaption der Vorstellungen Carl Gustav Jungs. Dessen Konzept des »kollektiven Unbewußten« manifestiert sich in Archetypen, die in Mythen, Träumen, Visionen und den Künsten vorkommen. Um der Entfremdung und Desorientierung, die den modernen Menschen gefangenhalten, zu entgehen, wollte Rothko den Prozeß einer Rückkehr zu einem natürlicheren Zustand des Geistes beschleunigen, indem er Bildformen benutzte, die aus der globalen Sprache der Kunst stammten.

Die Zwitterwesen in den mythischen Bildern Rothkos stellen einerseits Bezugspunkte zu den tragischen Helden im antiken Drama dar, wie Nietzsche sie beschrieben hatte, reflektieren aber auch die Tragödie des Zweiten Weltkrieges, die es Rothko immer unmöglicher macht, »unzerstörte« Figuren in seinen Bildern zu verwenden, die noch nicht einer »Unkenntlichmachung« (*oblitération*)[5] unterzogen sind. Seine nunmehr hybriden Wesen mit den Elementen von Zweifel und Mythos prallten auf eine Gesellschaft, die größtenteils durch positiv(istisch)e Konzepte geprägt war.

Die Ambiguität und Vielseitigkeit, bezeichnend für viele seiner Bilder, korrespondieren mit dem ambivalenten Charakter von Jungs Archetypen und machen dadurch eine eindimensionale Interpretation unmöglich. Wie vom Surrealismus her als Doktrin bekannt, vollziehen sie damit eine *irrationalistische* bis *antirationalistische* Bewegung; es geht nicht darum, die Grenzen der Vernunft zu markieren, sondern sie als eine in die Irre leitende Verwandte aus dem Familienclan auszuschließen.

In der Levinasschen Kritik dieser Position wird der schleichende Übergang von einer Totalität des unpersönlichen Seins hin zur *Totalität des Subjekts* als letzten Entscheidungsinstanz festzustellen sein. »Aber vielleicht findet man an der Quelle aller dieser Philosophien die Hegelsche Vorstellung einer Subjektivität, die sich als ein unvermeidlicher Moment des Werdens versteht, durch den das Sein aus seiner Finsternis heraustritt, eine durch eine Logik des Seins hervorgerufene Vorstellung.«[6]

In der Jungschen Konzeption liegt dabei der letztgültige Bezugspunkt zwar nicht bei Fichtes »absolutem Subjekt« als Einzelperson, bleibt aber auch auf der Basis des kollektiven Unterbewußten an einer alles vereinnahmenden, weil das Fremde sofort zum Eigenen transponierenden Instanz, einem Über-Subjekt, hängen. In der automatischen Zeichnung der Surrealisten schließlich bewegt sich der Künstler in einem autistischen Kreis nur mehr um sich selbst. In der Frage bezüglich der Gewichtung zwischen Ich und Du, um an Buber zu erinnern, genügt sich das Ich selbst; das Du ist vielleicht noch als Betrachter erwünscht, aber kein wirklicher Partner in der Rezeption.

---

[5] Vgl. Emmanuel Levinas, De l'oblitération. Entretien avec Françoise Armengaud à propos de l'oeuvre de Sosno. Paris 1990; ders., Jean Atlan et la tension de l'art, in: C. Chalier, M. Abensour, Emmanuel Levinas. Paris 1991.
[6] Ders., Humanisme de l'autre homme. Montpellier 1972, 29.

3. Spätwerk: Xenologie

Um das Jahr 1947 begann Rothko, sich von den biomorphen Formen der surrealistischen Periode zu entfernen, und wandte sich einer mehr malerischen und voluminösen Arbeitsweise zu. Dieser Übergang bezeichnet gleichzeitig auch die Spannung zwischen der Eindeutigkeit, nach der wir uns in unserer Bequemlichkeit sehnen, und der Vieldeutigkeit, die derartige Bilder dem Rezipienten aufgeben.

Diese ungegenständliche Kunst muß sich ständig vor einer verwässernden Beliebigkeit in acht nehmen, die ihrem eigentlichen Bestreben zuwiderläuft. »Kein geruhsames Sich-Niederlassen in der Wirklichkeit, sondern Ständig-darüber-hinaus-Sein, Ständig-auf-der-Suche-Sein charakterisiert diese Kunst [der Ungegenständlichkeit]. Das Gegebene soll nicht wie im Idealismus verklärt, sondern durch ständiges Urbarmachen neuer Bezirke aufgebrochen werden. Vom Aspekt tätiger Wirklichkeitsbewältigung ist das Hinweg-von-der-Welt das auffallendste Phänomen.«[7] Das wirkliche Ziel der ungegenständlichen Malerei kulminiert in ihrer Berufung auf die Uneinholbarkeit der Gegenstände und der Wirklichkeit überhaupt. Aber diese Zurücknahme und dieses schwer erträgliche Eingestehen der eigenen Grenzen macht den Blick für ganz andere Dimensionen frei. »Wo aber sowohl die Formverdichtung aus dem Prinzip der Bescheidung gelungen ist und sich in der Formenwelt zugleich ein neuer geistiger Impuls äußert, da ist Einfachheit die Folge davon, daß man zum Wesentlichen vorgedrungen ist.«[8] Und genau diese Richtung schlug Rothko zu dieser Zeit ein, wenn seine Bilder zusehends vereinfacht und ungegenständlich werden und ihre Assoziationen zu Objekten verlieren. In diesen Multiformen verschwimmen die Formen mit dem Hintergrund und erzeugen ein diffuses Muster von unregelmäßigen Gestaltungen.

Ab 1949 hat Rothko in seiner formalen Entwicklung den Übergang von den zwischenzeitlichen »Multiformen« zu seinem »reifen« Stil vollzogen. Als Folge von beinahe zwei Jahrzehnten der Suche und des Experiments hatte Rothko damit jene Basis des Bildaufbaus für sich erreicht, die ihn, von wenigen Ausnahmen abgesehen, bis an sein Lebensende begleiten sollte: große Leinwände mit beinahe bis zu den Kanten reichenden, fließenden Rechtecken in gesättigten Farben. Ein frühes Beispiel dafür ist »Magenta, Black, Green on Orange« aus dem Jahr 1949, woraus alle formalen Elemente des reifen Stils ablesbar sind.

Nachdem Rothko diese Form erst einmal gefunden hatte, begnügte er sich damit, nur mehr die ihr innewohnenden Möglichkeiten durchzuspielen. Wie in einer Fuge, in der einige wenige Elemente ständig neu variiert werden, spielte Rothko eine Unzahl von Stimmungen durch.

In einer formalen Analyse kann man diese Basisform, die Rothko nun beibehält, auf eine Kombination des Landschafts- und des Portraitforma-

---

[7] Horst Schwebel, Autonomie der Kunst im Raum der Kirche. Hamburg 1968, 71.
[8] Herbert Muck, Gegenwartsbilder. Kunstwerke und religiöse Vorstellungen des 20. Jahrhunderts in Österreich. Wien 1988, 134.

tes zurückführen. Formale Entwicklungen gehorchen aber nicht ausschließlich den Möglichkeiten der angewandten Technik. Das neutrale Bild existiert nicht; mit jedem Farbfleck wird unausweichlich auch schon ein Standpunkt bezogen. So bleibt die Frage nach der Spiritualität entscheidend. »Nur die Frage nach der Spiritualität wird uns – wie in jedem Jahrhundert menschlicher Geschichte so auch in diesem – ins Zentrum aller Kunst führen; nur von der Erkenntnis ihrer Spiritualität her wird sich die Kunst unseres Jahrhunderts in ihrer Substanz, wie in ihrer Qualität, wie in ihrer Fülle ganz erschließen.«[9] Wird die Frage nach der Spiritualität auf Rothko bezogen, so fällt natürlich zuerst seine jüdische Vergangenheit ins Gewicht. Die besondere Erscheinungsform des Chassidismus und der Kabbala waren dabei in seiner Lebenswelt vorherrschend – beides Richtungen, die eher einer mystischen Spiritualität innerhalb des Judentums als einer rationalistischen, aufklärerischen Vorliebe verpflichtet waren.

Für Rothko bleibt die tragische Existenz. Eine umfassende Melancholie bricht immer wieder durch, die auf der einen Seite die äußerste, absolute Erfahrung eines inneren Todes ist, andererseits aber auch den Blick in unbekannte Sphären freigibt. »Der Schwermütige hat wohl die tiefste Beziehung zur Fülle des Daseins. Ihm leuchtet heller die Farbigkeit der Welt; ihm tönt inniger die Süße des inneren Klanges. Er spürt ganz ans Lebendige die Gewalt ihrer Gestalten ... Die Schwermut ist Ausdruck dafür, daß wir begrenzte Wesen sind, Wand an Wand ... mit Gott leben ... Die Schwermut ist die Not der Geburt des Ewigen im Menschen.«[10] Hier treffen religiöse und künstlerische Existenz aufeinander, ergänzen sich, »...der Künstler ist ein Leidender, wie es der Forscher und der Liebende sind; seine Existenz ist eine tragische, weil er das Unmögliche zu realisieren versucht und immer wieder von neuem daran zerbricht«[11]. Die Variationen, die Rothko mit seinem Grundschema durchspielt, die ständige Wiederkehr des Musters, und dennoch das ständig neue und überraschende Resultat erinnern an die Erfahrungen des russischen Pilgers in seinen *Aufrichtigen Erzählungen*.[12] Diese Gebets- bzw. Malmühle verfällt dabei aber nicht in eine maschinisierte Fließbandtechnik, sondern gestattet durch den Moment der Wiederholung ein jeweils tieferes Eindringen in das Geheimnis der Wirklichkeit – wie ein Bagger, der sich Schaufel für Schaufel tiefer ins Erdreich frißt.

Diese Kongruenz von künstlerischer und religiöser Erfahrung, die einander immer wechselseitig bedingen, wartet aber, gerade in unserer Zeit, auch mit Schwierigkeiten auf. »Vielfach werden gerade die entscheidenden Werke der Moderne gar nicht mehr in ihrer religiösen Aussage verstanden. Der Grund dafür liegt darin, daß es dem Künstler heute nur noch selten möglich ist, die religiöse Wirklichkeit so naiv und direkt darzustellen, wie

---

[9] Wieland Schmied, Spiritualität in der Kunst des 20. Jahrhunderts, in: R. Beck et al. (Hg.), Die Kunst und die Kirchen. Der Streit der Bilder heute. München 1984, 113.
[10] Romano Guardini, Vom Sinn der Schwermut. Mainz 1983, 43 u. 48.
[11] Otto Mauer, Kunst und Christentum. Wien 1946, 30.
[12] Vgl. Emmanuel Jungclaussen (Hg.), Aufrichtige Erzählungen eines russischen Pilgers. Freiburg 1987.

es das Mittelalter getan hat, und schon gar nicht mehr, es so raffiniert und verführerisch zu tun wie der Barock. Die bedeutenden Werke entfernen sich sehr weit von den Konventionen, und das durchschnittliche Bewußtsein holt sie nicht ein. Was der moderne Künstler unternimmt, ist entweder die Darstellung der Ergriffenheit des Menschen, der vom Religiösen gepackt ist, oder die Andeutung des Transzendenz-Bezuges der Dinge.«[13]

Ähnlich wie sich Levinas in der kritischen Aufarbeitung der abendländischen Geistesgeschichte mit ihrer alles vereinnahmenden Seinsvorstellung, die er als unerträgliche Last empfindet, von eben dieser ontologischen Allmächtigkeit lossagt, läßt Rothko seine Bezüge zu Objekten aus der Lebenswelt gänzlich fallen. Levinas hat der diktatorischen Gleichmacherei der Ontologie den Kampf angesagt und deshalb auch in seinen frühen Äußerungen über Kunst[14] diese sehr skeptisch betrachtet, weil in der repräsentativen Kunst das *Fremde*, der *Andere* in die bildhafte Verfügbarkeit gezwungen wird. Nach seiner Interpretation macht das Bild den abgebildeten Gegenstand vergessen, was einer ewigen Verlängerung der Gegenwart gleichkommt. Die Gegenforderung wäre ein offengehaltener Bildraum, der sich nicht in seiner Eigenständigkeit abkapselt, sondern dialogfähig bleibt, die *Fremdheit des Anderen* in seinem letztlich unzugänglichen Geheimnis zum Maßstab nimmt und damit einen *xenologischen* Prozeß auslöst. Genau dies scheint Rothko auf seine ihm eigene Art gelungen zu sein. Er trifft sich dabei mit Levinas in dessen Rede von der »Spur«, die ohne Absicht hinterlassen und verwischt ist, die von einer Vergangenheit kündet, die nie Gegenwart war und somit tatsächlich absolut (vgl. ab-solvere) ist. Dennoch gewährt die Spur eine Ahnung von dem, der vorübergezogen ist. Konkret war dies für Rothko sein ethischer Anspruch, sich um eine vollkommenere Menschlichkeit zu bemühen.

Rothkos Arbeiten erlauben aber auch einen Brückenschlag zum Begriff der »ressemblance« (Ähnlichkeit) bei Levinas, wenn dieser das Bild als gleichwirklichen Schatten der Wirklichkeit interpretiert. Das Bild wird nicht mehr gleichsam als Fenster an der Wand aufgefaßt, das den Blick auf die dahinter liegende Wirklichkeit freigeben würde, sondern es eröffnet einen eigenständigen Raum, der dem Betrachter seinen je eigenständigen Platz anbietet. In der »Unkenntlichmachung« (*oblitération*, um wieder bei einem Kernbegriff von Levinas zu bleiben) der Bildinhalte schließt Rothko abermals zur mystischen Erfahrung auf.

Die Berufung auf das religiöse Moment nährt sich aber auch von einem konkreten Werk Rothkos, das diese Dimension in direkter Weise anspricht, nämlich die Gestaltung einer Kapelle in Houston. Für Rothko war die Arbeit an den Bildern für die Kapelle nicht bloß ein weiteres Auftragswerk, sondern bedeutete für ihn auch ein neuerliches Aufbrechen zu fernen Ufern. So schreibt er an die Auftraggeberin Dominique de Menil:

---

[13] Günter Rombold, Kunst – Protest und Verheißung. Eine Anthropologie der Kunst. Linz 1976, 87.
[14] Vgl. Emmanuel Levinas, La réalité et son ombre, in: Revue des sciences humaines, 185/1982, 103–107.

»Die Größe der Aufgabe, hinsichtlich jeder Ebene von Erfahrung und Bedeutung, zu der ich durch Sie kam, übersteigt alle meine vorgefaßten Meinungen. Und sie lehrt mich, über das hinauszugehen, was ich glaubte, daß es für mich möglich ist. Dafür danke ich Ihnen.«[15]

Diese Anknüpfungen schlossen für Rothko die Spannung zwischen unbedingtem Erkennenwollen und der Erfahrung der allzu engen menschlichen Begrenztheit ein. »Gibt es in der Kunst ein anderes Kriterium als das Näherbringen des Himmels? Die dazu erforderliche Glut und Spannung können nur durch eine absolute Passion entfacht werden. Dieses Kriterium läßt uns jedoch untröstlich, denn Rußland und Spanien lehren uns, daß wir Gott niemals nahe genug sein werden, um das Recht zu besitzen, Atheisten zu sein...«[16]

Man mag Rothko vor diesem Hintergrund als einen Gescheiterten bezeichnen, der nach landläufiger Vorstellung nicht gerade ein hohes Maß an Lebensfähigkeit besessen hat. In der Rückschau auf sein Werk müssen allerdings solche Stimmen verstummen – zu großartig sind die Türen, die Rothko seinen Rezipienten für einen tieferen und reicheren Zugang zur Wirklichkeit aufgetan hat. Und vor dem Hintergrund, daß das ganze Leben ein einziges Sterbenlernen ist, eine Vorbereitung auf einen uneinholbaren Überstieg in jene immer wieder erfahrene *Fremde* der Wirklichkeit, vor diesem Hintergrund gilt es, alles Geschriebene wieder im Stammhirn versinken zu lassen und direkt vor den Bildern Rothkos nur zu schauen und zu schauen und zu schauen...

---

[15] Vgl. Susan J. Barnes, The Rothko Chapel. An Act of Faith. Austin 1989, 18.
[16] Emil M. Cioran, Von Tränen und von Heiligen. Frankfurt am Main 1988, 58.

Die Phänomenologie Edmund Husserls und seine ›Schule‹

Hans Rainer Sepp

Die Phänomenologie, die zur Jahrhundertwende in Husserls zweibändigen *Logischen Untersuchungen* erste konkrete Gestalt annahm und für eine breitere Öffentlichkeit faßbar wurde, erfuhr bereits kurze Zeit später eine eigentümliche Rezeption: Die *Logischen Untersuchungen* stießen nicht nur auf die Anerkennung und Kritik, wie sie philosophischen Publikationen üblicherweise zuteil werden; sie wurden darüber hinaus einigen Personen zum Anlaß, ihr Philosophieren in freier Aneignung der in jenem Werk vorgestellten Zugangsweisen ganz neu zu organisieren. Damit fand Husserl relativ früh Gesprächspartner, die in einen Dialog mit seinen Auffassungen eintraten, ohne im eigentlichen Sinne seine Schüler zu sein. Dieser Dialog wurde im Bewußtsein eines Gemeinsamen geführt und offenbarte doch früh schon differente Auffassungen davon, wie Phänomenologie betrieben werden soll.[1] Eine Einführung in die frühe Phänomenologie kann somit von einem Standpunkt aus unternommen werden, der das dialogische Verhältnis, in dem Husserl und seine phänomenologischen Gesprächspartner stehen, selbst in den Blick und zum Ausgangspunkt nimmt. Diesen Weg möchte ich im folgenden ansatzweise beschreiten.[2]

---

[1] Zur Deutung dieses Dialogs als einer »Dialektik«, die bereits dem phänomenologischen Ansatz Husserls inhärent sei, vgl. Karl Schuhmann, Die Dialektik der Phänomenologie I: Husserl über Pfänder (Phaenomenologica Bd. 56). Den Haag 1973.

[2] *Literatur zur Phänomenologischen Bewegung*: Herbert Spiegelberg, The Phenomenological Movement (Phaenomenologica Bd. 5/6). Den Haag 1960, 3. Aufl. in Zusammenarbeit mit K. Schuhmann 1982. – Eberhard Avé-Lallemant, Die Phänomenologische Bewegung. Ursprung, Anfänge und Ausblick, in: H. R. Sepp (Hg.), Edmund Husserl und die Phänomenologische Bewegung. Zeugnisse in Text und Bild. Freiburg/München 1988, 61–75. – Elisabeth Ströker und Paul Janssen, Phänomenologische Philosophie. Freiburg/München 1989. – Bernhard Waldenfels, Einführung in die Phänomenologie. München 1992. – Karl-Heinz Lembeck, Einführung in die phänomenologische Philosophie. Darmstadt 1994. – Hans Rainer Sepp (Hg.), Metamorphose der Phänomenologie. Liber amicorum für Meinolf Wewel, erscheint 1997 in Freiburg/München.
Einführende Literatur zu Husserl: Paul Janssen, Edmund Husserl. Einführung in seine Philosophie. Freiburg/München 1976. – Edmund Husserl, Die phänomenologische Methode. Ausgewählte Texte I [mit einer Einführung in Husserls Philosophie], hg. von Klaus Held. Stuttgart 1985. – Ders., Phänomenologie der Lebenswelt. Ausgewählte Texte II [mit einer Einführung in Husserls Philosophie], hg. von Klaus Held. Stuttgart 1986. – Elisabeth Ströker, Husserls transzendentale Phänomenologie. Frankfurt am Main 1987. – Werner Marx, Die Phänomenologie Edmund Husserls. Eine Einführung. München 1987. – Ullrich Melle, Die Phänomenologie Edmund Husserls als Philosophie der Letztbegründung und radikalen Selbstverantwortung, in: H. R. Sepp (Hg.), Edmund Husserl und die Phänomenologische Bewegung, a.a.O. 45–59. – Rudolf Bernet, Iso Kern und Eduard Marbach, Edmund Husserl. Darstellung seines Denkens. Hamburg 1989. – Die bislang ausführlichste Zusammenstellung von biographischem und werkgeschichtlichem Material enthält der Band von Karl Schuhmann: Husserl-Chronik. Denk- und Lebensweg Edmund Husserls (Husserliana Dokumente Bd. I). Den Haag 1977. – Einen Forschungsbericht zu Husserl legte Antonio F. Aguirre vor (Die Phänomenologie Husserls

Die leitenden Fragen dabei sind: Was ist jene Gruppe von frühen Phänomenologen, wissenssoziologisch gesehen, für ein Gebilde, wenn wir von ihr als von einer Schule sprechen, doch diese Aussage sogleich dadurch einschränken, daß wir das Wort ›Schule‹ zwischen Anführungszeichen setzen? Und inwiefern liefert diese wissenssoziologische Gestalt, die in der Geschichte des Philosophierens offensichtlich ein Novum darstellt, ein Indiz für den eigentümlichen Sinn der Phänomenologie selbst, daß sich nämlich in ihrem Fall ein einheitlicher Grundsinn mit der Möglichkeit zu vielfältigen Ausgestaltungen, ›Phänomenologien‹, verbindet?

Ich werde zunächst diese wissenssoziologische Gestalt der Phänomenologie etwas näher charakterisieren (I). Sodann zeichne ich die Hauptetappen der äußeren Biographie des Dialogs zwischen Husserl und den frühen Phänomenologen, die die Entwicklung jener Gestalt historisch belegt, nach (II). Schließlich beziehe ich mich auf den inneren, philosophischen Gehalt des Dialogs: Hier gilt es vor allem die differenten Ansätze im Methodischen in den Blick zu nehmen. Diese Methodendifferenzen offenbaren jedoch tieferliegende Divergenzen, wie sie besonders in der unterschiedlichen Bestimmung dessen, was denn die Sache der Phänomenologie eigentlich sein soll, zutage traten (III). Abschließend werde ich fragen, ob es Strategien gibt, das Divergente wieder aufeinander zu beziehen, Strategien, in denen sich die spezifische wissenssoziologische Gestalt der Phänomenologie vielleicht auf besondere Weise bewähren könnte (IV).

I. Die wissenssoziologische Gestalt der Phänomenologie

Das wissenssoziologisch gesehen Auffallende an der von Husserl begründeten Phänomenologie ist, daß sie als Denkweise nicht an ihren Stifter gebunden, in ihren Grundmomenten nicht mit seiner eigenen Weltanschauung so verwoben ist, wie dies für viele der traditionellen Philosopheme in der Tat zutrifft. Sie verkörpert in ihrer faktischen Gestalt aber auch kein Schulsystem, das, einmal begründet, Geltung für alle Nachfolger beanspruchen kann.

Damit steht die Phänomenologie wissenssoziologisch zwischen den Positionen der Wissenschaft einerseits und der philosophischen Systeme der Tradition andererseits. Mit der Wissenschaft teilt sie die Intersubjektivität gemeinsamer Fragestellungen, mit den philosophischen Systemen die Radikalität des philosophischen Ansatzes.[3] Im Gegensatz zu den Systemen der Tradition versucht die Phänomenologie den Dialog über die historische Situation eines philosophischen Systems hinaus zu führen,

---

im Licht ihrer gegenwärtigen Interpretation und Kritik [Erträge der Forschung Bd. 175]. Darmstadt 1982). – Zu Husserls Phänomenologie-Begriff s. Karl Schuhmann, Phänomenologie. Eine begriffsgeschichtliche Reflexion, in: Husserl Studies 1 (1984) 31–86.

[3] Sofern bei Husserl die phänomenologische Methode und die mit ihr zu gewinnenden materialen Analyseergebnisse (»reine Phänomenologie«) die Vorstufe für genuin philosophisch-metaphysische Fragestellungen (»phänomenologische Philosophie«) bilden. Vgl. hierzu Karl Schuhmann, Husserls Idee der Philosophie, in: Husserl Studies 5 (1988) 235–256.

Die Phänomenologie Edmund Husserls und seine ›Schule‹

doch zugleich so, daß sie das philosophische Fragen, wie es von jeher betrieben wurde, in ihren Dialog miteinbindet. So versucht sie zu zeigen, daß überkommene philosophische Positionen nicht nur einen jeweiligen historischen Geltungswert besitzen und daher auch nicht ausschließlich philosophiehistorisch betrachtet werden dürfen. Ihr Problemgehalt will in ein offenes, lebendiges Philosophieren hineingestellt sein, in ein Philosophieren, das in der Kontinuität der Tradition steht, aber darin nicht stillsteht, sondern ein ihm eigentümliches Fortschreiten verzeichnet – ein solches, das prinzipiell verschieden ist vom kumulativ gedachten Fortschritt der Wissenschaft.[4]

Wie kann aber angesichts voneinander abweichender, einander kritisierender, ja befehdender phänomenologischer Standpunkte von einem Gemeinsamen überhaupt noch die Rede sein? Zerfällt nicht doch, faktisch gesehen, Phänomenologie in so viele Phänomenologien, wie es Phänomenologen gibt?[5] Zur Antwort auf diese Frage mag ein Dokument dienen. Es ist das Vorwort zu dem im Jahr 1913 von Husserl gemeinsam mit weiteren Vertretern der frühen Phänomenologen herausgegebenen ersten Band des *Jahrbuchs für Philosophie und phänomenologische Forschung*.[6] In diesem Vorwort heißt es:

»Es ist nicht ein Schulsystem, das die Herausgeber verbindet und das gar bei allen künftigen Mitarbeitern vorausgesetzt werden soll; was sie vereint, ist vielmehr die gemeinsame Überzeugung, daß nur durch Rückgang auf die originären Quellen der Anschauung und auf die aus ihr zu schöpfenden Wesenseinsichten die großen Traditionen der Philosophie nach Begriffen und Problemen auszuwerten sind […]. Sie sind der gemeinsamen Überzeugung, daß der Phänomenologie ein unbegrenztes Feld streng wissenschaftlicher und höchst folgenreicher Forschung eigentümlich ist, das, wie für die Philosophie selbst, so für alle anderen Wissenschaften fruchtbar gemacht werden muß – wo immer Prinzipielles in ihnen in Frage steht.« (Hua XXV, 63 f.)

Diese Sätze betonen die notwendige Kontinuität des Philosophierens und umreißen das Programm, das all jene, die sich der Phänomenologie verschreiben, zusammenführen soll: Es sieht vor, daß im Gegensatz zu den deduzierenden und metaphysisch-spekulativen Verfahren der Tradition »auf die Quellen der Anschauung« zurückgegangen wird und aus ihnen die »Wesenseinsichten«, also die apriorischen Erkenntnisse, gewonnen werden sollen, die nötig sind, um die Problemfelder der philosophischen Überlieferung neu zu formulieren. Diese zu erbringende Leistung der

---

[4] Zum wissenssoziologischen Ansatz innerhalb der Phänomenologie vgl. Scheler, GW 8; zur Charakterisierung der wissenssoziologischen Gestalt der Philosophie als *philosophia perennis* vgl. GW 5, S. 203 f.
[5] »Die Phänomenologie besteht zu einem beträchtlichen Teil aus einer Geschichte von Husserl-Häresien. Die Bauart, die das Werk des Meisters aufweist, brachte es mit sich, daß es zu keiner Husserl-Orthodoxie kam« (Paul Ricoeur, zitiert bei Bernhard Waldenfels, Einführung in die Phänomenologie, a.a.O. 9).
[6] Zur Geschichte des Jahrbuchs s. Karl Schuhmann, Husserl's Yearbook, in: Philosophy and Phenomenological Research, 50, Supplement (1990) 1–25.

Phänomenologie wird ferner als »Forschung« bezeichnet, die es mit allem »Prinzipiellen« zu tun hat. Das Prinzipielle gilt der Philosophie traditionsgemäß als das Apriorische, so daß Prinzipielles aufzudecken die Erlangung apriorischer Erkenntnis besagt. Hier soll es eine bestimmte Art von Anschauung sein, welche die apriorischen Bestände aufdeckt, und diese sollen – ähnlich wie in den Wissenschaften – im offenen Austausch einer Forschergemeinschaft[7] gewonnen werden.

Diese für die Phänomenologie konstitutive Fragestellung nach dem Prinzipiellen im Rahmen einer Forschung, die sich auf Anschauung stützt und sich in einer Forschungsgemeinschaft realisiert, läßt die besondere Gestalt der Phänomenologie sehen und deutet zugleich eine gemeinsame Basis für mannigfaltige phänomenologische Ansätze an.

II. Der Dialog zwischen Husserl und den frühen Phänomenologen – Etappen einer Biographie

Dem besonderen wissenssoziologischen Charakter der Phänomenologie jenseits der Alternative von Einzelgängertum und Schulgemeinschaft entspricht auch der Tatbestand, daß die Phänomenologie historisch gesehen – bei allem Einfluß, den Husserls *Logische Untersuchungen* ausübten – noch einen zweiten Ursprung aufweist: nämlich in der Gruppe von Schülern des Münchener Philosophen Theodor Lipps[8], in dessen Schülerkreis der Terminus ›Phänomenologie‹ im Sinne deskriptiver Psychologie bereits 1899 gebraucht wurde.[9] Doch erst Husserl gab mit den *Logischen Untersuchungen* die entscheidende Wendung – von ausschließlich deskriptiv-psychologischer Analyse hin zur Erforschung apriorischer Sachverhalte: Er zeigte, daß apriorische Sinnbestände nicht auf Erzeugnisse des Denkvorgangs rückführbar, also nicht psychologisch erschließbar, sondern nur in einer bestimmten Form von Anschauung, die Husserl »kategoriale Anschauung« nannte, gegeben sind.

---

[7] Vgl. diese Äußerungen: »Spätere Geschlechter werden es nicht verstehen, daß ein einzelner Philosophien entwerfen konnte, so wenig, wie ein einzelner heute die Naturwissenschaft entwirft.« (Adolf Reinach 1914; s. Reinach, Sämtliche Werke, 2 Bde., hg. von Karl Schuhmann und Barry Smith. München 1989, 550) – »War die Philosophie einst die schärfste Form des individualisierten Bewußtseins, ein Denkvollzug in der Einsamkeit, wo der einzelne sie war ein einziger, so ist sie heute unter gänzlich andere Bedingungen ihres gesellschaftlichen Vollzugs und ihrer Aussagemöglichkeiten gestellt. Gewiß hat die Philosophie unserer Tage ihren kollektiven Vollzugsstil noch nicht gefunden.« (Eugen Fink 1969; s. Fink: »Grußansprache«, in: H. L. van Breda [Hg.], Wahrheit und Verifikation. Akten des vierten Internationalen Kolloquiums für Phänomenologie [Phaenomenologica Bd. 61]. Den Haag 1974, 2).

[8] Zu Theodor Lipps (1851–1914) s. die Beiträge von Michael Kesselring: Theodor Lipps (1851–1914). Ein Beitrag zur Geschichte der Psychologie, in: Psychologische Beiträge 7 (1962/1964) 73–100 und Wolfhart Henckmann: Lipps, Theodor, in: Neue Deutsche Biographie 14 (1985) 670–672.

[9] Vgl. Reinhold Nikolaus Smid, ›Münchener Phänomenologie‹ – Zur Frühgeschichte des Begriffs, in: H. Spiegelberg und E. Avé-Lallemant (Hg.), Pfänder-Studien (Phaenomenologica Bd. 84), The Hague/Boston/London 1982, 109–153, bes. 115.

Die von Husserl vorgezeichnete Möglichkeit zu apriorischer Forschung war der zündende Funke für die Entstehung der Phänomenologischen Bewegung. Einige Schüler von Theodor Lipps ergriffen sogleich den in den *Logischen Untersuchungen* dargereichten Schlüssel für Versuche zur Lösung der eigenen Problemstellungen. Bereits 1902, ein Jahr nach Erscheinen des zweiten Bandes der *Logischen Untersuchungen*, hatte der Lipps-Schüler Johannes Daubert[10] in der Philosophenrunde des 1895 von Lipps-Schülern gegründeten Münchener »Psychologischen Vereins«[11] die *Logischen Untersuchungen* eingeführt[12] und – wie Theodor Conrad schrieb – einen wahren »Erdrutsch«[13] bewirkt: Nach und nach schwor Daubert fast alle Lipps-Schüler wie Alexander Pfänder[14], Adolf Reinach[15], Moritz Geiger[16], Theodor Conrad[17], um nur einige der bekanntesten zu nennen, auf die in den *Logischen Untersuchungen* ausgemachte neue Position ein. In den darauffolgenden Jahren wurden die Kontakte zwischen Husserl und den ›Münchener Phänomenologen‹[18] enger geknüpft – immer von Daubert

---

[10] Johannes Daubert (1877–1947) hat zeit seines Lebens nichts publiziert. Zu Leben und Werk Dauberts s. den Artikel von Karl Schuhmann: Daubert, Johannes, in: Hans Burkhardt und Barry Smith (Hg.), Handbook of Metaphysics and Ontology, Bd. 1: A-K. Munich/Philadelphia/Vienna 1991, 195 f.

[11] Eine Chronik des Vereins geben Wolfhart Henckmann und Karl Schuhmann in: Hans Rainer Sepp (Hg.), Die Münchener-Göttinger Phänomenologie (Orbis Phaenomenologicus Abt. IV, Bd. 1), erscheint 1998 in Freiburg/München.

[12] Mit dem Vortrag »Bemerkungen zur Psychologie der Apperzeption und des Urteils«. Zur Edition des Vortragstextes s. Karl Schuhmann: Ein Schlüsseldokument der Münchener Phänomenologie. Dauberts Vortrag über Apperzeption und Urteil vom Juli 1902 erscheint 1998 in: Hans Rainer Sepp (Hg.), Die Münchener-Göttinger Phänomenologie. Vgl. auch die Arbeit von Reinhold Nikolaus Smid, An early interpretation of Husserl's phenomenology: Johannes Daubert and the Logical Investigations, in: Husserl Studies 2 (1985) 267–290.

[13] Nachlaß Theodor Conrad in der Bayerischen Staatsbibliothek München, Ms. A VI 6 (»Zum Gedenken an Husserl und seine phänomenologische Methode«), S. 2.

[14] Zu Alexander Pfänder (1870–1941) s. Herbert Spiegelberg, Alexander Pfänders Phänomenologie, nebst einem Anhang Texte zur phänomenologischen Philosophie aus dem Nachlaß. Den Haag 1963, sowie Herbert Spiegelberg und Eberhard Avé-Lallemant (Hg.), Pfänder-Studien, a.a.O.

[15] Adolf Reinachs (1883–1917) Werke liegen in einer textkritischen Edition vor (Reinach, Sämtliche Werke a.a.O.); vgl. auch den Band von Kevin Mulligan (Hg.), Speech Act and Sachverhalt. Reinach and the Foundations of Realist Phenomenology (Primary Sources in Phenomenology Bd. 1). Dordrecht/Boston/Lancaster 1987.

[16] Zu Moritz Geiger (1880–1937) s. Hermann Zeltner, Moritz Geiger zum Gedächtnis, in: Zeitschrift für philosophische Forschung 14 (1960) 452–466, und Herbert Spiegelberg, The Phenomenological Movement, a.a.O. 200–212. Geigers Arbeiten zur phänomenologischen Ästhetik sind gesammelt in: Moritz Geiger, Die Bedeutung der Kunst. Zugänge zu einer materialen Wertästhetik. Gesammelte, aus dem Nachlaß ergänzte Schriften zur Ästhetik (Theorie und Geschichte der Literatur und der schönen Künste Bd. 27), hg. von Klaus Berger und Wolfhart Henckmann. München 1976.

[17] Theodor Conrad (1881–1969) hat nur wenig publiziert. Vgl. ders., Zur Wesenslehre des psychischen Lebens und Erlebens (Phaenomenologica Bd. 27). Den Haag 1968.

[18] Zur ›Münchener Phänomenologie‹ s. den Band von Helmut Kuhn, Eberhard Avé-Lallemant und Reinhold Gladiator (Hg.), Die Münchener Phänomenologie. Vorträge des Internationalen Kongresses in München 13.–18. April 1971 (Phaenomenologica Bd. 65). Den Haag 1975, sowie die Arbeiten von Reinhold Nikolaus Smid, ›Münchener Phäno-

angeregt und vermittelt: 1904 besuchte Husserl den Psychologischen Verein, 1905 kam es zu einem intensiven Gedankenaustausch zwischen Husserl, Pfänder und Daubert, und vom Sommersemester desselben Jahres an gingen einige der Münchener Phänomenologen zu Husserl nach Göttingen. »Sie kamen dorthin bereits *als Husserlianer*, als *in München geschulte* Husserlianer«, schreibt Theodor Conrad rückblickend: »Sie waren vielfach recht erstaunt, dort einen Husserl vorzufinden, der von dem in München studierten in wichtigen Punkten erheblich abwich.«[19] Conrad bezieht sich mit dieser Bemerkung auf die transzendentale Wendung, die Husserl zu dieser Zeit in seinem Philosophieren vornahm und zu der alle Münchener und nachfolgend nahezu alle Göttinger Phänomenologen auf Distanz gingen.[20]

Dessenungeachtet waren diese Jahre vor Ausbruch des Ersten Weltkriegs die erste Blütezeit der Phänomenologie;[21] in Göttingen hospitierten regelmäßig Phänomenologen aus München, die mit dem Münchener Kreis weiterhin in enger Verbindung standen. 1906 war aus Jena Max Scheler[22], der bei Rudolf Eucken promoviert und sich habilitiert hatte, als Privatdozent nach München gekommen und hatte sich den Münchener Phänomenologen angeschlossen. In Göttingen bildete sich in diesen Jahren in der Tat eine Schule heraus, sofern die Göttinger Phänomenologen allesamt Schüler Husserls und später Reinachs waren, der sich 1909 in Göttingen habilitiert hatte. Dem Göttinger Schülerkreis gehörten an u.a. Hedwig Martius[23], die später Theodor Conrad heiratete, Dietrich von Hildebrand[24],

---

menologie‹ – Zur Frühgeschichte des Begriffs, a.a.O. und K. Schuhmann, Brentano und die Münchener Phänomenologie, in: Brentano Studien 1 (1988) 97–107.

[19] So Conrad in seinem »Bericht aus dem Jahre 1954«, abgedruckt in: Eberhard Avé-Lallemant und Karl Schuhmann, Ein Zeitzeuge über die Anfänge der phänomenologischen Bewegung: Theodor Conrads Bericht aus dem Jahre 1954, in: Husserl Studies 9 (1992) 77–90, Zitat 82.

[20] Eine der wenigen Ausnahmen stellt Fritz Kaufmann (1891–1959) dar. Nach dem Ersten Weltkrieg setzte er sein in Göttingen begonnenes Studium bei Husserl in Freiburg fort. Seine vor allem zur Geschichtsphilosophie und Ästhetik vorgelegten Arbeiten belegen die Vertrautheit ihres Verfassers mit Husserls transzendentalem Ansatz und den frühen Schriften Heideggers. Siehe Ludwig Landgrebe, Fritz Kaufmann in memoriam, in: Zeitschrift für philosophische Forschung 12 (1958) 612–615.

[21] In diese Zeit fällt auch die erste Rezeptionsphase der Husserlschen Philosophie im Ausland, besonders in Rußland. Vgl. hierzu Alexander Haardt, Husserl in Rußland. Phänomenologie der Sprache und Kunst bei Gustav Špet und Aleksej Losev. München 1992.

[22] Zu Leben und Werk Max Schelers (1874–1928) s. Wilhelm Mader, Max Scheler in Selbstzeugnissen und Bilddokumenten (Rowohlts Monographien Bd. 290). Reinbek 1980. Zur neueren Schelerforschung vgl. Ernst Wolfgang Orth und Gerhard Pfafferott (Hg.), Studien zur Philosophie von Max Scheler. Internationales Max-Scheler-Colloquium »Der Mensch im Weltalter des Ausgleichs« Universität zu Köln 1993 (Phänomenologische Forschungen Bd. 28/29). Freiburg/München 1994, und Hans Rainer Sepp, Das Werk Max Schelers in der gegenwärtigen Edition und Diskussion, in: Philosophische Rundschau 42 (1995) 110–128.

[23] Ein Verzeichnis der Schriften von Conrad-Martius (1888–1966) legte Eberhard Avé-Lallemant vor: Hedwig Conrad-Martius Bibliographie, in: Zeitschrift für philosophische Forschung 30 (1977) 301–309.

[24] Zu Leben und Werk Dietrich von Hildebrands (1889–1977) s. Josef Seifert, Truth and Value. The Philosophy of Dietrich von Hildebrand (Aletheia Bd. V). Bern u.a. 1992.

Alexandre Koyré[25], Jean Héring[26], Wilhelm Schapp[27], Hans Lipps[28], Roman Ingarden[29] und nicht zu vergessen: Edith Stein[30]. 1907 gründete Theodor Conrad nach Münchener Vorbild die »Philosophische Gesellschaft Göttingen«, die in regelmäßigem Turnus Diskussionsabende veranstaltete.[31] Der Erste Weltkrieg unterbrach abrupt dieses fruchtbare symphilosophein. 1916 wurde Husserl an die Freiburger Universität berufen. Der Freiburger Phänomenologenkreis wurde mit den Jahren zunehmend von der Ausstrahlung Heideggers entscheidend mitgeprägt, der bereits als Privatdozent an der Universität wirkte, als Husserl nach Freiburg kam.[32] Zu den Freiburger Phänomenologen zählen etwa Arnold Metzger[33], Fritz Kaufmann, Hans Reiner[34], Oskar Becker[35] und vor allem die persönlichen Assistenten Husserls: Ludwig Landgrebe[36], Eugen Fink[37] und natürlich

---

[25] Zu Alexandre Koyré (1892–1964) s. den von Pietro Redondi hg. Sonderband zu Koyré von: History and Technology 4 (1987).

[26] Zu Jean Héring (1890–1966) vgl. Bernhard Waldenfels, Phänomenologie in Frankreich. Frankfurt am Main 1983, 34 f., 346.

[27] Zum Verhältnis der Positionen von Husserl und Wilhelm Schapp (1884–1965) vgl. Martin Wälde, Husserl und Schapp. Von der Phänomenologie des inneren Zeitbewußtseins zur Philosophie der Geschichten. Basel/Stuttgart 1985.

[28] Zu Hans Lipps (1889–1941) s. Frithjof Rodi (Hg.), Beiträge zum 100. Geburtstag von Hans Lipps am 22. November 1989, in: Dilthey-Jahrbuch 6 (1989) 3–227.

[29] Einen Überblick über das Schaffen von Roman Ingarden (1893–1970) gibt Guido Küng, Zum Lebenswerk von Roman Ingarden. Ontologie, Erkenntnistheorie und Metaphysik, in: H. Kuhn, E. Avé-Lallemant und R. Gladiator (Hg.), Die Münchener Phänomenologie, a.a.O. 158–173.

[30] An neueren Arbeiten über Edith Stein (1891–1942) s. Reto Luzius Fetz, Matthias Rath und Peter Schulz (Hg.), Studien zur Philosophie von Edith Stein. Internationales Edith-Stein-Symposion Eichstätt 1991 (Phänomenologische Forschungen Bd. 26/27). Freiburg/München 1993; Andreas Uwe Müller, Grundzüge der Religionsphilosophie Edith Steins. Freiburg/München 1993; Peter Schulz, Edith Steins Theorie der Person. Von der Bewußtseinsphilosophie zur Geistmetaphysik. Freiburg/München 1994.

[31] Zur Münchener-Göttinger Phänomenolgie s. Hans Rainer Sepp (Hg.), Die Münchener-Göttinger Phänomenologie, erscheint 1998. Zum methodischen Vorgehen dieser Phänomenologengruppe s. Franz-Georg Schmücker, Phänomenologie als Methode der Wesenserkenntnis unter besonderer Berücksichtigung der Auffassung der Münchener-Göttinger Phänomenologenschule, Phil. Diss. München 1956.

[32] In den zwanziger Jahren begann die Rezeption der Phänomenologie vor allem in den USA (s. E. F. Kaelin und Calvin O. Schrag (Hg.), American Phenomenology [Analecta Husserliana Bd. XXVI]. Dordrecht 1989), Japan (Yoshihiro Nitta und H. Tatematsu (Hg.), Japanese Phenomenology [Analecta Husserliana Bd. VIII]. Dordrecht/Boston/London 1979; Yoshihiro Nitta (Hg.), Japanische Phänomenologie. Freiburg/München 1984), Frankreich (Bernhard Waldenfels, Phänomenologie in Frankreich a.a.O.) und Italien (Renato Cristin (Hg.), Phänomenologie in Italien. Würzburg 1995).

[33] Zu Metzgers (1892–1974) Leben und Werk s. den Materialienband Arnold Metzger, Phänomenologie der Revolution. Frühe Schriften. Frankfurt am Main 1979.

[34] Zu Hans Reiner (1896–1991) s. Irene Eberhard, Hans Reiner Bibliographie, in: Zeitschrift für phänomenologische Forschung 21 (1967) 154–158 und dies., Das philosophische Werk Hans Reiners, in: Zeitschrift für philosophische Forschung 25 (1971) 615–618.

[35] Zu Becker (1889–1964) vgl. den Aufsatz von Otto Pöggeler, Hermeneutische und mantische Phänomenologie, in: Philosophische Rundschau 13 (1965) 1–39.

[36] Siehe die Selbstdarstellung Ludwig Landgrebes (1902–1991) in: Philosophie in Selbstdarstellungen Bd. 2. Hamburg 1975, 128–169.

[37] Zu Leben und Werk Eugen Finks (1905–1975) s. Ferdinand Graf (Hg.), Eugen Fink Sym-

Edith Stein, die Husserl nach Freiburg gefolgt war, um ihre Promotion zu beenden, und im Anschluß daran für knapp anderthalb Jahre seine private Assistentin wurde.

III. Zum philosophischen Gehalt des Dialogs

1. Husserls phänomenologischer Ansatz

Nach der transzendentalen Wendung Husserls warfen sich beide Parteien – Husserl auf der einen Seite und die Münchener-Göttinger, später Heidegger auf der anderen Seite – ein Verfehlen des rechten phänomenologischen Zugangs vor. Dabei lagen, wie sich zeigen ließe, Mißverständnisse auf beiden Seiten vor. Ich möchte im folgenden auf die Gründe für jene Differenzen zu sprechen kommen. Zunächst versuche ich den Ansatz von Husserls Phänomenologie zu charakterisieren. Ich wähle dafür ein eher unübliches Verfahren, indem ich mich besonders auf eine folgenreiche Entscheidung des frühen Husserl konzentriere, was jedoch den Vorteil hat, daß von da aus der Ansatzpunkt von Husserls philosophischem Standpunkt sowie seine konsequente Entfaltung besonders einsichtig werden.

Bereits im Jahr 1894 gelang Husserl ein Durchbruch, der für seine spätere Konzeption der Intentionalität von grundlegender Bedeutung war. Aus diesem Jahr datiert ein Manuskript, das Husserl mit dem Titel »Intentionale Gegenstände« überschrieben hatte.[38] In ihm behandelte er das Problem der sogenannten »gegenstandslosen Vorstellungen«. Dies sind Vorstellungen, die zwar eine Bedeutung besitzen, denen jedoch kein wirklicher, ›wahrer‹ Gegenstand entspricht. Stelle ich mir z. B. das Einhorn der Mythologie vor, so besitzt diese Vorstellung eine konkrete Bedeutung – eben all die Sinnschichten, die mit dem mythologischen Fabelwesen des Einhorns verbunden sind. Doch das Einhorn selbst gibt es nicht als einen ›wahren‹ Gegenstand, als Etwas in der Wirklichkeit – jedenfalls gibt es keine verbürgte Zeugenschaft seiner tatsächlichen Existenz. Das Problem lautet daher: Wie kann etwas vorgestellt werden, das es in Wahrheit gar nicht gibt?

Die traditionelle Bilder- oder Zeichentheorie des Bewußtseins[39] nimmt die Existenz eines geistigen Abbildes an. Das heißt, der real in der Wirklichkeit vorhandene Gegenstand ist dem Bewußtsein vermittels eines solchen Abbildes gegeben, während der vorgestellte Gegenstand nur dieses Abbild ist. Diese Theorie löst das Dilemma des Verhältnisses von einer Objektwelt, die für das Subjekt ist, und einer solchen, die an sich besteht, mithin dadurch, daß sie die bewußten Gegenstände, cartesianisch gespro-

---

posion 1985 (Schriftenreihe der Pädagogischen Hochschule Freiburg Bd. 2). Freiburg i. Br. 1987.

[38] Der Text dieses erst 1979 aus dem Nachlaß edierten Manuskriptes ist in Hua XXII, 303–348 abgedruckt.

[39] Zu Husserls Kritik an der Bilder- und Zeichentheorie s. Logische Untersuchungen (Hua XIX/1, 436 ff.) und Ideen I (Hua III/1, 89 f. und 207 f.).

chen: die cogitata, als im Bewußtsein existierende Abbilder der Wirklichkeit betrachtet, als Bilder, die die Objekte der Wirklichkeit widerspiegeln und so dem Subjekt vermitteln. Das Unbefriedigende an dieser Theorie liegt darin, daß auf diese Weise das Problem, wie das Verhältnis der Objektwelt der cogitata zu den Dingen an sich zu bestimmen ist, nicht gelöst wird. Die Objektwelt bricht in zwei reale Bereiche auseinander: in eine reale Innenwelt des Bewußtseins mit ihren objektiven Bildvorstellungsgehalten und in eine reale Außenwelt.

In dem besagten Aufsatz aus dem Jahr 1894 äußert sich Husserl nun dergestalt, daß die Auffassung von einer Vermittlung der Wirklichkeit über geistige Abbilder nicht dem entspreche, was wir in den Bewußtseinserlebnissen unmittelbar vorfinden; denn da sei uns ein Gegenstand nicht mittels eines Bildes gegeben, es sei auch nicht ein Gegenstand und ein Bild gegeben, sondern – und nun kommt die umstürzende Aussage: es sei uns schlicht der *Gegenstand selbst* gegeben (vgl. Hua XXII, 334).[40] Husserls Lösung des fraglichen Verhältnisses von cogitatum und Ding an sich, von immanentem Gegenstand auf der einen und wahrem, transzendentem Gegenstand auf der anderen Seite, liegt also darin, daß er die Differenz selbst in Frage stellt. Er akzeptiert nicht mehr die Unterscheidung in einen »bloß intentionalen«, d.h. immanenten Gegenstand, und in einen »wahren«, transzendenten Gegenstand, indem er die dabei als Unterscheidungskriterium fungierende Frage nach der Existenz ihrerseits fragwürdig macht.

Ist der Gegenstand im Bewußtsein ›selbst‹ gegeben, erscheint er also nicht über eine vermittelnde Instanz, dann ist es für Husserl auch gleichgültig, ob der Gegenstand in Wirklichkeit existiert oder nicht. Mit der Ausklammerung der Existenzfrage konzentriert sich Husserl allein darauf, *wie* der Gegenstand *gegeben* ist, d.h., welche Bedeutungen, welche cogitata von ihm Zeugnis ablegen. Das Ding an sich wird mit dem Argument eines vorliegenden Widersinns gestrichen: Denn es ist widersinnig zu sa-

---

[40] Hier ist auch die unmittelbare Vorgeschichte von Husserls Problemlösung von Interesse. Mit dem Titel »Intentionale Gegenstände« bezog sich Husserl zunächst auf die Position seines Lehrers Franz Brentano und seiner Schule, gebrauchte diesen Titel also noch nicht in dem von ihm später phänomenologisch präzisierten Sinn (s. u.). Brentano hatte in seiner Schrift »Psychologie vom empirischen Standpunkt« (1874) den Terminus der »psychischen Phänomene« eingeführt, mit dem er Vorstellungen, Urteile und Gemütstätigkeiten bezeichnete. Zur Bestimmung der Art und Weise, wie diese Phänomene bewußtseinsmäßig gegeben sind, verwendete Brentano den Begriff *intentional*: Die psychischen Phänomene sind dem Bewußtsein intentional inexistent, d.h., sie besitzen in sich selbst eine Gerichtetheit auf ihr mentales (nicht reales) Objekt. Damit erreichte Brentano ein Zweifaches: 1. Er zeigte, daß ein cogito, ein Bewußtseinserlebnis, auf ein cogitatum dergestalt gerichtet ist, daß es dieses in sich enthält. Das cogitatum wird so zu einem immanenten Bestandteil des cogito. Beides, cogito und cogitatum, bezeichnen die Immanenz oder intentionale Inexistenz des Bewußtseins. 2. Damit wurde zudem das Verhältnis von cogitatum und Ding an sich als realem Objekt durchsichtiger. Das cogitatum ist zwar als mentales Objekt in seiner spezifischen Seinsart immer noch nicht bestimmt, tritt aber doch nicht mehr als ein real im Bewußtsein beschlossenes Duplikat des wirklichen Objekts auf. Da auch Brentano noch der Ansicht ist, daß jedes mentale Objekt, also gerade auch dasjenige, in dem Realität erscheint, im Bewußtsein existiert und mentale, immanente Inexistenz besitzt, wird auch hier das Rätsel um die Verdoppelung von cogitatum und wirklichem (transzendenten) Objekt nicht befriedigend gelöst.

gen, das Ding an sich komme als solches nicht zu Bewußtsein, und gleichzeitig die Frage nach der Vermittlung von Ding an sich und Bewußtsein zu stellen. Hingegen ist es ein Befund, daß uns transzendente Gegenstände gegeben sind, und Husserl lenkt den Blick einzig auf dieses Gegebensein. Die Differenz von mentalem und transzendentem Objekt verschmilzt also zum Gesichtspunkt des Gegebenseins von transzendenten Objekten, und dieses Gegebensein ist selbst nicht wieder transzendent. Ist es dann aber immanent, und was besagt ›Immanenz‹ hier?

Husserl weist nun nach, daß diese Immanenz nicht eine Immanenz des eigenen Seelenlebens besagt, die in empirischer innerer Wahrnehmung zugänglich ist. Denn die innere Wahrnehmung ist wie die äußere an der Existenz ihrer Gegenstände interessiert. So interessiere ich mich etwa bei der Erforschung meines Gewissens für die sich zeigenden Sachverhalte, und zwar dafür, ob sie bestehen oder nicht bestehen, und ich interessiere mich nicht für ihr Gegebensein. Ich bin also in ähnlicher Weise auf ›transzendente‹ Gegenstände gerichtet wie im Fall der äußeren Wahrnehmung. Daher kann die bloße Introspektion zur Aufklärung des Gegebenseins von Gegenständen nichts beitragen. Husserl sieht aber eine Möglichkeit, zu einer solchen Aufklärung zu gelangen. Indem ich eine Haltung einnehme, die nicht an der Existenz oder Nichtexistenz des betreffenden Gegenstandes interessiert ist, zerschneide ich das Band, das mein Bewußtsein von diesen oder jenen Gegenständen immer schon mit dem Sinn von transzendenten Gegenständen verkoppelte. Ich habe dann nur mehr die puren cogitata vor mir. Diese Ausschaltung der Existenzsetzung weist schon auf Husserls spätere sogenannte phänomenologische Reduktion voraus.

In den *Logischen Untersuchungen* nimmt Husserl implizit noch eine weitere Reduktion vor, deren Ziel es ist, nicht nur von der Existenzfrage im Rahmen der inneren Wahrnehmung abzusehen, sondern den Boden der Introspektion, den der einzelne Mensch in seinem realpsychischen Bewußtseinszusammenhang verkörpert, ganz zu streichen. Ziel dieses Absehens ist es also, den psychologischen Erlebnisbegriff auszuschalten, d.h. alle Beziehung auf empirisch-reales Dasein. In dieser Bestimmung schwingt auch die Ausschaltung der Frage nach der Existenz mit, insofern mit Ausschluß aller Beziehung auf empirisch-reales Dasein auch die Stellung der Frage nach Existenz oder Nicht-Existenz unterbunden ist. Wir sehen also, daß Husserl hier noch nicht zwischen den beiden Reduktionen, den später ›eidetisch‹ und ›phänomenologisch‹ genannten, sauber trennt, daß aber bereits hier (wie ja schon andeutungsweise im Aufsatz von 1894) der Kerngehalt der phänomenologischen Reduktion vorweggenommen ist.

Das Absehen von allem empirisch-realen Dasein legt einen apriorischen Erlebnisbegriff frei, den Husserl auch als Begriff des reinen Erlebens – rein von aller psychophysischen und empirisch-realen Apperzeption – charakterisiert. Diese reinen Erlebnisse machen somit nicht mehr einen realen – psychisch-realen – Bestand des ebenfalls reinen Bewußtseins aus. Husserl führt hierfür den Begriff des *Reellen* ein: Reine Erlebnisse sind Reellitäten im Gesamtzusammenhang des reellen Bewußtseins, d.h., sie finden sich im reinen, reellen Bewußtsein vor, sind also nicht reale Bestandstücke eines empirisch-psychischen Bewußtseins.

Mit den *Logischen Untersuchungen* stellte sich Husserl die Aufgabe, die Objektivität der logischen Ideen, auf denen alle logischen Grundbegriffe fußen, gerade dadurch nachzuweisen, daß herausgestellt wird, wie sie dem Erkennen gegeben sind. Husserl fragte also nach der spezifischen reellen Erlebnisweise, in der logische Gehalte a priori erfaßt werden, und seine Antwort war, daß logische Ideen in einer besonderen Anschauung, der schon erwähnten »kategorialen Anschauung«, gegeben sind: Die Idealität logischer Gehalte wird dadurch gewährleistet, daß diese in besonderen reellen Aktverhältnissen, und nur in diesen, gegeben sind, ohne doch auf diese relativ, also selbst reeller Natur, zu sein.

In den *Logischen Untersuchungen* bezeichnet Husserl die Idealität der logischen Bedeutungen mit dem Terminus »Spezies«; solche Spezies, von Husserl später Wesen, Ideen, Eidoi genannt, sind die Themen der eidetischen Phänomenologie. Ein Eidos ist für Husserl ein nicht begrifflich-allgemeiner, sondern wesensallgemeiner Gegenstand, der – analog wie ein individueller Gegenstand im Raum in der sinnlichen Wahrnehmung – in der mit ihm korrespondierenden kategorialen Anschauung direkt erfaßt, angeschaut werden kann, der also nicht begrifflich erschlossen, spekulativ deduziert oder aufgrund von empirischer Erfahrung induktiv aufgestellt wird.

Den methodisch-bewußten Vollzug der kategorialen Anschauung bezeichnete Husserl in den *Logischen Untersuchungen* als »ideierende« oder »generalisierende Abstraktion«. Dies ist der Prototyp der eidetischen Reduktion, der Wesensschau. Was verstand Husserl darunter? Ein Haus am Straßenrand etwa, dessen Fassade rot gestrichen ist, nehme ich als diesen individuellen Gegenstand in individueller Anschauung, die dieses Individuelle: rot gestrichenes Haus, gibt, wahr. Will ich aber das Eidos der Röte selbst vergegenwärtigen, nützt die individuelle Anschauung, die nur individuelle Gegenstände gibt, nichts. Es muß, wie Husserl schreibt, »der Akt, in dem wir Spezifisches meinen, in der Tat wesentlich verschieden« sein »von demjenigen, in dem wir Individuelles meinen« (Hua XIX/1, 113). Dem widerspricht nicht, daß wir »auf Grund einer singulären Anschauung von etwas Rotem« die »spezifische Einheit *Röte* direkt, ›selbst‹« erfassen (ebd., 225). Denn ›auf Grund‹ heißt hierbei: Wir können im Ausgang von einer Wahrnehmung das Eidos des Wahrgenommenen oder seiner Teilaspekte aus dem individuellen Einzelfall herausschauen: »Wir blicken auf das Rotmoment hin, vollziehen aber einen eigenartigen Akt, dessen Intention auf die ›Idee‹, auf das ›Allgemeine‹ gerichtet ist« (ebd., 225 f.), und dieser Akt ist die »ideierende« oder »generalisierende Abstraktion« (ebd., 226).[41]

Die *Logischen Untersuchungen* zeigten am Beispiel des Logischen die wesensmäßige Differenz auf, die zwischen idealen Gehalten einerseits und

---

[41] Entsprechend heißt es in Husserls »Ideen zu einer reinen Phänomenologie und phänomenologischen Philosophie«: »*Erfahrende* oder *individuelle Anschauung* kann in *Wesensschauung (Ideation)* umgewandelt werden. [...] Das Erschaute ist dann das entsprechende *reine* Wesen oder Eidos« (Hua III/1, 13).

ihrem ›Auftreten‹ im reellen Akt andererseits besteht, und sie begründeten die Möglichkeit zu eidetischer Forschung; doch sie entwickelten noch nicht, was Husserl später als die phänomenologische *Korrelationsforschung* von Bewußtseinserlebnis und darin gegebener Gegenständlichkeit bezeichnete. Das grundlegende Korrelationsverhältnis von Akt und Gegenstand entdeckte Husserl zwar bereits um das Jahr 1898 (vgl. Hua VI, 169 Anm.), ohne jedoch diese Entdeckung in den *Logischen Untersuchungen* im eigentlichen Sinne fruchtbar zu machen. Denn dort bleibt der Gegenstandsbereich – die Idealität der logischen Bedeutungen – als *Intentum* im Verhältnis zu seinem ihn gebenden Akt der kategorialen Anschauung noch unbestimmt. Die Analysearbeit der *Logischen Untersuchungen* betraf nur die Akterlebnisse, nicht den Aktgehalt. Was ist unter diesem im Sinne der Phänomenologie Husserls zu verstehen?

Diejenigen Bewußtseinserlebnisse, die einen Gegenstand geben, auf Gegenständliches bezogen sind, bezeichnet Husserl als »intentionale«. Das wesentlichste Moment seines Lösungsversuchs für das Verhältnis von Akt und Gegenstand, cogito und cogitatum, liegt darin, daß die intentionalen Erlebnisse ihren Gehalt keineswegs in sich als reelles Bestandstück enthalten. Der Erlebnisinhalt ist, wie Husserl sich ausdrückt (vgl. z.B. Hua II, S. 55), dem Erlebnis bzw. den Erlebnissen nicht reell, sondern intentional immanent.

Andererseits bleibt der Gegenstand in seinem intentionalen Gehalt an den Akt ›gebunden‹, er ›ist‹ nur, sofern er durch einen Akt intentional präsentiert wird. Dies hat zur Voraussetzung, daß schon die Akterlebnisse intentional gerichtet sein müssen, ohne selbst intentional zu sein. In diesem Aufeinanderverwiesensein von Akt und Gegenstand erblickte Husserl das Bezugsverhältnis der *Korrelation*. Dies besagt, daß spezifische Gegenstände und Gegenstandsgruppen korrelativ ihre ihnen a priori zugehörigen Akte erfordern, um als solche gegeben zu sein. Einen logischen Sachverhalt kann ich mir mit dem Akt sinnlicher Wahrnehmung ebensowenig vergegenwärtigen, wie mir die Kuh auf der Weide in einer logischen Operation vorstellig wird. Jeder Gegenstandstypus fordert die ihm gemäße, korrelative Aktgegebenheitsweise. Phänomenologische Korrelationsforschung ist für Husserl demzufolge Erforschung des jeweiligen Apriori der grundlegenden Korrelationsverhältnisse, also der betreffenden Gegenstandsgebiete jeweils in Korrelation zu derjenigen Aktart, in der sie ursprünglich erfaßt werden, wie z.B. zur apriorischen Anschauung selbst oder zur sinnlichen Anschauung (Wahrnehmung), ferner zu Bewußtseinsweisen wie Phantasie, Erinnerung, Bildbewußtsein, zur grundlegenden Verfaßtheit des Zeitbewußtseins etc. Auf diese Weise erfüllt Phänomenologie die selbstgestellte Aufgabe, im Rückgang zu den »Quellen der Anschauung« die Prinzipien aller Wissenschaft freizulegen und damit sich selbst als philosophische Grundwissenschaft auszubilden.

Die Einbeziehung des Aktgehalts als der intentionalen Immanenz in die phänomenologische Forschung und damit deren volle Realisierung als Korrelationsforschung fällt mit Husserls expliziter Entdeckung der *phänomenologischen Reduktion* zusammen. In seinen Vorlesungen »Zur Idee der Phänomenologie« vom Frühsommer 1907 entwickelte Husserl die phänomenologische Reduktion erstmals ausführlich vor seiner Göttinger Hörerschaft. Er unterscheidet hier ausdrücklich alle reelle Immanenz von einer anderen Immanenz, die »*absolute* und *klare Gegebenheit, Selbstgegebenheit im absoluten Sinn*« besagt (Hua II, 35). Diese Immanenz bezieht sich auf das intentional Immanente in seiner Korrelation zu den es gebenden Akten. Um dieses Gegebensein des intentional Immanenten freizulegen, unternimmt Husserl mit der phänomenologischen Reduktion eine Ausschaltung der Transzendenz aller apperzeptiven Setzungen.

Mit der thematischen Berücksichtigung des intentional Immanenten wird Husserl somit gezwungen, nun eindeutig Stellung zu beziehen – Stellung in der Frage nach dem Verhältnis von intentionalem Gehalt und transzendentem Gegenstand. Denn kehrt hier nicht das alte Problem wieder, wie der Bezug der Denkgegenstände zu den Dingen an sich zu denken sei? Hieß es nicht, daß Husserl dieses Problem dadurch überwand, daß er es gerade als überflüssig kennzeichnete? Gewiß war dies der Fall. Doch den Legitimationsnachweis dafür, die Sphäre der Transzendenz wegstreichen zu dürfen, war Husserl schuldig geblieben. Dies blieb solange unbemerkt, als die Frage nicht auftauchte, wie denn Transzendentes gegeben ist. Das aber heißt, hierzu dasjenige zu befragen, das nach dieser Wegstreichung übrigblieb – das intentional Immanente.

Husserls Antwort fiel rigoros aus: Sinnhaft sei Transzendenz nur im intentional Immanenten faßbar. Transzendenz zu meinen, sich auf transzendente Dinge zu beziehen – all das seien Charaktere der Setzung, die am intentional Immanenten (und korrelativ an seinem Akt) abgelesen werden könnten, und der Sinngehalt dieser transzendenten Setzung sei in der intentionalen Immanenz des Bewußtseins befragbar. Transzendenz wird so zu einem Annex der Bewußtseinsimmanenz.

Die phänomenologische Reduktion verfolgt daher den Zweck, die Identifikationssynthesis zwischen cogitata und Ding an sich auszuschalten, so daß die puren cogitata und an ihnen die Setzungscharaktere des Transzendenten selbst zurückbleiben. Die cogitata werden dann in ihrem bewußtseinsimmanenten Sinnaufbau, in ihrer »Konstitution«, analysierbar sowie in ihrer Struktur des Hinausmeinens, Transzendierens. Insofern mit ihnen keine Transzendenz mehr antizipiert ist, sondern das antizipierende Transzendieren mit seinen konkreten Sinngehalten selbst erscheint und zum *Phänomen* wird, sind sie ›absolut‹ gegeben.

Doch selbstgegeben in diesem Sinne evidenter Fülle ist strenggenommen das intentional Immanente im ganzen nicht, da seine ›Kehrseite‹ vor der Reduktion, der transzendente Gegenstand, es ebenfalls nicht ist. Ein transzendenter Gegenstand ist, wie Husserl in seinen Analysen der Dingwahrnehmung zeigte (vgl. Hua XVI und XI), immer nur in einem Aspekt selbstgegeben, in den übrigen Aspekten in leerer Antizipation vorgezeichnet. Selbstgegeben sind also die Aspekte eines transzendenten Gegenstandes oder, nach Vollzug der phänomenologischen Reduktion, die jeweiligen konkreten Erscheinungsweisen des intentionalen ›Gegenstands‹, die Husserl in den »Ideen zu einer reinen Phänomenologie und phänomenologischen Philosophie« von 1913 als *Noemata* (in Korrelation zu ihren Akten, den *Noesen*) bezeichnet. Der intentionale ›Gegenstand‹ selbst stellt sich in der Mannigfaltigkeit seiner Noemata dar, er ist gleichsam ihr Fluchtpunkt; Husserl bezeichnet ihn als das X der konkreten Bestimmtheiten. Er darf aber nicht mit dem transzendenten Gegenstand *vor* der Reduktion verwechselt werden, weil er gerade das Wie bezeichnet, wie der transzendente Gegenstand in sich selbst ist, weil er absolut dieses X ist – ohne hinausweisende Prätention. Und doch kann mit gewissem Recht gesagt werden, daß in der Unterscheidung von Noema und intentionalem Gegenstand – dem reduzierten transzendenten Gegenstand – die frühere Dichotomie von Denkobjekt und Ding an sich wiederkehrt – nur mit dem fundamentalen Unterschied, daß es nun in Husserls Lösung kein erkenntnistheoretisch relevantes Transzendenzproblem im Sinne der philosophischen Tradition mehr gibt – kein Problem mehr von der Art, wie Denken und Sein bzw. Denkgegenstand und Ding an sich vermittelt sind.

Die ›Phänomene‹, mit denen es phänomenologische Forschung zu tun hat, sind somit für Husserl einerseits der intentionale ›Gegenstand‹, und zwar im Wie seines Gegebenseins, also als Noema, und andererseits – aufgrund des Korrelationsverhältnisses – der korrelative Akt, das transzendentale Bewußtseinserlebnis, die Noesis (vgl. Hua XXV, 70 ff.).

Die »Ideen« markieren den Übergang von der phänomenologischen zur transzendentalen Reduktion. Husserl spricht nun davon, daß es nicht mehr darum gehe, einzelne transzendente Setzungen einzuklammern, um sie und ihren jeweiligen gegenständlichen Sinn in der Bewußtseinsimmanenz zu befragen. Die Transzendenz als solche ist somit betroffen, die nur in einer Einklammerung, einer Epoché der universalen Setzung von Welt, der universalen Geltungsthese der Welt in ihrer Geltung auszuschalten und vor den phänomenologischen Blick zu bringen sei (vgl. Hua III/1, Paragraphen 27–32). Die Ausschaltung der Welt bedeutet nicht eine naividealistische Bezweiflung ihrer Existenz, keine Verneinung der Welt. Im Gegenteil: Es soll von allen Stellungnahmen zu Aussagen über die Welt Enthaltung geübt werden, um die Struktur der Geltungssetzung von Welt in den Blick zu bekommen. Geschieht dies, dann wird deutlich, daß ›Welt‹ wesentlich Setzung, universale Prätention der »leistenden« transzendentalen Subjektivität ist, d.h., Welt als solche ist nie anschaulich da. Wir haben stets nur dies oder jenes im konkreten Gegenüber, individuelle oder allgemeine Gegenstände.

2. *Frühe Kritiker von Husserls Standpunkt: Max Scheler und Martin Heidegger*

Husserls Phänomenologie des transzendentalen Bewußtseins stieß bei den Vertretern der Münchener-Göttinger Phänomenologie und etwas später vor allem bei Heidegger auf massive Kritik. Worauf zielte diese Kritik? Husserls Kritiker aus dem Lager der Phänomenologen hoben sich von seiner Position nicht nur dadurch ab, daß sie die *Methode* der Phänomenologie anders bestimmten. Zwar unterschieden sich die von ihnen erarbeiteten phänomenologischen Behandlungsweisen in diesem Punkt von Husserls Auffassung zum Teil erheblich, doch nur aus dem Grunde, weil der die Methode noch vorbestimmende *Zugang zu den Sachen* ein ganz anderer war. Dies scheint mir der eigentliche Grund dafür zu sein, daß eine echte Schule, eine ›Arbeitsphilosophie‹ in getreuer Nachfolge Husserls, nicht realisiert werden konnte, da sich offenbar kaum jemand fand, der bereit war, *den* Sach-Zugang, den Husserl eröffnet hatte, ganz zu akzeptieren.[42]

So sind die Differenzen zwischen Husserl und seinen Nachfolgern nicht darauf zurückzuführen, daß diese etwa die Methodenfrage lax gehandhabt hätten. Bei Scheler und Heidegger finden wir ausführliche Methodenreflexionen, zudem indiziert das Nichtvorhandensein solcher Reflexionen nicht notwendig das Fehlen einer Methode. Es ist aber auch nicht so, daß die Münchener-Göttinger Gruppe die Husserlsche Methodik nur zum Teil, etwa in der Beschränkung auf die Wesensschau, die eidetische Reduktion, übernommen und sie lediglich – in einer gegenständlichen Sachzuwendung – angewandt und somit die Reflexion auf die Aktvollzüge, in denen Gegenständliches zur Gegebenheit kommt, ausgespart hätten. Dafür, daß dies nicht der Fall war, könnten z.B. Pfänder und Scheler als Zeugen angeführt werden.[43] Den Schnitt zwischen den Positionen von Husserl und den Münchener-Göttingern so zu ziehen, daß man Husserl die Korrelationsforschung von Aktbezug und Gegenstandsgegebenheit zuspricht, letzteren aber nur eine ›Gegenstandsphänomenologie‹ zubilligt, lenkt von der eigentlichen Problematik eher ab. Die Position des Jenaer Phänomenologen Paul Ferdinand Linke,[44] der in Rückgriff auf Meinongs Gegenstandstheorie eine solche ›Gegenstandsphänomenologie‹ einforderte, ist eine Randerscheinung, die für die Husserl-Kritik seitens der frühen Phänomenologie wenig repräsentativ ist.

Worin aber lag der die Methode vorbestimmende *Zugang* zu den Sachen im Fall der anderen Phänomenologen, etwa bei Scheler und Heidegger? Der von ihnen erarbeitete Zugang besagt nicht weniger als einen grundlegenden Wechsel in der Bestimmung dessen, woran sich phänomenologische Forschung grundsätzlich orientieren soll: am Bewußtsein oder am Sein – am Bewußtsein, wie es Sinn und Setzung von Sein konstituiert, oder am Sein, wie es im Erleben des Menschen erfaßt ist. Husserls mutmaßlicher Orientierung an erkenntnistheoretischen Zielen stellte man unisono

---

[42] Die Vorentscheidungen Husserls waren und sind jedoch das entscheidende Movens in der Phänomenologischen Bewegung. Ein Beispiel für neuere, an jene Vorentscheidungen Husserls kritisch anknüpfende weiterführende Ansätze stellt das Werk von Michel Henry dar; vgl. seine Husserl-Kritik in dem Aufsatz »Die phänomenologische Methode«. In: Michel Henry, Radikale Lebensphänomenologie. Ausgewählte Studien zur Phänomenologie, aus dem Frz. übers., hg. und eingel. von Rolf Kühn. Freiburg/München 1992, 63–186.

[43] Zu Pfänder vgl. diesbezüglich Karl Schuhmann, Die Dialektik der Phänomenologie I, a.a.O. 1 ff.; zu Scheler s. die folgenden Ausführungen.

[44] Zu Paul Ferdinand Linke (1876–1955) s. Hellmuth Dempe, Paul Ferdinand Linke. Ein Leben für Philosophieren im sokratischen Geiste. In: Zeitschrift für philosophische Forschung 11 (1957) 262–275.

– angesichts tiefgreifender Unterschiede in den Positionen der Münchener-Göttinger zu derjenigen Heideggers erstaunlich genug – eine Ausrichtung an der *Ontologie* entgegen.

Gewiß wurde man Husserl nicht gerecht, wenn man seiner Orientierung der phänomenologischen Forschung am Bewußtsein toto coelo korrelativ eine erkenntnistheoretische Haltung unterstellte. Damit wurde Husserl allzu leichtfertig in die Nähe neukantianischer Positionen gerückt. In der Erforschung der leistenden Subjektivität ist Husserl de facto Phänomenologe, nicht Erkenntnistheoretiker. Seine Grundfrage lautet nicht, wie es zu denken sei, daß Wirklichkeit im Bewußtsein *ist*, sondern es geht ihm mit der Ausschaltung aller Existenzbehauptung um eine Klärung dessen, wie Erkenntnis zustande kommt. Allerdings verband Husserl sein Ziel, Philosophie als strenge Wissenschaft zu begründen, zuweilen mit Motiven der klassischen Erkenntnistheorie, so daß er in den Augen vieler – etwa für Scheler und Heidegger – der neuzeitlichen Suche nach absoluter Erkenntnisbegründung im Sinne der Erringung eines fundamentum inconcussum noch ganz verpflichtet zu sein schien.

Bedeutsam jedoch an diesem Vorwurf ist, daß damit in der Tat Vorentscheidungen Husserls ins Licht gehoben wurden – nämlich Vorentscheidungen bezüglich dessen, *was* als Sache der Phänomenologie zu gelten habe. Während Vertreter der Münchener-Göttinger Phänomenologengruppe Husserl vorwarfen, er habe reales und ideales Sein als Gegenstand phänomenologischer Forschung von vornherein dadurch verkürzt, daß er es als Sinnprodukt transzendentaler Subjektivität auswies, erhob Heidegger den Vorwurf, daß das Sein des Bewußtseins bei Husserl selbst nicht geklärt, seine Bestimmung mithin übersprungen sei.

In diesem Sinn stellen die Positionen der Scheler, Conrad-Martius, Ingarden, Edith Stein, Heidegger etc. den Versuch dar, phänomenologische Forschung zu entgrenzen, über die Fixiertheit auf ein sinnkonstituierendes Bewußtsein hinauszugreifen, um es entweder als fundiert zu erweisen oder weitere ›absolute Größen‹, andere Topoi als Richtmaße der phänomenologischen Forschung, zu erschließen. Diese Orte eröffneten sich in der neuen Orientierung an ontologischen Gesichtspunkten. Dieses Wandlungsgeschehen, das die Differenz zu Husserl konstituierte, möchte ich andeutungsweise an den zentralen Positionen von Scheler und Heidegger aufzeigen.

a) Max Scheler

Für Scheler ist ideales Sein *cum re*,[45] so daß für ihn ideales und reales Sein, von ihm terminologisch »Sosein« und »Dasein« genannt, gleichrangig und nicht aufeinander rückführbar sind. Bei Husserl hingegen ist reales Sein ein Setzungscharakter der Subjektivität, der Sinn dieses Seins wie aller

---

[45] Mit dieser Auffassung von der Gleichursprünglichkeit des Idealen und Realen wendet sich Scheler sowohl gegen idealistische Positionen, die die Wesenstruktur der Welt den realen Dingen vorhergehen lassen (*ante res*), wie auch gegen realistische, die die Wesensstruktur in die Dinge selbst verlegen (*in rebus*). Vgl. GW 9, 251 f.

Sinn überhaupt ist in der intentionalen Bewußtseinsimmanenz des transzendentalen Subjekts beschlossen. Scheler erblickt in dieser Auffassung eine Grundvoraussetzung, die Spielarten des Idealismus wie des Realismus gemeinsam ist: Idealismus wie Realismus setzen voraus, daß Dasein und Sosein »*untrennbar* seien in bezug auf die Frage, ob sie [Dasein und Sosein] dem Wissen (scientia), ferner dem Reflexwissen (Be-wußtsein, conscientia) *immanent* sind, respektive sein *können* oder *nicht*« (GW 9, 185). Das bedeutet, daß der idealistische wie der realistische Standpunkt das erkenntniskritische Moment zum Maßstab nimmt, d. h. nicht zuerst den jeweiligen ontologischen Ort von Dasein und Sosein befragt, ob und wie jeweils Sosein und Dasein dem Wissen und Erkennen gegeben sind.⁴⁶ Hier wird deutlich, wie Scheler die Ontologie der Erkenntnistheorie vorangehen läßt. Seine Antwort lautet: Sosein vermag dem Wissen und Bewußtsein prinzipiell immanent und selbstgegeben zu sein, nie aber das Dasein, das »wissens- und bewußtseins*transzendent*« ist (ebd., 186). Wir ›wissen‹ von ihm nur durch unseren leiblichen Kontakt: Dasein ist nur erfahrbar im Erlebnis des Widerstands.

Auch Sosein ist für Scheler in einer genuinen Weise erfahrbar. Dabei weist Scheler die Auffassung zurück, daß das Bewußtsein der ursprüngliche Ort des Gegebenseins von Sosein sei. Bewußtsein ist für ihn ein abkünftiger Modus des Wissens. Nicht nur das Wissen ist dem Bewußtsein vorgängig, sondern auch die Erfahrung des Realseins im Erlebnis von Widerstand. Ja für Scheler ist es gerade das Widerstandserlebnis als ein spezifisches Erleiden, das im Zurückwurf auf das Ich das Be-wußtsein aus dem direkt gerichteten, ekstatischen Wissen hervorgehen ließ (vgl. ebd., 189).

Der Ort des Soseins ist somit nicht die Bewußtseinsimmanenz. Sosein ist aber durchaus *für* das Bewußtsein gegeben, da es ursprünglicher für das Wissen ist und Bewußtsein dem Wissen ›folgt‹. Das Verhältnis von Wissen und Sosein ist deshalb primär ebenfalls nicht erkenntnistheoretisch, sondern ontologisch zu bestimmen. Scheler spricht von einem »Seinsverhältnis«, das Sosein und Wissen verbindet. Das Wissen erhält nicht Zugang zum Sosein mittels des Bewußtseins – eine Sachlage, die in ihrem letzten Grund erkenntnistheoretisch aufklärbar wäre –, sondern befindet sich schon in einer Teilhabe am Sosein, was nur ontologisch verständlich werden kann. Daß sich Bewußtsein dem Sosein nähern, es zum Thema machen, daß die Frage nach dem erkenntnistheoretischen Zusammenhang von Bewußtsein und Idealität überhaupt gestellt werden kann, setzt für Scheler vorgängig das Seinsverhältnis der Teilhabe des Wissens an der Soseinsstruktur der Welt voraus (vgl. ebd., 188).

Aufgabe der *phänomenologischen Reduktion* im Sinne Schelers⁴⁷ ist es, von zwei Dingen abzusehen: Einmal vom »*realen Aktvollzug*« und von al-

---

⁴⁶ Zum spezifischen Bewußtseinsidealismus Husserls und zur Kritik an ihm vgl. Hua I, Paragraphen 40 f., sowie Theodor Celms, Der phänomenologische Idealismus Husserls und andere Schriften 1928–1943 (Philosophie und Geschichte der Wissenschaften. Studien und Quellen Bd. 21), hg. von Juris Rozenvalds, Frankfurt am Main u.a. 1993.
⁴⁷ Grundlegende Texte Schelers zur Phänomenologie sind die Arbeiten »Phänomenologie und Erkenntnistheorie« und »Lehre von den drei Tatsachen«, die Scheler in den Jahren

len »Beschaffenheiten seines *Trägers*« und zweitens von aller Realsetzung des jeweiligen Gehalts (GW 10, 394). So formal formuliert ist keine Differenz zu Husserls Bestimmung der Reduktion zu erkennen: Der Einklammerung des realen Aktvollzugs entspricht bei Husserl die Einklammerung des psychophysisch-empirischen Aktzusammenhangs, die Rückführung auf das rein phänomenologische bzw. transzendentale Subjekt, und die Einklammerung aller Realsetzung scheint das Pendant zu Husserls Ausschaltung aller transzendenten gegenständlichen Setzungen bis hin zur Generalthesis der Welt zu sein.

Die Ausschaltung des realen Aktvollzugs sowie der Realsetzungen des Aktgehaltes soll, so Scheler, auf der Aktseite einen geistigen Strukturzusammenhang aufzeigen, »der zu jeder möglichen Welt gehört und der – obzwar wir ihn am Menschen studieren […] – doch von der menschlichen Organisation ganz unabhängig ist« (ebd., 395); dem entspricht auf der Seite des Gehalts eine Struktur der zu einer möglichen Welt gehörigen Wesen und ihrer Zusammenhänge. Und Scheler merkt an: »Diese *Welt*struktur und diese *Geistes*struktur aber bilden in allen ihren Teilen *selbst* einen Wesenszusammenhang – und es ist ausgeschlossen, die Weltstruktur als eine bloße ›Formung‹ durch den Geist, oder als bloße Folge unserer Erfahrungsgesetze einer Welt oder der Erfahrungsgesetze durch einen Geist überhaupt anzusehen« (ebd.).

Hier zeigt sich: Die phänomenologische Reduktion bei Scheler legt Wesen und Wesenszusammenhänge frei, die in ihrer Struktur nicht auf eine konstituierende Subjektivität als ihren ausschließlichen Ursprung rückführbar sind. Die Schelersche Reduktion hat nicht wie bei Husserl die Aufdeckung der konstitutiven Bestände und konstitutiven Leistungen einer (transzendentalen) Subjektivität zum Ziel. So ist es auch nicht mehr die transzendentale Subjektivität, die der Wesensstruktur der Welt Sinnhaftigkeit und Seinsgeltung verleiht, die Wesen sollen für die phänomenologische Erfassung in ihrem eigenen Seinsstatus zugänglich werden.

Das aber heißt, daß für Scheler eine Reduktion, die die Bestände des Bewußtseins aufdeckt, nicht genügt. An diesem Punkt setzt Schelers entschiedenste Kritik an Husserl an. Insofern das Sein des Bewußtseins vorgängig an das Widerstandserlebnis gebunden ist, welche das Realitätsmoment gibt, kann die Ausschaltung dieses Realitätsmomentes nicht von Bewußtsein und Reflexion geleistet werden. Was Husserls phänomenologi-

---

vor dem Ersten Weltkrieg verfaßt hatte (GW Bd. 10, 377–474). In ihnen bestimmt Scheler das, was die phänomenologische Reduktion aufdeckt, als »phänomenologische Tatsache« in Abhebung von der »Tatsache der natürlichen Weltanschauung« und der »Tatsache der Wissenschaft«. Die Tatsache der Phänomenologie ist für Scheler vor allem durch drei Momente charakterisiert: 1. Sie ist asymbolisch, d.h. nicht mittels Symbole oder Zeichen gegeben, sondern selbstgegeben; 2. sie ist immanent in dem Sinne, daß bei ihr Gemeintes und Gegebenes zur Deckung kommen, sie weist keine transzendierende Mehrmeinung auf; 3. sie ist gereinigt von aller sinnlichen Apperzeption und vom Untergrund der Empfindungen. – Zu Schelers späterer Deutung der phänomenologischen Reduktion, mit der er in einen offensichtlicheren Gegensatz zu Husserl geriet, vgl. z.B. GW Bd. 9, 245 ff. und GW Bd. 11, 93 ff.

sche Reduktion aufdecke, sei nur das zufällige Sosein in der noch in Geltung befindlichen raumzeitlichen Welt (GW 9, 207 f.). Die von Husserl betriebene Aufhebung der Generalthesis der Weltsetzung lasse die raumzeitliche Lokalisierung des psychischen Subjekts in Kraft. Werde hingegen das Realitätsmoment selbst aufgehoben, so auch Raum und Zeit, da sie von der Realität und dem Realsein setzenden Prinzip abhängen und nicht umgekehrt (ebd., 245).

Scheler spricht in diesem Zusammenhang davon, daß die phänomenologische Reduktion nicht ein bloßes Denkverfahren bedeutet, sondern ein »Verfahren *inneren Handelns*« (ebd., 207), ein solches, das von der Person in ihrem Kern vollzogen werden muß. Dies wird verständlich, wenn man berücksichtigt, daß für Scheler die Aufhebung des Realitätsmomentes nicht vom Bewußtsein zu leisten ist, kein bloßer Reflexionsakt ist, sondern auf der ontologischen Ebene der Teilhabe vonstatten gehen muß. Die Teilhabe vollzieht die Person in und mit ihrem Aktzentrum, so daß sie dort das Realitätsmoment abstreifen muß, um ihr vorgängiges ekstatisch-unthematisches Wissensverhältnis zur Soseinsstruktur der Welt aktivieren und die Soseinsstruktur thematisch erfassen zu können.

Was nach dieser Reduktion, die das Realitätsmoment in eins mit dem zufälligen Sosein und der Raumzeitlichkeit aufhebt, ›übrigbleibt‹, ist die Wesensstruktur selbst, die dabei nur mittels des ›Kunstgriffs‹ der Reduktion für die phänomenologisch-ontologische Analyse separiert ist, ontisch gesehen jedoch »nicht den Dingen als ideae ante res vorhergeht, sondern nur in eins mit der Realisierung der Dinge entspringt« (ebd., 247). Für Scheler ist der Mensch nicht so in das Raumzeitliche eingelassen, daß Raum und Zeit entweder absolut ontische Seinsformen darstellen (der neuzeitliche wissenschaftliche Standpunkt) oder Anschauungsformen seines Geistes sind (Kant). Die Reduktion selbst erbringt den Erweis dafür, daß weder der idealistische (ante res) noch der realistische Standpunkt (in rebus) das Verhältnis von idealem und realem Sein und ihrer Erschlossenheit für den Menschen zu klären vermögen.

Scheler rehabilitiert in gewissem Sinn – gegen Husserl – das Ding an sich, doch so, daß es nicht nur an sich, sondern für einen auffassenden Geist gedacht wird. Dieses Fürsichsein ist nicht bewußtseinsimmanent und sodann erkenntniskritisch aufzuklären, sondern wird ontologisch als Teilhabe des menschlichen Geistes am Sosein der Dinge gedacht. Teilhabe ist ein Aktverhältnis, und dies gilt auch für das Sosein, das nach der phänomenologischen Reduktion gegeben ist (»Die Wesenheiten sind [...] gegeben nicht vor und unabhängig von den Akten, sondern nur durch sie und in ihnen« [ebd., 249]). Die Soseinsstruktur ist also keine Hinterwelt, ihr Ansichsein ist zugleich für den Geist, der die Reduktion vollzogen hat, selbstgegeben.

Mit dieser Auffassung hat Scheler eine wesentliche dritte Position neben derjenigen der Tradition und derjenigen Husserls eingenommen. Mit Husserl verbindet ihn die Auffassung, daß alles, worüber ich etwas sagen kann, in spezifischen Akten gegeben sein muß; von Husserl trennt ihn die Überzeugung, daß weder das Gegebene mit dem Inhalt der Bewußtseinsimmanenz zusammenfällt noch daß die Soseinsstruktur der Welt trotz ihrer prinzipiellen Aktfähigkeit darin aufgeht, als Aktkorrelat intentionales Bestandstück einer Subjektivität zu sein.

b) Martin Heidegger

Heidegger[48] setzte sich in einigen seiner Marburger Vorlesungen intensiv mit Husserls Denken auseinander.[49] In der Vorlesung »Prolegomena zur Geschichte des Zeitbegriffs« (GA 20) vom Sommersemester 1925 diskutiert er die Seinsbestimmungen, die Husserl dem reinen Bewußtsein gibt. Es stellt deren vier heraus: Bewußtsein als (a) immanentes, als (b) absolut gegebenes, als (c) somit selbst absolutes Sein, als solches, das, um zu sein, keiner Realität, keines Transzendentseins bedarf (im Sinne des nulla re indiget ad existendum), und als derart realitätsunabhängiges Sein schließlich (d) als reines, ideales Sein (ebd., 141 f.).

Das Ergebnis von Heideggers Befragung dieser Seinscharaktere ist, daß sie keine Seinsbestimmung des Intentionalen selbst geben, keine »Seinsbestimmung des Seienden, das die Struktur Intentionalität hat«, sondern lediglich »die Seinsbestimmung der Struktur [der Intentionalität] selbst als in sich abgelöster« (ebd., 146): Der Charakter der Immanenz gebe nicht eine Bestimmung »des Seienden an ihm selbst hinsichtlich seines Seins«, sondern hebe lediglich die Beziehung zweier Seienden innerhalb der Region des Bewußtseins heraus (ebd., 142). Auch der Charakter der absoluten Gegebenheit mache nicht das Seiende an ihm selbst zum Thema, sondern nur, sofern es für ein anderes ist, für die es erfassende Reflexion (ebd., 143). Ebensowenig kennzeichne der dritte Charakter der Absolutheit das Intentionale selbst in seinem Sein: Er besagt den Vorrang der Subjektivität vor jeder Objektivität, bestimmt also das Bewußtsein innerhalb der Ordnung der Konstitution, indem er ihm »ein formales Frühersein vor jedem Objektiven zuspricht« (ebd., 145). Und die vierte Bestimmung des Idealen schließlich fasse die intentionale Struktur überhaupt, ihr Apriori im Sinn des »gattungsmäßigen Allgemeinen«, frage also auch nicht nach dem konkreten Sein des Intentionalen (ebd., 146).

Alle vier Charakterisierungen sind, so Heidegger, nicht aus dem Sein, das sie bestimmen wollen, aus dem Sein des Intentionalen selbst, geschöpft, ja die »primäre Frage Husserls« richte sich gar nicht auf den Seinscharakter des Bewußtseins, sondern, geleitet von der Idee einer streng philosophischen, absoluten Wissenschaft, darauf, wie das Bewußtsein Ge-

---

[48] Zu Heidegger s. einführend Walter Biemel, Martin Heidegger in Selbstzeugnissen und Bilddokumenten, Reinbek 1973; Winfried Franzen, Martin Heidegger, Stuttgart 1976 sowie Thomas Rentsch, Martin Heidegger. Das Sein und der Tod. Eine kritische Einführung. München/Zürich 1989. Zur Biographie s. Hugo Ott, Martin Heidegger. Unterwegs zu seiner Biographie, Frankfurt/New York 1992. Zum Begriff der Phänomenologie bei Husserl und Heidegger s. Friedrich-Wilhelm von Herrmann, Der Begriff der Phänomenologie bei Heidegger und Husserl, Frankfurt am Main 1981.

[49] Siehe hierzu die Arbeit von Chan-Fai Cheung, Der anfängliche Boden der Phänomenologie. Heideggers Auseinandersetzung mit der Phänomenologie Husserls in seinen Marburger Vorlesungen, Frankfurt am Main/Bern/New York 1983.

genstand dieser Wissenschaft werden könne. So formuliert Heidegger an Husserl den Vorwurf: »Die Herausarbeitung des reinen Bewußtseins als thematisches Feld der Phänomenologie ist *nicht phänomenologisch im Rückgang auf die Sachen selbst* gewonnen, sondern im Rückgang auf eine traditionelle Idee der Philosophie« (ebd., 147).

Die phänomenologische Reduktion in ihrer Doppelgestalt der transzendentalen und eidetischen verfolge zwar, so Heidegger, den Zweck, das reine Bewußtsein freizulegen, aber gerade so, daß bei diesem Vorgehen zur Gewinnung des Seins der Bewußtseinsstruktur selbst von der Realität des Intentionalen und der jeweiligen Vereinzelung der intentionalen Erlebnisse abgesehen wird. Im Geschehen der Reduktion wird nicht nur nicht nach »dem Sein der Akte im Sinne ihrer Existenz« (ebd., 151) gefragt, sondern diese Frage geht dadurch gerade verloren. Heidegger formuliert den Satz: Wenn es »Seiendes gäbe, *dessen Was es gerade ist, zu sein und nichts als zu sein*, dann wäre diese ideative Betrachtung [seitens der Ideation] einem solchen Seienden gegenüber das fundamentalste Mißverständnis« (ebd., 152).

Husserl habe zwar, so Heidegger, die Seinsart des Intentionalen bestimmt, doch so, daß das Realsein des Psychischen, der intentionalen Akte, zuerst ausgeschaltet wird, um dann im gereinigten Bewußtsein gefaßt zu werden. Damit werde der Sinn der Realität eines Realen nur sofern faßbar, als und wie er sich im absoluten Bewußtsein bekundet (ebd., 155). Das Sein der Akte sei somit nicht an ihnen selbst erfahren, sondern »im Sinne des Vorkommendseins« bestimmt (ebd., 156) und ihr spezifisches Sein dadurch verstellt. Somit bestünden die »*fundamentalen Versäumnisse*« der Phänomenologie Husserls darin, weder die Frage nach dem Sein der Akte noch nach dem Sinn von Sein überhaupt gestellt zu haben (ebd., 159). Heideggers Urteil fällt daher hart aus: Die Phänomenologie Husserls bestimme gegen ihr eigenstes Prinzip ihre eigenste thematische Sache nicht aus den Sachen selbst, sie sei daher in der Bestimmung ihres eigensten Feldes unphänomenologisch – vermeintlich phänomenologisch (ebd., 178). In den beiden Versäumnissen der Frage nach dem Sein des Intentionalen und der Frage nach dem Sein als solchen offenbare sich die »*Geschichte unseres Daseins selbst*«, d.h. das »*Dasein in seiner Seinsart des Verfallens*« (ebd., 179 f.).

Bedeutet dies nun, daß Heidegger die Phänomenologie verabschiedet, daß sie keinen Platz mehr in seinem Denken erhält? Nein, im Gegenteil. Heidegger baut die Phänomenologie um, oder besser, er entwickelt sie grundlegend weiter. Dies kann er unter dem Titel ›Phänomenologie‹ tun, weil auch für ihn Phänomenologie »die *Entdeckung der Möglichkeit des Forschens in der Philosophie*« ist (ebd., 184). Wie sieht Heideggers Weiterentwicklung der Phänomenologie aus? In welcher Weise wird sie dazu befähigt, die Seinsfrage zu stellen und auszuarbeiten? Heideggers Auseinandersetzung mit der Phänomenologie Husserls sollte zeigen, daß von ihr aus phänomenologische Forschung in innerer Konsequenz auf die Frage nach dem Sein des Intentionalen und dem Sein überhaupt führt. Dies geschehe in einer »*Wiederholung, dem Wiederergreifen des Anfangs unserer wissenschaftlichen Philosophie*« (ebd.) und besage keinen Traditionalismus, sondern die ursprüngliche Aneignung dessen, was sich hinter traditionellen Begriffsmasken an ursprünglichen Sinngehalten verbirgt (ebd., 187 f.).

Positiv gewendet wird Phänomenologie für Heidegger zu einem Titel für die Methode der Ontologie, die die Frage nach dem Sinn von Sein überhaupt stellt (vgl. GA 24, 27).[50] Insofern Sein aber jeweils Sein *von Seiendem* ist, wird es zunächst nur im Ausgang von einem Seienden zugänglich (ebd., 28). Die Frage lautet also, welches Seiende als ein solcher Ausgangspunkt für die Stellung der Frage nach Sein überhaupt dienen kann. Alles Verstehen des Seins liegt im Horizont desjenigen Seienden, das wir selbst sind. Dieses Seiende bezeichnet Heidegger als *Dasein*. Das Dasein weist also Seinsverständnis auf. Es ist für Heidegger somit diejenige Quelle, die befragt werden muß, wenn aller Sinn von Sein bestimmt sein will. Es ist das erste Seiende, dessen Seinsverständnis als Ausgangspunkt zur Freilegung des Sinnes von Sein überhaupt aufgedeckt werden muß.

Die ontologische Betrachtung, die das Sein des Daseins, sein Seinsverständnis, zum Thema macht, bezeichnet Heidegger als *Fundamentalontologie*; sie hat die Aufgabe, mit ihrer Analytik des Daseins (des daseinsmäßigen Seinsverständnisses) das Fundament für die Stellung und Behandlung der Frage nach dem Sinn von Sein überhaupt zu bereiten. Da Heidegger die Phänomenologie als Methode der Ontologie charakterisiert, wird die fundamentalontologische Daseinsanalytik phänomenologisch begründet und durchgeführt, wobei für ihn phänomenologische Reduktion »die Rückführung des phänomenologischen Blickes von der wie immer bestimmten Erfassung des Seienden auf das Verstehen des Seins [..] dieses Seienden« (ebd. 29) besagt.[51]

Heidegger unternimmt ähnlich wie Scheler eine Ausdehnung der phänomenologischen Forschung über das Bewußtsein hinaus, ja Heidegger weist das Bewußtsein welcher Art immer als Thema für die Phänomenologie ganz zurück: Bewußtsein, Vernunft, Geist sind für ihn nicht solche Begriffe, die die Sache der Phänomenologie ursprünglich sehen lassen, sie sind überwuchert von den Auslegungen der Tradition. Daher ist auch die mit ihnen bezeichnete Sache letztlich unfaßbar. Geleitet von der Frage nach dem Sein des Intentionalen, der Bewußtseinsakte, analysiert Heidegger das menschliche Sein (Dasein) nicht mit den Auslegungsprinzipien und -strategien der Tradition, sondern legt es von ihm selbst her aus. Es zeigt sich dann, daß in ihm ein ursprüngliches, in seiner Ursprünglichkeit

---

[50] Vgl. auch den ›Methodenparagraphen‹ von »Sein und Zeit«: Paragraph 7: »Die phänomenologische Methode der Untersuchung«.

[51] Die Reduktion ergänzt Heidegger um die methodischen Schritte von »Konstruktion« und »Destruktion«: Die reduktive Freilegung eines jeweiligen Seinsverständnisses sei untrennbar von einer positiven Hinleitung zum Erfassen des Seins. Sein finde sich nicht vor wie Seiendes, sondern müsse in »freiem Entwurf« eigens in den Blick gebracht werden. Dieses Entwerfen des vorgegebenen Seienden auf sein Sein besorge die phänomenologische Konstruktion (GA 24, 29 f.). Destruktion besagt den kritischen Abbau der überkommenen Begriffe auf die Quellen hin, aus denen sie geschöpft wurden; dieser »im historischen Rückgang auf die Tradition vollzogener Abbau des Überlieferten« bedeute nicht »Negation und Verurteilung der Tradition zur Nichtigkeit, sondern umgekehrt gerade positive Aneignung ihrer« (ebd., 31).

aber auch gleichzeitig verdecktes Seinsverständnis waltet, das die Seinsbestimmungen der philosophischen Tradition leitete, ohne daß die Tradition diesen Sinnboden sich aneignen konnte.

Wie Scheler führte auch Heidegger die Phänomenologie auf ontologischen Boden, ontologisierte sie. Die Richtungen, die beide Ontologisierungen nahmen, unterscheiden sich jedoch erheblich voneinander: Den Grund des ontologischen Wissens verlegt Heidegger in das Verstehen des daseinsmäßigen Seienden, während ihn Scheler in der Möglichkeit zur participatio an der Soseinsstruktur der Welt erblickt. Doch darf nicht übersehen werden, daß auch für Heidegger die Erhellung des Seins des Daseins nur den Ausgangspunkt und den Durchgangsbereich markiert: Sein leitendes Interesse galt der Freilegung des Sinnes von Sein überhaupt.

IV. Zur Möglichkeit der Integration divergierender phänomenologischer Standpunkte

Abschließend möchte ich die Frage stellen, ob Vertreter der frühen Phänomenologie auch Möglichkeiten dachten, die divergenten Ansätze zu integrieren. Sind Übergänge zwischen den differenten Standpunkten denkbar, wurden solche gedacht? Falls ja, wäre dies selbst ein Indiz für eine offene phänomenologische Forschergemeinschaft, die sich nicht mit der bloßen Konstatierung unterschiedlicher Zugangsweisen zur phänomenologischen Sachlichkeit zufrieden gibt, sondern an dieser Stelle weiterfragt.

Ich zitiere hier Conrad-Martius als eine Zeugin für ein Bemühen um ein solches integrales Verständnis differenter phänomenologischer Ansätze, und zwar bezüglich der Position Husserls und derjenigen der Münchener-Göttinger Phänomenologen. Conrad-Martius respektierte durchaus die Husserlsche Position. Indem sie deren erkenntnistheoretische Implikationen abzog bzw. solche erst gar nicht unterstellte, gelangte sie zu einer Würdigung Husserls, die vielen anderen Vertretern der frühen Phänomenologie versperrt blieb. In ihrem Beitrag »Die transzendentale und die ontologische Phänomenologie«[52] versucht sie einerseits die phänomenologischen Epoché in einem weiteren Sinn als Husserl zu deuten (1) und spricht andererseits der Husserlschen Reduktion ein grundsätzliches Recht zu (2).

1. Conrad-Martius betont, daß die Analysen Husserls nicht erkenntnistheoretisch in dem Sinne seien, daß Husserl nach dem Sein oder Nichtsein der bewußtseinstranszendenten Realität gefragt habe. Gerade die Epoché klammere ja eine solche Fragestellung aus. Doch habe Husserl mit *seiner* Auffassung von Epoché und Reduktion noch einen Schritt darüber hinaus getan, indem er mit ihnen alle Seinssetzung bezüglich des Seins von Welt einklammerte. »Die Welt wird«, schreibt Conrad-Martius, »als eine von

---

[52] In: Edmund Husserl 1859–1959. Recueil commémoratif publié à l'occasion du centenaire de la naissance du philosophe, La Haye 1959, 175–184. Vgl. hierzu die Arbeit von Eberhard Avé-Lallemant, Die Antithese Freiburg-München in der Geschichte der Phänomenologie, in: Helmut Kuhn, E. Avé-Lallemant und R. Gladiator (Hg.), Die Münchener Phänomenologie, a.a.O. 19–38.

jeder Seinssetzung reduzierte gesehen. Das ist um eine Nuance mehr als Enthaltung von allen Urteilen über Sein und Nichtsein« (Conrad-Martius 1959, 180).[53] Damit sei die Welt, wie Husserl selbst formulierte, zu einem »Welt*phänomen*« geworden, und so das Faktischsein von Welt als mögliches phänomenologisches Thema nicht mehr einholbar.

Conrad-Martius schlägt demgegenüber einen anderen Weg im Ausgang von einer Epoché vor, die von aller Frage nach Sein oder Nichtsein dispensiert. Auf diesem Weg werde »die Welt mit allen ihren Beständen als *hypothetisch seiende* angesetzt«. »Auch hier wird über Sein und Nichtsein in keiner Weise entschieden. Auch hier bleibt die erkenntnistheoretische Frage außer Betracht. Aber anstatt das wirkliche Sein hypothetisch einzuklammern und dadurch die Welt (in der Reduktion) der wirklichen Wirklichkeit enthoben zu sehen, wird nunmehr das wirkliche Sein der Welt hypothetisch gesetzt.« (Ebd. 180 f.) In dieser geänderten Wegrichtung nach Vollzug der Epoché von aller Stellungnahme zu Sein oder Nichtsein liegt für Conrad-Martius die Bedingung der Möglichkeit für die ontologische Phänomenologie.

2. Zugleich spricht Conrad-Martius auch der transzendentalen Phänomenologie ein Recht zu. Denn nur durch die Epoché und Reduktion im Sinne Husserls könne die Weltvorgängigkeit der leistenden Subjektivität erschlossen werden. Sie erblickt in dieser Parallelität von leistender Subjektivität und ontologischer Objektivität keinen Widerspruch. Sie stellt die Frage: »Ist es denn möglich, daß die gesamte Sinn- und Seinsgeltung der in weitester Bedeutung genommenen Welt des Seienden sowohl aus einer nach rückwärts nicht untersteigbaren egologischen Subjektivität wie *auch* aus einer nach vorwärts nicht übersteigbaren ontologischen Objektivität entspringen kann?« (Ebd. 183) Und Ihre Antwort lautet: »Metaphysisch-transzendentale ›Objektiviation‹ der Welt« und ihre »metaphysisch-transzendente Objektivation (Aktualisierung)« widersprechen sich nicht, sie »*ent*sprechen« einander »in wunderbarer Weise«, zumal »beides den wohl zu rechtfertigenden Anspruch erhebt, keinen Schritt ohne Verifizierung in anschaulicher Evidenz zu tun« (ebd.). Diese Auffassung von Conrad-Martius verdeutlicht, daß es in der Kritik, die die Münchener-Göttinger Phänomenologen an Husserl richteten, nicht darum ging, den Bezug auf das Bewußtsein zugunsten einer ›direkten‹, ›naiven‹ Erfassung eines Seins an sich abzulehnen; im Gegenteil wird deutlich, daß selbst ein sinnkonstituierendes Bewußtsein mit Recht Anspruch darauf erhebt, Gegenstand der phänomenologischen Forschung zu sein.

[53] Diese hier von Conrad-Martius bezüglich der Ausschaltung des Realseins von Welt vorgebrachte Kritik an Husserls phänomenologischer Reduktion erscheint als eine frappante Parallele zu jenem Vorwurf Heideggers an Husserl, daß dieser das Realsein der Akte ausgeschaltet habe, was nach Vollzug der Reduktion nicht mehr ›eingeholt‹ werden könne. Conrad-Martius selbst ist diese Parallelität früh schon aufgefallen. In ihrer Anfang 1932 verfaßten, 1933 erstmals publizierten Stellungnahme zu *Sein und Zeit* heißt es: »*Genauso* wie Heidegger es [die seinsmäßige Verankerung] für die eigentümliche Seinsart des Ich geleistet hat, kann und muß es für die eigentümliche Seinsart *nicht*ichhaften Seins geleistet werden« (Schriften zur Philosophie. Erster Band, hg. von Eberhard Avé-Lallemant, München 1963, 190).

Die Phänomenologie Edmund Husserls und seine ›Schule‹

Worauf konzentriert sich dann aber noch eine Kritik an Husserls Position? Ich denke auf diese beiden Punkte: einmal darauf, daß Husserl mit der Wahl des Bewußtseins zum ausschließlichen Gegenstand der phänomenologischen Forschung deren Gegenstandsbereich verkürzte; und zum zweiten darauf, daß Husserl seinen Gegenstandsbereich in dem Sinne verabsolutierte, daß nur Ergebnissen dieses Bereichs das Recht zugestanden wird, als absolute Gegebenheiten in phänomenologischem Sinne zu gelten.

Hier deutet sich eine Auffassung an, die nicht mehr ohne weiteres von einem je bestimmten Ort aus Phänomenologie betreibt, sondern sich Gedanken über Möglichkeiten macht, unterschiedliche Orte phänomenologischer Forschung aufeinanderzubeziehen, sie vielleicht – ohne voreilige Harmonisierungsbestrebungen und jenseits monistischer Konzepte – zu integrieren.[54] Hier liegt ein Fingerzeig auf zentrale Möglichkeiten künftiger phänomenologischer Forschung.

---

[54] Vgl. in diesem Zusammenhang die Arbeit von Karl-Heinz Lembeck, Seinsformen. Spielarten des Ontologiebegriffs in der Phänomenologie Husserls (erscheint 1997 in: Hans Rainer Sepp [Hg.]: Metamorphose der Phänomenologie), in der er die schon bei Husserls vorliegenden differenten Forschungsbereiche (vor allem gebündelt in der Transzendentalphilosophie einerseits, der Ontologie andererseits) als topologische Felder deutet und zum Anlaß für die Forderung nach einer »topologischen Husserl-Interpretation« nimmt.

Die konstitutive Bedeutung der Bibel Israels für christliche Identität[1]

Erich Zenger

I. Die Marginalisierung des Alten Testaments im Zweiten Vatikanum

»Gott, der ›will, daß alle Menschen gerettet werden und zur Erkenntnis der Wahrheit gelangen‹ (1 Tim 2,4), ›hat in früheren Zeiten vielfach und auf vielerlei Weise durch die Propheten zu den Vätern gesprochen‹ (Hebr 1,1). Als aber die Fülle der Zeiten kam, sandte er seinen Sohn, das Wort, das Fleisch angenommen hat und mit dem Heiligen Geist gesalbt worden ist, den Armen das Evangelium zu predigen und zu heilen, die zerschlagenen Herzens sind (vgl. Jes 61,1; Lk 4,18), ›den Arzt für Leib und Seele‹ (Ignatius von Antiochien, Ad Ephesios 7,2), den Mittler zwischen Gott und den Menschen (vgl. 1 Tim 2,5). ... Dieses Werk der Erlösung der Menschen und der vollendeten Verherrlichung Gottes, dessen *Vorspiel* die göttlichen Machterweise am Volk des Alten Bundes waren, hat Christus, der Herr, *erfüllt*, besonders durch das Pascha-Mysterium: sein seliges Leiden, seine Auferstehung von den Toten und seine glorreiche Himmelfahrt. ... Um dieses große Werk voll zu verwirklichen, ist Christus seiner Kirche immerdar gegenwärtig, besonders in den liturgischen Handlungen. Gegenwärtig ist er im Opfer der Messe. ... Gegenwärtig ist er in seinem Wort, das er selbst spricht, wenn die heiligen Schriften in der Kirche gelesen werden«. In diesen grundlegenden Sätzen der Liturgiekonstitution des Zweiten Vatikanums (Sacrosanctum Concilium Art. 5 u. 7) kommt die Ambivalenz christlicher Liturgie gegenüber dem sog. Alten Testament bündig zur Sprache. Einerseits ist das Heilshandeln Gottes an und durch Jesus, den Christus, die Mitte christlicher Liturgie. Andererseits ist dieses Heilshandeln eingebunden in die Geschichte Gottes mit seinem Bundesvolk Israel, dessen Bibel die Bibel Jesu war und der selbst, um es etwas salopp zu sagen, nicht ohne die Bibel Israels zu haben ist, die ihrerseits freilich nicht in christologischer Perspektive entstanden ist.

Balthasar Fischer hat das sich daraus ergebende Problem in seiner *Einführung* in das *Kleine Stundenbuch* scharf gesehen und formuliert. Was er dabei über die Psalmen in der christlichen Liturgie sagt, könnte zugleich von allen Texten des Alten Testaments gesagt werden (falls man sich auf Fischers hermeneutische und theologische Position einläßt): »Wohltuend an den Psalmen ist, daß sie so menschlich sind. ... Unsere Not und Verzagtheit und Verzweiflung darf hier zum Ausdruck kommen, aber das letzte ist dann doch immer wieder der Lobpreis dessen, der uns geschaffen und erlöst hat. Eine gewisse Schwierigkeit ergibt sich aus der Tatsache, daß diese Lieder ... dem AT entstammen, also *vor der Ankunft Christi* nie-

---

[1] Die hier vorgelegten Überlegungen sind breiter entfaltet in: E. Zenger, Das Erste Testament. Die jüdische Bibel und die Christen. Düsseldorf 1991. ⁵1995; ders., Am Fuß des Sinai. Gottesbilder des Ersten Testaments. Düsseldorf 1993. ³1995.

dergeschrieben sind und nur in ganz seltenen Fällen auf den kommenden Messias Bezug nehmen. Wie können sie da christliches Gebet werden, bei dem doch Christus die Mitte ist, sei es daß wir zu ihm beten, sei es daß wir seinem Beten uns anschließen?«[2] Ein *vor-christliches* Buch inmitten einer *christlichen* Liturgie? Muß ein solches dann nicht, wie B. Fischer sagt, »verchristlicht« werden? Gibt es überhaupt eine Alternative zu dieser Sicht der Liturgiekonstitution, wie sie sich in der Reformpraxis nach dem Zweiten Vatikanum auch in den neuen liturgischen Texten findet, nämlich: Das Alte Testament bezeugt »das Vorspiel« für das eigentlich allein entscheidende »Hauptspiel« in Jesus, dem Christus?

So hat es ja auch die Offenbarungskonstitution des Zweiten Vatikanums im Abschnitt über das Alte Testament festgehalten, der in der Konzilsdiskussion am wenigsten kontrovers war. Bei den Abstimmungen erhielt dieses Kapitel stets die wenigsten Nein-Stimmen und Veränderungsvorschläge *(modi)*. Dies lag kaum daran, daß dieses Kapitel im Vergleich zu den anderen Kapiteln, um die bis zuletzt hart gerungen wurde, besonders gut gelungen sei. Nein, dieses Kapitel war so traditionell formuliert, und das Thema war für die Konzilsväter offensichtlich so wenig bedeutsam, daß sich ein Streit darüber nicht aufdrängte. Im heutigen Rückblick überrascht dies. Denn dasselbe Konzil, das die Offenbarungskonstitution am 18. November 1965 verabschiedete, beschloß zehn Tage später die Erklärung über das Verhältnis der Kirche zu den nichtchristlichen Religionen, in der es u. a. heißt: »Bei ihrer Besinnung auf das Geheimnis der Kirche gedenkt die Heilige Synode des Bandes, wodurch das Volk des Neuen Bundes mit dem Stamme Abrahams geistlich verbunden ist. ... Deshalb kann die Kirche auch nicht vergessen, daß sie durch jenes Volk, mit dem Gott aus unsagbarem Erbarmen den Alten Bund geschlossen hat, die Offenbarung des Alten Testaments empfing und genährt *wird* [E.Z.: Gegenwartsaussage!] von der Wurzel des guten Ölbaums, in den die Heiden als wilde Schößlinge eingepfropft sind« (Art. 4). Gegenüber einer langen kirchlichen Lehrtradition, aber in Rückkehr zur biblischen Wahrheit, ruft diese Erklärung dann ins Bewußtsein, daß die Juden trotz ihres Neins zu Jesus als dem Christus »nach dem Zeugnis der Apostel immer noch von Gott geliebt (sind) um der Väter willen; sind doch seine Gnadengaben und seine Berufung unwiderruflich« (vgl. Röm 11,28–29). Zu Recht rede deshalb das Konzil von dem »Christen und Juden gemeinsamen geistlichen Erbe« (ebd.), das insbesondere im »Alten Testament« vorliegt, welches die Heilige Schrift des jüdischen Volkes, das im ungekündigten Gottesbund steht, *und* der erste Teil der Heiligen Schrift des Christentums ist. Daß die Kirche angesichts dieser Wahrheit das »Alte Testament« nicht zum bloßen »Vorspiel«, zum Vorwort und zur Vorhalle degradieren darf, ist offenkundig. Daß das Zweite Vatikanum die denkerische Verbindung von seiner Aussage über die Lebensgemeinschaft zwischen Kirche und Juden (das Konzil gebraucht den eherechtlichen Begriff vinculum = Band) zur Lehre über die Relevanz der Juden und Christen gemeinsamen Bibel Israels nicht

---

[2] Kleines Stundengebet S.7*.

gezogen hat, ist zeitgeschichtlich verstehbar, in der Sache aber heute nicht mehr akzeptabel.

II. Die große Herausforderung: Eigenwort mit Eigenwert

Den vom Zweiten Vatikanum versäumten Schritt in die richtige Richtung macht der neue *Katechismus der katholischen Kirche*, wenn er (neben »traditionell« bleibenden Formulierungen) daran erinnert, daß die in der Kirche über die Jahrhunderte hinweg praktizierte typologische Lesung des Alten Testaments (die m. E. *heute* allerdings sehr kritisch zu beurteilen wäre) nicht vergessen lassen darf, daß das Alte Testament »einen *eigenen* Offenbarungswert behält, den unser Herr selbst ihm zuerkannt hat. ... Zum Beispiel verlieren die Berufung der Patriarchen und der Auszug aus Ägypten nicht dadurch ihren *Eigenwert* im Plan Gottes, daß sie darin auch Zwischenstufen sind« (Nr. 129–130). Damit sind im Grunde die drei Defizite zusammengefaßt, die Alttestamentler heute gegenüber der im Zweiten Vatikanum erfolgten Marginalisierung des Alten Testaments anmelden müssen. Diese drei Defizite markieren zugleich die großen Herausforderungen, die sich vom ersten Teil unserer Bibel her an die Liturgie richten.

1. Kein »vorläufiges« oder »überholtes« Gotteswort

Über die Behandlung des AT durch das Zweite Vatikanum hat der emeritierte Münchner Alttestamentler Josef Scharbert 1990 in *Bibel und Kirche* folgendes festgestellt: »Die Aussagen über das AT sind ... recht dürftig. Von einer selbständigen Bedeutung des AT für den Glauben und das Leben der Christen ... ist nicht die Rede«. Wie recht J. Scharbert hat, geht einem sofort auf, wenn man auf die von der Leseordnung für die Sonn- und Festtage vorgesehenen alttestamentlichen Perikopen blickt. Daß dabei die Botschaft des Alten Testaments in ihrem Eigenprofil oder wenigstens das Ganze im Fragment zur Sprache kommen, wird niemand im Ernst behaupten; dies war auch gar nicht gewollt. Wer das Alte Testament kennt *und* liebt, wird mit Trauer viele tiefgründige Erzählungen der Genesis, insbesondere auch die sog. Frauentexte, vermissen, ebenso die Plastizität und Konkretheit der prophetischen Kritik eines Amos, Micha oder Zefanja, ebenso die Bücher Kohelet, Hohelied und Rut, um nur einiges zu nennen. Von so herausfordernden und inspirierenden Büchern wie Tobit, Judit, Ester oder gar Levitikus will ich gar nicht reden. Nicht einmal das Jonabuch hat die Ehre erhalten, als *lectio continua* verkündet zu werden. In der Tat: Wer dem Alten Testament als Eigenwort mit Eigenwert in der christlichen Liturgie Heimat geben will, muß ihm quantitativ und qualitativ einen anderen Stellenwert einräumen – bis hin zur liturgischen Inszenierung!

2. Absage an ein offenbarungsgeschichtliches Fortschrittsdenken

Gegenüber dem im Zweiten Vatikanum vertretenen Konzept einer linearen, progressiven Heilsgeschichte (das in der Rezeption protestantischer Theologie als notwendige Korrektur der weithin geschichtsvergessenen neuscholastischen Theologie verstanden wird) ist daran zu erinnern, daß diese auf keinen Fall naiv als Entwicklung vom Niedrigen zum Höheren, vom Vorläufigen zum Endgültigen verstanden werden darf. Dies betonte 1989 zu Recht der Salzburger Alttestamentler Notker Füglister (indem er Formulierungen des verstorbenen Alttestamentlers Diego Arenhoevel aufgriff): »Betrachtet man das Alte Testament derart heilsgeschichtlich-evolutiv, so wird es für den Christen fast notwendigerweise zur bloßen Vorgeschichte entwertet. Diese Vorgeschichte ist vorbei, so wahr der Neue Bund den Alten abgelöst hat (...). Wir könnten auf sie verzichten, denn alles Heil kommt uns von Christus. Vielleicht ist das der Grund, weshalb der Text (scil. der Offenbarungskonstitution) von der Heilswirklichkeit des Alten Bundes nur nebenbei spricht (...). Die Aussage bleibt hinter dem Selbstverständnis des alten Israel zurück, weil die Konstitution das Alte Testament, obwohl sie an sich den Vorrang des Literalsinnes hervorstreicht, nicht beim Wort nimmt und so letztlich Gott selbst nicht zu Wort kommen läßt. Sieht man nämlich im Alten Testament lediglich das geschichtliche Dokument des Weges hin zum Neuen Testament, so wird es von vornherein zu einem Proömium degradiert, dem keine eigentliche direkte Bedeutung zukommt! Es ist nicht mehr jenes ›Wort des lebendigen Gottes‹, das *uns und mich* hier und jetzt persönlich angeht und anspricht.«[3]

In der Praxis des kirchlich-theologischen Umgangs führte dies dazu, entweder nur solche Texte des Alten Testaments heranzuziehen, die sich gut »verchristlichen« lassen (sei es mit der Methode der Typologie, sei es im Sinne von Verheißung und Erfüllung), oder für die Verchristlichung weniger geeignete Texte zu »enthistorisieren« bzw. zu »entjudaisieren«, indem sie nur in einem »korrigierten« Wortlaut verwendet (u. a. Streichung allzu jüdisch klingender Passagen bzw. Wörter) oder als für das Christentum angeblich irrelevant, faktisch unberücksichtigt oder ausdrücklich abgelehnt werden. Letztlich liegt all diesen Varianten des kirchlichen Umgangs mit dem »vorchristlichen« Alten Testament die Auffassung zugrunde, daß die Kirche an die Stelle Israels getreten sei und es beerbt habe – oder gar, daß der Alte Bund zu Ende sei, weil mit Jesus Christus und seiner Kirche der Neue Bund begonnen habe. Zwar hat das Zweite Vatikanum letzteres als nicht schriftgemäß zurückgewiesen, und der jetzige Papst Johannes Paul II. wird nicht müde, seine erstmals am 17. November 1980 vor den Repräsentanten des deutschen Judentums formulierte These, daß die Juden das Gottesvolk des von Gott nie gekündigten Alten Bundes seien, immer wieder (auch gegen Widerstände aus dem eigenen »Hause«) zu verkünden. Dennoch wird es noch lange dauern, bis

---

[3] FS K. Berg, Thaur 1989, 153.

die christlichen Köpfe und Herzen diese urbiblische Sicht so verinnerlicht haben, daß die überkommenen falschen Klischees verschwinden.

Wie schwer die Hypothek der Vergangenheit auf uns lastet, will ich an vier Zitaten verdeutlichen, die von wahrlich bedeutenden theologischen Geistern stammen und dennoch heute *so* nicht mehr akzeptabel sind, auch wenn *diese* Theologie die Liturgiereform nach dem Zweiten Vatikanum leider noch maßgeblich geprägt hat.

Das erste Zitat stammt von Kardinal Michael Faulhaber, der am 3. Dezember 1933 eine damals viel beachtete Predigt in St. Michael zu München zum Thema »Das Alte Testament und seine Erfüllung im Christentum« gehalten hat. Diese Predigt gab keineswegs die Position eines wenig kompetenten Außenseiters wieder. Im Gegenteil, der Kardinal wollte gerade als Antwort auf die Ablehnung und Verunglimpfung des Alten Testaments durch die Nazis möglichst positiv über diesen Teil der christlichen Bibel reden. Aus dieser Predigt greife ich zwei für unsere Thematik wichtige, weil für damals und bis in jüngste Zeit charakteristische Thesen heraus.

Die *erste These* beschäftigt sich mit der jüdischen Herkunft des Alten Testaments, also mit dem Problem, daß es als vor-christliches Buch entstanden ist. Der Kardinal sagt dazu u. a.: »Wir müssen unterscheiden zwischen dem Volke Israel vor dem Tode Christi und nach dem Tode Christi. Vor dem Tode Christi, die Jahre zwischen der Berufung Abrahams und der Fülle der Zeiten, war das Volk Israel Träger der Offenbarung. ... Nach dem Tode Christi wurde Israel aus dem Dienst der Offenbarung entlassen. Sie hatten die Stunde der Heimsuchung nicht erkannt. Sie hatten den Gesalbten des Herrn verleugnet und verworfen, zur Stadt hinausgeführt und ans Kreuz geschlagen. Damals zerriß der Vorhang im Tempel auf Sion und damit der Bund zwischen dem Herrn und seinem Volk. Die Tochter Sion erhielt den Scheidebrief, und seitdem wandert der ewige Ahasver ruhelos über die Erde« (S. 4f.). Als Folge der Verwerfung Israels habe die Kirche aus der Hand Jesu Christi das Alte Testament als göttliche Offenbarung erhalten und sogar alttestamentliche Texte in ihre Liturgie aufgenommen. Doch, so betont der Kardinal, »wurde das Christentum durch Übernahme dieser Bücher keine jüdische Religion. Diese Bücher sind nicht von Juden verfaßt, sie sind vom Geiste Gottes eingegeben und darum Gotteswort und Gottesbücher. Diese Geschichtsschreiber waren Schreibgriffel Gottes, diese Sänger von Sion waren Harfen in der Hand Gottes, diese Propheten waren Lautsprecher der Offenbarung Gottes. Darum bleiben diese Bücher glaubwürdig und ehrwürdig auch für spätere Zeiten. Abneigung gegen Juden von heute darf nicht auf die Bücher des vorchristlichen Judentums übertragen werden« (S. 13).

Die *zweite These* der Predigt erläutert die Bedeutung des Alten Testaments für die Kirche unter der Kategorie der Erfüllung. Der Kardinal sagt: »Wirken wir mit der Gnade Gottes mit, das Alte Testament und uns selber zu erfüllen! Christus ist nicht gekommen, das Gesetz oder die Propheten aufzuheben, sondern zu erfüllen. Ein andermal sagte er: An mir muß dieses Schriftwort in Erfüllung gehen (Lk 22,37). Wie oft berichtet Matthäus: Das und das ist geschehen, damit das Prophetenwort erfüllt werde. Was heißt das, das Alte Testament erfüllen? Erfüllen heißt, etwas, was Stückwerk ist, vollenden und fertig machen. Etwas, was halb leer ist (das Gleichnis ist vom Hohlmaß, etwa von einem Becher genommen), voll-machen und auffüllen bis zum Rand. Etwas, was unvollkommen ist, vollkommen machen. Erfüllen heißt, bildlich gesprochen, aus der Schale den Olivenkern nehmen, aus der Vorschule des Alten Testaments in die Hochschule des Evangeliums überleiten, von den Vorbildern zum Urbild führen. Das Alte Testament war an sich gut, im Vergleich mit dem Evangelium aber Stückwerk, Halbheit, Unvollkommenheit. Das Neue Testament hat vollendet, hat die ganze Offenbarung Gottes gebracht. Kommt das Vollkommene, dann hört das Stückwerk auf (1 Kor 13,10).«

Gewiß, so konsequent und offen, wie es in dieser Predigt geschah, wird heute kaum noch ein christlicher Theologe die Bibel Israels relativieren und »entjudaisieren« wollen. Aber die letztlich hinter dieser Predigt stehende These, daß mit Jesus die Bibel Israels eigentlich »überholt« sei und seit Jesus nur bzw. erst die Kirche den Sinn der Gottesbotschaft der Bibel Israels echt und eigentlich hört, blieb die ausgesprochene oder unausgesprochene Überzeugung der meisten christlichen Theologen auch nach 1945, wahrscheinlich sogar bis heute. Ich präsentiere nur drei prominente Belege für dieses Faktum.

Im Jahre 1950 erschien das dann einflußreiche Buch von Johannes Schildenberger *Vom Geheimnis des Gotteswortes. Einführung in das Verständnis der Heiligen Schrift* (Heidelberg 1950). Indem er sich auch auf viele Zitate der Kirchenväter stützt, geht Schildenberger darin sehr ausführlich der Frage nach, welche Bedeutung das Alte Testament für die Kirche hat. Er unterscheidet sich dabei kaum von Michael Faulhaber; ein wenn auch nur flüchtiger Gedanke daran, daß das Alte Testament fürs nachbiblische Judentum große Bedeutung hat, ist nirgends zu finden. Statt dessen werden die »klassischen« kirchlichen Positionen vorgetragen. Ich begnüge mich mit wenigen Zitaten: »Das Alte Testament ist die Vorgeschichte und Vorschule der Erlösung, der christlichen Religion« (S. 46). »Am Ostertag ist auch das Alte Testament zu einem neuen, verklärten Leben auferstanden, als der Herr den beiden Jüngern auf dem Weg nach Emmaus und am gleichen Abend den Aposteln die Schrift erschloß (Lk 24,25–27.32.44–47). Dieses fruchtbare, segensvolle Leben führt es weiter in der heiligen Kirche« (S. 47). »Die heiligen Väter haben mit den Aposteln erkannt, daß das Alte Testament erst in der Kirche seine volle Bedeutung und Wirkkraft bekommen habe, weil erst jetzt Christus ganz deutlich und groß in ihm aufleuchtet. ... Jede Weissagung ist nämlich vor der Erfüllung den Menschen ein Rätsel und Gegenstand vieler Meinungen. Wenn aber die Zeit gekommen und das Geweissagte eingetroffen ist, dann erhält sie die ganz offenkundige Auslegung. Und darum gleicht das Gesetz, wenn es von den Juden in der jetzigen Zeit gelesen wird (vgl. 2 Kor 3,14f.), einem Mythus; denn sie haben nicht die Erklärung des Ganzen, das ist die Ankunft des Gottessohnes als Mensch. Wenn es dagegen von den Christen gelesen wird, ist es ein Schatz, der zwar im Acker verborgen lag (vgl. Mt 13,44), ihnen aber durch das Kreuz Christi geoffenbart und erschlossen ist« (S. 64f.).

Im ersten Band des von Josef Höfer und Karl Rahner herausgegebenen Lexikons für Theologie und Kirche schrieb der Neutestamentler Franz Josef Schierse 1957 im Artikel *Altes Testament*: »Die ›Decke‹, die auf dem Alten Testament lag und seinen eigentlichen Sinn verhüllte, ist durch Christus weggenommen worden (2 Kor 3,14). Indem das Christentum weiß, daß es die allein richtige Auslegung des Alten Testaments besitzt, weil es das Erbe der alttestamentlichen Verheißungen legitim angetreten hat, stellt es sich in Gegensatz zum Judentum.«[4]

Noch 1972 gab Herders Theologisches Taschenlexikon, das von Karl Rahner herausgegeben wurde, aus dem von Rahner selbst bereits 1957 verfaßten Artikel *Altes Testament als heilsgeschichtliche Periode* folgende Schlußthese wieder: »Als ›vorgeschichtliche‹ Vergangenheit des Neuen und ewigen Bundes, in den hinein das Alte Testament sich aufgehoben hat, ist es nur vom Neuen Bund her adäquat richtig interpretierbar ... eine bloß alttestamentlich immanente Bedeutung ... würde verkennen, daß das Alte Testament sein ganzes Wesen erst im Neuen Testament enthüllt hat.«[5]

Karl Rahners aus heutiger Sicht höchst problematische Auffassung vom Alten Testament zeigt sich auch in seinem Artikel *Altes Testament, Alter Bund* in dem von ihm 1961 (zusammen mit H. Vorgrimler) herausgegebenen *Kleinen Theologischen Wörterbuch*. In diesem Artikel lautet der entscheidende Satz: »Jesus erfüllt das Gesetz und hebt den Alten Bund in seinem Blut auf«. In der 10., völlig neu bearbeiteten Auflage von 1976 heißt dieser (nun von H. Vorgrimler formulierte) Satz: »Jesus erfüllt das Gesetz und schließt den Neuen Bund in seinem Blut«. Der Hinweis auf K. Rahner ist in unserem Zusammenhang deshalb besonders wichtig, weil seine dem Alten Testament gegenüber so »zurückhaltende« Position das Zweite Vatikanum in dieser Hinsicht sehr stark geprägt hat.

3. Zuallererst: Heilige Schrift des zeitgenössischen Judentums

Das für unsere Fragestellung größte Defizit der Offenbarungskonstitution sehe ich darin, kein einziges Wort darüber zu verlieren, daß das sog. Alte Testament bis heute die Jüdische Bibel ist, also die Bibel des im ungekündigten Bund stehenden Gottesvolkes, mit dem die Kirche doch in einer intensiven Lebensgemeinschaft steht. Falls die folgenden Aussagen von Johannes Paul II. ernst genommen werden, stellt das sog. Alte Testament für die Kirche eine Herausforderung ersten Ranges dar, die weithin noch gar nicht erkannt wäre – ganz zu schweigen davon, daß die Kirchenwirklichkeit sich ihr gestellt bzw. auf sie eine Antwort gefunden hätte. »Die jüdische Religion ist für uns nicht etwas ›Äußerliches‹, sondern gehört in gewisser Weise zum ›Inneren‹ unserer Religion. Zu ihr haben wir somit Beziehungen wie zu keiner anderen Religion.«[6] Schon ein Jahr vor dieser Rede formulierte die Vatikanische Kommission für die religiösen Beziehungen zum Judentum, indem sie auf eine Papstrede vom 6. März 1982

---

[4] ²Lexikon für Theologie und Kirche 1, 394.
[5] Herderbücherei 451, 84.
[6] Rede beim Besuch der Großen Synagoge Roms am 13. April 1986.

zurückgriff, in einem Dokument: »Es existieren einzigartige Beziehungen zwischen dem Christentum und dem Judentum: Beide sind ›auf der Ebene ihrer eigenen Identität verbunden‹ (Johannes Paul II. am 6. März 1982), und diese Beziehungen ›gründen sich auf den Plan des Bundesgottes‹ (ebd.)«. Unter dieser Voraussetzung muß gerade der christliche Umgang mit dem Alten Testament in der Liturgie das Bewußtsein vermitteln, *daß* und *wie* wir in ihm dem *zeitgenössischen* Judentum als unserer Mutter- bzw. Schwesterreligion begegnen. Das aber heißt konkret: Das Alte Testament ist nicht das »Vorspiel«, das nun beendet ist, sondern *das bleibende Fundament* des Christentums *und* das lebendige Band, das uns an das *heutige* Judentum bindet.

Das war im übrigen auch die Sicht des Urchristentums bis in die Mitte des 2. Jahrhunderts. Die christlichen Gemeinden haben in ihren Gottesdiensten von Anfang an die Schriften Israels nicht als »Vorspiel«, sondern als *die* Bibel gelesen. Sie haben nach jüdischer Tradition als erste (Haupt-) Lesung die Tora und dann einen Abschnitt aus den Propheten *(Haftara)* vorgelesen und ausgelegt – gewiß in ihrem »christlichen« Kontext, aber nicht – zumindest nicht im 1. Jahrhundert – in dem Bewußtsein, sich damit aus der Geschichte Gottes mit Israel zu lösen.

Für das Urchristentum war diese Bibel nicht das »Alte Testament« im Sinne einer zweitrangigen oder gar veralteten Offenbarung. Die Bibel Israels und die sich aus ihr ergebende Art zu leben galten als der *prinzipiell* unumstrittene Lebens- und Glaubenshorizont sogar für die Heidenchristen, und dies selbst dann noch, als der Streit um die *Sinnrichtung* der Tora in der Nachfolge Jesu zu einer von der Mehrheit des zeitgenössischen Judentums abgelehnten »christlichen« Auslegung bzw. Aktualisierung von Einzelbestimmungen der Tora führte. Dieser Streit wurde nicht *gegen* die Bibel Israels, sondern *um* sie und um ihr rechtes Verständnis für die damalige Gegenwart geführt. »Hätte man einen Christen um das Jahr 100 gefragt, ob seine Gemeinde ein heiliges und verbindliches Buch göttlicher Offenbarung besäße, so hätte er die Frage stolz und ohne zu zögern bejaht: die Kirche besaß solche Bücher, das ›Gesetz und die Propheten‹, das heute sogenannte Alte Testament. Über hundert Jahre lang, noch um die Mitte des zweiten Jahrhunderts bei Justin, erscheint das Alte Testament als die einzige, maßgebende und völlig ausreichende Schrift der Kirche …; daß zur Sicherung über das Alte Testament hinaus weitere schriftliche Urkunden erwünscht oder erforderlich sein könnten, kam ihm nicht in den Sinn.«[7]

Als die christlichen Gemeinden von der Mitte des 2. Jahrhunderts an damit begannen, ihre eigenen Schriften zu sammeln, und ihnen denselben theologischen und kanonischen Stellenwert zuerkannten, den die Bibel Israels hatte, traf die Kirche zwei wichtige Entscheidungen:
(1) Sie behielt *alle* Schriften der Bibel Israels bei und stellte die »neuen« Schriften nicht vor, sondern hinter die Bibel Israels; so entstand die eine, zweigeteilte christliche Bibel.

---

[7] H. von Campenhausen, Die Entstehung der christlichen Bibel. Tübingen 1968, 110.

(2) Sie griff nicht in den *jüdischen* Wortlaut des ersten Teils ein, auch dort nicht, wo in einem neutestamentlichen Text eine christologisch bzw. christlich motivierte Relecture eines alttestamentlichen Textes vorlag.

Daß die Kirche die Jüdische Bibel *so* in *ihrer* Bibel beibehielt, entsprach der in den neutestamentlichen Schriften selbst und in den wichtigen Glaubensbekenntnissen der alten Kirche sich aussprechenden Überzeugung, daß die Jüdische Bibel das unaufgebbare Fundament des Christentums ist. Bei aller Polemik, die das sich profilierende junge Christentum gegen die jüdische Mehrheit entwickelte, die *seinen* Weg nicht gehen wollte, hielten die neutestamentlichen Autoren auch nach der Tempelzerstörung (70 n. Chr.), wie es scheint, noch entschiedener als zuvor daran fest: Christliche Identität gibt es nur, auch für das Heidenchristentum, in der bleibenden Rückbindung an das Judentum, an die jüdische Kultur und insbesondere an die Jüdische Bibel. Selbst als faktisch aus vielfältigen Gründen die Brücken zwischen Kirche und »Synagoge« abgebrochen wurden, blieb die Kirche, auch wenn es ihr offensichtlich schwer fiel, dabei: »Nicht du trägst die Wurzel, sondern die Wurzel trägt dich« (Röm 11,18).

III. Wie soll die Kirche heute ihr »Altes Testament« neu und anders lesen?

1. Auslegungshorizont des Neuen Testaments

Daß das Christentum der Bibel Israels als seines *Fundamentes* bedarf, ist beinahe auf jeder Seite des Neuen Testaments buchstäblich zu greifen. Um die Botschaft vom endzeitlichen Wirken Gottes in und durch Jesus Christus nahezubringen, werden immer wieder »die Schrift« und »die Schriften« (d.h. die Jüdische Bibel) wörtlich zitiert oder motivisch eingespielt. »Gesetz und Propheten« erläutern und rechtfertigen das neutestamentliche Christuszeugnis.

Was die Bibel Israels für den Christusglauben leistet, aber auch, was sie allein *nicht* leisten kann, zeigt beispielhaft die Erzählung von den zwei Emmausjüngern am Schluß des Lukasevangeliums (vgl. Lk 24,13–35):

(1) Für die zwei »blinden« Jünger wiederholt der aus dem Tod auferweckte Jesus nicht einfach seine eigene Predigt und seine Wunder, schon gar nicht als das ganz und gar andere, neue Handeln Gottes, das im Gegensatz zu seinem bisherigen Handeln an und in Israel stünde. Im Gegenteil: Er betont den tiefen Zusammenhang (die Kontinuität) zwischen »Gesetz und Propheten« und ihm selbst. Pointiert gesagt: Er macht keine Wortexegese von »Gesetz und Propheten«, sondern exegesiert sich selbst von der Schrift Israels her.

(2) Daß die beiden Jünger zum Christusglauben finden, bedarf der lebendigen Begegnung mit dem Auferweckten selbst. Nicht einmal seine Exegese allein hat sie dazu geführt. Erst als er mit ihnen die jüdische Beraka (d.h. das eucharistische Segensgebet) spricht, werden ihnen die Augen geöffnet. Die »Schrift« ist Voraussetzung und Hilfe für den Christusglauben, aber die »Schrift« führt nicht von selbst zu Jesus als dem Christus.

Die konstitutive Bedeutung der Bibel Israels für christliche Identität

Mit ihrem ausdrücklichen Rückgriff auf »die Schrift« und durch das subtile Einspielen von Vorstellungs- oder Geschehenszusammenhängen aus der Bibel Israels wollen die neutestamentlichen Autoren nicht »die Schrift« auslegen. Ihnen geht es um ein Verstehen und Näherbringen des Christusereignisses als einer weiteren, in ihrer Sicht end-gültig entscheidenden Heilssetzung Gottes »von der Schrift her«, d.h. von der als bekannt und maßgebend anerkannt vorausgesetzten Bibel Israels her. Die neutestamentlichen Autoren lassen weder Jesus einen alttestamentlichen Text zitieren noch zitieren, sie selbst einen solchen, *um* damit diesen Text christlich verbindlich auszulegen, so als wäre dies der *einzige* Sinn des Textes. Gerade im Hinblick auf das mit Leben erfüllte Judentum war es nicht das Problem der jungen Kirche, wie sie mit der Bibel Israels umgehen solle. »Man darf nicht sagen, daß das Alte Testament für die ersten Christen aus sich selbst keine Autorität gehabt habe und nur darum übernommen worden sei, weil man sah, daß es ›Christum trieb‹ oder auf Christus zutrieb. Die kritische Frage, auf die Luthers bekannte, viel mißbrauchte Formulierung Antwort gibt, war noch gar nicht gestellt. Die Dinge liegen eher umgekehrt: Christus wird vor den Ungläubigen wohl aus der Schrift gerechtfertigt, aber das entgegengesetzte Bedürfnis, die Schrift von Christus her zu rechtfertigen, ist noch nirgends erwacht.«[8]

Daß die Kirche die Bibel Israels zum ersten Teil ihrer Bibel gemacht hat, ist von programmatischer Bedeutung: Die Bibel Israels hatte den unbestrittenen Offenbarungsanspruch. Sie hatte kanonische Qualität und Autorität. Auf sie griffen deshalb die Jesusjünger zurück, um ihrer Jesusbotschaft kategoriale Mitteilbarkeit, Überzeugungskraft und Gültigkeit zu verleihen. Dabei wird nicht das Alte Testament vom Neuen Testament her gelesen, sondern es gilt umgekehrt: Das Neue Testament ist vom Alten Testament her geschrieben; das *Neue Testament will im Lichte des Alten Testaments gelesen werden*. Das Alte Testament *im Neuen Testament* ist »mater et magistra Novi Testamenti« (Mutter und Lehrerin des Neuen Testaments). In Abwandlung eines vielzitierten Wortes des altkirchlichen Schriftgelehrten und Bibelübersetzers Hieronymus »Die Schrift nicht kennen heißt Christus nicht kennen« kann gesagt werden: Das Alte Testament nicht kennen und verstehen heißt Christus und das Christentum nicht verstehen.

2. Erstes Testament

Man kann fragen, ob die grundlegende Funktion des ersten Teils der christlichen Bibel nicht verkannt wird, wenn man ihn traditionell »Altes Testament« nennt. Das Neue Testament selbst kennt weder ein »Altes« Testament noch »Alte« Schriften als Sammelbegriff für die Jüdische Bibel. Erst die gezielte Lossagung der Kirche vom Judentum hat diesen Begriff geschaffen. Das ist die Hypothek, die bis heute auf ihm lastet. Voraussetzung für diese Bezeichnung war, daß man die beiden »Testamente« über-

---
[8] Ebd., 78.

haupt als *zwei* Größen empfand, deren Verhältnis zueinander dann näher zu bestimmen war. Dafür waren zunächst sogar die äußeren Bedingungen nicht gegeben. In der Praxis zerfiel die christliche Bibel im frühen Christentum in mehrere Schriftrollen oder Codices; das belegt auch der Sprachgebrauch »biblia« = (mehrere) Bücher. Wie sehr ihre konzeptionelle »Einheit« im Vordergrund stand und daß sie als Einheit von ihrem Anfang her gedacht wurde, belegt die in der frühen afrikanischen Kirche für die ganze Bibel verwendete Bezeichnung »lex« (= Gesetz / Tora).

Nun muß die Bezeichnung »Altes Testament« nicht notwendigerweise negative Konnotationen haben; umgekehrt *kann* das Prädikat »neu« auch eine negative Qualifikation (z. B. modisch, unerfahren) oder zumindest gegenüber »alt« eine Qualitätsminderung bedeuten (z.B. alter Wein – neuer Wein). Solange »alt« im Sinne von »altehrwürdig, kostbar, bewährt« und »ursprünglich« seine positiven Konnotationen behält, kann die Bezeichnung gewiß akzeptabel bleiben, zumal sie selbst »alt« ist. Und wenn man sich bewußt macht, daß dies eine *spezifisch* christliche Bezeichnung ist, die daran erinnert, daß es das Neue Testament nicht ohne das Alte Testament gibt, kann man sie als legitimen Appell an die fundamentale Wahrheit hören, daß die christliche Bibel aus zwei Teilen besteht, deren Gemeinsamkeit und Differenz (Kontinuität und Diskontinuität) zugleich festgehalten werden muß. Freilich muß man sich daran erinnern, daß dies eine Bezeichnung ist, die weder dem Selbstverständnis des Alten Testaments entspricht noch dem jüdischen Verständnis dieser Schriften angemessen ist. Als solche ist sie anachronistisch und, wie die Rezeptionsgeschichte im Christentum zeigt, der Auslöser permanenter Mißverständnisse und fataler Antijudaismen. Deshalb müßte sie eigentlich immer in Anführungszeichen gesetzt – oder durch eine andere Bezeichnung ersetzt oder zumindest ergänzt werden. Diese korrigierende Funktion könnte von der Bezeichnung »Erstes Testament« ausgeübt werden.

Die Bezeichnung »Erstes Testament« ist sogar biblischer als »Altes Testament«. Sie kommt nicht nur im Hebräerbrief vor (vgl. Hebr 8,7.13; 9,1.15.18), sie wird auch in der griechischen Übersetzung (Septuaginta) von Lev 26,45 verwendet, wo sie – anders als im Hebräerbrief – uneingeschränkt positiv den »ersten« Bund am Sinai als »Bund zur Vergebung der Sünden« (vgl. Lev 26,39–45) im Sinne des gründenden und weiterwirkenden Anfangs meint. Genau *diesen* Aspekt kann die Bezeichnung herausstellen: Der erste Teil der christlichen Bibel ist das *grundlegende Fundament*, das zuerst gelegt wurde und auf dem das im »Zweiten Testament« bezeugte neue Handeln Gottes an und durch Jesus und an denen, die Jesus nachfolgen, so aufruht, daß es dessen erneute und endgültige Aktualisierung ist.

Die Bezeichnung hat mehrere positive Implikationen:
(1) Sie vermeidet die traditionelle Abwertung, die sich assoziativ und faktisch mit der Bezeichnung »Altes Testament« verbunden hat.
(2) Sie gibt zunächst den historischen Sachverhalt korrekt wieder: Es ist gegenüber dem Neuen / Zweiten Testament in der Tat als »erstes« entstanden, und es war die erste Bibel der jungen, sich formierenden Kirche.

Die konstitutive Bedeutung der Bibel Israels für christliche Identität 273

(3) Sie formuliert theologisch richtig: Es bezeugt jenen »ewigen« Bund, den Gott mit Israel als seinem »erstgeborenen« Sohn (vgl. Ex 4,22; Hos 11,1) geschlossen hat, als »Anfang« der großen »Bundesbewegung«, in die der Gott Israels auch die Völkerwelt einbeziehen will.
(4) Als »Erstes« Testament weist es auf das »Zweite« Testament hin. So wie dieses nicht ohne jenes sein kann, erinnert auch die christliche Bezeichnung »Erstes Testament« daran, daß es für sich allein genommen keine vollständige christliche Bibel ist.

3. Spannungsreicher Dialog gleichberechtigter Partner

Insofern die frühe Kirche das Erste Testament in seiner *jüdischen,* christlich *nicht* bearbeiteten Textgestalt *neben* dem Zweiten Testament beibehalten hat, wird auch eine Lese- und Verstehensweise des Ersten Testaments als eines *in sich* verstehbaren Textes nahegelegt – etsi Novum Testamentum non daretur (»als ob es das Neue Testament nicht gäbe«).

Als Sammlung von Büchern, die vor dem Neuen Testament und unabhängig von ihm gelesen werden können, wird das Erste Testament zur *Herausforderung* und *Rivalin* des Neuen Testaments. Es ist auf bestimmten Lebens- und Glaubensfeldern der neutestamentlichen Konkurrentin überlegen, auf anderen Feldern erhebt es heilsamen Einspruch gegen allzu vorschnelle Reden des Zweiten Testaments, und auf wieder anderen Feldern muß es sich durch das Zweite Testament in Frage stellen oder ergänzen lassen. Läßt man beide Testamente als Rivalinnen im Streit um die Gotteswahrheit zu, kann aus ihrem Mit- und Gegeneinander eine neue, produktive Lektüre der einen, zweigeteilten Bibel hervorgehen, die keines von ihnen allein und aus sich selbst heraus ermöglichen würde.

Das Erste Testament kann seine Rolle als Herausforderin, Rivalin und Kommentatorin des Zweiten Testaments freilich nur spielen, wenn man ihm sein *Eigenwort mit Eigenwert* beläßt – und vor allem, wenn man seine Vielgestaltigkeit und Andersartigkeit nicht mit der christlichen Brille übersieht. So wichtig es ist, gegenüber allen alten und neuen Formen des Markionismus die Traditions- und Bekenntniskontinuität vom Ersten zum Zweiten Testament zu betonen, so notwendig ist es zugleich, die Differenzen gelten zu lassen, damit zwischen beiden Teilen der christlichen Bibel ein produktiver Streit über das in beiden Teilen sich aussprechende Zeugnis von dem einen und einzigen Gott entstehen kann.

Den methodisch reflektierten Versuch, die beiden Teile der christlichen Bibel so mit- und gegeneinander in Beziehung zu setzen, daß ein produktiver Streit um die Wahrheit entsteht, in den sich die Leser hineinnehmen lassen, könnte man eine »*Hermeneutik der kanonischen Dialogizität*« nennen. Sie gehört zum Typ der leserorientierten Hermeneutik, insofern sie zwischen Texten der beiden Testamente ein Beziehungsgeflecht bzw. einen Dialog herstellt, der nicht unbedingt von den Autoren, sondern von den Lesern dieser Texte – im Horizont ihrer Glaubensgemeinschaft – beabsichtigt sein bzw. geführt werden muß. Theologisch gesprochen: Dieses Beziehungsgeflecht erschließt den Sinn der Texte in ihrer Eigenschaft als Teile der kanonisierten Bibel (die sog. *mens sacrae scripturae*). Während es Aufgabe der historisch-kritischen Exegese ist, den vom Verfasser eines Textes intendierten Sinn zu erforschen (die sog. *mens auctoris),* geht es hier darum, die erkennbaren Bezüge zwischen erst- und zweittestamentlichen Textstellen in einen »kanonisierten« bzw. »kanonischen« Dialog zu bringen. Diese Methode will den »zitierten« / »eingespielten« ersttestamentlichen Prätexten wieder ihr »Eigenleben« zurückgeben, indem diese in ihrem ursprünglichen Sinn gelesen werden, und ein produktives, kontrastreiches »Schriftgespräch« zwischen beiden Teilen der einen christlichen Bibel in Gang bringen.

Methodisch hat keiner der beiden Teile einen höheren Stellenwert, sondern die Texte gelten zunächst einmal als gleichberechtigte Partner im Streit und im Diskurs, weil sie nun in der *einen* (gleichwohl komplexen) Bibel stehen und als unterschiedliche, miteinander rivalisierende Zeugnisse des *einen* und *einzigen* Gottes gehört werden wollen. Für Christen ist das Zweite Testament kein bloßer Zusatz oder Anhang zum Ersten Testament und das Erste Testament kein bloßes Vorwort oder nur eine (eigentlich unwichtig gewordene) Vorgeschichte zum Zweiten Testament, sondern beide zusammen bilden ein polyphones, polyloges, aber dennoch zusammenklingendes Ganzes, das nur als *solches* »Wort Gottes« ist, das vom dramatischen Geschehen der Erlösung der ganzen Welt kündet und dessen »letzter« Akt mit dem Messias Jesus beginnt.

4. Offenhalten der Verheißungen Gottes

Im Horizont der kanonischen Dialogizität steht fest: Die Globalzuordnung von Altem Testament zu Neuem Testament als Verheißung – Erfüllung, Typos – Antitypos u.ä. nimmt die Vielschichtigkeit und Vielgestaltigkeit des Alten Testaments nicht ernst. Was der Hebräerbrief gleich zu Anfang sagt, muß festgehalten werden: »Viele Male und auf vielerlei Weise hat Gott einst zu den Vätern gesprochen durch die Propheten; in dieser Endzeit aber hat er zu uns gesprochen durch den Sohn...« Diese »vielerlei Weise« darf nicht nivelliert werden, sondern ist uns als kostbarer Schatz gegeben – »*in* der Endzeit« und *für* diese.

Die einfache Gleichsetzung Altes Testament = Verheißung und Neues Testament = Erfüllung scheitert auch und besonders, wenn sie christologisch eng geschieht. Weder haben sich alle alttestamentlichen Verheißungen in Jesus erfüllt, noch lassen sich umgekehrt alle neutestamentlichen Aussagen über Jesus alttestamentlich untermauern. *Beide* haben, gerade unter den Kategorien Verheißung – Erfüllung, einen Überschuß, der nicht nivelliert werden darf. »Wer von Verheißung – Erfüllung redet, weiß von Verhüllung und notvollem Warten, er weiß von Gehen und nicht nur von Stehen, weiß von Ruf und nicht nur von Schau. Die Geschichte bekommt ein Gefälle auf noch Ausstehendes hin. Aber ein Gefälle, das nicht durch dumpf treibende Kräfte bestimmt ist, sondern unter klarem Worte steht.«[9]

---

[9] W. Zimmerli, Verheißung und Erfüllung, in: C. Westermann (Hg.), Probleme alttestamentlicher Hermeneutik. München 1960, 77.

Was biblisch mit »Erfüllung« gemeint ist, läßt sich gut am alttestamentlichen Sprachgebrauch selbst ablesen. Von ihm her meint »Erfüllung«: Bewahrheitung, Bestätigung, Bekräftigung, Besiegelung, Aktualisierung, Erweis von Zuverlässigkeit und Treue. Wenn wir Christen auf der Grundlage des Neuen Testamentes sagen: In Jesus Christus hat sich die Verheißung erfüllt, so bedeutet das nicht, daß die Verheißung erschöpft und an ihre Stelle nun das Verheißene selbst in der Gestalt von »Erfüllung«, Überbietung oder gar Ablösung getreten sei, sondern es gilt: »Die Verheißung wird in Jesus als dem Christus, mit dem ›Ja und Amen‹ Gottes bekräftigt, besiegelt, nahegebracht und wirksam zugesprochen. So bringt also das Neue Testament keineswegs die erfüllte Gegenwart einer sichtbaren oder auch unsichtbaren ›besseren, gewandelten Welt‹, sondern das mit der Erscheinung Jesu Christi dringend gewordene Warten und Hoffen auf die Erlösung und Vollendung der Welt, auf die neue Schöpfung (2 Petr 3,13).«[10]

Die naive Rede von der Erfüllung gar des *ganzen* Alten Testaments durch Jesus und in ihm wird weder der theologischen Botschaft des Alten Testaments noch der im Neuen Testament bezeugten Sendung Jesu gerecht. »Die Verheißungen des AT haben über Jesus hinaus einen bleibenden Überschuß.«[11] Die Sendung Jesu läßt sich nicht darauf reduzieren, daß das von ihm angekündigte Gottesreich durch ihn und seit ihm schon »da sei«; er ist vielmehr für die Christen der unüberholbare und endgültige Zeuge dafür, daß allen bösen Mächten zum Trotz dieses Gottesreich kommen wird – so wie sein Tod sich in der Auferweckung vollendet hat. Gerade die für unser christliches Selbstverständnis so zentrale Hoffnung, daß Gott kommt, um unser Leben und insbesondere die Geschichte zu vollenden, hat ihre unaufgebbare Grundlage in den Gottesverheißungen des Alten Testaments, auf die Jesus zurückgreift und die der Gott Israels als Vater Jesu Christi an und in Jesus »neu« handelnd »erfüllt«. Das im Alten als dem Ersten Testament bezeugte und verheißene Handeln Gottes an seinem Bundesvolk Israel aktualisiert sich nach dem Zeugnis des Neuen Testaments für uns Christen erneut und auf neue Weise in Jesus Christus und in der Kirche. Wie bereits gesagt, wird der Zusammenhang zwischen beiden Testamenten in den Schriften des Neuen Testaments allerdings nicht im Sinn einer geradlinigen »Fortschrittsgeschichte« vom Alten Testament zum Neuen Testament hergestellt, so daß die alttestamentlichen Texte ihren Sinn und ihre Wahrheit erst vom Neuen Testament her erhielten oder ihren Eigen-Sinn in der Zeit der Erfüllung nun gar verloren hätten. Vielmehr gilt umgekehrt: Die besondere und endgültige Weise, in der der Gott Abrahams sich in Jesus offenbart, geht nur auf, wenn dieses Heilshandeln Gottes im Horizont der Geschichte seines Handelns an seinem Volk Israel geschaut und geglaubt wird. Als solches ist es nicht einfach Erfüllung und Einlösung vorher ergangener Weissagungen oder Verheißun-

---

[10] H. J. Kraus, Perspektiven eines messianischen Christusglaubens, in: J.J. Petuchowski / W. Strolz (Hg.), Offenbarung im jüdischen und christlichen Verständnis [QD 92]. Freiburg 1981, 260.
[11] H. Vorgrimler, 10., völlig neubearbeitete Auflage des *Kleinen theologischen Wörterbuchs*, 16.

gen, sondern (auch) in Jesus und in der Kirche führt der Gott Israels die Erlösungsgeschichte weiter – ihrer Vollendung entgegen.

Das also ist die unverzichtbare Funktion des Ersten Testaments im Spannungsfeld von Verheißung und Erfüllung: Es dynamisiert das traditionelle Schema, ja kehrt es sogar um und hält, insbesondere im Bekenntnis zur eschatologischen Sendung Jesu, die Verheißung *offen*. Die Erinnerung des Todes und der Auferweckung Jesu, die in der Eucharistiefeier als Hineingehen in die dramatische Geschichte des Sinaibundes geschieht, bindet diese einerseits unablösbar an die Geschichte Gottes mit seinem Volk Israel und öffnet sie andererseits für jene universale Dynamik, in der die ganze Welt zum Ort der Gottesherrschaft werden soll. Das Erste Testament schützt mit seinem in Jesus besiegelten Verheißungspotential die Christologie vor jeglichem den *status quo* legitimierenden Mißbrauch. Das Erste Testament ist jener Teil unserer Bibel, der mit seiner Theozentrik die Theodizeefrage einklagt – gerade angesichts der Osterbotschaft.

5. Einübung der Weggemeinschaft mit den Juden

Insofern das Erste Testament als Jüdische Bibel entstanden und als solche die Lebensquelle Israels als des in der Treue Gottes lebenden Bundesvolks ist, muß die Kirche die Texte des Ersten Testaments zuallererst als *Gottesbotschaft an und über das jüdische Volk hören und auslegen: als judaica veritas*. Wir müssen sie hören nicht nur als Gottes Wort über das »alttestamentliche« Israel, sondern vor allem über das »nachbiblische« Israel und über unser Verhältnis zu diesem Israel. Wenn in diesen Texten von Zion, Jerusalem, vom Tempel, von den Stämmen und Sippen Israels, vom Land Israel, von der Herausführung aus Ägypten, von der Feier des Pessach / Pascha usw. die Rede ist, dann dürfen wir dies alles nicht vorschnell oder gar ausschließlich auf uns Christen beziehen. Nein: Da ist zunächst das jüdische Volk im Blick – wie es der Wortlaut ja auch sagt. Wir Christen kommen dabei nur vor, wenn und insofern wir als Kirche in Lebensgemeinschaft mit Israel stehen. Wenn wir die Texte *so* lesen, können wir lernen, die Mißverständnisse und Verzerrungen zu überwinden, die eine falsche christliche Theologie jahrhundertelang in bezug auf das Judentum verbreitet hat. Im unvoreingenommenen Hören auf die Botschaft der Bibel Israels können wir neu entdecken, daß der Gott des sog. Alten Testaments ein Gott der Güte und der Barmherzigkeit ist, daß die Tora Israels nicht ein unfrei machendes »Gesetz«, sondern eine beglückende Wegweisung ist, und die Geschichte Gottes mit Israel auf das alle Völker in Frieden zusammenführende Gottesreich hinzielt.

Das Erste Testament, das die Christen mit den Juden teilen, zwingt die Kirche nicht nur, ein für allemal den Versuchungen zu einem triumphalistischen Absolutheitsanspruch zu widersagen, es konfrontiert sie auch beharrlich mit der Erinnerung daran, daß sie gerade als Kirche Jesu Christi nicht am Ziel, sondern auf dem Wege ist, zusammengebunden in einer messianischen Weggemeinschaft mit den Juden, daß sie eigentlich eine zusammengesetzte Identität hat: eben eine jüdisch-christliche Identität. Die zwei-eine christliche Bibel ist der dauernde Hinweis auf dieses Proprium Christianum, das die Kirche mit dem Judentum verbindet – und zugleich von ihm trennt. Die Wahrnehmung dieser Differenz ist die Basis für einen neuen gegenseitigen Respekt, mit dem Juden und Christen der Welt zeigen können, daß unterschiedliche Religionen friedlich neben- und miteinander leben können – weil sie *Gott* die Ehre geben und in *seinem* Dienst stehen.

Bilderverbot und Bilderfülle – zwei Wege mit demselben Ziel?

Michael Plattig

Die Masse an Bildern, die täglich auf die Menschen einstürmt, ist enorm und stetig im Wachstum begriffen. Bilder eignen sich für immer simplere Botschaften. Reduzierung von Text und Vermehrung von Bildern werden mit dem computergestützten Lernen auch in die Pädagogik Einzug halten. Massenblätter gehen immer mehr dazu über, ganz einfache Sätze und primitiv strukturierte Informationen mit vielen Bildern zu verbinden.

Eine wachsende Zahl von Menschen kommt mit der Bilderflut nicht mehr zurecht. Was ist eigentlich noch wichtig? Welchem Bild soll man überhaupt noch trauen? Welchen Standpunkt kann man eigentlich noch beziehen? Die Folge davon sind einerseits Abstumpfung: immer stupidere Filme und Shows werden konsumiert; die täglichen grausamen Bilder aus den Kriegsgebieten, von Katastrophen und Gewalttaten machen Menschen zunehmend für das Leid anderer unempfindlich; andererseits sind es fundamentalistische Tendenzen innerhalb und außerhalb der Kirche, religiös oder politisch motiviert, denn neue Sicherheit wird gesucht.

Judentum und Christentum stehen diesem Phänomen gleichermaßen gegenüber. Der Umgang mit Bildern, äußeren wie inneren, war in beiden Traditionen immer wieder ein Thema. Sind in diesen Traditionen Anregungen für den gegenwärtigen Umgang mit Bildern zu finden? Gibt es Verbindungslinien zwischen der jüdischen und christlichen Tradition? Diesen Fragen soll nachgegangen werden.

1. Das jüdische Bilderverbot

Bereits innerbiblisch läßt sich an den Dekalogformulierungen zum Bilderverbot feststellen, daß es immer umfassender ausgelegt wurde. Das Grundgebot in Ex 20,4 lautete: »Du sollst dir kein Gottesbild machen.« Analog zu Dtn 4,15–18 ist in V. 4b das Gebot deuteronomisch zu einem generellen Bilderverbot ausgeweitet worden: »…und keine Darstellung von irgend etwas am Himmel droben, auf der Erde unten oder im Wasser unter der Erde.« Das anschließende Verbot (Ex 20,5) der kultischen Verehrung anderer Götter greift über das Bilderverbot auf das erste Gebot zurück: »Du sollst neben mir keine anderen Götter haben« (Ex 20,3).

Dabei muß von der Vorstellung ausgegangen werden, wonach die Gottheit im Bild präsent wird und die Welt insgesamt für das Göttliche transparent ist. Diese Vorstellung steht aufgrund des Bilderverbots im Widerspruch zum Wesen der Jahweoffenbarung; Macht über Gott kann der Mensch weder durch das Bild noch dadurch gewinnen, daß er den Namen Gottes ausspricht. Gottes Freiheit, sich zu offenbaren, wann, wo und wie er will, muß unangetastet bleiben.

Bilderverbot und Bilderfülle – zwei Wege mit demselben Ziel?

»Das heißt dann aber, daß das Bilderverbot zu der Verborgenheit gehört, in der sich Jahwes Offenbarung in Kultus und Geschichte vollzog. Es wäre ein großer Fehler, das Bilderverbot einfach als eine vereinzelte kultische Sonderbarkeit Israels gelten zu lassen. Der Jahwe, den im Bilde anzubeten Israel so streng verwehrt war, das war doch derselbe Jahwe, von dessen verborgenem Geschichtshandeln Israel ständig in Atem gehalten war. Was Israel im Bereich des Kultischen auferlegt war, das hat es – man denke an die Geschichtsperspektive der Propheten! – auch im Bereich der geschichtlichen Führungen tragen müssen. War denn der Jahwe der Vätergeschichte oder der jesajanischen Verkündigung ein Gott, der im Kultbild verehrt werden konnte? Das rücksichtslose Zerbrechen liebgewordener Vorstellungen von Gott, mit dem wir die vorexilischen Propheten beschäftigt sehen, steht in einem, vielleicht verborgenen, aber doch tatsächlich engen theologischen Bezug zum Bilderverbot. Jede Deutung, die sich um das Phänomen der Bildlosigkeit Jahwes an sich bemüht und die das Bilderverbot nicht in engem Zusamenhang mit dem Ganzen der Jahweoffenbarung sieht, geht am Entscheidenden vorbei.«[1]

Das alttestamentliche Bilderverbot will die Verborgenheit in der Offenbarung Gottes wahren. Diese Verborgenheit Gottes meint theologisch nicht den jenseitigen und fernen Deus absolutus, sondern den mitten unter den Entfremdungen der Welt gegenwärtigen Deus revelatus, meint Jahwe, den »Ich bin da« (Ex 3,14), den »Immanuel«, d.h. »mit uns ist Gott« (Jes 7,14).

Im Lauf der Geschichte gab es auch im Judentum bildliche Darstellungen. Flavius Josephus schreibt im 1. Jh. n. Chr.:

»Ferner hat unser Gesetzgeber verboten, Bilder herzustellen. Nicht, als wollte er gleichsam prophetisch darauf hinweisen, daß man die Macht der Römer mißachten solle, sondern weil er [dies] als eine Sache verachtete, die weder Gott noch den Menschen dienlich ist, und weil sich [die Herstellung von Bildern] infolge fehlender Beseelung jedem Lebewesen, noch mehr aber Gott gegenüber als unterlegen erweist.«[2]

In seiner Polemik gegen das Aufstellen von Kaiserbildern und Feldzeichen in der Tempelstadt Jerusalem und der dazu gehörigen Provinz Judäa überzeichnet Josephus die Situation im Judentum selbst. Aus rabbinischen Quellen (um 100 n.Chr.) ist zu erfahren: »Allerlei Figuren gab es in Jerusalem, ausgenommen allein die menschliche Figur.«[3] Später werden auch Menschen dargestellt, z.B. 244 n.Chr. in der Synagoge von Dura-Europos im mesopotamischen Raum.[4] Etwa um dieselbe Zeit berichten palästinische Quellen: »In den Tagen Rabbi Jochanans begannen sie, [Figuren]

---

[1] G.v. Rad, Theologie des Alten Testaments, Bd. I, 4. bearbeitete Auflage. München 1962, 231.
[2] Flavius Josephus, Apion 2,75; zitiert nach: R. Meyer, Die Figurendarstellungen in der Kunst des späthellenistischen Judentums, in: W. Bernhardt (Hg.), Zur Geschichte und Theologie des Judentums in hellenistisch-römischer Zeit. Ausgewählte Abhandlungen von R. Meyer, Neukirchen-Vluyn 1989, 40–62, hier 41.
[3] Rabbi Eleasar ben Sadok, Tos Ab zara 5,2; zitiert nach: R. Meyer, a.a.O., 45.
[4] Vgl. R. Meyer, a.a.O., 52f.

auf die Wand zu malen. Er aber verbot es ihnen nicht.«[5] Rabbi Jochanan starb ca. 279 n.Chr.

Wenn es um das Aufstellen von Feldzeichen oder Kaiserstatuen geht oder auch wenn die römerfreundlichen jüdischen Herrscher figürliche Darstellungen in Jerusalem anbringen lassen, kommt es wegen des Bilderverbots der Juden aber immer wieder zu Auseinandersetzungen mit den Römern.[6]

Rudolf Meyer faßt die Entwicklung der ersten nachchristlichen Jahrhunderte so zusammen: »Die Darstellung beseelter Wesen, sowohl Tier wie Mensch, ist dort verboten, wo die Gefahr des Bilderdienstes besteht und wo das religiös-nationale Empfinden verletzt werden könnte. Dies gilt sowohl für die von Rom abhängige altjüdische Theokratie bis zu ihrem Untergang wie auch für das jüdische Gemeinwesen Palästinas, das ... bis zum Tode Gamaliels VI. (425 n.Chr.) bestand. Dieses Grundgesetz aber war verschiedener Auslegung fähig. Zelotische Kreise legten das alttestamentliche Verbot von Götterbildern im rigoristischen Sinn aus und verwarfen nicht nur jede menschliche, sondern auch jede tierische Darstellung, eine Auffassung, die in der Zeit religiös-nationaler Erhebung über die Anschauung der gemäßigten Kreise dominierte und zu Bilderstürmerei führte. Dagegen hielten die nicht extrem eingestellten Rabbinen an einer mittleren Linie fest, indem sie Tierdarstellungen in Plastik und Malerei, sofern keine Gefahr des Götzendienstes bestand, zuließen und selbst Menschenfiguren im Rahmen der Kleinkunst nicht verboten, wenngleich im 2. Jh. bezüglich der anscheinend sehr beliebten Siegel mit figürlichen Darstellungen bestimmte Einschränkungen getroffen wurden.«[7]

Im 6. Jh. werden bildliche Darstellungen mehr und mehr abgelehnt, was mit der zunehmenden christlichen Bilderverehrung einhergeht; denn diese wurde von den Juden als Götzendienst empfunden.[8]

Im Mittelalter werden jedenfalls menschliche Figuren als Plastiken abgelehnt. Besonders scharf war die Polemik gegen christliche Bilderverehrung und vor allem gegen die Verwendung astrologisch-magischer Symbole.

Die Ausschmückung der Synagogen mit Mosaiken oder Malereien erregte z.T. Bedenken. Im 16. und 18. Jh. häufen sich die Warnungen, solche Darstellungen könnten vom Gottesdienst ablenken. Mit Ausnahmen vor allem in Italien, förderten Exilbewußtsein und Bildungsideal eher eine ästhetikfeindliche Haltung.

Im 19. und 20. Jh. kann man zwei gegenläufige Tendenzen beobachten. Die eine definierte das Judentum und seine Gottesvorstellung betont geistig-ethisch, d.h. unter Berufung auf das Bilderverbot wurde Ästhetik mit Griechentum bzw. Heidentum und Ethik mit Judentum in Zusammenhang gebracht. Gleichzeitig setzten Aufklärung, Emanzipation und Assimilation die künstlerischen Begabungen im Judentum frei. Während Exil-

---

[5] Zitiert nach: R. Meyer, a.a.O., 48.
[6] Vgl. R. Meyer, a.a.O., 41, 44, u.a.
[7] R. Meyer, a.a.O., 50f.
[8] Vgl. J. Maier, Art.: Bilder. III. Judentum, in: TRE 6. Berlin u.a. 1980, 521–525, hier 523.

bewußtsein und Bildungsideal in Orthodoxie und Chassidismus auch weiterhin eine ästhetikfeindliche Ablehnung zweckfreier Kunst auslösen, steht das moderne Judentum der profanen Kunst, auch der Plastik, sehr offen gegenüber.[9]

Diese Entwicklung macht deutlich, daß mit dem Bilderverbot, das ursprünglich nur den Kult fremder Götter verhindern sollte, im Laufe der Zeit noch weitere Ziele verfolgt wurden. Die Gefahr des Götzendienstes bzw. der Festlegung Gottes und auch seiner Geschöpfe durch Bilder wurde im Judentum von religiöser Seite jedenfalls immer wieder und mit jeweils neuen Begründungen aufgezeigt. Das Bilderverbot wird als »*Kern der Tora*«[10] verstanden, weil es auf das besondere Gottesbild und die Bestimmung des rechten Verhältnisses von Gott und Mensch abzielt und die Transzendenz Gottes, seine Andersartigkeit und letztlich seine Freiheit vor dem (theologischen) Zugriff des Menschen »rettet«.

2. Entwicklung im Christentum

Im einzelnen kann die Entwicklung hier nicht skizziert werden; es sollen aber die Argumente für und gegen bildliche Darstellungen kurz zur Sprache kommen.[11]

Theologisch hat sich die Dialektik von Gottes Offenbarung und Verborgenheit durch Jesus Christus nicht geändert.

»Als der ewige Sohn Gottes ist Jesus Christus das Bild, die Ikone Gottes des Vaters (2 Kor 4,4; Kol 1,15), der Abglanz seiner Herrlichkeit und das Abbild seines Wesens (Hebr 1,3). In ihm wird anschaulich, wer Gott ist, der Gott mit einem menschlichen Antlitz. Wer ihn sieht, sieht den Vater (Joh 14,9). Doch dieses Sehen ist ein Sehen des Glaubens. Denn in Jesus Christus ist das ›Sein in der Gestalt Gottes‹ eingegangen in die Entäußerung, ›in die Gestalt des Sklaven‹ und in den ›Gehorsam bis zum Tod am Kreuz‹ (Phil 2,6–8). … In der Selbstoffenbarung Gottes in Jesus Christus ist also – wie Martin Luther in seiner Theologia crucis dargetan hat – Gott sub contrario, unter seinem Gegenteil verborgen (WA I,354; 362). Diese verborgene Gegenwart Gottes setzt sich in gewisser Weise fort in seiner Gegenwart in den Brüdern [und Schwestern] Jesu Christi, vor allem in den Armen, Kleinen, Kranken, Verfolgten und Sterbenden (Mt 25,31–46).«[12]

In Jesus Christus wird Gottes Verborgenheit und Geheimnishaftigkeit nicht aufgehoben.

Die Alte Kirche stand der bildlichen Darstellung Gottes ablehnend gegenüber; Künstler genossen in der Kirche keinen guten Ruf, stellten sie

---

[9] Vgl. J. Maier, a.a.O., 523.
[10] Achad ha-Am in einem Buch, das 1924 in Berlin erschien; vgl. J. Maier, a.a.O., 523.
[11] Zur historischen Entwicklung vgl. Art.: Bilder, IV.-VI., TRE Bd. 6. Berlin u.a. 1980, 525–557.
[12] W. Kasper, Atheismus und Gottes Verborgenheit in theologischer Sicht, in: Christlicher Glaube in moderner Gesellschaft, Bd. 22. Freiburg ²1982, 32–57, hier 46f.

doch vor allem Begebenheiten aus der heidnischen Mythologie dar. Origenes lobt die Juden, weil sie es nicht zuließen, daß die Augen der Seele von Gott zur Erde herabgezogen würden, und daher die Künstler vertrieben.[13] Gottes Geistigkeit und Unfaßbarkeit ließen eine Darstellung nicht zu. Götterbilder sind etwas Geschaffenes, Gott ist der Schöpfer. Im apologetischen Schrifttum gibt es eine Polemik gegen die Götterbilder, in der Argumente aus der griechischen Popularphilosophie und dem Alten Testament vorkommen. Der geistige Mensch sei das eigentliche Bild Gottes.[14]

Ablenkung vom Wesentlichen und Nicht-Darstellbarkeit Gottes sind also auch hier die wichtigsten Argumente.

Die ersten christlichen Bilder tauchen bei Andersgläubigen auf. Die Datierung der ersten Anfänge einer spezifisch christlichen Kunst ist umstritten. Ältestes Denkmal ist die um 256 ausgemalte Hauskirche von Dura Europos; doch handelt es sich dabei offenbar um eine Einzelerscheinung, bei der ein Zusammenhang zwischen jüdischer und christlicher Kunst wahrscheinlich ist (vgl. Synagoge von Dura Europos). Solche Zusammenhänge können auch bei späteren Kunstwerken nachgewiesen werden.

Auf römischen Sarkophagen und in römischen Katakomben finden sich erste Werke christlicher Bildkunst um die Mitte des 3. Jh. In der Hoffnung auf gleiche Hilfe in Todesnot werden vor allem solche biblischen Szenen gestaltet, bei denen Gott in Notsituationen zu Hilfe kommt (Jona, Noah, Isaak usw.). Neutestamentliche Darstellungen, die die Wundermacht Christi bezeugen (Heilungs- und Erweckungswunder), schließen sich an.

Die Argumentation gegen das christliche Bild entwickelt sich aus der Polemik gegen das Götterbild. Die Gegner der Bilder gingen von der Unmöglichkeit eines Gottesbildes aus und versuchen, auch Christus-, Engel- und Heiligenbilder mit einzubeziehen, während ihre Befürworter die Nichtdarstellbarkeit Gottes zugaben, für Christus aber die Inkarnation ins Feld führten.[15] Euseb argumentiert in seinem Brief an Kaiserin Konstantia, daß der Logos zwar menschliche Natur angenommen, doch Gott ihn wiederum erhöht habe. Sein göttlich-geistiges Wesen kann nicht in toten Farben dargestellt werden. Gegen ein Bild der irdischen Menschlichkeit Christi steht das 2. Gebot des Dekalogs. Außerdem wird Gott nur schauen, wer reinen Herzens ist, d.h. es ist die Berufung des Menschen, selbst ein Bild Gottes zu werden, wobei Gott der Maler ist. Ähnlich argumentiert Epiphanius von Salamis Ende des 4. Jh. und Gregor von Nyssa, der sich gegen die Darstellung der Knechtsgestalt Christi (Menschheit) wendet und die Verehrung seiner göttlichen Gestalt fordert, die wiederum nicht darstellbar ist.[16]

Offensichtlich sind dies schon vermehrt Stellungnahmen gegen bereits existierende Bilder und vielleicht auch gegen deren Verehrung.

---

[13] Vgl. Cels. 4,31f.
[14] Vgl. Origenes, Cels. 7,66; 8,17f. und Clemens von Alexandrien, prot. 10,98.
[15] Vgl. Epiphanius, Fragm. 16.
[16] Vgl. H.G. Thümmel, Art, Bilder, IV. Alte Kirche, TRE Bd. 6. Berlin u.a. 1980, 525–531, hier 527.

Paulinus von Nola nimmt eine andere Haltung zur christlichen Bildkunst ein, sieht sich aber genötigt, seine wohlwollende Einstellung zu begründen. Indem sie die Ungebildeten belehren, sollen Bilder beim Heiligenfest die zusammengeströmten Teilnehmer davon abhalten, ausschweifend zu feiern.[17] Das Thema »Bilder als Bibel der Analphabeten« klingt hier bereits an und wird dann von Gregor dem Großen ausführlicher behandelt. Er lehnt die Verehrung von Bildern ab, gesteht ihnen aber ausdrücklich belehrenden Wert für die Analphabeten zu:

»Was denen, die lesen können, die Bibel, das gewährt den Laien das Bild beim Anschauen, die als Unwissende in ihm sehen, was sie befolgen sollen, in ihm lesen, obwohl sie die Buchstaben nicht kennen; weshalb denn vorzüglich für das Volk das Bild als Lektion dient.«[18]

Diese Meinung wird häufig auf die Formel »Bilder als *laicorum litteratura*« gebracht, womit vor allem deren pädagogischer Wert hervorgehoben wird.

Im Osten verläuft die Entwicklung anders. Im 6. und frühen 7. Jh. wird das christliche Bild zur Ikone, d.h. man sieht es derart mit dem Dargestellten in Verbindung stehen, daß es die Hilfe des Heiligen vermitteln und auch an seiner Stelle verehrt werden kann. Darin wirkt antikes Denken z.T. bis heute ungebrochen weiter.

Die ausdrückliche Verehrung von Ikonen, deren Salbung, Waschung, Schmückung etc. werden zum festen Bestandteil östlicher Frömmigkeit. Von Bildern ausgehende Wunderwirkungen kommen verstärkend noch hinzu.

Im 8. und 9. Jh. tobt der große Bilderstreit (Ikonoklasten gegen Ikonodulen) bis hin zur Zerstörung von Bildern. Die Argumente ähneln denen der westlichen Tradition. Die Ikonoklasten berufen sich auf die Schrift und wollen verhindern, daß das Geschöpf statt des Schöpfers verehrt wird. Die Ikonodulen, an ihrer Spitze Johannes von Damaskus, betonen, Gott selbst habe mit seiner Inkarnation gleichsam unter Beweis gestellt, daß er auch in menschlicher Gestalt dargestellt werden kann. Da aber Menschheit und Gottheit in Christus unzertrennlich verbunden sind, ist die Verehrung des Christusbildes nicht die Verehrung des Geschöpfes, sondern meint Christus, der in die Schöpfung kam, um sie zur Herrlichkeit zu führen.[19] Johannes unterscheidet die Anbetung, die dem Wesen Gottes entspricht, von der Verehrung, die der Ikone als Gnadenträger zukommt. Die der Ikone dargebrachte Verehrung geht auf den Dargestellten über.[20]

Im Jahre 787 macht das Konzil von Nikaia dieselbe Unterscheidung zwischen Anbetung und Verehrung und sanktioniert die Bilderverehrung[21], was zu einem gewaltigen Aufschwung der bildenden Kunst führte.

---

[17] Vgl. Carm. 27, 546–595.
[18] Brief an Bischof Serenus von Marseille, Oktober 600: MGH. Ep II, 270.
[19] Vgl. Die Schriften des Johannes v. Damaskus, besorgt von Bonifatius Kotter OSB, III. Contra imaginum calumniatores orationes tres, 1975 (PTS 17), 77f.
[20] Vgl. ebd., 89f.; 108; 137; 140; 143.
[21] Vgl. Denzinger 600–603.

Im Westen wird nach einem kurzen Aufflackern des Widerstandes im 8. Jh. ein ähnlicher Weg eingeschlagen, der schließlich zur Bilderverehrung führte, obwohl sie nicht dieselbe Bedeutung erlangte wie im Osten. Letztlich hat sich auch im Westen die Volksfrömmigkeit gegen theologische Bedenken durchgesetzt.

Immer wieder ist die Bilderverehrung Gegenstand theologischer Reflexion; nach Thomas von Aquin haben Bilder einen dreifachen Zweck: 1. Beförderung der Andacht, 2. Erinnerung an das Beispiel der Heiligen und 3. Belehrung der Unwissenden.[22]

Ein bedingter, aber nicht grundsätzlicher Widerstand gegen die Bilder findet sich in der mittelalterlichen Mystik. Bernhard von Clairvaux wendet sich in seiner *Apologia* gegen »die vorwitzigen Gemälde, die, während sie den Blick der Beter auf sich ziehen, zugleich die Hingabe hindern ... Die Menschen laufen zum Küssen, werden zum Schenken eingeladen; und sie bewundern mehr das Schöne als daß sie das Heilige verehren ... Die Kirche glänzt an den Wänden und darbt in den Armen.«[23]

Warnung vor Übertreibung und Ablenkung in Verbindung mit ethisch-sozialer Orientierung der Frömmigkeit ist also das Anliegen Bernhards.

Immer mehr visionär begabte Menschen, vor allem Frauen, und die Beschreibung ihrer Erfahrungen ließen im Mittelalter einen neuen Typ von Bildern entstehen. Es sind nicht mehr nur die mit Farbe gemalten Bilder an den Wänden zu finden, sondern auch die in Biographien und Berichten beschriebenen inneren Bilder und Visionen von begnadeten Menschen.[24] Sie werden oft zum Gegenstand künstlerischer Darstellungen.

Gegen eine Überbewertung innerer Bilder und damit verbundener Erfahrungen wenden sich Theologen und Prediger. So auch Meister Eckhart in seinen *Reden der Unterweisung*:

»Man soll nämlich von solchem Jubilus bisweilen ablassen um eines Besseren aus Liebe willen und um zuweilen ein Liebeswerk zu wirken, wo es dessen nottut, sei's geistlich oder leiblich. Wie ich auch sonst schon gesagt habe: Wäre der Mensch so in Verzückung, wie's Sankt Paulus war, und wüßte einen kranken Menschen, der eines Süppleins von ihm bedürfte, ich erachtete es für weit besser, du ließest aus Liebe von der Verzückung ab und dientest dem Bedürftigen in größerer Liebe. ... Denn was der Mensch gern hätte, aber verschmerzt und entbehrt um Gottes willen, sei's leiblich oder geistig, das findet er alles in Gott, als wenn es der Mensch besessen und sich willig seiner entäußert hätte; denn der Mensch soll aller Dinge willig um Gottes willen beraubt sein und in der Liebe sich allen Trostes entschlagen und begeben aus Liebe.«[25]

---

[22] Vgl. Sent. III dist. 9 q 1 a 2.
[23] Vgl. PL 182,194.195.
[24] Vgl. P. Dinzelbacher, Europäische Frauenmystik des Mittelalters. Ein Überblick, in: Ders. / D.R. Bauer (Hg.), Frauenmystik im Mittelalter. Ostfildern 1985, 11–23, hier 12f.
[25] Meister Eckehart, Deutsche Predigten und Traktate, hg. und übers. v. J. Quint. Zürich 1979, 67f.

3. »Bilder mit Bildern austreiben« – Meister Eckharts und Heinrich Seuses Umgang mit Bildern

Meister Eckhart hat für das dynamische Verhältnis des Menschen zu Gott, dort wo es am intimsten, innerlichsten ist, eine ganze Anzahl von Namen, letztlich von Bildern. Im Grunde ist die im Funken der Seele erfahrbare Gegenwart Gottes jenseits einer Begrifflichkeit, mit der sie exakt beschrieben werden könnte; deshalb die vielen Metaphern. Eckhart äußert sich einmal ausführlich über diese »*Kraft in der Seele*«:

»Ich habe bisweilen gesagt, es sei eine Kraft im Geiste, die sei allein frei. Bisweilen habe ich gesagt, es sei eine Hut des Geistes; bisweilen habe ich gesagt, es sei ein Licht des Geistes; bisweilen habe ich gesagt, es sei ein Fünklein. Nun aber sage ich: Es ist weder dies noch das, trotzdem ist es ein Etwas, das ist erhabener über dies und das als der Himmel über der Erde. Darum benenne ich es nun auf eine edlere Weise, als ich es je benannte, und doch spottet es sowohl solcher Edelkeit wie der Weise und ist darüber erhaben. Es ist von allen Namen frei und aller Formen bloß, ganz ledig und frei, wie Gott ledig und frei ist in sich selbst.«[26]

Eckhart bezeichnet diese »Kraft der Seele« als namenlos und unterstreicht ihre Namenlosigkeit durch eine Fülle von Benennungen, von denen eine die andere aufhebt.[27]

Heinrich Seuse charakterisiert diese Darstellungsweise dadurch, daß er sagt, es gehe darum, »*daz man bild mit bilden us tribe*«.[28]

Dies ist, wie Alois M. Haas deutlich macht, im Zusammenhang mit Seuses Theorie der Vision zu sehen.[29] Die Erfahrungsorientierung Seuses steht der frauenmystischen Spiritualität seiner Zeit recht nahe. Im Prolog seines *Horologium sapientiae* schreibt er:

»Aber ach, in diesen modernen Zeiten, da die Welt schon altert, ist diese Gottesliebe in den Herzen vieler so sehr erkaltet, daß sie nahezu ausgelöscht ist und nur wenige gefunden werden, die nach Andacht streben, die nach neuer Gnade suchen, die sie erwärmt, die sich darüber freuen, im Windsturm häufiger mit einem Tränenstrom übergossen zu werden, welche die Gnade eines göttlichen Besuchs und eines Wortes von oben suchen.«[30]

Abgesehen davon, daß dieser Text mit seiner Lamentation über die modernen Zeiten innerkirchlich ganz aktuell klingt, geht es Heinrich Seuse um die Kultivierung einer neuen, innigen Frömmigkeit, die die Erfahrungsebene einschließt.

---

[26] Predigt 2 »*Intravit Jesus in quoddam castellum...*«, ebd., 163.
[27] Vgl. A.M. Haas, Meister Eckhart als normative Gestalt geistlichen Lebens, zweite durchgesehene Auflage. Einsiedeln 1995, 68–70.
[28] Heinrich Seuse, Deutsche Schriften, hg. v. K. Bihlmeyer, Nachdruck. Frankfurt/M. 1961, 191.
[29] Vgl. A.M. Haas, Seuses Visionen-Begriff der Vision, in: Ders., Kunst rechter Gelassenheit. Themen und Schwerpunkte von Heirich Seuses Mystik. Bern 1995, 179–220.
[30] Zitiert nach A.M. Haas, Seuses Visionen, a.a.O., 197.

Diesem Anliegen dienen auch seine Schilderungen von Visionen, die immer schon als Auslegungen und Deutungen von Beispielen und Gleichnissen abgefaßt sind. Nun widerspricht diese große Bildhaftigkeit in der Darstellung aber seinem Bestreben, eine möglichst geistige Gotteserfahrung beschreiben zu wollen, denn damit gerät er in den Zwiespalt, Bildloses bildlich darstellen zu müssen. Im 53. Kapitel seiner Vita berichtet er vom Wunsch seiner geistlichen Tochter (Elsbeth Stagel) und beschreibt in der Antwort seine Methode, sich dem Bildlosen, Unsagbaren zu nähern:

»Die Tochter sprach: Ach Herr, Ihr redet aus eigenem und aus der Heiligen Schrift so genau und christlich von der Verborgenheit der unverhüllten Gottheit, von des Geistes Ausfluß und Rückfluß; wollet mir den verborgenen Sinn nach Eurer Einsicht irgendwie in bildhafter Art erklären, damit ich es um so besser verstehe! Und gern hätte ich auch, daß Ihr mir all die hohen Gedanken, die da weitläufig berührt worden sind, in kurzer anschaulicher Weise zusammenfaßtet, daß ich sie mit meinem schwachen Verstand mir um so eher einpräge.

Er antwortete: Wie kann man Bildloses auf bildhafte Weise ausdrücken und Weiseloses aufweisen, das jenseits aller Sinne und aller menschlichen Vernunft liegt? Denn welchen Vergleich man auch auswählt: er ist noch tausendmal ungleicher als gleich. Aber doch, um Bilder durch Bilder auszutreiben, will ich dir hier mit gleichnishaften Worten bildlich zeigen, soweit es denn möglich ist, wie das von denselben unbildlichen Gedanken in Wahrheit zu verstehen ist, und die lange Rede mit kurzen Worten beschließen.«[31]

Seuses Ausweg aus dem eben beschriebenen Dilemma ist also die paradoxe Formel ›Bilder mit Bildern austreiben‹ zu wollen. Sie ist methodische Anweisung für jene, deren Ziel die Entgeistung, eben das Bild- und Weiselose, ist, von denen aber die Wirklichkeit als zwingende Gegenwart erfahren wird, »so daß Körperliches, Bildhaft-Imaginäres in Richtung auf das Ziel einer Vergeistigung hin aktiviert werden können«.[32]

Ähnlich wie bei Meister Eckhart wird also Bildlosigkeit durch Bilderfülle erzeugt.

4. Fazit und Ausblick

4.1 Zwei Wege

Bilderverbot und Bilderfülle dienten, so wurde deutlich, letztlich demselben Ziel, nämlich die Unaussagbarkeit und Nichtdarstellbarkeit des Geheimnisses »Gott« und somit den Menschen vor einengenden Bildern zu bewahren.

In der jüdisch-christlichen Tradition finden sich zwei »Methoden« zur Erreichung dieses Zieles.

---

[31] Heinrich Seuse, Deutsche mystische Schriften, aus dem Mittelhochdeutschen übertr. u. hg. v. G. Hofmann, Nachdruck der ersten Auflage von 1966. Düsseldorf 1986, 196.
[32] A.M. Haas, Seuses Visionen, a.a.O., 209.

Die Theologia negativa betont immer wieder, daß alle Begriffe und Bilder von Gott ihm wesentlich unähnlicher als ähnlich sind. Die Erfahrung der dunklen Nacht auf dem geistlichen Weg wird dahingehend interpretiert, daß durch sie alle Bilder von Schöpfung, Mensch und Gott mit dem Ziel der Bildlosigkeit in Frage gestellt werden, was immer wieder geschieht, wenn man mit seinen Vorstellungen am Ende ist.[33] Diese »Methoden« nehmen das jüdisch-christliche Bilderverbot in seinem theologischen Gehalt auf und deuten es erfahrungsmäßig um und aus.

Demgegenüber haben wir bei Eckhart und Seuse einen umgekehrten Weg gefunden. Durch Vermehrung der Bilder, nicht durch Verbot, werden die Bilder abgeschafft, ja führen sich selbst ad absurdum.

Arbeitet die erste Methode stark mit Askese, so macht sich die zweite das zumindest verborgene Streben des Menschen nach Lustgewinn zunutze, um ihn durch die Fülle unterschiedlichster Bilder und Genüsse derart zu verwirren, daß er einsieht: Gott ist ein Geheimnis, das sich weder mit Worten noch mit Bildern begreifen läßt.

Die erste Methode setzt auf Abschaffung der Bilder, die zweite auf Entlarvung ihrer Relativität.

4.2 Theologie nach Auschwitz – Herausforderung für Juden und Christen

Im 20. Jahrhundert verschärfte sich für Juden und Christen die Frage nach Gott und damit den Gottesbildern durch den Holocaust bzw. die Shoah, wofür stellvertretend der Name Auschwitz steht.

Nach etwa 20 Jahren des Schweigens und der historischen Aufarbeitung des Geschehens mit dem Ergebnis, daß es zur Grausamkeit des Holocaust nichts Vergleichbares in der Geschichte gibt, mußte sich auch die Theologie damit auseinandersetzen.[34]

Dieses Schweigen, so der jüdische Theologe Emil Fackenheim, war ein Schweigen in Furcht und Zittern, denn ein Brechen des Schweigens hätte die Gefahr mit sich gebracht, daß möglicherweise nach Auschwitz der Glaube an Gott nicht mehr überzeugend formulierbar sein könnte, weil alle Verstehensmodelle der Tradition vor dem Grauen versagten.[35] Fackenheim weiter:

»Schweigen wäre vielleicht auch jetzt noch am besten, gäbe es nicht die Tatsache, daß im Volk die Schleusen gebrochen sind und daß allein aus diesem Grund die Zeit des theologischen Schweigens unwiderruflich vorbei ist.«[36]

---

[33] Vgl. M. Plattig, Die ›dunkle Nacht‹ als Gotteserfahrung, in: Studies in Spirituality 4 (1994), 165–205.

[34] Vgl. N. Reck, Theologie nach Auschwitz. Das Aufkommen der Frage und Antwortversuche von Juden und Christen, in: Münchener Theologische Zeitschrift 46 (1995), 463–479, hier 464f.

[35] Vgl. E.L. Fackenheim, Die gebietende Stimme von Auschwitz, in: M. Brocke / H. Jochum (Hg.), Wolkensäule und Feuerschein. Jüdische Theologie des Holocaust. Gütersloh 1993, 73–110, hier 80f.

[36] A.a.O., 81. (Der Beitrag Fackenheims erschien in New York 1970 unter dem Titel: »*God's Presence in History. Jewish Affirmations and Theological Reflections*«).

Die jüdische Reflexion begann mit Versuchen, die Shoah vor dem Hintergrund der Tradition zu verstehen und dementsprechend religiös zu deuten. Ignaz Maybaum, Rabbiner in Großbritannien, sah in der Katastrophe von Auschwitz den »dritten churban«. Mit »churban« wurden bisher nur die Zerstörung des salomonischen und des herodianischen Tempels bezeichnet. Jeder churban ist nach Maybaum zugleich Strafgericht Gottes und neue Zukunftsperspektive. Auschwitz stehe für die Zerstörung der mittelalterlichen jüdischen Lebensweise in eng umgrenzten, festgefügten Gemeindeordnungen und für einen Neubeginn des Judentums in der Weltdiaspora mit der Aufgabe, Gott überall auf der Erde zu bezeugen. Die sechs Millionen ermordeten Juden seien daher Märtyrer.[37] Das Unerhörte dieser Deutung ist Maybaum bewußt, und er fügt hinzu, daß damit der Schrecken nicht erklärt sei:

»Wie schrecklich, daß wir für diesen Fortschritt mit dem Tod von sechs Millionen Märtyrern bezahlt haben. Könnt ihr das verstehen? Ich nicht. Und ihr auch nicht. Es ist uns nicht gegeben, das zu verstehen. Uns bleibt es, die Werke Gottes zu preisen.«[38]

Der Gedanke, Auschwitz müsse wohl Gottes Wille gewesen sein, provozierte die These Richard L. Rubensteins, daß dieser Gott des Bundes dann tot sei. Mit einem Programm der Demythologisierung verwarf er den Glauben an Gottes Geschichtswirken ebenso wie die Vorstellung der Auserwähltheit Israels. Die Welt sei in ihrer Absurdität zu akzeptieren, es gebe keinen Sinn außer dem, den man selbst in sie hineinlege, die Mitglieder der jüdischen Gemeinde hätten niemanden mehr, der für sie da sei, als nur sich selbst. Und deshalb sei es wichtig, den Fortbestand der jüdischen Gemeinden zu sichern und den jüdischen Staat aufzubauen.[39]

Diese Lösung des Problems einer Theologie nach Auschwitz war sofort heftig umstritten, und Emil Fackenheim bemühte sich um einen Standpunkt zwischen den Auffassungen von Maybaum und Rubenstein. Erstere lehnt er ab, weil man im Holocaust nur dann ein jüdisches Martyrium sehen kann, wenn sich die Märtyrer für den »*kiddusch haschem*«, die Heiligung des Namens Gottes[40] durch Martyrium, frei entscheiden dürfen. Davon kann beim Holocaust aber keine Rede sein; es stellte sich ja gar nicht die Frage von Konversion oder Martyrium, sondern völlig unabhängig davon, ob man religiös war oder nicht, genügte den Nationalsozialisten zur Ermordung eines Menschen bereits die Tatsache, daß ein Großelternteil jüdisch war. Dennoch widersprach Fackenheim auch Rubensteins Konsequenz, nämlich der Verkündigung von Gottes Tod. Gäben die Juden auch noch ihren Glauben auf, so wären die Nationalsozialisten auf der ganzen Linie Sieger. Man dürfe Hitler nicht hinterher den Triumph

---

[37] Vgl. I. Maybaum, Der dritte Churban, in: M. Brocke / H. Jochum (Hg.), a.a.O., 9–19.
[38] A.a.O., 12.
[39] Vgl. R.L. Rubenstein, After Auschwitz. Radical Theology and Contemporary Judaism, Indianapolis / New York 1966.
[40] Vgl. V. Lenzen, Heiligung des Namens – Kiddusch Haschem. Jüdisches Leben und Sterben im Namen Gottes, in: Lebendiges Zeugnis 45 (1990), 26–34.

gönnen, Glauben und Identität der Juden doch noch zerstört zu haben. Zwar könne man in Auschwitz keinen Sinn erkennen, aber es müßten alle Juden an ihrem Judentum unbedingt festhalten und alle religiösen Juden ihren Glauben bewahren. Würde man sich distanzieren, so wäre die Rechnung der Mörder aufgegangen, und das wäre Frevel an den Opfern.[41]

Leonard H. Ehrlich[42] schließt sich diesem Versuch einer Antwort auf Auschwitz an und plädiert für eine »Theologie des Trotzes und der Auflehnung«: »Nicht an dem Gott Israels verzweifeln: das kann heißen, sich gegen ihn auflehnen, ihm trotzen, sich von ihm trotzig, beleidigt abwenden, aber nicht ihn verneinen.« Ein solcher Glaube hört auch noch dann auf Gottes Stimme, wenn er im tiefsten antwortlosen Schweigen der Verborgenheit Gottes in der Geschichte ausgesetzt ist.[43]

Im Rahmen christlicher Theologie ist zunächst ebenfalls ein Schweigen zu konstatieren. In den fünfziger Jahren finden sich dann erste Spuren einer Auseinandersetzung mit Auschwitz. Das Verbrechen am jüdischen Volk, so Romano Guardini, sei etwas, »das noch furchtbarer ist als das Böse; das unter keine Kategorie mehr fällt, weil es die Ansatzstelle jeder ethischen Beurteilung, nämlich die Person, grundsätzlich auslöscht.«[44]

Wenn Hans Urs von Balthasar über »Die Gottesfrage des heutigen Menschen« schrieb, standen ihm die »Gefolterten, Vergasten, Vivisezierten, in geschlossenen Viehwagen winters Erfrorenen, von den Stiefeln der Partei ins Antlitz Getretenen« vor Augen.[45]

Der Gottesgedanke selbst ist hier noch nicht erschüttert.

Elie Wiesel berichtet über das Erhängen von zwei jüdischen Männern und einem Jungen, dessen Todeskampf über eine halbe Stunde dauerte. Auf die Frage seines Hintermanns: »Wo ist Gott?«, steigt in Elie Wiesel die Antwort auf: »Er hängt dort am Galgen«. Daß Gott am Galgen hängt, sei, so Jürgen Moltmann, die einzig mögliche Antwort. Ein Gott, der über allem throne, ein Gott, der hier nicht mitleide, sei Blasphemie.[46]

Johann Baptist Metz kritisiert diese Deutung des Berichts von E. Wiesel:

»Ich meine, daß das nur der mit all den Kindern in Auschwitz bedrohte Jude sagen darf, er ganz allein. Hier ... versagt m. E. jede christlich-theologische Identifizierung Gottes. Sie kann, wenn überhaupt, nur der im Abgrund mit seinem Gott zusammengepferchte Jude vornehmen, derjenige, der selbst in jener Hölle steht, ›wo sich Gott und Mensch voller Entsetzen in die Augen schauen‹ (Elie Wiesel). Er allein, so meine ich, kann

---

[41] Vgl. E.L. Fackenheim, a.a.O.
[42] L.H. Ehrlich, Fraglichkeit der jüdischen Existenz – Philosophische Untersuchungen zum modernen Schicksal der Juden. Freiburg / München 1993.
[43] Zitiert nach: W. Strolz, Lebenswichtige Selbstvergewisserung. Ringen um jüdische Identität in der Moderne, in: Herder Korrespondenz 47 (1993), 521–525, hier 524.
[44] R. Guardini, Verantwortung. Gedanken zur jüdischen Frage. München 1952, 21.
[45] H.U. v. Balthasar, Die Gottesfrage des heutigen Menschen. Wien / München 1956, 7.
[46] J. Moltmann, Der gekreuzigte Gott. Das Kreuz Christi als Grund und Kritik christlicher Theologie. München 1972, 262 (dort ist auch der Bericht E. Wiesels zu finden).

hier von einem ›Gott am Galgen‹ sprechen, nicht wir Christen außerhalb von Auschwitz, die wir die Juden, so oder so, in eine solche Situation der Verzweiflung geschickt oder in ihr doch belassen haben. Hier gibt es für mich keinen ›Sinn‹, den wir ohne die Juden bezeugen könnten. Hier sind wir, ohne die Juden in der Hölle von Auschwitz, zum Unsinn, zur Gottlosigkeit verurteilt.«[47]

Die Irritation, die Auschwitz für unseren Gottesglauben bedeute, dürfe nicht geglättet werden. Sie führe aber zur Abkehr von einer Theologie in Systembegriffen und lege eine Theologie des Subjekts nahe, in der die Schreie der leidenden Subjekte gehört und vor Gott gebracht würden. Gott selbst aber bleibt unverfügbar, er bleibt ein Gott vor uns, der sich, so die messianisch-apokalyptische Erwartung des Christentums, angesichts dieser Leidensgeschichte an seinem Tag rechtfertigen werde.[48]

Die skizzierten Reaktionen jüdischer Theologen auf den Holocaust bestätigen das jüdische Bilderverbot in radikaler Weise. Es geht nicht mehr nur um die Wahrung der Verborgenheit Gottes. Gott entzieht sich; auf den »Ich bin da« (Ex 3,14), den »Immanuel«, d.h. »mit uns ist Gott« (Jes 7,14) fällt der Schatten von Auschwitz; das Geheimnis »Gott« wird unergründlicher. Das gilt – wie angedeutet – nicht nur für die jüdische Theologie; auch eine christliche Theologie hat nach Auschwitz ihre Gottesbilder zu prüfen und kann nicht »*mit dem Rücken zum Holocaust*« Sinn retten oder Gott anbeten[49], denn die Kirche (und davor die Theologie) muß neu lernen, »daß sie aus Israel stammt und mit seinem Erbe in Glaube, Ethos und Liturgie verbunden bleibt.«[50]

4.3 Gottespassion

Eine zeitgenössische Entwicklung skizziert J.B. Metz in seinem Beitrag zur »*Gottespassion*« mit den Worten: »*Religion, ja – Gott, nein*«[51] und meint damit »*Religion als kompensatorischer Freizeitmythos*«, der in unserer Welt Hochkonjunktur habe, eine »sich nur dionysisch, als Glücksgewinnung durch Leid- und Trauervermeidung und als Beruhigung vagabundierender Ängste« gebende Religion.[52]

Vom »*Wahrnehmungsverlust*« spricht Metz in einem früheren Beitrag und führt als Beispiel an, daß der Ort, an dem die Serie »Schwarzwaldklinik« gedreht wurde, zur Pilgerstätte geworden ist und viele den Fernsehprofessor um medizinischen Rat fragen. »Der Kult des Imaginären trium-

---

[47] J.B. Metz, Im Angesichte der Juden. Christliche Theologie nach Auschwitz, in: Concilium 20 (1984), 382–389, hier 386.
[48] Vgl. N. Reck, a.a.O., 477.
[49] Vgl. J.B. Metz, a.a.O., 384.
[50] Wort der deutschen Bischöfe aus Anlaß des 50. Jahrestages der Befreiung des Konzentrationslagers Auschwitz-Birkenau am 27. Januar 1995. Wortlaut in: Herder Korrespondenz 49 (1995), 133f., hier 134.
[51] J.B. Metz / T.R. Peters, Gottespassion. Zur Ordensexistenz heute. Freiburg 1991, 12.
[52] Ebd. 23f.

phiert. Realitätswahrnehmung verfällt, nicht aus Mangel an Information, sondern aus Überinformation.«[53]

Anders als in der Reaktion auf Auschwitz geht es hier nicht um das Hinterfragen überkommener Gottesbilder und Plausibilitäten, denn in dieser Entwicklung spielen Gott und das Leiden an ihm gar keine Rolle, handelt es sich doch um eine rein gefühlsmäßige Religiosität des Wohlbefindens. Leidet man aber nicht an Gott, so hört man auch nicht auf die Schreie der Opfer, und das nicht etwa deshalb, weil sie nicht zu hören oder in den täglichen Schreckensmeldungen wahrzunehmen wären, sondern weil das Überangebot an Schrecken Abstumpfung und Überdruß erzeugt.

Die Antwort auf diese Situation sieht Metz in einer gewissen Radikalisierung der Position Karl Rahners, nämlich darin, »Gott – zu vermissen! In diesem Vermissen, gerade hier, wird Gottes ›bleibendes‹, ›unsagbares Geheimnis‹ (Rahner) politisch-theologisch gewahrt.«[54]

Ganz im Gegensatz zu den dionysischen, vorwiegend konsumorientierten Tendenzen gegenwärtiger Religiosität, reiht sich Metz damit in die oben skizzierte Tradition der dunklen Nacht und so letztlich in die Tradition des Bilderverbots bzw. Bilderverzichts ein.

Könnte in dieser Situation, so möchte ich fragen, nicht auch die Methode Eckharts und Seuses angewandt werden, nämlich die Bilder durch Bilderflut zu entwerten? Geschieht das unterschwellig im Grunde nicht schon längst?

Die Bilder- und Informationsflut überfordert den Menschen, denn seine Aufnahmefähigkeit ist begrenzt. Der Satz, »Ich glaube nur, was ich sehe …«, ist zumindest für die Bilderwelt endgültig überholt. Moderne Computertechnik ermöglicht die grenzenlose Manipulation von Bildern, wobei die Veränderung nicht mehr nachgewiesen werden kann. Bilder beweisen nichts mehr; sie stellen nicht mehr unbedingt die Wirklichkeit dar. Die Fülle der Bilder führt zu ihrer Zerstörung insgesamt und läßt oft gähnende Leere zurück. Hier schließt sich ein Teufelskreis: Der bloße Konsum von Bildern führt zu einer inneren Leere, die sich wiederum durch neue Bilder ausfüllen lassen will bzw. vor der der Mensch in immer neue, sensationellere und exotischere Bilder und Erlebnisse flüchtet.

Dem Teufelskreis entkommt, wer die Relativität aller Bilder und den Reichtum der Leere erkennt, d.h. wer entdeckt, daß es letztlich nichts auf Erden gibt, was die Sehnsucht des Menschen nach Fülle stillen kann, und daß alle Bilder am Ende von der unerfüllbaren Leere verschlungen werden.

Ist damit nicht genau jene »*Transzendentalität*«[55] des Menschen erreicht, die Karl Rahner als dessen anthropologische Konstante beschreibt? Und ginge es dann im Rahmen einer angemessenen Reaktion nicht um die ebenfalls von Rahner immer wieder geforderte Mystagogie in die religiö-

---

[53] F.-X. Kaufmann / J.B. Metz, Zukunftsfähigkeit. Suchbewegungen im Christentum. Freiburg 1987, 134f.
[54] T.R. Peters, Mystik–Mythos–Metaphysik. Die Spur des vermißten Gottes. Mainz / München 1992, 98.
[55] Vgl. K. Rahner, Transzendenzerfahrung aus katholisch-dogmatischer Sicht, in: Schriften zur Theologie Bd. XIII. Köln 1978, 207–225.

se Erfahrung, wobei die Bilderfülle, so wie wir sie erleben, und das Zerbrechen der Bilder auf die Transzendenz hin durchschaubar gemacht wird, und das gerade auch in der Erfahrung, »*daß des Menschen Grund der Abgrund ist*«[56]?

Im Sinne einer so beschriebenen Mystagogie könnte die alte Methode Bilder mit Bildern auszutreiben gerade heute ein Ansatz sein, in unserer Wirklichkeit, die wie damals von vielen als zwingend erfahren wird, Spuren der Transzendenz zu entdecken.

Bilderverbot oder Bilderfülle, Askese oder Überdruß – letztlich gilt es auch heute, auf beiden Wegen, mit beiden »Methoden« zu erkennen, daß Gott verborgen und Geheimnis bleibt und daß gerade deshalb der Weg mit Gott als die ständig neue, stets neu zu beginnende, leidvolle und trotzige, auf Erden niemals endende Suche nach ihm zu beschreiben ist.

---

[56] »Die Mystagogie muß von der angenommenen Erfahrung der Verwiesenheit des Menschen auf Gott hin das richtige ›Gottesbild‹ vermitteln, die Erfahrung, daß des Menschen Grund der Abgrund ist: daß Gott wesentlich der Unbegreifliche ist; daß seine Unbegreiflichkeit wächst und nicht abnimmt, je richtiger Gott verstanden wird, je näher uns seine ihn selbst mitteilende Liebe kommt; ... Solche Mystagogie muß uns konkret lehren, es auszuhalten, diesem Gott nahe zu sein, zu ihm ›Du‹ zu sagen, sich hineinzuwagen in seine schweigende Finsternis.« K. Rahner, Frömmigkeit früher und heute, in: Schriften zur Theologie Bd. VII. Einsiedeln 1966, 11–31, hier 23.

IV
Zeitspiegel

Gedanken eines Überlebenden von Auschwitz

Max Mannheimer

Am 6. Februar 1920 wurde ich in Neutitschein (Mähren) geboren. Neutitschein gehörte damals zur Tschechoslowakischen Republik. Mein Vater war Jakob Mannheimer, geboren 1888 in Myslenice (Galizien), meine Mutter Margarethe Mannheimer, geboren am 4. April 1893 in Ungarisch-Brod (Mähren). Damals waren beide Geburtsorte, der meines Vaters und auch der meiner Mutter, k. u. k., gehörten also zur österreichisch-ungarischen Donaumonarchie.

Ich hatte vier Geschwister. Im Jahr 1921 wurde mein Bruder Erich geboren, 1923 Ernst, 1925 Edgar, meine Schwester Käthe 1927. In Neutitschein besuchte ich zunächst den Kindergarten, ging dann in die Volksschule und schließlich 2 1/2 Jahre ins Gymnasium. Weil ich faul war, wollte ich nicht Latein lernen und wechselte deshalb auf eine andere Schule, eine sogenannte Bürgerschule. Anschließend besuchte ich für zwei Jahre eine Handelsschule, denn als ältester Sohn sollte ich das Geschäft meines Vaters, einen Großhandel für Schokolade und andere gute Dinge, übernehmen. Nach der Handelsschule begann ich im Jahr 1936 in Znaim (Südmähren) eine kaufmännische Lehre. Ende September 1938 wurde ich nach Hause geschickt, denn es kam zum Münchner Abkommen.

Am 29. und 30. September 1938 einigten sich Hitler, Mussolini (für Italien), ein Verbündeter Hitlers, Daladier (für Frankreich) und Chamberlain (für Großbritannien) über die Abtretung eines Teils der Tschechoslowakei, nämlich des sog. Sudetenlandes, eines Randgebietes von Böhmen und Mähren. Hitler drohte einerseits mit einem Krieg, falls dies nicht geschieht, versprach aber andererseits, keine weiteren territorialen Ansprüche mehr zu stellen. Am 10. Oktober 1938 wurde dieses Gebiet besetzt oder befreit – je nach dem Standpunkt des Betrachters, und für uns Juden begann die Sorge: Was wird mit uns geschehen? Denn schon lasen wir Publikationen von Asylanten; zwei prominente Asylanten, die in Prag Asyl fanden, möchte ich gern erwähnen: es sind Heinrich und Thomas Mann. Wir hörten und lasen, daß es den Gegnern des Regimes im Deutschen Reich nicht gut ergeht, nicht nur speziell den Juden.

Mein Vater, politisch naiv, war der Meinung, es würde ihm nichts passieren, weil er sieben Jahre treu dem Kaiser und König, Franz Josef I. von Österreich, gedient und pünktlich seine Steuern bezahlt hatte. Bis zum 7. November war es relativ ruhig; es galten die Gesetze und Einschränkungen, die sich auch im Deutschen Reich gegen Juden richteten. Aber am 7. November 1938 passierte etwas, das große Auswirkungen auf das Schicksal der Juden haben sollte.

Der damals 17jährige, von polnisch-jüdischen Eltern abstammende und in Hannover geborene Herschel Grynszpan, der illegal bei seinem Onkel in Paris weilte, betrat die deutsche Botschaft und wurde zu Ernst vom Rath, einem Legationssekretär, vorgelassen. Er zog einen Revolver und schoß zweimal auf den Diplomaten. Warum tat er dies? Die polnische Regierung hatte am 15. Oktober 1938 ein Gesetz erlassen, demzufolge polnische Staatsbürger jüdischen Glaubens nur dann problemlos nach Polen zurückkehren durften, wenn sie weniger als fünf Jahre im Ausland gewesen waren. Das war aber bei den Eltern Grynszpans nicht der Fall, denn diese waren seit 1911 im Deutschen Reich ansässig. Sie stammten aus einem Gebiet, das damals zum zaristischen Rußland gehörte. Die Gestapo reagierte schnell und wies 12.000 Juden aus, die daraufhin an der deutschpolnischen Grenze bei Neu Bentschen in einem Niemandsland in Massenquartieren, hauptsächlich Scheunen, unter sehr schlechten Bedingungen festsaßen. Eine verzweifelte Karte der Schwester des Attentäters an ihren Bruder in Paris war der Auslöser dafür, daß Herschel diese Tat beging. Zuvor schrieb er an seine Familie: »Gott möge mir verzeihen, aber ich kann nicht anders handeln, wenn ich von Eurer Tragödie und derjenigen der anderen 12.000 Glaubensbrüder und -schwestern höre. Ich muß protestieren, die Welt muß aufhorchen.«

Nun es gab zuvor einen Parallelfall: Wilhelm Gustloff, ein viel höherer NS-Funktionär, wurde 1936 von David Frankfurter, einem jüdischen Studenten jugoslawischer Staatsangehörigkeit, in Davos erschossen. Der Fall wurde damals zwar propagandistisch ausgeschlachtet, aber man hatte von ihm doch nicht zuviel Aufhebens machen wollen, denn es war das Jahr der Olympischen Spiele. Entfernt hat man damals in Berlin sämtliche Tafeln mit Aufschriften wie »Juden sind unser Unglück«, »Kauft nicht bei Juden« (deren Geschäfte es ja noch gab), »Die Bänke sind nur für Arier« usw., um der Welt ein demokratisches Deutschland vorzugaukeln.

Am 9. November 1938, zwei Tage nach der Bluttat in Paris, war der Jahrestag des mißglückten Hitlerputsches von 1923. Kernpunkt des Gedenkens an dieses Ereignis, auch wegen der zahlreichen Toten, war der Kameradschaftsabend im Alten Rathaussaal zu München, bei dem Hitler eine Tischrede hielt. Diese Gedenkfeier wurde nicht erst seit 1933 abgehalten, sondern schon im Jahr 1929 wurde der Opfer gedacht. Hitler, Goebbels – Minister für Volksaufklärung und Propaganda sowie Gauleiter von Berlin –, verschiedene SA-Führer, Gauleiter, Blutordensträger – das waren die Mitmarschierer von 1923 – und Fahnenabordnungen waren versammelt. Doch zu der Tischrede kam es an diesem Abend nicht, denn gegen 21 Uhr wurde an Hitler die Nachricht überbracht, daß Ernst vom Rath – er wurde inzwischen befördert, weil ein höherrangiger toter Diplomat propagandistisch besser zu verkaufen ist – seinen Verletzungen erlegen sei. Hitler besprach sich unter vier Augen mit Goebbels, verließ nach 15 Minuten den Alten Rathaussaal und fuhr in sein Haus am Prinzregentenplatz. Goebbels gab gegen 22 Uhr den Tod des Diplomaten bekannt und hielt eine antisemitische Rede. Darin befahl er zwar nicht direkt das Anzünden oder Zerstören der Synagogen und das Demolieren jüdischer Geschäfte, aber die Anwesenden verstanden sehr wohl, was gemeint war, und das war auch beabsichtigt. Erst nach Mitternacht, um 1 Uhr 20, gab es ein einheitliches Fernschreiben von Reinhard Heydrich – damals Chef der Gestapo mit Sitz im Hotel Vier Jahreszeiten in München – an die Staatspolizeileitstellen. Darin hieß es: 20.000 vorzugsweise vermögende Juden seien zu verhaften und in Konzentrationslager zu bringen (große Lager gab es damals in Dachau bei München, Buchenwald bei Weimar und Sachsenhausen bei Oranienburg); Synagogen seien anzuzünden, wo es nicht möglich war, zu zerstören; die Geschäfte sollten demoliert, aber nicht geplündert werden; die Polizei solle nur beobachten, aber nicht eingreifen und die Feuerwehr solle sich bereit halten, um das Übergreifen des Feuers auf nichtbetroffene Gebäude zu verhindern. In meiner Heimatstadt Neutitschein gab es auch eine Synagoge.

Gestern brannten die Synagogen. Sie brannten in Deutschland. Sie brannten in Österreich. Sie brannten in der Tschechoslowakei. Bestand Gefahr der Ausdehnung des Feuers, wurden sie durch Sprengungen zerstört. Die meisten jüdischen Geschäfte wurden demoliert. »Meine« Synagoge wurde geplündert. Feuer oder Sprengung wären wegen des schräg gegenüber liegenden Gaskessels gefährlich gewesen. Gebetbücher, Torarollen und Gebetschals lagen zerfetzt auf der Straße. Das Buch, das die weltweit verstreuten Juden zwei Jahrtausende lang zusammenhielt, wurde mit Stiefeln getreten. Die Orgel wird nicht mehr unsere Lieder am Sabbath und an den Feiertagen begleiten. Es wird auch keinen Sabbath, keine Feiertage und keine Lieder mehr geben. Nur zu Hause, so lange es noch ein Zuhause gibt, wird Mutter Freitag abends die Sabbath-Lichter anzünden und Vater den Segensspruch über das Brot und über den Wein sprechen: »Lechem min Haaretz. Bore B'ri Hagofen.« Und dann wird meine Mutter, wie vorher auch, in Deutsch gedrucktes Gebetbuch zur Hand nehmen und die Kapitel »Begrüßung des Sabbath« und »Gebet der jüdischen Frau« still für sich lesen.

Die Gebetbücher, Torarollen und Schals aus der Synagoge wurden auf die Straße geworfen. Morgen werden sie vielleicht aus den Häusern auf die Straße geworfen. Nichts würde sich bei meiner Mutter ändern. Sie hätte ihre Gebete auch ohne Buch gesprochen.

Offiziell wird die Zerstörungsaktion der Nazis als spontaner Vergeltungsakt der »kochenden Volksseele« bezeichnet, als Antwort auf die Ermordung des Botschaftsrates vom Rath durch den siebzehnjährigen Herschel Grynszpan in Paris. Daß die Volksseele so gleichmäßig in drei Ländern kochte, war der meisterhaften Organisation der Verantwortlichen zuzuschreiben.

Ein offener Polizeiwagen fährt vor unserem Hause vor. Jüdische Männer sitzen auf dem Wagen, bewacht von Schupos in grüner Uniform. Zwei Schupos kommen die Treppe hoch. Meinem Vater wird erklärt, er werde in Schutzhaft genommen, damit ihm nichts passiere. Vermutlich wegen der »kochenden Volksseele«. Ich stehe neben der Tür. »Wie alt ist der Bengel?«, fragt der Schupo. Mein Herz klopft ganz laut. Hätte Mutter mein Alter genannt, wäre ich ins Gefängnis mitgenommen worden. Der Schutz kam von der Mutter, nicht von der Schutzpolizei.[1]

Meine Mutter sagte, ich sei 17; de facto war ich 18 1/2, und ab 18 hat man die Männer ins Gefängnis mitgenommen. Mein Vater wurde nach drei Wochen aus dem Gefängnis entlassen.

Am 1. September 1939 war der Überfall auf Polen. An diesem Tag arbeitete ich bei der Verbreiterung einer Straße, die als Anmarsch- und Anfahrweg für die Wehrmacht über die Slowakei gegen die Südflanke Polens führte. Und dann gab es eine Flut von Anordnungen: »Juden dürfen nur zwischen 15 und 17 Uhr einkaufen«, »Juden dürfen nach 20 Uhr nicht auf die Straße«, »Juden müssen Radiogeräte, Fahrräder und Schmuck abgeben« – später dann auch Pelze und Wollwaren, »Juden und Hunden ist das

---

[1] Vgl. Max Mannheimer, Theresienstadt – Auschwitz – Warschau – Dachau. Erinnerungen, in: Dachauer Hefte 1, Die Befreiung. Nördlingen 1985, 95 f.

Betreten von Parks, Kur- und Schwimmbädern verboten« – Hunde durften manchmal... usw. Als die Lebensmittelkarten ausgegeben wurden, bekamen die Juden keine Fleischmarken. Auf Bitte des Polizeipräsidenten von Zürich wurde Juden in die Pässe oder Ausweise, später auch – nicht mehr auf seine Bitte – auf Lebensmittelkarten ein »J« gestempelt, damit an der deutsch- oder österreichisch-schweizerischen Grenze besser zu kontrollieren war, wer da herüberkommt.

Bis zur Deportation arbeitete ich auf verschiedenen Baustellen, im Straßenbau, Steinbruch und zum Schluß in einem Sägewerk.

Im September 1941 wurde das Tragen des Judensterns angeordnet.

Am 20. Januar 1942 fand Am Großen Wannsee 56/58 in einer Villa eine Konferenz mit einem einzigen Tagesordnungspunkt statt: Endlösung der Judenfrage. Hier ging es nicht um das Ob, denn das hatte Hitler ja bereits in seinem Buch »Mein Kampf« niedergeschrieben, das war ja das Programm; hier ging es um das, was die Militärs »Logistik« nennen: Wie kann man die Juden am schnellsten aus dem Deutschen Reich und aus den besetzten Ländern in die Konzentrations- bzw. Vernichtungslager bringen? Die Konferenz stand unter der Leitung von Reinhard Heydrich und fand in Anwesenheit verschiedener hoher NS-Funktionäre und Staatssekretäre statt. Einen Staatssekretär möchte ich namentlich nennen; es ist der Staatssekretär im Justizministerium und spätere Präsident des Volksgerichtshofes: Roland Freisler, der ja über 2.000 Todesurteile gefällt hat. Über diese Konferenz wird Adolf Eichmann, der zuständige Referent und Protokollant – Referent für die Deportationen im Reichssicherheitshauptamt und Protokollant dieser Wannseekonferenz – 1961 in Jerusalem vor Gericht aussagen: »Die Konferenz dauerte 1 1/2 Stunden und fand im Kaminzimmer der Villa in freundschaftlicher Atmosphäre statt; jedermann gab fröhlich seine Zustimmung, als die Technik der Vernichtung besprochen wurde, und die Ordonnanzen reichten Cognac.«

Nach diesem Zeitpunkt rollten die Transporte. Ende Januar war es soweit. Wir bekamen eine Vorladung, mit soundsoviel Kilogramm Gepäck im Comenius-Gymnasium zu erscheinen, und wir mußten eine Liste der in der Wohnung zurückgelassenen Gegenstände mitbringen. Zwei Tage später wurden uns die ersten Transportnummern mit der Buchstabenkombination CP um den Hals gehängt. Gegen 16 Uhr bestiegen wir einen Personenzug, der uns gegen 21 Uhr nach Theresienstadt brachte.

Theresienstadt, Ende Januar 1943

Schleuse. Kaserne. Transitraum. Strohlager. Namen fallen. Zum Abtransport nach dem Osten. Umzug in eine andere Kaserne. Für eine Nacht. Strohlager. Ein dumpfigfeuchtes Gewölbe. Vollgepfercht mit Menschen. Nein, mit »Untermenschen«.

Osten – Arbeitseinsatz, sagt man. Wir sind alle außer meinem Bruder Erich – er wurde 1942 verhaftet – zusammen: meine Eltern, meine Frau, zwei Brüder, meine Schwester, Schwägerin. In acht Tagen werde ich dreiundzwanzig. Seit vier Jahren an Straßenbau und Steinbruch gewöhnt. Die letzten Wochen ans Sägewerk. Der Gedanke beruhigt mich. Es wird schon nicht so schlimm sein. Vater meint es auch. Er zahlte pünktlich Steuern. Für

Gedanken eines Überlebenden von Auschwitz

König und Kaiser im Ersten Weltkrieg drei Jahre an der Front. Hat sich nie etwas zuschulden kommen lassen.
  Transportnummern werden verteilt. Um den Hals gehängt. CU 210, 211, 212, 213, 214, 215, 216, 217. Tausend Frauen, Männer, Kinder. Schleppen sich mühsam vorwärts. Nach Bauschowitz. Personenzug wartet. Werden einzeln aufgerufen. Steigen ein. Zehn im Abteil. Etwas gedrängt. Kann doch nicht so schlimm sein: Personenzug.
  Osten – Arbeitseinsatz. Einsatz? Warum nicht einfach Arbeit? Abfahrt. Es ist neun Uhr morgens. Sehen Trümmer. Hören Sächsisch. Entdecken Notizen an der Wand des Wagens. Abfahrt Theresienstadt 9.00 Uhr, dann Dresden, Bautzen, Görlitz, Breslau, Brieg, Oppeln, Hindenburg. Dann nichts. Tag und Nacht. Auf der Strecke entdecken wir Juden. In Zivilkleidung. Mit Stern. Mit Schaufeln. Werfen Brot aus dem Fenster. Sie stürzen sich darauf. Stoßen sich. Arbeitseinsatz? Werden wir auch so aussehen? Handeln? Stoßen? Nochmals Tag. Und halbe Nacht. Der Zug hält kreischend an. Eintausend Männer, Frauen, Kinder. Die Begleitmannschaft umstellt den Zug. Wir haben im Zug zu bleiben. Nicht mehr lange. Eine Kolonne LKWs kommt. Starke Scheinwerfer erhellen plötzlich die Rampe. SS-Offiziere und Wachtposten stehen da. Wir sind an der Todesrampe von Auschwitz-Birkenau.[2]

Auschwitz-Birkenau, Todesrampe, Mitternacht vom 1. zum 2. Februar 1943

Alles aussteigen! Alles liegen lassen! Eine Panik. Jeder versucht, so viel wie möglich in die Taschen zu stopfen. Die SS-Leute brüllen: Bewegung! Ein bißchen Dalli! Noch ein Hemd wird angezogen. Noch ein Pullover. Zigaretten. Vielleicht als Tauschobjekt. Männer auf diese Seite, Frauen auf die andere Seite, Frauen mit Kindern auf die LKWs. Männer und Frauen, die schlecht zu Fuß sind, können mit den LKWs mitfahren. Viele melden sich.

  Der Rest wird in Fünferreihen aufgestellt. Eine Frau versucht, zu uns herüberzukommen. Sie will vermutlich ihren Mann oder Sohn sprechen. Ein SS-Mann reißt sie mit einem Spazierstock zu Boden. Am Hals. Sie bleibt liegen. Wird weggezerrt. Arbeitseinsatz?

  Ein SS-Offizier steht vor uns. Obersturmführer. Wird von einem Posten so angesprochen. Vermutlich Arzt. Ohne weißen Kittel. Ohne Stethoskop. In grüner Uniform. Mit Totenkopf. Einzeln treten wir vor. Seine Stimme ist ruhig. Fast zu ruhig. Fragt nach Alter, Beruf, ob gesund. Läßt sich Hände vorzeigen. Einige Antworten höre ich.
Schlosser – links.
Verwalter – rechts.
Arzt – links.
Arbeiter – links.
Magazineur der Firma Bata – rechts. Es ist unser Bekannter. Büchler aus Bojkowitz.
Schreiner – links.
Dann ist mein Vater an der Reihe. Hilfsarbeiter. Er geht den Weg des Verwalters und Magazineurs. Er ist fünfundfünfzig. Dürfte der Grund sein.
Dann komme ich. Dreiundzwanzig Jahre, gesund, Straßenbauarbeiter. Die Schwielen an den Händen. Wie gut sind die Schwielen. Links.
Mein Bruder Ernst: zwanzig, Installateur – links.
Mein Bruder Edgar: siebzehn, Schuhmacher – links.

  Versuche, meine Mutter, Frau, Schwester, Schwägerin zu entdecken. Es ist unmöglich. Viele Autos sind abgefahren.
  Aufstellung in Dreierreihen. Ein SS-Posten fragt nach tschechischen Zigaretten. Ich gebe ihm welche. Er beantwortet meine Fragen. Die Kinder kommen in den Kindergarten.

---

[2] Das KL Auschwitz bestand aus drei Komplexen mit 38 Außenlagern. Auschwitz I, am 20. Mai 1940 errichtet, war Hauptlager und Zentrale, Auschwitz II (Birkenau) bestand ab 26. November 1941 und war ab Januar 1942 Vernichtungslager, in dem die »Selektierung« auf der Ankunftsrampe stattfand, dort befanden sich die großen Vergasungsanlagen, Auschwitz III (Monowitz) diente ab 31. Mai 1942 als Arbeitslager für das Buna-Werk des IG-Farben-Konzerns.

Männer können ihre Frauen sonntags besuchen. Nur sonntags? Das reicht doch! Es muß wohl reichen.

Wir marschieren. Auf einer schmäleren Straße. Wir sehen ein hell erleuchtetes Quadrat. Mitten im Krieg. Keine Verdunkelung. Wachttürme mit MGs. Doppelter Stacheldraht, Scheinwerfer, Baracken. SS-Wachen öffnen ein Tor. Wir marschieren durch. Wir sind in Birkenau.

Vor einer Baracke bleiben wir zehn Minuten stehen. Dann werden wir eingelassen. Aus dem Transport von eintausend Männern, Frauen, Kindern sind es jetzt 155 Männer. Mehrere Häftlinge sitzen an Tischen. Geld und Wertgegenstände sollen abgegeben werden. Auch Verstecktes. Sonst gibt es harte Strafen. Aus meinem Hemdkragen trenne ich ein Stück auf. Zehn-Dollar-Note. Von meinem Schwiegervater. Als Reserve für Notzeiten. Die Namen werden registriert. Ich frage, ob ich die Kennkarte behalten soll. Nein, heißt es. Wir bekämen neue. Wir kommen ins Freie. Dann eine andere Baracke. In einem Raum legen wir unsere Kleider ab. Nur Schuhe und Gürtel behalten wir. Sämtliche Haare werden abgeschnitten. Und abrasiert. Wegen der Läuse. Wir werden mit Cuprex eingesprüht. Kommen in einen sehr warmen Raum. Stufenartig angelegt. Wie eine Sauna. Wir sind nackt und freuen uns über die Wärme. Eigenartig sehen wir aus. Komisch. Glatzen, um den nackten Bauch einen Gürtel, und wir haben Schuhe an. Ein Häftling in gestreifter Kleidung kommt herein. Stellt sich vor uns. Wir fragen nach den Frauen, Kindern. »Gehen durch den Kamin!« Wir verstehen ihn nicht. Wir halten ihn für einen Sadisten. Wir fragen nicht mehr.

Im Raum wird es immer heißer. Plötzlich wird eine Eisentür aufgerissen. Führt zu einem Nebenraum. Häftlinge brüllen: Bewegung, Dalli ... genau wie die SS an der Rampe. Scheint die Lagersprache zu sein. Mit Stockschlägen werden wir in den eiskalten Raum unter die Brausen getrieben. Eiskalter Raum. Eiskaltes Wasser. Nach der warmen Sauna. Beim Versuch, dem kalten Strahl auszuweichen, gibt es Stockschläge. Nach zehn Minuten wird das Wasser abgestellt. Handtücher gibt es nicht. Dafür Kleidung. Fremde Kleidung. Zivilkleidung mit einem breiten roten Strich auf der Rückseite der Jacke, je einem Strich an den Hosenbeinen. Scheint Ölfarbe zu sein. Es gibt eine Jacke, Hose, Unterhose, Hemd, Socken. Keinen Mantel. Keine Mütze.

2. Februar 1943

Mein Bruder Edgar ist groß. 186. Die Ärmel seiner Jacke sind zu kurz. Viel zu kurz. Er bittet um Umtausch. Bekommt einen Faustschlag ins Gesicht. Fällt auf den Betonboden. Ich helfe ihm auf die Beine. Die Jacke bleibt die gleiche. Das ist also der Arbeitseinsatz. Wie lange kann man das aushalten?

Wir treten draußen an. Warten eine halbe Stunde. Die Tür einer Desinfektionsanlage ist offen. Wir sehen zwei Häftlinge. Sie tasten die Kleidungsstücke nach eingenähtem Geld und nach Wertsachen ab. Das Geld werfen sie auf einen Haufen. Meistens Dollar-Noten. Scheint uns wertlos zu sein. Wir warten und frieren. Endlich geht es weiter. Wir marschieren. Kommen in einen Block. Dreistöckige Bettgestelle. Sechs Häftlinge, eine Pritsche. Die Stubendienste brüllen: Marsch, marsch in die Betten, Schuhe unten stehen lassen. Wir klettern auf die Pritschen. Pritschen ohne Stroh und ohne Decken. Schlafen können wir nicht. Beten wir, schlägt jemand vor. Wir beten. Schema Israel...

Aufstehen, Bewegung, brüllen die Stubendienste. Einige von uns suchen verzweifelt nach ihren Schuhen. Viele finden sie nicht. Alte Schuhe, die nicht passen, sind da. Sie fragen die Stubendienste. Faustschläge sind die Antwort.

Uns alle beschäftigt nur die Frage: Wo sind unsere Eltern, Frauen, Geschwister? Wo sind die Kinder? Wo sind sie?

Vor dem Block antreten. Wir frieren. Es ist noch dunkel. Der Boden ist schlammig. Links von uns ist der Stacheldraht. Elektrisch geladen. Totenkopf. Darunter: »Lebensgefahr«. Ich bin verzweifelt. Schaufeln werden wir bekommen. Eigenes Grab schaufeln. Das sind meine Gedanken. Ich spreche sie aus. Mein kleiner Bruder tröstet mich. Ich sollte ihm Stütze sein. Elekrisch geladener Stacheldraht. Nur berühren – aus. Tut nicht weh. Mein kleiner Bruder fragt: Willst Du mich allein lassen?[3]

---

[3] A.a.O., 100 ff.

Und diese Frage bewirkte zweierlei: erstens, daß ich mich sehr schämte, und zweitens, daß meine pessimistischen Gedanken eine Kehrtwendung um hundertachtzig Grad machten. Und ich sagte zu mir: Ich will leben, ich muß meinen jüngeren Bruder beschützen.

4. Februar 1943

Der dritte Tag bringt etwas Neues. Wir bleiben nach dem Appell zwischen Block 18 und 19 stehen. Wir kommen auf Block 19. Auch Block 20 ist belegt. Ein Judentransport aus Berlin. Tätowierte Nummern 100 000. Wo sind die 99 000? Wo sind sie? Wie viele sind wohl nicht registriert worden?
Jetzt sind insgesamt drei Blocks belegt. Dreimal vierhundert – macht zwölfhundert. An der Zahl gemessen ein ansehnliches Dorf – in drei Pferdeställen. Tagsüber taut der gefrorene Schlamm zwischen den Blocks auf. Befehl zum Läuseappell: Hemd ausziehen. Läuse suchen! Fleckfiebergefahr. Deshalb die Quarantäne. Wir suchen – finden keine. Ein Häftlingsarzt kommt. Sieht gleichfalls nach Läusen. Auch er findet keine. Der Blockälteste kommt. Antreten in Dreierreihen. Block 19, vorwärts marsch! Im Schlamm geht es sehr schwer vorwärts. Er kommandiert Laufschritt. Nimmt wegen des Schlamms das Kommando wieder zurück. Mein Nachbar, Dr. Rabinovitsch, verliert seine Galoschen – Schuhe hat er keine, man hat sie ihm gestohlen. Es ist unmöglich, diese aus dem Schlamm hervorzuziehen. Er läuft jetzt – die Füße in Fußlappen gewickelt. Die verliert er auch. Nein, frieren tun wir jetzt nicht. Die Bewegung und Aufregung, was nun kommt oder kommen kann, machen uns warm.
Denkt wohl Erwin Rosenblum, den alle Ružička nennen, was zu deutsch Röslein bedeutet, auch jetzt noch an das Grand Hotel Pupp in Karlsbad und die feinen Menüs, die er dort vor dem Kriege genoß?
Heute morgen hielt er uns einen Vortrag über seinen Aufenthalt in Karlsbad. Die einen hielten es für Sadismus. Die anderen ließen ihm die Freude zurückzublicken. In eine Zeit ohne Stacheldraht. Ohne Schlamm. Ohne Hunger.
Jetzt sind wir da. Ein Stacheldrahtzaun. Innerhalb eines großen Stacheldrahtzaunes. An einer Stelle ein Durchschlupf. Fünfzig Zentimeter vom Boden. Bückt man sich, kann man durchkriechen. Wir robben uns durch. Dem Blockältesten geht es zu langsam. Mit Fußtritten hilft er nach. Wir sind an einer Kiesgrube. Häftlinge in gestreifter Kleidung schaufeln Kies. Abgemagert. Blutunterlaufene Wunden. Ein Kapo brüllt und schlägt die Häftlinge mit einem Schaufelstiel. Es sind eigentlich wandelnde Skelette. Ob wir auch einmal so aussehen werden?
Bewegung, ruft der Blockälteste. Jacken ausziehen! Verkehrt anziehen! Gegenseitig knöpfen wir uns die Jacken zu. Die Knöpfe sind am Rücken. Verrückt, denke ich. Wir haben das Rückenteil der Jacke mit Kies aufzufüllen. Mit den Händen. Manche nehmen nicht genug. So meint der Blockälteste. Mit dem Fuß tritt er die Häftlinge in die Bauchgegend. Neuer Kies. Dann ist er zufrieden. Der Kapo von der Kiesgrube kommt an den Stacheldraht. Wir haben durchzukriechen. Mit dem Kies. Es ist nicht leicht. Stützen wir uns, fällt der Kies heraus. Jeder, der durchkriecht, erhält einen Stockhieb oder zwei. Von dem Kapo. Mit dem Schaufelstiel. Wer den Kies verschüttet, muß nochmals zurück. Neuer Kies. Neue Hiebe. Wie lange kann man das aushalten?
Zurück zum Block. Der Kies wird zwischen Block 18 und 19 geschüttet. Zur Trockenlegung des Schlammes. Vierhundert Häftlinge – vierhundert Schaufeln Kies. Ein Tropfen auf den heißen Stein. Das sinnlose Spiel wiederholt sich noch zweimal.[4]

6. Februar 1943

Heute bin ich dreiundzwanzig. Meine Brüder gratulieren. Nächsten Geburtstag in Freiheit! Die Freunde schließen sich an. Ich habe Mühe, die Tränen zu unterdrücken. Härte macht nicht hart. Zumindest nicht mich.

---

[4] A.a.O., 105 f.

Appell. Läuseappell. Kiesholen. Schläge. Gegen Mittag hören wir ein großes Geschrei aus dem Nebenblock. Ein Häftling hat aus einer Decke ein Stück herausgeschnitten. Für Fußlappen. Alle drei Blöcke antreten! Alle für einen, brüllt der Blockälteste. Sabotage! Volksschädling! Der Saboteur liegt zusammengeschlagen vor dem Block. Er wird nicht mehr lange leben. Zwischen den Blockreihen, auf der breiten schlammigen Lagerstraße treten wir an. Lagerälteste, Stubendienste, Blockälteste laufen aufgeregt und brüllend hin und her. Sie stoßen und schlagen. Jetzt sind sie zufrieden. Um einen Sonderappell kann es sich nicht handeln. Alle stehen zusammen. Durcheinander. Die Spannung steigt. Was wird wohl kommen? Der Lagerälteste mit dem schwarzen Winkel[5] übernimmt das Kommando. Stillgestanden!

Er droht mit hundert Stockhieben, mit Stehbunker, Entzug der Verpflegung, falls sich der Fall wiederholen sollte. Jetzt läßt er uns in Kniebeuge gehen. Aufstehen! Kniebeuge! Auf! Kniebeuge! Auf! Kniebeuge! Vorerst bleibt es bei diesem Befehl. Unsere Blechnäpfe, die an unseren Gürteln baumeln, versuchen wir als Sitz zu verwenden. Wer erwischt wird, bekommt Schläge. Nach einer Stunde kippen die ersten um. Stubendienste helfen mit Stockhieben nach. Die Kälte, der Hunger, die Kniebeugen. Nach sieben Stunden dürfen wir in die Blocks. Die Liegengebliebenen werden zur Seite geschleift. Vor den Block gelegt. Sie werden zum Appell nicht mehr antreten müssen. Sie werden liegend gezählt. Behandelt wie die Toten. Die Blockschreiber notieren sich ihre Nummern. Den Blockältesten werden heute mehrere Rationen übrigbleiben. Auch Margarine. Oder Wurst. Ja, es war mein dreiundzwanzigster Geburtstag. Ich werde ihn nicht so schnell vergessen.

7. Februar 1943

Viele haben Fieber. Wer muß zum Arzt? ruft der Stubendienst. Viele melden sich. Stehen an die Außenwand des Nebenblocks gelehnt. Manche setzen sich. Sie warten eine Stunde. Oder länger. Die Zeitbegriffe sind uns allen verlorengegangen. Wir sehen nur, ob es hell oder dunkel ist. Noch kein Tag mit Sonne. Nur Wolken. Graue Wolken. Wolken, hinter denen wir keine Sonne vermuten. Die Kranken werden jetzt weggeführt. Sie schleppen sich mühsam durch den Schlamm. Wir sehen sie nicht wieder.

Dem Blockältesten erscheint das Kiesholen wenig sinnvoll. Der Raum zwischen den Blocks ist immer noch schlammig. Heute marschieren wir in eine andere Richtung. Wir müssen unsere Jacken nicht mehr verkehrt anziehen. Wir marschieren zu einem Baugelände besonderer Art. Alte Häftlinge, mit denen wir einen Augenblick flüsternd sprechen können, verraten uns: Krematorium. Endstation. Ein bißchen Asche. Verstreut über die Felder in einem fremden Land.

Wir haben jeweils vier Ziegelsteine zu nehmen. Dies muß heimlich geschehen. Man nennt es organisieren. Es ist nicht leicht, vier Ziegelsteine auf einmal zu tragen. Nicht in diesem Zustand. Nicht alle waren Straßen- und Bauarbeiter. Ziegelsteine in Freiheit sind nicht so schwer. Um den Block soll ein Ziegelsteinstreifen gelegt werden. Besser als Kies. Für uns. Es gibt weniger Schläge.

Dr. Beck aus Ungarisch-Brod versteckt sich heute im Block. Mit hohem Fieber liegt er auf der untersten Pritsche. Zum Appell schleppen wir ihn heraus. Wir stützen ihn. Am nächsten Tag liegt er im Sterben. Zwei Mithäftlinge versuchen, dem Sterbenden die Schuhe auszuziehen. Er hat gute Schuhe. Schuhe bedeuten viel. In diesem Schlamm. In dieser Kälte. Die Häftlinge stoßen aneinander. Der Stärkere gewinnt. Wenige Minuten später lebt Dr. Beck nicht mehr. Wir sagen Kaddisch, das Totengebet. Er wird vor den Block gelegt. Beim Appell mitgezählt. Er ist nicht der einzige. Ihm folgen mehrere aus anderen Blocks. Ein Leichenkommando kommt. So geht es jeden Tag. Immer mehr und mehr. Schläge. Durchfall. Fieber. Jetzt weiß ich, was Quarantäne bedeutet. Ein Sieb mit großen Löchern. Viele fallen durch.

So vergeht Tag für Tag. Tote. Tote. Tote. Hunger und das Wasser lichten unsere Reihen.

---

[5] Die Häftlinge in Konzentrationslagern waren durch verschiedenfarbige Stoffdreiecke – Winkel –, die der Kleidung aufgenäht waren, nach Kategorien gekennzeichnet: u.a. rot für politische Häftlinge, grün für Kriminelle (Berufsverbrecher), schwarz für »Asoziale«, rosa für Homosexuelle, lila für Bibelforscher (Zeugen Jehovas).

Zur Ergänzung unseres Blocks kommen holländische Juden zu uns. Sie sterben wie die Fliegen. Die Juden aus Polen sind am widerstandsfähigsten. Vielfach Handwerker oder Arbeiter. Auch körperlich sind sie besser dran. Nicht so verweichlicht wie die Holländer oder Tschechoslowaken.

Der Tag ist ausgefüllt mit Herumstehen zwischen den Blocks, mit Läuseappell, Essen. Zum Essenholen werden die noch nicht so sehr abgemagerten Häftlinge bestimmt. Oft versuchen sie, unbemerkt in den Kessel zu greifen. Kartoffeln kann man am besten organisieren. Man stopft sich eine in den Mund. Natürlich gibt es auch hier Schläge. Das nimmt man schon in Kauf.

Die Nachtwache im Block schlägt Alarm. Ein Häftling aus Pruszana ist in den Raum des Blockältesten eingedrungen. Zwei Würfel Margarine sind die Beute. Die Schreie, durch die Schläge des Blockältesten ausgelöst, wecken den ganzen Block. Kameradschaftsdiebstahl! brüllt der Blockälteste. Morgen sprechen wir uns noch! Zitternd klettert der Dieb auf seine Pritsche. Er wollte ja nur Gestohlenes stehlen. Gestohlen von den Rationen der Häftlinge – durch den Blockältesten.

Nach dem Morgenappell wird uns ein Schauspiel geboten. Der Block ist angetreten. Die Arena ist der Raum zwischen Block 18 und 19. Der Tiger, ein baumlanger Blockältester aus einem Nebenblock. Seine Pranke ist berüchtigt. Holt er zum Schlag aus, tut er es in Lederhandschuhen. Wegen des Effektes. Des Schalleffektes. Bisher beobachtete ich nur einen, der nach einem Schlag von dem Baumlangen nicht umkippte. Und das lohnte wirklich nicht. Dieser Mißerfolg brachte den Mann mit dem harten Schlag in Wut. Sein Prestige war gesunken. Er arbeitete nie ohne Zuschauer.

Erst spricht der Blockälteste. So ergeht es jedem … Kameradschaftsdiebstahl … Der Delinquent steht mit blutunterlaufenem Auge vor dem angetretenen Block. Zehn Meter seitwärts ist eine Grube. Etwa drei Meter tief. Mit Grundwasser. Der Boden ist an diesem Tage schlammig. Die Pranke des Tigers erhebt sich zum ersten Schlage. Er schlägt zu. Das Opfer geht zu Boden. Das wiederholt sich mehrere Male. Jetzt sind es nur noch zwei Meter zur Grube. Nun erkennen wir die Absicht. Bestenfalls zwei Schläge. Nein, einer reichte. Mit Geschrei stürzt unser Mithäftling in die Grube. Niemand darf ihm helfen. Eine Stunde später sehen wir ihn schlammverschmiert aus der Grube steigen.

Jeden zweiten oder dritten Tag kommt ein Häftlingsarzt. Der Block hat anzutreten, die Hemden werden nach Läusen durchsucht. Wir haben die Zunge herauszustrecken. Wer eine belegte Zunge hat, wird aufgeschrieben und angeblich in den Krankenbau im Hauptlager Birkenau gebracht. Viele kommen fort. Keiner kehrt zurück. Unsere Reihen lichten sich.[6]

Im August 1944 bin ich zusammen mit meinem Bruder in das Konzentrationslager Dachau gekommen.

In Dachau ist die Häftlingsleitung in den Händen der Politischen. Nicht der Grünen oder Schwarzen, wie in Auschwitz oder Warschau. Im Pfarrerblock gibt es Geistliche aller Nationalitäten. Deutsche, Polen, Tschechen, Jugoslawen – katholisch, protestantisch, griechisch-orthodox. Ich begegne einem Pfarrer, der meinen Vater gut kannte. Er fragt nicht nach ihm. Er will mir nicht weh tun.

Ein Bordell gibt es in Dachau auch. Ein Häftlingsbordell. Für »Arier«. Russen ausgenommen. Mit Bons wird man eingelassen. Gegen Voranmeldung. Die angeblich freiwilligen Opfer sind Häftlinge aus Ravensbrück.[7] In Dachau gibt es viele Jugoslawen. Man nennt sie Partisanen. Sie waren es auch. Ich spreche mit einigen. Ich bewundere ihren Mut. Ein Teil eines Volkes geht in die Berge. Kämpft gegen eine reguläre Armee. Mit viel Idealismus und wenig Waffen. Unter härtesten Bedingungen. Ich vergleiche. Sie und uns. Wir ließen uns wie Schlachtvieh abtransportieren. Mit Nummern um den Hals. Wir hielten bereitwillig den

---

[6] A.a.O., 107 ff.
[7] Ravensbrück (bei Fürstenberg im Bezirk Potsdam), am 15. Mai 1939 eingerichtet, am 30. April 1945 evakuiert, war das größte Konzentrationslager speziell für Frauen (42 Außenlager). Über 90 000 Frauen kamen in Ravensbrück ums Leben.

Kopf hin. Schlachtvieh sträubt sich, den Schlachthof zu betreten. Wir nicht. Wir gehorchen ohne Widerspruch. Bis auf die Juden im Warschauer Getto. Und vor zweitausend Jahren. Vielleicht liegt es daran, daß die Juden während dieser langen Zeit des Verstreutseins vielfach als Menschen zweiter Klasse behandelt wurden und daher, bis auf Warschau, sämtlichen Verfolgungen passiv gegenüberstanden.

Nach drei Wochen Quarantäne in Dachau geht es nach Karlsfeld. Wenige Kilometer von Dachau entfernt. Das Lager heißt O.T. Außenlager Karlsfeld.[8] Es gibt Steinbaracken und Dreibettgestelle. Wie überall hält auch hier der Lagerälteste eine Rede, die wir schon kennen. Wir werden den einzelnen Arbeitskommandos zugeteilt. Sager & Woerner heißt mein Kommando. Auf dem Gelände der BMW haben wir Hallen zu bauen. Die Arbeit besteht aus Zementtragen. Eisentragen. Dem Kommandoführer, SS-Hauptscharführer Jentsch, macht es Spaß, seinen Schäferhund auf die Häftlinge zu hetzen. Er gibt erst das Kommando »auslassen«, wenn das Opfer blutet. Nach einigen Tagen werde ich krank. Ich darf im Lager bleiben. Für leichte Arbeit. So heißt es. Leicht? Mit einem sehr alten Häftling, Albert Kerner aus München, transportiere ich mit einem Muli Leichen von Karlsfeld nach Dachau. Ins Hauptlager. Zur Verbrennung. Kerner geht neben dem Muli, der SS-Posten neben mir. Ich habe darauf zu achten, daß die Toten zugedeckt bleiben. Ein plötzlicher Windstoß hebt die Decken ab. Die Vorbeigehenden, hauptsächlich Frauen, machen erschrockene Gesichter. Leichen aus dem KZ sind kein schöner Anblick.

In einem Block wird gebetet. Es sind meistens Juden aus Ungarn. Sie beten jeden Tag. Am Jom-Kippur – dem jüdischen Versöhnungstag – fasten sie sogar.

Politische Nachrichten werden verbreitet. Die Amerikaner und Engländer sollen sehr nahe sein. Wie nahe, kann niemand sagen.

Im Januar 1945 wird ein Kommando nach dem Außenlager Mühldorf[9] verlegt. Mein Bruder gehört dem Kommando an. Jetzt sollen wir doch noch getrennt werden. Einer allein kommt schwerer durch. Freunde sind zwar gut – ein Bruder ist besser. Ich bleibe zurück. Ich denke an den braven Soldaten Schwejk, der sich nach dem Kriege um 5 Uhr mit seinem Freund im Wirtshaus zum Kelch treffen will. Wir werden uns schon finden, lautet unser gemeinsamer Trost.

Vierzehn Tage später wird ein Transport zusammengestellt. Meist sehr abgemagerte Häftlinge. Vorsichtig erkundige ich mich. Es soll nach Mühldorf gehen. Zur Arbeit. Ich melde mich. Die Sehnsucht nach meinem Bruder ist stärker als die Angst. Wir bekommen Verpflegung. Besteigen einen Güterzug. Die Fahrt dauert nur wenige Stunden. Ein kleines Lager. Holzbaracken. Wir werden auf die Blocks verteilt. Ich finde meinen Bruder noch am gleichen Abend. Ich habe es geahnt, daß wir uns wiederfinden. Das Kommando, dem ich zugeteilt werde, baut eine unterirdische Flugzeugfabrik. Die Arbeit ist schwer. Die Verpflegung schlecht. Es gibt Läuse im Lager. Wo es Läuse gibt, gibt es Typhus. Ich bekomme Flecktyphus. Vierzehn Tage lang kann ich nichts essen. Inzwischen wurde die Krankenbaracke einmal »leer gemacht«. Die Kranken wurden nach dem Lager Kaufering bei Landsberg gebracht. Ein Sterbelager.[10]

Am 28. April 1945 kommt der Befehl zur Räumung des Lagers Mühldorf. Güterwagen stehen auf dem Gleis für uns bereit. Ich bin sehr abgemagert und muß direkt aus der Kran-

---

[8] Das Außenkommando Karlsfeld des KL Dachau war am 11. Juli 1944 errichtet worden; Arbeitgeber war die Oberbauleitung Dachau der Organisation Todt (O.T.). Die O.T., benannt nach ihrem Chef Dr. Fritz Todt, war 1938 als staatliche Organisation zur Errichtung militärischer Anlagen und kriegswichtiger Bauten errichtet worden. Auf den O.T.-Baustellen wurden vor allem ausländische Zwangsarbeiter (»Fremdarbeiter«), Kriegsgefangene und KL-Häftlinge beschäftigt.

[9] Das Außenkommando Mühldorf des KL Dachau hatte fünf Unterkommandos, darunter zwischen August 1944 und Mai 1945 das Unterkommando »Ampfing-Waldlager V und VI«, dessen Häftlinge unter der Regie der O.T.-Oberbauleitung Mühldorf an der unterirdischen Flugzeugfabrik bauten.

[10] Das Außenkommando Kaufering bestand seit Sommer 1944 aus insgesamt neun Lagern in verschiedenen Orten im Raum Landsberg, Flugplatz Lager Lechfeld, Kaufering. Zwei dieser Lager dienten offiziell als »Krankenlager«, die Sterblichkeit war in Kaufering besonders hoch.

kenbaracke in den Wagen geführt werden. Fünf Wochen Typhus haben mich sehr geschwächt. Auf meinen Bruder gestützt, erreiche ich den Wagen. Ich fühle mich in Sicherheit – geborgen. Nach einigen Stunden fährt der Transport los. Die Begleitmannschaft besteht nicht nur aus SS, sondern auch aus Wehrmachtsangehörigen. Das beruhigt uns ein wenig. An jeder kleinen Station bleiben wir stehen. Wir merken, daß wir nach Westen fahren. In Poing, unweit von München, bleiben wir länger stehen. Auf dem Nebengleis steht ein Zug mit Flakgeschützen. Plötzlich gibt es Alarm. Unsere Wachen, die den Zug umstellt haben, sind verschwunden. Ein amerikanischer Tieffliegerangriff richtet seine Geschosse auf die beiden Züge. Wir verlassen fluchtartig die Wagen und laufen in die Felder. Kann es wahr sein? Ist der Krieg zu Ende? Jedenfalls haben wir nicht mehr die Absicht, in die Wagen zurückzukehren. Einige Mithäftlinge kommen bei dem Fliegerangriff um. Jetzt, in letzter Minute. Auch ein Freund von uns. Ingenieur aus Prag. Fünf Jahre hat er durchgehalten. Umsonst.

Mit der Freiheit dauert es nicht lange. Plötzlich sind wir umzingelt. Die Posten schießen über unsere Köpfe hinweg und treiben uns in die Waggons zurück. Der Transport fährt weiter. Es ist der 30. April 1945. Wir bleiben auf offener Strecke stehen. Von weitem sehen wir eine lange motorisierte Kolonne. Unsere Bewacher sind verschwunden. Wir öffnen die Waggons. Das Tor zur Freiheit. Einige hundert Meter von uns fährt eine amerikanische Militärkolonne. Wir sind frei. Wir können es noch nicht fassen. Ich bin zu schwach, um den Waggon zu verlassen.

Neben dem Zug errichten die Amerikaner eine provisorische Ambulanz. Zwei Sanitäter nehmen sich der Kranken an. Legen sie auf Feldbetten. Waschen sie. Geben ihnen Stärkungsmittel. Ambulanzwagen kommen. Die schwersten Fälle sollen in ein Krankenhaus gebracht werden. Wir sind wieder Menschen. Wir können in ein Krankenhaus gehen, ohne Angst zu haben. Wir sind frei.[11]

Zwei Tage verbrachten wir noch in dem Waggon in Tutzing, bis in Feldafing eine ehemalige Schule für Kinder prominenter Nazis frei gemacht wurde. Ich kam in ein provisorisches Hospital; ich wog 37 kg. Dort wurden wir mit DDT, dem Universalmittel der Amerikaner gegen Läuse, eingesprüht. Wir bekamen auch Schlafanzüge. Sehr schnell habe ich mich erholt; ich glaube, der Grund dafür war die zurückgewonnene Freiheit, die mich so rasch wieder zu Kräften kommen ließ. Als ich nach vier Wochen wegfuhr, habe ich mir aber geschworen, niemals wieder deutschen Boden zu betreten. Ich fuhr dann in die Nähe der Stadt, von wo aus wir deportiert worden waren.

Dann begab ich mich nach Neutitschein. In Neutitschein angekommen, wurden mein Bruder und ich von dem Stadtdirektor im Namen der Stadt begrüßt. Danach gingen wir in unser Haus. Inzwischen wohnte dort eine deutsche Familie, die aber ausziehen mußte, und zusammen mit meinem Bruder bezog ich eine Wohnung im zweiten Stock. Am Anfang benötigte ich noch etwas Erholung. Einmal besuchte ich einen ehemaligen Schulfreund, der von einer deutschen Firma die Verwaltung einer Obst- und Gemüsegroßhandlung übernommen hatte. Er sagte zu mir: »Max, du hattest eine so schwere Zeit; ich werde dich einstellen, damit du ein Einkommen hast; du brauchst nichts zu arbeiten.« »Nein, nein, ich will aber arbeiten!« Bald darauf traf ich eine Frau, die mein Leben verändern sollte. Sie stammte aus einer sozialdemokratischen Familie, war Deutsche, keine Jüdin, die 1938 vor der Besetzung des Sudetenlandes einen jüdischen Pro-

---

[11] A.a.O., 126 ff.

fessor gegen Angriffe der Nazischüler verteidigte; bei uns nannte man die Gymnasiallehrer, wie in Österreich, Professoren. Auch wegen ihrer Tätigkeit in der sozialdemokratischen Partei wurde sie am 10. Oktober 1938 aus der Schule hinausgeworfen. Sie ging daraufhin nach Ostpreußen zum Arbeitsdienst und hat dort Feldpost sortiert; kam anschließend nach Neutitschein, wurde vom Arbeitsamt zu einer Firma Richter vermittelt und arbeitete dort in einer Gemüsegroßhandlung. Privat lernte sie Englisch, und einmal in der Woche kamen britische Kriegsgefangene, um in Begleitung eines Wehrmachtssoldaten Gemüse zu holen. Diesen Kriegsgefangenen schob sie BBC-Nachrichten und Zeichnungen über die militärische Lage zu. Dafür wurde sie 1955 in England geehrt. Sie gefiel mir gut, ich verliebte mich in sie, und sie versicherte mir, daß Deutschland nach dem, was passiert war, ausgezeichnete Chancen habe, eine Demokratie zu werden. Und wenn man verliebt ist, glaubt man noch leichter. Unsere Tochter wurde noch in Neutitschein geboren. Und als sie sieben Wochen alt war, sind wir mit einem Antifatransport, dem wir uns in Böhmen angeschlossen hatten, nach Deutschland gekommen. So kam ich am 7. November 1946 wieder in das Land, dessen Boden ich nie mehr betreten wollte.

Judenchristen

Zur doppelten Ausgrenzung einer Minderheit im NS-Staat

Wolfgang Benz

»In Anbetracht der Schwierigkeiten, welche für die in Deutschland wohnenden Juden durch die Polizeiverordnung vom 1. September d.J. eingetreten sind, werden im Auftrage unseres hochwürdigsten Herrn Bischofs die Katholiken ermahnt, besonders im Heiligtum der Kirchenräume die jedem Christen schuldige Rücksicht auch den Christen jüdischer Abstammung zu erweisen gemäß den Grundsätzen, die der Völkerapostel St. Paulus als Christenpflicht verkündet hat. Der hl. Paulus erklärt hinsichtlich der Stellung der Judenchristen in der kirchlichen Gemeinde im Briefe an die Römer 10, 11, 12: Ein jeder, der an Jesum glaubt, wird nicht zu Schanden werden. Denn es gibt keinen Unterschied zwischen Juden und Griechen; denn ein- und derselbe ist der Herr über alle, reich für alle, die ihn anrufen.«[1]

Die Mahnung zu christlicher Toleranz findet sich in einem Rundschreiben Kardinal Bertrams vom 17. September 1941, in dem er als Vorsitzender der Fuldaer Konferenz gegenüber den deutschen Bischöfen zur unmittelbar bevorstehenden Kennzeichnung der Juden lt. Polizeiverordnung vom 1. September 1941 Stellung nahm. Die Formulierungen waren für den Fall gedacht, daß es im gottesdienstlichen Alltag zu Störungen kommen sollte. Aber nur als ultima ratio – um demonstrative judenfeindliche Akte zu unterlaufen – sollten Sondergottesdienste für solche Gemeindemitglieder gehalten werden, die nach nationalsozialistischer Rassenideologie als Juden galten, aber der katholischen Kirche angehörten. Diese »Judenchristen« katholischer oder evangelischer Konfession waren seit den Nürnberger Gesetzen vom September 1935, ungeachtet ihrer durch die Taufe dokumentierten Abkehr vom Judentum, der zu Bürgern minderen Rechts diskriminierten jüdischen Minderheit zugeordnet, und zwar mit allen Konsequenzen. Den mit der Polizeiverordnung vom 1. September 1941 eingeführten Judenstern – ab 19. September waren alle Juden vom vollendeten sechsten Lebensjahr an verpflichtet, das handtellergroße Stigma auf der Oberkleidung aufgenäht zu tragen – mußten also auch die Judenchristen führen; sie waren genötigt, die entwürdigenden Embleme bei denjenigen jüdischen Gemeinden zu erwerben, die von den Behörden ausersehen waren, die Verteilung (und Bezahlung) zu organisieren.

Diese Kennzeichnung, eine der letzten Diskriminierungen auf dem Weg zur Vernichtung der Juden, führte den Judenchristen ihre unglückliche Situation dramatisch vor Augen, mußten sie doch jetzt auch im christlichen Gottesdienst, der vielen von ihnen Trost und Zuflucht war, Zurückwei-

---

[1] Rundschreiben Heydrichs vom 12.10.1941 an Dienststellen der Gestapo und Sicherheitspolizei, zitiert nach Konrad Kwiet, Nach dem Pogrom: Stufen der Ausgrenzung, in: Wolfgang Benz (Hg.), Die Juden in Deutschland 1933–1945. München 1993, 623f.

sung und Ghettoisierung befürchten. Für die Kirchen erwuchs aus dem Zwang zum Tragen des Judensterns die Herausforderung, Stellung zu beziehen und Partei für die bedrängten Gemeindeglieder jüdischer Herkunft zu ergreifen. Den konfliktmeidenden Ausweg, Sondergottesdienste für die Sternträger zu veranstalten, besondere Judenbänke in den Kirchen einzurichten oder den Judenchristen von der übrigen Gemeinde getrennt die Sakramente zu spenden, hatte Kardinal Bertram zurückgewiesen, und einem SD-Bericht vom November 1941 zufolge war auch der Wiener Erzbischof gegen die Zusammenfassung jüdischer Katholiken in judenchristlichen Gemeinden; überdies forderte er die Priester dazu auf, für die zur Deportation bestimmten katholischen Juden beten zu lassen. Konzessionen an die nationalsozialistische Rassenlehre, wie sie im besonderen Kirchendienst für Judenchristen zum Ausdruck kämen, verweigerte Kardinal Innitzer; er wies deshalb auch die Priester seiner Erzdiözese an, etwaigen Forderungen von Gläubigen nach Segregation der Judenchristen scharf entgegenzutreten, denn die Kirche dürfe keine Rassenunterschiede machen.[2]

Die evangelische Vikarin Staritz in Breslau, Mitglied der Bekennenden Kirche, wandte sich in einem Flugblatt, das auch überregional verbreitet wurde, im Herbst 1941 gegen die Kennzeichnung der (christlichen) Juden: »Es ist Christenpflicht, sie nicht etwa wegen der Kennzeichnung vom Gottesdienst auszuschließen. Sie haben das gleiche Heimatrecht in der Kirche wie die anderen Gemeindemitglieder und bedürfen des Trostes aus Gotteswort besonders. Für die Gemeinden besteht die Gefahr, daß sie sich durch nicht wirklich christliche Elemente irreführen lassen, daß sie die christliche Kirche durch unchristliches Verhalten gefährden. Es muß ihnen hier seelsorgerisch etwa durch Hinweis auf Lk 10, 25–37 (»Wer ist dein Nächster?«) und Mt 25,40 (»Was ihr einem von diesen meiner geringsten Brüder getan habt, das habt ihr mir getan!«) geholfen werden.«[3]

Die Breslauer Seelsorgerin wies auch Wege zur Realisierung der Christenpflicht, indem sie vorschlug, den Judenchristen durch vertrauenswürdige Gemeindemitglieder Plätze anweisen zu lassen oder gar besondere Plätze für die Sternträger vorzusehen, damit sie nicht von unchristlichen Elementen verdrängt würden. Um das Odium der Ghettoisierung zu vermeiden, sollten prominente Mitglieder wie z.B. Gemeindekirchenräte sich zu den »nichtarischen Christen« setzen, und eventuell könnten diese auch zum Gottesdienst abgeholt werden. Soviel christliche Fürsorge und Zuwendung ging der Schlesischen Landeskirche aber zu weit: sie distanzierte sich von dem Flugblatt. Ein Artikel der SS-Zeitung »Das schwarze Korps« attackierte die Vikarin Staritz, die daraufhin vorübergehend in KZ-Haft genommen wurde.[4]

---

[2] Heinz Boberach (Hg.), Meldungen aus dem Reich. Auswahl aus den geheimen Lageberichten des Sicherheitsdienstes der SS 1939–1944. Neuwied 1965, 197.
[3] Ebd., 195.
[4] Heinz Brunotte, Die Kirchenmitgliedschaft der nichtarischen Christen im Kirchenkampf, in: Zeitschrift für evangelisches Kirchenrecht 13 (1967/68), 140–174, zit. 165. Der Verfasser war Oberkonsistorialrat in der Kirchenkanzlei der Deutschen Evangelischen

Als der Judenstern 1941 eingeführt wurde, hatte die Diffamierung der »nichtarischen Christen« schon eine bis zum Beginn des NS-Regimes zurückreichende Tradition, was ihren existenzbedrohenden Charakter klar und deutlich erkennen läßt. Der Begriff »Judenchristen« ist unscharf und mehrdeutig. Im Gegensatz zu den Heidenchristen bezeichnete er in der frühen Kirche die bewußt auf dem Boden des Judentums stehenden Glieder der christlichen Gemeinde. Später waren konvertierte Juden gemeint, und seit Anfang des 19. Jahrhunderts bezog sich die Bezeichnung »Judenchristen« vor allem auf diejenigen, welche Objekte erfolgreicher christlicher Judenmission gewesen waren. Mit der nationalsozialistischen Definition von Staat und Volk, die im Zeichen der NS-Rassenideologie ab Frühjahr 1933 die Zugehörigkeit zur deutschen Nation ausschließlich von »rassischen« Kriterien abhängig machte, denen gegenüber jahrhundertelange Ansässigkeit sowie kulturelle und religiöse Assimilation nichts galten, wurde zusammen mit der Minderheit, die sich in religiöser Hinsicht zum Judentum bekannte, auch diejenige Bevölkerungsgruppe ehemaliger Juden ausgegrenzt, deren Mitglieder (oder Vorfahren) sich meist schon vor längerer Zeit vom Judentum ab- und einer der christlichen Kirchen zugewandt hatten. Die Grundsätze der völkischen Segregation wurden in den Nürnberger Gesetzen vom Herbst 1935 staatlicherseits auch formell kodifiziert.

Begonnen hatte die juristische Ausgrenzung im April 1933 mit dem Gesetz zur Wiederherstellung des Berufsbeamtentums; sie ging weit über den staatlichen öffentlichen Dienst hinaus, weil der »Arierparagraph«, welcher den Ausschluß jüdischer Beamter festlegte, auch von nichtstaatlichen Körperschaften, Institutionen und Vereinen übernommen wurde. Angesichts der stillschweigenden Übernahme nationalsozialistischer Sprachregelungen, Bezeichnungen und Begriffe, die den diskriminierten Personenkreis bald ganz allgemein zu »Nichtariern« machte, scheint das Plädoyer für den Ausdruck »Judenchristen« notwendig. Immerhin weist er auf die spezifischen Probleme der Gruppe hin und macht sich nicht die völkisch-rassistische Nomenklatur des Nationalsozialismus zu eigen.

Im Gegensatz zur großen Mehrheit der »Arier« und der immer noch verhältnismäßig großen Gruppe von Juden (im Jahre 1933 betrug ihre Zahl im Deutschen Reich rund 500 000) hatte die kleine Minderheit der »Judenchristen«, für die sich die Bezeichnung »Nicht-Arier« immer mehr einbürgerte, zunächst gar nicht das Bewußtsein einer besonderen Identität. Sie verstanden sich – ausschließlich – als Deutsche und Christen, maßen ihrer jüdischen Herkunft keine Bedeutung mehr bei, empfanden mit Juden keinerlei Gemeinsamkeit, und die Juden standen ihnen ihrerseits mit großer Distanz gegenüber.

Daß es aus nationalsozialistischer Perspektive keinen Unterschied zwischen der großen Minderheit der Juden und der kleinen Minderheit der Judenchristen gab, wurde der letzteren erst allmählich und unter Schmer-

---

Kirche und beschreibt die Ausgrenzung der Judenchristen auf amtliche Akten gestützt, jedoch mit einer leichten Tendenz zur Rechtfertigung.

zen bewußt. Die Identitätskrise des Berliner Gymnasiasten Wolf Zuelzer, der von seinem Vater beiläufig über seine jüdische Herkunft aufgeklärt wurde, war kein Einzelfall. Zuelzer verließ Deutschland im Herbst 1933 als 23jähriger Student und machte in den Vereinigten Staaten eine große Karriere als Mediziner. Er beschreibt die Situation als Fallstudie: »Ich selbst erfuhr erst im Alter von 14 oder 15 Jahren, daß meine Ahnen nicht unter Hermann dem Cherusker im Teutoburger Wald gefochten hatten. Der Anlaß war einer jener damals in Berlin beliebten jüdischen Witze, die von Juden selbst erfunden und in Umlauf gesetzt wurden, also eine Form der Selbstironisierung, von Uneingeweihten oft als antisemitisch mißverstanden. Ich lachte, woraufhin mein Vater mich beiseite nahm und mir meine Herkunft erklärte. Mein 1834 in Breslau geborener Großvater Wilhelm ... war Jude. Wie ich viele Jahrzehnte später erfuhr, war der Familienname ein geographischer; die jüdische Gemeinde von Zuelz galt als besonders fromm und schriftgelehrt. Wilhelm, ein bedeutender Arzt und Forscher, Privatdozent an der Universität Berlin, Titularprofessor, Herausgeber einer internationalen Fachzeitschrift und Begründer der deutschen Medizinalstatistik, lehnte Bismarcks Angebot, die Leitung des Reichsgesundheitsamtes zu übernehmen, einzig und allein deshalb ab, weil er sich nicht taufen lassen wollte. Mein Vater, Georg Ludwig, 1870 in Berlin geboren und in dem berühmten Französischen Gymnasium erzogen, hatte keine derartigen Skrupel; sein Gott war Aesculapius, nicht Jaweh, sein Ziel war ein Lehramt und die Leitung eines Forschungsinstituts – und dazu mußte man »Christ« sein. Er und sein später als Orthopäde in Potsdam tätiger Bruder traten nach dem Tode ihres Vaters (1893) zum Protestantismus über, und damit endete die jüdische Tradition der Familie. Meine zwei Geschwister und ich wurden in der Kaiser-Wilhelm-Gedächtniskirche von dem Oberhofprediger Kessler getauft, und ich wurde ebenda als Vierzehnjähriger von Pastor Conrad (einem Deutschnationalen mit Schmissen) konfirmiert. ... Mein Großvater mütterlicherseits, Hermann Wolff (1845–1902), war ebenfalls jüdischer Abkunft, wurde aber früh Agnostiker und heiratete eine österreichische Katholikin, die einzige »Arierin« in meinem Stammbaum. Ihre Kinder wuchsen als Lutheraner auf, eine seltsame Kompromißlösung. ... Das Gespräch mit meinem Vater über meine jüdischen Vorfahren löste eine Identitätskrise bei mir aus. Zuerst wollte ich es nicht wahrhaben, dann sagte ich mir: Wenn ich nun einmal Jude bin, dann will ich es auch sein. Aber das erwies sich als unmöglich; es fehlten so gut wie alle Voraussetzungen. Ich war in ein junges Mädchen orthodox jüdischer Herkunft verliebt und fastete ihr zuliebe am Yom Kippur – aber das war eine naive romantische Geste, die zu nichts führte.«[5]

Die theologische Debatte über den Status der Judenchristen[6] begann unmittelbar nach der Etablierung des nationalsozialistischen Regimes,

---

[5] Wolf Zuelzer, Keine Zukunft als »Nicht-Arier« im Dritten Reich, Erinnerungen eines Ausgewanderten, in: Walter H. Pehle (Hg.), Der Judenpogrom 1938. Von der Reichskristallnacht zum Völkermord. Frankfurt a. M. 1988, 148 f.

[6] Erstaunlicherweise wird die Bedeutung des Begriffs im hier relevanten Sinn im Artikel

teils aus der von christlicher Sorge getragenen Erkenntnis, daß »erstmalig der Judenchrist mit dem jüdischen Volk mitgetroffen« war[7], vor allem aber aus rassistisch begründetem Ausgrenzungsdrang, der den »Arierparagraphen« auch im kirchlichen Dienst und in der Gemeinde anwenden wollte. Dies war in erster Linie ein Problem innerhalb der evangelischen Kirche, deren Spaltung sich wegen des Postulats einer staatskonformen »Reichskirche« auf der einen und der Betonung des Primats von Bekenntnis und Verkündigung außerhalb staatlichen Reglements auf der anderen Seite abzeichnete.

Verfochten die »Deutschen Christen« als Anhänger einer gleichgeschalteten nationalen Reichskirche die Ausgrenzung auch der christlichen Juden in Sondergemeinden, so reduzierte sich das Problem in der Bekennenden Kirche auf die Frage des Arierparagraphen für Geistliche. Gerhard Jasper, Pastor in Bethel und entschiedener Gegner eines antisemitischen, staatsfrommen Christentums, stritt frühzeitig energisch für die völlige Gleichberechtigung der Judenchristen und gegen ihre Segregation: nicht um Volkstumsfragen könne es der Kirche gehen, sondern ausschließlich religiöse Kriterien seien maßgeblich, und deshalb lag der Schluß nahe: »Die Bejahung des heilsgeschichtlichen Verständnisses des jüdischen Volkes schließt damit die völlige Anerkennung des Judenchristen im Raum der Kirche ein und verbietet die Bildung besonderer judenchristlicher Gemeinden aus völkischen Gesichtspunkten heraus, die für die Kirche im Blick auf den Judenchristen nicht maßgebend sein dürfen. Daß der Judenchrist im Raum der Kirche nicht besonders gestellt wird, sondern daß im Gegensatz dazu in der höheren Ebene der Kirche die Unterschiede zwischen Judenchristen und Heidenchristen aufgehoben erscheinen, ist darum letztlich Anerkennung der Heilsgeschichte Gottes mit der Menschheit überhaupt.«[8]

Indem er Argumente der »Deutschen Christen« aufgriff, untersuchte Jasper neben der grundsätzlichen theologischen Klärung der Frage auch das kirchenrechtliche Problem der Anwendung des Arierparagraphen (in Analogie zu Bestimmungen des Gesetzes zur Wiederherstellung des Berufsbeamtentums vom 7. April 1933) auf Amtsträger der evangelischen Kirche. Eine gewisse Rechtfertigung äußerer Art für den Ausschluß läge vor, wenn man von einer »Verjudung der Kirche« sprechen könnte (ausgelöst etwa durch Massentaufen von Juden oder dadurch, daß »jüdischer Geist« in die Leitung der Kirchen eingezogen sei). Davon konnte jedoch keine Rede sein; nach einer Umfrage waren nämlich von 18 000 amtierenden deutschen Pfarrern lediglich 29 jüdischer Abstammung. Von diesen gehörten 17 der preußischen Landeskirche an; 11 von ihnen waren entweder Frontkämpfer, oder sie waren vor dem 1. August 1914 ordiniert worden, gehörten also zu demjenigen Personenkreis, für den die antijüdische Gesetzgebung vorerst nicht gelten sollte. Lediglich 6 Pfarrer waren vom

---

Judenchristentum der Theologischen Realenzyklopädie (Bd. XVII. Berlin / New York 1988, 310–325) gar nicht erwähnt.
[7] Gerhard Jasper, Die evangelische Kirche und die Judenchristen. Göttingen 1934, 18.
[8] Ebd., 24.

Arierparagraphen bedroht, den die Generalsynode am 6. September 1933 für die preußische Landeskirche einführte.[9]

Früh und unmißverständlich hatten auch der junge Privatdozent Dietrich Bonhoeffer und Pfarrer Martin Niemöller öffentlich erklärt, daß sie die Ausgrenzung der Judenchristen für bekenntniswidrig hielten.[10] Aber die kirchliche Praxis entsprach weithin nicht der theologisch korrekten Beweisführung des Bekenntnispfarrers Jasper und seiner gleichgesinnten Amtskollegen. Bald nach der Machtübernahme Hitlers sympathisierte die Mehrheit der evangelischen Christen mit den »Deutschen Christen« (bei den Kirchenwahlen am 23. Juli 1933 errangen diese 70% der Stimmen und übernahmen dann in den meisten Landeskirchen die Führung). Zu den Folgen der Einführung des Arierparagraphen in der preußischen Landeskirche gehörte die Gründung des Pfarrernotbundes durch Martin Niemöller und dessen Protest gegen die Diskriminierung der Amtsträger jüdischer Herkunft auf der Wittenberger Nationalsynode im September 1933. Zur allgemeinen Überraschung wurde der Arierparagraph, dessen Einführung man von der Nationalsynode erwartet hatte, dann doch nicht reichsweites Kirchengesetz.

Im Vorfeld der Nationalsynode hatten Abgeordnete des Kurhessischen Kirchentags bei den theologischen Fakultäten von Marburg und Erlangen Gutachten über die Rechtmäßigkeit der Einführung des Arierparagraphen erbeten. Marburg reagierte umgehend, sprach sich am 19. September 1933 ohne Wenn und Aber für die Gleichberechtigung der Judenchristen aus und erklärte den Ausschluß von Vertretern dieses Personenkreises vom kirchlichen Leben für rechtswidrig. Erlangen reagierte am 25. September im Sinne der Anpassung an die staatlichen Vorgaben pragmatischer: Die »volle Gliedschaft in der Deutschen Evangelischen Kirche« sei unbestritten, aber man müsse von den Judenchristen Zurückhaltung von kirchlichen Ämtern fordern.[11]

Über das Schicksal von Paul Mendelson, des Pfarrers der Dankeskirchengemeinde in Berlin-Wedding seit 1927, war zu diesem Zeitpunkt allerdings bereits entschieden. Mendelsons Vater war auch schon evangelischer Geistlicher gewesen, und dessen Vater hatte sich 1839 taufen lassen; nach der NS-Terminologie war Paul Mendelson wegen des Großvaters »Vierteljude« oder »Mischling zweiten Grades«. Ein Dienstkollege an derselben Gemeinde und Anhänger der »Deutschen Christen« forderte

---

[9] Ebd., 22. Zur Zahl der evangelischen Theologen »nichtarischer Herkunft« vgl. auch Eberhard Röhm / Jörg Thierfelder, Juden – Christen – Deutsche, Bd. 1: 1933–1935. Stuttgart 1990, 199. Dort sind dieselben damals bekannten Zahlen und deren Quelle genannt; es wird aber auch festgestellt, daß nach neueren Forschungen etwa 100 Personen betroffen waren.

[10] Dietrich Bonhoeffer, Die Kirche vor der Judenfrage (April 1933), in: Gesammelte Schriften, Bd. 2 (1959), 44–53; Martin Niemöller, Sätze zur Arierfrage in der Kirche (November 1933), in: Eberhard Röhm / Jörg Thierfelder, Juden – Christen – Deutsche, Bd. 1: 1933–1935. Stuttgart 1990, 388–390.

[11] Vgl. Röhm / Thierfelder, Bd. 1, 210f.; Wortlaut des Marburger Gutachtens in: Georg Denzler / Volker Fabricius, Die Kirchen im Dritten Reich. Christen und Nazis Hand in Hand? Frankfurt a.M. 1984, Bd. 2, 77–83.

die Entlassung Mendelsons, der wegen seiner jüdischen Herkunft politisch seit langem angefeindet wurde, als Seelsorger aber beliebt und angesehen war. Die preußische Kirchenleitung entschied im Juli, daß Pfarrer Mendelson, allerdings auch sein Kontrahent, den Dienst einstellen mußte und zum 1. Oktober 1933 pensioniert wurde. Mendelson war 60 Jahre alt und wäre auch vom »Arierparagraphen« (der zum Zeitpunkt der Entscheidung über seine Pensionierung noch gar nicht eingeführt war) nicht betroffen gewesen, denn er gehörte zu demjenigen Personenkreis, der schon vor dem 1. August 1914 im Amt und damit ausdrücklich privilegiert war – wenigstens auf seiten des Staates. Auch Paul Mendelsons jüngerer Bruder Ernst wurde 1936 als Pfarrer zwangspensioniert. Er suchte den Ausweg aus der Stigmatisierung im Freitod; seine Angehörigen nahmen neue Namen an.[12]

Im Jahre 1933 gab es im Deutschen Reich etwa 20 000 evangelische und rund 6 000 katholische Christen jüdischer Herkunft (die drei oder vier jüdische Großeltern hatten und damit nach NS-Jurisdiktion »Volljuden« waren). Unter den »Mischlingen ersten Grades« (zwei jüdische Großeltern: »Halbjuden«) bekannten sich 45 000 zum evangelischen und 13 000 zum katholischen Glauben, bei den »Mischlingen zweiten Grades« (»Vierteljuden«) schätzte man die Zahl der Protestanten auf 25 000 und die der Katholiken auf 7 000. Rechnet man die Zahlen der mit Abstufungen Diskriminierten zusammen, so waren es mindestens 90 000 evangelische Christen und 26 000 Katholiken, die von der Rassengesetzgebung des NS-Staats mitbetroffen waren, obwohl sie sich keineswegs zum Judentum zählten. Zeitgenössische Schätzungen, aber auch spätere Berechnungen gehen von höheren Zahlen aus.[13] Berücksichtigen muß man auch die »jüdisch Versippten«, vor allem die »arischen« Partner in »Mischehen«, die nicht nur in sozialer Ausgrenzung, sondern auch in steter Angst um das Schicksal von Familienmitgliedern lebten, wenn sie nicht dem Druck nachgaben und sich von ihrem jüdischen Ehegatten trennten.

In Grenzfällen definierten die Nationalsozialisten die Zugehörigkeit zum Judentum mit religiösen Kriterien, indem sie die Pseudorationalität ihrer Rassentheorie einfach ignorierten. In der »privilegierten Mischehe« war der jüdische Partner dann geschützt (und sogar von der Kennzeichnungspflicht befreit), wenn die Kinder einer christlichen Konfession angehörten. Mit der Scheidung oder dem Tod des nicht-jüdischen Partners erloschen die Privilegien für die jüdischen Partner, und die Betroffenen waren wieder Juden. »Mischehen«, deren Abkömmlinge zur jüdischen Religionsgemeinschaft gehörten, waren nicht privilegiert; der jüdische

---

[12] Röhm / Thierfelder, Juden – Christen – Deutsche, 234–239.
[13] Ebd., 262. In der Jüdischen Rundschau vom 25.7.1933 war von insgesamt 160 710 »Nichtariern« (unter Einbeziehung der »Achteljuden«) die Rede. In einem weiteren Artikel vom 8.8.1933 wurde die Zahl 217 000 genannt. Nationalsozialistische Quellen geben – auf Vermutungsbasis – höhere Zahlen an; auf eine halbe Million geschätzt wird die Zahl aber auch bei Werner Cohn, Bearers of a Common Fate? The »Non-Aryan« Christian »Fate-Comrades« of the Paulus-Bund, 1933–1939, in: Yearbook Leo Baeck Institute 33 (1988), 327–366, zit. 330.

Partner unterlag allen Diskriminierungen, und die Abkömmlinge waren in nationalsozialistischer Terminologie »Geltungsjuden« – mit allen juristischen Konsequenzen.

Außer den Juden war also ein gar nicht kleiner Personenkreis von der judenfeindlichen Politik des NS-Staats betroffen, und es ist von Interesse, wie sich die christlichen Kirchen gegenüber diesen Menschen, ihren bedrängten und verfolgten Mitgliedern, verhielten. Dieses Problem erwuchs erstens aus dem politischen und theologischen Gegensatz zwischen »Deutschen Christen« und der Bekennenden Kirche in den einzelnen Landeskirchen und Gemeinden, zweitens aus dem staatlichen Druck und drittens aus der Tatsache, daß der Widerstand gegen den NS-Staat insgesamt allmählich nachließ; gelöst wurde es durch die offizielle Preisgabe der Christen, die vom Staat als Juden definiert und damit diskriminiert waren. Diese Preisgabe ging schrittweise vor sich, die Stationen entsprachen den fortschreitenden Pressionen durch staatliches Handeln: Berufsbeamtengesetz 1933, Nürnberger Gesetze 1935, Novemberpogrom 1938, Judensternverordnung 1941, um nur die wichtigsten Wegmarken zu nennen. Fürsorge, die in einzelnen Fällen, durch einzelne Gemeinden oder in organisierter Form unter dem Dach der Kirche denjenigen Christen gegenüber geübt wurde, die zu Juden gestempelt worden waren, ändert das Bild ebensowenig wie der Protest, der aus einzelnen Gemeinden von einzelnen Geistlichen gegen die amtskirchliche Haltung und das staatliche Vorgehen erhoben wurde. Ein Beispiel für die Betreuung der Ausgegrenzten bot die Hamburger Jerusalem-Kirche (sie gehörte zur judenmissionierenden Presbyterianischen Kirche von Irland); dort wurden unter Leitung zweier judenchristlicher Pastoren regelmäßige Teenachmittage für die »nicht-arischen Christen« veranstaltet, »um sie in ihrer Verlassenheit zu trösten«.[14]

Die Evangelische Kirche kapitulierte im Dezember 1941 endgültig. Die von »Deutschen Christen« geführten Landeskirchen von Thüringen, Sachsen, Hessen-Nassau, Schleswig-Holstein, Anhalt und Lübeck hatten durch eine gemeinsame »Bekanntmachung über die kirchliche Stellung der Evangelischen Juden« am 17. Dezember 1941 erklärt, daß »jegliche Gemeinschaft mit Judenchristen aufgehoben« sei. Und die Kirchenkanzlei der Deutschen Evangelischen Kirche schloß die Debatte in einem Rundschreiben an die Landeskirchen vom 22. Dezember 1941 kirchenbürokratisch ab. Darin hieß es, der »Durchbruch des rassischen Bewußtseins in unserem Volk« habe die Ausscheidung der Juden »aus der Gemeinschaft mit uns Deutschen« bewirkt. An dieser unbestreitbaren Tatsache könne die Kirche nicht vorbeigehen, und daher seien die Kirchenbehörden gebeten, »geeignete Vorkehrungen zu treffen, daß die getauften Nicht-Arier dem kirchlichen Leben der Deutschen Gemeinde fernbleiben. Die getauften Nicht-Arier werden selbst Mittel und Wege suchen müssen, sich Ein-

---

[14] Werner Steinberg, Das zugewandte Antlitz, in: Arnulf H. Baumann (Hg.), Ausgegrenzt. Schicksalswege »nichtarischer« Christen in der Hitlerzeit. Hannover 1992, 87–155, zit.111.

richtungen zu schaffen, die ihrer gesonderten gottesdienstlichen und seelsorgerlichen Betreuung dienen können«.[15]

Auf katholischer Seite hatte sich seit April 1934 das Caritas-Notwerk engagiert, und zwar zunächst für ehemalige Politiker und Funktionäre der Zentrumspartei, zunehmend und dann fast ausschließlich auch für »nichtarische Katholiken«. Die Bemühungen unter der Geschäftsführung von Heinrich Krone (dem ehemaligen Vorsitzenden der deutschen Windthorstbünde und späteren CDU-Politiker in der Bundesrepublik) dienten vor allem dazu, die Auswanderung zu fördern. Im Mai 1938 wurde die Betreuung der »Nicht-Arier« aus vereinsrechtlichen und steuerlichen Gründen eingestellt. Parallel zum Caritas-Notwerk war bis zu seiner Auflösung im Juni 1941 der St. Raphaels-Verein (der seit 1871 katholische Auswanderer beriet und betreute) als Hilfsorganisation z.B. bei der Beschaffung von Ausreisedokumenten tätig.

Im Herbst 1938 wurde das »Hilfswerk beim Bischöflichen Ordinariat Berlin« gegründet, das die Arbeit des Caritas-Notwerkes fortführte. Das Hilfswerk stand unter der Leitung von Dompropst Bernhard Lichtenberg bis zu dessen Verhaftung; er engagierte sich längst für Juden – nicht nur für die »katholischen Nichtarier«; anschließend war das Hilfswerk dann dem Bischof persönlich unterstellt und kümmerte sich um die etwa 4000 »katholischen Nichtarier« und deren Angehörige in Berlin. Ähnliche Einrichtungen gab es in Breslau und Oppeln, Köln, Frankfurt a.M. und München. Das Berliner Hilfswerk unterstützte vor allem Auswanderer; dazu gehörten auch die Organisation von Kindertransporten und die gescheiterte Brasilienaktion, welche durch eine vom Vatikan erwirkte Sonder-Einwanderungsquote für 3000 Katholiken aus Deutschland ermöglicht werden sollte. Die im Sommer 1941 bewilligten Visa konnten jedoch im Herbst 1941 wegen des deutschen Auswanderungsverbots nicht mehr genutzt werden.

Margarete Sommer, die Geschäftsführerin des Hilfswerks, berichtete im Februar 1942 zu Händen des Kardinals Bertram über die Deportationen aus Deutschland, die seit Ende 1941 stattfanden; im August 1943 übergab sie ihm, dem Vorsitzenden der Deutschen Bischofskonferenz, zwei Entwürfe zu Protesten des Episkopats gegen die Judenpolitik der Reichsregierung. Die Memoranden waren in engem Einvernehmen mit dem Berliner Bischof Konrad Graf Preysing entstanden. Das erste machte die Unauflöslichkeit der Ehe zum Thema, um Verhaftungen und Deportationen von Partnern aus »Mischehen« zu verurteilen. Der zweite Entwurf forderte Auskunft über den Verbleib der aus Deutschland Deportierten, die Möglichkeit zur Seelsorge für die »katholischen Nichtarier«, die Bekanntgabe der Lager und Ghettos und deren Besuch durch eine Kommission. Das Schriftstück ließ an Entschiedenheit nichts zu wünschen übrig: »Mit tiefstem Schmerz – ja mit heiliger Entrüstung – haben wir deutschen Bischöfe Kenntnis erhalten von den in ihrer Form allen Menschenrechten Hohn sprechenden Evakuierungen der Nichtarier. Es ist unsere heilige

---

[15] Heinz Brunotte, Die Kirchenmitgliedschaft, 166 f.

Pflicht, für die schon durch Naturrecht verliehenen unveräußerlichen Rechte aller Menschen einzutreten.«[16]

Der greise und unentschlossene Breslauer Kardinal Bertram[17] konnte sich freilich nicht dazu durchringen, die beiden Entwürfe in einen öffentlichen Protest der deutschen Bischöfe umzusetzen, obwohl es im Sommer und Herbst 1943 an Informationen über das Schicksal der Juden im Osten nicht mangelte und der Osnabrücker Bischof Berning im November noch einmal intervenierte. Der Protest der deutschen Bischöfe unterblieb: aus Skrupeln über Kompetenz und Legitimation zu einem solchen Schritt, aus Zweifeln über die Stichhaltigkeit der angeführten Argumente, aus Skepsis gegenüber den vorliegenden Informationen oder aus politischen Erwägungen? Im April 1944 verbat sich der Breslauer Kardinal jedenfalls weitere Besuche der Geschäftsführerin des Berliner Hilfswerks mit Berichten und Petitionen über das Unrecht an »Mischlingen und Nicht-Arier-Familien«.[18]

Selbsthilfeeinrichtungen, wie sie sich die Christen jüdischer Herkunft nach der evangelisch-amtskirchlichen Bekanntmachung vom Dezember 1941 zu ihrer gottesdienstlichen und seelsorgerlichen Betreuung schaffen sollten, existierten längst, aber sie konnten die Lücke nicht schließen, welche durch den Rückzug der Kirchen entstand. Im Sommer 1933 war auf Initiative des Berliner Schauspielers Gustav Friedrich der »Reichsverband christlich-deutscher Staatsbürger nichtarischer oder nicht rein arischer Abstammung« gegründet worden. Die Interessenvertretung gab sich betont national-konservativ, was durchaus der mehrheitlichen Gesinnung des angesprochenen Personenkreises entsprach, und sie geriet von Anfang an sowohl unter die Kontrolle der Geheimen Staatspolizei als auch unter die Aufsicht des Propagandaministeriums. Das wurde ebenso hingenommen wie die Verpflichtung, verbandsintern statt demokratischer Selbstbestimmung das »Führerprinzip« zu etablieren, bestand der Zweck des Verbandes doch in hohem Maße darin, Staatsloyalität zu demonstrieren und sich dadurch als vollgültige Bürger zu bewähren. Die Abwehr alles »Undeutschen« – und damit propagierte man zugleich Distanz zum Judentum – wurde wie das Bekenntnis zur deutschen Nation eine Manie; die Hoff-

---

[16] Wolfgang Knauft, Unter Einsatz des Lebens. Das Hilfswerk beim Bischöflichen Ordinariat Berlin für Katholische »Nichtarier« 1938–1945. Berlin (W) 1988, 47.
[17] Vgl. Manfred Wittwer, Adolf Kardinal Bertrams Hilfestellung für verfolgte Nichtarier im Erzbistum Breslau 1938- 1945, in: Bernhard Stasiewski (Hg.), Adolf Kardinal Bertram. Sein Leben und Wirken auf dem Hintergrund der Geschichte seiner Zeit. Köln, Weimar, Wien 1992, 199–211. Bemüht, vom persönlichen Engagement des Kirchenfürsten für Hilfsbedürftige ein positives Bild zu zeichnen, hinsichtlich der Begrifflichkeit und Terminologie erstaunlich unreflektiert und weit hinter dem Stand der historischen Forschung bietet der Verfasser im wesentlichen eine Beschreibung der caritativen Tätigkeit der ehemaligen Polizeifürsorgerin Gabriele Gräfin Magnis in Schlesien.
[18] Ebd., 51. Kirchenrechtlich war die Ablehnung der Besuche durchaus begründet, weil Frau Sommer sich auf das Einvernehmen mit dem Berliner Bischof Graf Preysing berief. Bertram klagte: »Soll ich alle heißen Kohlen aus dem Feuer holen, dann darf ich bitten, die beteiligten Oberhirten wollen mit voller Unterschrift den Bericht als geprüft und richtig bezeichnen, so daß ich mich nötigenfalls auf den berichtenden Oberhirten amtlich berufen kann.«

nung auf Anerkennung als gleichberechtigt und auf Eingliederung in den »nationalen Aufbruch« war für die Mitgliedschaft das wichtigste Motiv. Ab Februar 1934 stand der Historiker Richard Wolff an der Spitze der Organisation, die sich seit Herbst 1934 als »Reichsverband der nichtarischen Christen« betätigte. Finanziert wurde die Interessenvertretung weniger durch die Beiträge der Mitte 1935 etwa 3700 Mitglieder als durch Spenden, und ihre Aktivitäten reichten von kulturellen Veranstaltungen über Stellenvermittlung bis hin zur Rechtsberatung und schließlich – was der Vereinsidee im Grunde widersprach – zur Auswanderungsberatung.

Die politische Entwicklung ließ für die Illusion der Integration immer weniger Raum, und mit den »Nürnberger Gesetzen« war auch für die christlichen »Nichtarier« der Weg ins Ghetto vorherbestimmt. Zur gleichen Zeit, im September 1935, erfolgte wieder ein Wechsel an der Spitze. Neuer Vorsitzender wurde der Schriftsteller Heinrich Spiero, ein nationalkonservativer Ostpreuße, der 1894 vom Judentum zur evangelischen Konfession konvertiert war. Ein Jahr später wurde auf Druck des Propagandaministeriums der Verband in »Paulusbund – Vereinigung nichtarischer Christen e.V.« umbenannt, aber trotz aller Aktivitäten verlor er weiter an Boden. Der unterschiedliche Status von »Volljuden« und »Mischlingen« drohte den Verein von innen her zu sprengen; die Behörden verfolgten mit ihren Pressionen andere Ziele als die Vereinigung, bei aller Anpassungsbereitschaft. Ende 1936 zeichnete sich die erzwungene Segregation von »Staatsbürgern« im Sinne der Nürnberger Gesetze (»Juden«) und Inhabern eines »vorläufigen Reichsbürgerrechts« (den »Mischlingen«) ab, und im Februar 1937 wurde der Ausschluß der »Vollnichtarier« aus dem Paulusbund befohlen. Reichskulturwalter Hinkel, der Zuständige im Propagandaministerium, drängte auch auf einen neuen Namen. Der Verband verlor durch diese Anordnung die Hälfte seiner Mitglieder und wurde unter der farblosen Bezeichnung »Vereinigung 1937« eine Organisation von »Mischlingen«, die ihrem Selbstverständnis nach immer noch den Status vollwertiger deutscher Reichsbürger anstrebten, während die Behörden sie zum Judentum abzudrängen versuchten. Ab Herbst 1938 verstärkte sich diese Tendenz, und wenig später waren nach Pressionen (Verbot von Veranstaltungen, erzwungene Satzungsänderung) nur noch kulturelle Aktivitäten möglich. Am 10. August 1939 löste eine Anordnung der Gestapo die Vereinigung mit sofortiger Wirkung auf.[19]

Die 1937 ausgeschlosssenen »Volljuden« wurden bis Juli 1939 vom früheren Vorsitzenden des Paulusbundes durch das »Büro Heinrich Spiero« betreut; dann kümmerte sich der Berliner Pastor Heinrich Grüber im Auftrag der Evangelischen Kirche um die rasseverfolgten Christen, bis auch diese zentrale Hilfsstelle, die seit Dezember 1938 unter dem Namen »Büro Pfarrer Grüber« bekannt war, nach dessen Verhaftung Ende 1940 verboten wurde.

---

[19] Vgl. die gründliche Darstellung von Aleksandar-Saša Vuletić, »Plötzlich waren wir keine Deutschen und keine Christen mehr...« Der »Reichsverband der nichtarischen Christen« und die »Vereinigung 1937«. Organisierte Selbsthilfe von »nichtarischen« Christen und »Mischlingen« im »Dritten Reich«. Phil. Diss. Darmstadt 1994.

In der Kritik am Verhalten der Kirche gegenüber dem Schicksal der Juden[20] bildet die im Stich gelassene Minderheit der Judenchristen, also eigener Mitglieder der Kirche, nur eine kaum beachtete Marginalie. Die zweifach ausgegrenzte Minderheit, deren Angehörige vor allem im zweifelhaften Schutz der »Mischehen« oder wegen des noch ungeklärten Status als »Mischlinge« den Völkermord überlebten, stellte christliche Solidarität der Amtskirchen beider Konfessionen auf eine ernste Probe. Und beim christlichen Versagen angesichts der jüdischen Katastrophe ist nicht zu ermessen, welchen Anteil daran tradierte antijudaistische (religiöse) Vorbehalte, welchen (rassistische) antisemitische Ressentiments, welchen der Kleinmut der Kirchenführer, welchen die Abneigung vor politischer Verstrickung hatten. Im Herbst 1938 schrieb der »jüdisch versippte« Schriftsteller Jochen Klepper, gläubiger Christ, frommer Protestant und Dichter von Kirchenliedern, in sein Tagebuch: »Was an den Juden geschieht, ist eine schwere, schwere Glaubensprüfung – für die Christen.«[21] Vier Jahre später schied er mit seiner inzwischen zum Christentum übergetretenen Frau und seiner jüdischen Stieftochter freiwillig aus dem Leben.[22]

---

[20] Bernd Nellessen, Die schweigende Kirche. Katholiken und Judenverfolgung, in: Ursula Büttner (Hg.), Die Deutschen und die Judenverfolgung im Dritten Reich. Hamburg 1992, 259–271; Martin Greschat, Die Haltung der deutschen evangelischen Kirchen zur Verfolgung der Juden im Dritten Reich, ebd., 273–292.
[21] Jochen Klepper, Unter dem Schatten deiner Flügel. Aus den Tagebüchern 1932–1942. München 1976, 660 (4.Okt.1938).
[22] Vgl. Ursula Büttner, »Wohl dem, der auf die Seite der Leidenden gehört«. Der Untergang des Dichters Jochen Klepper mit seinen Angehörigen als Beispiel für die Verfolgung jüdisch-christlicher Familien im »Dritten Reich«, in: Joachim Mehlhausen (Hg.), ... und über Barmen hinaus. Studien zur kirchlichen Zeitgeschichte. Göttingen 1995, 342–364.

Juden im Widerstand gegen die Shoah

Susanne Urban-Fahr

»Unsere Zukunft war vage ... Gab es noch etwas,
was wir tun konnten, was wir nicht getan hatten?«
(Zivia Lubetkin, In the days of destruction and revolt,
Beit Lochamei Haghettaot, 1981, S. 256)

Die Historiographie des jüdischen Widerstandes

Seit Jahrzehnten befassen sich Wissenschaftler der verschiedensten Disziplinen, Zeitzeugen und auch Schriftsteller mit der Shoah.[1] Bereits während des Zweiten Weltkrieges wurden im außereuropäischen Ausland Augenzeugenberichte von Juden und erste Forschungen über den Nationalsozialismus und den Mord an den europäischen Juden veröffentlicht.[2] Mittlerweile ist die Literatur zur Shoah nahezu unüberschaubar geworden, es scheinen alle denkbaren Kern- und Grenzbereiche erforscht und dokumentiert zu sein. Es gibt aber immer wieder neue Bücher, an denen sich hitzige interdisziplinäre Diskurse entzünden.[3]

Das Verhalten der Juden zu Zeiten der »Endlösung« hingegen wurde lange Zeit primär unter der eindimensionalen Perspektive der Betrachtung passiver Opfer thematisiert. In den 80er Jahren kam die Diskussion um das Verhalten der Judenräte in den Ghettos hinzu.[4] Der jüdische Widerstand jedoch blieb in europäischen Fachkreisen lange Zeit unbeachtet, obgleich in den USA und Israel seit Ende der 40er Jahre namhafte Historiker kontinuierlich auf diesem Gebiet forschen und publizierten.[5] Im historischen Bewußtsein war als spezifisch jüdischer Widerstand lange Zeit lediglich der Aufstand im Warschauer Ghetto 1943 präsent. Zugleich wurde er als singulärer Akt jüdischen Widerstandes während der Shoah verstanden.

---

[1] Der Begriff »Holocaust« stammt aus dem Griechischen und bezeichnet ein durch Feuer vollständig verbranntes Opfer. Heute wird »Holocaust«, von amerikanisch-protestantischen Theologen eingeführt, allgemein als Synonym für den Massenmord an den europäischen Juden verwendet. Es ist insofern ein problematischer Terminus, weil hier von einem »Ganzopfer« die Rede ist. Rund ein Drittel der damaligen jüdischen Weltbevölkerung wurde ermordet, doch trotzdem lebten auch in Europa noch Juden nach Ende des Krieges. »Shoah« hingegen stammt aus dem Hebräischen und bedeutet »Vernichtung« beziehungsweise »Zerstörung« und ist nicht nur in der israelischen Forschung der üblichere Begriff.

[2] Vgl. z.B.: Jacob Apenszlak (Hg.), The Black Book of Polish Jewry. New York 1943; Franz Neumann, Behemoth. Struktur und Praxis des Nationalsozialismus 1933–1944. New York ¹1944.

[3] Man denke an den Historikerstreit Anfang der 80er Jahre, die Diskussion um die Verstrickung der Wehrmacht in den Mord an den Juden oder die Diskussion um das Buch von Daniel Jonah Goldhagen, Hitler´s willing executioners. New York 1996.

[4] Vgl. Doron Kiesel et al. (Hg.), »Wer zum Leben, wer zum Tod ...«. Strategien jüdischen Überlebens im Ghetto. Frankfurt am Main 1992; »Unser einziger Weg ist Arbeit«. Das Ghetto in Lodz 1940–1944. Frankfurt am Main (Jüdisches Museum) 1990.

[5] Vgl. Literaturverzeichnis im Anhang.

In Ost- wie in Westeuropa negierte das öffentliche Bewußtsein nicht nur aus Unkenntnis, sondern auch aus politisch-ideologischen Gründen den jüdischen Widerstand, obwohl der jeweilige nationale Widerstand gegen den Nationalsozialismus und bzw. oder die Okkupanten nach 1945 für die Konstruktion der länderspezifischen Nachkriegsidentitäten wesentlich waren. In Osteuropa einschließlich der DDR subsumierte die marxistisch-leninistische Historiographie den Widerstand der Juden unter den nationalen Widerstand und nahm ihm somit seine historische Relevanz und den Juden einen Teil ihrer Geschichte. Zudem blieb der zionistische Widerstand wegen der strikten Ablehnung eines spezifisch jüdischen Bewußtseins gänzlich unberücksichtigt.

In Westeuropa wurde der jüdische Widerstand bis in die 70er Jahre hinein zum einen deswegen nicht in die Erinnerungspolitik aufgenommen, weil viele der Juden als Kommunisten Widerstand geleistet hatten und dies nicht in den politischen Konsens z.B. der bundesdeutschen Gesellschaft hineinpaßte; zum anderen wären über die Anerkennung des jüdischen Widerstandes die Unzulänglichkeiten des nationalen Widerstandes und der Antisemitismus des jeweiligen Landes offenbar geworden. In den Niederlanden, Belgien oder Frankreich ist jedoch seit den 70er Jahren eine breit angelegte Auseinandersetzung und parallel dazu eine öffentliche Anerkennung des jüdischen Widerstands festzustellen. In der Bundesrepublik begannen die Rezeption und die Veröffentlichung der jüdischen Quellen des Widerstandes erst Anfang der 90er Jahre. Bis dahin herrschte die einseitige Perspektive auf die ermordeten Juden als passive Opfer vor.

Der Widerstand

Es gab ein breites Spektrum jüdischer Verhaltensweisen während der Shoah, das sich zwischen den dichotomen Extremen Passivität und Widerstand erstreckte und unzählige Handlungsvarianten umfaßte.

»*Jeder dem Vernichtungsprogramm der Nationalsozialisten zuwiderlaufende Akt kann als Widerstand angesehen werden...*« Aber: »*Der organisierte bewaffnete Widerstand bildete den Kern der Opposition.*«[6]

Als Widerstand kann daher vieles gelten: z.B. die schriftliche Fixierung der Geschehnisse durch Zeitgenossen mit dem impliziten Wunsch, dem befürchteten Vergessen entgegenzuwirken und der Nachwelt über Leben, Tod und Widerstand der Juden zu berichten; oder auch individuelle Aktionen spontanen Widerstands, die als eine Reaktion auf momentane Situationen hervorgerufen wurden. Der organisierte jüdische Widerstand hingegen ist in drei große Bereiche zu unterteilen:
– der bewaffnete Kampf,
– der logistische Kampf (Herstellung falscher Papiere und Untergrundzeitungen, Beschaffung von Waffen usw.),

---

[6] Zitiert aus: Shmuel Krakowski, Jüdischer Widerstand, in: Enzyklopädie des Holocaust, hg. von Eberhard Jäckel et al. Berlin 1993, Band 3, 1584.

– Rettung von Menschen (z.B. die Kinderrettungsaktionen in Frankreich, Belgien und den Niederlanden, die Einrichtung von Familiencamps in den osteuropäischen Wäldern).

Der Widerstand in West- und Osteuropa

»*Though Jewish Resistance to Nazism shared some similarities with non-Jewish Resistance effort, it was, in many more respects, fundamentally different ... The non-Jewish groups were fighting to regain political freedom; the Jews were engaged in a hopeless struggle against total annihilation.*«[7]

Im Deutschen Reich gab es wenig jüdischen Widerstand; das bekannteste Beispiel ist die kommunistische Gruppe um Herbert Baum in Berlin. Viele der potentiellen Widerstandskämpfer waren als politisch Aktive bereits in den ersten Jahren in Konzentrationslager verschleppt worden oder aber ausgewandert. Außerdem fehlten grundlegende Möglichkeiten zur Organisation; die jüdischen Institutionen z.B. konnten dem Widerstand im Gegensatz zu anderen Ländern Europas aufgrund ihrer inneren Struktur und der nationalsozialistischen Überwachung keine Stütze sein.[8]

In Westeuropa waren Juden sowohl in gemischt jüdisch-nichtjüdischen Verbänden als auch in rein jüdischen Kampfgruppen tätig.[9] Viele Juden gelangten auch über den nationalen Widerstand in einen spezifisch jüdischen Kampf, der aufgrund der existentiellen Bedrohung über die rein politische Komponente hinauswuchs. Zionistische Gruppen waren weitaus weniger vertreten als in Osteuropa, weil die Juden besser in die nationalen Gesellschaften integriert waren. Adäquaten Widerstand gab es in Italien und Teilen Südosteuropas, wo die Unterstützung durch und die Einbindung in den nationalen Widerstand ebenfalls in breiterem Maße vorhanden war als im Deutschen Reich oder auch in Osteuropa. Durch diese Zusammenarbeit waren Juden außerdem geschützter, als wenn sie allein auf sich gestellt kämpften.

In Polen und dem Baltikum war die Einbindung in den nationalen Widerstand wegen des vehementen Antisemitismus der nichtjüdischen Umgebung vielerorts nahezu unmöglich, weshalb sich in den meisten Ghettos und deren unmittelbarer Umgebung ein völlig auf sich gestellter jüdischer Widerstand organisierte. In Warschau unterstützten die kommunistisch orientierte Armia Ludowa (AL) und die Polnische Arbeiterpartei den Ghettoaufstand[10] – eine nahezu einmalige Angelegenheit.

---

[7] Zitiert aus: Philip Friedman, Jewish Resistance to Nazis, in: ders., Roads of extinction. Essays on the Holocaust. New York and Philadelphia 1980, 391.
[8] Ebd.
[9] Vgl. zu Westeuropa: Maxime Steinberg, Extermination. Sauvetage et Résistance des Juifs de Belgique. Brüssel o.J; David Diamant, Les Juifs dans la Résistance Française 1940–1944. Paris 1971; Lucien Lazare, La Résistance juive en France. Paris 1988; Ben Braber, Joden in verzet en illegaliteit 1940–1945. Amsterdam 1990.
[10] Vgl. zu Osteuropa: Reuben Ainsztein, Jewish Resistance in Nazi-Occupied Eastern Europe. London 1974; Shmuel Krakowski, The War of the Doome. New York und Lon-

Im Gegensatz zu Westeuropa hatte sich in Osteuropa aufgrund des Druckes von außen bereits vor der Shoah gerade in der jungen Generation ein starkes jüdisches Bewußtsein herausgebildet, das bei der Entscheidung, Widerstand zu leisten, nicht unerheblich war.

In der Sowjetunion hingegen gab es andere Voraussetzungen. Viele Juden schlossen sich den Partisanenverbänden an, die der Roten Armee unterstanden. Die Entscheidung war zumeist rein pragmatisch: sie wußten, daß sie alleine nicht überleben konnten, ihnen vielerorts Verrat und damit der Tod drohten, während die Partisanenverbände Schutz boten und gut ausgerüstet waren. Viele der jüdischen Partisanen stammten aus den Ghettos und waren während der Erschießungsaktionen bzw. Massendeportationen oder danach in die Wälder zu den Partisanen geflohen, um im Rahmen dieser Verbände ihren jüdischen Kampf zu kämpfen. Osteuropa, das Zentrum der Vernichtung, war zugleich das Zentrum des europäischen jüdischen Widerstandes. Die wenigsten der jüdischen Widerstandskämpfer glaubten jedoch daran zu überleben – die Anzahl derer, die beispielsweise bei den Ghettoaufständen in Osteuropa und den westeuropäischen Verbänden ums Leben kamen, zeigt, daß diese Einschätzung realistisch war.

Die Widerstandskämpfer

Die Entscheidung zum Widerstand war wie alle Reaktionen auf die Shoah individuell. Viele der jüdischen Kämpfer in Westeuropa waren aus Südost- und Osteuropa eingewanderte Arbeitskräfte, die zuvor in politischen jüdischen – in kommunistischen und sozialistischen – Vereinigungen organisiert waren. Der hohe Grad ihrer Politisierung führte sie daher nach der Okkupation recht schnell zum Widerstand. In Osteuropa waren sowohl das hohe Maß an Politisierung als auch eine weit verbreitete zionistische Grundhaltung wesentlich. Hinzu kamen Schlüsselerlebnisse wie Deportationen und Erschießungen, die auf brutalste Weise verdeutlichten, was man noch zu erwarten habe.

Der Preis des Widerstandes war sehr hoch: man ließ Eltern, Familie und Freunde in einer absoluten Ungewißheit zurück und brachte durch die konspirativen Aktionen die noch lebenden Juden zusätzlich in Gefahr. Dies war ein Grund, warum in vielen Ghettos in Osteuropa Juden erst nach den ersten großen Liquidierungen den Widerstand wählten. Diese Widerstandskämpfer waren in der Mehrzahl ungebundene junge Menschen, unter ihnen sehr viele Männer und Frauen, die bereits ihre Verwandten und Freunde verloren hatten. In den unter diesen Umständen Übriggebliebenen ging nach dem Schock des Verlustes eine grundlegende geistige Veränderung vor. Nicht mehr das reine Überleben war alleiniges Ziel; an dessen Stelle trat der Wunsch nach Rache für die Ermordeten, der Wille, sich nicht kampflos zu ergeben. Das Morden sollte wenigstens kur-

---

don 1974; J.N. Porter, The Jewish Partisans. A documentary of Jewish Resistance in the Soviet Union. Lanham 1982.

ze Zeit aufgehalten werden, auch, um so viele Menschen wie möglich zu retten, indem man Verstecke für sie suchte. Manche schriftlichen Zeugnisse des jüdischen Widerstandes berichten auch davon, daß die Kämpfer hofften, die Alliierten zu Hilfsaktionen zu bewegen. Es ging den jüdischen Widerstandskämpfern in der Regel nicht darum, ihr eigenes Leben zu retten.

Abschließende Überlegungen

Der jüdische Widerstand darf nicht dazu dienen, jene Juden, die weder Chancen noch Mittel hatten, sich zur Wehr zu setzen, oder jene, die sich dem Widerstand bewußt verweigerten, gegen die jüdischen Kämpfer auszuspielen. Juden an sich waren weder die vielzitierten »Lämmer, die sich willenlos zur Schlachtbank« treiben ließen, noch waren sie alle geborene Helden. Auch eine Hierarchisierung der ermordeten Juden im Sinne einer Verurteilung oder Abwertung der passiven Opfer wäre zynisch. Die Passivität von Juden kann in Deutschland auch nicht als rechtfertigendes Argument für die weitverbreitete Lethargie der Bevölkerung im Deutschen Reich herhalten. Die Ausgangslage war völlig diametral: Juden waren zu nichts anderem als zum Töten ausersehen, während nichtjüdische Deutsche vielfältigere Möglichkeiten gehabt hätten, sich zu verweigern oder zu helfen.

Die gängige Vorstellung der deutschen Öffentlichkeit über das Verhalten der europäischen Juden zu Zeiten der Shoah ist von den Bildern geprägt, die uns die Täter hinterließen – Bilder, auf denen gequälte, gedemütigte, auf ihre Ermordung wartende Menschen zu sehen sind. Dies ist eine verengte Perspektive, ein selektives Konstrukt einer vorgeblichen Realität.

Es ist zu bedenken, daß es für die Nachkommen der Täter weniger kompliziert war, Mitleid mit den toten Juden zu haben, als sich mit dem jüdischen Widerstand auseinanderzusetzen. Die Trauer um die Opfer verschafft dem Trauernden einen klaren Status, wogegen die Beschäftigung mit jüdischem Widerstand komplexe Fragen aufwerfen und nachhaltige Erschütterungen der deutschen Nachkriegsidentität verursachen könnte. Der jüdische Kampf war schließlich auch ein Kampf gegen die Wehrmacht, gegen Deutsche. Wenn heute Deserteure der Wehrmacht häufig noch immer als »Verräter« betrachtet werden, wie schwer ist dann erst eine Integration der jüdischen Widerstandskämpfer in die – ritualisierte? – Trauer um die jüdischen Opfer der Shoah?

Die Neue Linke aber richtet ihren latent abwertenden Blick auf jene Juden, die ohne Gegenwehr in den Tod gingen, und heroisieren zugleich die jüdischen Kämpfer. Auch hier ist eine Schutzfunktion und Schuldabwehr festzustellen: durch eine vehemente Identifikation mit den jüdischen Kämpfern verweigert man eine gründliche Auseinandersetzung mit der eigenen Geschichte und versucht, die Seiten zu wechseln – ein grober ahistorischer Trugschluß.

Es ist angesichts der Forderung nach jüdischen Helden zudem zu bedenken, welchen Mut und welche Kraft jene Juden aufbrachten, die trotz des Wissens um das nahe Ende bei ihren Liebsten blieben. Auch dies ist Mut und Stärke: die Angst des anderen zu teilen und ihn nicht allein zu lassen. Ein ehemaliger osteuropäischer Partisan meinte einmal, daß Freunde, die sich dagegen entschieden, das Ghetto in Weißrußland zu verlassen, und bei den Eltern bleiben wollten, für ihn Helden seien.

»*Der Tod in der Gaskammer ist nicht geringer zu achten als der Tod im Kampf. Ein Tod ist nur dann unwürdig, wenn jemand versucht, auf Kosten anderer das eigene Leben zu retten ... es ist schrecklich, wenn jemand so gefaßt in den Tod geht. Das ist viel schwerer als alle Schießerei ...*«[11]

Anhang

Literaturverzeichnis (Auswahlbibliographie)

- Ainsztein, Reuben, Jewish Resistance in Nazi-Occupied Eastern Europe, London 1974
- Apenszlak, Jacob (Hg.), The Black Book of Polish Jewry, New York 1943
- Arad, Yitzhak, Belzec, Treblinka, Sobibor, Bloomington 1987
- Bauer, Yehuda, Jewish reactions to the Holocaust, Tel Aviv 1989
- Bodek, Andrzej, Sandkühler, Thomas (Hg.), Der Katzmann-Bericht. Bilanz des Judenmordes im Distrikt Galizien, Berlin 1995 (Publikationen der Gedenkstätte Haus der Wannseekonferenz, Band 7)
- Braber, Ben, Joden in verzet en illegaliteit 1940–1945, Amsterdam 1990
- Diamant, David, Les Juifs dans la Résistance Française 1940–1944, Paris 1971
- Friedman, Philip, Jewish Resistance to Nazis, in: Friedman, Ada June (Hg.), Roads of extinction. Essays on the Holocaust. New York and Philadelphia 1980
- Goldstein, Bernhard, Die Sterne sind Zeugen, Freiburg 1993
- Grossmann, Chaika, Die Untergrundarmee, Frankfurt am Main 1993
- Grupinska, Anka, Im Kreis. Gespräche mit jüdischen Kämpfern, Frankfurt am Main 1993
- Grynberg, Anne (Hg.), Les juifs dans la Résistance et la Libération, Paris 1985
- Gutman, Yisrael, Fighters among the ruins, Jerusalem u.a. 1988
- ders. (Hg.), Jewish Resistance during the Holocaust, Jerusalem 1971
- ders., The Jews of Warszaw 1939–1943, Ghetto Underground, Revolt, Bloomington 1982
- Heuberger, Georg (Hg.), Im Kampf gegen Besatzung und »Endlösung«. Widerstand der Juden in Europa 1939–1945, Frankfurt am Main (Jüdisches Museum) 1995
- Jäckel, Eberhard et al. (Hg.), Enzyklopädie des Holocaust, 3 Bände, Berlin 1993
- Jewish Resistance during the Holocaust. Proceedings of the Conference on Manifestations of Jewish Resistance, Jerusalem (Yad Vashem) 1971
- Krakowski, Shmuel, The War of the Doomed, New York und London 1974
- Krall, Hanna, Dem Herrgott zuvorgekommen, Frankfurt am Main 1992
- Kwiet, Konrad / Eschwege, Helmut, Selbstbehauptung und Widerstand. Deutsche Juden im Kampf um Existenz und Menschenwürde 1933–1945, Hamburg 1984
- Lazar, Chaim et al., The Jewish Resistance. The History of the Jewish Partisans in Lithuania and White Russia, New York 1977
- Lazare, Lucien, La Résistance juive en France, Paris 1988
- Lenz, Michael (Hg.), Die Berliner Widerstandsgruppe um Herbert Baum, Berlin 1984
- Lubetkin, Zivia, In the days of destruction and revolt, Beit Lochamei Haghettaot, 1981

---

[11] Zitiert aus: Hanna Krall, Dem Herrgott zuvorgekommen. Frankfurt am Main 1992, 47.

- Lustiger, Arno, Zum Kampf auf Leben und Tod. Vom Widerstand der Juden 1933–1945, Köln 1994
- Paucker, Arnold, Jüdischer Widerstand in Deutschland, Berlin 1989
- Porter, J. N., The Jewish Partisans. A documentary of Jewish Resistance in the Soviet Union, Lanham 1982
- Ravine, Jacques, La Résistance organisée des Juifs en France, Paris 1973
- Rayski, Adam, Le choix des Juifs sous Vichy. Entre soumission et Résistance, Paris 1992
- Ringelblum, Emmanuel, Notes from the Warszaw Ghetto, New York 1975
- Scheffler, Wolfgang und Grebitz, Helge, Der Ghetto-Aufstand Warschau 1943 aus der Sicht der Täter und der Opfer, München 1993
- Smolar, Hersh, The Minsk Ghetto. Soviet-Jewish Partisans against the Nazis, New York 1989
- Steinberg, Maxime, Extermination. Sauvetage et Résistance des Juifs de Belgique, Brüssel o. J.
- ders., L'Etoile et le fusil, 3 Bände, Brüssel 1983
- Steinberg, Lucien, La Révolte des Justes. Les Juifs contre Hitler, Paris 1970
- Stroop-Bericht, Faksimile-Ausgabe Neuwied 1960
- Suhl, Yuri (Hg.), They fought back. The story of Jewish Resistance in Nazi-Europe, New York 1967
- Sutin, Lawrence, Eine Liebe im Schatten des Krieges, München 1995
- Tec, Nechama, Bewaffneter Widerstand. Jüdische Partisanen im Zweiten Weltkrieg, Gerlingen 1995
- Van de Kar, Joods verzet, Amsterdam 1981
- Wulf, Josef, Das Dritte Reich und seine Vollstrecker, Wiesbaden 1989

Von Büchern und Menschen:
Jüdische Verlage in Deutschland

Susanne Urban-Fahr

1. Jüdische Verlage

Die Kategorisierung eines Verlages als *jüdischer* Verlag wird zumeist davon abhängig gemacht, ob der Verleger denn auch Jude sei. Auffallenderweise hat eine solch falsche Systematisierung vor allem im Hinblick auf die Weimarer Republik große Verbreitung gefunden und wird teils sogar in der Fachliteratur verwendet (z.B. in Verbindung mit den Verlagshäusern von S. Fischer oder Ullstein). Es ist zu bedenken, daß weder der Verlag S. Fischer noch die Familie Ullstein mit dieser Terminologie einverstanden waren. Die Intention einer solchen Systematisierung stammt eher aus der antisemitisch-völkischen Ideologie und wurde dann in versucht positiver oder gar bewußter Verkehrung definitorischer Konsens. In der Sprache des Antisemitismus wurde und wird der Begriff generell in abwertender Weise eingesetzt. Die vorgeblich »jüdischen« Verlage, die scheinbar in überwiegendem Maße Bücher von modernen bis progressiven Autoren sowie liberale bis linke Zeitungen und Zeitschriften auf den Markt brachten, standen daher sowohl aufgrund der Herkunft des Verlagsleiters als auch wegen der Verlagsprogramme – die gar nicht unbedingt immer so hochmodern waren – im Brennpunkt der antisemitischen Propaganda. Die völkische Literaturtheorie hatte sich im Gegensatz zu anderen Bereichen der nationalsozialistischen Ideologie einem extremen Antimodernismus verschrieben.[1]

Auch heute noch gelten jene historischen »jüdischen« Verlage wie Ullstein, die sich selber keineswegs als solche präsentieren wollten, als Zentren der Moderne, d.h. sie werden weder im negativen noch im positiven Sinne aus der vermeintlich symbiotischen Verbindung »Juden und Moderne« entlassen. Sogar in der gegenwärtigen Forschung zur Geschichte des Buchwesens, speziell des jüdischen Buchwesens, wurde bislang nur ansatzweise eine Definition des »jüdischen Verlags« vorgenommen.[2]

---

[1] Vgl. zu Modernismus und Antimodernismus: Martin Broszat, Der Staat Hitlers. München ⁷1978, 33–49 und Peter Reichel, Der schöne Schein des Dritten Reiches. Faszination und Gewalt des Faschismus. Frankfurt am Main 1993; sowie zur nationalsozialistischen Literaturtheorie: Ernst Loewy, Literatur unterm Hakenkreuz. Das Dritte Reich und seine Dichtung. Frankfurt am Main 1987; Klaus Vondung, Völkisch-nationale und nationalsozialistische Literaturtheorie. München 1973; Josef Wulf, Literatur und Dichtung im Dritten Reich. Eine Dokumentation. Frankfurt am Main u.a. 1989.

[2] Eine genaue Definition wurde weder in dem Standardwerk von Volker Dahm, Das jüdische Buch im Dritten Reich, München 1993 noch in seinem Aufsatz Jüdische Verleger 1933–1938, in: Arnold Paucker (Hg.), Die Juden im nationalsozialistischen Deutschland 1933–1943. Tübingen 1986 (Schriftenreihe wissenschaftlicher Abhandlungen des LBI 45), 273–282 oder im Marbacher Magazin 25/1983, In den Katakomben. Jüdische Verlage in Deutschland 1933–1938, hg. von Ingrid Belke, vorgenommen.

Einen Ansatz hierzu leistete Volker Dahm in einem seiner Beiträge zum jüdischen Buchwesen.[3] Am prägnantesten ist aber die Definition im neuen Lexikon des Judentums:
»Von jüdischen Verlagen läßt sich nur in einem genau umgrenzten Sinn sprechen: Maßgebend ... kann nicht sein, daß die Verleger zwar Juden sind, die Verlagsproduktion sich jedoch an ein allgemeines Lesepublikum richtet (...), sondern daß durch solche Verlage jüdische Literatur im weitesten Sinn – ... – für ein vorwiegend jüdisches Publikum hergestellt wird ... Durch diese verlegerische Aktivität soll die Bewahrung jüdischer Traditionen gewährleistet und auch ein Beitrag zur Existenzbewältigung der Juden in einer häufig feindlichen nichtjüdischen Gesellschaft geleistet sein.«[4]

2. Jüdische Verlage in Deutschland bis 1933

Jüdische Verlage geben dementsprechend Bücher heraus, deren Autoren sich unter primär innerjüdischer Sichtweise, also einer Binnenperspektive, mit jüdischer Religion, Geschichte, Kultur, Soziologie, politischen Ereignissen usw. befassen. Der Verleger müßte nicht zwingend Jude sein, doch nur wenige nichtjüdische Verleger waren am Judentum interessiert. Die ersten jüdischen Verlage in Deutschland wurden im 18. Jahrhundert gegründet, um die in Kriegen und Pogromen zerstörten jüdischen Verlage Osteuropas zu ersetzen. Sie gaben vorrangig Hebraica und Judaica heraus. Jüdische Buchverlage im modernen Sinne, als Foren verschiedener geistiger Strömungen und Stile des modernen Judentums, entstanden erst Ende des 19. Jahrhunderts.

Zwei wichtige Aspekte veranlaßten außerdem seit Beginn des 20. Jahrhunderts Juden dazu, Zeitungen, Zeitschriften und Verlagshäuser zu gründen, die nicht als Hebraica-Verlage oder jüdische Verlage konzipiert waren. Einerseits ist das zwar traditionelle, im Zuge der Emanzipation und Akkulturation jedoch säkularisierte jüdische Interesse am geschriebenen Wort und der Förderung intellektueller Auseinandersetzungen zu bedenken. Andererseits blieb intellektuellen und akademisch gebildeten deutschen Juden häufig keine andere Wahl, als sich über den Beruf des Verlegers, Redakteurs, Journalisten oder Schriftstellers mit der geistigen Welt auseinanderzusetzen und ihren Teil zur deutschen Kultur beizutragen, denn es wurde trotz der Gleichberechtigung an vielen Universitäten eine extreme Ausgrenzung praktiziert, die sich erst in der Weimarer Republik lockern sollte.

Es wäre müßig, hinsichtlich der jüdischen Verlage in Deutschland in eine der bekannten, nahezu ritualisierten Aufzählungen kultureller Leistungen deutscher Juden zu verfallen und darüber hinaus eine ansatzweise exem-

---
[3] Vgl.: Volker Dahm, Kulturelles und geistiges Leben, in: Wolfgang Benz (Hg.), Die Juden in Deutschland 1933–1945. Leben unter nationalsozialistischer Herrschaft. München ²1989, 76ff und 194–223.
[4] Zitiert aus: Neues Lexikon des Judentums, hg. von Julius H. Schoeps. München 1992, 468.

plarische Analyse der Situation des jüdischen Buchwesens zu vernachlässigen. Außerdem ist, in Weiterführung der obigen Definition, in einem begrenzten Rahmen die differenzierte Behandlung solch eher unbekannter Verlage wie Baer & Kaufmann in Frankfurt am Main oder der Soncino Gesellschaft, geschweige denn des bekannteren und bereits gut erforschten Schocken-Verlags kaum zu leisten.[5]

Daher beschränkt sich der Beitrag auf eine vergleichende Beschreibung zweier jüdischer Verlage, die für bestimmte Strukturen der deutsch-jüdischen Gemeinschaft in Deutschland von der Jahrhundertwende bis hin zur Vernichtung exemplarisch sind. Ausgewählt wurden der *Jüdische Verlag* und der *Philo-Verlag,* die unterschiedlicher nicht sein konnten.[6]

3. Der Jüdische Verlag 1902–1933

3.1 Programmatik und Gründung

Der Jüdische Verlag, 1901 in Berlin als erster westeuropäischer zionistischer Verlag gegründet, bestand bis zur Jahreswende 1938/39. Im Dezember 1938 wurde die Liquidation eingeleitet. Seit 1958 ist der Verlag in der Bundesrepublik Deutschland erneut tätig.

Voraussetzungen

In Osteuropa entstand in den 80er Jahren des 19. Jahrhunderts unter dem Druck von Pogromen, Armut und mangelnden Zukunftsperspektiven die »Zionsliebe«, eine Vorform des Zionismus.[7] *Rom und Jerusalem – Die*

---

[5] Zu den relevanten jüdischen Verlagen in Deutschland vgl.: Volker Dahm, Jüdische Verleger 1933–1938, in: Arnold Paucker (Hg.), Die Juden im nationalsozialistischen Deutschland 1933–1943. Tübingen 1986 (Schriftenreihe wissenschaftlicher Abhandlungen des LBI 45), 273–282; Siegmund Kaznelson, Verlag und Buchhandel, in: ders., Juden im deutschen Kulturbereich, 2., erw. Ausgabe. Berlin 1959, 131–146; Lexikon des Judentums, hrsg. von John F. Oppenheimer et al., Buch- und Druckwesen. Gütersloh 1967, Sp. 131–134; Marbacher Magazin 25/1983, In den Katakomben. Jüdische Verlage in Deutschland 1933–1938, hg. von Ingrid Belke; Neues Lexikon des Judentums, hg. von Julius H. Schoeps. München 1992, 468f; Philo-Lexikon hg. von Emmanuel bin Gorion et al. Frankfurt am Main 1992 (Reprint von 1935), Sp. 112f; Saskia Schreder et al., Der Schocken-Verlag. Berlin 1994.

[6] Die dichotomen Gründungsgedanken und Ziele des Jüdischen Verlags und des Philo-Verlags werden von der jeweiligen Gründung über die Schließung 1938 bis hin zur gegenwärtigen Situation vorgestellt, wobei ein Exkurs in die nationalsozialistische Literaturpolitik führt. Die Konzentration auf den Jüdischen Verlag und den Philo-Verlag ist nicht zufällig: ersterer war ein zionistischer, letzterer ein der deutsch-jüdischen Symbiose verpflichteter Verlag.

[7] Vgl. zum Zionismus auch in Deutschland: Friedrich Battenberg, Das Europäische Zeitalter der Juden, Band II 1650–1945. Darmstadt 1990, 208–229; Yehuda Eloni, Zionismus in Deutschland. Von den Anfängen bis 1914. Gerlingen 1987 (Schriftenreihe des Instituts für deutsche Geschichte der Universität Tel Aviv 10); Yehuda Reinharz (Hg.), Dokumente zur Geschichte des deutschen Zionismus 1882–1933. Tübingen 1981 (Schriftenreihe wissenschaftlicher Abhandlungen des LBI 37).

letzte Nationalitätsfrage (Deutschland 1862) von Moses Hess sowie Leon Pinskers *Autoemanzipation* (Odessa 1881) waren erste schriftliche Zeugnisse dieses Frühzionismus – beide Schriften erschienen später auch im Jüdischen Verlag. Den politischen Zionismus begründete Theodor Herzl. Er strebte, wie in *Der Judenstaat* (Wien 1896) dargelegt, einen säkularen jüdischen Staat an. Auf dem 1. Zionistenkongreß in Basel 1897 wurde auch die Zionistische Vereinigung für Deutschland (ZVfD) gegründet. Grundlage war das Baseler Programm aus dem gleichen Jahr, das sowohl die Besiedlung Palästinas als auch politische Verhandlungen und die Förderung des Kulturzionismus zur Durchsetzung der zionistischen Ziele anführte. Der kulturell-geistige Aspekt des Zionismus wurde von den zionistischen Institutionen als Marginalie behandelt, weshalb die Ideale der Kulturzionisten bis zur Gründung des Jüdischen Verlages auch Theorie blieben.

In Deutschland war der Zionismus keine Massenbewegung wie in Osteuropa. Die deutschen Juden betrachteten Deutschland als ihre Heimat; sie waren dem Land, insbesondere der Kultur zutiefst verbunden und konnten daher mit »separatistischen« jüdischen Tendenzen in der Regel wenig anfangen. Die geringe Mitgliederzahl der ZVfD sank während der Weimarer Republik sogar noch; es scheint, als ob eine Zunahme des Vertrauens breiter Schichten der deutsch-jüdischen Bevölkerung in die Weimarer Republik die Unterstützung und damit eine Bejahung des Zionismus noch zusätzlich schwächte. 1923 hatte die ZVfD noch 33 000 Mitglieder; 1933 bekannten sich von den rund 500 000 deutschen Juden nur noch 20 000 zum Zionismus.[8]

Gründung

Zu den Theoretikern des kulturellen Zionismus gehörte Martin Buber, der auch den Begriff von der *Jüdischen Renaissance* prägte.[9] »*Sie (die Jüdische Renaissance) ist weiter und tiefer angelegt, als nationale Bewegungen zu sein pflegen ... Ihr Inhalt ist national: das Streben nach nationaler Freiheit und Selbständigkeit; aber ihre Form ist übernational.*«[10]

Buber zog gemeinsam mit einigen anderen Zionisten, die ebenfalls eine jüdische Souveränität des jüdischen Geistes forderten, aus der Vernachlässigung ihrer Anliegen die Konsequenz. Die Gruppe um Buber gründete 1901, kurz vor dem V. Baseler Zionistenkongreß, den Jüdischen Verlag: »*Was wir wollen, dafür ist das Wort ›Kultur‹ zu groß – und zu klein. Wir wollen nicht ›Kultur‹, sondern Leben. Wir wollen das jüdische Leben um-*

---

[8] Zahl der Mitglieder laut: Wolfgang Benz, Deutsche Juden oder Juden in Deutschland, in: ders. (Hg.), Die Juden in Deutschland 1933–1945. München ²1989, 45f.
[9] Vgl.: Martin Buber, Der Jude und sein Judentum. Gesammelte Aufsätze und Reden. Köln 1963, Kapitel II, IV, VII sowie zur Jüdischen Renaissance: Eine neue Kunst für ein altes Volk. Die Jüdische Renaissance in Berlin 1900 bis 1924, hg. vom Jüdischen Museum Berlin. Berlin 1991; Mark Gelber, The Jungjüdische Bewegung – An unexplored chapter in German-Jewish literature and cultural history, in: LBI Year Book. London u.a. 1986, 105–119.
[10] Zitiert aus: ebd., 277.

gestalten ..., das heißt: Wir wollen aus dem Leben von Juden ein jüdisches Leben machen.«[11]

Neben Buber waren Ephraim Moses Lilien, Berthold Feiwel und David Trietsch Mitglieder des »leitenden Verlags-Comités«. Sie legten in der Gründungsakte fest: »*Noch fehlt eine einheitliche Zusammenfassung der Schaffenden, ein Centrum, von dem aus ihre Werke in alle Kreise des Volkes getragen werden sollen. Zugleich aber fehlt unserem Volke ... eine sowohl ethisch und ästhetisch einwandfreie als auch wahrhaft jüdische Sammlung erhebender, belehrender und nach jeder Richtung erzieherisch wirkender Bücher ... Der Jüdische Verlag unternimmt es, diesen tiefen Bedürfnissen ... Erfüllung zu bringen. Keine anderen als diese nationalen und culturellen Beweggründe sind für das unterzeichnete Comité bei der Begründung des Jüdischen Verlags maßgebend gewesen.*«[12]

Der Verlag wurde auf dem Zionistenkongreß vorgestellt, dem Antrag auf finanzielle Förderung durch die Zionistische Weltorganisation (ZWO) jedoch nicht zugestimmt. Herzl versicherte lediglich, daß jeder Zionist den Verlag unterstützen werde – was angesichts der lautstarken Ablehnung durch die Delegierten nicht glaubwürdig erschien. Die Gründer des Jüdischen Verlags und eine Gruppe um Chaim Weizmann bildeten daraufhin die Demokratisch-Zionistische Fraktion, die erreichte, daß im Rahmen der ZWO ein Kulturkomitee berufen wurde.[13]

Es ging den Gründern des Jüdischen Verlages um eine intensive geistige Auseinandersetzung mit dem Judentum. Über den Kulturzionismus sollte eine gemeinsame zionistische Grundhaltung geschaffen werden. Um Gemeinschaft zu gestalten, sind Symbole, Riten, auch eine neben der individuellen Identität existente Gruppenidentität notwendig. Über die Förderung einer gemeinsamen Geisteshaltung suchte sie dem Zionismus eine tiefe, einigende Kraft zu geben. Literatur und Kunst sollten jüdische Inhalte haben, Themen des jüdischen Lebens und der Geschichte gestalten – dies jedoch mit den Mitteln der nichtjüdischen Umgebung (so war die Grafik der Jüdischen Renaissance z.B. stark vom Jugendstil beeinflußt).

3.2 Der Jüdische Verlag bis 1933

Der Jüdische Verlag wurde erst im Oktober 1902 in das Berliner Handelsregister als GmbH eingetragen. Das jüdisch-religiöse und zionistische Symbole zusammenführende Verlagssignet gestaltete der Grafiker Ephraim Moses Lilien. 1902 erschien der illustrierte *Jüdische Almanach 5663* mit Erzählungen und Gedichten vor allem ostjüdischer Autoren. Der

---

[11] Zitiert aus: Martin Buber, Kulturarbeit, in: Der Jude und sein Judentum. Köln 1963, 671.
[12] Zitiert aus: Die Gründung des Jüdischen Verlages, Akte im Martin Buber Archiv, nach: Yehuda Reinharz, Dokumente zur Geschichte des deutschen Zionismus. Tübingen 1981, 60f.
[13] Vgl. zur Geschichte des Jüdischen Verlages: Almanach 1902–1964, Jüdischer Verlag. Berlin 1964; Marbacher Magazin. In den Katakomben, hg. von Ingrid Belke, 13f; Dietrich Pinckerneil, Verlagsporträt: zum Beispiel der Jüdische Verlag, in: Börsenblatt für den deutschen Buchhandel, Ausgabe Frankfurt am Main, Nr. 73/1982, 1989f.

Almanach stieß bei den meisten deutschen Juden, auch bei Zionisten, auf Unverständnis. Ein Rezensent meinte gar: »*Wozu ein jüdischer Almanach? Das sind, gelinde gesagt, Anachronismen ... Um schöngeistige Arbeiten zu veröffentlichen, einen jüdischen Verlag zu begründen – das ist wirklich mehr als überflüssig. Oder soll Deutschland, das nachgerade an konfessionellen Spannungen und Spaltungen genug aufzuweisen hat, um eine neue bereichert werden?*«[14]

Von 1902 bis 1907 wurden unter anderem die Werke Herzls (der 1904 starb) und anderer Zionismustheoretiker, Schriften jüdischer Historiker wie Simon Dubnow, Prosa und Lyrik, aber auch die Zeitschrift *Palästina* veröffentlicht. In den ersten fünf Jahren gab der Verlag über 20 Titel heraus. Der Erfolg war jedoch gering, solange das Programm so offenkundig kulturzionistisch war. Die meisten deutschen Zionisten suchten die zionistischen Anteile ihrer Identität und ihr spezifisches Zionismusverständnis mit ihrer emotionalen Bindung an Deutschland zu harmonisieren. Um den Zwiespalt, der durch die Annahme zweier unterschiedlicher Kulturkreise entstand, nicht weiter zu vertiefen, lehnten sie solche jüdischen Kulturangebote ab.

1907 erschien nur das Protokoll des VIII. Zionistenkongresses, und der Verlag wurde, da Konkurs drohte, offiziell von der ZWO übernommen. 1908 wurde dem Verlag die Buchhandlung *Ewer-Gesellschaft für Buch- und Kunsthandel* angeschlossen, um den Umsatz zu steigern. Der Verlag publizierte weiterhin sehr wenig, aber auf gehobenem Niveau (Schriften von Max Nordau, Adolf Boehm, Ch. N. Bialik u.a.). 1911 erhielt er nach etlichen Umzügen seinen endgültigen Sitz in Berlin, die Leitung wurde Dr. Ahron Eliasberg übertragen. 1912 wurden zwei Buchreihen begründet, *Die jüdische Gemeinschaft* und *Vom alten Stamm*. 1914 wurde die Reihe *Nationalfondsbibliothek* eingerichtet.

Von 1912 bis 1914 publizierte der Jüdische Verlag in einer auffallenden, auch über den Zionismus hinausgehenden Vielfalt (z.B. *Denkwürdigkeiten der Glückel von Hameln*), außerdem erhielt er über die ZWO das Publikationsrecht für sämtliche zionistischen Schriften. 1915 kündigte Eliasberg seinen Vertrag mit der ZWO, konnte aber erst 1919 den Verlag verlassen. Von 1916 bis 1924 erschien unter der Redaktion von Buber die erfolgreiche Zeitschrift *Der Jude*. Zugleich konnte erneut eine größere Anzahl an Publikationen herausgegeben werden (Autoren u.a.: Achad Haam, S.I. Agnon, Jacob Klatzkin, Joseph Klausner, Dr. Arthur Ruppin).

1920/21 erfolgte eine personelle Neuorganisation des Verlags: Dr. Siegmund Kaznelson (1893–1959) wurde geschäftsführender Direktor, Buber literarischer Leiter. Kaznelson, in Warschau geboren, hatte seit 1911 in Prag, seit 1920 in Berlin gelebt. Er war überzeugter Zionist und trotz eines Jura-Studiums in Prag bereits journalistisch tätig gewesen. Unter der neuen Leitung wurde die Buchhandlung des Verlags selbständig; 1922 eröffnete sie Filialen und Büchereien in Jaffa und Jerusalem; bis 1924 war sie alleinige Vertriebsgesellschaft für die hebräischen Publikationen des Jüdischen Verlags. Der Verlag kooperierte auch mit den Verlagen Dwir

---

[14] Zitiert aus: Berliner Tageblatt, 7. Februar 1903, o.S.

und Moriah (Projekte: eine wissenschaftliche Vierteljahresschrift in Ivrith und eine bibliographische Zeitschrift namens *Ajin Sefer* für die hebräische Literatur). 1925 wurde Kaznelson selbständiger Leiter des Verlags und die allzu oft hinderliche Verbindung mit der ZWO aufgegeben. Das Verlagssignet änderte sich, und die auffallenden jüdisch-zionistischen Symbole wurden von einem neutralen Signet abgelöst. Dies scheint ein Teil des Versuchs gewesen zu sein, trotz des jüdisch-zionistischen Programms neue Leserkreise zu erschließen und sowohl nichtjüdische als auch jüdische Deutsche vermehrt für das Programm zu interessieren.

Neben etlichen Büchern in Ivrith und Russisch erschienen in der Folgezeit verschiedene neue Buchreihen, moderne ostjüdische Belletristik und einige sehr erfolgreiche mehrbändige Werke. Aus dem Programm zu erwähnen sind Schalom Asch, *Kleine Geschichten aus der Bibel* (^{2}1923); Joseph Klausner, *Jesus von Nazareth* (^{2}1930); Mendale Moicher Sfurim, *Gesammelte Werke* (1924–1925); Simon Dubnow, *Weltgeschichte des Jüdischen Volkes* (1925–1929; 10 Bde., 100.000 Aufl.); *Jüdisches Lexikon* (1927–1930; 5 Bde., 50.000 Aufl.). Theodor Lessings *Der jüdische Selbsthaß* (1930) und Fritz Bernsteins *Der Antisemitismus als Gruppenerscheinung* waren programmatische Bücher, die über den zionistischen Auftrag hinauswiesen und aktuellen Problemen Rechnung trugen. Auffallend ist jedoch, daß trotz der sich zuspitzenden politischen Situation in Deutschland keine Wende hin zu pragmatischeren zionistischen Büchern z.B. mit Auswanderungshilfen festzustellen ist.

Der Jüdische Verlag befand sich von 1921 bis 1933 in seiner produktivsten und thematisch vielfältigsten Phase. Nach schwierigen Anfangsjahren hatte er sich zu einem wirtschaftlich rentablen Unternehmen gewandelt, dies auch infolge der neuen programmatischen Vielfalt und des dadurch zunehmenden und überraschend großen Interesses auch der nichtjüdischen Umwelt an Publikationen wie dem Jüdischen Lexikon. Von den zionistischen Grundlagewerken abgesehen, waren die Bücher zumeist bibliophil gestaltet und relativ teuer.

4. Der Philo-Verlag 1919–1933

4.1 Programmatik und Gründung

Der Philo-Verlag, 1919 gegründet und ebenfalls 1938 geschlossen, war der erste jüdische Verlag Deutschlands, der mit seinen Publikationen auf den Antisemitismus reagierte, Juden Hilfen bei der Abwehr des Antisemitismus zur Hand geben und Nichtjuden über das Judentum aufklären wollte.

Voraussetzungen

Im wilhelminischen Deutschland war die Gleichstellung der Juden mit den Bürgern des Deutschen Reiches 1871 per Gesetz verwirklicht worden. Doch die Emanzipation wurde über den Antisemitismus auf verschiedenen Ebenen kritisiert und faktisch behindert. Juden waren durch Merkmale wie Religion, Bildung und teils auch die Sozialstruktur von den Nichtjuden zu unterscheiden und wurden als Gruppe immer wieder zu Sündenböcken auserkoren. Sie wurden für die Existenz sozialer, wirtschaftlicher und politischer Probleme im Deutschen Reich verantwortlich gemacht. Über den Antisemitismus war es Nichtjuden möglich, die bestehenden Verhältnisse zu kritisieren, ohne staatsbürgerliche Eigenverantwortlichkeit zu üben oder gar den Staat als solchen in Frage zu stellen.[15]

Deutsche Juden sahen sich auch wegen der Passivität der deutschen Parteien zunehmend vor die Aufgabe gestellt, dem Antisemitismus entgegenzuwirken. Im März 1893, als das Klima besonders aggressiv war, gründete ein Kreis um Raphael Löwenthal, der im selben Jahr bereits die programmatische Schrift *Schutzjuden oder Staatsbürger?* veröffentlicht hatte, den *Centralverein deutscher Staatsbürger jüdischen Glaubens (CV)*.[16] Paragraph 1 der Satzung lautete: *»Der ›Central-Verein deutscher Staatsbürger jüdischen Glaubens‹ bezweckt, die deutschen Staatsbürger jüdischen Glaubens ohne Unterschied der religiösen und politischen Richtung zu sammeln, um sie in der tatkräftigen Wahrung ihrer staatsbürgerlichen und gesellschaftlichen Gleichstellung sowie in der unbeirrten Pflege deutscher Gesinnung zu bestärken«.*[17]

Doch nicht alle deutschen Juden konnten ihre Haltung mit der des zwischen Konservativismus und Liberalismus lavierenden CV identifizieren. Vor allem in der Weimarer Republik wurde er wegen seines manchmal übertrieben zur Schau gestellten Patriotismus und seiner politischen Unverbindlichkeit besonders von jüdischen Intellektuellen, beispielsweise von Kurt Tucholsky, angegriffen. Bis zum Ende des Ersten Weltkriegs lag der Schwerpunkt seiner Arbeit auf der juristischen Abwehr des Antisemitismus. Nachdem das Versagen der liberalen Parteien, auf die das deutschjüdische Bürgertum traditionell vertraut hatte, immer offenkundiger wur-

---

[15] Vgl. zum Antisemitismus: Hermann Berding, Moderner Antisemitismus in Deutschland. Frankfurt am Main 1988; Detlev Claussen, Grenzen der Aufklärung. Zur gesellschaftlichen Geschichte des modernen Antisemitismus. Frankfurt am Main 1987; Günther Bernd Ginzel (Hg.), Antisemitismus. Köln 1991; Hermann Greive, Geschichte des modernen Antisemitismus in Deutschland. Darmstadt 1983; Reinhard Rürup, Emanzipation und Antisemitismus. Frankfurt am Main 1987; Julius H. Schoeps und Joachim Schlör (Hg.), Antisemitismus. Vorurteile und Mythen. München 1995; Robert Wistrich, Der antisemitische Wahn. Von Hitler bis zum heiligen Krieg gegen Israel. Ismaning 1987.

[16] Vgl. zur Geschichte des CV: CV-Kalender 1929, hg. vom Landesverband Gross-Berlin des CV; Alfred Hirschberg, Ludwig Holländer, Director of the CV, in: LBI Year Book. London u.a. 1962, 39–74; Marjorie Lamberti, The Centralverein and the Anti-Zionists setting the historical record straight, in: LBI Year Book. London u.a. 1988, 101–106; Abraham Margaliot, Remarks on the political and ideological development of the Centralverein before 1914, in: LBI Year Book. London u.a. 1988, 101–106; Arnold Paucker, Der jüdische Abwehrkampf gegen Antisemitismus und Nationalsozialismus in den letzten Jahren der Weimarer Republik. Hamburg 1968 (Hamburger Beiträge zur Zeitgeschichte Band IV); ders., Der jüdische Abwehrkampf, in: Werner G. Mosse (Hg.), Entscheidungsjahr 1932. Zur Judenfrage in der Endphase der Weimarer Republik. Tübingen 1965 (Schriftenreihe wissenschaftlicher Abhandlungen des LBI 13), 405–499.

[17] Zitiert aus: CV-Kalender 1929, 41.

de, änderte der CV gegen Ende der Weimarer Republik schließlich seine Abwehrstrategie. Nach erbitterten internen Auseinandersetzungen bekannte er sich öffentlich zur SPD und dem überparteilichen *Reichsbanner Schwarz-Rot-Gold* als Bündnispartner gegen Antisemiten und Nazis, was ihm einige Sympathien bei jüngeren deutschen Juden einbrachte. 1922 verfügte der CV über 60 000-70 000 direkte Mitglieder, hinzu kamen dem CV angeschlossene Vereine, darunter ein Studentenverband, so daß der CV insgesamt von ungefähr 300.000 deutschen Juden unterstützt wurde.[18]

Gründung

Seit 1895 erschien die Zeitung *Im Deutschen Reich*, die ab 1922 *CV-Zeitung. Blätter für Deutschtum und Judentum. Allgemeine Zeitung des Judentums* hieß. Die gezielte und als notwendig erachtete, den Mitteln der Aufklärung verpflichtete Verbreitung von Literatur über Antisemitismus setzte jedoch erst mit der Gründung des Philo-Verlags ein. Bis 1919 erschienen die Schriften des CV in den verschiedensten Verlagen. Nach den antisemitischen Erfahrungen während des Ersten Weltkriegs und danach war deutlich geworden, daß eine größtmögliche Streuung von Aufklärungs- und Abwehrliteratur gewährleistet sein müsse, um wirksame Arbeit zu leisten, doch die Herstellungs- und Druckkosten bei anderen Verlagen waren sehr hoch. Ziel war zugleich die Gründung einer Institution, *»wo man jüdische Bücher nichtzionistischen Inhalts bekommen«*[19] konnte. Die Ablehnung des Zionismus und damit auch des Jüdischen Verlags war demnach eine nicht zu unterschätzende Triebfeder bei der Gründung des neuen Verlags. Im Zuge der antisemitischen Radikalisierung und des Zuzugs osteuropäischer Juden fürchtete die Leitung des CV fälschlicherweise eine Hinwendung deutscher Juden zum Zionismus. Ludwig Holländer (1877-1936), Syndikus des CV, hatte sich daher schon länger für eine Verlagsgründung eingesetzt.

Der CV-eigene *Gabriel-Riesser-Verlag G.m.b.H.*[20] mit angeschlossenem Sortimentsbuchhandel nahm 1919 die Arbeit auf. Verlagsleiter wurde Holländer. Ende 1919 mußte der Verlag, in dem bereits vier Schriften, darunter Alfred Wiener, *Vor Pogromen?* (1919) und A. Ecksteins, *Die Juden im Heer, eine Kriegsstatistik* (1919, 1933 vergriffen) erschienen waren, auf Betreiben eines längst getauften Neffen Riessers umbenannt werden. Als neuer »Pate« des Verlags fungierte der jüdisch-hellenistische Philosoph Philon von Alexandrien. Nachdem der Verlag nun seinen endgültigen Namen hatte, wurde ein aus den Initialen des Verlags zusammenge-

---

[18] Zahlen laut: Friedrich Battenberg, Das europäische Zeitalter der Juden, Band 2. Darmstadt 1990, 171; Hellmuth F. Braun, Der Philo-Verlag 1919-1938. Ein Berliner Verlag für jüdische Abwehr- und Aufklärungsliteratur, in: Berlinische Notizen, Heft 4. Berlin 1987, 92.
[19] Zitiert aus: Im Deutschen Reich 25/1919, 45.
[20] Der deutsch-jüdische Rechtsanwalt und erste jüdische Richter Deutschlands, Gabriel Riesser (1806-1863), gab den Namen. Er war Zeit seines Lebens für die Gleichstellung der deutschen Juden eingetreten und hatte stets eine gleichwertige identitätsstiftende Verbindung von Deutschtum und Judentum angestrebt.

setzter, auf den Antisemitismus zielender Pfeil als Verlagssignet entworfen, das bis 1938 beibehalten wurde.[21]

4.2 Der Philo-Verlag bis 1933

1919 befanden sich der Philo-Verlag und die Buchhandlung noch in den beengten Räumen des CV, die ebenfalls das Archiv, die Bibliothek sowie die Redaktionsbüros der CV-Zeitung beherbergten; Philo-Verlag mitsamt Buchhandlung zogen 1930 in die Emser Straße.

Von 1919 bis 1922 erschienen unter der Leitung Holländers einige Schriften in sehr hohen Auflagen, z.B. Paul Rieger, *Vom Heimatrecht der deutschen Juden* (1921; drei Auflagen, 25.000 Exemplare); Friedrich Caro, *Vom Judengott* (1920; 10.000 Exemplare); Felix Goldmann, *Die Gefahren der antisemitischen Propaganda für den wirtschaftlichen Wiederaufbau Deutschlands* (1922); Bruno Italiener, *Das Wesen des Antisemitismus* (1920, 2. Auflage 1924), *Waffen im Abwehrkampf* (1920, 2. Auflage 1920, 3. Auflage 1921) sowie *Zur jüdischen Moral. Das Verhalten von Juden gegenüber Nichtjuden nach dem jüdischen Religionsgesetz* (1920) und Broschüren über Ostjuden oder auch die vermeintliche Verbindung von Judentum und Bolschewismus. Es wurden zwei Buchreihen gegründet: 1920 *Das Licht* und 1921 *Zeit- und Streitfragen*.

1922 erfolgte eine personelle Umstrukturierung: Holländer wurde Direktor des CV, neue Leiterin wurde Lucia Jacoby (1889–1942), vorher Redaktionssekretärin der CV-Zeitung. Sie leistete innovative Arbeit und erweiterte das Verlagsprogramm wesentlich.[22] Im selben Jahr wurden die geheimen Richtlinien für den Buchvertrieb festgelegt, d.h. manche Broschüren, die besonders brisante Themen aufgriffen wie z.B. Leitlinien für Lehrer oder eine Untersuchung über die Verbindung von Antisemitismus und Katholizismus, kamen gar nicht in den üblichen Buchhandel oder wurden sogar von einem anderen Verlag (z.B. Hoffmann & Campe) hergestellt. Dies waren Vorsichtsmaßnahmen, um eine Gefährdung von CV und Verlag von vornherein auszuschließen, die deutschen Juden nicht weiterer Diskriminierung auszusetzen und dem Vorurteil vom »allgegenwärtigen jüdischen Einfluß« oder der »Zersetzung« keine zusätzliche Nahrung zu geben.

Ab 1925 erschien *Der Morgen*, die erste Zeitschrift des Verlags und zugleich jüdisches Pendant zur katholischen Kulturzeitschrift *Hochland* und der evangelischen *Zeitwende*, doch bis 1933 konnten lediglich 3000 feste Abonnenten gewonnen werden. Julius Goldstein, Professor der Philosophie an der TH Darmstadt, blieb bis zu seinem Tode im Jahr 1929 Herausgeber und Redakteur der intellektuell-philosophischen Zweimonats-

---

[21] Vgl. zur Geschichte des Philo-Verlags: Hellmuth F. Braun, Der Philo-Verlag 1919–1938. Ein Berliner Verlag für jüdische Abwehr- und Aufklärungsliteratur, in: Berlinische Notizen, Heft 4. Berlin 1987, 90–103; Marbacher Magazin, In den Katakomben, hg. von Ingrid Belke, 16ff; Verlagswerke Philo-Verlag. Berlin 1933.
[22] Vgl. Zu Lucia Jacoby: Ernst G. Lowenthal, Bewährung im Untergang. Ein Gedenkbuch, 2. erw. Auflage. Stuttgart 1966, 81–83.

schrift; sie wurde von der Witwe und dem Rabbiner der Stadt Offenbach (Main), Max Dienemann, weitergeführt; 1933 übernahm Eva Reichmann-Jungmann die Redaktion. 1926 wurde die *Morgenreihe* auf den Markt gebracht, in der Sonderdrucke von Artikeln des *Morgen* erschienen. Die seit 1927 publizierte Serie *Jüdische Siedlung und Wirtschaft* thematisierte die Haltung des CV zur Besiedlung Palästinas. In den Jahren 1921–1933 erschienen sogar zwei Bücher von Franz Rosenzweig (1925, 1926) und ein *Palästina-Reisebericht* von B. Weil und H. Cohn (1927). Mit diesen Publikationen reagierte die Verlagsleitung wohl auch auf die überraschenden Erfolge des Jüdischen Verlags und versuchte, in Fragen des geistigen wie des praktischen Zionismus Stellung zu beziehen, ohne dabei die eigene Haltung und die Verwurzelung in Deutschland aufzugeben

1929 wurde die *Zeitschrift für die Geschichte der Juden in Deutschland* wieder ins Leben gerufen. Sie war 1887–1892 erstmals von Ludwig Geiger herausgegeben worden. Neue Herausgeber der Vierteljahresschrift waren Ismar Elbogen, Aron Freimann und Max Freudenthal. Im Philo-Verlag erschienen auch Romane wie *Zwischen zwei Zeiten* von L. Ascher (1922) und *Der gelbe Fleck* von J. Löwenberg (1924).

Die anti-antisemitische Literatur umfaßte alle möglichen Erwiderungen und Gegendarstellungen der verschiedenen antisemitischen Stereotypen, darunter H. Stern, *Angriff und Abwehr. Ein Handbuch zur Judenfrage* (1. und 2. Auflage 1924). Die herausragendste Abwehrschrift war aber der 1924 erstmals publizierte *Anti-Anti: Tatsachen zur Judenfrage*. Dieses Handbuch erschien bis 1933 in sieben Auflagen mit insgesamt fast 30.000 Exemplaren. In Form einer Loseblattsammlung mit Pappschuber diente es als Handbuch im verbalen Abwehrkampf – nach einer ungefähr zehnminütigen Musterrede gegen den Antisemitismus folgen Zitate berühmter Deutscher, die sich wohlwollend über Juden äußerten; anschließend sind fast 80 antisemitische Schlagworte verzeichnet, die in zum Teil mehrseitigen Artikeln widerlegt werden. Man versuchte, mit wissenschaftlich-rationaler Argumentation dem irrationalen Antisemitismus entgegenzutreten. Anonymer Verfasser des immer wieder erweiterten *Anti-Anti* war Pastor Emil Felden.

Von 1919 bis 1933 publizierte der Philo-Verlag nach dem Verlagsverzeichnis von 1933 insgesamt 152 Titel, primär apologetische Literatur. Hinzu kamen die Bücher und Broschüren, die in dem Verzeichnis nicht aufgeführt wurden.

Seit 1927/28 setzte der CV neue Abwehrstrategien ein. Die neue Arbeit des CV umfaßte Demonstrationen und öffentliche Gegenveranstaltungen zu nationalsozialistischen Kundgebungen, aber auch erste Versuche in breit gestreuter Propaganda. Diese offensive Arbeit von CV und Verlag führte jedoch zu heftigen internen Auseinandersetzungen. Jacoby war wohl bereit, neue Wege des Abwehrkampfes auszuprobieren. Sie betreute schließlich nicht nur den Philo-Verlag, sondern auch noch die Herstellung und den Vertrieb von Flugblättern, Pamphleten und Wahlaufrufen des CV sowie von Sonderdrucken aus der CV-Zeitung. Jacoby ging bis zur Schließung des Verlags diesen pragmatischen Weg unbeirrt weiter, zu dem eben nicht nur die Betonung von Deutschtum und Judentum gehörte, sondern der zugleich politisch pragmatisch und zielorientiert war. 1929 richtete der CV in Berlin eine antinazistische Zentrale ein. Die *Büro Wilhelmstrasse* genannte Niederlassung war zwar räumlich vom CV getrennt, sein Sitz aber doch in dessen Nähe und damit auch in der Nähe der SPD-Parteizentrale. Das Büro gab in vermeintlich eigener Regie antinazistische Publikationen heraus; eine davon war der *Anti-Nazi* – 1930–1932 in drei Auflagen –, das radikalere Pendant zum *Anti-Anti*. Es bestand eine auffällige Ähnlichkeit zwischen *Anti-Anti* und *Anti-Nazi* – sowohl in Format und Form (Loseblattsammlung) als auch in der graphischen Gestaltung. Der Initiator, der CV nämlich, war daher bald bekannt. In einer seiner internen vertraulichen Broschüren, *Das Jahr der Entscheidung* (1932), wird der *Anti-Nazi* als »*Produktion des Philo-Verlags*« bezeichnet. Ob weitere Broschüren des Büros durch den Philo-Verlag, also Jacoby, hergestellt wurden, ist nicht bekannt.

Die Produktion des Philo-Verlags war seit Mitte der 20er Jahre jedoch rückläufig gewesen. Finanzielle Gründe lagen nicht vor, aber es war mittlerweile nahezu alles zum Antisemitismus und dessen Abwehr erschienen, was denk- und machbar war; außerdem konzentrierte man sich auf die neuen Strategien.

Die Bücher waren, im Gegensatz zum bibliophilen Jüdischen Verlag, sehr schlicht gehalten; lediglich auf die Gestaltung der Titel wurde besonderer Wert gelegt. »*In seiner Gesamtheit betrachtet, war der Erfolg der Abwehrleistung sicherlich bescheiden ... Daß rassische Ideologie und antisemitische Haßpropaganda als solche ... nicht erfolgreich mit Vernunftgründen bekämpft werden konnten, ist ... bekannt.*«[23]

5. Die Ausschaltung der jüdischen Verlage 1933–1938

Für die Realisierung der kulturpolitischen Ziele des NS-Regimes erwiesen sich neben Verhaftungen, Emigrationsdruck und Terrorisierung, denen sog. »undeutsche« oder »fremdvölkische« Künstler ausgesetzt waren, auch Inszenierungen wie die Bücherverbrennung am 1. Mai 1933 als wirkungsvoll.[24] Ganz wesentlich waren jedoch die administrativen und gesetzgeberischen Schritte, deren Auswirkungen bis in die Gegenwart reichen. Nachdem im Mai 1933 die Kompetenzrangeleien in der NS-Führung beseitigt waren, wurde der Literaturbetrieb in verschiedene

---

[23] Zitiert aus: Arnold Paucker, Der jüdische Abwehrkampf gegen Antisemitismus und Nationalsozialismus in den letzten Jahren der Weimarer Republik. Hamburg 1968 (Hamburger Beiträge zur Zeitgeschichte Band IV), 145f.
[24] Vgl. zur nationalsozialistischen Literaturpolitik: Jan-Pieter Barbian, Literaturpolitik im Dritten Reich. Frankfurt am Main 1993; Volker Dahm, Das jüdische Buch im Dritten Reich. München 1993, 17–199; ders., Die nationalsozialistische Schrifttumspolitik nach dem 10. Mai 1933, in: Ulrich Walberer (Hg.), 10. Mai 1933. Bücherverbrennung in Deutschland und die Folgen. Frankfurt am Main 1983, 36–83; Dietrich Strothmann, Nationalsozialistische Literaturpolitik. Bonn ⁴1985 (Abhandlungen zur Kunst-, Musik- und Literaturwissenschaft Band 13).

Sparten aufgeteilt; auch wurden zentrale Kontrollinstanzen geschaffen, so das Amt für Schrifttumspflege und die der zentralen Reichskulturkammer angeschlossene Reichsschrifttumskammer (RSK). Wer nicht in einer der Kammern Mitglied war, unterlag einem völligen Verbot künstlerischer Betätigung. Buchhandlungen und jede Art von Verlagen waren gewerbliche Organisationen, weshalb sie und damit auch die Verleger dem Sonderreferat des Reichskulturwalters Hans Hinkel direkt unterstellt wurden.

Maßnahmen zur Ausgrenzung der Juden aus dem Buchwesen verliefen analog zu der allgemeinen antijüdischen Gesetzgebung.[25] Auf Kontrolle und selektive Ausgrenzung folgte die Isolierung, danach die Liquidierung der Verlage und schließlich die Ermordung vieler Autoren und Verlagsmitarbeiter.

Der organisierte Ausschluß von Juden aus dem Buchwesen wurde ab 1935 durch das *Sonderreferat Reichskulturwalter Hans Hinkel betreffend Überwachung der geistig und kulturell tätigen Juden im deutschen Reichsgebiet* betrieben. Hinkel war zugleich Geschäftsführer der Reichskulturkammer.

»*Jüdische Buchverleger und Buchhändler dürfen ihr Gewerbe im deutschen Reichsgebiet nur ausüben unter Beschränkung ihrer Tätigkeit auf jüdische Literatur – soweit sie nicht zur verbotenen und unerwünschten Literatur gehört – und auf ausschließlich jüdischen Abnehmerkreis ... Die jüdischen Buchverlage und Buchvertriebe dürfen die Erzeugnisse der jüdischen Literatur nur an Juden und jüdische Unternehmen und Organisationen liefern ... Die jüdischen Buchverlage bedürfen für die Herausgabe jedes einzelnen Werkes der vorherigen ausdrücklichen Zustimmung des Sonderbeauftragten. Vor der Drucklegung ist jeweils das Manuskript einzureichen, wobei der Nachweis zu führen ist, daß der Verfasser Jude ist.*«[26]

Die noch bestehenden jüdischen Verlage litten unter enormen Absatzschwierigkeiten. Viele deutsche Juden verarmten, viele emigrierten; hinzu kam ein enormer Konkurrenzdruck – trotzdem bestanden im Oktober 1938 noch 78 sogenannte jüdische Buchverlage und Buchvertriebe. Nach dem Novemberpogrom 1938 wurden alle im Ghettobuchwesen noch existierenden Betriebe aufgelöst. Der Reichsbund Jüdischer Kulturbünde unternahm zwischen 1938 und 1942 den genehmigten Versuch, die restlichen Lagerbestände des Buchhandels zu vertreiben. Der Erlös mußte größtenteils dem Reich überwiesen werden.

Bilanz: Die Anzahl der publizierten Bücher verdoppelte sich in den zwangsweise spezialisierten jüdischen Verlagen im Vergleich zu den Jahren vor 1933. Es war ein verzweifeltes, nicht immer auf innerjüdische Resonanz stoßendes, zugleich um die Vergeblichkeit wissendes Aufbegehren von Kultur gegen Unkultur. Doch eine bewußte Rückkehr zu einer rein jüdischen Identität gab es bei einer breiten Mehrheit nicht.

---

[25] Vgl. hierzu: Joseph Walk (Hg.), Das Sonderrecht für die Juden im NS-Staat. Eine Sammlung der gesetzlichen Maßnahmen und Richtlinien – Inhalt und Bedeutung. Heidelberg u.a. 1981.
[26] Hinkel an den Präsidenten der RSK, 4.8.1937, Bundesarchiv Koblenz R56/V102.

»Es gilt, einen Blick auf den jüdischen Alltag unter dem Nationalsozialismus zu richten, auf die mehr oder weniger angestrengten Versuche, Normalität zu wahren, obwohl ein permanenter Ausnahmezustand eingerichtet wurde. Ungewöhnlich anschaulich läßt sich dieser Prozeß an einer fast völlig vergessenen Literatur ablesen. Es ist die jüdische Literatur, die mitten im nationalsozialistischen Deutschland 1933–1938 in jüdischen Verlagen erschien und in jüdischen Buchhandlungen vertrieben wurde.«[27]

6. Jüdischer Verlag und Philo-Verlag seit 1933

6.1 Jüdischer Verlag

Der Jüdische Verlag war bis zur endgültigen Ghettoisierung im Jahr 1937 in einer scheinbar besseren Lage als der Philo-Verlag, der, was die Nazis nicht dulden konnten, stets die Verbundenheit mit Deutschland beschworen und verteidigt hatte. Der Jüdische Verlag hingegen konnte ein zionistisches Programm vorweisen. Der Zionismus wurde im Nationalsozialismus zynisch interpretiert und verdreht, nämlich dahingehend, daß im »zionistischen Sinne« behauptet wurde, Juden seien lediglich Gäste der jeweiligen Nationen und müßten sich in Zukunft in einem eigenen Gemeinwesen zusammenfinden. Zionistische Literatur sei demnach der nationalsozialistischen Ideologie »dienlich«; Ausgrenzung und Auswanderungsdruck wurden als die Erfüllung jüdischer Bestrebungen propagiert.

Eine »Bevorzugung« zionistischer Verlage bestand aber nur in einem weniger rabiaten Ausschluß aus dem offiziellen Buchwesen. Die Zensur jedoch machte auch vor zionistischen Schriften nicht halt. Zahlreiche Bücher des Jüdischen Verlags, die aus der Zeit vor 1933 stammten, wurden beschlagnahmt und vernichtet, darunter *Der jüdische Selbsthaß* von Theodor Lessing (der 1933 im tschechoslowakischen Exil von Nationalsozialisten ermordet wurde) und *Hawdalah und Zapfenstreich. Erinnerungen an die ostjüdische Etappe 1916 – 1918* (1924) von Sammy Gronemann; auch einzelne Bände des besonders verhaßten *Jüdischen Lexikons* wurden verboten. Kaznelson versuchte nach diesen ersten Erfahrungen, verstärkt im Ausland tätig zu sein. Bereits 1931 war in Jerusalem eine Tochtergesellschaft des Verlags gegründet worden, Hozaah Ivrith Co. Ltd. (The Jewish Publishing House). Viele Bücher des Verlags erschienen seit 1933 als Parallelausgaben bei Hozaah Ivrith, die vor 1933 primär Aufgaben wie Vertrieb und Werbung übernommen hatte. Nach 1938 erschienen dort englische Ausgaben oder erweiterte Neuausgaben von Werken des Jüdischen Verlags sowie weiterführende Bände zu bisher publizierten Büchern. Hinzu kamen dann auch gänzlich neue Titel. Über den Export sicherte die Tochtergesellschaft dem Verlag, solange er in Deutschland noch bestand, zusätzliche, wenn auch nur geringe Einnahmen.

---

[27] Zitiert aus: Heribert Seifert, Erpreßte Identität: Jude, in: Semit-Times / 1992, XV.

Trotz der vermeintlichen Begünstigung des Jüdischen Verlags wurde mit dem Verlag selber, seinen Publikationen und Kaznelson ungleich härter verfahren als beispielsweise mit dem ebenfalls zionistisch orientierten Schocken-Verlag. Kaznelson als staaten- und damit rechtlosem Juden war unter anderem wegen seiner unbestreitbaren Bindung an die deutsche Kultur und dem damit einhergehenden scheinbaren Antagonismus zum Zionismus schon frühzeitig eine besondere Überwachung durch das Sonderreferat Hinkel zuteil geworden.

Der Jüdische Verlag war seit 1933 nur noch in sehr begrenztem Maße tätig. Er hatte bereits vor 1933 seinen publizistischen und innovativen Höhepunkt überschritten. Von 1933 bis 1938 erschienen im Jüdischen Verlag insgesamt 17 Titel in 35 Bänden.[28] Das vorwiegend zionistische Programm des Verlags mit seinen vielen umfangreichen theoretischen und historischen Büchern hat das Interesse des Publikums nicht auf sich lenken können; die beiden herausragenden Werke *Jüdisches Fest – Jüdischer Brauch* und *Juden im deutschen Kulturbereich* wurden kurz nach Drucklegung verboten und die meisten Exemplare eingestampft. Zu *Jüdisches Fest – Jüdischer Brauch* sei die folgende Pressestimme angeführt: »*Nun erscheint aber im Jüdischen Verlag das dickleibigste und sicherlich auch schönste dieser Bräuchebücher ... Es enthält viele gute Bilder und Notenbeilagen. Es ist ausgezeichnet gedruckt und sehr geeignet ... überhaupt im jüdischen Hause an sichtbarster Stelle zu prangen. Freilich, es kommt sehr spät, wie denn überhaupt der Jüdische Verlag sehr spät kommt. Wir haben in den Schicksalsjahren des deutschen Judentums wenig von ihm gehört, er hat sich im wesentlichen auf die Herausgabe Herzls und Adolf Böhms beschränkt. Zu den Juden hat er über ihre unmittelbaren Sorgen nicht gesprochen. Um so erfreulicher, daß er es jetzt tut ... Und man muß den Herausgebern gratulieren und dem Verlag (mit einem bösen Seitenblick auf sein geistiges Debetsaldo) dankbar sein.*«[29] Die Rezensionen waren häufig eher gut, doch der Verlag selbst galt als zu statisch: »*Der Jüdische Verlag hat sich von jeher durch seine Tatkraft ausgezeichnet, Werke zu publizieren, deren Charakter eine umfassende Resonanz nicht zuließ, die aber jüdisch und wissenschaftlich gleich wertvoll waren.*«[30] Viele Juden waren nicht gewillt, sich nur noch mit jüdischen Themen zu beschäftigen; es war eher ein Bedürfnis nach Romanen oder Publikationen vorhanden, die nicht allzu vordergründig mit dem umfassenden Thema des Judentums operierten, was der Jüdische Verlag nicht berücksichtigte. Inserate des Verlags in Zeitungen gab es überhaupt nicht, und über die »jüdische« Pres-

---

[28] Vgl. zu den Publikationen: Almanach 1902–1964, Jüdischer Verlag. Berlin 1964, 159–167 sowie die komplette Bibliographie für diese Zeit und die Rezensionen in den einschlägigen jüdischen Zeitungen (CV-Zeitung, Israelitisches Familienblatt, Jüdische Rundschau, Der Morgen); die genauen Angaben sind zu finden in: Susanne Urban, Jüdische Verlage in Deutschland 1933–1938. Jüdischer Verlag und Philo-Verlag, Magisterarbeit (teilveröff.). Darmstadt 1992, 48–75.

[29] Zitiert aus; Joachim Prinz, Buch der Bräuche, in: Israelitisches Familienblatt Nr. 49, 3.12.1936.

[30] Zitiert aus: Dr. Erwin Saenger, Das Geschenk zu Chanukka, in: Israelitisches Familienblatt Nr. 47, 25.11.1937, 4.

se ist nur herauszufinden, daß viele der renommierten Publikationen des Verlags 1937 »verramscht« wurden, z.B. der mehrbändige Talmud.

Nach verschiedenen längeren Aufenthalten in Palästina emigrierte Kaznelson 1937 endgültig und leitete den Verlag aus dem Ausland. Es ist anzunehmen, daß er die Situation einschätzen konnte und das nahende Ende jeglicher wirtschaftlichen Betätigung von Juden im Deutschen Reich sah.[31] Mit Hozaah Ivrith blieb außerdem die Möglichkeit der verlegerischen Tätigkeit im Sinne des Jüdischen Verlags gewahrt.

Nach dem Novemberpogrom 1938, als durch die Brandstiftung in Synagogen usw. deutlich gemacht wurde, daß dem deutschen Judentum jegliche Existenzgrundlage entzogen werden sollte, erhielten alle jüdischen Verlage Liquidationsbefehle zum 31.12.1938.

Nach 1938

Während etliche jüdische Verlage in Deutschland aufhörten zu existieren und es nach 1945 keine reellen Chancen gab, diese Verlage wiederzubegründen, blieb der Jüdische Verlag über Hozaah Ivrith in Jerusalem bestehen. Aber es war Kaznelson während des Krieges und wegen der anhaltend schlechten finanziellen Lage nicht möglich, allzu viele Publikationen auf den Markt zu bringen. Die Zusammenarbeit mit Dvir und Moriah, die in der Weimarer Republik begonnen hatte, aber zwischenzeitlich abgeflaut war, wurde reaktiviert. Hinzu kamen Kontakte zum Jerusalemer Keter Publishing House, und schließlich wurde Hozaah Ivrith an Keter angeschlossen, wobei Kaznelson weiterhin recht unabhängig agieren konnte. 1959 erschien z.B. der *Pentateuch* bei Hozaah Ivrith, 1971 folgten die *Schönsten Lieder der Ostjuden* in der dritten Auflage.

6.2 Philo-Verlag

Die Arbeit von CV und Philo-Verlag änderte sich nach 1933 zwangsweise. Der CV konnte weder seine antinazistische Propaganda noch die Abwehrarbeit fortsetzen, ohne seine Auflösung zu riskieren. Daher wurde er in eine Rechtsschutzorganisation umgewandelt, und es wurde eine Beratungsstelle für Wirtschaftsangelegenheiten eingerichtet. Offiziell wandte sich der CV gegen eine Emigration und forderte den demonstrativen Verbleib der Juden in Deutschland. Erst die Konfrontation mit den »Nürnberger Gesetzen« 1935 ließ den Glauben an eine Änderung der Verhältnisse zusammenbrechen. Der CV leistete nun sogar, wenngleich verhaltene, Auswanderungsberatung.

Der Philo-Verlag reagierte trotz seiner Einbindung in den CV schneller und angemessener auf die neue Situation als dieser. Zunächst mußte aber die Zukunft des Verlags gesichert werden. Jacoby war sich bewußt, weder den »zionistischen Bonus« zu haben, noch die Produktion von Hebraica und Judaica vorweisen zu können. Im Gegenteil: Wegen der Publikatio-

---

[31] Vgl.: Avraham Barkai, Vom Boykott zur Entjudung. Der wirtschaftliche Existenzkampf der Juden im Dritten Reich. Frankfurt am Main 1988.

nen vor 1933 befand sich der Verlag in einer äußerst gefährlichen Situation. Die Zensur schritt auch sofort ein, viele Publikationen wurden indiziert. Anzunehmen ist, daß im Laufe der Zeit die meisten der noch lieferbaren Publikationen aus den Jahren 1919–1933 von den Behörden verboten und eingestampft wurden.

Nach der Aufnahme Jacobys in die RSK konnte der Verlag jedoch weiterarbeiten. Obwohl jüdische Verleger mit Spezialisierung auf »jüdische« Bücher in der Regel erst 1937 aus der RSK ausgegliedert und dem Sonderreferat Hinkel unterstellt wurden, erhielt Lucia Jacoby bereits zum Jahreswechsel 1935/36 die Benachrichtigung über den Ausschluß.

Ausschlaggebend für diese unübliche Vorgehensweise war zum einen die Arbeit des Verlags vor 1933, zum anderen die Anweisung von Reinhard Heydrich, daß *jegliche* assimilatorische Tendenz im jüdischen Kulturleben zu unterbinden sei. Die 1935/36 aus der RSK ausgeschlossenen Buchhändler, auch Jacoby, hatten daher im Prinzip ihre Tätigkeit einzustellen. Die Buchhandlung des Philo-Verlags wäre zu schließen gewesen. Doch Hinkel entschied, daß allen »ordnungsgemäß« eingereichten Beschwerden zunächst entsprochen werden solle. Die Buchhandlungen konnten aber trotz stattgegebenen Einspruchs jederzeit geschlossen werden, da nur noch eine begrenzte Anzahl von jüdischen »Spezialbuchhandlungen« existieren sollte. Jacoby tat daher alles in ihrer Macht stehende, um den Verlag weiterführen zu können, machte zahlreiche Eingaben und erhob vielfach Einspruch.[32] Zugleich wurde in Amsterdam eine Filiale von Verlag und Buchhandlung gegründet: man hoffte, die Verantwortlichen mit der Aussicht auf Beteiligung des Staates an den Erlösen aus Exportgeschäften umzustimmen. Bei der Zweigstelle handelte es sich nur um eine Pro-forma-Gründung. Das Bangen um die Buchhandlung endete abrupt, als Goebbels und Hinkel den ursprünglichen Plan zur Liquidation des jüdischen Buchwesens »zugunsten« der Errichtung eines Ghettobuchhandels fallenließen. Philo-Verlag und Buchhandlung konnten bis zum Dezember 1938 arbeiten.

1936 wurde die *Zeitschrift für die Geschichte der Juden in Deutschland* eingestellt. Sie war seit 1933 nur noch unregelmäßig und in einer Auflage von 500 Exemplaren erschienen. *Der Morgen* wurde im Oktober 1938 eingestellt.

Der Philo-Verlag war trotz aller Schikanen und der üblichen Schwierigkeiten – Verarmung der Juden, Auswanderung der Käufer und Konkurrenz jüdischer Verlage – dem Jüdischen Verlag gegenüber im Vorteil. Er konnte auf die vielen Mitglieder des CV als potentielle Leser und Käufer zählen. Der Philo-Verlag konnte sich auf dem jüdischen Buchmarkt insgesamt besser behaupten als viele andere, kleinere jüdische Verlage, was vor allem an seinen Publikationen lag. Sie waren allesamt recht preiswert, und das Programm war vielfältig. Neben deutsch-jüdischer Gegenwartsliteratur und Lyrik wurden beispielsweise einige anspruchsvolle, aber nicht zu theoretische oder wissenschaftliche historische Bücher sowie die

---

[32] Vgl.: Akte im Berlin Document Center, Leitzordner RSK.

hervorragenden *Philo-Lexika* veröffentlicht. Mit dem neuen Programm berücksichtigte Jacoby die Interessen und Bedürfnisse vieler Juden, nicht nur einer kleinen Gruppe. Von 1933 bis 1938 gab der Philo-Verlag 42 Titel in ebenso vielen Bänden heraus[33] und informierte die deutschen Juden mit zahlreichen ansprechend gestalteten Anzeigen über sein Programm. In vielen Anzeigen warben Verlag und Buchhandlung gemeinsam. Die meisten Inserate sind in der *CV-Zeitung* zu finden, der damals zweitgrößten jüdischen Zeitung in Deutschland. Auf diesem Weg erreichte der Philo-Verlag sehr viele potentielle Leser, vor allem auch jene, die den Verlag aus der Zeit vor 1933 kannten. Man versuchte so, die Stammkunden zu behalten. Gerade in einer Situation, wo die Konkurrenz am jüdischen Buchmarkt besonders groß war, wurde auf die Solidarität der CV-Mitglieder und -Anhänger gebaut. Im *Morgen* gab es ebenfalls viele Anzeigen. Ein wichtiger Grund für die vielen Anzeigen in den CV-eigenen Presseorganen war die Kostenersparnis. Man konnte daher so viele und so große Anzeigen schalten, wie notwendig schien; im September 1936 gab es z.B. eine ganzseitige Anzeige. Über solche Möglichkeiten verfügte der Jüdische Verlag nicht.

Die Zensur griff bei den Büchern des Philo-Verlags nur selten ein. Im Fall des berühmten *Anti-Anti*, der Mitte Januar 1933 in 7. Auflage (29.–32. Tausend) erschien, war die Zensur jedoch besonders scharf. Diese Auflage durfte nur unvollständig ausgeliefert werden. Entfernt werden mußten z.B. die Abschnitte über Antisemitismus und Friedhofs- oder Synagogenschändungen. Um nach dem Reichstagsbrand keinen zusätzlichen Vorwand zu liefern, die Verantwortlichen zu verhaften oder CV und Verlag zu schließen, vernichtete der CV von sich aus alle in seinem Bestand noch vorhandenen Exemplare des *Anti-Anti*. Zwischen Auslieferung und Einstampfen der letzten Auflage vergingen lediglich ein paar Tage, weil das Handbuch erst am 23.2.1933 kurz vor dem Reichstagsbrand angekündigt worden war.

Im facettenreichen Verlagsprogramm erschienen Novellen wie die von Julius Bab, *Rembrandt und Spinoza* (1934). Die *Südafrikanischen Impressionen* von Margarete Edelheim (1936) reihten sich in die verhaltene Auswanderungsförderung des CV ein. Weiterhin gab es noch ein paar »praktische« Bücher des Philo-Verlags, darunter *Staatsangehörigkeit und Staatenlosigkeit* (1933) von Ismar Freund (14. und zugleich letztes Heft der *Morgenreihe*), *Ernährung und Diät* (1935?) von Heti Horwitz-Schiller und ein *Kochbuch für die jüdische Küche* in zwei Ausgaben (1935 und 1937), das vom Jüdischen Frauenbund herausgegeben wurde. 1935 zeigte der Verlag den ersten Band der *Philo-Bücherei* an. Der letzte Band mit der Nummer 7/8 erschien 1937. Die auffallende und beabsichtigte Ähnlichkeit mit der *Schocken-Bücherei* macht deutlich, daß die Idee einer Reihe von kleinen Leseheften nicht unbedingt originell war. Inhaltlich bot der Philo-Verlag in seiner Buchreihe jedoch etwas ganz anderes als Schocken, der

---

[33] Vgl. zu den Publikationen und den Rezensionen: Susanne Urban, Jüdische Verlage in Deutschland 1933–1938.

viele biblische Texte und frühzionistische Literatur veröffentlichte. Jacoby konzentrierte sich vielmehr auf die jüdische Gegenwartsliteratur, was Kurt Pinthus in der CV-Zeitung ausdrücklich lobte.[34] Die größte Resonanz und den größten Erfolg konnte der Philo-Verlag mit seiner Lexika-Reihe erzielen. An erster Stelle ist das *Philo-Lexikon. Handbuch des jüdischen Wissens* zu nennen, das von einem Autorenkollektiv, dem u.a. Emanuel bin Gorion und Hans Oppenheimer angehörten, erarbeitet wurde. Es erschien von 1934 bis 1937 in vier Auflagen von insgesamt 31.000 Exemplaren; jede Auflage wurde erweitert und aktualisiert. Das Lexikon war als eine Beschreibung deutsch-jüdischen Lebens in Vergangenheit und Gegenwart gedacht. »*Noch einmal sollte damit inmitten von Haß und Entrechtung ein Stück jüdischer Identität und ein Stück Selbstbehauptung und Glaubensmut zurückgewonnen werden.*«[35] Schließlich erschien 1938 als drittes Philo-Lexikon der *Philo-Atlas. Handbuch für die jüdische Auswanderung* von Ernst G. Löwenthal als Herausgeber. Der Atlas war das letzte Buch, welches in einem jüdischen Verlag erscheinen durfte. Nach den Pogromen, die dem jüdischen Buchwesen bereits ein inoffizielles Ende bereitet hatten, und im Verlauf der Liquidation des Verlags kam der Atlas im Dezember 1938 auf den Markt. Die Nazis waren an dem Erscheinen des Atlanten interessiert, die Emigration von Juden war erwünscht. Es ist auffallend, daß der Philo-Verlag mit seiner antinazistischen Vergangenheit von der Zensur kaum belangt wurde, während sich der zionistische Jüdische Verlag ihr andauernd ausgesetzt sah. Der ehemalige Verlag für Abwehr- und Aufklärungsliteratur entwickelte sein neues und vielfältiges Programm erstaunlich schnell und verstand es zugleich, der Zensur aus dem Weg zu gehen. Anstatt zu resignieren und die Produktion einschlafen zu lassen, war es der Verlagsleitung ein Anliegen, Aufgaben und Ziele neu zu definieren. Die so lange gepriesene Heimattreue wurde nicht vergessen, aber sie wurde zu einem Thema neben anderen. Die neuen Bücher sollten die Selbstachtung wieder stärken, Hilfen im Alltag sein oder auch nur der gehobenen Unterhaltung dienen.

Während des Novemberpogroms 1938 wurde das Schaufenster der Philo-Buchhandlung eingeworfen, die Innenräume wurden verwüstet. Ebenso wie der Jüdische Verlag erhielt der Philo-Verlag den offiziellen Liquidationsbefehl im Dezember 1938.

Nach 1938

Lucia Jacoby blieb in Deutschland zurück[36], während viele Mitarbeiter von CV, Verlag und Buchhandlung, welche die Emigration gar nicht erwogen hatten, nun doch flohen. Die meisten der von Jacoby vormals be-

---

[34] Vgl.: Kurt Pinthus, Die Philo-Bücherei, in: CV-Zeitung Nr 12, 21.3.1935.
[35] Zitiert aus: Hellmuth F. Braun, Der Philo-Verlag 1919–1938. Ein Berliner Verlag für jüdische Abwehr- und Aufklärungsliteratur, in: Berlinische Notizen, Heft 4. Berlin 1987, 100.
[36] Vgl. zu Lucia Jacobys weiterem Schicksal: Lowenthal, Bewährung im Untergang. Ein Gedenkbuch, 2., erw. Auflage. Stuttgart 1966, 81–83.

treuten Autoren entschlossen sich ebenfalls, Deutschland schnellstmöglich zu verlassen. Ihre Emigrationspläne scheiterten an einem der zahlreichen NS-Erlasse; sie wurde nach Auschwitz deportiert und ermordet.

7. Nach der Shoah: Jüdische Verlage in Deutschland

John F. Oppenheimer, ein in die USA geflohener Mitherausgeber des Philo-Lexikons aus dem gleichnamigen Verlag, sicherte sich die Rechte auf Veröffentlichung eines Nachfolgelexikons in Englisch, doch das Projekt wurde nie realisiert. Es gab nach 1945 einige fehlgeschlagene Versuche, das Lexikon als Neuauflage in Deutschland herauszubringen; erst 1967 erschien bei Bertelsmann ein *Lexikon des Judentums*, das an das Konzept des Philo-Lexikons anknüpfte. Chefredakteur war John F. Oppenheimer, unter den Mitarbeitern befanden sich wiederum Emanuel bin Gorion und E.G. Lowenthal. 1982 brachte der Jüdische Verlag bei Athenäum einen Nachdruck der 3. Auflage des *Philo-Lexikons* von 1936 heraus. Ein weiterer Nachdruck erschien 1992 wiederum im Jüdischen Verlag (nun bei Suhrkamp). Es ist Ironie des Schicksals, daß gerade der ehemalige Verlag der deutschen Zionisten den Nachdruck übernommen hat – immerhin stammt das Lexikon aus dem Verlag seines früheren ideologischen Widersachers. Eine Neugründung wäre in dieser Form nicht möglich gewesen; die Grundlagen des deutsch-jüdischen Verständnisses waren zerstört, und an die zerbrochene Geschichte ließ sich nicht ohne weiteres anknüpfen. Der Philo-Verlag ist heute weitgehend vergessen.

Der Jüdische Verlag wurde 1957 in Westdeutschland neu gegründet, Kaznelson blieb jedoch zunächst in Israel. 1959 erschien die Anthologie *Jüdisches Schicksal in deutschen Gedichten*. Kaznelson selbst, der diese Lyrik-Sammlung konzipierte und herausgab, bezeichnete das Buch im Untertitel als »abschließende Anthologie«. Er war resigniert und schrieb: »*Ist die Tragödie, die man jüdische Geschichte nennt, mit diesem Sturz in den Abgrund zu Ende, oder gilt noch die alte Weissagung: ›Ein Rest wird zurückkehren‹?... Aber selbst diese Hoffnung ist kein Trost. Die jüdische Tragödie ist jenseits jeden Trostes.*«[37] Ebenfalls 1959 erschien die überarbeitete und ergänzte Neuauflage von *Juden im deutschen Kulturbereich*. Kaznelson starb kurz vor Erscheinen. Der Verlag blieb unter der Leitung seiner Erbin Ilse Walter, einer Mitarbeiterin seit den zwanziger Jahren, erhalten. Bis 1978 konnte er sich mehr schlecht als recht behaupten. Der Vertrieb aus den Verlagsbeständen, worunter sich auch Bücher aus den 20er und 30er Jahren befanden, wurde zur Haupteinnahmequelle. 1964 erschien der *Almanach 1902–1964*, die letzte Publikation des Jüdischen Verlags bis zur Übernahme durch den Athenäum-Verlag im Jahre 1978. 1988 meldete Athenäum Konkurs an. Der Jüdische Verlag wurde von zwei Mitgesellschaftern aus der Konkursmasse ausgegliedert, und im Juli 1990 übernahm

---

[37] Zitiert aus: Siegmund Kaznelson (Hg.), Jüdisches Schicksal in deutschen Gedichten. Eine Anthologie. Berlin 1959, 10.

ihn der in Frankfurt (Main) ansässige Suhrkamp Verlag. 1992 wurde der »neue« Jüdische Verlag mit dem Signet von 1901 der Öffentlichkeit präsentiert. Das facettenreiche Programm umfaßt auch einige Neuauflagen der Standardwerke des Jüdischen Verlags aus der Zeit vor 1938. Er ist der einzige wirklich jüdische Buchverlag in Deutschland. Andere Verlage wie die Edition Hentrich in Berlin haben zwar einen Judaica-Schwerpunkt, aber mit diesem Themenkreis allein wäre es heute keinem Verlag auf Dauer möglich zu überleben. Es existieren in der Gegenwart zusätzlich noch einige im Sinn der eingangs zitierten Definition jüdische Zeitschriften wie die *Tribüne*, doch einen zweiten jüdischen Verlag mit breitem Programm suchte man bis vor kurzem vergebens. Inwieweit das unter dem Namen »Philo-Verlag« im Frühjahr 1997 gegründete Unternehmen ein jüdischer Verlag wird oder ein solches Profil entwickeln wird, bleibt abzuwarten.

V
Edith-Stein-Forschung

Die Frau im Denken Edith Steins

In Auseinandersetzung mit Sigmund Freud

Rachel Feldhay Brenner[1]

Edith Steins Verständnis der Frau, entfaltet in ihren Vorträgen und Aufsätzen, weist sie als Erzieherin von hohem Range aus. Es entwickelte sich bei ihrer Lehrtätigkeit und ihren Vorlesungen in Speyer und Münster sowie im Rahmen des Katholischen Lehrerinnen- und Akademikerinnenverbandes in den Jahren 1928 bis 1933. Im fünften Band der Edith Steins Werke[2] sind ihre pädagogischen Schriften zusammengefaßt. Sie stellen eine philosophische, psychologische und theologische Untersuchung über die Eigenart der weiblichen Natur dar, gewähren einen Einblick in die soziale Berufung der Frau und geben den Entwurf eines adäquaten Erziehungssystems wieder.

E. Steins Theorie über die Frau und ihre praktische Bildungsarbeit sind von der unmittelbaren Vorkriegszeit geprägt, weisen aber bemerkenswerte Übereinstimmungen mit Positionen der Nachkriegszeit auf. Die folgende Studie will E. Steins Sicht der Frau im Vergleich mit modernen Denkern erhellen und die Breite ausleuchten, in der sie bedeutsam für die gegenwärtigen Diskussionen ist. Das läßt E. Stein in neuem Licht erscheinen: als soziokulturelle Denkerin und als Vorläuferin von Einstellungen, Meinungen und Fragen der heutigen Frauenbewegung.

Frau und Kultur: Sigmund Freud und Edith Stein

E. Steins Denken über die Frau erwächst großenteils aus ihrer heftigen Reaktion auf die gesellschaftspolitische Situation Deutschlands. Dies äußerte sich in ihren Vorlesungen über Frauenbildung der späten zwanziger und frühen dreißiger Jahre und konstituierte sich darin als Antwort auf die katastrophale Wirtschaftskrise und den bedrohlichen Machtanstieg der nationalsozialistischen Partei. E. Stein erkannte deutlich die Notwendigkeit

---

[1] Der Originaltitel lautet: Edith Stein: A Contemporary Perspective on Her Feminist Thought. Dem Text ist folgendes Motto vorangestellt: »Ein feministisches Bewußtsein zu entwickeln bedeutet, die Wahrheit über sich selbst und seine Gesellschaft zu begreifen. (...) Was Feministinnen als das Eigentliche erfassen, wird vom Licht des Seinsollenden erhellt.« S.L. Bartky, Beschreibung des feministischen Bewußtseins. Feminismus und Philosophie. Totowa: Littlefield 1977, 35–37. »Es lebt in ihr (der Frau) das Verlangen nach einer unverkümmerten Entfaltung ihrer Persönlichkeit, aber kaum weniger danach, den Menschen in ihrer Umgebung zur unverkümmerten Entfaltung zu verhelfen.« Edith Stein, Die Frau. Ihrer Aufgabe nach Natur und Gnade. Edith Steins Werke, Bd.V, Freiburg 1959, 37. Aus dem Amerikanischen von Renate M. Romor.
[2] Edith Stein, Die Frau. Ihre Aufgabe nach Natur und Gnade.

einer Erneuerung des Frauenbildungswesens und formulierte: »Wir müssen uns klar sein, daß wir in den Anfängen einer großen Kulturumwälzung stehen.«[3]

Als Phänomenologin erblickte E. Stein im Fehlen angemessener Erziehungs- und Bildungsmöglichkeiten künftiger Staatsbürger den Ursprung drohender Zerstörung der Grundlagen von Kultur und Zivilisation. »Die Zerrüttung des Ehe- und Familienlebens« sowie die Auflösung der Moral[4] sah sie im Zusammenhang mit dem anwachsenden politischen Terror. In den Nationalsozialisten erblickte sie eine Kraft, »die kein organisches Gebilde gelten läßt, sondern alle Individuen wie gleiche Atome in einen mechanistisch geregelten Wirtschaftsbetrieb einbauen will« und »die Menschentum und Geschlechterverhältnis rein biologisch wertet«.[5] E. Stein stellte »bei der gegenwärtig stärksten Machtgruppe« die Absicht fest, die Frau zur »Rassenzüchtung« und in der Politik als »wirtschaftlichen Faktor« zu mißbrauchen und damit »eine Durchstreichung« der emanzipatorischen »Entwicklung der letzten Jahrzehnte« zu bewirken.[6] Deshalb drängte E. Stein die Frauen, politisches Bewußtsein aufzubauen. Sie versuchte, ihnen zu erklären, »daß von dem Gebrauch, den sie von ihren politischen Rechten machen, die Gestaltung der gesamten politischen Lage abhängt«. Es liege in ihrer Verantwortung, »heute die Sache des Friedens und der Völkerverständigung als ihre Sache anzusehen«.[7]

E. Stein, durch die politische Situation selbst gefährdet, sieht die Rolle der Frau in einer Krisenzeit phänomenologisch. Diese Sicht übersteigt die Ebene politischen Engagements. »Angeborene Eigenschaften«, »natürliche Neigungen«, »besondere soziale Interessen« bezeichnen das weibliche Geschlecht als moralische Kraft, welche die Möglichkeit in sich trägt, die kranke Gesellschaft zu heilen und die Werte der Kultur wiederaufzurichten. »Ja, man kann sagen, gerade hier, wo jeder in Gefahr ist, ein Stück Maschine zu werden und sein Menschentum zu verlieren, kann die Entfaltung der weiblichen Eigenart zum segensreichen Gegengewicht werden«[8], bemerkt E. Stein.

Der Gedanke, die Frau besitze die Fähigkeit, die Menschlichkeit in einer dem moralischen Zusammenbruch entgegensteuernden Gesellschaft zu retten, ist nicht allein deshalb wichtig, weil er ihr soziales Gewicht verstärkt. Er erhebt sie als Schützerin und Retterin der gefährdeten Tradition menschlicher Kultur über den Mann. Dies vermittelt den Glauben an mögliche Rettung und verweist auf die Frau als Quelle moralischer Gesundung der Welt.

Die volle Bedeutung von E. Steins Denken kann im Vergleich mit der pessimistischen Sicht ihres berühmten Zeitgenossen Sigmund Freud bes-

---

[3] Edith Stein (wie Anm. 2), 99.
[4] Ebd. 95–96.
[5] Ebd. 157.
[6] Ebd. 103.
[7] Ebd. 100.
[8] Ebd. 8.

ser gewürdigt werden. In seiner Abhandlung *Das Unbehagen in der Kultur*[9] beobachtet auch Freud bestürzt den bevorstehenden Zusammenbruch der westlichen Kultur. Anders als E. Stein jedoch setzt er kein Vertrauen in eine Wiederaufrichtung moralischer Werte. Er sieht in der Kultur einen Mechanismus, der libidinöse und aggressive Triebe durch Selbstbestrafung mit Schuldgefühlen und Angst unterdrückt. Die sich entwickelnde Krise bezeichnet Freud als den Ausbruch unterdrückter Triebe gegen die »ethischen Forderungen des Kultur-Über-Ichs«[10]. Die »Schicksalsfrage« nach dem Überleben des Kulturmenschen lautet für ihn, »ob und in welchem Maße es der Kulturentwicklung gelingen wird, der Störung des Zusammenlebens durch den menschlichen Aggressions- und Selbstvernichtungstrieb Herr zu werden«.[11]

Ihre phänomenologische Betrachtungsweise läßt E. Stein annehmen, daß die Werte von Moral und Menschlichkeit angeborenen Bedürfnissen entspringen. Daraus folgert sie, daß ein geeignetes Bildungssystem deren Gültigkeit wiederherstellen kann. Im Gegensatz dazu erkennt Freud in der Kultur keineswegs einen Ausdruck innerer menschlicher Bedürfnisse. Sie konstituiert für ihn vielmehr einen wechselseitigen Prozeß, der durch Eigeninteressen angefacht wird. »Der Kulturmensch«, so Freud, »hat für ein Stück Glücksmöglichkeit ein Stück Sicherheit eingetauscht.« Wo E. Stein ethische Wieder-Erziehung für möglich hält, sieht Freud »Schwierigkeiten (...) die dem Wesen der Kultur anhaften und die keinem Reformversuch weichen werden«.[12]

In Freuds Sicht sind einige dieser Hindernisse durch die feindselige Haltung der Frauen gegenüber der Kultur charakterisiert. Er behauptet, daß sich Frauen hauptsächlich auf »die Interessen der Familie und des Sexuallebens konzentrieren und von Männern zu Teilsublimierungen« gezwungen werden, denen sie »wenig gewachsen sind«. Die »Kulturarbeit« leisten die Männer, die ihre Libido im Zaum halten müssen, um ihre Aufgaben bewältigen zu können. Die Frauen als Sexualobjekte sehen sich »durch die Ansprüche der Kultur in den Hintergrund gedrängt« und behindern den Prozeß.[13] Nach Freud war es das ursprüngliche Gleichgewicht von Eros und Ananke (Liebe und Notwendigkeit), gegründet auf den Vollzug sexueller und zeugungsmäßiger Erfordernisse, das in der fernen Vergangenheit für harmonische Mann-Frau-Beziehungen sorgte. Dieses Gleichgewicht ist zerbrochen: Während der Mann in die höhere Sphäre der Sublimierung aufstieg, blieb die Frau auf der niedrigeren Entwicklungsstufe der »genitalen Liebe« zurück.[14]

---

[9] Sigmund Freud, Das Unbehagen in der Kultur. Frankfurt am Main 1972.
[10] Ebd. 126.
[11] Ebd. 128.
[12] Ebd. 105.
[13] Ebd. 96.
[14] Für Judith Plaskow ist es evident, daß »in Freuds Werk Natur und Rolle der Frau in Beziehung zu männlichen Maßstäben definiert und absolut gesetzt sind« (Sex, Sin and Grace. Women's Experience and the Theologies of R. Niebuhr and P. Tillich. Washington 1980, 30–31).

Freud und Stein präsentieren gegensätzliche Ansichten im Blick auf die Zukunft der Kultur. Von daher ist es interessant, eine Ähnlichkeit in beider Denken feststellen zu können: Beide sehen an einem bestimmten Punkt der menschlichen Geschichte eine harmonische, sich gegenseitig ergänzende Koexistenz von Mann und Frau. Doch darf die Diskrepanz der beiden Denker nicht übersehen werden: die von der Evolution, beziehungsweise die von der biblischen Schöpfungsgeschichte geformte Denkweise. Freud als Evolutionist ordnet jene männlich-weiblichen Interaktionen einer primitiven Stufe menschlicher sozial-psychologischer Entwicklung zu, während Stein sie als Status der Vollendung vor dem Sündenfall betrachtet, der ein Erlösungsmodell konstituiert, das der gefallenen Menschheit zum Vorbild dient.

Die feministische Lesart der Hl. Schrift

Ich bin davon überzeugt, daß E. Steins theologische Orientierung, entstanden beim Lesen der biblischen Schöpfungsgeschichte, den Kern ihres feministischen Denkens bildet.

Ihre auf Textanalysen gestützte Sicht von Adam und Eva, die als gleichwertiges Gegenüber geschaffen sind, kommt in ihrem philosophischen und theologischen Denken über die Frau und ihre soziale Wirksamkeit zum Ausdruck. Es ist deshalb notwendig, einige Schriftstellen in E. Steins Interpretation vorzulegen. In ihrer Lesart der Schöpfungsgeschichte ist Adam und Eva »die dreifache Aufgabe gestellt: Gottes Ebenbild zu sein, Nachkommenschaft hervorzubringen und die Erde zu beherrschen«. Außerdem heißt es, daß bei der Erschaffung der Frau aus dem Mann keine Unterordnung enthalten ist; im Gegenteil, sie wurde geschaffen als seine andere Hälfte: »(...) Aber für Adam fand sich keine Gehilfin, die ihm entsprach.« Sie ist die *eser kennegdo*, was E. Stein wörtlich aus dem Hebräischen mit »eine Hilfe, wie ihm gegenüber« übersetzt. Mann und Frau aus dem Paradies sind Gegenstücke, die nicht identisch sind, sondern sich ergänzen »wie eine Hand die andere«[15] und dazu bestimmt sind, ein Körper zu werden. E. Stein führt weiter aus:

»Von einer *Herrschaft* des Mannes über die Frau ist hier nicht die Rede. *Gefährtin* und *Gehilfin* wird sie genannt, und es wird vom Mann gesagt, daß er ihr anhangen werde und daß beide *ein* Fleisch sein würden. Damit ist angedeutet, daß das Leben des ersten Menschenpaares als die innigste Liebesgemeinschaft zu denken ist, daß sie wie ein einziges Wesen zusammenwirken in vollkommener Harmonie der Kräfte.«[16]

Der Sündenfall zerstörte die Harmonie, weil er ein neues Element einführte, das die vollkommene Ergänzung von Mann und Frau zerbrach. Der Fall stattete Adam und Eva nicht mit mehr, sondern mit einer besonderen Erkenntnis aus, so »daß Mann und Weib sich mit anderen Augen an-

---

[15] Edith Stein (wie Anm. 2), 19.
[16] Ebd. 20.

sahen als vorher«[17]; denn »die Begierde ist in ihnen aufgewacht«.[18] Seitdem ist »das Gefährtenverhältnis (...) ein Herrschaftsverhältnis geworden, das vielfach in brutaler Weise ausgeübt wird«, ein Verhältnis von Herr und Sklavin. In einer ironischen Umkehrung stellt E. Stein Freuds Behauptung in Frage, daß die Neigung des Mannes zum Kulturschaffen größer als die der Frau sei: Nach dem Fall wird »nicht mehr nach den natürlichen Gaben der Frau« gefragt, sondern sie wird »als Mittel zum Zweck ausgenützt im Dienst eines Werkes oder zur Befriedigung der eigenen Begierde«. Doch während die Frau zu des Mannes Lust bereit ist, »geschieht es dann leicht, daß der Despot zum Sklaven der Begierde« wird. Und somit haben sich die paradiesischen Verhältnisse von Freiheit und Harmonie total verkehrt, wenn der Mann vielleicht »zum Sklaven der Sklavin« wird, die ihn befriedigen soll.[19]

Ein Vergleich von E. Steins Lesart der Schöpfungsgeschichte und des Sündenfalles mit der einer modernen Theologin, Phyllis Trible[20], verrät Gemeinsamkeiten, die E. Steins Denken über das Weibliche bestätigen. Tribles Übersetzung von ›eser kennegdo‹ als »eine Hilfe, die Gegenstück ist« und ihre Folgerung daraus, daß »die Frau die Hilfe ist – dem Manne gleichgestellt« [21] bestärkt E. Steins Interpretation der ursprünglich harmonischen Ergänzung von Mann und Frau. Noch bezeichnender ist Tribles Auffassung, daß die Herrschaft des Mannes nach dem Fall die Schöpfungsordnung verkehre, ein Gedanke, der beinahe wörtlich E. Steins Position wiederholt. Trible stellt fest: »Unterwerfung und Herrschaft sind Verkehrungen der Schöpfung. Die Frau wurde durch Ungehorsam Sklavin. (...) Der Mann ist ebenso entartet, da er zum Herrn geworden ist, über die eine herrschend, die ihm gottgewollt gleichgestellt ist. (...) Wir Frauen und Männer wissen nun, daß das Leiden und die Unterdrückung Zeichen unseres Falles sind, nicht unserer Erschaffung.«[22]

Trible beschließt ihre Interpretation, indem sie aufzeigt, daß wir »in den Tagen der Frauenbewegung nicht länger die traditionelle Exegese« der Schöpfungsgeschichte akzeptieren müssen und daß die feministische Interpretation, die uns erklärt, daß wir »Unterdrückte« geworden sind, uns »Möglichkeiten für eine Änderung, für eine Rückkehr zu unserer wahren Befreiung in Gott eröffnet«.[23] Im Vergleich mit E. Steins ähnlicher Auslegung der Geschichte klingt diese Erklärung fast überholt. E. Stein *erkennt* nicht nur in der biblischen Erzählung einen befreienden Text, sie *nützt* ihn auch zu einem Versuch, etwas von der ursprünglichen Freiheit wieder-

---

[17] Ebd. 22.
[18] Ebd. 21.
[19] Edith Stein (wie Anm. 2), 31.
[20] Phyllis Trible, Eve and Adam: Genesis 2–3, in: Woman Spirit Rising: A feminist Reader in Religion. Eds. Carol P. Christ and Judith Plaskow. San Francisco 1979.
[21] Ebd. 75.
[22] Ebd. 80–81.
[23] Ebd. 81.

herzustellen, in einer Welt, in der Tyrannei und beispiellose Unterdrückung herrschen.

E. Stein nützt das »Befreiende« der Schöpfungsgeschichte vor allem auch, um die ›schiefe‹ Darstellung der Frau im Neuen Testament, besonders in den Briefen des hl. Paulus, zu korrigieren. Sie sieht in dessen unnachgiebiger Sicht der weiblichen Unterordnung ein Zeichen, das den Zustand der gefallenen Menschheit widerspiegelt. Statt zu versuchen, »die ursprüngliche und die Erlösungsordnung« miteinander in Einklang zu bringen, die den direkten Kontakt zwischen Gott und der ganzen Schöpfung betont, beharrt der Apostel auf »der Annahme einer Mittlerstellung des Mannes zwischen dem Erlöser und der Frau«.[24] Er fordert, die Frau solle zu ihrem Mann in der gleichen Weise stehen, wie die Kirche zu Christus, und deshalb soll »das Weib aber (...) seinen Mann fürchten«.[25]

E. Stein hinterfragt Paulus' Analogie, indem sie uns darauf hinweist, daß die Gemeinschaft von Christus und der Kirche »ein symbolisches Verhältnis ist«[26] und der »Mann nicht Christus *ist*«.[27] Das Verhältnis von Gatte und Gattin sollte deshalb eine andere Form annehmen, die sie metaphorisch in einem gesellschaftspolitischen Kontext sieht: Für den Gatten, der nicht vollkommen ist, »kann es höchste Weisheit sein, seine Mängel durch die Gaben des ergänzenden Gliedes ausgleichen zu lassen (wie es höchste Staatsweisheit des Regenten sein kann, den überlegenen Minister regieren zu lassen)«. Während E. Stein mit Paulus darin übereinstimmt, daß der Mann (Haupt) die Macht über seine Frau (Leib) hat, fordert sie jedoch, daß er seine Kraft dafür einsetzt, die Gaben und Talente der Frau zur Entfaltung zu bringen, um zum Heil des ganzen Leibes beizutragen.[28]

E. Stein untermauert ihre kühne Behauptung, Paulus habe mit seiner Sicht der Unterordnung der Frau unrecht, mit einer dreifachen Argumentation: Jesu Verbot der Scheidung, die Konstitution des Ideals der Jungfrau-Mutter[29] und die Anwesenheit von Frauen unter Jesu nächsten Vertrauten.[30]

E. Stein hebt hervor, daß Jesus im Verbieten der Scheidung auf das sich ergänzende Zusammenleben von Mann und Frau vor dem Fall verweist und somit die Ordnung, die bei der Schöpfung gesetzt wurde, bekräftigt: »Sie werden zwei in einem Fleisch sein«. Seinen Schülern sagt er: »Was Gott verbunden hat, soll der Mensch nicht trennen«.[31] Nach E. Stein erneuert Jesus mit diesen Worten die ursprüngliche Ordnung der paradiesischen Verhältnisse zwischen Mann und Frau und richtet die Erlösungsordnung auf.

---

[24] Edith Stein (wie Anm. 2), 25.
[25] Ebd. 26.
[26] Ebd. 26.
[27] Ebd. 27.
[28] Ebd. 27.
[29] Ebd. 24.
[30] Ebd. 28.
[31] Ebd. 24.

Das Konzept der Jungfrau-Mutter bedeutet für E. Stein eine Betonung der zentralen Stellung der Frau in der christlichen Theologie, indem es die Frau untrennbar mit der Erlösung verknüpft. Weil der Heiland von ihr geboren wurde, ist sie »die Pforte, durch die Gott in das Menschengeschlecht Eingang fand«. Mehr noch: weil es richtig ist, daß eine Frau »im Mann das Abbild Christi ehren« soll, ist es auch wichtig, daran zu denken, daß sie »selbst das Abbild der Gottesmutter« und als solches »selbst Abbild Christi« ist.[32] Anders gewendet: weil ihr Bild in Christus eingeprägt ist, ist die Frau nicht nur dazu ausersehen, bei der Erlösung zu helfen. Obzwar sie Mensch ist, repräsentiert und reflektiert die Jungfrau-Mutter die Heiligkeit der Erlösung. »Sie ist Mit-Erlöserin an der Seite des Erlösers«, erklärt E. Stein.[33]

Die historische Tatsache, daß Jesus Frauen unter seinen nächsten Vertrauten hatte, stellt einen weiteren Beweis dafür dar, daß es für den »Heilsweg keinen Unterschied des Geschlechtes gibt«.[34] Das Einssein mit Jesus ist für Männer und Frauen möglich, Jesus nachzufolgen und dem Herrn nachzueifern für Mann und Frau gleich verpflichtend. Paulus' Behauptung, der Mann sei Mittler zwischen Frau und Jesus, weist E. Stein mit seinen eigenen Worten aus dem Galaterbrief zurück, welche die Gleichstellung von Mann und Frau in ihrem Einssein in Jesus klar bezeugen: »(...) Das Gesetz war unser Erzieher in Christo, damit wir aus dem Glauben gerechtfertigt würden. Da aber der Glaube gekommen ist, sind wir nicht mehr unter dem Erzieher (...) Es ist nicht Jude noch Grieche, nicht Sklave noch Freier: *es ist weder Mann noch Weib*. Denn alle seid ihr eins in Christo Jesu.«[35]

In ihrer Studie *Frauen in der frühen christlichen Bewegung* behandelt Elizabeth Schüssler Fiorenza[36] das Thema der Frauenrolle in der frühen christlichen Bewegung, und ähnlich wie E. Stein kommt sie zu der Einsicht, daß »es nicht beweisbar ist, daß Jesus als Jude des ersten Jahrhunderts keine Schülerinnen hatte«.[37] Sie stellt fest, daß alle vier Evangelien nicht nur Frauen in der Jüngerschaft Jesu erwähnen, sondern sie als die mutigsten seiner Schüler herausstellen.[38] Fiorenza wiederholt so E. Steins Argumentation und verweist wie sie auf das berühmte Pauluswort aus dem Galaterbrief. Daraus schließt sie, daß »Frauen keine Randfiguren in dieser Gemeinschaft waren, sondern die Führung als Apostel, Prophetinnen und Missionarinnen übernahmen«.[39] Obgleich Fiorenza auf die Bedeutung ihres Untersuchungsergebnisses im Hinblick auf die Kirche von heute nicht eingeht, bringt ihre Forschung das dringende Problem der

---

[32] Ebd. 29.
[33] Ebd. 149.
[34] Ebd. 35.
[35] Ebd. 28. Gal. 3,28.
[36] Elizabeth Schüssler Fiorenza, Woman in the Early Christian Movement, in: Woman Spirit Rising (wie Anm. 20).
[37] Ebd. 87.
[38] Ebd. 88.
[39] Ebd. 89.

Frauenordination nahe: Die zentrale Führungsposition von Frauen zur Zeit Jesu stellt einen Präzedenzfall dar, der bei Diskussionen um das Priesteramt von Frauen ernsthaft in Erwägung gezogen werden sollte.

Auch E. Stein zieht diesen Bogen, wenn sie die Diskussion über Frauen als Jesu Nachfolger und Gesandte mit dem dringlichen Problem der Stellung der Frau in der Kirche verbindet. Für sie ist es jedoch nicht richtungsweisend, Frauenordination zu befürworten. Sie stellt fest, daß zwar »unter seinen (Jesu) Jüngern und nächsten Vertrauten Frauen sind – aber das Priesteramt hat er ihnen nicht verliehen«. Sie verficht ihren konservativen Standpunkt mit der Überlegung: »Zum Ordensstand sind zu allen Zeiten Frauen wie Männer berufen worden«, doch ist »die eigentliche priesterliche Tätigkeit den Männern vorbehalten«.[40] Sie sagt richtig voraus: »Es mag wohl sein, daß diesem Verlangen eines Tages Gehör gegeben wird«, daß nämlich Frauenämter in der Kirche anerkannt werden, wie es von den »kämpferischen Bewegungen« gefordert wurde.[41] Obgleich sie klar und offen Abstand nimmt, das Priesteramt für Frauen zu befürworten, wird E. Steins vorurteilslose und intellektuelle Unparteilichkeit in ihrem Zugeständnis deutlich, daß einer solchen »bislang unerhörten Neuerung (...) *dogmatisch* nichts im Wege steht«.[42]

Eine Definition der weiblichen Einzigartigkeit

E. Steins Abneigung, sich mit der Frage der Frauenordination zu identifizieren, ist Zeichen für ihre feministische Orientierung. Als die Weimarer Verfassung die Erfüllung der meisten Frauenforderungen brachte, wandelten sich, wie E. Stein bemerkte, die Ziele der Frauenbewegung. Sie verschoben sich vom »Individualismus«, das heißt von der Tendenz, Männer und Frauen als Individuen zu sehen, die gleichermaßen fähig sind, die gleiche Berufsarbeit zu leisten, in das Gewahrwerden der Eigenart der Frau, das heißt ihrer Einzigartigkeit als Frau.[43] E. Steins Interesse gilt der Untersuchung der Besonderheit der weiblichen Spezies – des *Eigenwerts* der Frau und ihrer Verwirklichungsmöglichkeit in ihrer familiären und sozialen Rolle.

Ich habe E. Steins theologische Interpretation der Frau aus der Schrifterzählung aufgezeigt. Die paradiesische Gleichstellung von Mann und Frau beherrscht auch ihre wesenhafte Unterscheidung der männlichen und weiblichen Spezies. Ihre Schau des biblischen Textes ermöglicht ihr, die Mitwirkung der Frau bei der Wiederherstellung der Erlösungsordnung zu bedenken.

E. Stein bleibt jedoch nicht bei einer theologischen Spekulation über den Zustand der Frau vor und nach dem Sündenfall stehen. Ihr angestrebtes Ziel liegt in der Dringlichkeit der Entfaltung einer gesellschafts-

---

[40] Edith Stein (wie Anm. 2), 42.
[41] Ebd. 43.
[42] Ebd. 43.
[43] Ebd. 207.

politischen Praxis. Wie wir sahen, ist es das Thema der Steinschen Aufsätze, ein Bildungssystem für Frauen zu entwickeln, das dem fortschreitenden moralischen Zusammenbruch der Menschlichkeit entgegenarbeitet. Erziehung setzt Veränderung und Entwicklung voraus. Die Errichtung eines Bildungssystems und sein Erfolg hängen von der Anpassungsfähigkeit des Systems an die angeborenen Eigenschaften seiner Empfänger sowie von der Breite ihrer Entwicklungsmöglichkeiten ab.

E. Stein faßt die Erörterung über geeignete Bildung mit einigen gezielten Fragen über Bildungsorientierung und geschlechtliche Eigenart zusammen: Wirkt sich der Geschlechtsunterschied auf den Geist aus? Wenn ja, sollte Geistesbildung ohne Rücksicht auf Geschlechtsunterschiede angestrebt oder sollten nicht vielmehr die natürlichen Anlagen beider Geschlechter entwickelt werden? Mit anderen Worten: Können Intellekt und Körper getrennt werden, und steht jeder von ihnen für sich selbst, oder stellen nicht vielmehr Körper und Geist eine Einheit dar, die wir als männlich oder weiblich definieren, und sollte sie nicht deshalb in Übereinstimmung mit ihrer jeweiligen Eigenart entwickelt werden?[44] Diese Fragen führen E. Stein zu einer philosophischen Betrachtungsweise der menschlichen Spezies, präziser: zu einer phänomenologischen Erkenntnisfunktion, das heißt zu einer »Erkenntnisleistung, die an konkreten Gegenständen ihre allgemeine Struktur zur Abhebung bringt«.[45] Die Erkenntnisfunktion bezeichnet eine Abstraktion, die besagt, daß das Individuum, ob männlich oder weiblich, durch unsere Fähigkeit, den Gegenstand abstrakt zu sehen, in Begriffen von Spezies und Typus erfaßt werden muß. Es ist unmöglich, das Allgemeine beim Studium der Individuen festzustellen, weil jedes Individuum unwiederholbar und deshalb nicht abstrahierbar ist. So arbeitet jede Beschreibung eines Individuums mit Typenbegriffen.[46] Die Psychologie hilft uns, die Typen in ihrem Wechsel und Verhalten auf sich verändernde Beweggründe und Umstände zu verstehen. Die Einteilung wiederum verhilft dem Bildungssystem dazu, Bildungsmethoden einzelnen Typen anzugleichen.

Verhaltensänderungen und Bildungsmodifikationen können jedoch nur innerhalb der Schranken wirksam werden, die von den unverrückbaren Vorschriften für das Doppelwesen gesetzt sind: Mann und Frau, Spezies Mensch. Die Differenzierung der Geschlechter ist unveränderbar: »Es ist nicht nur der Körper verschieden gebaut, es sind nicht nur einzelne physiologische Funktionen verschieden, sondern das ganze Leibesleben ist ein anderes, das Verhältnis von Seele und Leib ist ein anderes«[47] bei Mann und Frau, stellt E. Stein fest, und diese Differenzierung erlaubt uns, von der einzigartigen Natur der Frau zu sprechen.

---

[44] Ebd. 133.
[45] Ebd. 126.
[46] Ebd. 124.
[47] Ebd. 138.

Mütter/Töchter und die einfühlsame Weltanschauung der Frau

E. Steins philosophisch-theologische Untersuchung über »Das Wesen der Frau« als verschieden von dem des Mannes, widerspricht nicht ihrer feministischen Interpretation der Schöpfungsgeschichte. Sie stellt fest: »Diese Differenzierung der Spezies, wie sie philosophisch herauszustellen ist, entspricht der Bestimmung der Geschlechter, wie sie uns die Theologie zeigt.«[48] Die besonderen Bestimmungen von Mann und Frau, das heißt ihre sozialen Aufgaben als Beschützer und Erzieher, wie sie ihnen in der Schöpfungsgeschichte zugewiesen werden, sind durch den philosophischen Schluß von der Unteilbarkeit von Leib und Seele und dem untrennbaren Wesen von Physiologie und Geist nochmals bekräftigt. E. Steins theologische, philosophische und psychologische Betrachtungen der Frau laufen also in der Prämisse zusammen, daß die Typologie der Frau größtenteils psychisches Make-up ist, determiniert durch ihre biologische Funktion der Reproduktion. Die Realität von Tochter- und möglichem Muttersein orientiert sich an der sozialen Aufgabe der Frau und bildet ihre *Weltanschauung*. Daraus folgt, daß die angeborene Eigenschaft, Erzieherin zu sein, die Typologie der weiblichen Persönlichkeit bestimmt, deren Mitte das Selbst in Beziehung zu anderen ist.

In ihrer Studie *Das Erbe der Mütter*[49] zeigt Nancy Chodorow auf, wie das weibliche Geschlecht von Mutter und Tochter dazu neigt, »Verschmelzung von Identifikation und Objektwahl« zu fördern. Die Mutter, die in die Beziehung zu ihrer Tochter »die eigene verinnerlichte, frühe Mutterbeziehung (...) einbringt«, schafft ein Modell, das Verbundenheit, Kontinuität und Beziehungsfähigkeiten betont. Das frühe Bewußtsein der »Weltverbundenheit«, die soziale Prägung, die mit der Geburt beginnt, erklärt die Einheit zwischen Mutter und Kind.[50] Diese Verbundenheit ist später der Grund für die Ambivalenz der Mutter, die »ihren Töchtern nahe sein und sie dennoch in das Erwachsensein befördern« will, sowie für die Ambivalenz der Tochter, die versucht, »mit jeder Frau – wenn sie nur nicht die Mutter ist – zu verschmelzen«, und »dadurch doch nur ihre Gefühle von Abhängigkeit und primärer Identifikation mit dieser Mutter« ausdrückt.[51]

Im folgenden möchte ich beweisen, daß E. Steins Erörterung der Mutter-Tochter-Beziehung zu einem bemerkenswerten Teil Chodorows Untersuchungen vorzeichnet. In E. Steins Verständnis ist die Interaktion zwischen Mutter und Tochter von dem Gefühl der Verbundenheit, der Fürsorge und der Führung gekennzeichnet. Einerseits ist das Dasein für ihr

---

[48] Ebd. 138.
[49] Nancy Chodorow, The Reproduction of Mothering: Psychoanalysis and the Sociology of Gender. Berkley 1978. Deutsche Ausgabe: Das Erbe der Mütter. Psychoanalyse und Soziologie der Geschlechter. Aus dem Amerikanischen von Gitta Mühlen-Achs. München 1985. Zitate aus der deutschen Übersetzung.
[50] Nancy Chodorow, (wie Anm. 49), 216–217, 220.
[51] Ebd. 179.

Kind die »erste Aufgabe«⁵² der Mutter, andererseits »verkörpert« sie für ihre Tochter »echtes Frauentum«. Wenn die Beziehung auf sorgende Liebe gegründet ist, »dann ist die vitale Verbundenheit zu einem seelisch-geistigen Band geworden, das kaum noch zu zerreißen ist«.⁵³

Als ob E. Stein Chodorows Beobachtungen vorwegnähme, erörtert sie die sich entwickelnde Ambivalenz der Mutter-Tochter-Beziehung in der Pubertät. Sie zeigt auf, daß in dem Alter, wo die Tochter »eigenständige Persönlichkeit werden und sich gegen andere behaupten (...) möchte«, sie sich doch »nach Verständnis und Führung« sehnt. Die Mutter muß darauf Rücksicht nehmen, »daß das Kind kein Kind mehr ist« und ihm Führung mit Takt und Verständnis anbieten. Ihr »Vorbild und Urteil (...) werden Richtschnur fürs Leben werden«⁵⁴, wenn die Tochter selbst Mutter wird.

Die Beobachtung der Neigung der Frau, für andere zu sorgen, und die Bedeutung von Beziehungen im Leben der Frau haben moderne feministische Denkerinnen zu Überlegungen über die Funktion der Einfühlung geführt. In diesem Sinne folgen sie der Spur Edith Steins, deren philosophische Vorwegnahme in ihrer spezifischen Arbeit über die Einfühlung besteht.

Choderow wiederholt E. Stein, wenn sie aufweist, daß die Identifikation mit der Mutter »Mädchen (...) mit einer in ihre primäre Definition des Selbst eingebauten Grundlage für ›Empathie‹ (Einfühlung)« ausstattet. Sie führt weiter aus, daß durch die Komponente von Kontinuität, welche die Mutter-Tochter-Beziehung auszeichnet, Mädchen die Fähigkeit erhalten, die »Bedürfnisse oder Gefühle anderer als ihre eigenen zu erleben«.⁵⁵

Der Begriff der weiblichen einfühlenden Beziehung zur Welt wurde auch von anderen modernen Denkern ausgelegt. In ihrer philosophischen Studie *Caring* (Anteilnahme) postuliert Nel Noddings, daß »das ethische Selbst nur beim Sorgen für andere auftauchen kann«⁵⁶ und Anteilnahme aus einer einfühlenden Empfänglichkeit erwächst, wobei »ich den anderen in mich aufnehme und sehe und fühle wie der andere«.⁵⁷

Edith Stein erforscht die Phänomenologie der Einfühlung in ihrer Dissertation *Zum Problem der Einfühlung*⁵⁸, die sie 1916 bei Husserl einreichte. Hier definiert E. Stein Einfühlung als »Fundament intersubjektiver Erfahrung«⁵⁹:

(Das andere) »erweist sich als ein anderes als ich, indem es mir anders gegeben ist als ›ich‹: darum ist es ›Du‹; aber es erlebt sich so wie ich mich erlebe, und darum ist das ›Du‹ ein anderes ›Ich‹.«⁶⁰

---

⁵² Edith Stein (wie Anm. 2), 138.
⁵³ Ebd. 173.
⁵⁴ Ebd. 174.
⁵⁵ Ebd. 217.
⁵⁶ Nel Noddings, Caring. A feminine Approach to Ethics & Moral Education, 14.
⁵⁷ Ebd. 31.
⁵⁸ Edith Stein, Zum Problem der Einfühlung (»Das Einfühlungsproblem in seiner historischen Bedeutung und in phänomenologischer Betrachtung«. Halle 1917). Reprint München 1980.
⁵⁹ Ebd. 72.
⁶⁰ Ebd. 41.

Der andere wird nie ein Duplikat von mir, noch werde ich ein Duplikat eines anderen sein, aber ich kann mich seiner Erfahrung durch die Fähigkeit der Einfühlung annähern, was mir zu verstehen ermöglicht, daß der andere fähig ist, wie ich auf die Welt einzugehen. Einfühlung erlaubt mir so, Einsicht in die Welt des anderen zu gewinnen, was mich umgekehrt befähigt, einfühlend meinen Mitmenschen gegenüber zu handeln. Gleichzeitig erlaubt sie mir aber auch, Einsicht in die Einfühlungserfahrung des anderen in Beziehung zu mir zu erlangen und so durch den anderen mich selbst zu erkennen:

»Die Erkenntnis der fremden Persönlichkeit (...) lehrt uns nicht nur (...), uns selbst zum Objekt zu machen, sondern bringt als Einfühlung in ›verwandte Naturen‹, d. h. Personen unseres Typs, zur Entfaltung, was in ihr ›schlummert‹, und klärt uns als Einfühlung in anders geartete Personalstrukturen über das auf, was wir nicht, was wir mehr oder weniger sind als andere. Damit ist neben der Selbst*erkenntnis* zugleich ein wichtiges Hilfsmittel der Selbst*bewertung* gegeben.«[61]

Die Untersuchung der Funktion der Einfühlung als Eingehen auf die Welt und auf sich selbst führt E. Stein zu dem Schluß, der ihre später entwickelte Theorie der Frauenbildung unterstreicht: »Nur wer sich selbst als Person, als sinnvolles Ganzes erlebt, kann andere Personen verstehen.«[62]

Die Fähigkeit also, die anderen einfühlend zu sehen, sagt über meine Fähigkeit aus, mich selbst so zu sehen, wie andere mich sehen. Nur wenn diese beiden Bedingungen erfüllt sind, habe ich ethische Vollkommenheit erreicht.

Weibliche Einfühlung als Schlüssel zur moralischen Erlösung

In den Aufsätzen über Frauenbildung unterstreicht E. Steins Betrachtung der Einfühlung – als ein Mittel, den anderen und sich selbst zu verstehen – den Gedanken der Aufgabe der Frau in der Gesellschaft. Wie vorher besprochen, sehen E. Stein und andere Denkerinnen in der Funktion der Reproduktion das Bestimmende für die Eigenart der Frau und für das Einssein mit ihrem Kind und mit anderen. Im Gegensatz zum Mann hat die Frau, deren ursprüngliche Aufgabe das Mütterliche ist, ein »feineres Einfühlungsvermögen«.[63] Wie viele spätere feministische Denkerinnen glaubt E. Stein, daß die Einfühlungsfähigkeit der Frau keineswegs auf *ihre* Kinder beschränkt bleibt; sie ermöglicht ihr vielmehr, »die Bedeutung (...) des Ganzen, der spezifischen Werte, des Individuellen«[64] zu erkennen. Das Einfühlungsvermögen der Frau übersteigt ihre Neigung, nur für ihre unmittelbare Familie zu sorgen; es umschließt die ganze Menschheit.

In E. Steins Verständnis nimmt Mutterschaft als soziales Konzept zweifache Bedeutung an: Sie weist der Frau die konkreten Aufgaben zu, ihre

---
[61] Ebd. 130.
[62] Ebd. 61.
[63] Ebd. 167.
[64] Ebd. 33.

biologische Nachkommenschaft zu umsorgen und zu erziehen. Diese mütterlichen Aufgaben versieht sie mit einem allgemeinen Sinn: Die Frau ist auch Erzieherin und Lehrerin der Menschheit. Das globale Verständnis der Mutterschaft macht Frauen in ihrer Berufswahl frei. Die Rolle der Frauen als Erzieherinnen der Menschheit entkräftet die Bindungen der Berufe, die auf Geschlechterdifferenzierung beruhen. Frauen werden gebraucht, verkündet E. Stein, »für echte weibliche Betätigung, (...) überall, wo Gemüt, Intuition, Einfühlung und Anpassungsfähigkeit in Frage kommen«; und wann immer ihr Beruf »die ganze Person« fordert, um den anderen »zu pflegen, zu bilden, ihm zu helfen, ihn zu verstehen oder auch sein Wesen zum Ausdruck zu bringen«[65], ist die Berufswahl der Frau gerechtfertigt. Mehr noch, das weibliche Einfühlungsvermögen, das praktisch für jeden Beruf aktualisiert werden kann, setzt in ihr Triebkräfte frei, die sie zum Handeln drängen.[66] Dies befähigt die Frau »reines Frauentum« zu erreichen, das »zugleich reines Menschentum entfaltet«.[67] So wird sie zum Vorbild als Mutter und erlangt symbolische Bedeutung als Agentin für die moralische Gesundung der Welt, als Retterin der Kultur.

E. Steins Gedanken der Universalität von Mutterschaft nimmt Sara Ruddicks[68] Konzept vom »mütterlichen Denken« vorweg. Wie E. Stein sieht Ruddick, eine moderne feministische Denkerin, den Modus des Gedankens, den sie »mütterlich« nennt, aus der konkreten Sorge für das Kind, aus biologischen Situationen erwachsen. Mütterlich denken, sagt Ruddick, ist dem Weiblichen angeboren, »weil wir alle Töchter sind«.[69] Sie sieht in keiner Weise die Neigung zum Mütterlichen als bloße biologische Funktion: Sie taucht aus der ganzen Persönlichkeit der Frau auf, wobei sie »intellektuelle Aktivitäten« nicht von »Disziplinen der Gefühle« trennt. Ruddick definiert diese Neigung als »eine Einheit von Reflexion, Urteilsvermögen und Emotion«.[70]

Für unsere Abhandlung ist es wichtig, daß Ruddick in ihrer Betrachtung der Aufgabe des mütterlichen Denkens die Rolle der Frau als Erzieherin betont. Sie ist der Ansicht, daß bei dem Wunsch, das Kind innerhalb seiner »Akzeptabilität«(Annehmbarkeit) in die herrschende Kultur zu heben, die Wertvorstellungen der Mutter den Erziehungsprozeß unglaubwürdig machen, da sie den Eindruck von Ohnmacht vermitteln.[71] Wird jedoch mütterliches Denken von der »Aufmerksamkeit« und der »Tugend der Liebe« bestimmt, dann wird ein erzieherischer Diskurs erwirkt, »der in der herrschenden Kultur von allgemeiner, intellektueller und moralischer Wohltat sein wird«.[72] Mütterliches Denken, gegründet auf aufmerk-

---

[65] Ebd. 41.
[66] Ebd. 62.
[67] Ebd. 66.
[68] Sara Ruddick, Maternal Thinking, in: Philosophy, Children, and the Family. Eds. Albert C. Cafagna, Richard T. Peterson, and Craig A. Staundenbaur. New York 1982.
[69] Ebd. 105.
[70] Ebd. 106.
[71] Ebd. 113.
[72] Ebd. 117.

same Liebe, wird das Interesse der Mutter an ihren leiblichen Kindern übersteigen und sich das Interesse an *allen* Kindern zu eigen machen.[73] Eine solche Umwandlung mütterlichen Denkens ist nicht einfach. Aufmerksamkeit »erfordert Anspannung aller Kräfte und Selbsterziehung«; Liebe bedeutet Zuwendung und »auch ein Loslassen-, ein Aufgebenkönnen, ein Wachsenlassen«.[74] Und so, stellt Ruddick fest, »üben sich viele Mütter im Zuschauen, in der Selbstzurückhaltung, im Einfühlen. Dies alles bedeutet liebevolle Aufmerksamkeit«.[75]

Ruddicks Vorstellung von Einfühlung als liebevolle Aufmerksamkeit wiederholt E. Steins Vorstellung von Einfühlung als die Fähigkeit, durch die wir den anderen und uns selbst erreichen. E. Steins Studie zur Phänomenologie der menschlichen Konstitution führt zur Wahrnehmung einfühlender Erziehung als einem Prozeß, der emotionale und intellektuelle Bedürfnisse des zu Erziehenden im Streben nach Selbstvervollkommnung einschließt. »Das Bildungsziel ist nicht ein äußerer Wissensbesitz, sondern die Gestalt, die die menschliche Persönlichkeit unter der Einwirkung mannigfacher fremder Kräfte annimmt.« Es ist das Zusammenwirken »der leiblich-seelischen Anlage, die der Mensch mit zur Welt bringt« und des in der Seele umgeformten »Bildungsmaterials«, was den gebildeten Menschen hervorbringt.[76]

Nach E. Stein kann Erziehung nicht etwas bewirken, das nicht von Natur aus vorhanden ist.[77] Sie hilft nur dabei, die angestrebte »Gestalt« zu erreichen. Da der Erziehungsprozeß das ganze menschliche Wesen einschließt, also seine »Gestalt«, kann er nicht nur auf die Entwicklung des Intellekts beschränkt bleiben, sondern ist ebenso für die Entwicklung des emotionalen Bereichs des Kindes zuständig.[78] So könnte E. Steins Position, in Ruddicks Worte gefaßt, lauten: Erzieherisches mütterliches Denken, das seine einfühlende, liebevolle Aufmerksamkeit auf die angeborenen Bedürfnisse des Kindes richtet, ist die wirkungsvollste und beste Erziehung.

Frauenbildung und Selbsterziehung

E. Steins Konzept der einfühlenden Erziehung bezieht sein Denken aus den spezifischen Bedürfnissen und Forderungen, die Frauenbildung erkennen und verwirklichen muß. Wir haben bereits gesehen, daß die einfühlsame Natur der Frau, dank ihrer Berufung zur Mutter, sie drängt, andere Menschen der Gesellschaft – ihre Familie, ihre Berufskollegen u. a. – zur Verwirklichung ihres menschlichen Potentials zu bringen. Diese Mission kann sie jedoch nicht erfüllen, solange die Negativitäten, welche

---

[73] Ebd. 119.
[74] Ebd. 116–117.
[75] Ebd. 117.
[76] Edith Stein (wie Anm. 2), 74–76.
[77] Ebd. 76.
[78] Ebd. 82.

die Ganzheit der Frau gefährden, nicht beseitigt sind. Nur eine hellsichtige, kritische Selbstbewertung wird die Kraft zur Erreichung der Mütterlichkeit geben, die notwendig ist, anderen zur Selbstvervollkommnung zu verhelfen.

E. Stein sieht das Problem, welches das »wahre Menschentum« der Frau erheblich herabsetzt, einerseits im »Hang, der eigenen Person Geltung zu verschaffen«, andererseits im »übersteigerten Interesse an anderen«. Beide Schwächen sind tief in ihrer Tendenz verwurzelt, ihre Identität auszulöschen: Ihr Sinn für Selbstbewußtsein zeichnet sich in einer unrealistisch überhöhten Sicht ihrer Familie ab; ihr übergroßes Interesse an anderen enthüllt ihren Wunsch, in die Persönlichkeit des anderen eindringen zu wollen.[79] E. Stein versucht, ihre psychologische Behauptung von der Neigung der Frau zur Selbstauslöschung im Aufzeigen einer entsprechenden theologischen Perspektive zu beweisen: Sie bemerkt, daß nach dem Sündenfall »die spezifische Entartung der Frau die sklavische Bindung an den Mann und das Versinken des Geistes im leiblich-sinnlichen Leben ist«.[80] Ironischerweise ist die »Bestrafung« der gefallenen Frau die Subversion der Einfühlung durch Übertreibung. Anstatt bestrebt zu sein, andere zu verstehen, verschmilzt sie mit ihnen, indem sie versucht, auf Kosten ihrer Individualität eine andere zu werden.

In ihrem bahnbrechenden Essay *The Human Situation*[81] (Die menschliche Situation) wiederholt Valerie Saiving Steins Beobachtungen von der Situation der Frau in beinahe identischer Sprache:

»Die Empfänglichkeit (der Frau) für Stimmungen und Gefühle anderer und ihre Tendenz, ihr Selbst mit den Freuden, Sorgen, Hoffnungen und Problemen derjenigen, die um sie sind, zu verschmelzen, sind die positiven Ausdrucksformen eines Aspekts des weiblichen Charakters, der ebenso die negativen Formen von geschwätziger Geselligkeit, Abhängigkeit von anderen (wie Mann und Kindern) annehmen kann, um ihre Werte zu definieren oder um sich zu weigern, die Rechte anderer auf Intimsphäre zu achten.«[82] Wie E. Stein glaubt Saiving, daß die Selbstbejahung ihrer weiblichen Einzigartigkeit und ihres Wertes und somit ihre Selbstakzeptanz, die Frau »mit Freude eine Quelle der Kraft und Erfrischung für ihren Mann, ihre Kinder, ihre weitere Umgebung sein läßt«.[83] Es ist von besonderer Bedeutung für diese Arbeit, daß E. Stein überzeugt ist, die Bestärkung der Selbstbejahung hänge von der geeigneten Ausbildung ab. Um nochmals mit Ruddick zu sprechen, wird mütterliches Denken als liebevolle Aufmerksamkeit und Einfühlung nur durch Erheben des Bewußtseins aus der Unterwürfigkeit und dem geistlosen Versunkensein in die herrschende – männlich beherrschte – Kultur möglich. So entwirft E. Stein

---

[79] Ebd. 209.
[80] Ebd. 141.
[81] Valerie Saiving, The Human Situation: A Feminine View, in: Woman Spirit Rising (wie Anm. 20).
[82] Ebd. 38.
[83] Ebd. 38.

einen Lehrplan, der »Unterscheidungsfähigkeit« bildet[84] und gleichzeitig die angeborenen Eigenschaften der Frau entwickelt. In E. Steins Entwurf sollte das Gemüt, »das im Zentrum der Frauenseele steht«[85], durch das Studium von Sprachen, Geschichte und Religion entfaltet werden; um den Geist zu schulen, werden Mathematik, Naturwissenschaften und alte Sprachen empfohlen; um den Verstand zu bilden, wird zu Spontaneität statt mechanischem Auswendiglernen[86] ermutigt. Am wichtigsten ist das Studium der Sprache, die zum Klären der Gedanken beiträgt.[87]

So entwirft E. Stein einen Lehrplan, der beabsichtigt, eine ausgewogene, kenntnisreiche Frau zu schaffen. Das Studium der Sprache ist deshalb geplant, »daß von der Sprache der rechte Gebrauch gemacht wird«. Dies erinnert uns an die Mission der Frau als einfühlende Lehrerin der Menschheit: »Wer sich nicht aussprechen kann, der ist wie in seiner eigenen Seele gefangen: Er kann sich nicht frei bewegen und nicht zu anderen gelangen (…) Sich angemessen ausdrücken zu können, ist also etwas, was wesentlich zu vollendetem Menschentum gehört.«[88]

Als Lehrerin ihrer Kinder und anderer muß die Frau die Bedeutsamkeit der Sprache im Sinne von Verantwortung des Sprechers jedem gesprochenen Wort gegenüber vermitteln. Noch wesentlicher ist, daß der präzise Ausdruck tiefe Selbstkenntnis bringt, die uns ermöglicht, mit anderen sinnvoll und einfühlsam umzugehen. Die Fähigkeit, »zum Ausdruck zu bringen, was in der Seele lebt«[89], schlägt eine Brücke der Einfühlung von mir zu anderen und hilft mir gleichzeitig, mich als unabhängiges, selbstbewußtes Individuum zu erkennen. Klare Artikulation meiner Gedanken hilft beim Gewahrwerden meiner Position gegenüber der Welt, einer Position, die Carol Gilligan[90] wie folgt definiert: »Die paradoxen Wahrheiten der menschlichen Erfahrungen – daß wir uns selbst nur insoweit als eigenständig kennen, als wir in Verbindung mit anderen leben, und daß wir Beziehungen nur insoweit erfahren, als wir zwischen dem anderen und dem Selbst differenzieren.«[91]

Dieses Wissen über uns selbst verbindet uns mit anderen in einer unabhängigen, nicht unterwürfigen Beziehung und führt uns zu dem, was E. Stein »vollendetes Menschentum« nennt. In Steins *Weltanschauung* bezeichnet »vollendetes Menschentum« ein neues Verständnis von Objektivität. Definiert durch die männliche Welt, erzwingt Objektivität die Unterwerfung des Selbst, des Denkens, der Modi und Dispositionen unter die »Gesetze der betreffenden Sache«.[92] E. Stein sieht praktizierende Objekti-

---

[84] Edith Stein (wie Anm. 2), 61.
[85] Ebd. 60.
[86] Ebd. 63.
[87] Ebd. 183.
[88] Ebd. 183.
[89] Ebd. 183.
[90] Carol Gilligan, In a Different Voice: Psychological Theory and Women's Development. Cambridge 1982. Die andere Stimme. Lebenskonflikte und Moral der Frau. München 1984. Aus dem Amerikanischen von Brigitte Stein. Zitat aus der Übersetzung.
[91] Ebd. 82.
[92] Edith Stein (wie Anm. 2), 210.

vität als wichtige Übung zur Selbstdisziplin. Sie gibt jedoch zu bedenken, daß deren Wohltaten die Frauen meist dazu führen, »eine Angleichung an den männlichen Typus« anzustreben. Sie lehrt:
»Wir (Frauen) müssen weiter fortschreiten von der sachlichen Einstellung zur rechten persönlichen, die im Grunde auch die *höchste sachliche* ist. Dazu gehört aber eine Erkenntnis wahren Menschentums, d. h. des Idealbildes, und eine Erkenntnis der Anlagen dazu, sowie der Abweichungen davon in uns und in anderen, eine Freiheit des Blicks, eine Unabhängigkeit von uns selbst und von anderen (...).«[93]
Die Fähigkeit, sich selbst als unvollkommenen Menschen zu betrachten, der danach strebt, »wahres Menschentum« zu erreichen, doch dazu nicht völlig imstande ist, stattet mich mit einer Objektivität aus, die mir erlaubt, den anderen klar und einfühlsam zu sehen. Mit anderen Worten, die Realisation und die Akzeptanz von Relativität, Instabilität und Kontext, welche die menschliche Existenz charakterisieren, führen zum Verstehen der subjektiven Haltung, die der einzige Weg ist, die objektive Einsicht in mich selbst und in andere zu erlangen.

»Objektive Subjektivität« wird von Erziehern im »verbundenen Lehren« angewandt, das – wie auch »verbundenes Denken« – besagt, »den anderen, den Studenten, zu dessen eigenen Bedingungen zu sehen«.[94] Pädagogen, die »disziplinierte Subjektivität« praktizieren, sind aufmerksam gegenüber ihren eigenen Neigungen, und versuchen zu verbinden, d. h. die Sichtweise des Studenten einzunehmen.[95] Stephen Wilson[96] demonstriert die phänomenologische Grundlage einer solchen wissenschaftlichen Untersuchung. (Zur Erinnerung: E. Stein gehörte als Husserls Studentin und Assistentin zu den Begründern der phänomenologischen Bewegung.) Wilson stellt fest, daß »Phänomenologie eine alternative Sicht der Objektivität anbietet, um menschliches Verhalten zu studieren. Diese Betrachtungsweise gibt zu bedenken, daß menschliches Verhalten nur innerhalb der Strukturen verstanden werden kann, in denen sich Gedanken, Gefühle und Tun abspielen.«[97] Durch die »Technik disziplinierter Subjektivität« muß der Forscher lernen, »systematisch mit den Beteiligten mitzuempfinden, um deren verborgene und unausgedrückte Empfindungen« zu verstehen.[98]

In E. Steins Betrachtung der Frauenberufe findet man ein ähnliches Bedürfnis, die emotionalen und intellektuellen Zusammenhänge der anderen einfühlend zu verstehen. Die Ärztin wird den »ganzen Menschen, der krank ist«, in Augenschein nehmen, die Gelehrte »ihre weibliche Eigen-

---

[93] Ebd. 211.
[94] Mary Field Belenky, Blythe McVicker Clinchy, Nancy Rule Goldberger, Jill Mattuck Tarule, Eds. Women's Ways of Knowing: The Development of Self, Voice and Mind. New York 1986, 224.
[95] Ebd. 226.
[96] Stephen Wilson, »The Use of Ethnographic Techniques in Educational Research.« Review of Educational Research (1977).
[97] Ebd. 249.
[98] Ebd. 258.

art« in der Weise einbringen, wie sie »unterrichtlich (...) den Menschen näherbringt, was für sie dienlich sein kann«; die Politikerin wird versuchen, »bei der Anwendung des Gesetzes (...) den Menschen gerecht zu werden«. Was immer sie tut, die Mission der Frau ist, »überall gefährdetes oder verderbtes Menschentum zu retten, zu heilen, in gesunde Bahnen zu lenken«.[99]

Zusammenfassung

Im Gegensatz zu Freuds kompromißloser Sicht der Menschheit, die unfähig ist, mit den Bürden der Kultur fertig zu werden, bestärkt Edith Stein ihren Glauben an die angeborene Fähigkeit der menschlichen Natur, sich selbst zu heilen. Diese Fähigkeit wird von dem noch nicht voll verwirklichten Reichtum einfühlender Weiblichkeit ausgestrahlt. Die bemerkenswerte Fülle moderner feministischer Studien, Schriften und Forschungen, die, wie ich zu zeigen versucht habe, E. Steins Spuren folgen, bestätigen ihre Sicht der Erlösungsordnung.

Diese Dimension verbleibt nicht in der Sphäre des Abstrakten. Sie ist dazu bestimmt, verwirklicht zu werden. Durch das Ersinnen eines Bildungssystems für Frauen stiftet E. Stein bewußt einen kulturellen Umsturz, der beabsichtigt, die alte, männlich gedachte Ordnung abzusetzen und durch neue Muster der Frauenerziehung zu ersetzen.

Die Crux der Sache, meint E. Stein, liegt darin, daß »Mädchenbildung fast ausschließlich in der Hand von Männern lag und deren Ziele und Wege von Männern bestimmt waren«.[100] Sie erdenkt ein System, das auf die »besondere Natur der Frauenseele und (...) die individuelle Eigenart seiner Zöglinge«[101] eingeht. Die Exklusivität dieses Systems in rein feministischer Orientierung wird von E. Steins scharfsinniger Beobachtung noch überboten, »daß Frauen, der Natur und Bestimmung der Frau entsprechend, von echten Frauen gebildet werden müssen«.[102] Weil für Frauen von Frauen eingesetzt, sind die sozialen Verflechtungen des Programms global. Sie berühren die Gesellschaft im großen und enthalten »eine Reform des gesamten Bildungswesens«.[103]

Edith Steins Bildungsprojekt, unter schwierigsten Umständen ersonnen und vorgelegt, stellt eine direkte Antwort auf das von ihr offen abgelehnte Terrorregime dar. Ihr Plan, die Menschlichkeit in einer Zeit zu retten, in der Unmenschlichkeit regierte und sie selbst in Lebensgefahr schwebte, offenbart uns eine mutige und selbstbewußte Frau, deren Werk ihren tiefen Glauben spiegelt.

---

[99] Edith Stein (wie in Anm. 2), 215–217.
[100] Ebd. 111.
[101] Ebd. 58.
[102] Ebd. 66.
[103] Ebd. 73.

Emmanuel Levinas und Edith Stein

Andreas Uwe Müller

Was Edith Stein und Emmanuel Levinas untereinander und mit uns verbindet, ist die Schreckenserfahrung von Auschwitz. Edith Steins Leben läuft auf das Martyrium von Auschwitz zu, Emmanuel Levinas ist durch den Verlust seiner Familie davon zutiefst betroffen, für uns, die großenteils Nachgeborenen, ist Auschwitz Geschichte, schmerzlich lebendige Geschichte. Die Geschichtlichkeit des jeweiligen Verstehens bringt es mit sich, daß diese Erfahrung keine einlinige Erfahrung ist, sondern sich nur in den Brechungen der Lebengeschichten zeigt und nähert.

E. Steins und Levinas Denken nähern sich je auf ihre Weise dieser Erfahrung: Edith Stein denkt auf ihre Möglichkeit hin, Levinas von ihrem Eintreten her. Beide Male ist es jedoch unvertretbares, sich selbst ausweisendes und sehenlassendes Sprechen. Es wird wachgehalten und angetrieben von dem unaussprechlichen Leid, das Menschen einander antun können. Der Andere, der gewöhnlich mit uns lebt, ist fraglich geworden. Weil gerade er es ist, dem wir anscheinend jederzeit zum Opfer fallen können, ist unklar geworden, ob dem anderen im Privaten wie im öffentlichen Diskurs noch zu trauen ist. Es ist fraglich, was wirklich noch Halt gewähren kann: das kleine, individuelle Glück des einzelnen, das jedoch ohne den anderen nicht möglich ist und jederzeit von ihm zerstört werden könnte; der Glaube, dem sich der Einwand stellt, wie man noch glauben kann, wenn Gott sich in Auschwitz verborgen hat; die Skepsis, die auf Sinnlosigkeitsverdacht erkennt und eigentlich sich selbst lähmen müßte oder gar die Verdrängung, die alles, was zu problematisch wird, einfach nicht sehen will, aber im täglichen Umgang stets mit dem anderen und der Geschichte konfrontiert wird?

Für Edith Stein wird die Erfahrung, daß der eigene Wille am anderen scheitert und alle Ichkräfte versagen, zu einem Wendepunkt in ihrem Leben. Was sich am Grunde der Verzweiflung zeigt, was darin dennoch Halt gewährt, wie daraus mit den anderen weiterzuleben ist, wird *das* Thema, um das ihr Denken kreist. Und Johannes vom Kreuz, der von seinen eigenen Ordensbrüdern gefangengesetzt, sogar bis zur Sterbestunde mißhandelt wurde und darin dennoch Segen erfuhr, ist spätestens seit 1933 eine Leitfigur dieses Denkens.

Für Levinas wird Auschwitz zum Anlaß, darüber nachzudenken, ob nicht in der abendländischen Denkgeschichte selbst eine wesentliche Ursache für die Shoah zu suchen wäre. Im Bruch damit versucht er zu zeigen, daß Selbstfindung wesenhaft nicht ohne den anderen gedacht werden kann. Von Auschwitz her aber kehrt sich die Last der Ausweisung um: Es geht nicht mehr darum, den anderen als solchen in unserem einsamen Denken auszuweisen, sondern die Weisung unseres Denkens und Lebens aus dem Leben mit dem anderen Menschen zu erhalten. Es soll sichtbar werden, wie wir der Anderheit des anderen entsprechen können, wie daraus gelebt und gegebenenfalls geglaubt werden kann.

Am Ende der folgenden Darstellung steht deshalb die Frage, worin beider Denken den Grund sehen, daß die eigene Unberechenbarkeit des einzelnen keinen grundsätzlichen Einwand gegen ethisches und religiöses Leben nach Auschwitz darstellt.

1. Grundzüge einer »Ethik des Antlitzes in der Spur des Unendlichen«

Fast alle großen Tageszeitungen haben E. Levinas eingehend gewürdigt, als er am 25. Dezember 1995, 89jährig, in Paris starb, denn er dürfte mittlerweile zu den bedeutendsten Denkern des 20. Jahrhunderts zählen.

»Die großen Erfahrungen meines Lebens und der heutigen Menschheit in Europa«, sagte er 1989, »sind natürlich die furchtbaren Jahre des Faschismus und Nationalsozialismus.«[1] Seit Auschwitz müsse jeder Mensch sich fragen, ob er nicht durch die eigene Existenz zum Mörder des anderen werden kann. Mehr noch, er hat sich vor dem anderen auszuweisen, daß er potentiell kein Mörder des anderen ist, er hat zu zeigen, daß er ein Recht hat zu leben.

Nach Levinas wurde Auschwitz philosophisch möglich, weil das abendländische Denken seit mehr als zweitausend Jahren nicht ausweisende Rechtfertigung des Menschen als Menschen in seinem Sein mit anderen oder ein Denken des anderen gewesen ist, sondern in erster Linie auf Erkenntnistheorie abzielte, in der der andere nur ein anderes Ich war. Levinas will gerade den umgekehrten Weg gehen und ausdrücklich die Anderheit des anderen zum Thema machen. Sein Denken wird in Bewegung gehalten »von der Überzeugung, daß man nicht darauf verzichten kann, nach der Wesensbestimmung des Menschen zu suchen ... Die Frage: Was ist der Mensch? bleibt die Grundfrage allen Philosophierens«.[2]

Ich möchte aus diesem reichen und durch seine Sprache oft sperrigen Denken versuchen zu skizzieren, wie Levinas von der Erfahrung des Seins zum Anderen und vom anderen her zu Gott einen Weg bahnt und worin er von diesem Ansatz aus Unterschiede zwischen jüdischem und christlichem Denken und christlicher Spiritualität sieht.

1.1 Existenz und Leiblichkeit oder wie wir da sind

Wie ist der andere für uns da?

Um diese Frage beantworten zu können, sind wir zunächst einmal an unser eigenes Dasein verwiesen. Dasein aber ist stets und zunächst immer leibhaftiges In-der-Welt-Sein. Durch die Leibhaftigkeit seines Schmerzes, seiner Arbeit, seines Leidens und seines Eros kommuniziert das Ich mit der Welt. Durch den Leib hat das Ich die Möglichkeit, sich zu vergessen, ans Unbewußte zu rühren, das heißt, mit dem ganz anderen in Fühlung zu sein (vgl. ZA 24, 56).

---

[1] Chr. Wollzogen, Vorwort. Interview mit Emmanuel Levinas (Typoskript). Paris 1989, 4.
[2] L. Wenzler, in: E. Levinas, Humanismus des anderen Menschen. Hamburg 1989, IX.

Leiblichkeit geschieht als »Genuß« und »Nahrungsaufnahme«, aber auch als »Verzehr« und »Aneignung«, nie aber nur als reine Rezeptivität der Sinnlichkeit.

Genuß ist ein echter Akt der Transzendenz: Um zu genießen, muß das andere bei mir sein können, das heißt, muß ich mich vergessen können, um des Vergessenen innezuwerden; nicht als Bewußtseinsinhalt, sondern als »ein Fühlen«, das zugleich »Einsicht und Erkenntnis« ist.[3] Wenn ich nicht ganz aufmerksam auf das andere bin, wenn ich es nicht ganz von mir Besitz ergreifen lasse, dann kommt auch kein Genuß zustande, sondern höchstens »Verzehr«: Verbrauch und Gebrauch des anderen. Wir schöpfen Luft beim Spazierengehen, nicht bloß »um der Gesundheit willen, sondern um der Luft willen« (ebd.). Wir sind am anderen unserer selbst als diesem selbst interessiert. Im Genießen trete ich aus mir heraus, lasse das andere meiner selbst ganz in meinem Selbstsein als es selbst hervortreten und anwesen.

Diese Weise zu *sein* aber ist vergänglich, so daß das Ich sich bemüht, sich vor dieser Vergänglichkeit zu sichern. Dies geschieht nach Levinas einmal in der magisch-mystischen Beschwörung, der Geburt des Sakralen, in der das andere zum Bleiben genötigt werden soll; und es geschieht in Schmerz und Leiden, indem wir die Widerständigkeit und den Entzug des anderen am eigenen Leib erleben, und schließlich geschieht es im Erleiden der Mühsal der Arbeit, durch die wir uns an der Sperrigkeit des anderen abarbeiten und sein Widerstand (gegen unser Machen) uns ins Fleisch dringt.

Leiden und Schmerz rücken uns dabei so sehr auf den Leib, daß davor keine betrachtende Ich-Distanz mehr möglich ist. Im Leiden werden wir radikal dem anderen einer ungewissen Zukunft ausgesetzt; der Tränenausbruch ist das Zeichen, daß die Selbstbehauptung erschüttert wird. Im Schmerz erfährt sich das Ich als gefesselt und an der Entfaltung gehindert, denn im Schmerz werden wir mit unserem Tod konfrontiert, mit dem Erlebnis, »daß wir von einem bestimmten Moment an nicht mehr können können« (ZA 47). Hier tritt das Subjekt in Beziehung zu dem, »was nicht von ihm kommt« (ZA 43).

Diese Erfahrung authentischer Zukunft ist die Geburtsstunde des eigentlichen Vollzugs der Zeit, weil sie erst die Dimension eröffnet, in der sich das dem Subjekt Entzogene und ihm gleichwohl Zugehörige ankündigt. Hier erst beginnt für Levinas »das eigentliche Verhältnis zum anderen« (ZA 48) und »der eigentliche Vollzug der Zeit« (ZA 51).

1.2 Die Erfahrung des anderen und die Geburt der Zeit

Levinas hat diese Erfahrung im Frühwerk an den Phänomenen »Eros« und »Fruchtbarkeit«, später vor allem am Phänomen des »Antlitzes« thematisiert.

---

[3] E. Levinas, Die Zeit und der Andere, übers. von L. Wenzler. Hamburg 1984 (=ZA), 36.

1.2.1 Die Erfahrung des anderen in Eros und Vaterschaft

In der vierten Vorlesung von »Die Zeit und der Andere« zeigt Levinas eine Weise gelingender Identität, die weder Erkennen im hegelschen Sinne, das heißt, Rückkehr zu sich selbst durch sich selbst (die Identität des Identischen mit dem Nicht-Identischen) ist, noch Verschmelzung im platonischen Sinne, die Aufhebung von Selbstheit und Anderheit, sondern die Bildung eines persönlichen Lebens vom anderen her, das heißt gelingender Durchgang durch die Anderheit und insofern »Sieg über den Tod« (ZA 61).

Im Eros erscheint dem Mann das Weibliche nicht als weiteres oder anderes Männliches, sondern als »eine formale Struktur, die die Wirklichkeit in einem anderen Sinne einteilt« (ZA 56).

Die Erfahrung des Weiblichen bekundet sich in der »Schamhaftigkeit«, das heißt darin, sich zu verbergen. Dadurch erst wird nach Levinas die Leidenschaftlichkeit möglich als ein Verhältnis »zu dem, was sich für immer entzieht« (ZA 57). Diese unüberwindliche Dualität bringt die Beziehung erst in Gang und ermöglicht die Freigabe an die Liebkosung, »eine Seinsweise des Subjekts, in der das Subjekt in Berührung mit einem anderen über diese Berührung hinausgeht« (ZA 60).

Die Liebkosung ist die Erwartung reiner Zukunft, keine Empfindung, denn sie ist Zukunft ohne Inhalt. Sie wird gebildet im Spiel, das ohne Plan und Entwurf ist, und zwar durch den Hunger der Leidenschaftlichkeit aus immer reicheren Verheißungen, die neue Perspektiven auf die unergreifbare, da selbst auf uns zukommende Zukunft eröffnen. Wie beim Atmen der Luft sind wir in der Offenheit für die Zärtlichkeit des anderen, für die Berührung durch den anderen, erst bei uns, wenn wir ganz beim anderen sind.

Wenn denn diese Zukunft weder Verschmelzung noch Aufhebung des Ich ist, weil die Differenz, die sie antreibt, spürbar bleibt, so soll sie doch Zukunft des Ich sein. Daher müßte das Ich irgendwie bleiben oder sich durchhalten. Dafür weist Levinas auf die Fruchtbarkeit des Eros, auf das hin, was er mit männlicher Optik »Vaterschaft« nennt: »die Tatsache, die Möglichkeiten des Anderen als die eigenen anzusehen, aus der Abgeschlossenheit der eigenen Identität und aus dem, was einem zugeteilt ist und dennoch von einem selbst ist, herauszutreten«.[4] Levinas meint sogar, daß man diese Beziehung ohne biologische Verhältnisse rein phänomenal begreifen kann, als »das Verhältnis zu einem Fremden, der, obwohl er der andere ist, Ich ist« (EU 55), weil er weder mein Werk, noch ein anderes Ich, noch mein Eigentum ist. Vielmehr tritt an die Stelle eines vom Ich her synchronisierten Mitseins ein diachronischen Ich-Du-Verhältnis, dem das Ich unterworfen ist.

---

[4] E. Levinas, Ethik und Unendliches. Gespräche mit Philippe Nemo. Wien 1986 (=EU), 54.

1.2.2 Das Antlitz

Später hält Levinas die Erfahrung erotischer Liebe selbst für abkünftig[5] und durch die »Liebe ohne Eros« (EU 93) konstituiert, weil erst diese verstehen läßt, weswegen die Differenz im letzten bedeutsam und universal ist.

Der Mensch lebt immer und zunächst in einer Welt mit anderen Menschen und in der Gesellschaft. Und »man kann in der Gesellschaft, so wie sie funktioniert, nicht leben, ohne zu töten, oder zumindest nicht, ohne den Tod von irgend jemandem vorzubereiten. Von daher ist die wichtige Frage nach dem Sinn des Seins nicht: Warum ist überhaupt etwas und nicht nichts ..., sondern: Töte ich nicht, indem ich bin? ... Habe ich ein Recht zu sein?« (EU 95)

Man kann nach Levinas auf diese Frage keine Antwort von sich her entwerfen, die nicht Selbstbehauptung wäre, ohne dem Ursprung dieser Frage nachzugehen. Dieser liegt in dem, was Levinas »visage« oder »Antlitz« nennt. Damit ist nicht das betrachtete Gesicht gemeint, das wäre »dévisage«, das Hineinlesen von Bedeutungen, der Anfang der Verobjektivierung des anderen zu einem alter ego, das nur möglich ist aufgrund einer ursprünglicheren Erfahrung des anderen.

Antlitz ist die Erfahrung des anderen, die sich in der Begegnung durchdrängt und vom anderen her ein *unbedingtes* und *unvergleichliches* »Profil« einprägt, ähnlich der Erfahrung, daß der andere »aus Gottes Hand« ist bei Edith Stein. Das Antlitz des anderen, die Bedeutung vor jeder Bedeutung, ist eher eine Frage, eine Bitte, ein Appell oder Anruf: »Du wirst mich doch nicht töten?« – »Bitte töte mich nicht, hilf mir!« – »Laß mich in meinem Sterben nicht allein!« – »Du darfst mich nicht töten!« –

Das ist nach Levinas die ursprüngliche Erfahrung des anderen wie sie auch das fünfte Gebot der Mosetora oder die Stimme der Hungernden, Gefangenen und Dürstenden im Matthäusevangelium thematisiert. »Das Antlitz zerbricht das System«[6], denn der andere erscheint als Anderheit, in der »Abwesenheit eines mit sich selbst identischen Wesens für mich«[7], zuerst als Nacktheit, unendlich bedeutsam noch vor jeder Bedeutung in einem Funktions- oder Verweisungszusammenhang. Durch »dieses Mich-Angehen des Anderen, das ganz von ihm selbst ausgeht, das in keiner Weise vermittelt wird durch die Attribute und Eigenschaften, die ich dem Anderen verleihe«[8], bin ich als Mensch, der ich bin, immer schon in ein wesenhaftes Verhältnis mit dem anderen verstrickt.

---

[5] E. Levinas, Gott, der Tod und die Zeit, hg. von P. Engelmann. Wien 1996, 234: Der Eros »will also in der Liebe ein Ende restituieren und somit eine Sehnsucht befriedigen.... Die Liebe gefällt sich im Erwarten des Liebenswerten; man genießt die Vergegenwärtigung, die sich im Warten abspielt ... Das *ich denke* rekonstruiert die Gegenwart in der Liebe ... Aber warum sind die Liebenden selbst unfähig zu sagen, was sie voneinander wollen? ... Ist die Transzendenz des Begehrten jenseits des Interesses und der Erotik, wo sich der Geliebte aufhält, möglich?«

[6] E. Levinas, Le moi et la totalité, in: Révue de Métaphysique et de Morale 59 (1954), 370.

[7] Ebd.

[8] L. Wenzler, Das Antlitz, die Spur, die Zeit. Zeitlichkeit als Struktur und als Denkform des religiösen Verhältnisses nach Emmanuel Levinas (Habilitationsschrift), Freiburg 1987, 167.

Durch diese Weise des Anderen, mich heimzusuchen, wird die Leiblichkeit zum Medium der Offenheit und Verwundbarkeit. Sie ist die ständige Beunruhigung durch die Einforderung des Anderen, die das Subjekt nicht mehr in die Ruhe einer den anderen umgreifenden Bewußtseinsgegenwart zu sich selbst zurückkehren läßt, in der sich die Anderheit des anderen erschließt, sondern die Wunde des ego cogito, die nicht mehr heilt.

Diese Passivität, diese Abwesenheit in der Anwesenheit, die das Subjekt erleidet, ist die Geburtsstunde der Zeit; denn alles, was geschieht, steht unter dem Ruf dieses Unbedingten, dieser absoluten Zukunft: uneinholbare Vergangenheit oder Hoffnung, die nicht zu sich zurückkehrt, weil sie das System der Bedeutungen zerbricht, die der Betrachter an das Gegenüber heranträgt. Daher ist dieses Verhältnis zum anderen, das alle anderen Ich-Du-Verhältnisse fundiert, kein Wechselverhältnis, sondern ein in erster Linie von mir Geschuldetes, das mich zur Geisel oder zum Bürgen des Anderen macht, denn vor diesem unbedingten Anruf des Anderen habe ich zu antworten: Der andere Mensch ist »derjenige, der *mich* vor allen betrifft; als sei ich, der eine unter vielen, ... derjenige, der ... den ausschließlich an ihn gerichteten Imperativ vernommen hätte, als sei an mich allein, an mich vor allen dieser Imperativ ergangen«.[9] Ich muß entscheiden, ob ich den anderen in seiner Anderheit – »Verantwortung vor jeder Verurteilung« (ZU 236) – bejahe, mich vom ihm erwählen lasse und mich über mich hinaus auf den anderen hin öffne. Darin wird dann aber auch dem Ich selbst eine ihm in seinem einsamen Selbstsein (Hypostase) ausgezeichnete und eigentliche Zukunft eröffnet: der von allem Interesse freie, desinteressierte »Aufruf zur Heiligkeit« (ZU 249). Denn er eröffnet »die Möglichkeit ungeahnter Güte, zu der das Ich in seiner, jedem Genus vorausgehenden oder von jedem Genus befreiten, Einzigkeit noch fähig ist« (ZU 237), vom Anruf des anderen her zu entdecken.

1.2.3 »ER«

Durch diese Erfahrung der »Güte«, »Heiligkeit« oder »Herrlich-keit« des Antlitzes bahnt sich für Levinas ein Weg zu(r Idee) Gott(es)[10], oder vielmehr, *hat Er uns* in der Einforderung unbedingten Ge-horsams vor dem Ruf der Nacktheit und Sterblichkeit des anderen immer schon heimgesucht, aber so, daß er uns im Antlitz anblickt, aufscheint und sich zugleich immer entzieht.

Wie sich Gott darin zeigt, versucht Levinas aus der beschriebenen Inversion der Intentionalität zur Sprache zu bringen, um »die Erfahrung der Anderheit des Anderen und die darin sich meldende absolute Anderheit aus dem intentionalen Schema«[11] herauszuwinden. Levinas verwendet da-

---

[9] E. Levinas, Zwischen uns. Versuche über das Denken an den Anderen, Regensburg 1995 (=ZU), 233.
[10] »Es ist erlaubt, die Idee Gottes ... ausgehend von jenem Absoluten zu suchen, das sich in der Beziehung zum anderen manifestiert« (ZU 256).
[11] B. Casper, Illéité. Zu einem Schlüssel »begriff« im Werk von Emmanuel Levinas, in: Philosophisches Jahrbuch 91. 1984, 276 f.

her nicht das Wort »Gott«, er nennt dieses Phänomen, das durch das Antlitz nach mir aus-greift und sich so dem Denken aufgibt: Illéité: Er-heit.

Ähnlich hatte bereits F. Rosenzweig in der Auseinandersetzung mit M. Buber die berühmte Stelle der Offenbarung des Gottesnamens Ex 3,14 mit »der Ich-bin-Da« oder »Er« übersetzt, um die drei Dimensionen des Gegenwärtigseins des Ewigen (im religiösen Erlebnis): die Vernehmbarkeit, die Anredbarkeit und die Beredbarkeit, zu bezeichnen. »Diese ›Ineinssetzung des fernen mit dem nahen‹, des ›ganzen‹ mit dem ›eigenen‹ Gott ist für Rosenzweig die ›monotheistische Pointe‹ und der ›Offenbarungskern der Bibel‹.«[12]

Dieser volle Monotheismus der Bibel besteht nach Levinas im Gebot: »Du sollst nicht töten« und der Antwort einer Liebe ohne Lohn, einer Eschatologie ohne Hoffnung.

»Der Satz, in dem Gott zum ersten Mal zu Wort kommt«, so Levinas Auslegung von Jes. 57, 19, »heißt nicht ›ich glaube an Gott‹. Die jeder religiösen Rede voraufgehende Rede ist nicht der Dialog. Sie ist das ›*me voici*‹ – sieh mich (hier hast du mich), hier bin ich, mit dem ich den Frieden, das heißt meine Verantwortlichkeit für den Anderen verkünde.«[13] In dieser Weise kommt Gott dem Menschen nicht so in den Sinn, daß er mich mit Gütern überfüllt, sondern so, daß er mich zur Güte auffordert, die alle Güte, die wir erhalten können, übersteigt.

Das Leben, das sich von diesem Ruf zur Güte ergreifen läßt, wird »Übergehen selbst«[14], nicht von diesem zu jenem, sondern in eine unvordenkliche Ferne. Diese Lebensweise nennt Levinas »A-dieu«, rücksichtsloser Abschied von mir auf den Anderen hin, senkrecht zum Zeitgang.

Dies der Welt sichtbar zu machen und zu leben, sei der eigentliche Auftrag des Judentums, seine Erwählung in der Geschichte.

In seiner Talmudauslegung »So alt wie die Welt?« schreibt Levinas: »Es wäre also die Lehre Israels, daß meine äußerste Intimität für mich selbst darin bestünde, in jedem Augenblick für die anderen verantwortlich zu sein, Geisel der anderen zu sein. *Ich kann für das, was ich nicht begangen habe, verantwortlich sein und ein Elend auf mich nehmen, das nicht das meine ist ...* Du bist nicht nur frei, über deine Freiheit hinaus bist du solidarisch. Du bist für alle verantwortlich. Deine Freiheit ist auch Brüderlichkeit.«[15] »Damit Gerechtigkeit sich vollziehe ... ist eine Gemeinschaft nötig, die die *mizvot* praktiziert.« (TL 156)

»Die Originalität des Judentums besteht darin: ... bei den unscheinbarsten praktischen Handlungen zwischen die Natur und uns ein Innehalten durch das Erfüllen eines Gebotes, einer *mizva*, einzuschieben.« (TL 155)

---

[12] B. Casper, Illéité, 287.
[13] E. Levinas, Gott und die Philosophie, in: Gott nennen. Phänomenologische Zugänge, hg. von B. Casper. Freiburg / München 1981, 107.
[14] E. Levinas, Die Spur des Anderen. Untersuchungen zur Phänomenologie und Sozialphilosophie. Freiburg / München 1983 (=SA), 234.
[15] E. Levinas, Vier Talmud-Lesungen. Frankfurt 1993 (=TL), 159.

1.3 Differenzen in der Gemeinsamkeit jüdisch-christlicher Spiritualität

Obwohl Levinas anerkennt, daß auch im Christentum die Unendlichkeit von Gottes Abwesenheit in der personalen Ordnung selbst gedacht wird, kritisiert er aber am Christentum:
1. den Gedanken der Menschwerdung Gottes: »... kann er in seiner Unvergleichlichkeit in der Weltzeit Gegenwärtiges werden? Ist das für seine Armut nicht schon wieder zuviel?« (ZU 77),
2. »die in gewisser Weise sakramentale Macht des Göttlichen«[16]. Er plädiert dafür, daß das Judentum sich durch die sakramentale Praxis des Christentums, durch diesen nicht ganz von Projektionsverdacht freien Enthusiasmus menschlicher Erhebung, nicht verunsichern lassen soll; und schließlich kritisiert Levinas,
3. daß »das Verhältnis zwischen Gott und dem Menschen keine sentimentale Kommunion in der Liebe eines inkarnierten Gottes, sondern eine Beziehung zwischen Geistern vermittels einer Belehrung der Tora« ist. (SF 113) Religion findet ihren Ort also nicht in der seligen Einsamkeit mit Gott allein, das wäre nach Levinas Tröstung ohne Trost, weil sie Quelle einer Kälte und Erbarmungslosigkeit dem Anderen gegenüber sein kann und so die Shoah jederzeit wieder ermöglichen würde. »Vollständige Erkenntnis der Offenbarung (Empfangen der Tora) ist ethisches Verhalten« (SF 90), das den anderen in seinem Sterben ernstnimmt und erreicht, das im ewigen Mit-sein Gottes gründet.

Soweit ich Levinas Schriften kenne, wird die Reichweite der Praxis der mizvot widersprüchlich bestimmt:

In einem Interview von 1989 sagt Levinas: »Die höchste Freiheit besteht gerade darin, sich opfern zu können. ... Das Opfer als solches ist die Möglichkeit der Heiligkeit ... das ist der Sinn der Sozialität, der gesellschaftlichen Verhältnisse als solchen.«[17]

Andererseits hat Levinas in seinen Talmudvorlesungen mehrmals die Bedingungen erörtert, unter denen man vergeben kann: »Wie kann man verzeihen, wenn der Übeltäter, in Unkenntnis seiner eigenen Gedanken, gar nicht um Verzeihung bitten kann? ... Zwei Bedingungen für die Vergebung: Bereitschaft des Beleidigten und volles Bewußtsein dessen, der beleidigt hat« (TL 47). Der Beleidigte geht in einem Lehrbeispiel so weit, sich schweigend in die Nähe des Anderen zu begeben, der ihn beleidigt hat, um diesem die Möglichkeit einzuräumen, um Vergebung zu bitten. Aber dann bricht mitten im Text die Bemerkung durch, die wie ein Bekenntnis klingt: »Es fällt schwer, Heidegger zu verzeihen« (TL 48) und an anderer Stelle: »... wie groß auch die Rechte der Barmherzigkeit seien, es muß immer und ewig ein heißer Platz für Hitler und seine Anhänger bestehen. Ohne Hölle für das Böse hätte nichts auf der Welt Sinn.« (TL 168) Nimmt damit aber Gott nicht letztlich das unbedingte Ja zur Anderheit des Anderen zurück? Damit kommen wir zu Edith Stein.

---

[16] E. Levinas, Schwierige Freiheit. Versuch über das Judentum. Frankfurt ²1996 (=SF), 25.
[17] Chr. Wollzogen, Interview mit Emmanuel Levinas, 2.

2. Edith Steins »messianische Ethik der Menschwerdung«

Edith Stein[18] hat bei weitem kein solch umfangreiches, vielschichtiges und detailliertes Werk wie Levinas geschaffen und hinterlassen, doch stellt sich in ihrem Werk und im Spiegel ihres Lebenszeugnisses die Frage nach dem Grund der Hoffnung von einer anderen Warte, die es erlaubt, beide miteinander ins Gespräch zu bringen.

Für eine Beschreibung des religiösen Erlebnisses und seiner Auslegung bei Stein ist maßgebend ihre Ausarbeitung der ausgezeichneten Eigenart des Menschen, die sie mit dem Titel »Person« bezeichnet. Wir fragen zunächst nach dem, was die Bezeichnung »Person« nennen soll.

2.1 Person-sein: wesenhafte Selbsttranszendenz des Menschen

Eine Antwort auf die Frage: Wer ist der Mensch? ist nach Edith Stein nicht ohne eine Betrachtung der Anderheit des Anderen möglich.

Bereits in ihrer Dissertation hatte Stein herausgearbeitet, daß »Einfühlung« die Erkenntnis des *eigenen* Ich erweitert. Wir kommen nämlich in unseren Begegnungen mit anderen Menschen so sehr in den Kontakt mit dem Leben anderer, daß es unwillkürlich in uns einströmt, unseren Lebensstrom unterbricht und verändert.

Im Einfühlungsakt geschieht Verstehen einerseits durch Vergegenwärtigung des Fremden, andererseits werden wir uns dabei selbst neu erschlossen: als die Erkennenden und zugleich als die Erkannten, als die Vergegenwärtigenden und zugleich als die, die selbst unvergegenwärtigbar in den Bezug mit einbegriffen sind.

Das Selbst, ist nach Thomas »quoddamodo omnia«, ist in gewisser Weise alles. Mit Edith Stein können wir sagen: Selbstbezüglichkeit gibt es nur, weil wir mit allem anderen vorgängig in einer letzten unauflöslichen Beziehung stehen, denn »im Ich kann ich nicht zu Hause sein. Aber auch das Ich, solange es nur als ›reines Ich‹ gefaßt ist, kann gar nicht zu Hause sein ... *Eine Menschenseele kann nicht ohne Ich sein ... ein menschliches Ich ... kann nicht ohne Seele sein.*«[19]

---

[18] Edith Stein gehört zu den Seligen der römisch-katholischen Kirche dieses Jahrhunderts, weil sie das Leiden mit anderen bis in den Tod hinein mitgegangen ist (vergast in Auschwitz 1942). Bereits Ostern 1933! hatte sie erkannt, daß das »Kreuz jetzt auf das jüdische Volk gelegt würde« (E. Stein, in: R. Posselt, Edith Stein, Brescia 1959, 67) und sich u.a. zur Stärkung des Widerstandes der Katholiken um eine Enzyklika des Papstes in der Judenfrage bemüht. Teresa *Benedicta a Cruce* wählte die Husserlschülerin Stein 1934 im Kölner Karmel als Schwesternamen, weil sich ihr zeigte, daß Gott auf eine neue Art gesucht werden wollte. A Cruce: nicht etwa, weil sie in anhaltender Passivität das Leiden mit anderen einfach hinnimmt, um schließlich ins menschlich absurde Sterben von Auschwitz zufällig verwickelt zu werden. A Cruce bezeichnet den Sinn des Daseins, mit anderen bis ins Leid und ins Dunkel des Todes mitzugehen; a cruce ist der Schmerzensschrei am Kreuz, der uns wachrütteln soll, nicht durch unser eigenes Leben zum Mörder oder Mittäter am Sterben anderer zu werden; a Cruce ist die inkarnierte Hoffnung, die stärker ist als der Tod.

[19] E. Stein, Einführung in die Philosophie. Freiburg 1991 (=EP), 114.

In jedem Akt, den wir vollziehen, läßt sich das Ich als Vollzogenes vom Ich als Vollziehendem trennen. In jedem Denkakt zum Beispiel läßt sich das Ich als Begriffenes vom Ich als Begreifendem trennen. Das Begreifende bleibt dabei stets unausgedacht und geht niemals im Begriff oder im Begriffenen auf, denn es bleibt als Denkendes stets dem Gedachten voraus und hinter ihm zurück. Daher wird das Ich als Ursprung, aus dem sich der Vollzug immerfort erhebt, niemals zum Objekt und kann dies auch nicht werden – ebensowenig zur Vergegenwärtigung meiner selbst wie zur Vergegenwärtigung des Anderen und fremden Vollzugs. Für diese ausgezeichnete Eigenart menschlichen Seins, wesenhaft selbsttranszendent zu sein, verwendet Stein den Begriff »Person«.

2.2 Verwundung und Befreiung des ego cogito

2.2.1 Der Andere

Im Vollzug personaler Begegnung wird das Ich phänomenologisch erst zur Tiefe seines Selbstseins befreit, da es sich – aufgefordert, dem anderen zu antworten – selbst in einer Weise erschlossen wird, wie es sich selbst nicht erschließen kann. Erst in diesem Bezug wird es inne, daß sein eigentlicher Selbstbezug von jenseits der Grenzen seines Selbstbewußtseins vermittelt ist. Denn jede Begegnung trifft Verborgenes meiner und deiner selbst, das ich nicht sein konnte, bevor du warst und das du nicht sein konntest, bevor ich war, obgleich es zu den ausgezeichneten Möglichkeiten unseres Seins gehörte. In dieser sich einschwingenden Erschlossenheit meiner schwingst Du als Du selbst und deiner Erschlossenheit für mich, schwinge ich als ich selbst in meiner Erschlossenheit für dich mit. In unserer Freude, unserer Trauer, unserer Liebe schwingen wir je als wir selbst mit. Und dieses Mitschwingen macht gerade das Einzigartige und Uneinholbare unserer Beziehung zum anderen aus. Was dabei »in das aktuelle Leben eintritt, das ist adäquat erlebt, freilich ohne Gegenstand zu sein, ohne Einzelzüge erkennen zu lassen und ohne eine Scheidung von Individuellem und Allgemeinem zu gestatten« (EP 192). Im Vollziehen des Vollzugs, in der ursprünglichen Begegnung des Anderen, gehen dabei die gehabten Charaktervorstellungen und gewußten Vergegenständlichungen fremden Seelenlebens, die »Erfahrung des Charakters als Einheit der Züge« (ebd.) verloren. Ich kann dann aus diesem Erlebnis her etwa erstaunt sagen: der oder die ist ja ganz anders, als ich bisher glaubte.

In solchem Erstaunen erschließt sich eine Dimension meiner Wahrnehmung des Anderen, in der ich – als Verantwortung für sein Selbstseinkönnen – ganz mit aufgehe, so zwar, daß zunächst einmal die primäre, innerweltliche Werthaftigkeit der Einschreibung von Bedeutungen zurückgenommen wird. Doch trotz der befremdenden Ferne, mit der der Andere mir vom Leib rückt, weil er sich gegen jegliche Form restloser Vergegenwärtigung sperrt, zeigt sich in solchem Erleben andererseits eine mich ergreifende Nähe, die den Abstand schwinden läßt und mich in eine Unmittelbarkeit bringt, die keiner vergegenwärtigenden Analyse möglich ist, sondern diese erst möglich macht.

Ähnlich wie bei Levinas situiert der Leib die Eigenerfahrung, weil er als wahrgenommen-wahrnehmend jede Form der Wahrnehmung orientiert und uns erst *in die Lage* bringt, die Ausdrucksmöglichkeit einräumt, verantwortlich zu sein. Durch den Leib steht alles andere und auch der andere Mensch je schon durch die Leibhaftigkeit seines Daseins (seiner Mimik, seines Ausdrucks, seines Schmerzens, seiner Arbeit, usw.) – bisweilen spricht Stein von »Leiben« – mit uns in einer primordialen Beziehung. Die Leibhaftigkeit ist das Medium oder Band, in welchem sich die Freiheit für den Anderen und damit das eigenste, da unvertretbare Seinkönnen vermittelt. »Mein Leib, der mit meinem Empfindungsleben unlösbar verknüpft ist, weil alles, was ich empfinde, ich in ihm, an ihm und durch ihn empfinde, ist durch diese Verbundenheit«[20] einzigartig.

In einer empiristischen Auslegung wird der Leib zu einer selbst unanschaulichen Funktionseinheit isolierbarer Teile, zu einem Produkt der Abstraktion unter der Herrschaft des Bewußtseins. In der ursprünglichen Begegnung von Leib zu Leib nehmen wir aber mehr und ursprünglicher wahr, denn wir nehmen ineins mit der Lage der Verantwortung den Ursprung oder das Entspringen der Verantwortung selbst wahr.

Das einfühlende Erlebnis der fremden Hand, die von einem Hammer malträtiert oder von einem Nagel durchbohrt wird, die Schmerzensschreie Kranker oder gefolterter Menschen schmerzen mich selbst und lassen mich innerlich zusammenzucken.[21] Der andere rückt mir in eine größere Nähe als etwa die »Verletzung« eines Steines, die wir ja gar nicht mehr als »Verletzung« bezeichnen, weil es sich dabei um eine andere Weise der Näherung handelt. Sie überbrückt den Abstand unmittelbar, so daß der Andere mir näher wird als ich selbst mir bin.

Noch bevor also der Mensch Seinsakt und Freiheit ist, wird er dem anderen Menschen durch seine Sinnlichkeit, durch seine Verwundbarkeit nahegebracht und zu einer äußersten Erfahrung von Freiheit befreit.

Was im Raum des Christentums der »Nächste« genannt wird, erschließt sich hier phänomenal: Als der Nächste ist der andere »nicht der, den ich ›mag‹: Es ist jeder, der mir nahekommt, ohne Ausnahme« (ES 410). In diese Nähe – und nicht im Seinsakt oder der einsamen Freiheit einer Wahl – besteht nach Stein seine Menschlichkeit und Würde.

Offen bleibt zunächst, worin diese Freiheit gründet, von woher die unbedingte Einheit mit dem anderen letztlich beansprucht und ermächtigt ist.

---

[20] E. Stein, Akt und Potenz (bislang unveröffentlichtes Manuskript). Edith-Stein-Archiv Köln, 397.
[21] Vgl. auch die Auslegung der Erscheinung des Schönen (pulchrum), in: E. Stein, Endliches und ewiges Sein (=ES), 296 ff. Das Erlebnis von Schönheit vermittelt im Erstaunen nach Edith Stein in analoger Weise Sinnlichkeit und ihren Grund. Ursprünglich sollte die ganze Untersuchung, die den Untertitel »Aufstieg zum Sinn des Seins« trägt, auf die Auslegung der Erscheinung des Schönen und seines Grundes hinführen und enden.

2.2.2 Die Verzweiflung und das Licht des Nichts

Neben dieser Erfahrung unbedingter und unmittelbar einfordernder Gehaltenheit vom anderen her, hat nach Edith Stein auch die Erfahrung der Verzweiflung, des Nicht-mehr-weiter-Wissens, diesen Charakter.

Im Erleben von Verzweiflung, hegen wir allem, was uns Halt und Sinn gewährt hat, grundlegende Zweifel. Es hat sich als Täuschung erwiesen. In dieser Situation scheint alles zu versinken und in Nichts zu versinken. Am eindrücklichsten werden diese Erfahrungen von Adolf Reinach geschildert, der das Erlebnis der Ohnmacht von Soldaten im Gewehr- und Granatfeuer der Materialschlachten des Ersten Weltkriegs beschreibt. Wir wissen nicht »was aus uns werden soll, vor uns scheint ein Abgrund zu gähnen und das Leben reißt uns unerbittlich hinein, denn es geht vorwärts und duldet keinen Schritt zurück« (Stein 1991, 195). Nichts gibt mehr Halt, nichts scheint mehr zu bergen. Jeden Augenblick scheint der Zusammenbruch, der Tod, das Ende unvermeidlich. Eine Anknüpfung an das Gewesene, einst Halt Gewährende, wäre Selbsttäuschung, da es sich nicht bewährt hat. Eine bewußte Distanz dem Geschehen gegenüber ist nicht möglich, wir sind ganz dem Spiel der anderen ausgesetzt. So steht die ganze Existenz auf dem Spiel und vor einem Nicht-mehr-können-Können. Einzig die Offenheit, die sich die Selbsttäuschung versagt, bleibt das, was wir in dieser Situation noch können, aber sie stürzt in die eigene Ausweglosigkeit zwischen Sinnleere und Erwartung. Erst wenn wir bereit sind, uns ganz ihr auszusetzen, wird sich möglicherweise zeigen, ob sich hier noch etwas zeigen kann. Und, so fährt Edith Stein fort »indem wir zu stürzen meinen, fühlen wir uns ›in Gottes Hand‹, die uns trägt und nicht fallen läßt ... Im Gefühl der Geborgenheit, das uns oft gerade in ›verzweifelter‹ Lage ergreift, wenn unser Verstand keinen möglichen Ausweg mehr sieht und wenn wir auf der ganzen Welt keinen Menschen mehr wissen, der den Willen oder die Macht hätte, uns zu raten und zu helfen: in diesem Gefühl der Geborgenheit werden wir uns einer geistigen Macht inne, die uns keine äußere Erfahrung lehrt« (Stein 1991, 195).

Insofern sich das Dasein auf dem Grunde seines Seins von einem lichtenden »Jenseits des Seins« her gewährt und berührt erlebt, wird diese Erfahrung, die man im strengen Sinne des Wortes re-ligiöse Erfahrung nennen kann, zu einem Zeugnis für die Unerschöpflichkeit des Lebens und den Zuwurf von Sein jenseits unserer Möglichkeiten. Sie legt ein Ja zum Leben frei, die nicht Anerkennung oder Ruf der Verantwortung durch die anderen ist, wiewohl sie als Anerkennung und Zuruf erscheint. Und dieser Zuruf spricht nicht nur einen Teil meiner Existenz an. Dieser Zuruf ist von der Art des Zuspruchs. Er sagt mir: Du darfst sein. Und er ruft mir zu: Sei!, denn du bist gewollt.

Weil in Erfahrung des Nichts sichtbar wird, daß das Glücken und auch das Scheitern der Begegnung, die ganze leibende und tätige Hingabe ans Leben, je schon im Wink des Unbedingten steht, wandelt sich für Edith Stein die Geworfenheit zur Gehaltenheit und Geschöpflichkeit, zu einem personalen Vollzug aus der Uner-schöpflichkeit der Sinngabe des unendlichen Geheimnisses Gottes, denn »mein Sein ... ist ein nichtiges Sein, ich selbst ... stehe jeden Augenblick vor dem Nichts und muß von Augenblick zu Augenblick neu mit dem Sein beschenkt werden. Und doch ist dieses nichtige Sein *Sein*, und ich rühre damit jeden Augenblick an die Fülle des Seins« (Stein 1986, 52 f.).

Diese Wandlung gilt es nun in einem letzten Schritt eigens zu bedenken und dabei etwas von der Reichweite anzudeuten, die mit dieser Wandlung für die Grundlegung des Philosophierens bei Edith Stein geschieht.

2.3 »Gottes Hand«

So wie wir in der Verzweiflung die Erfahrung machen können, daß an uns unbedingt festgehalten wird, so können wir nach Edith Stein auch in der Erfahrung des Glückens und Scheiterns von Begegnung bisweilen die merkwürdige Erfahrung machen, daß wir dabei allen Veränderungen und Verwandlungen zum Trotz am anderen Menschen unbedingt festhalten.

»Es gibt ein *Festhalten* an einem Menschen allen Erfahrungen zum Trotz und durch sie prinzipiell nicht tangierbar. Es orientiert sich an etwas im Menschen, was durch allen Wandel hindurch und unter allem Wandel bleibt. Der wahrhaft Liebende sieht den Geliebten so, wie er ›aus Gottes Hand‹ hervorging, so wie er in der Aktualität sein könnte, wenn er ganz er selbst und bei sich wäre ... Wir werden in dieser absoluten Beziehung zu einem Menschen von seinem personalen Sein berührt wie von der Hand Gottes. Hier ist ... absolute und in sich selbst als absolut gekennzeichnete Gewißheit« (EP 194).

In diesem merkwürdigen Phänomen, daß wir am anderen Menschen, an der ungeteilten Ganzheit seiner Güte, unbedingt festhalten, obgleich er wie verändert erscheint, obgleich er uns oder andere tief enttäuscht hat, obgleich ihn die Lebensumstände erdrücken und verzeichnen, halten wir an dem fest, was aus der offenen Mitte von Ich und Du uns getroffen und angesprochen hat. »Etwas in ihm« hält uns an ihm »allen Erfahrungen zum Trotz« fest. Wir werden aufgerufen, ja geradezu genötigt, dem anderen jene Stelle offen zu halten, die ihn frei sein läßt für sein »sein« in der Aktualität seiner Güte.

Und auch hier handelt es sich nach E. Stein um mehr als nur subjektive Gewißheit. Zwar gehen die zeitlichen Gestalten von Liebe und Treue vorüber und sind vergänglich, aber durch ihre Vergänglichkeit hindurch soll ein unvergänglicher und unvergeßlicher Sinn glänzen, eine als »absolut gekennzeichnete Gewißheit«. Da eine solche Gewißheit zwar das gewesen ist, was die Phänomenologie ihres Lehrers E. Husserl anstrebte, andererseits aber, wo es erfahren wird, etwas Unvergleichliches im Vergleich zu unseren vielfach überholbaren »Gewißheiten« in Alltag, Politik oder Wissenschaft darstellt, kann es selbst nicht von außen her aufgewiesen oder von diesen relativen Gewißheiten abgeleitet werden. Daher muß diese Erfahrung, wie Stein fordert, »in sich selbst als absolut« oder »wie aus Gottes Hand« gekennzeichnet sein. »Bei der Wahrnehmung ... erwächst mir durch Reflexion auf sie die Erkenntnis ›ich nehme wahr‹. *Im Abhän-*

gigkeitserlebnis finde ich mich abhängig, ohne daß eine Reflexion nötig wäre, die ja auch nur zu der Erkenntnis führen könnte, daß ich mich abhängig fühle.«[22] Da die erlebte Abhängigkeit meines Selbstseins vom anderen her nicht von Seiendem anderer Art vermittelt wird oder ableitbar ist und in diesem Sinne absolut – unmittelbar und unbedingt – ist, nennt Reinach Erlebnisse mit diesem Charakter, wie auch die Erfahrung des Zurufs in der Nacht der Verzweiflung und insbesondere im unmittelbaren Gebet, »absolute Stellungnahmen«[23]. Erst von hier aus wird auch verständlich werden, weswegen Edith Stein eine liturgisch gelebte Existenz in diakonischer Lebensgemeinschaft für sinnvoll halten kann.

Ähnlich wie Reinach konzentriert Stein in den frühen Werken ihren Blick darauf, die phänomenalen Kriterien[24] für die Unbedingtheit des religiösen Erlebnisses aufzuweisen, um die Ursprünglichkeit dieser Sphäre zu sichern.

Erst in den dreißiger Jahren wird dann in der Auseinandersetzung mit I. Kant und Johannes vom Kreuz dem eigentümlichen Verhältnis der Erfahrung der Güte des anderen und der daraus für mich entspringenden unbedingten Verantwortung und der Erfahrung der Gehaltenheit im Sein angesichts des Nichts eingehend nachgedacht.

Mit Kant räumt Stein ein: »Im Gebot der Pflicht offenbart sich die Freiheit auch noch gegenüber seiner (des Menschen) eigener Natur. (So ist es bei Kant gemeint) ... Du kannst, denn du sollst« (ES 409).[25]

Diese Freiheit unterscheidet sich sowohl von der Wahlfreiheit, durch die wir den (Trieb-) Bedürfnissen gehorchen, als auch von der Freiheit des ego cogito, wofern dieses alle Seinsgeltungen auf sich hin relativiert, grundlegend.

---

[22] A. Reinach, Sämtliche Werke II, 611. Heidegger, dem Edith Stein das Manuskript *Das Absolute* zugänglich machte, schreibt zu dieser Stelle: »Gültigkeit und Erkenntnisbedeutung religiöser Erlebnisse *genuin* ... völlig neuartige Sphäre« (M. Heidegger, Phänomenologie des religiösen Lebens, Gesamtausgabe Bd. 60. Frankfurt 1995, 325).

[23] Das Gebet versteht Reinach als erlebte Abhängigkeit meines Selbstseins (erlebte Wesensbeziehung) mit dem letzten Hintergrund der Welt. Gott entzieht sich dabei in ein Jenseits der Zeitlichkeit und gibt zugleich die Zeit (aller): »Es ist niemals so, daß wir im Gedanken an Gott zugleich seiner Existenz vergewissert wären. Sondern, indem das religiöse Erlebnis uns entquillt, ist Gott zugleich dem Sinne des Erlebnis-Gehalts gemäß als existierend gesetzt. In künstlicher Abstraktion vermag die Erkenntnis dann sich dieser Existenz zu bemächtigen« (A. Reinach, Sämtliche Werke II. München/Hamden 1989, 595). Aber er hinterläßt seine Spur darin, daß der Mensch sich dabei als »eigentlicher Mensch, so wie er im Grunde ist und der Liebe würdig« (Ders., Gesammelte Schriften 1922, XXXVII) erlebt.

[24] Im Wesentlichen: Das religiöse Erlebnis ist 1. nicht beliebig herstellbar: man kann nur unter seinem Ruf bleiben; 2. in ihm wird der Mensch in eine Freiheit gesetzt, die ihm ein Können jenseits seines »Nicht-mehr-können-Könnens« zuwirft, das heißt es »ist gegenüber dem Versagen der Aktivität etwas völlig Neues« (E. Stein, Beiträge zur philosophischen Begründung der Psychologie und der Geisteswissenschaften. Halle 1922, 76); 3. weist es in ein Jenseits aller Intentionalität; 4. hat gegenüber der Intentionalität den Charakter: du bist gemeint, gewollt und gewählt; 5. konstituiert Zeit; 6. zeigt, daß »Gott« sich in diesem Erleben selber durchsetzt, da Lebenswille und Willenskraft »ohne alle willentliche Anspannung« (ebd.) erneuert werden, und ist 8. daher der aus der Phänomenologie zu gewinnende Boden für jede materiale Wesensphänomenologie der Religion.

[25] Vgl. I. Kant, Kritik der praktischen Vernunft, A 54; ders., Kritik der Urteilskraft, B 427f.

Wird jemand etwa zu einer falschen Aussage gegen einen anderen gezwungen, dann regt sich nach Kant im Menschen zumindest ein Zweifel, ob man sich selbst retten darf, indem man einem anderen Menschen Schaden zufügt, ihn gegebenenfalls dem Tode überliefert. Die prinzipielle und allgemeine Möglichkeit solcher Reflexion zeigt, daß wir nicht nur aus unserem Selbsterhaltungstrieb heraus handeln, sondern daß wir auch unseren Bedürfnissen und selbst unserem Selbsterhaltungstrieb gegenüber noch einmal frei sind und darüber entscheiden können. Diese Unbedingtheit legt ein Apriori des Sollens frei (transzendentale Freiheit), das heißt, die allen Menschen eingeschriebene Forderung, unter allen Umständen und also unbedingt für das Gute einzustehen. Dies ist, nach Kant, nicht nur eine Evidenz der Gesinnung, sondern eine Forderung an den ernsten Willen, die Welt auch den moralischen Gesetzen entsprechend zu gestalten. Aus der Möglichkeit, daß der Sinn unbedingter Selbsthingabe vor der aufgegebenen Verpflichtung scheitern kann, folgt nach Kant nur dann keine Schwächung der evidenten sittlichen Verpflichtung auf Dauer, wenn im sittlichen Handeln nicht die Antizipation der Möglichkeit endgültiger Harmonie zwischen dem moralischen Gesetz und dem Gesamt der Wirklichkeit postuliert wird. Ein postulierter Sinn ist nach Stein kein unmittelbar erlebter Sinn, sondern ein Produkt des Denkens oder der reflexiven Auslegung und reicht daher nicht in die genuine Ursprungssphäre der Konstitution. Diesem Sinn gegenüber ist einerseits noch »Selbsttäuschung« (ES 408) – der vermeintliche Irrtum des Sisyphos – oder Ablehnung möglich, weil beim »Typus Sinnenmensch« in Kants Beispiel »die Worte gehört ..., vielleicht ... auch noch die unmittelbare Wortbedeutung verstanden, aber die tiefe Aufnahmestelle für den eigentlichen Sinn verschüttet«[26] ist oder man die »Forderung, Hilfe zu leisten, mit ihrem vollen Gewicht auf die Seele wirken läßt und ins Auge faßt, doch sich genötigt sieht, sie nach Erwägung aller Gründe und Gegengründe als unberechtigt abzuweisen« (KW 147). In all diesen Fällen handelt es sich um eingeschränkte Freiheit, die nicht »in jene Tiefen zurückgeht, wo die Beweggründe angreifen könnten« (KW 146), denn diese erhalten – sowohl im Aufruf zur Verantwortung wie in der Erfahrung fundamentalen Bejahtseins – phänomenal ihre »Bewegung« aus einem Abgrund, der ins Denken einfällt und dem Handeln dazwischenkommt. Der sich in dieser eingeschränkten Freiheit meldende Sinn ist noch »mein Sinn«, von mir konstituiert und »Sinn für mich«; er entspricht noch nicht jener Erfahrung von Möglichkeit und Kraft, die nicht durch mich, aber aus mir und über mich unbedingt zur Verantwortung verpflichtet, in dieser Bedeutung »Sinn an sich« ist. Damit die Anderheit des anderen in unbedingter Einheit mit dem Subjekt sein kann, muß das Subjekt »aber sehr tief in sich selbst Stellung nehmen: so tief, daß der Übergang einer förmlichen Umwandlung des Menschen gleichkommt und vielleicht natürlicherweise gar nicht möglich ist, sondern nur aufgrund einer außerordentlichen *Erweckung*; ... eine *letztlich* sachgemäße Entscheidung ist nur aus den letz-

---

[26] E. Stein, Kreuzeswissenschaft. Freiburg 1983 (=KW), 146.

ten Tiefen möglich ... Darin liegt, daß erst die religiöse Haltung die wahrhaft ethische ist.« (KW 147) Der entscheidende Unterschied in der Auslegung der Freiheit zwischen Kant und Johannes vom Kreuz besteht nach Stein in der »mystischen Vermählung.« (KW 148)

»Myein« bedeutet dabei nicht der sentimentale Egoismus einer wonnigen Zweisamkeit, bei der die anderen keine Rolle mehr spielen, sondern das »Einschlafen« der Ichaktivität oder des Ich, so daß die Anderheit am Grunde des Ich erwachen und sich in ihrem vollen Gewicht melden kann: die (Er-)Weckung des anderen in der Tiefe des Ich. Durch das Aufleuchten des anderen wird das Ich der Weite seines eigensten Seins inne. In diesem Sinne versteht Johannes vom Kreuz nach Stein die »dunkle Nacht« der Sinne und des Geistes als die »glückliche Nacht«, in der allein »das Licht des Herzens brennt.« (KW 37)[27] Darin tritt nicht nur der andere in seiner Anderheit hervor, sondern durch jenes Hervortreten hindurch erfährt das Ich sich selbst als der von einem anderen unbedingt gewürdigte und zur Stätte seines Hervortretens erwählte andere, die unbedingte Anerkennung meiner Anderheit, mein Mir-Gewährtwerden, die Stein das »Aug in Aug mit Gott« (KW 148)[28] nennt. Denn angesichts der Möglichkeit sich verfehlender Freiheit, der möglichen Erschöpfung aller Ichkräfte oder eines Sollens, das »über die menschliche Natur hinaus verpflichtet« (ES 408), kann weder dem Ich noch dem anderen Menschen die Schöpferkraft zugesprochen werden, jene sich im ethischen Ereignis meldende unbedingte Einheit zu stiften oder neues Leben zu gewähren, das »Sinn und Kraft« (ebd.) gibt. Erst das Zulassen oder die vorreflexive Anerkennung jener Gehaltenheit allen Sinns vom unbedingten Einen her, woraufhin Vernunft und Freiheit zielen, macht nach Stein frei für das Annehmen der Pflicht, die die Entschränkung des eigenen Standpunktes, das heißt jene Freiheit erwirkt, die nach Kant die Heiligkeit (der Menschheit in meiner Person) ermöglicht. Das Ich ist darin ebenso unbedingt in seiner Anderheit bejaht oder geliebt, daß es zu der ihm selbst nicht möglichen Freiheit befreit wird, die vollkommene Anerkennung seines Seins, die Aktualität seiner Güte, in unbedingter Freiheit zu erfahren.[29] »In der

---

[27] Im Bild der »Seelenburg« bei Teresa von Avila: das innere Gemach, von dem alles Licht ausgeht.
[28] Auch dieses Bild deutet den Vollzug oder das Wechselspiel der Inversion der Intentionalität aus der Nähe des Nächsten auf »den ganz Anderen« und doch unendlich Nahen an. Wer einem anderen schon einmal intensiv ins Auge geschaut hat, der erkennt auf dem dunklen Hintergrund der Augen des Anderen sein eigenes Bild, und es schlägt das eigene Bild immer zugleich um in den Augen-Blick des Anderen, so daß »beide« Wahrnehmungen hineingenommen werden in das Spiel einer beide gewährenden Mitte, die sich so eröffnet und uns anblickt, ohne eigentlich gesehen zu sein, indem man stets einen Punkt umspielt oder an einen Punkt rührt, von dem her »beide« Blick-Punkte ent-bildet werden und gleichwohl getragen oder erbildet sind.
[29] Vgl. dazu etwa KW 161: »Johannes vom Kreuz bringt das sehr klar zum Ausdruck, wenn er sagt, die Seele könne Gott *mehr* geben, als sie selbst sei: sie gebe Gott in Gott sich selbst.« In dieser perichoretischen Beziehung unbedingter Einheit erkennt Edith Stein die Möglichkeit zur Auslegung des innertrinitarischen Verhältnisses und zur Fundierung einer Communio-Ekklesiologie.

großen Entscheidung der Freiheit, die er (der Mensch) in höchster Freiheit getroffen hat, sind alle künftigen eingeschlossen« (KW 148), die sich dann je und je geschichtlich als ein Darunterbleiben unter der Sinnerfahrung unbedingter Bejahung und wechselseitiger Solidarität realisiert, als Aufruf, die uneinholbare Abwesenheit, das Verborgene und dennoch zugleich stets Bevorstehende vom anderen seiner selbst her zu zeitigen.

Dieses Darunterbleiben der Praxis unter der Erfahrung des »Einbruch(s) eines neuen, mächtigen, höheren Lebens, des übernatürlichen, göttlichen« (ES 407) bildet den Ansatzpunkt zur Ausformung einer betenden, liturgischen Existenz, der es um das die ganze mögliche Hingabe einfordernde Erbeten geht, zum Reich Gottes oder der Liebe zu gehören (KW 147).[30]

Ob die Erfahrung solcher Freiheit angesichts der oft genug erlebten Verweigerung und Verfehlung von Freiheit faktisch möglich ist, diese Frage verweist den Fragenden und Nach-Denkenden an die Geschichte und ihre ausgezeichnete Stunde als den Ort der Erscheinung von Freiheit und deren Vermittlung, als den Ort an dem sie vernehmbar und bis in ihre äußerste, konsequente Fülle vernommen und realisiert werden können muß. Dies eröffnet nach E. Stein die Fülle in der Geschichte stiftende Möglichkeit eines Messias, eines Mittlers, in der Geschichte.

Diese Erfahrung, die das Denken seit zweitausend Jahren in Atem hält, wurde nach Stein in der Geschichte auf einzigartige Weise in Jesus Christus möglich, dem »Einen ..., dessen Blick durch keinen Gesichtskreis eingeengt ist, sondern wahrhaft alles umfaßt und durchschaut« (KW 148) und in dem Menschen erfahrbar wurde, daß sie dazu berufen ist, »Gott durch Teilnahme« zu werden, um durch Anteilgabe das Ereignis letztgültigen Sinnes in der Geschichte zu vermitteln. Dieser Zug setzt und hält die Geschichte selbst in Bewegung und weist jeder Stund ihr Maß und ihre Fülle.

Jesus Christus war dieses einzigartige Ereignis, weil seine Individualpersönlichkeit sich dadurch vollendet hat, daß er ganz und gar Kollektivpersönlichkeit, unbedingte Solidarität mit seinen Menschenschwestern und Menschenbrüdern oder »Ver-mählung mit der Menschheit« (KW 228) gewesen ist. Er hat die unbedingte Anerkennung bis an die Stelle inkarniert, wo kreuzigender Haß jede Beziehung verweigert. Denn durch seinen Kreuzestod hat er die Freiheit des eigenen Seins für die Befreiung der anderen und die unbedingte Einheit mit dem Vater bis zur letzten Konsequenz bleibend Gegenwart werden lassen und daher unaufhebbar vollendet. Daher ist er inmitten dieser Welt – in Golgotha, Auschwitz, Srebreniza ... –, inmitten des Leids, das Menschen einander antun, und inmitten der physischen Vernichtung, zu der sie fähig sind, die leibhaftig erfahrene Beziehung zu dem Gott, der die Anderheit des anderen bis in die tiefste Verirrung oder die tiefste Hölle verweigerter Liebe, die sich ein Ich selbst bereiten kann, mitgeht. Damit öffnet er dem Haß selbst einen Ausweg und rührt an ein kollektives Ganzheitsbild, das in sich die Potentialität unabsehbarer Bezie-

---

[30] »Liebe in ihrer höchsten Erfüllung ist das Einssein in freier wechselseitiger Hingabe: das ist das innertrinitarische göttliche Leben.«

hungsfülle enthält, und zwar derart, daß darin die Menschheit ihr eigentliches verborgenes und überlagertes Bild wiedererkennen kann.

* * *

Levinas antwortet auf die Frage, wie man den Schreckenserfahrungen dieses Jahrhunderts, durch die eine Ethik des Anderen fraglich geworden ist, begegnen kann: »Die einfachste und normalste Reaktion wäre, auf Atheismus zu erkennen. Auch die gesündeste Reaktion für alle diejenigen, denen ein etwas einfältiger Gott bisher Preise verteilte, Sanktionen auferlegte oder Fehler verzieh und in seiner Güte Menschen wie ewige Kinder behandelte.« (SF 110) Levinas sieht die Möglichkeit, daß in diesem Trost der Religion die Möglichkeit von Narzißmus und Egoismus steckt, weil es scheinen könnte, daß die Seele im letzten mit Gott allein sein will.

Gott aber spricht nach Levinas durch den Anderen und hält sich dabei selbst zurück, damit der Andere als das, was Gott mir sagen will, erscheinen kann. Das, was das Wort Gott nennen soll, kann erst einfallen durch die Zuwendung zum Anderen. ER erscheint und verbirgt sich dabei zugleich als Anruf, der die Gegenwart auf eine unendliche Zukunft hin öffnet. »Das Antworten der Verantwortung gibt allen Geschichten ihren Zusammenhang. In diesem unsichtbaren Band, auch wenn es durch menschliche Schuld allzuoft zerissen wird, zeigt sich trotz seiner Nichtdemonstrierbarkeit und seiner scheinbaren Schwäche doch eine letzte und unbedingte Einheit.«[31] Die Verantwortung des *Hier bin ich* drückt sich als Zeugnis aus. »Als Zueignung seiner selbst ist dieses Zeugnis die Offenheit des Sich, die je mehr die Forderung der Verantwortung erfüllt wird, den Überschuß der Forderung zum Ausdruck bringt.«[32]

E. Stein antwortet auf die Schreckenserfahrungen dieses Jahrhunderts mit dem Zeugnis ihrer Biographie, einer durchgehaltenen Überlieferung der eigenen Freiheit an das Sein des Anderen bis in die Agonie und die Feueröfen von Auschwitz.[33] Wahrlich kein Ort, an dem das Vertrauen auf den Sinn zwischenmenschlicher Solidarität tragfähig wäre und nicht vielmehr wie unerträgliche Vertröstung und Zynismus wirken müßte. Es sei denn, daß die Kraft, das eigene Leiden ohne allen zwischenmenschlichen Trost zu tragen, selbst Zeugnis dafür ist, daß alle wirkliche oder mögliche Freiheit vom Unbedingten gehalten, als dessen Wirksamkeit und Bild im Fleisch ans Licht kommt und unüberhörbar wird.

---

[31] L. Wenzler, Das Antlitz, die Spur, die Zeit. Zeitlichkeit als Struktur und als Denkform des religiösen Verhältnisses nach Emmanuel Levinas (Habilitationsschrift). Freiburg 1987, 399.

[32] E. Levinas, Gott, der Tod und die Zeit, hg. von P. Engelmann. Wien 1996, 210.

[33] Darin bleibt sie bis zuletzt radikal Phänomenologin, weil sie das eigene Leben, die letztlich betend gelebte Existenz, dem (Sach-)Gehorsam des Unbedingten bis zum äußersten Augenblick der technisch anonym inszenierten Hinrichtung, ihrer Kreuzigung, unterstellt. Deswegen wird sie im Augenblick ihres Todes endgültig, was ihr Name nennen soll: Benedicta a Cruce – Segenszeichen des Kreuzes in Person.

Die Familie Stein in Lublinitz

Maria Amata Neyer

Bisher wußten wir sehr wenig über Siegfried Stein, den Vater von Edith Stein. Diese hatte 1933 in Breslau begonnen, eine »Familiengeschichte« zu schreiben – so nannte sie ihr Manuskript. Das geschah in den ca. zwei Monaten, die sie – von Mitte August bis Mitte Oktober – zu Hause (in Breslau, Michaelisstraße 38) verbrachte. Sie ließ sich damals zunächst von ihrer Mutter Erinnerungen aus deren Kindheit und Familie in Lublinitz erzählen. Der Leser findet diese Aufzeichnungen in den ersten Kapiteln des Buches, das später unter dem Titel »Aus dem Leben einer jüdischen Familie« als Band 7 in der Reihe der Werke Edith Steins veröffentlicht wurde (Druten und Freiburg-Basel-Wien 1985; weiterhin zitiert mit JF).

Edith Steins Absicht war nicht, eine Apologie des Judentums zu schreiben, die »Idee« des Judentums zu entwickeln, jüdische Geschichte darzulegen oder ähnliches. Für diese Aufgaben, meinte sie, seien Fachleute besser gerüstet. »Ich möchte nur schlicht berichten«, so erklärt sie, »was ich als jüdisches Menschentum erfahren habe« (JF 2), und sie zählt auf: Herzensgüte, Verständnis, warme Teilnahme und Hilfsbereitschaft. Jedoch hat Edith Stein sachlich berichtet und keine Idealzustände vorgetäuscht, die in keiner menschlichen Familie je zu finden sind.

Im Kölner Karmel, in den sie am 14. Oktober 1933 eintrat, konnte Edith Stein nicht nur an ihren Aufzeichnungen weiterarbeiten, sondern auch den weitaus größten Teil ihrer Niederschriften verfassen. Kurz nach ihrer Übersiedlung in den Echter Karmel nahm sie die Arbeit an der Familiengeschichte wieder auf (JF 362). Es gelangen ihr aber dort nur noch 20 Druckseiten; der Text bricht mitten im Gedankengang ab, und zwar mit Aufzeichnungen über den 4. August 1916, den Tag nach ihrer mündlichen Doktorprüfung. Edith Stein hat aber bei der Abfassung des Manuskriptes nicht streng chronologisch gearbeitet, sondern gelegentlich bis ins Jahr 1921 vorgegriffen; jedoch hat sie nichts über ihre Konversion oder Einzelheiten von deren Vorgeschichte mitgeteilt.

Einen gewissen Ersatz für alles Fehlende bilden Edith Steins Briefe. Briefe an den polnischen Philosophen Roman Ingarden schrieb sie im Verlaufe von mehr als zwanzig Jahren, vom Januar 1916 bis zum Mai 1938 (in der Reihe der Werke Edith Steins als Band 14 erschienen, Freiburg-Basel-Wien 1991). Die beiden älteren Briefbände (Selbstbildnis in Briefen, 1. und 2. Teil, 1976 und 1977) bringen Briefe von 1916 bis 1942. Diese Bände sind fast vergriffen und werden augenblicklich für stark erweiterte Neuauflagen vorbereitet.

Aus all diesen Briefen erfährt der Leser indessen nichts über Siegfried Stein. Edith Stein war beim Tode ihres Vaters 21 Monate alt; sie hatte an ihn keine eigenen Erinnerungen und hat es später offenbar versäumt, sich ausführlicher über ihn berichten zu lassen. Bei dieser Sachlage ist es hochzuschätzen, daß ein begeistertes Mitglied der Edith-Stein-Gesellschaft in Lublinitz (Oberschlesien, Polen), Herr Johann Fikus sen., sich daran gemacht hat, den Schicksalen der Familie Stein in mehreren Archiven nachzugehen. Herr Fikus selbst ist in Lublinitz geboren und lebt heute noch dort. Als junger Mann hat er im Hause Courant seine kaufmännische Ausbildung begonnen. Die Ergebnisse seiner Forschung ließ er uns in einem ausführlichen Bericht zugehen. Dieser war polnisch geschrieben, und Sr. Marie-Thérèse Konieczna OP (Speyer) hatte die große Freundlichkeit, den Text ins Deutsche zu übersetzen. Nach diesem deutschen Text (weiterhin mit LB zitiert) habe ich den vorliegenden Aufsatz geschrieben. Weggelassen habe ich dabei, was nur für Leser verständlich ist, die Lublinitz aus eigener Anschauung kennen. Stattdessen habe ich manche Stellen aus Edith Steins »Familiengeschichte« in das Ganze eingefügt.

Die arabischen Zahlen bei JF und LB geben die Seiten an. Alle Zeitungsanzeigen und das Rechnungsblatt von Siegfried Stein sind dem Bericht von Herrn Fikus entnommen. Die Kopien der beiden mit S. Courant und Alfred Courant unterzeichneten Briefe verdanke ich Herrn Jan Lewandowski (Altrich), der einst in Lublinitz die Schule besuchte. Beiden Herrn danke ich herzlich für die Erlaubnis zur Veröffentlichung ihrer Dokumente, Herrn Fikus besonders für seine Zustimmung zur Abänderung seines Textes.

***

Die Familie Stein in Lublinitz

Siegfried Stein, der Vater Edith Steins, wurde am 11.9.1843 in Langendorf (Kreis Tost, Oberschlesien) geboren. Er war der älteste Sohn aus der Ehe seines Vaters Simon Stein mit Johanna geb. Cohn. Dies war die dritte Ehe, so daß Siegfried Stein außer fünf »echten« Geschwistern noch eine ganze Reihe von Halbgeschwistern hatte, von denen wir – jedenfalls bis jetzt – so gut wie nichts wissen. – Der Vollständigeit halber sei erwähnt, daß Siegfried Steins Großvater väterlicherseits Samuel Stein hieß und 1776 in Danzig geboren wurde, später nach Langendorf übersiedelte und dort starb. Seit 1812 besaß er die preußische Staatsangehörigkeit. Sein Vater, also ein Urgroßvater Siegfried Steins, hieß Joseph Stein.

Siegfried Stein stammte aus einer Kaufmannsfamilie. Nachdem ihr Mann gestorben war, führte seine Mutter das Geschäft unter dem Firmennamen »Simon Stein Witwe« (LB 13) weiter. Edith Stein schreibt, daß Johanna Stein eine Holzhandlung besaß. Vermutlich war es, wie damals in Schlesien häufig, zugeich ein Kohlengeschäft, denn der Lublinitzer Bericht sagt, daß die Firma mit Brennmaterialien handelte. Das Geschäft befand sich in Gleiwitz, und dort war Siegfried Stein bis ca. 1882 tätig.

Vermutlich wegen geschäftlicher Angelegenheiten im Auftrag seiner Mutter kam Siegfried Stein als sehr junger Mann nach Lublinitz in das Haus Courant. Dort sah er zum erstenmal Auguste Courant, seine spätere Frau. »Als mein Vater meine Mutter kennenlernte«, schreibt Edith Stein (JF 13), »war sie neun Jahre alt. Aus dieser Zeit stammt auch sein ältester Brief ... Sie war 21, als sie heirateten«. Das war am 2.8.1871. Das junge Paar zog nach Gleiwitz. Dort wurden drei der älteren Geschwister Edith

Die Familie Stein in Lublinitz

Steins geboren: Paul am 19.5.1872 (gestorben am 29.4.1943 in Theresienstadt [angeblich an Typhus]), Else am 29.6.1876 (gestorben am 23.11.1954 in Bogota, Columbien) und Arno am 9.9.1879 (gestorben am 15.2.1948 in San Francisco, USA). Auguste Stein hat in Gleiwitz noch drei weiteren Kindern das Leben geschenkt, die aber früh starben. Edith Stein schreibt: »Zu den traurigen Erinnerungen, von denen meine Mutter immer wieder sprach, gehört eine Scharlachepidemie in Gleiwitz (solche Epidemien sind in Oberschlesien häufig). Die kleine Hedwig, ein besonders liebes Kind, das schon anfing, der Mutter etwas zu helfen, starb daran« (JF 14). Über die Geburt und den Tod dieses Kindes fand der Lublinitzer Forscher bis jetzt keinerlei Quellenangaben. Zwischen Paul und Else war die Tochter Selma geboren worden, die vermutlich schon als Neugeborene am 31.5.1874 starb. Das letzte der in Gleiwitz geborenen Kinder war Ernst (1880–1882); er starb in Lublinitz.

Siegfried Stein beschloß ca. 1881, die geschäftliche Verbindung zur Firma seiner Mutter zu lösen und sich selbständig zu machen. Er zog mit Frau und Kindern nach Lublinitz, wo man mit Starthilfe von seiten der Familie Courant rechnen durfte. Dort starb der jüngste Sohn am 4.1.1882. »Ein Kind, an dem sie mit besonderer Liebe hing, hat sie hier wieder hergeben müssen ... (Die beiden andern Kinder, die ihr starben, waren so klein, daß der Schmerz des Verlustes noch nicht so groß war wie bei den schon etwas herangewachsenen)....«, schreibt Edith Stein (JF 14). Diese Bemerkung hilft uns auch bei der Datierung des Umzugs nach Lublinitz. Wir lesen nämlich [a.a.O.] weiter: »Es war schon eine sechsköpfige Familie, die nach Lublinitz übersiedelte.« Das waren außer den Eltern Auguste und Siegfried die Kinder Paul, Else, Arno und Ernst.[1] Im Zusammenhang mit Ferien, die sie in späteren Jahren in Lublinitz verbrachte, erwähnt Edith Stein auch »den schönen Friedhof am Walde, wo unsere Großeltern begraben liegen und in kleinen Kindergräbern Geschwister, die längst vor unserer Geburt gestorben sind« (JF 9). Diese Geschwister müssen Selma und Hedwig gewesen sein, während sich das Grab von Ernst auf dem jüdischen Gemeindefriedhof in Lublinitz nachweisen läßt (LB 2).

Die Edith-Stein-Gesellschaft in Lublinitz hat durch eifrige Quellenforschung manches gefunden, was das Leben der Familie Stein aufzuhellen vermag. Sie entdeckte nämlich in alten Exemplaren des »Lublinitzer Kreisblattes« eine ganze Reihe von Zeitungsannoncen, die uns interessante Aufschlüsse geben. Zunächst aber wurde in Lublinitz am 11.12.1881 die Tochter Frieda (Elfriede) geboren. Ob damals schon die ganze Familie umgezogen war oder ob Auguste Stein zur Entbindung zu ihren Eltern vorausreiste, wird ungeklärt bleiben. Jedenfalls gibt das Königliche Amtsgericht bekannt, daß am 23.3.1882 die Firma Siegfried Stein in sein Firmenregister eingetragen wurde.

---

[1] An dieser Stelle liest man in Edith Steins Handschrift: »Es war schon eine fünfköpfige Familie...« Mit Bleistift ist dort das Wort fünf durchgestrichen und durch eine kräftige 6 ersetzt. Es ist nicht zu erkennen, ob diese Korrektur durch Edith Stein selbst oder vielleicht durch Rosa Stein erfolgte.

> **Bekanntmachung.**
> In unser Firmen-Register ist unter № 136 die Firma **Siegfried Stein** in **Lublinitz** mit dem Sitze zu Lublinitz und als deren Inhaber der Kaufmann Siegfried Stein hierselbst am 22. März 1882 eingetragen worden.
> Lublinitz, den 23. März 1882.
> *Königliches Amtsgericht.*

Fast gleichzeitig bietet Siegfried Stein in seinem »Holz-, Baumaterialien- und Kohlengeschäft« »alle Arten von Bau-, Nutz- und Schnitthölzern nebst Brennholz« an und in einer Kohlen-Offerte Stück-, Würfel-, Klein- und Staubkohlen von bester oberschlesischer Qualität:

> 53
>
> **P. P.**
> Nachdem ich mich hierorts niedergelassen und ein
> **Holz-, Baumaterialien- und Kohlen-Geschäft**
> etablirt habe, widme ich hierdurch den geehrten Interessenten die ergebene Anzeige, daß ich sowohl alle Arten Bau-, Nutz- und Schnitthölzer nach Dimensionen auf vorherige Bestellungen liefere, als auch auf meinem, vis-à-vis dem Zollhause gelegenen Holzplatze, stets Lager von den verschiedenen Holzsortimenten nebst Brennholz, sowie von Kohlen bei meiner, im alten Postgebäude befindlichen Wohnung führen werde.
> Hochachtungsvoll
> **Lublinitz,** im März 1882. **Siegfried Stein.**

> **Kohlen-Offerte.**
> Stückkohlen à ℳ 0,65 ⎫
> Würfelkohlen à ℳ 0,60 ⎬ pr. Ctr.
> Kleinkohlen à ℳ 0,50 ⎪
> Staubkohlen à ℳ 0,40 ⎭
> hält stets in einer der besten oberschlesischen Marken auf Lager und giebt jedes Quantum ab
> **Siegfried Stein,**
> wohnhaft im Josepfowski'schen Hause (sogenannte alte Post) in Lublinitz.

Diese Annoncen lassen erkennen, daß die Familie Stein zunächst im Gebäude der sog. Alten Post wohnte, dessen Besitzer Gottlieb Josepsowski es wahrscheinlich an sie vermietet hatte. Die Familie Josepsowski war eine alteingesessene Lublinitzer Zimmermannsfamilie. Laut Register hatte sie das Haus vor 1853 erbaut und es bis zum 1. April 1875 an die Post vermietet. Dann entstand im Ort ein neues Postgebäude, und die »alte« Post wurde in der Kreiszeitung 1874 zur Vermietung angeboten. Rosa Stein, die spätere Todesgefährtin Edith Steins, wurde am 13.12.1883 in der Alten Post geboren. Neben diesem Gebäude befand sich ein Stück freies Gelände, das Siegfried Stein als Lagerplatz für Holz und Kohle anmietete. Das »Zollhaus« war die Wohnung des Steuereinnehmers. Für die Benutzung der Landstraße über die deutsch-polnische Grenze war eine Abgabe zu entrichten; deshalb die Bezeichnung »Zollhaus«.

Die Familie Stein wohnte nicht lange in der Alten Post. Augustes Eltern besaßen an der Rosenbergerstraße (heute Oleskastraße) 123/124 ein kleines Landhaus mit Garten. »Meine Eltern wohnten in der sog. Villa«, schreibt Edith Stein, »einem netten kleinen Haus mit großem Garten, das den Großeltern gehörte« (JF 14). Im Februar 1884 gibt Siegfried Stein in einer Zeitungsannonce als Adresse an: »Holz- und Kohlengeschäft, Rosenbergerstraße, Villa nova.«

Salomon Courant hatte dieses Haus von dem Drucker und Buchbinder Arnold Kukutscha und dessen Ehefrau Auguste geb. Pnoch als Neubau gekauft. Er war anfangs nicht Alleineigentümer des Anwesens; er und sein Freund Lazarus Radlauer sind als gemeinsame Eigentümer dieser Immobilie im Grundbuch eingetragen. Auf dem Gelände errichteten die neuen Besitzer eine Gastwirtschaft mit einem Festsaal, einer Spielhalle mit Kegelbahn und Billardtischen und die notwendigen Wirtschaftsgebäude. Den gastronomischen Betrieb übernahm Lazarus Radlauer. Das Lublinitzer Kreisblatt aus dieser Zeit bringt öfter Anzeigen und Hinweise auf Konzerte, Aufführungen und andere Geselligkeiten (LB 7). Den klangvollen Namen Villa nova trug also ursprünglich das Restaurant. Daß der Miteigentümer Salomon Courant sich in diesem Unternehmen anscheinend nicht selbst engagierte, wird am Aufblühen seines eigenen Betriebes gelegen haben. Er erweiterte nämlich 1884 in seinem Geschäft, in dem bisher »Lebensmittel ... Metallartikel, Baumaterial, Saatgut und Viehfutter« (LB 1) verkauft wurden, das Angebot um landwirtschaftliche Maschinen, wie eine große deutsch-polnische Zeitungsanzeige bekannt gibt:

Als in Lublinitz die Geselligkeiten mehr und mehr in die Festsäle des Hotels am Marktplatz verlegt wurden, gab Radlauer seine Gastronomie in der Villa nova auf und überließ seinen Besitzanteil dem Gesellschafter Salomon Courant. Dieser gestaltete die vorhandenen Räumlichkeiten in Wohnungen und Werkstätten um und vermietete sie. Erhalten sind zwei Anzeigen aus den Jahren 1886 und 1887, die zeigen, daß neue Mieter dort einzogen (LB 12):

Edith Steins Eltern konnten schon 1884 in die Villa nova einziehen. Siegfried Steins Geschäft hatte noch immer mit großen Anfangsschwierigkeiten zu kämpfen. Ständige finanzielle Nöte lasteten auf ihm und seiner Frau Auguste, die immer wieder die Hilfe ihrer Angehörigen in Anspruch nehmen mußte. Der Umzug in die Villa nova war wohl auch dadurch begründet, daß sie Vater Courant gehörte, der sicherlich keine Mietforderungen an die Familie seiner Tochter stellte.

Es war damals die Zeit der allgemein fortschreitenden Industrialisierung. Am 15.10.1884 wurde die Eisenbahnstrecke Kreuzburg-Tarnowitz eröffnet; sie führte durch Lublinitz, und Siegfried Stein suchte die Situation zu nutzen. Eisenbahnen fuhren damals mit Dampflokomotiven, und die brauchten Kohlen. Als die Strecke in Betrieb genommen wurde, ließ Siegfried Stein noch im selben Monat eine Anzeige ins Kreisblatt setzen, worin er Kohlenlieferungen waggonweise anbietet. Siegfried Feige, ein Händler aus Beuthen, hatte schon ein Kohlenlager am Bahnhof Lublinitz eingerichtet, das Siegfried Stein bereits im folgenden Jahr aufkaufte:

⚒ Kohlen-Offerte.

Bei Inbetriebsetzung der Eisenbahnstrecke Kreuzburg-Tarnowitz offerire ich sämmtliche Kohlen-Sortimente der besten Oberschlesischen Marken in Original-Waggons zu Original-Gruben Preisen, sowie in Quantitäten von 20 Centner und darüber zu billigsten Engros-Preisen, bei kleineren Quanten mit geringem Preis-Aufschlag frei Haus und bitte um geschätzte Aufträge.

Lublinitz, im Oktober 1884.

Siegfried Stein,
Villa-Nowa, vis-a-vis Herrn
W. Königsberger.

⚒ Kohlen. ⚒

Ich zeige hiermit ergebenst an, daß ich die auf hiesigem Bahnhof bestehende „Kohlen-Niederlage" von Herrn Siegfried Feige in Beuthen O.-S. käuflich erworben habe, und für eigene Rechnung unter meiner Firma fortführen werde.

Ich offerire sämmtliche Kohlen-Sortimente aus den besten Gruben zu den billigsten Preisen und liefere solche auf Bestellung frei Haus. Bestellungen werden sowohl in meiner Wohnung „Villa-Nowa" als auch bei Herrn S. Courant aufgenommen und jederzeit prompt effectuirt.

Siegfried Stein,
Holz- und Kohlengeschäft.

71

Kalk-, Kohlen- und Baumaterialien-Offerte.

Vor Beginn der Bau-Saison offerire ich hierdurch den geehrten Bau-Interessenten von Stadt und Land **Bau-Stückkalk** aus den besten Kalkwerken Oberschlesiens, sowohl in ganzen Waggons als auch in kleineren Parthien bei Vorausbestellungen zu billigsten Preisen, ebenso sämmtliche **Bau- und Schnittholzmaterialien, Cement** etc., wie auch bei Beginn der Ziegel- und Kalk-Brenn-Campagne alle **Kohlen-Sortimente** der **Florentine-Grube** zu billigsten Sommer-en-gros-Preisen.

Siegfried Stein,
Bahnhof *Lublinitz*, Kohlenplatz I.

Oferta na wapno, węgle i materyały do budowania.

Wszystkim w mieście i we wsiach, którzy tego roku budować będą, zalecam **kawałkowe wapno do budowania** z najlepszych pieców Górno-Szląska — całe waggony i w mniejszych częściach — za najtańsze ceny, jako też **materyały do budowania i rznięcia, cement i. t. p.,** do palenia cegły i wapna wszelkie **gatunki węgla** z Florentine-Gruby podług najtańszych latowych cen.

Siegfried Stein,
na banhofie w *Lublińcu*, I. miejsce na węgle.

Daß Siegfried Stein auch Wald gekauft oder gepachtet oder jedenfalls Abholzungsrechte erworben hatte, zeigt folgende Anzeige aus dem Jahr 1889:

> **Holz-Anfuhr.**
> Zur Anfuhr für Rechnung anderer von Bauhölzern:
> 1) aus meinem Abholzungsschlage in Gaiden,
> 2) aus den Gräflichen Stollberg'schen Forst-Bezirken Koschmieder, Petershof und Sandowitz
>
> nach Lublinitz, werden geeignete Vecturanten gesucht und wollen sich bald melden bei
>
> **Siegfried Stein.**
> **Villa-nova.**
>
> Lublinitz, den 15. März 1889.
>
> **Przywózka drzewa.**
> Do zwóski drzewa do budowania na rachunek innych
> 1. z mojego kupionego lasa na Gaiden,
> 2. z lasów na Koschmieder-Petershof i w Zandowicach, należące hrabiu Stolberg,
>
> szuka furmanów, którzy się natychmiast meldować moga u **Siegfried Stein**
> we Villa-nowa.
> Lublinitz, dnia 15. Marca 1889.

Aber schon zu Beginn des folgenden Jahres taucht der Entschluß auf, das Geschäft nach Breslau zu verlegen:

> **Mein Holz- und Kohlen-Geschäft**
> am hiesigen Bahnhof beabsichtige ich wegen Uebersiedelung nach Breslau mit Inventar und Gespann zur baldigen Uebergabe zu verkaufen.
> Lublinitz, den 10. Januar 1890.
> *Siegfried Stein.*

> Alle meine geehrten Kunden, die mir bis **Sonntag, den 30. d. Mts.**, nicht bezahlt haben, ersuche ich höflichst, die Beträge für mich an Herrn S. Courant in Lublinitz zu zahlen.
> *Siegfried Stein.*

Bis zum 1. März hatte Siegfried Stein einen Käufer für seine Kohlenhandlung am Bahnhof Lublinitz gefunden. Zusammen mit dem Kohlengeschäft von Carl Neide übernahm ein Kaufmann namens J. Müller sein Unternehmen. Auch dieser Geschäftsmann wohnte auf dem Anwesen der Villa nova, und zwar im Hinterhaus:

> **Beilage**
> zu Stück 10 des Lublinitzer Kreisblattes pro 1890.
>
> Hierdurch zeige ich ergebenst an, daß ich meine
> **Kohlen-Niederlage**
> auf hiesigem Bahnhofe mit dem heutigen Tage Herrn **J. Müller** übergeben habe und bitte, für das mir bisher geschenkte Vertrauen bestens dankend, dasselbe auch auf meinen Herrn Nachfolger übertragen zu wollen.
> Lublinitz, den 1. März 1890.
> **Siegfried Stein.**
>
> ☞ **Mein Kohlen-Geschäft** ☜
> habe ich auch an Herrn **J. Müller** abgegeben und danke für das mir bis dato erwiesene Vertrauen, welches ich auch auf meinen Nachfolger zu übertragen bitte.
> Lublinitz. **Carl Neide.**
>
> Bezugnehmend auf vorstehende Anzeigen empfehle ich dem geehrten Publikum von Stadt und Land
> ══ die besten Kohlenmarken zu soliden Preisen ══
> und werde mich bemühen, die mir ertheilten Aufträge stets pünktlich zu erledigen. Bestellungen werden außer in meiner gegenwärtigen Wohnung **villa-nova** auch bei Herrn **Carl Neide** entgegen genommen.
> Lublinitz. **J. Müller.**

> **J. Müller,**
> Kohlen-, Holz- und Kalk-Niederlage,
> LUBLINITZ,
> am Bahnhofe, Kohlenplatz № 1.,
> empfiehlt
> **sämmtliche Sortimente Kohle,**
> beste Marken Oberschlesiens!
> zu billigsten Preisen.
> N. B. Bestellungen werden im Geschäftslokale des Herrn **Carl Neide**, sowie in meiner Wohnung „Villa nova" (Hinterhaus) entgegengenommen.

> **J. Müllerowi**
> należący **skład węgli i wapna w Lublińcu** na banhofie zaleca wszelkie gatunki dobrych i najtańszych
> **węgli Górne-Slazka.**
> Obstalunki przyjmują się w sklepie pana **Karola Neide**, jako też w moim pomieszkaniu „**Villa nova**" w pozadnym domie.

Ehe Familie Siegfried Stein nach Breslau umzog, kam in Lublinitz am 11.2.1890 Erna zur Welt. Etwa drei Jahre vorher war der kleine Sohn Richard am 27.1.1887 vermutlich kurz nach seiner Geburt gestorben, denn Edith Stein rechnet ihn zusammen mit seinem Schwesterchen Selma zu den beiden Frühverstorbenen, die noch nicht so weit herangewachsen waren wie Hedwig und Ernst (JF 14).

»Meine Schwester Erna«, schreibt Edith Stein (JF 15) »war bei der Übersiedlung nach Breslau sechs Wochen alt (Ostern 1890)«. Da Ostern im Jahre 1890 auf den 6. und 7. April fiel, wird man den Umzug etwa in die zweite Aprilwoche datieren können.»Meine Eltern«, fährt Edith Stein fort, »bezogen eine kleine Mietwohnung in der Kohlenstraße <13>. Das kleine Häuschen, in dem ich geboren wurde <am 12. 10. 1891>, ist jetzt längst abgerissen und ein großes neues an seiner Stelle erbaut. Ganz in der Nähe wurde ein Lagerplatz gemietet, um ein neues Holzgeschäft zu eröffnen (JF 29)«, und zwar in der Schießwerder Straße. Die Streichung der Firma Siegfried Stein in Lublinitz erfolgte im Register des Amtgerichts erst am 23.4.1891. Vermutlich waren noch Geschäfte abzuwickeln, ehe alles abgeschlossen werden konnte.

Edith Stein gibt in ihren Aufzeichnungen zwei Gründe für die Verlegung der Steinschen Firma nach Breslau an. Sie schreibt:»Weil es in Lublinitz nicht möglich war, wirtschaftlich hochzukommen, beschlossen meine Eltern, nach Breslau überzusiedeln.« Die Angebote, welche Siegfried Stein seinen Kunden machte, erwecken allerdings nicht den Eindruck, als habe hier ein unfähiger Kaufmann die Hände in den Schoß gelegt. Eher noch könnte man auf den Gedanken kommen, er habe für den Anfang des Unternehmens zuviel gewagt. Jedenfalls leuchtet es ein, daß Breslau für einen Großhandel bessere Entwicklungsmöglichkeiten bot als Lublinitz.

Wir lesen aber noch von einem zweiten Grund, der die Eltern zu dem Neuanfang bewog. »Es geschah wohl auch«, sagt Edith Stein, »der Kinder wegen, die man sonst aus dem Hause geben mußte, um sie höhere Schulen besuchen zu lassen. Mein Bruder <Paul> hatte schon in Oppeln und Kreuzburg das Gymnasium besucht und unter unverständiger Behandlung durch die Verwandten, bei denen er untergebracht war, viel gelitten« (JF 15). Die deutschen Juden waren seit ihrer vollen Gleichberechtigung verstärkt in die Reihen des Bildungsbürgertums aufgestiegen. Es ist sehr wahrscheinlich, daß Auguste und Siegfried Stein für die wachsende Kinderschar im damaligen Lublinitz keine ausreichenden Möglichkeiten zum Schulbesuch und zu weiterer Ausbildung sahen. Sie hatten zudem das Beispiel der Familie Courant vor Augen, denn Edith Stein erinnert sich: »Alle Söhne wurden nach außerhalb, schließlich alle nach Breslau, aufs Gymnasium geschickt; fünf wurden Kaufleute, zwei Akademiker (Apotheker und Chemiker)« (JF 6).

Nicht lange konnte Siegfried Stein am Aufbau seines neuen Holzhandels arbeiten. Schon am 10.7.1893 starb er auf einer Geschäftsreise, vermutlich durch einen Hitzschlag. Wir lesen in Edith Steins Aufzeichnungen: »Er hatte an einem heißen Julitag einen Wald zu besichtigen und mußte eine größere Strecke zu Fuß gehen. Ein Briefträger, der über Land ging, sah ihn von weitem liegen, nahm aber an, daß er sich zum Ausruhen hingelegt habe, und kümmerte sich nicht weiter darum. Erst als er ihn nach Stunden auf dem Rückweg noch an derselben Stelle sah, ging er hin und fand ihn tot. Meine Mutter wurde benachrichtigt und holte die Leiche nach Breslau. Der Ort, wo mein Vater starb, liegt zwischen Frauenwaldau und Goschütz. Nahe dabei ist eine Holzschneidemühle, in der oft die frisch geschlagenen Stämme für uns geschnitten wurden. Die braven Müllersleute <Familie Ludwig> haben in jenen schweren Tagen meiner Mutter beigestanden ... So ist eine Freundschaft fürs ganze Leben erwachsen« (JF 16). Siegfried Stein wurde in Breslau auf dem Jüdischen Friedhof an der Lohestraße bestattet. Sein Grab befindet sich dort im Gräberfeld XI. Schon seit mehreren Jahren wird dieser Friedhof, der unter Denkmalschutz steht, gut gepflegt; die Grabsteine werden, soweit nötig, restauriert. Nach dem Grabmal von Siegfried Stein ist längere Zeit gesucht worden. Vor einigen Jahren fand ihn Msgr. Maciej Lagiewski, der die Arbeiten leitet, und setzte ihn schön instand. Das Grabmal hatte sich vom Sockel gelöst, war umgestürzt und unter Erde, Laub und Astwerk verschüttet; auch der schmückende Giebel war abgebrochen. Die eingemeißelte Inschrift wurde nachgezeichnet und ist nun gut zu lesen. Sie lautet: Hier ruht in Gott unser innigeliebter, teurer, unvergeßlicher Gatte und Vater Siegfried Stein, geb. d. 11. September 1844, gest. d. 10. Juli 1893. Ruhe sanft! – Edith Stein schreibt über ihre Mutter: »Wenn sie heute, nach so vielen Jahrzehnten, an seinem Grab steht, sieht man, daß der Schmerz um ihn nicht erloschen ist« (JF 16).

Auch die Beziehungen zu Lublinitz blieben weiter lebendig. »Das Haus blieb der Mittelpunkt der weitverzweigten und weitverstreuten Familie«, notiert Edith Stein (JF 8); »›ich fahre nach Hause‹, sagte meine Mutter noch als alte Frau, wenn sie in die Heimat fuhr. Und für uns Kinder war es die größte Ferienfreude, wenn wir zu den Verwandten nach Lublinitz fahren durften ... In dem kleinen Städtchen hatten wir die größte Freiheit. Wir wurden nicht viel beaufsichtigt, wir sollten es nur gut haben und vergnügt sein. Schon in dem großen Haus konnte man sich ganz anders bewegen als in der engen Mietwohnung, die wir in unseren Kinderjahren in Breslau hatten. Jeder Winkel war einem schon vertraut, und mit jedem feierte man Wiedersehen. Da war der große Laden mit den verlockenden Bonbonkrausen, den Chokoladevorräten und den Schubladen, in denen Mandeln und Rosinen zu finden waren ... Daneben war das Eisengeschäft, das hauptsächlich das Reich meines Onkels war«.

Zu dieser Zeit lebten die Begründer des Geschäftes, Salomon Courant und Adelheid geb. Burchard, nicht mehr. Eine schwache Erinnerung aus der Vorschulzeit hatte Edith Stein allerdings noch an ihren Großvater. Er starb am 15.3.1896. In seinem Testament vermachte er das Anwesen der Villa nova seinem zweitjüngsten Sohn Emil, der in Berlin lebte und die Liegenschaft 1914 weiterverkaufte (LB 17).

Die Bilder der Großeltern hingen in Breslau im Wohnzimmer über dem Sofa (JF 6). Als wir viele Jahre später das Fotoalbum von Rosa Stein, das sie mit nach Echt gebracht hatte, zurückerhielten, fanden sich darin von den Großeltern zwei große ovale Fotos, die aus ihren Rahmen geschnitten zu sein schienen. Vermutlich hat Rosa Stein sie als Andenken mitgenommen, ehe sie Breslau für immer verließ. In ihren Aufzeichnungen hat Edith Stein ihre Gedanken über beide Großeltern festgehalten; daraus geht hervor, wie nahe ihr die Eltern ihrer Mutter standen. Diese hatten 1842 geheiratet und mit einem ganz kleinen Kolonialwarengeschäft begonnen, sich aber bald zu Ansehen und Wohlstand emporgearbeitet. Aus der Ehe gingen 15 Kinder hervor, von denen Auguste das vierte war. Der von Edith Stein erwähnte Onkel war Alfred, der jüngste der sieben Courantsöhne.

Die Familie Stein in Lublinitz 397

Außer der Familie von Alfred Courant und seiner Frau Else geb. Schlesinger lebten im Hause zwei unverheiratete Schwestern, Friederike und Clara. Friederike, Tante Mieka genannt, nahm den Platz ein, welchen früher die Großmutter innehatte. Sie besaß das Vertrauen aller und war die einzige im Hause, die den Glauben der Eltern bewahrt hatte und »für die Erhaltung der Tradition sorgte, während bei den andern der Zusammenhang mit dem Judentum von seiner religiösen Grundlage losgelöst war«. Die jungen Frauen im Hause »überboten sich an jugendlichem Übermut, an Witzen und Neckereien«. Überhaupt ging es bei Courants »sehr fröhlich zu. Es wurde gescherzt, gelacht und gesungen. Besonders, wenn die studierenden Brüder und Vettern zu den Ferien nach Hause kamen und bei den großen Familienfesten, Geburtstagen und Hochzeiten war bewegtes, lustiges Leben« (JF 13).

Aber eines Tages griffen die Geschicke Europas in dieses friedliche Leben ein. Im Hause Courant war man patriotisch-preußisch gesinnt. »Lublinitz lag nicht weit von der polnischen Grenze <vor dem 1. Weltkrieg>. Während des ganzen Krieges kamen Truppentransporte hindurch, und meine Tanten betätigten sich eifrig bei der Verpflegung der Soldaten. Manche Nacht haben sie damals auf dem Bahnhof verbracht« (JF 10).

Nach dem verlorenen Weltkrieg hatte das Deutsche Reich mehrere Grenzgebiete an das benachbarte Ausland abzutreten. Über den wirtschaftlich bedeutenden Teil Oberschlesiens mit seinen reichen Kohle- und Erzvorkommen, in dem auch Lublinitz lag, sollte nach den Bestimmungen des Vertrags von Versailles durch Volksabstimmung entschieden werden. Die Abstimmung fand am 20.3.1921 statt. Lublinitz und Umgebung hatten immer einen hohen Anteil an polnischer Bevölkerung, wie die zweisprachigen Anzeigen Siegfried Steins beweisen; sie fielen nach der Abstimmung an Polen. Die Courants, die sich als Deutsche fühlten, verkauften das Stammhaus ihrer Familie und verließen die Heimat: Sie zogen teils in den deutsch gebliebenen Teil Schlesiens, teils nach Berlin.

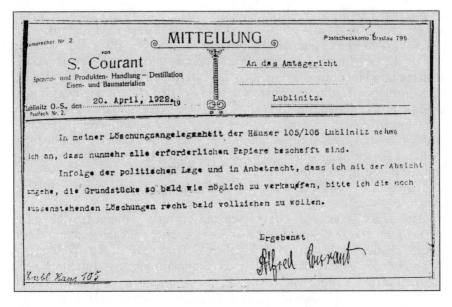

S. Courant, Lublinitz, den 20. April 1922
An das Amtsgericht Lublinitz.
In meiner Löschungsangelegenheit der Häuser 105/106 Lublinitz nehme ich an, daß nunmehr alle erforderlichen Papiere beschafft sind. – Infolge der politischen Lage und in Anbetracht, daß ich mit der Absicht umgehe, die Grundstücke sobald wie möglich zu verkaufen, bitte ich, die noch ausstehenden Löschungen recht bald vollziehen zu wollen.
                                        Ergebenst Alfred Courant

Dennoch ist die Geschichte des Courantschen Familienhauses damit nicht zu Ende. Schon bevor es in Deutschland die Edith-Stein-Gesellschaft gab, entstand eine solche in Breslau und Lublinitz. In Lublinitz war das Haus längst in andere Hände übergegangen. Es war aber den Verehrern der seligen Edith Stein, eifrigen Lesern ihrer Erinnerungen »Aus dem Leben einer jüdischen Familie«, nicht entgangen, daß an der Querseite dieses Hauses, wo sich die Farbe durch die Unbilden der Witterung zu lösen begann, deutlich die ursprüngliche Aufschrift zu lesen war: S. Courant. Heute ist diese Aufschrift in frischer Farbe erneuert worden, und das Haus ist durch die Hochherzigkeit der Eigentümer in den Besitz der dortigen Edith-Stein-Gesellschaft übergegangen. Diese hat darin Gedenkräume mit einer Dauerausstellung eingerichtet; am Aufbau einer geeigneten Bibliothek wird gearbeitet. Ebenso wie bei dem Steinschen Haus in der Breslauer Michaelisstraße hat man sich auch hier zum Ziel gesetzt, das friedvoll-selbstverständliche Zusammenleben von Deutschen und Polen, Christen und Nichtchristen, wie es in den Kinderjahren Edith Steins in Lublinitz bestand, wieder entstehen zu lassen.

Hier soll nun noch ein Dokument eingefügt werden, weil es die Handschrift von Siegfried Stein enthält, die leider zum Teil unleserlich ist:

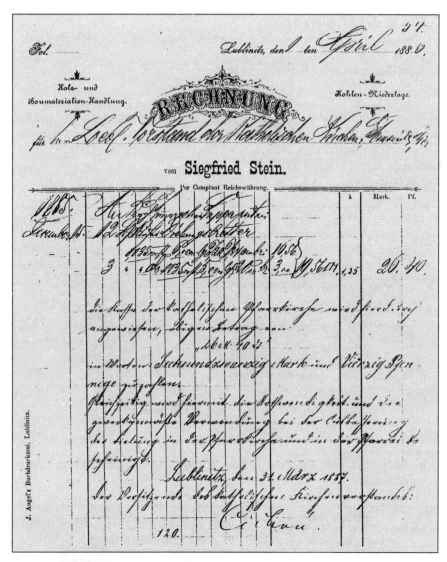

Der lesbare Teil lautet:
Rechnung für den Loebl<ichen> Vorstand der katholischen Kirchen-Gemein<de>, Lublinitz, den 1ten April 1886 von Siegfried Stein, Holz- und Baumaterialien-Handlung, Kohlen-Niederlage.

Erste Zeilen: Unleserlich. Dann folgt:
Die Kasse der katholischen Pfarrkirche wird hierdurch angewiesen, obigen Betrag von 26 M 40 Pfg. in Worten: Sechsundzwanzig Mark und Vierzig Pfennige zu zahlen.
Gleichzeitig wird hiermit die Nothwendigkeit und die zweckgemäße Verwendung bei der Ausbesserung der Dielung in der Pfarrkirche und in der Pfarrei bescheinigt.

Lublinitz, den 31. März 1887
Der Vorsitzende des katholischen Kirchenvorstandes: Unterschrift <unleserlich>.
Auf der Rückseite des Blattes liest man:

»26 M. 40 ₰«

In Worten Sechsundzwanzig Mark und Vierzig Pfennige sind mir aus der Kasse der katholischen Pfarrkirche zu Lublinitz baar gezahlt worden, worüber ich quittiere.
Lublinitz, den 16. April 1887
./. Siegfried Stein

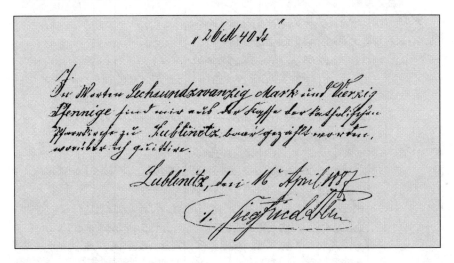

Und schließlich soll noch ein Dokument aus dem Courantschen Unternehmen folgen:

S. Courant, Lublinitz O.-S.
Specerei, Eisen-, Baumaterialien-, Producktenhandlung & Destillation

Postkarte.

An
Herrn Revierförster Schmakolla
in Dzinzigora p. Lublinitz

Poststempel: Lublinitz (Oberschlesien)
27.11.07

Lublinitz, den 26.11.1907
Fernsprecher No. 2

Wegen des Amoniak-Sup<erphosphat> habe nochmals an die Fabrik geschrieben, ob kein Irrthum vorliegt, denn die <be>rechnet mir Rm 7,00 p<er> 100 K<i>l<o>gr<amm> mehr als im Vorjahre. Komme Ihnen in einigen Tagen dann näher.
Hochachtend S. Courant

Auffallend ist bei dieser Postkarte die Unterschrift, da S<alomon> Courant schon verstorben war. Es ist nicht auszuschließen, daß sein Sohn Sigmund eine Zeitlang im Lublinitzer Geschäft tätig war. Auch besteht die Möglichkeit, daß die Unterschrift S. Courant vom späteren Inhaber Alfred beibehalten wurde, weil die Firma diese Bezeichnung führte.

Vielleicht wird es eines Tages dazu kommen, daß wir uns über weitere Forschungsergebnisse freuen dürfen – auch aus dem Raum Gleiwitz, der Heimat Siegfried Steins.

Das Werk Edith Steins in Polen

Bibliographische Hinweise

Janina Adamska und Zdzisław Florek

Edith Stein hat durch ihr Lebenszeugnis bei vielen Polen großes Interesse gefunden. Nach ihrer Seligsprechung am 1. Mai 1987 in Köln wurden Edith-Stein-Gesellschaften in Warszawa, in Poznań, in Wrocław und in Legnica gegründet. In wissenschaftlichen Kreisen wird vor allem ihr philosophisches Werk untersucht.

Polen haben ein positives Verhältnis zu Edith Stein, weil sie in Breslau (Wrocław) geboren wurde, eine tiefe Freundschaft zu Roman Ingarden pflegte und in Auschwitz (Oświęcim) den Tod durch Vergasung erlitt. Diese Verbindungen fördern den Dialog zwischen Juden und Katholiken, Polen und Deutschen.

Trotz des wachsenden Interesses an ihrer Person und an ihrem Werk bemühen sich Verleger viel zu wenig um die Herausgabe des Gesamtwerkes. Jetzt, da ihre Werke in deutscher Sprache vorliegen, wäre es angebracht, sie auch in polnischer Sprache zu veröffentlichen. Einblick in die Rezeption Edith Steins in der polnischen Literatur gibt die folgende Auswahl. Die Schriften werden in polnischer Sprache genannt, die deutsche Übersetzung ist in Klammern angefügt.

1. *Werke von Edith Stein*

- : Swiatłość w ciemności. Wybór pism duchowych Edyty Stein. Tom I: Autobiografia (Aus dem Leben einer jüdischen Familie), tom II: Wiedza Krzyża i Twierdza duchowa (Kreuzeswissenschaft und Die Seelenburg). Kraków 1977. Übersetzung: Janina Adamska.
- : Z własnej głębi. Wybór pism duchowych Edyty Stein. Tom I: Listy (Selbstbildnis in Briefen, ESW Band VIII und IX), tom II: Pisma różne. Kraków 1978. Übersetzung: Janina Adamska.

Diese beiden Bände enthalten folgende Texte von Edith Stein:

- Sposoby osiągnięcia wewnętrznego uciszenia (Wege zur inneren Stille),
- Etos zawodów kobiecych (Das Ethos der Frauenberufe),
- Zawód (powołanie) mężczyzny i kobiety według natury i łaski (Beruf des Mannes und der Frau nach Natur- und Gnadenordnung),
- Tajemnica Bożego Narodzenia (Das Weihnachtsgeheimnis),
- Teresa z Avila (Teresia von Avila),
- Teresa od Jezusa wychowawczyni ludzkiej osobowości (Eine Meisterin der Erziehungs- und Bildungsarbeit: Teresia von Jesus),
- Modlitwa Kościoła (Das Gebet der Kirche),
- Gody Baranka (Hochzeit des Lammes),

- Drogi poznania Boga (Wege der Gotteserkenntnis).

- : Pisma: tom I: Autobiografia (Aus dem Leben...); tom II: Listy (Selbstbildnis in Briefen, ESW Band VIII und IX, 2. Auflage). Kraków 1982. Übersetzung: Janina Adamska.
- : Wiedza Krzyża, tom I: (Kreuzeswissenschaft, 2. Auflage). Kraków 1995. Übersetzung: Janina Adamska.
- : Byt skończony a byt wieczny (Endliches und Ewiges Sein). Poznań 1995. Übersetzung: Janina Adamska.
- : Z dociekań nad bytem skończonym und bytem wiecznym w: Kierunku Boga (Auswahl aus Endliches und Ewiges Sein, caput 5,6,7). Warszawa 1982. Übersetzung: Janina Adamska.
- : Kobieta, jej zadanie według natury i łaski (Die Frau, ihre Aufgabe nach Natur und Gnade). Tuchów 1995. Übersetzung: Janina Adamska.
- : O zagadnieniu wczucia (Zum Problem der Einfühlung). Kraków 1988, in: Znak. Übersetzung: Danuta und Jerzy Gierul.
- : Spór o prawdę istnienia, Listy Edith Stein do Romana Ingardena (Briefe an Roman Ingarden). Kraków-Warszawa 1994. Übersetzung: Małgorzata Klentak-Zabłocka, Andrzej Wajs.

2. Biographien

Bücher

Adamska, J.: O nocy, któraś prowadziła. Kraków 1973.
- : Prawda o miłości. Kraków 1975.
- : Błogosławiona Edyta Stein. Kraków 1988.
- : Zadna kobieta nie jest tylko kobietą. Poznań 1996.
- : Próba biografii i wybór listów, w: W nurcie zagadnień posoborowych, tom X. Warszawa 1977.
Gerl, H. B.: Edyta Stein i jej działalność na polu naukowym i w służbie Kościoła, tłum.: Katolickiego Uniwersytetu Lubelskiego, Konkurs Naukowy 1986/87. Mała poligrafia. Lublin.
Hoffmann, M.: Na każdy dzień myśli Edyty Stein, Verbinum. Katowice 1995.
Jägerschmied, A.: Edyta Stein – historia życia, tłum.: Małgorzata Hoffmann, w: W drodze. Poznań 9 (1982) 14–31.
Mądrość Krzyża: Myśli. Wrocław 1988.
Muzeum Historyczne we Wrocławiu: Edyta Stein. Dzieje pewnej rodziny. Towarzysto im. Edyty Stein we Wrocławiu. Wrocław 1991.
Neyer, A.: Edyta Stein. Dokumenty i fotografie, tłum.: Wanda Zakrzewska. Kraków 1987.
Teresa Renata od Ducha Świętego: Edyta Stein – filozof und karmelitanka, tłum.: M. Kaczmarkowski, Editions du dialogue. Paris 1987.
Wetter, F.: Edyta Stein. Powołana do prawdy – przez Krzyż błogosławiona, tłum.: K. Lewicki. Wrocław 1991.

Aufsätze

Im Bereich der Philosophie

Edyta Stein albo filozofia i krzyż, Znak-Idee 1, Kraków 1989.
(Unter dieser Überschrift wurden mehrere Aufsätze herausgegeben:
- Conrad-Martius, H.: Moja przyjaciółka Edyta Stein, tłum.: Juliusz Zychowicz,
- Przywara, E.: Edyta Stein, przejrzystość i milczenie, tłum.: Juliusz Zychowicz,
- Secretan, Ph.: Istota i osoba. Przyczynek do poznania Edyty Stein, tłum.: Stanisław Cichowicz,
- Siemianowski, A.: Teocentryczna antropologia Edyty Stein,
- Gorczyca, J.: Edyta Stein o intelektualistach,
- Nota, J. H.: Edyta Stein a projekt encykliki przeciwko rasizmowi i antysemityzmowi, tłum.: Juliusz Zychowicz,
- Kalendarium życia E. Stein).

Adamska, J.: Zło dobrem zwyciężaj. Filozoficzny aspekt dobra i zła według Edyty Stein, w: Zeszyty karmelitańskie. Poznań 3/10 (1995) 43–52.
– : Edyta Stein. Natura i wolność – wstęp i przekład z pracy Edyty Stein (Ontische Struktur der Person und ihre erkenntnistheoretische Problematik, ESW VI) w: W drodze. Poznań 9 (1982) 7–13.
Bettinelli, C.: Edith Stein o drogach poznania Boga, tłum.: I.P. Góra, w: W kierunku Boga. Warszawa 1982, 220–232.
Grzegorczyk, A.: Sklok na przepaścią. Edyty Stein poszukiwanie prawdy, w: Zeszyty karmelitańskie. Poznań 1/8 (1995) 107–122.
Ingarden, R.: O badaniach filozoficznych Edith Stein, w: Znak. Kraków 202(1971) 389–409, zweite Aufl. Znak. Kraków 1988.
Stoń, Z.: Edyta Stein o istnieniu Boga, w: W drodze. Poznań 9 (1986) 73–75.
Strójwąs, K.W.: Między sferą dobra i zła. Kondycja osoby ludzkiej według Edyty Stein, w: Zeszyty karmelitańskie. Poznań 3/10 (1995) 53–60.
Turnau, J.: Filozofia, miłość i krzyż w: Gazeta Wyborcza. Gdańsk 5–6 sierpnia 1995.

Im Bereich von Theologie und Spiritualität

Adamska, J.: W poszukiwaniu prawdy, Edith Stein – s. Teresa Benedykta od Krzyża, karmelitanka, w: Znak. Kraków 1967/1968, 553–569.
– : Edyta Stein, w: W drodze. Poznań 9 (1982) 3–6.
– : Edyty Stein spełnienie w wierze. Na podstawie listów do Romana Ingardena, w: Zeszyty karmelitańskie. Poznań 2/5 (1994) 103–115.
– : Wolność w życiu i refleksji teologicznej Edyty Stein, w: Zeszyty karmelitańskie. Poznań 3/4, 6/7 (1994) 131–146.
– : Fenomen samotności w życiu Edyty Stein, w: Zeszyty karmelitańskie. Poznań 1/8 (1995) 131–142.

– : Kształtowanie się eklezialnej świadomości Edyty Stein, w: Zeszyty karmelitańskie. Poznań 2/9 (1995) 83–96.
Hoffmann, M.: Edyta Stein – dar, wezwanie i obietnica, w: W drodze. Poznań 8 (1987) 65–71.
Machnacz, J.: Edyta Stein – znak pojednania, w: Logos i Ethos. Kraków 1 (1992) 149–153.
– : Kto szuka prawdy, ten szuka Boga, w: Logos i Ethos. Kraków 1 (1992) 111–113.
Maria Teresa od Jezusa: Swiętość Edyty Stein, w: Karmel. Kraków 1 (1990) 30–34 und 2 (1990) 41–45.
Neyer, A.: Edyta Stein – kierwnik duchowy, tłum.: Karol Strójwąs, w: Karmel. Kraków 4 (1989) 19–25.
Podelski, Cz.: Szukała prawdy, znalazła Boga, w: Apostolstwo chorych. Katowice 9 (1990) 9–11.
Tarnowski, K.: Edith Stein i mistyka, w: W drodze. Poznań 9 (1979) 28–38.

Edith Stein im Kölner und Echter Karmel in der Zeit der Judenverfolgung

Waltraud Herbstrith

Wir kennen nicht alle, die Edith Stein in der schweren Zeit der Judenverfolgung bis zu ihrer Ermordung beistanden. Wir wissen aber, daß mutige Frauen im Kölner und Echter Karmel und viele andere sich für ihre Rettung einsetzten, soweit es in ihrer Macht stand.

Als Edith Stein 1933 in den Kölner Karmel aufgenommen wurde, war Sr. Josefa Wery Priorin und Sr. Teresia Renata Posselt Subpriorin. Es spricht für die geistige Weite der Schwestern, daß sie sich nicht scheuten, eine Frau jüdischer Herkunft aufzunehmen. Der Karmel plante damals eine Neugründung in Schlesien in der Nähe von Breslau, und Edith Stein war sehr glücklich, daß sie als Schlesierin für diesen Neubeginn in ihrer Heimat mit ausersehen war. Die Gründung wurde von Sr. Marianne (Gräfin) Praschma geleitet. Als die »jüdische« Postulantin sich in das Kloster eingelebt hatte, dachte allerdings niemand mehr daran, sie nach Schlesien zu schicken.

Sr. Posselt sollte als Novizenmeisterin und als Priorin für sie besonders wichtig werden. Sie war auch die erste, die später über das Schicksal Edith Steins berichtete. Sie förderte Edith Stein in einem Ausmaß, wie es damals für Postulantinnen nicht üblich war. Auch der Provinzial der Karmeliten, Pater Theodor Rauch, trat wie sie für eine geistige Förderung dieser Novizin ein. So konnte Edith Stein auch weiterhin wissenschaftliche Artikel schreiben, z.B. für die Zeitschrift des katholischen Frauenbundes. Sie konnte auch Briefkontakte aufrechterhalten, besonders mit ihren jüdischen Freunden, die durch die unbegreiflichen Roheiten der Nationalsozialisten verwirrt und verstört waren. Sie erbaten von ihr Rat und Hilfe, auch bei Besuchen, wo sie mit ihr zusammen ihr Weggehen aus Deutschland vorbereiteten.

Edith Stein gab sich in den Jahren der wachsenden Judenverfolgung keiner Illusion hin, auch nicht der, daß das Kloster Sicherheit für sie bedeute. Während sie anderen bei ihren Ausreiseplänen half, sah sie auch für sich die Notwendigkeit kommen, ihre deutsche Heimat verlassen zu müssen. Als eine Besucherin sie 1935 tröstete, im Kloster sei sie doch sicher, widersprach Edith Stein lebhaft. Am liebsten wäre sie nach Palästina ausgewandert. 1937 schrieb sie an eine jüdische Freundin, eine Ärztin in Breslau, die mit der Familie Hirschler in Ludwigshafen eng verwandt war, wo der Philosoph Ernst Bloch ein und aus ging: »Meine liebe Lene! Ich kann mir wohl denken, daß Sie für Palästina keine Neigung haben. Ich möchte nirgends anders hin, wenn sich einmal auch für mich die Notwendigkeit ergäbe, Deutschland zu verlassen. Es ist mir immer ein sehr lieber Gedanke, daß es dort mehrere Klöster unseres Ordens gibt.«[1]

---

[1] Archiv Edith-Stein-Karmel Tübingen, Brief von Edith Stein.

Die Chronistin des Kölner Karmel, Sr. Aloysia (Angela) Linke sagte zu mir, Sr. Posselt und sie selbst – sie war damals Subpriorin – hätten Edith Stein unter keiner Bedingung weggehen lassen wollen. Ähnlich dachten die anderen Schwestern. Der Karmel war für Edith Stein die letzte Lebensgemeinschaft, wo sie sich am Ort ihrer geistlichen Berufung zu Hause wußte. Da sie sich aber weder in Deutschland noch später in Holland verstecken ließ und nur legal das jeweilige Land verlassen wollte, war sie in höchster Lebensgefahr.

Als 1938 das jüdische Leben in Deutschland durch die Novemberpogrome zusammenbrach und niemand von politischem oder kirchlichem Gewicht öffentlich für die Juden eintrat, bat Edith Stein, sehr verstört durch die Exzesse, die in Köln stattgefunden hatten, die Oberen sollten sofort etwas für ihre Versetzung tun. Eine der großen Persönlichkeiten der Norddeutschen Provinz der Schwestern vom Guten Hirten, Sr. Maria Walburga (Barbara) Graf, wurde nach den Novemberpogromen gegen die jüdische Bevölkerung in Deutschland (9./10. November 1938) von einer Freundin angerufen. Sr. Maria Walburga sagte:

»Ich war Oberin in Ibbenbüren, als mich eines Abends die Priorin des Kölner Karmel anrief. Ich war mit ihr befreundet. Sie war in Not und bat mich, eine jüdische Karmelitin aus Köln aufzunehmen, die in großer Gefahr sei. Da unsere Provinzialoberin, Schw. M. Angela Gartmann, schon drei Monate im Zuchthaus Berlin-Moabit wegen angeblicher Devisenvergehen eingesessen hatte, wollte ich die Entscheidung nicht ohne sie fällen. Unser Architekt, der ein Auto besaß, fuhr mich abends nach Münster. Mutter Angela und ich haben lange beraten. Mutter Angela sagte dann: »Wir müssen uns darüber im klaren sein, auf was wir uns einlassen. Aber es geht um ein Menschenleben. Wir werden die Schwester aufnehmen. Sagen Sie der Priorin, die Schwester möge in Zivilkleidung kommen, damit sie im Lazarett (das damals in Ibbenbüren eingerichtet war) nicht auffällt.« Ich fuhr mit diesem Bescheid nach Ibbenbüren zurück. Am andern Tag rief die Priorin nochmals an. Sie bedankte sich für unsere Bereitschaft, sagte aber, daß sie für die jüdische Mitschwester eine andere Lösung gefunden habe (die Übersiedlung in den Karmel von Echt). Dort sei sie wohl sicherer als in Deutschland. Viel später erfuhr ich, daß diese ›jüdische Mitschwester‹ Edith Stein gewesen war.« So kam es zur Übersiedlung in den Karmel von Echt. Die Schwestern glaubten, Edith Stein sei in Holland sicher, doch dies war ein Irrtum. Vielmehr erfüllten sich die Vorahnungen Edith Steins: 1940 überfielen die Nationalsozialisten Holland; damit waren auch hier die Juden vogelfrei.

Edith Stein fühlte sich im Kloster von Echt wohl und angenommen. Sie wollte nicht mehr nach Deutschland zurück, sondern sich in Echt nach drei Jahren kirchenrechtlich angliedern lassen. Auf Anregung von Sr. Posselt arbeitete sie auch in Holland schriftstellerisch und wissenschaftlich weiter. Als sich die Verfolgung der Juden verschärfte, bat sie über ihre Freundin, Dr. Vérène Borsinger, in der Schweiz für sich und ihre leibliche Schwester Rosa um Asyl; diese war aus Deutschland über Belgien geflüchtet und hatte im Kloster von Echt an der Pforte Arbeit gefunden.

Zwei Klöster in der Schweiz erklärten sich bereit, die beiden Schwestern Stein aufzunehmen. Der Leiter des Husserl-Archivs, Pater van Breda, wollte Edith Stein kurz vor ihrer Verschleppung in Belgien verstecken. Sie wollte jedoch den Echter Karmel nicht gefährden und legal das Land verlassen. Das aber duldeten die deutschen Behörden in Holland nicht.

Weder die Schwestern in Echt noch die Jesuiten in Valkenburg, die mit Edith Stein in wissenschaftlichem Kontakt standen, ahnten die ganze Tücke der Nationalsozialisten. Nach einem mutigen Hirtenwort der holländischen Bischöfe für die Juden schlugen die Nazis zu und verschleppten am 2. August 1942 insgesamt 350 katholisch getaufte Juden, darunter viele Ordensleute.

Nachdem Edith und Rosa Stein am 2. August nachmittags von der SS im Überfallwagen abgeholt worden waren, schrieb die Echter Priorin, Sr. Antonia, drei Wochen später an Sr. Posselt im Kölner Karmel in tiefer Trauer: »Wirklich, liebe, ehrwürdige Mutter, es wäre leichter gewesen, die zwei (Schwestern) zu Grabe zu tragen. Wir danken Euch allen herzlich für Eure liebevolle Anteilnahme. Ich kann alles nur kurz erzählen. Innerhalb von zehn Minuten war alles abgelaufen. Es war am Abend, nach dem ›Veni Creator Spiritus‹ (zu Beginn der Meditationsstunde). ... Wir hatten gerade unseren monatlichen Einkehrtag. Sr. Benedicta (Edith Stein) hat fast unaufhörlich vor dem Tabernakel gekniet. Ihr letzter Liebesdienst war, daß sie herumging, um das Weihwasser in den Gemeinschaftsräumen nachzufüllen. Sie kam auch noch in unsere Zelle und sprach mit mir über die Nachfolgerin von Rosa (als Pfortenschwester). Das war unser letztes Gespräch. Wir ahnten nichts von dem drohenden Unheil ...«[2]

Wie ein Schock wirkte die Nachricht aus Holland über die Deportation Edith Steins auf die Schwestern in Köln. Zwei Jahre später wurde der Kölner Karmel durch Bomben zerstört.

Nach Kriegsende half Kardinal Josef Frings – er war mit Sr. Posselt befreundet – den Schwestern bei einem mühsamen Neuanfang. Sr. Aloysia Linke spornte Sr. Posselt dazu an, alle eingehenden Briefe und Nachfragen, die sich auf Edith Stein bezogen, besonders aber die von ihren jüdischen Freunden und Verwandten, zu sammeln und 1948 als kleines Buch herauszugeben. Sr. Posselt war beeindruckt von der Reaktion unzähliger Menschen im In- und Ausland auf diese Dokumentation. Das Buch konnte in 17 Auflagen bei zwei Verlagen erscheinen und wurde bis 1963 ständig ergänzt.

Es befremdet, wenn in einem neueren Werk die Gestalt der Priorin Sr. Teresia Renata Posselt völlig verzeichnet wird.[3] So wird behauptet, sie habe Edith Steins jüdische Herkunft an die Wahlmänner der Nationalsozialisten verraten, die 1938 zum ersten Mal mit der Wahlurne in das Kölner Kloster kamen, um die Wahlzettel kontrollieren zu können. Doch es gab wegen Edith Steins jüdischer Herkunft nichts zu verbergen; diese war,

---

[2] Archiv Edith-Stein-Karmel Tübingen; Übersetzung aus: Als een brandende Toorts. Echt 1967, 61.
[3] Apropos Edith Stein, Mit einem Essay von Ursula Hillmann. Frankfurt/M, 47f.

wie die Herkunft Edmund Husserls überall bekannt. Edith Stein fiel allerdings dadurch auf, daß sie der Wahl fernblieb. Sr. Aloysia Linke sagte zu mir, nicht Sr. Posselt, sondern eine andere Schwester habe die Worte gebraucht: »Sie ist nicht arisch«.[4] Als Priorin aber nahm Sr. Posselt die Verantwortung auf sich.

Viele haben versucht, Edith Stein zu helfen und ihr Leben zu retten, die Schwestern im Kölner und Echter Karmel ebenso wie viele Ungenannte. Ich erinnere mich auch noch deutlich daran, mit welcher Selbstverständlichkeit Sr. Posselt von Stadtdechant Grosche sprach, von Prof. Martin Grabmann, von dem mutigen Arzt Dr. Strerath, der Edith Stein unter großer Gefahr abends über die holländische Grenze brachte, von den drei überlebenden Geschwistern Edith Steins, die sich nach Amerika retten konnten, von den Freunden Dr. Spiegel und Dr. Ruben und vielen anderen.

Nicht vergessen dürfen wir die Treue von Edith Steins Verleger Otto Borgmeyer in Breslau. Da sie als Jüdin nicht der Reichsschrifttumskammer angehören konnte, war ihr großes Werk *Endliches und ewiges Sein* in Deutschland für die Nationalsozialisten nicht publikationsfähig. Borgmeyer reiste nach Holland, um dort eine Möglichkeit für die Veröffentlichung zu suchen. Das war nicht ungefährlich und blieb in dem von den Nationalsozialisten besetzten Holland erfolglos.

Vieles bleibt ungeklärt und schicksalhaft. Denjenigen, die Edith Stein kritisieren, weil sie sich nicht verstecken ließ, wie zum Beispiel Frau Malvine Husserl in Belgien durch Pater van Breda versteckt wurde, der unzähligen Juden das Leben gerettet hat, kann man entgegenhalten: Auch Anne Frank wurde ermordet, obwohl sie jahrelang in Holland versteckt war. Die Tragik des Schicksals von Edith Stein und die Ermordung eines großen Teils ihres jüdischen Volkes sollten uns immer wachhalten und uns den Blick schärfen für rassistische und destruktive Tendenzen in unserer Zeit.

---

[4] Teresia Renata de Spiritu Sancto (Teresia Posselt), Edith Stein, Eine große Frau unseres Jahrhunderts. Freiburg ⁹1963, 158.

Mitteilungen

Gesellschaften und Projekte

Die Mitgliederversammlung der Edith-Stein-Gesellschaft findet am 3. und 4. Mai 1997 im Heinrich-Pesch-Haus in Ludwigshafen statt.

Broschüren der Edith-Stein-Gesellschaft:
- Dem Erbe Edith Steins verpflichtet
- Edith Stein – Gedanken zur Eucharistie
- Edith Stein und ihr Judentum
- Edith Stein – Zur Wahrheit berufen
- Erziehung im Sinne Edith Steins

Zu beziehen bei: Edith-Stein-Gesellschaft
Postfach 16 49
67326 Speyer

Über interreligiöse Projekte im Rahmen des offiziellen »Herzl-Jubiläum – Zur Erinnerung an den 1. Zionistenkongreß, Basel« informiert
Pfr. Nico Rubeli-Guthauser
Stiftung für Kirche und Judentum
Austr. 114
CH-4051 Basel
Tel. (0 61) 2 71 98 97
Fax (0 61) 2 71 92 34

Kongresse und Tagungen

Internationales Kolloquium
vom 20. bis 22. Mai 1997
Thema: Emmanuel Levinas et l'histoire
Information: Service de relations extérieures
Facultés universitaires Notre Dame de la Paix
55, rue de Bruxelles
B-5000 Namur
Tel. (32 81) 72 50 34
Fax (32 81) 72 50 37

Colloque: L'unité de la psychologie
vom 24. bis 26. Mai 1997
Information: Régine Plas
2, rue des Écouffes
F-75004 Paris
Tel. 01 42 77 78 18

Colloque de la Société de philosophie analytique
vom 23. bis 25. Mai 1997
Information: Pascal Engel
Departement de Philosophie
UFR Sciences de l'Homme
Université de Caen
F-14032 CAEN
Tel. 33 (0) 2 31 56 56 74
Fax 33 (0) 2 31 56 59 82

Colloquium Biblicum Lovaniense
vom 30. Juli bis 1. August 1997
Information: Prof. Anton Schoors
Chair of the CBL
Faculteit Letteren
Blijde-Indokomststraat 21
B-3000 Leuven
Tel. 32 16 32 49 37
Fax 32 16 32 49 32

Anläßlich des Jubiläums des 1. Zionistenkongresses in Basel (1897) veranstaltet die Universität Basel in Zusammenarbeit mit Gelehrten der Hebräischen Universität Jerusalem und der Universität Tel Aviv vom 26. bis 28. August 1997 einen Akademischen Kongreß.
Information: Akademischer Kongreß
c/o Theologisches Seminar
Nagelberg 10
CH-4051 Basel

Séminaire européen de bioéthique
vom 4. bis 8. August 1997
Thema: Problèmes de soins médicaux dans les sociétés pluralistes
Information: Dr. B. Gordijn
Catholic University of Nijmegen
232 Dept. of Ethics, Philosophy and History of Medicine
PO Box 9101, 6500 HB Nijmegen. Niederlande
Tel. 31 (0) 24-3 61 53 20
Fax 31 (0) 24-3 54 02 54

XXème Congrès mondial de philosophie
vom 1. bis 16. August 1998
Thema: La philosophie dans l'éducation de l'humanité
Ort: University Boston (Mass. USA)

»Der koschere Knigge«[1]

Über den Umgang mit »jüdischen Mitbürgern«

Alle Welt feiert zur Zeit den 200. Todestag des Freiherrn von Knigge, des Erfinders der guten Manieren. So sind denn auch Benimmregeln momentan ein beliebtes Medienthema. Dem wollen auch wir uns anschließen – und zwar mit einer Regelliste, die endlich eine von vielen Deutschen schmerzlich empfundene Lücke schließt: Tips und Hilfestellungen im Umgang mit »jüdischen Mitbürgern«.

1. Sie dürfen ruhig »Jude« sagen.
Das Wort ist nicht beleidigend. Wenn es Ihnen dennoch nur schwer über die Lippen kommt, dann hat das damit zu tun, daß irgendwo in Ihrem Hinterkopf noch Rudimente früherer Zeiten stecken. Das allerdings ist Ihr Problem, nicht unseres.

2. Judentum ist keine Frage der Bruchrechnung.
Wenn Sie einem Juden vorgestellt werden, fragen Sie bitte nicht als erstes ob er »Volljude« ist. Verweisen Sie auch nicht auf eine Urgroßmutter namens Sarah, die Sie möglicherweise zu einem »Achteljuden« macht. Und falls Sie es doch tun, erwarten Sie nicht, daß Ihr Gesprächspartner mit Ihnen deshalb sofort Brüderschaft trinkt.

3. Erzählen Sie keine jüdischen Witze.
Erstens besteht immer die Gefahr, daß Sie, einmal in Schwung, statt jüdischer Witze »Judenwitze« erzählen. Das trübt die Stimmung. Zweitens laufen Sie Gefahr, Ihren Gesprächspartner zu langweilen. Der kennt die Witze nämlich alle schon – besser erzählt.

4. Wir sind nicht alle Israelis.
Die meisten Israelis sind Juden. Daraus den Umkehrschluß zu ziehen, die meisten Juden seien auch Israelis, ist unlogisch. Deshalb ist, wenn Sie Kritik an der israelischen Sicherheitspolitik haben, der Optiker Levy von nebenan nicht der geeignetste und sachkundigste Ansprechpartner. Und Ihrer Frauengruppe das Horatanzen beibringen, kann er wahrscheinlich auch nicht.

5. Wir sind auch nicht alle reich.
Statistisch ist der Reichtum unter Juden genauso ungleich verteilt wie unter dem Rest der Bevölkerung. Deshalb sollten Sie auch bei einer Diskussion über den derzeitigen Sozialabbau einem anwesenden Juden nicht freundlich auf die Schulter klopfen und sagen: »Aber Sie betrifft das alles ja nicht!«

---

[1] Aus: Allgemeine Jüdische Wochenzeitung, Bonn, Nr. 10, 15.5.1996, S. 16.

6. Und Genies sind wir auch nicht alle.
Die meisten Juden sind genauso dumm wie das Gros der übrigen Menschheit. Die Chancen dafür, daß Ihr Gesprächspartner, weil Jude, Experte über die Frankfurter Schule ist (weil die ja meist auch Juden usw.), sind relativ gering. Wahrscheinlicher ist, daß er »Adorno« für einen trockenen Toskanawein hält.

7. Ebensowenig sind wir alle fromm.
Die überwiegende Mehrzahl der Juden trägt weder Bart noch Schläfenlocken und kleidet sich auch nicht in schwarzes Tuch. Deshalb sind knifflige theologische Fragen auch nicht der natürliche Gesprächsstoff, wenn Sie bei einer Cocktailparty einem Juden begegnen. Der weiß nämlich über die Schriftrollen vom Toten Meer auch nur das, was er – wie Sie – beim Frisör in der Illustrierten gelesen hat.

8. Außerdem sind wir nicht das Gewissen der Menschheit.
Aus der Tatsache, daß Juden 2000 Jahre lang verfolgt wurden, ergibt sich nicht automatisch, daß Ungerechtigkeiten aller Art unser beliebtester Gesprächsstoff sind. Vermeiden Sie es deshalb bitte, Ihr derzeitiges brennendstes Anliegen – seien es Atommülltransporte, Robbenbabys oder die Lage in Tschetschenien – einem jüdischen Gesprächspartner mit den einleitenden Worten nahezubringen: »Gerade Sie als Jude müßten doch verstehen ...«

9. Ihre Vergangenheit müssen Sie schon allein bewältigen.
Wenn Sie unter dauernden Schuldgefühlen leiden, weil Ihr Großonkel in der SS war, ist ein zufällig anwesender Jude nicht unbedingt daran interessiert, darüber Einzelheiten zu erfahren. Suchen Sie in solchen Fällen lieber einen guten (am besten nichtjüdischen) Therapeuten auf.

bücher die mehr sagen

Geschichte der christlichen Spiritualität

Band 3: Die Zeit nach der Reformation bis zur Gegenwart.

Ca. 550 Seiten, 26 Schwarzweißabbildungen.
24 x 16 cm. Gebunden.
Ca. DM 84,– / öS 613,– / SFr. 80,–.
ISBN 3-429-01880-3.

In ökumenischer Zusammenarbeit entstandenes Standardwerk zur Geschichte der christlichen Spiritualität von der Zeit nach der Reformation bis zur Gegenwart.

Dieses Buch bekommen Sie bei Ihrem Buchhändler.

Postfach 55 60 D-97005 Würzburg

Edith Stein
AUS DER TIEFE LEBEN
Ausgewählte Texte
zu Fragen der Zeit
Hrsg. v. W. Herbstrith
197 S. Abb. Geb./SU
29,80/218,-/28,40
ISBN 3-466-20298-1

Franz Mußner
**TRAKTAT
ÜBER DIE JUDEN**
2. überarb. Aufl.
399 S. Geb./SU
39,80/291,-/37,50
ISBN 3-466-20190-X

Pinchas Lapide (Hrsg.)
DAS HOHELIED DER LIEBE
104 S. Holzschnitte von
HAP Grieshaber. Geb.
29,80/218,-/28,40
ISBN 3-466-20377-5

Simone Weil
**AUFMERKSAMKEIT
FÜR DAS ALLTÄGLICHE**
Ausgewählte Texte
zu Fragen der Zeit
Hrsg. v. O. Betz
3. Aufl. 156 S. Geb./SU
32,-/234,-/30,40
ISBN 3-466-20294-9

Preise in DM/öS/sFr

KÖSEL ONLINE: www.koesel.de

Preise: 4/'97, Änderung vorbeh.

MYSTISCHE SELBSTERFAHRUNG

Jakob Böhme, der »deutsche Philosoph« der frühen Neuzeit hat die Entwicklung der kosmischen Naturmystik nachhaltig beeinflusst.

Der Herausgeber dieses Buches, José Sanchez de Murillo, erschließt die philosophisch-kosmische Weltsicht Böhmes als Vorläufer der heutigen naturwissenschaftlich begründeten Spiritualität.

NEU
ca. 192 S. Geb./SU
ca. DM 38,-/öS 277,-/sFr 35,90
ISBN 3-466-20425-9

KÖSEL ONLINE: www.koesel.de

Preise: 4/'97, Änderung vorbeh.